V&R

Stadt in der Geschichte

Veröffentlichungen
des Südwestdeutschen Arbeitskreises
für Stadtgeschichtsforschung

Begründet von
Erich Maschke und Jürgen Sydow

Herausgegeben von
Gabriele Clemens und Ulrich Nieß

Band 49

Stadt und Adel

Tagungsband der 59. Jahrestagung
des Südwestdeutschen Arbeitskreises für Stadtgeschichtsforschung

Herausgegeben von
Manfred Waßner, Tjark Wegner und Ben Pope

Vandenhoeck & Ruprecht

Gedruckt mit Unterstützung des Kreisarchivs des Landkreises Esslingen.

Bibliografische Information der Deutschen Nationalbibliothek:
Die Deutsche Nationalbibliothek verzeichnet diese Publikation in der Deutschen Nationalbibliografie; detaillierte bibliografische Daten sind im Internet über https://dnb.de abrufbar.

Umschlagabbildung: »Widerholt-Pokal« der Stadt Kirchheim unter Teck. Das prachtvolle Trinkgeschirr wurde 1510 im Auftrag oder für Kaiser Maximilian I. in Augsburg oder Nürnberg angefertigt und gelangte in den Besitz des Adligen Konrad Widerholt (1598–1667), der den Pokal der Stadt Kirchheim vermachte und darüber hinaus eine wohltätige Stiftung für die Armen und die Jugend der Stadt errichtete. Städtisches Museum im Kornhaus, Kirchheim unter Teck, Foto: Daniela Wolf

Satz: textformart, Göttingen
Umschlaggestaltung: SchwabScantechnik, Göttingen
Druck und Bindung: Hubert & Co, Ergolding
Printed in the EU

Vandenhoeck & Ruprecht Verlage | www.vandenhoeck-ruprecht-verlage.com
E-Mail: info@v-r.de

ISSN 2940-2573
ISBN 978-3-525-30293-4

Inhalt

Vorwort

Gegensätze oder sich ergänzende Konzepte? Antagonisten oder Partner? Das Begriffspaar »Stadt und Adel«, seine vielschichtigen Assoziationen sowie Verbindungen und auch die damit zusammenhängenden gesellschaftlichen Kategorien und Modelle von Bürgertum, Eliten und adeligem Selbstverständnis beschäftigen die historische Forschung kontinuierlich. Während die beiden Begriffe traditionell als Gegensätze aufgefasst und interpretiert wurden, hat die jüngere Forschung verstärkt die engen Verflechtungen zwischen Stadt und Adel herausgearbeitet, die vom Mittelalter bis in die Neuzeit nachzuweisen sind. Das zeigt, dass ein differenzierter Blick auf das komplexe wechselseitige Verhältnis und die verschiedenen Handlungsfelder städtischer und adliger Akteure notwendig ist. Diesem differenzierten Blick sah sich die 59. Tagung des Südwestdeutschen Arbeitskreises für Stadtgeschichtsforschung verpflichtet, zu welcher der Landkreis Esslingen den Arbeitskreis nach Kirchheim unter Teck eingeladen hatte.

Beim organisatorisch federführenden Kreisarchiv Esslingen entwickelte sich sehr rasch das Vorhaben, ein Thema der Adelsgeschichte aufzugreifen und in den Mittelpunkt der Tagung zu stellen. Der vorgesehene Tagungsort Kirchheim unter Teck bot dafür viele geeignete Anknüpfungspunkte: Städtische Residenz der Herzöge von Teck im Mittelalter, zahlreiche Sitze und Spuren des Niederadels in Stadt und Umgebung, Nebenresidenz und Witwensitz der Herzöge von Württemberg in der Neuzeit seien als Stichworte in willkürlicher Auswahl genannt. Als wissenschaftliche Partner für die Tagung und ihre im Anschluss vorgesehene Publikation konnten das Institut für Geschichtliche Landeskunde und Historische Hilfswissenschaften der Universität Tübingen und die University of Manchester, namentlich Dr. Tjark Wegner und Dr. Ben Pope, gewonnen werden. Gemeinsam gelang es, ein facettenreiches Tagungsprogramm in drei Sektionen zusammenzustellen, das zeitlich vom Mittelalter bis ins 19. Jahrhundert reichte und den Blick auch über Südwestdeutschland hinaus richtete.

Jedoch ließen die Umstände des Jahres 2020 keine Tagung in Präsenz zu: Die Einschränkungen durch die Covid-19-Pandemie veranlassten die Organisatoren, die für November vorgesehene Veranstaltung zu verschieben. Auch in den darauffolgenden Monaten änderten sich die Vorgaben zum Gesundheitsschutz je nach Infektionslage immer wieder kurzfristig. Eine Tagung vor Ort wäre auch zum zweiten geplanten Termin Anfang Juli 2021 nur mit erheblichen Einschränkungen und ohne kommunikativ-gesellige Elemente sowie überdies nur mit einem Teil der Vortragenden möglich gewesen. Deshalb entschlossen sich die Veranstalter in Abstimmung mit dem Vorstand des Arbeitskreises zu einer rein digitalen Tagung, die schließlich vom 2. bis 4. Juli 2021 stattfinden konnte. Die Beteiligung war hoch, die Technik funktionierte dank der Unterstützung von Selina Guischard und Marcel Schön und trotz der digitalen Barriere entstanden sehr konstruktive Diskussionen.

Allen Referentinnen und Referenten danken wir nochmals für ihre Beiträge, für die bewiesene Flexibilität bei der Realisierung der Tagung und die Freude machende Zusammenarbeit. Ein besonderer Dank gilt dabei Frau Professor Ellen Widder (Tübingen), deren Beitrag als einführend-zusammenfassender Blick auf die Tagung diesen Band abrundet. Außerdem haben wir Frau Stephanie Raunegger, Herrn Marcel Schön und Frau Johanna Welz, allesamt wissenschaftliche Hilfskräfte am Institut für Geschichtliche Landeskunde und Historische Hilfswissenschaften, für ihre Unterstützung bei der Redaktion des vorliegenden Bandes zu danken, ebenso danken wir Frau Helga Korfmann vom Kreisarchiv Esslingen für die Erstellung des Registers.

Schließlich danken die Herausgeber dem Vorstand des Südwestdeutschen Arbeitskreises für Stadtgeschichtsforschung, namentlich Frau Professor Gabriele Clemens, Herrn Dr. Roland Deigendesch und Herrn Dr. Wolfgang Mährle, für die vertrauensvolle Kooperation bei Organisation und inhaltlicher Konzeption. Wir würden uns freuen, wenn es mit diesem Band gelingt, die Möglichkeiten aktueller Fragestellungen für die Städtelandschaft Südwestdeutschlands aufzuzeigen und durch die Tagungsbeiträge zu weiterer Forschung im Sinne des Südwestdeutschen Arbeitskreises anzuregen.

Esslingen im März 2025

Manfred Waßner
Tjark Wegner
Ben Pope

Stadt und Adel

Überlegungen zu einem großen stadtgeschichtlichen Thema

Ellen Widder

Der Südwestdeutsche Arbeitskreis für Stadtgeschichtsforschung hat auf seiner 59. Tagung im Juli 2021 das Thema »Stadt und Adel« behandelt.[1] Als Tagungsort war ursprünglich die im heutigen Baden-Württemberg gelegene Stadt Kirchheim unter Teck in Aussicht genommen. Ausgerichtet wurde sie durch Manfred Waßner (Kreisarchiv Esslingen) sowie von Ben Pope (Universität Manchester) und Tjark Wegner (Universität Tübingen). Eine Tagung vor Ort machte die Covid-19-Pandemie unrealisierbar; so fand die Veranstaltung in ihrer Gänze im digitalen Raum statt. Gerade das Ensemble der malerischen historischen Altstadt von Kirchheim und der hoch über ihr gelegenen mittelalterlichen Burg Teck hätte einen angemessenen Rahmen für das Thema abgegeben. So spielte Kirchheim auf der Tagung nur mit einem Fokus auf seine neuzeitliche Geschichte eine Rolle. Die Vorträge, die hier im Druck vorgelegt werden, schlagen einen weiten Bogen, ausgehend von südwestdeutschen Städten des 13. Jahrhunderts bis zu rheinischen und italienischen des 19. Jahrhunderts.

Die auf der Tagung als Resümee geplante Darstellung wurde auf Anregung des Vorstands des Südwestdeutschen Arbeitskreises für Stadtgeschichtsforschung dem Band vorangestellt und soll nach dem gemeinsamen Ganzen sowie gleichzeitig nach Ausblicken für die weitere Forschung suchen. Bleibt man beim ersten Aspekt, dann gestaltete sich dies nach der Lektüre der Manuskripte als nicht einfach. Die Gründe liegen auf der Hand: Der zeitliche Rahmen ist weit gesteckt, das Thema und die jeweils in den Beiträgen verfolgten Fragestellungen sind vielgestaltig, die Quellenlage teils dünn, teils nicht überschaubar und die Forschungslage uneinheitlich. Daher lassen sich auch keine neuen Entwicklungsgeschichten erzählen; dies gilt sowohl für einzelne Beiträge als auch für eine Gesamtschau. Dies muss kein Nachteil sein, widerspricht aber »traditionellen« Vorstellungen. Dies ist erklärungsbedürftig: »Traditionell« ist hier in dem Sinne gemeint, dass sich eine »große Erzählung«

1 Vgl. dazu auch den Tagungsbericht von Marcel Schön/Selina Mayer: Stadt und Adel. 02.–04.07.2021, Tübingen. In: H-Soz-Kult, 22.02.2022, https://www.hsozkult.de/conferencereport/id/fdkn-127875 (12.09.2023). – Ich danke Dr. Angelika Lampen und Frau Anja Heinz (Institut für vergleichende Städtegeschichte, Münster) sowie meinen Tübinger Hilfskräften Sofie Clossen und Shabnam-Chiara Hashemi sehr herzlich für die Unterstützung.

mit klaren Entwicklungslinien samt Gewinnern und Verlierern identifizieren lässt. Die Probleme, Konstellationen, Perspektiven und Fragestellungen variieren von Beitrag zu Beitrag und ändern sich mit dem jeweiligen Untersuchungszeitraum und Untersuchungsgebiet.

Städte und Adelige waren auch keineswegs die einzigen Akteure, die es zu beachten galt, zumal beide Gruppen weder als abstrakte Entitäten geschlossen agierten noch eine über die Jahrhunderte stabile Agenda aufwiesen. Es waren immer einzelne Personen oder Gruppen, die handelten, und spezifische Situationen, die ein Handeln erforderten. Die Aktionen von beiden Seiten waren interessengeleitet und gleichzeitig situativ bedingt. Andererseits sind es immer die Quellen, die etwas aus vergangenen Zeiten überliefern. Manchmal handelt es sich um Überlieferungssplitter, bisweilen um größere Zusammenhänge in umfangreichen Aktenkonvoluten oder um historiographische Werke. Leider ist die Überlieferung im Allgemeinen nie so beschaffen, wie es die Wissenschaft mit ihren wechselnden Fragestellungen und Erkenntnisinteressen gerne hätte. Dasselbe gilt für den Forschungsstand. Doch die Tagung und der Tagungsband zeigen, dass spezifische Themen die Quellenforschung anregen, wenn nicht sogar Quellen hervorbringen – zumindest bislang Unbekanntes aus den Tiefen der Archive ans Tageslicht fördern. Sie liefern damit Impulse für neue Fragestellungen. Das hat sich auch in diesem Fall gezeigt; soviel kann an dieser Stelle schon gesagt werden.

Blickt man auf das traditionelle Bild von Adel und Stadt, dann wird es von Antagonismen bestimmt. Das Begriffspaar »Raubritter« versus »Pfeffersäcke« steht exemplarisch dafür. »Übersetzt« bedeutet dies: auf der einen Seite ein stets gewaltbereiter und das Recht nach eigenem Gutdünken beugender Adel, auf der anderen Seite der saturierte städtische Kaufmann, der aufgrund exorbitanter Handelsspannen an einem Säckchen Pfeffer ein Vermögen verdient. Dies entspricht einem stereotypen Mittelalterbild, ist aber zumindest was den Adel anbetrifft eine Sprachschöpfung des ausgehenden 18. Jahrhunderts.[2] Die Bezeichnung »Pfeffersack« ist dagegen älter und war bereits im 16. Jahrhundert in durchaus abwertender Weise gebräuchlich.[3] Beides sind Fremdbezeichnungen, stehen allerdings bis heute für ein verbreitetes Geschichtsbild über das Verhältnis zwischen Adel und Stadt.

Passend dazu – so möchte man fast sagen – entwickelte die Sozialgeschichte in der zweiten Hälfte des 20. Jahrhunderts das Konzept der spätmittelalterlichen und

2 Vgl. Kurt Andermann: Raubritter. In: Historisches Lexikon Bayerns, 09.05.2011, https://www.historisches-lexikon-bayerns.de/Lexikon/Raubritter (13.07.2023).

3 Pfeffersack. In: Jacob Grimm/Wilhelm Grimm: Deutsches Wörterbuch, Erstbearbeitung (1854–1960), digitalisierte Version im Digitalen Wörterbuch der deutschen Sprache, https://www.dwds.de/wb/dwb/pfeffersack (13.07.2023); Peter Johanek: Adel und Stadt im Mittelalter. In: Werner Freitag/Mechthild Siekmann (Hrsg.): Europäische Stadtgeschichte. Ausgewählte Beiträge (Städteforschung A/86), Köln/Weimar/Wien 2012, S. 216–236, hier S. 217, Anm. 4.

frühneuzeitlichen »Adelskrise«, das als Narrativ weite Verbreitung fand:[4] Die aufstrebenden Städte hätten die Adeligen in die »armselige« Existenz von Wegelagerern absinken lassen, die ihre Ressourcen durch die gewaltsame Aneignung bürgerlichen Wohlstandes sicherten. Belege lieferte die zeitgenössische Historiographie. Eine Grundlage dafür bildete das um die Mitte des 19. Jahrhunderts initiierte und ab 1862 in vielen Bänden vorgelegte große Editionsunternehmen der *Chroniken der deutschen Städte.*[5] Es diente der bürgerlichen Selbstvergewisserung und Identitätsstiftung in erklärter Abgrenzung zu *Adel und Herrenstand.*[6] Denn die anvisierten Zielgruppen waren *nicht bloß ausschließlich* [...] *die Fachgelehrten,* sondern auch *gebildete Leser, namentlich für die Nachkommen jener ehrenfesten Stadtbürger des Mittelalters, von welchen und für welche die Chroniken ursprünglich geschrieben wurden.*[7] Das Gliederungsprinzip war die *natürliche Gliederung der deutschen Nation nach Volksstämmen,* da sie *in der Blüthezeit der deutschen Städte auch die geschichtliche Entwicklung noch vorwiegend bestimmte.*[8] Begonnen wurde die Reihe mit den oberdeutschen Städten Frankens, Bayerns und Schwabens, jeweils dominiert von einer Reichsstadt: Nürnberg, Regensburg und Augsburg. Bis heute bildet das 36 Bände umfassende, aber unvollendet gebliebene Corpus der *Chroniken der deutschen Städte* »die Ausgangsbasis für die Beschäftigung mit städtischer Historiographie«.[9] Oder anders formuliert: Die städtische Historiographie des Spätmittelalters und der Frühen Neuzeit prägt unser Geschichtsbild bis heute nachhaltig.

4 Klaus Graf: Adelskrise. In: Friedrich Jaeger/Georg Eckert/Ulrike Ludwig u. a. (Hrsg.): Enzyklopädie der Neuzeit Online, 2019, http://dx.doi.org/10.1163/2352-0248_edn_SIM_237133 (14.07.2023).

5 Karl Hegel u. a. (Hrsg.): Die Chroniken der deutschen Städte vom 14. bis ins 16. Jahrhundert, 36 Bde., Leipzig 1862–1931; Dominique Adrian: Die Chroniken der deutschen Städte. Les chroniques urbaines allemandes entre fondation de l'unité nationale et usages d'aujourd'hui. In: Isabelle Guyot-Bachy/Jean-Marie Moeglin (Hrsg.): La naissance de la médiévistique. Les historiens médiévistes et leurs sources en Europe (XIXe–début du XXe siècle). Actes du colloque de Nancy (8–10 novembre 2012), Genève 2015, S. 225–242.

6 *Nur an das Eine soll hier erinnert werden, daß in unseren Städten das Bürgerthum sich entschiedener, als anderswo, von Adel und Herrenstand abgesondert und darum auch sein eigenthümliches Wesen reiner und deutlicher für sich ausgeprägt hat;* Karl Hegel: Bericht betreffend die Herausgabe einer Sammlung von Chroniken deutscher Städte, der historischen Commission zu München vorgetragen am 2. September 1859. In: Historische Zeitschrift 2 (1859), S. 22–30, hier S. 22.

7 Vgl. Karl Hegel: Vorwort. In: Ders. (Hrsg.): Die Chroniken der deutschen Städte vom 14. bis ins 16. Jahrhundert, Bd. 1, Leipzig 1862, S. V–X, hier S. IX.

8 Ebd., S. X.

9 Vgl. Peter Johanek: Einleitung. In: Ders. (Hrsg.): Städtische Geschichtsschreibung im Spätmittelalter und in der frühen Neuzeit (Städteforschung A/47), Köln/Weimar/Wien 2000, S. VII–XIX, hier S. IX; vgl. ferner die entsprechenden Artikel in: Norbert Ott/Gerhard Wolf (Hrsg.): Chroniken des Mittelalters, Berlin 2014.

Doch wäre es falsch zu behaupten, wir stünden in der Forschung immer noch im 19. Jahrhundert. Zum Thema »Adel und Stadt« sind gerade seit den 1990er Jahren eine Reihe wichtiger Sammelbände publiziert worden, die wiederum auf Tagungen zurückgingen.[10] So erschienen 1994 in der *Zeitschrift für die Geschichte des Oberrheins* die Ergebnisse einer 1992 abgehaltenen kleineren Tagung zum Thema »Adel und Stadt« mit dem vielsagenden Untertitel: »Regionale Aspekte eines problematischen Verhältnisses«.[11] Veranstalter waren die Stadt Bretten und die Arbeitsgemeinschaft für geschichtliche Landeskunde am Oberrhein, ihr Anlass ein Jubiläum. Es handelte sich um den 450-jährigen Jahrestag einer Versammlung führender Kraichgauer Adeliger im Mai 1542 im Brettener Gasthaus »Zur Krone«. Es ging seinerzeit um Geld, konkret um die Bewilligung der Steuer des Gemeinen Pfennigs, und das Treffen bildete damit eine Art »Geburtsstunde« des bis 1806 bestehenden Kantons Kraichgau der freien Ritterschaft.[12] Liest man die zur Publikation gekommenen Beiträge der vier Historiker Thomas Zotz, Michael Diefenbacher, Gerhard Fouquet und Klaus Graf, dann erscheint das Verhältnis zwischen Adel und Stadt gar nicht so »problematisch«, wie der Untertitel der Tagung vermuten lässt, sondern eher vielgestaltig und aspektreich.[13] Auch der im Jahre 1542 von den Rittern gewählte Versammlungsort, ein Gasthaus in der kleinen Stadt Bretten, spricht dafür. In den Beiträgen bildeten sich grundlegende Facetten dieses Verhältnisses ab.

Bereits ein Jahr darauf, 1993, wurde die westfälische Stadt Münster zum Ort eines wissenschaftlichen Kolloquiums zum Thema »Adel und Stadt«. Veranstalter waren die Vereinigten Westfälischen Adelsarchive e.V. in Verbindung mit dem

10 Dies gilt wohl auch für den Sammelband Joachim Jahn/Wolfgang Hartung (Hrsg.): Oberdeutsche Städte im Vergleich. Mittelalter und Frühe Neuzeit (Regio. Forschungen zur schwäbischen Regionalgeschichte 2), Sigmaringendorf 1989, in dem der Beitrag Herwig Weigl: Städte und Adel im spätmittelalterlichen Österreich. In: Jahn/Hartung (wie Anm. 10), S. 74–100, publiziert wurde. Der Verfasser (Ebd., S. 74, Anm. 3) gab seinerzeit zwei Beiträge von Otto Brunner als Referenz an (Ders.: Neue Wege der Verfassungs- und Sozialgeschichte, Göttingen [2]1969, Kapitel XIII, 1. Das Wiener Bürgertum in Jans Enikels Fürstenbuch (S. 242–265) [Erstdruck: MIöG 58 (1950)] und Kapitel XIII, 2. Bürgertum und Adel in Nieder- und Oberösterreich (S. 266–280) [Erstdruck: Anzeiger der Österreichischen Akademie der Wissenschaften. Phil.-hist. Kl. 86 (1949)]).

11 Vgl. Adel und Stadt. Regionale Aspekte eines problematischen Verhältnisses. In: Zeitschrift für die Geschichte des Oberrheins 141 (1993), S. 20–154.

12 Vgl. Ebd. S. 20.

13 Thomas Zotz: Adel in der Stadt des deutschen Spätmittelalters. Erscheinungsformen und Verhaltensweisen. In: Zeitschrift für die Geschichte des Oberrheins 141 (1993), S. 22–50; Michael Diefenbacher: Stadt und Adel – Das Beispiel Nürnberg. In: Ebd., S. 51–69; Gerhard Fouquet: Stadt, Herrschaft und Territorium – Ritterschaftliche Kleinstädte Südwestdeutschlands an der Wende vom Mittelalter zur Neuzeit. In: Ebd., S. 70–120 sowie Klaus Graf: Feindbild und Vorbild. Bemerkungen zur städtischen Wahrnehmung des Adels. In: Ebd., S. 121–154.

Westfälischen Archivamt in Münster; den Anlass bildeten die Feierlichkeiten zur 1200-Jahr-Feier der Stadt. Bei diesem Ereignis ging es um kein »problematisches Verhältnis« wie die Brettener Tagung vom Titel zumindest nahelegte, sondern um das genaue Gegenteil: die seit dem Mittelalter bestehende maßgebliche Mitgestaltung des öffentlichen Lebens durch die »adeligen Familien Westfalens [...] in der Landesherrschaft, der Kirche und den Städten«, die Stadtbildprägung Münsters »durch zahlreiche Adelshöfe« und die außerordentliche Bedeutung der Quellenüberlieferung durch die zahlreichen westfälischen Adelsarchive.[14] Der Band kam 1998 zum Druck und enthielt sieben Beiträge, die vornehmlich von wissenschaftlichen Archivaren und Universitätshistorikern sowie einem Kunsthistoriker verfasst wurden. Der Schwerpunkt lag auf Westfalen (mit ergänzenden Studien zu Regensburg und zur Typologie des adeligen Stadtpalastes in Europa).[15] Der einleitende Beitrag hatte Grundsatzcharakter und stammte von Peter Johanek.[16] Er enthielt nicht nur einen Forschungs- und Entwicklungsüberblick, sondern benannte Forschungslücken und -desiderate. Hierzu zählte damals die Frage nach Abschließungsbestrebungen einzelner Gruppen. Verbunden mit einer Tendenz zur Übernahme adeliger Verhaltensweisen könnte dies – so der Verfasser – eine bislang zu wenig beachtete Ursache für innerstädtische Konflikte gewesen sein (S. 26). Weitere von ihm postulierte Forschungsdesiderate bildeten die Faszination von Elementen adeligen Lebensstils – wie dem Turnier – auch bei anderen innerstädtischen Gruppen (S. 26) sowie die Bewegung des Landadels in die Stadt im 16. Jahrhundert (S. 33) unter Betonung des großen Forschungspotentials der Gesamtthematik (S. 34).

Sicher nicht ohne Grund kam es schon zwei Jahre später im ostwestfälischen Lemgo zu einer Tagung »Der Adel in der Stadt des Mittelalters und der frühen Neuzeit«. Einer der Mitveranstalter war das Institut für vergleichende Städtegeschichte in Münster, das Peter Johanek in diesen Jahren leitete, Kooperationspartner und Tagungsort das noch junge Weserrenaissance-Museum Schloss Brake mit seinem damaligen Leiter Ulrich G. Großmann. Die Beiträge im 1996 erschienenen Sammelband summierten sich auf fast zwei Dutzend mit einem Fokus auf Architekturgeschichte und Bauforschung, unter besonderer Berücksichtigung der städtischen Adelshöfe.[17]

14 Vgl. [N.N.] Freiherr von und zu Brenken/Norbert Reimann: Zum Geleit. In: Norbert Reimann (Hrsg.): Adel und Stadt. Vorträge auf dem Kolloquium der Vereinigten Westfälischen Adelsarchive e. V. vom 28.–29. Oktober 1993 in Münster (Veröffentlichung der Vereinigten Westfälischen Adelsarchive e. V. 10), Münster 1998, S. 5 f., hier S. 5.

15 Zu den einzelnen Beiträgen des Bandes vgl. http://opac.regesta-imperii.de/lang_de/anzeige.php?sammelwerk=Adel+und+Stadt.+Vortr%C3%A4ge&pk=101055 (18.07.2023).

16 Peter Johanek: Adel und Stadt im Mittelalter. In: Reimann (wie Anm. 14), S. 9–35, wieder abgedruckt in: Werner Freitag/Mechthild Siekmann (Hrsg.): Europäische Stadtgeschichte. Ausgewählte Beiträge von Peter Johanek (Städteforschung A/86), Köln u. a. 2012, S. 216–236.

17 Anke Hufschmidt (Red.): Der Adel in der Stadt des Mittelalters und der frühen Neuzeit (Materialien zur Kunst- und Kulturgeschichte in Nord- und Westdeutschland 25), Marburg

»Der zeitliche Schwerpunkt der Referate lag im ausgehenden Mittelalter und besonders im 16. und 17. Jahrhundert, einer Periode, in der sich die Präsenz des Adels in der Stadt verstärkt, in der er nach intensiverer Teilhabe an städtischen Lebensformen und städtischer Wirtschaft strebt, in der ihn auch die landesherrlichen Bemühungen um Residenzbildung stärker in die Städte ziehen.«[18]

Das Thema blieb aktuell. Auf seiner Herbsttagung 1998 widmete sich der Konstanzer Arbeitskreis für mittelalterliche Geschichte dem Thema »Zwischen Nicht-Adel und Adel«. Der Band erschien im Jahr 2001.[19] Darin erläuterten die beiden Herausgeber Kurt Andermann und Peter Johanek die Wahl der Thematik als Schwierigkeit, »etwas zu bezeichnen, was noch nicht ist, was erst entsteht und vielleicht zum Erfolg führt, vielleicht aber auch nicht: Adel in statu nascendi.«[20] Dazu erschien es wesentlich zu definieren, wie sich der Aufstieg in den Adel vollzieht und welche Kriterien für Adelszugehörigkeit für das Spätmittelalter in Anschlag zu bringen sind.[21] Für die hier interessierende Thematik verwies der maßgebliche Experte Karl-Heinz Spieß in seinem Beitrag auf folgende Kriterien: Nicht jede Investition in Landbesitz sei motiviert gewesen durch den Wunsch, »unter allen Umständen in den Adel hinein[zu]wachsen«. Er konnte auch als sichere Kapitalanlage dienen (S. 25). Der Forschungsschwerpunkt hätte bislang auf den Reichsstädten und dem reichsunmittelbaren Ritteradel in Oberdeutschland gelegen, »während die Städte und die landsässige Ritterschaft in Nord- und Mitteldeutschland stark vernachlässigt« worden seien (ebd.). Die »für die deutschen Verhältnisse so typisch erscheinenden Aufstiegsprozesse der bürgerlichen Oberschicht in den Niederadel [stellten] ein europäisches Phänomen dar« (S. 26). Und schließlich: »Die ständische Gesellschaft des Spätmittelalters war [...] mobil in beide Richtungen«, auch wenn im hier besprochenen Band »die Aufstiegsprozesse in den Vordergrund gestellt« worden seien (ebd.).

a. d. Lahn 1996. Zu den einzelnen Beiträgen vgl. https://www.uni-muenster.de/imperia/md/content/staedtegeschichte/5_publikationen/einzelpublikationen/adel_in_der_stadt_des_mittelalters_96.pdf (18.07.2023).

18 Peter Johanek: Vorwort. In: Der Adel in der Stadt des Mittelalters und der frühen Neuzeit (wie Anm. 17), S. 7 f., hier S. 8.

19 Kurt Andermann/Peter Johanek (Hrsg.): Zwischen Nicht-Adel und Adel (Vorträge und Forschungen 53), Stuttgart 2001, https://journals.ub.uni-heidelberg.de/index.php/vuf/issue/view/1830 (23.07.2023). Zum Inhaltsverzeichnis vgl. http://opac.regesta-imperii.de/lang_de/anzeige.php?sammelwerk=Zwischen+Nicht-Adel+und+Adel&pk=110177 (23.07.2023).

20 Kurt Andermann/Peter Johanek: Vorwort. In: Andermann/Johanek (wie Anm. 19), S. VII f.

21 Karl-Heinz Spieß: Aufstieg in den Adel und Kriterien der Adelszugehörigkeit im Spätmittelalter. In: Andermann/Johanek (wie Anm. 19), S. 1–26.

Der Schwerpunkt des Sammelbandes lag zeitlich auf dem Spätmittelalter (mit Ausblicken auf die Frühe Neuzeit) und sozial auf der Stadt.[22] Diese zeigte sich gegenüber dem flachen Land als Ort hoher gesellschaftlicher Dynamik, wo es einzelnen Familien gelang, einen, wenngleich über Generationen verlaufenden, Aufstieg zu vollziehen. Die Grundlage bildeten Besitz und Sozialstatus, Herkunft und Geburt, Alter und Ehrkapital, aber auch persönliche Eignung und individuelle Fähigkeiten.[23]

Wiederum in den engeren Bereich der stadtgeschichtlichen Forschung, mit dem gleichen Zeitrahmen Spätmittelalter–Frühe Neuzeit, fällt das *Themenheft: Adel in der Stadt,* das im selben Jahr wie der Band des Konstanzer Arbeitskreises erschien. Der Publikationsort war die Zeitschrift *Pro Civitate Austriae. Informationen zur Stadtgeschichtsforschung in Österreich,* herausgegeben vom Österreichischen Arbeitskreis für Stadtgeschichtsforschung in Wien.[24] Das schmale Heft enthielt drei qualitätvolle Beiträge von Gustav Pfeifer, Herwig Weigl und Peter Wiesflecker.[25]

Das Thema blieb auch in den folgenden Jahren aktuell. So erschien im Jahr 2000 ein von Werner Rösener herausgegebener Tagungsband zu adeligen und bürgerlichen Erinnerungskulturen, entstanden im Rahmen des an der Universität Gießen angesiedelten Sonderforschungsbereichs 434 »Erinnerungskulturen«.[26] Auch eine

22 »Bei der Diskussion des generell wohl eher als Ausnahme anzusehenden sozialen Aufstiegs vom Nicht-Adel zum Adel im Spätmittelalter müssen die für die jeweilige regionale und zeitliche Standortbestimmung von ›nobilis‹–›edel‹ prägenden Normsysteme von dörflichen wie städtischen Genossenschaften sowie die auf den fürstlichen Hof beziehungsweise auf konkurrierende Höfe bezogenen Wertsysteme von niederadligen Gemeinschaften berücksichtigt werden«; Gerhard Fouquet: Zwischen Nicht-Adel und Adel. Eine Zusammenfassung. In: Andermann/Johanek (wie Anm. 19), S. 417–434, hier S. 433. Zum »städtischen Normensystem«; vgl. Ebd., S. 420–427.

23 Ebd., S. 433 f.

24 Wilhelm Rausch: Zwanzig Jahre Österreichischer Arbeitskreis für Stadtgeschichtsforschung. In: Pro Civitate Austriae 9 (1989), S. 7–38. Zur Geschichte des Arbeitskreises vgl. http://www.stadtgeschichtsforschung.at/geschichte.php (18.07.2023).

25 Pro Civitate Austriae. Informationen zur Stadtgeschichtsforschung in Österreich N. F. 6 (2001), S. 2–78. Weiteres dazu unter: http://www.stgf.at/publikationen03.php (18.07.2023). Es war nicht zu ermitteln, ob es sich dabei um die Ergebnisse einer wissenschaftlichen Tagung gehandelt hat. Vgl. ebd. die Beiträge Gustav Pfeifer: »Neuer« Adel im Bozen des 14. Jahrhunderts. Botsch von Florenz und Nikolaus Vintler, S. 2–23; Herwig Weigl: Preuhafen und Milchtopf. Die Ritter von Steyr und die Bürgergemeinde, S. 24–66; Peter Wiesflecker: »Der Weg aus der Stadt ...«. Bemerkungen zur städtischen Gesellschaft in der Steiermark und in Kärnten an der Wende vom Spätmittelalter zur frühen Neuzeit am Beispiel geadelter Bürgerfamilien, S. 67–78.

26 Werner Rösener (Hrsg.): Adelige und bürgerliche Erinnerungskulturen des Spätmittelalters und der Frühen Neuzeit (Formen der Erinnerung 8), Göttingen 2000. Die einzelnen Beiträge bezogen sich nicht zwingend auf das gegenseitige Verhältnis beider Gruppen; vgl. das Inhaltsverzeichnis unter: http://opac.regesta-imperii.de/lang_de/anzeige.php?sammelwerk=Adelige+und+b%C3%BCrgerliche+Erinnerungskulturen&pk=90707 (02.08.2023).

Festschrift, die anlässlich des Stadtjubiläums von Göppingen entstand, führte das Thema im Titel.[27] Angesichts der Fülle von Tagungen und Publikationen darf man sich die Frage stellen, was zu diesem Aufschwung des Themas in den 1990er und frühen 2000er Jahren führte. Darauf lassen sich Antworten finden. Die Gründe liegen im Bereich der Vergleichenden Landesgeschichtsforschung. 1993 erschien die Habilitationsschrift von Karl-Heinz Spieß über *Familie und Verwandtschaft im deutschen Hochadel des Spätmittelalters.*[28] Darin behandelte der Verfasser den (nicht-fürstlichen) Hochadel erstmals unter modernen sozialgeschichtlichen Fragestellungen und überwand damit faktisch bestehende Vorbehalte gegenüber dem Adel als einem modernen Forschungsthema. Parallel dazu hatte sich seit den 1970er Jahren ein weiterer Forschungsstrang entwickelt, der den Adel in Verbindung mit Städten, hier den landesherrlichen Residenzen im Spätmittelalter, als Thema erschloss. Entwickelt worden war das Konzept in den 1970er Jahren von dem 1970 auf den Göttinger Lehrstuhl für Niedersächsische Landesgeschichte berufenen Hans Patze († 1995).[29] Es wurde von ihm mit zwei Tagungen des Konstanzer Arbeitskreises 1984 und 1985 in die deutsche Forschungslandschaft eingeführt[30], mit der Begründung der Residenzen-Kommission an der Göttinger Akademie der Wissenschaften institutionalisiert[31] und mit einer eigenen Schriftenreihe (*Residenzenforschung*) ausgestattet.[32] Nach Patzes krankheitsbedingtem Ausscheiden Ende 1985 zunächst von Peter Johanek übernommen[33], wurde das Thema in dem von Werner Paravicini initiierten Göttinger Akademieprojekt »Hof und Residenz im spätmittelalterlichen

27 Vgl. Walter Ziegler (Hrsg.): Stadt, Kirche, Adel. Göppingen von der Stauferzeit bis ins späte Mittelalter (Veröffentlichungen des Stadtarchivs Göppingen 45), Göppingen 2006. Das vom örtlichen Geschichts- und Altertumsverein 2004 veranstaltete Fest-Symposium trug dagegen noch den Titel »850 Jahre Göppinger Barbarossa-Urkunde« (vgl. ebd., S. 4).

28 Karl-Heinz Spieß: Familie und Verwandtschaft im deutschen Hochadel des Spätmittelalters, 13. bis Anfang des 16. Jahrhunderts (Vierteljahrschrift für Sozial- und Wirtschaftsgeschichte 111), Stuttgart 1993. Die zweite Auflage erschien 2015.

29 Hans Patze: Die Bildung der landesherrlichen Residenzen im Reich während des 14. Jahrhunderts. In: Wilhelm Rausch (Hrsg.): Stadt und Stadtherr im 14. Jahrhundert. Entwicklungen und Funktionen (Beiträge zur Geschichte der Städte Mitteleuropas 2), Linz (Donau) 1972, S. 1–54 sowie Hans Patze/Gerhard Streich: Die landesherrlichen Residenzen im spätmittelalterlichen Deutschen Reich. In: Blätter für deutsche Landesgeschichte 118 (1982), S. 205–220.

30 Hans Patze/Werner Paravicini (Hrsg.): Fürstliche Residenzen im spätmittelalterlichen Europa (Vorträge und Forschungen 36), Sigmaringen 1990; vgl. Johannes Fried: Geleitwort. In: Patze/Paravicini (wie Anm. 30), S. 8.

31 Vgl. Josef Fleckenstein: Hans Patze, 20. Oktober 1919–19. Mai 1995. In: Jahrbuch der Akademie der Wissenschaften in Göttingen (1996), S. 260–267; sowie Peter Johanek: Hans Patze (1919–1995). In: Blätter für deutsche Landesgeschichte 131 (1995), S. 333.

32 Vgl. http://opac.regesta-imperii.de/lang_de/anzeige.php?reihe=Residenzenforschung (24.07.2023).

33 Peter Johanek (Hrsg.): Vorträge und Forschungen zur Residenzenfrage (Residenzenforschung 1), Sigmaringen 1990.

Deutschen Reich« in den Jahren 1998 bis 2011 weiter erforscht[34] und dabei von internationalen Symposien flankiert. Diese fanden seit den späten 1980er Jahren im Zweijahresrhythmus an wechselnden Orten statt und bildeten über Jahre ein »Must-go« der deutschen Spätmittelalterforschung.[35] Die Fortsetzung bildet das seit 2012 von Gerhard Fouquet geleitete Göttinger Akademieprojekt »Residenzstädte im Alten Reich (1300–1800). Urbanität im integrativen und konkurrierenden Beziehungsgefüge von Herrschaft und Gemeinde«.[36] Auch in diesem Nachfolgeprojekt ist der Adel inkludiert, wenngleich die Relation Herrschaft – Stadtbevölkerung im Vordergrund steht.[37] Die Publikationsreihe(n) der Residenzenkommission, die auch ein umfangreiches Handbuch sowie Monographien und Tagungsbände umfassen sowie ein Mitteilungsblatt, setzten und setzen bis heute starke Forschungsimpulse.[38]

Das Begriffspaar »Stadt und Adel« kreist aber keineswegs ausschließlich um Residenzstädte, sondern gerade bei vormodernen Städten lassen sich ganz unterschiedliche Konstellationen untersuchen. Neben den »klassischen« Antagonismen[39] »Adel gegen Stadt« oder »Stadt gegen Adel« gibt es demnach weitere Relationen: Ganz

34 https://adw-goe.de/forschung/abgeschlossene-forschungsprojekte/akademienprogramm/hof-und-residenz/; https://adw-goe.de/digitale-bibliothek/hoefe-und-residenzen-im-spaetmittelalterlichen-reich/digitales-handbuch/ (23.07.2023).

35 Symposien der Residenzen-Kommission der Akademie der Wissenschaften in Göttingen, vgl. http://opac.regesta-imperii.de/lang_de/suche.php?qs=Symposium+der+Residenzen-Kommission+der+Akademie+der+Wissenschaften+in+G%C3%B6ttingen (23.07.2023).

36 Behandelt werden die »900 spätmittelalterlichen und frühneuzeitlichen Residenzstädte des Alten Reichs« zwischen dem 14. und dem frühen 19. Jahrhundert als »ein wichtiges Element der europäischen Urbanisierungsprozesse, der Verklammerung städtischer und adlig-höfischer Lebensformen, der Entfaltung feudaler Herrschaft und vormoderner Staatlichkeit[...] [i]n interdisziplinärer Zusammenarbeit von Sozial- und Wirtschaftsgeschichte, Regional-, Verfassungs- und Kunstgeschichte«. Dies bildet die Basis für ein vierbändiges Handbuch, daneben untersuchen exemplarische Studien mit geschichtswissenschaftlichen und kunsthistorischen Schwerpunkten spezifische Fragestellungen. »Der Forschung unterlegt ist dabei die These, dass die zu untersuchenden Sozialformen wie ›Stadt‹ und ›Herrschaft‹, ›Staat‹ und ›Hof‹ weniger antagonistisch als vielmehr komplementär und integrativ orientiert waren«; vgl. https://adw-goe.de/forschung/forschungsprojekte-akademienprogramm/residenzstaedte/ (23.07.2023). Zum Handbuch »Residenzstädte im Alten Reich (1300–1800)« vgl. https://adw-goe.de/forschung/forschungsprojekte-akademienprogramm/residenzstaedte/projekt/abt-i-analytisches-verzeichnis-der-residenzstaedte-und-herrschaftlichen-zentralorte/ (23.07.2023).

37 »Residenzenforschung. Neue Folge: Stadt und Hof«, https://adw-goe.de/forschung/forschungsprojekte-akademienprogramm/residenzstaedte/publikationen/ (23.07.2023).

38 Vgl. den Überblick zu den Reihen und Periodika unter http://opac.regesta-imperii.de/lang_de/anzeige.php?reihe=Residenzenforschung (23.07.2023).

39 Vgl. u. a. Klaus Graf: »Der adel dem purger tregt haß«. Feindbilder und Konflikte zwischen städtischem Bürgertum und landsässigem Adel im späten Mittelalter. In: Werner Rösener (Hrsg.): Adelige und bürgerliche Erinnerungskulturen des Spätmittelalters und der Frühen Neuzeit (Formen der Erinnerung 8), Göttingen 2000, S. 191–204.

wertfrei wären »Adel und Stadt« beziehungsweise »Stadt und Adel«, aber auch der »Adel in der Stadt«[40] und die »Stadt (oder die Städte) des Adels«. Alle Aspekte haben bereits wissenschaftliche Aufmerksamkeit erfahren. Hier sollen nur zwei aussagefähige Beispiele vorgestellt werden, die die ganze Bandbreite und Vielschichtigkeit der Thematik vor Augen führen. Beim Blick auf den Adel in der Stadt liefert die Reichsstadt Nürnberg eines der herausragendsten und zugleich gut untersuchten Beispiele für »adelige« Präsenz in der Stadt und für die Komplexität des gegenseitigen Verhältnisses. Zur Veranschaulichung dient das vor wenigen Jahren erschienene zweibändige Werk *Nürnberger Totenschilde des Spätmittelalters.*[41] Es bietet beeindruckende monumentale Funeralzeugnisse vermeintlich adeliger Präsenz. Allerdings gilt es hier zu differenzieren, denn der »größte Teil der Nürnberger Gedenktafeln memorierte [männliche] Angehörige der ratsfähigen Familien. Nachweisbar sind darüber hinaus Adelige und zahlreiche Mitglieder der wohlhabenden Kaufmannschicht [...].«[42] Das vornehmliche Kriterium war also ein bürgerliches, nämlich die Ratsfähigkeit. Andererseits lässt sich anhand der Haus- und Familienbücher dieser führenden Familien aufzeigen, dass deren Verfasser sich bereits seit der Mitte des 14. Jahrhunderts um Distinktion bemühten und ab der Mitte des 16. Jahrhunderts »auf die kontrollierte, repräsentative Darstellung der eigenen Herkunft nach außen im Sinne des erstarkenden Gefühls als ›Stadtadel‹« abzielten.[43] Die eigenen Vorfahren wurden darin in kolorierten Buchminiaturen »in altertümlicher Rüstung, häufig bewaffnet mit heraldisch gekennzeichnetem Schild« dargestellt, flankiert von Ahnenproben und ihrer Darstellung auf kostbaren Pokalen, gleichzeitig manifestierten die Kleiderordnungen Standesunterschiede.[44] Hinzu trat die reale oder fiktive Teilnahme an Turnieren.[45]

40 Vgl. dazu die bei Ernst Schubert, dem Nachfolger Hans Patzes auf dem Göttinger Lehrstuhl für niedersächsische und vergleichende Landesgeschichte, entstandene und 1993 fertiggestellte Dissertation von Arend Mindermann: Adel in der Stadt des Spätmittelalters. Göttingen und Stade 1300–1600 (Veröffentlichungen des Instituts für Historische Landesforschung der Universität Göttingen 35), Bielefeld 1996. Die Frage »Was ist Adel in der Stadt?« wurde vom Verfasser in seiner Einleitung auf drei Seiten abgehandelt; ebd., Kap. 1.1, S. 1–3. Ihm ging es um »die Präsenz von Angehörigen des landsässigen Niederadels in der Stadt«; ebd., S. 2. Bei den untersuchten Städten handelte es sich um landesherrliche Residenzen: die welfische Residenzstadt Göttingen und Stade, eine Residenzstadt der Erzbischöfe von Bremen. Zu den Ergebnissen vgl. ebd., Kap. 4, S. 325–369.

41 Frank Matthias Kammel u. a. (Hrsg.): Die Nürnberger Totenschilde des Spätmittelalters im Germanischen Nationalmuseum. Jenseitsvorsorge und ständische Repräsentation städtischer Eliten. Bestandskatalog, 2. Bde., Nürnberg 2020.

42 Vgl. Katja Putzer: Wer bekam einen Totenschild? Voraussetzungen, Berechtigung, Ausschlusskriterien, in: Kammel (wie Anm. 41), Bd. 1, S. 228–245, hier S. 229.

43 Anna Pawlik: Rückblick und Erneuerung. Wandel der Erinnerungskultur. In: Kammel (wie Anm. 41), Bd. 1, S. 200–227, S. 200 f.; Zitat ebd., S. 201.

44 Ebd., S. 201–206 (mit Abb. 222–234).

45 Ebd., S. 206–209.

Die soziale Stratigraphie war in diesen großen Städten nicht statisch, sondern höchst dynamisch. Ihre Grundlage bildete Reichtum und damit einhergehendes Ansehen, das angestrebte Ziel war adelige Idoneität.[46] Um dies auch nach außen zu kommunizieren, bemühten sich die Geschlechter um Standeserhöhung mittels königlichem oder kaiserlichem Privileg samt »sprechendem« Wappenbild. So bekam der Nürnberger Patrizier Wolf Holzschuher im Jahre 1503 das Privileg einer Wappenmehrung durch König Manuel I. von Portugal (reg. 1495 bis 1521)[47]. Nach Wolfs Tod im Jahre 1547 wurde es von Kaiser Karl V. auf die ganze Familie übertragen. Seitdem führten die Holzschuher einen gevierten Schild; in seinen Feldern zwei und vier wurde das Familienwappen (mit dem namengebenden Holzschuh) ergänzt um das Brustbild eines »weißen Mohren«. Gemeint war damit ein silberner, golden gekleideter Sarazene mit grauem Bart. Auf der Herzstelle des gevierten Wappens befand sich das rot gerandete silberne Kreuz des Christus-Ordens. Als Helmzier prangte ein rotgekleideter »wachsender Mohr ohne Arme«.[48] Damit waren keine rassistischen Anwürfe gemeint, wie man vielleicht annehmen könnte, vielmehr kommunizierte das Wappen vor allem den Ruhm, den sich der Holzschuher aufgrund seiner Tapferkeit gegen die Muslime in den portugiesischen Westafrika-Kreuzzügen in der Zeit um 1500 erworben hatte.[49] Man kann davon ausgehen, dass es sich dabei um keine bloße Fiktion gehandelt hat. Allerdings lagen – ganz ähnlich wie bei den portugiesischen Königen der Zeit – Politik, Frömmigkeit, Tapferkeit auf dem Schlachtfeld und Geschäft nahe beieinander. Georg I. Holzschuher († 1526), der Begründer der jüngeren sogenannten grünen Linie, betrieb ein »erfolgreiches Montanunternehmen im Erzgebirge« und handelte »mit Silber und Kupfer«.[50] Letzteres wiederum war in Westafrika stark nachgefragt.[51] Die Erinnerung hielten ein Familienbuch von 1505, ein Geschlechterbuch aus den 1560er Jahren und schließlich die 1755 erschienene *Historia Genealogica* von Johann Christoph Gatterer wach.[52] Es handelte sich dabei

46 Ebd., S. 201 f.

47 Vgl. dazu auch den Beitrag von Marcus Meer in diesem Band.

48 Vgl. Anna Pawlik/Katja Putzer: Holzschuher. In: Kammel (wie Anm. 41), Bd. 2, S. 480–493, hier S. 480.

49 Vgl. dazu Kaspar Elm: Christusorden. In: Lexikon des Mittelalters, Bd. 2, München/Zürich 1983, Sp. 1946 f.; Peter Feige: Manuel I. In: Lexikon des Mittelalters, Bd. 6, München/Zürich 1993, Sp. 210 f. sowie Miguel Bandeira Jerónimo: Portuguese Colonialism in Africa (2018). In: Oxford African History. DOI: 10.1093/acrefore/9780190277734.013.183.

50 Vgl. Pawlik/Putzer (wie Anm. 48), S. 480.

51 Vgl. Tobias Skowronek/Christopher DeCorse/Rolf Denk u. a.: German brass for Benin Bronzes. Geochemical analysis insights into the early Atlantic trade. In: PLoS ONE 18,4 (2023). DOI: 10.1371/journal.pone.0283415 sowie Kathryn Wysocki Gunsch (Hrsg.): The Benin Plaques. A 16th Century Imperial Monument (Routledge Research in Art History), London/New York 2018.

52 Johann Christoph Gatterer: Historia genealogica dominorum Holzschuherorum ab Aspach et Harlach in Thalheim cet. Patriciae Gentis tum apud Norimbergenses tum in exteris etiam regionibus toga sagoque illustris Ex incorruptis rerum gestarum monimentis conquisita,

um ein Auftragswerk von Karl Sigmund Holzschuher († 1760), Ratsherr in Nürnberg und zugleich Pfleger der Holzschuher'schen Familienstiftung.[53]

Auch andere Nürnberger beziehungsweise deren Nachfahren haben auf diesem Weg adelige Tugenden respektive ihre adelige Idoneität unter Beweis gestellt oder solches versucht. Die Familie Behaim memorierte 1599 ihren berühmten Ahnen Martin II. (1459–1507), den »Vater« des Behaim-Globus, mit folgenden Worten:

> »Herr Martin Behaim, Ritter, Herr Martin Behaims Sohn, von der Schopperin geboren, hat unter Herrn Johannes *dem andern* [= Dom João II., reg. 1481–1495], König in Portugal, zu einer Insel gewohnt [die] er gefunden hat [...] in dem *occidentalischen Oceano*. Besagter König von Portugal hat [ihn] am 18. Februar 1485 in der Stadt *Allassavas* [= Alcaçovas] *in der St. Salvatorkirche* zum Ritter geschlagen, und ist beim König hoch verdient gewesen. Hat einen großen Herrn Tochter daselbst geheiratet [...]. Zu St. Katharina [= Dominikanerkirche in Nürnberg] hat er [= Martin Behaim] einen Totenschild im Chor hängen aus dem Jahre 1507, [...], *wie auf dem globo terrestri auf dem Rathaus im oberen Saal (den er gemacht und einem Ehrbaren Rat allhier verehrt) mit silberner Schrift zu sehen.*«[54]

Man liest deutlich heraus, wie in diesem Eintrag aus dem späten 16. Jahrhundert eine adelige oder dem Adel angeglichene Standeszugehörigkeit des Vorfahren durch Königsdienst und Königsgunst im fernen Portugal sowie vornehmes Konnubium hervorgehoben, gleichzeitig aber die Zugehörigkeit zu Nürnberg mit der Gabe des kostbaren Globus an den städtischen Rat betont wurde.

Die Realität vor Ort in Nürnberg sah freilich anders aus. Die Stifts- und Turnierfähigkeit wurde den Geschlechtern im 15. Jahrhundert erfolgreich bestritten.[55] Dem »Beweis« ihrer Ebenbürtigkeit mit dem Landadel im Umland dienten »unzählige Adels- und Wappenbriefe« und Bestrebungen, »das altadelige Herkommen in zahlreichen Geschlechterbüchern ›wissenschaftlich‹ nachzuweisen«. Die Motivation

Nürnberg 1755, https://www.digitale-sammlungen.de/de/view/bsb11197769?page=11 (11.10.2023). Das Privileg Karls VI. (samt der inserierten Urkunde Manuels I.) findet sich ebd., Nr. 205, S. 244–249. Zum Verfasser vgl. Lothar Graf zu Dohna: Gatterer, Johann Christoph. In: Neue Deutsche Biographie (NDB), Bd. 6, Berlin 1964, S. 89–91 sowie Werner Wilhelm Schnabel: Johann Christoph Gatterer in Nürnberg. Über die Frühzeit des Göttinger Historikers. In: Jahrbuch des Historischen Vereins für Mittelfranken 96 (1992/93), S. 61–109.

53 Pawlik/Putzer (wie Anm. 48), S. 480 f.

54 Eintrag in einem Geschlechterbuch, das 1599 von Paulus Behaim angelegt wurde (Nürnberg, Stadtarchiv, Signatur E 11/II, Nr. 510); vgl. Horst-Dieter Beyerstedt: Woher stammt unser Wissen? Archivalien zu Martin Behaim im Stadtarchiv Nürnberg. In: Michael Diefenbacher (Hrsg.): Martin Behaim (1459–1507). Nürnberg im Zeitalter der Entdeckungen (Norica. Berichte und Themen aus dem Stadtarchiv Nürnberg 3), Nürnberg 2007, S. 48–58, hier S. 54 f. (Transkription, mit Abb., ebd., S. 53).

55 Diefenbacher (wie Anm. 13), S. 61.

für diese Anstrengungen war »ein enormes Bedürfnis nach Standeslegitimation«.[56] Erst in der Zeit um 1700 erlangten die politischen Spitzen der Stadt kaiserliche Privilegien, die aber »nicht sämtliche Streitigkeiten um die Ebenbürtigkeit mit dem ritterschaftlichen Adel« ausräumten.[57]

Wendet man sich der zweiten Relation, den »Städten des Adels«, zu, dann kann dort Ernüchterndes zutage treten. Wohl eines der plakativsten Beispiele dafür ist die Stadtwüstung Stoppelberg im südöstlichen Westfalen auf dem Hochplateau eines heute bewaldeten, langgestreckten und isoliert gelegenen Hügels in der Steinheimer Börde, über die kaum urkundliche Überlieferung vorliegt.[58] Die meisten Informationen sind Geländebegehungen seit dem 19. Jahrhundert zu verdanken, die vornehmlich Keramikscherben, aber auch Metallgegenstände zutage förderten.[59] Die Anlage hatte eine Gesamtfläche von nur 5,15 Hektar und »vermittelt einen vorzüglichen Eindruck von einer kleinen mit landesherrlicher Burg versehenen Stadt auf beherrschender Höhe«.[60] Sie »gehört zu den am besten erhaltenen mittelalterlichen Stadtwüstungen in Zentraleuropa«.[61] Die Stadt wurde vermutlich im zweiten Viertel des 13. Jahrhunderts auf Initiative der Grafen von Schwalenberg gegründet, existierte etwa 100 Jahre und wurde schon in der ersten Hälfte des 14. Jahrhunderts verlassen. Geschützt durch eine Graben-Mauer-Konstruktion mit zwei Toren und einer östlich gelegenen Stadtburg gruppierten sich die auf Parzellen mit einer durchschnittlichen Breite von etwas über 20 Metern liegenden Wohngebäude um einen rechteckigen (Markt-)Platz.[62] Für diese »geplante, vermessene Stadt« wurde im Gelände zunächst eine zentrale Achse entlang der geschwungenen 400 Meter langen Mittellinie des langgestreckten Plateaus abgesteckt, an deren Enden je ein Stadttor lag. An dieser Längslinie orientierten sich die einzelnen Bauparzellen: Auf 26 Parzellen haben sich »grubenartige Vertiefungen« von rund acht bis neun Metern Breite und elf bis maxi-

56 Diefenbacher (wie Anm. 13), S. 62. Vgl. auch Peter Fleischmann: Rat und Patriziat in Nürnberg. Die Herrschaft der Ratsgeschlechter vom 13. bis zum 18. Jahrhundert, 3 Bde. (Nürnberger Forschungen 31,1–3), Nürnberg 2008.

57 Diefenbacher (wie Anm. 13), S. 66 f.

58 Hans-Georg Stephan: Die Stadtwüstung Stoppelberg bei Steinheim im Weserbergland. In: Neue Ausgrabungen und Forschungen in Niedersachsen 24 (2003), S. 253–291, hier S. 255, 274 f.

59 Vgl. Rudolf Bergmann: Die Stadtwüstung Stoppelberg in der Steinheimer Börde. In: Ders. u. a. (Hrsg.): Zwischen Pflug und Fessel. Mittelalterliches Landleben im Spiegel der Wüstungsforschung, Münster 1993, S. 61–70, Beilagen 13 f.; sowie Stephan (wie Anm. 58), S. 253–291.

60 Stephan (wie Anm. 58), S. 272.

61 Ebd., S. 253, 272; sowie Rudolf Bergmann: Die spätmittelalterlich wüstgefallene Stadtanlage in der Steinheimer Börde. In: Archäologie in Westfalen-Lippe 2010, S. 164–168, https://journals.ub.uni-heidelberg.de/index.php/aiw/article/download/25946/19663/73881 (17.07.2023), S. 164.

62 Zum »Geländedenkmal« vgl. Stephan (wie Anm. 58), S. 272–283.

mal 14 Metern Länge im Boden, wohl einst Gebäudekeller, erhalten.[63] Diese Befunde besonders im Süden deuten auf »eine dichte und regelhafte Bebauung längs einer Straße oder eines Platzes«[64] und zeigen einen »zweigliedrige[n] Stadtgrundriss mit einem dicht bebauten östlichen Teil und einem nur teilweise bebauten Platzbereich im Westen«[65] mit

> »20 bzw. 24 wahrscheinlich besetzte[n] Parzellen, je nachdem, ob man die Befunde im Nordosten zwei oder einer Grundstücksreihe zuordnet (einschließlich der beiden Gebäude vor dem Stadtwall im Westen und ohne die beiden Befunde im Zentrum des Plateaus), sowie schätzungsweise 10 potentielle weitere Parzellen an der Nordwestseite des Gipfelplateaus. Von diesen Werten lässt sich auf eine Einwohnerzahl von maximal 150–200 Personen [!] schließen.«[66]

Auf die städtische Qualität dieser Stadt im Miniaturformat verweist der Fund eines Münzprägestempels aus dem 13. Jahrhundert. Er wurde im Stadtinneren in der Nähe des mutmaßlichen Nordtores gefunden, wobei das Münzbild aufgrund von Korrosion nicht mehr rekonstruierbar ist.[67] Der exponiert gelegene Ort lag in Sichtweite der Burg seiner Stadtherren, der Grafen von Schwalenberg[68], und teilte deren Schicksal. Bei ihnen handelte es sich um eine »der ältesten und bedeutendsten norddeutschen Hochadelsfamilien«[69] und gegen Ende des 12. Jahrhunderts die »mächtigsten Herren im ganzen Raum zwischen Herford und Höxter«.[70] Sie erloschen um die Mitte des 14. Jahrhunderts[71]; das Ende erfolgte durch Erbenlosigkeit und Aus-

63 Bergmann (wie Anm. 61), S. 166 f. (mit Karte, S. 165). Zitat ebd., S. 166. Weitere Abbildungen bei Ludger Wiedemeier: Die Grafen von Stoppelberg und ihre Stadt (Mitteilungen des Kulturausschusses der Stadt Steinheim 66), Steinheim 2017, Abb. 2, S. 21–23.

64 Stephan (wie Anm. 58), S. 273.

65 Thomas Künzel: Gedanken zum ursprünglichen »Stadtplan« der Siedlung auf dem Stoppelberg. In: Neue Ausgrabungen und Forschungen in Niedersachsen 24 (2003), S. 292–295, hier S. 292. Vgl. weiter ebd., S. 293 f.

66 Ebd., S. 294. Vgl. die »freie Ideenskizze zur möglichen Interpretation der Geländerelikte« in: Stephan (wie Anm. 58), S. 275, Abb. 20 b.

67 Vgl. Peter Ilisch: Ein mittelalterlicher Münzprägestempel aus Ostwestfalen. In: Heinz Günter Horn (Hrsg.): Von Anfang an. Archäologie in Nordrhein-Westfalen. Ausstellungskatalog (Schriften zur Bodendenkmalpflege in Nordrhein-Westfalen 8), Köln 2005, S. 539 sowie Stephan (wie Anm. 58), S. 270. Zu weiteren Funden von Metallfragmenten vgl. ebd., S. 270 f.

68 Vgl. die Übersichtskarte bei Stephan (wie Anm. 58), S. 282.

69 Ebd., S. 276. Zum Machtbereich der Grafen vgl. ebd., S. 277 f.; ferner die Karte ebd., Abb. 24, S. 279.

70 So die Einschätzung von Friedhelm Forwick: Die staatsrechtliche Stellung der ehemaligen Grafen von Schwalenberg (Veröffentlichungen der Historischen Kommission Westfalen 22/Geschichtliche Arbeiten zur westfälischen Landesforschung 5), Münster 1963, S. 59.

71 Bergmann (wie Anm. 61), S. 165 f. – Ihr Niedergang durch Abspaltung mehrerer Linien begann bereits im 13. Jahrhundert; vgl. Peter Johanek: Schwalenberg. In: Lexikon des Mittelalters, Bd. 7, München 1995, Sp. 1610.

verkauf der Herrschaft.[72] Für die Nachfolger war die Stadt offenbar uninteressant und wurde aufgegeben.

Die hier präsentierten Beispiele zeigen die enorme Bandbreite dessen, was man im Mittelalter als Stadt bezeichnete und die Herausforderungen, die sich für die Thematik »Stadt und Adel« stellen. Antagonismen und Symbiosen zwischen Adel und Städten sind auch in dem hier vorgelegten Sammelband feststellbar, müssen aber wesentlich differenzierter betrachtet werden. Dafür ist der Blick über die Historiographie und sogar über das Fach Geschichtswissenschaft hinaus erforderlich. Diese Wege wurden in den meisten Beiträgen gewählt. Dies liegt nicht nur an der schriftlichen Überlieferung, die im Spätmittelalter exponentiell ansteigt, sondern auch an der Tatsache, dass in vielen Fällen die Historiographie schweigt oder nur die Haupt- und Staatsaktionen überliefert. Weitere Quellentypen treten in Konkurrenz zur beziehungsweise substituieren die Geschichtsschreibung, die gerade in kleineren Städten in der Regel ausfällt, entweder weil sie sich nicht überliefert oder – weit eher noch – nie existiert hat. Nimmt man die Frühe Neuzeit und die neueste Zeit hinzu, dann verändern sich die Überlieferungsverhältnisse, Forschungstraditionen, Modellbildungen und Fragestellungen. Gerade die frühneuzeitliche Geschichte von Städten ist bis heute vielfach eine »Blackbox«, da traditionell wenig Interesse an ihnen aufgrund ihres vermeintlichen Niedergangs bestand. Schaut man auf die Forschung, dann haben für den Zeitraum zwischen dem 16. und dem 19. Jahrhundert in jüngerer Zeit vor allem zwei Stadttypen größere Aufmerksamkeit erfahren: Es sind zum einen die frühneuzeitlichen Residenzstädte[73], die von dem bereits oben behandelten Boom profitiert haben. Andererseits sind es die Hafenstädte und Metropolen, denen im Rahmen des »Global Turn« eine zentrale Rolle zugewiesen wird.[74]

72 Vgl. Friedhelm Biermann: Der Weserraum im hohen und späten Mittelalter. Adelsherrschaften zwischen welfischer Hausmacht und geistlichen Territorien (Veröffentlichungen des Instituts für Historische Landesforschung der Universität Göttingen 49), Bielefeld 2007, S. 142 f., 714 f.; sowie Stephan (wie Anm. 58), S. 275 f., 278, 283.

73 Katrin Keller: Residenzstadt. In: Friedrich Jaeger u. a. (Hrsg.): Enzyklopädie der Neuzeit Online, 2019, http://dx.doi.org/10.1163/2352-0248_edn_SIM_339717 (14.07.2023); sowie Mark Hengerer: Residenz. In: Friedrich Jaeger u. a. (Hrsg.): Enzyklopädie der Neuzeit Online, 2019, http://dx.doi.org/10.1163/2352-0248_edn_SIM_339695 (14.07.2023). Ferner das oben bereits angesprochene Akademieprojekt Residenzstädte im Alten Reich (1300–1800), online unter: https://adw-goe.de/forschung/forschungsprojekte-akademienprogramm/residenzstaedte/ (14.07.2023).

74 Vgl. Andreas Eckert: Hafenstadt. In: Friedrich Jaeger u. a. (Hrsg.): Enzyklopädie der Neuzeit Online, 2019, http://dx.doi.org/10.1163/2352-0248_edn_SIM_277043 (14.07.2023); sowie Malte Zierenberg: Stadtgeschichte, Version: 1.0. In: Docupedia-Zeitgeschichte (2016), http://docupedia.de/zg/Zierenberg_stadtgeschichte_v1_de_2016. DOI: http://dx.doi.org/10.14765/zzf.dok.2.706.v1 (23.07.2023). Ferner die aus den »Informationen zur modernen Stadtgeschichte« (ab 1970) hervorgegangene, seit 2020 erscheinende Zeitschrift des Deutschen Instituts für Urbanistik »Moderne Stadtgeschichte (MSG)«.

Angesichts der Komplexität und Vielgestaltigkeit der Thematik haben die Herausgeber den vorliegenden Band in drei Sektionen gegliedert. Die erste fragt unter dem Titel »Adel unter Bürgern?« nach »Herrschaft, Geschlechts- und Selbstverständnis des Stadtadels« – so der Untertitel. Es folgt unter der Überschrift »Stadt und Adel, Ritter und Bürger« die Sektion »Stadt als Bezugspunkt des Adels«. Die letzte vereinigt unter dem Titel »Stadt und Adel zwischen Konflikt und Kooperation« Beiträge, die die ganze Bandbreite und die Formen der gegenseitigen Beziehungen widerspiegeln. Im Folgenden sollen die einzelnen Beiträge vorgestellt und in ihrer Tragweite und Verflechtung zumindest umrissen werden. Dabei zeigt sich, dass die Grenzen zwischen den Sektionen fließend sind und die meisten Beiträge auch Aspekte der anderen berühren. Zu Recht fragten sich die Herausgeber des Bandes, ob es sich bei diesem Thema um einen Gegensatz oder um sich ergänzende Konzepte handelt und ob man von Antagonisten oder Partnern sprechen muss. Auf jeden Fall ist das Begriffspaar »Stadt und Adel« vielschichtig und kann auch dazu dienen, »die gesellschaftlichen Kategorien und Modelle von Bürgertum, Eliten und adeligem Selbstverständnis« weiter zu beleuchten und gleichzeitig zu hinterfragen. Zudem ergeben sich dabei auch Möglichkeiten zu Experimenten in Sachen Interdisziplinarität.

So diskutiert in der ersten Sektion der Beitrag von drei Archäologen, **Michael Kienzle, Moritz Foth** (beide Tübingen) und **Lukas Werther** (Frankfurt a.M.), das Verhältnis zwischen der Reichsstadt Reutlingen und den adeligen Herren von Greifenstein im ausgehenden 13. und frühen 14. Jahrhundert unter der Frage nach dem »materiellen Niederschlag von Konkurrenz und Koexistenz.« Damit werden gleichzeitig zwei Kernfragen interdisziplinärer Zusammenarbeit zwischen Geschichtswissenschaft und Archäologie berührt: Bilden sich historische Ereignisse im archäologischen Fundmaterial ab? Kann man mit archäologischen Mitteln den historischen Forschungsstand erweitern? Das Ereignis, um das es geht, fällt in den sogenannten »Reichskrieg« zwischen dem römisch-deutschen König Heinrich VII. († 1313) und Graf Eberhard I. von Württemberg († 1325) und damit in die Zeit um 1311; es ist in den Schriftquellen schlecht dokumentiert und von historischer Seite bis heute nicht kritisch aufgearbeitet.[75] Ein Auszug aus dem »Siegesgedicht«, einem literarisch geformten und keineswegs eine »neutrale« Position vertretenden Werk des Esslinger Arztes Magister Trutwin († nach 1313)[76], liefert den Hinweis auf die Zerstörung der Burg Stahleck im Echaztal im Zuge von Kriegshandlungen, denen im Beitrag archäologisch nachgegangen wird. Bekanntlich sind aber solche historisch-literarisch

75 Dies ist derzeit in Veränderung begriffen; vgl. die Tagung »Heinrich VII. und das Reich nördlich der Alpen«, Akademie der Wissenschaften und Literatur zu Mainz in Kooperation Centre Luxembourgeois de Documentation et d'Études Médiévales (CLUDEM) (26.–27.09.2022), https://www.hsozkult.de/event/id/event-128851 (20.07.2023). Der Tagungsband erscheint voraussichtlich 2025.

76 Walther Ludwig: Der Esslinger Arzt Trutwein und sein Siegesgedicht von 1312. In: Esslinger Studien 34 (1995), S. 1–19; zu ihm vgl. Klaus Graf: Trutwin. In: Die deutsche Literatur des Mittelalters. Verfasserlexikon, Bd. 9, Berlin/New York 1995, Sp. 1109–1111.

überlieferten Zerstörungen quellenkritisch durchaus problematisch: Wie nah war der Verfasser Trutwin den Ereignissen, wie stark stilisierte und überhöhte er sie, wie stark griff er auf Stereotypen oder gar Muster aus der Literatur zurück und inwieweit wurde dadurch die eigentliche Information deformiert? Im Abschnitt »Zusammenschau und Ausblick« des Beitrages kann man nachlesen, wie schwierig es methodisch ist, solche nur historiographisch bezeugten Ereignisse mit den Erkenntnissen der Mittelalterarchäologie in Einklang zu bringen.

Einen anderen Blick auf das Thema »Adel unter Bürgern?« wirft **Marcus Meer** (London) in seinem Beitrag über »Städtische Wahrnehmungen von Bürgerwappen« als Element »heraldischer Kommunikation von symbolischem Kapital in der spätmittelalterlichen Stadt«. Im Rahmen der neueren Kulturgeschichte haben sich in den letzten Jahrzehnten Wappen als ergiebige und von der Forschung viel zu lange vernachlässigte Quellengruppe erwiesen. Der Grund dafür ist ihr Kommunikationsrepertoire, das weit über die Identifikation von gerüsteten Kämpfern im Schlachtengetümmel oder von »Hausadressen« sozial herausgehobener Gruppen hinausreicht(e). Ausgehend von den Erträgen seiner Dissertation[77] behandelt der Verfasser weniger die sozialen und politischen Funktionen dieses visuellen Kommunikationsmediums in der mittelalterlichen Stadt, sondern vielmehr die potentielle Multivalenz jener Wahrnehmungen und Bedeutungszuschreibungen, die ihnen dort zugrunde lagen. Als »Schauplätze« dienten nicht nur die Fassaden und Fenster von Wohnhäusern, sondern auch die Innenräume von Rathäusern sowie insbesondere von Kirchen. Diese dienten dort sowohl dem Schlachtengedenken als auch Familienstiftungen, die ebenfalls eine Gedenkfunktion hatten. Gleichzeitig wurden Herrscherprivilegien in Form von Wappenbriefen oder Wappenbesserungen, die Bürgerfamilien verliehen wurden, zur »Mehrung von Ehre«, also von symbolischem Kapital durch herrscherliche Huld verwendet. Für den hochrangigen Gast bestand ihr »Reiz« vielfach darin, als billige Kompensation der Beherbergungskosten seiner meist »privaten« Gastgeber herzuhalten. Hinzu kam, dass die politischen Verhältnisse in den großen und reichen Städten alles andere als stabil waren; entsprechend interessiert waren die politisch und ökonomisch tonangebenden städtischen Eliten an den Wappenverleihungen. Um diese ließen sich Herkunftsgeschichten spinnen und Traditionen ableiten, die die eigene politische Stellung legitimierten und damit stabilisierten. Das eingangs vorgestellte Beispiel der Nürnberger Totenschilde zeigt auch, dass die ganze Thematik weiterer Erforschung und Präzisierung bedarf.

Ein besonders aufschlussreiches Beispiel für die Rolle des Adels in den Städten ist Italien. Es spielte auch auf der Tagung eine Rolle, allerdings ging es dabei nicht um die »neuen« Renaissance-Fürsten aus den Häusern Medici, Borgia, D'Este, Visconti oder Sforza. Ein hoher Anteil von ihnen waren Parvenus, denen es vom 14. Jahrhundert an gelang, bis in die höchsten sozialen Ränge aufzusteigen, und de-

77 Marcus Meer: Cities, Citizens, and their Signs: Heraldic Communication and Urban Visual Culture in Late Medieval England and Germany, Durham 2019, E-Theses Online: http://etheses.dur.ac.uk/13491/ (12.09.2023).

ren Ort die Stadt war. Stattdessen diskutiert der Beitrag von **Gabriele B. Clemens** (Saarbrücken) die italienischen Städte als »Arenen der Inszenierung adeliger Kultur im langen 19. Jahrhundert«. Ausgehend von der verbreiteten These, dass die Französische Revolution für den Adel nicht nur eine Bedrohung seiner Existenz, sondern auch eine erhebliche Erschütterung seines Selbstverständnisses auslöste, diskutiert sie die Formen und Praktiken, die er zur Lösung beziehungsweise zur Kompensation dieser Probleme entwickelte. Der Fokus liegt dabei auf den (sozialen) Räumen, auf die der Adel sein Augenmerk richtete und die er in seinem Interesse formte. Es handelte sich dabei um Opernhaus, Café und Piazza sowie Akademie, Salon und praktiziertes Mäzenatentum. Angesichts der sehr unterschiedlichen Genese und Beschaffenheit der italienischen Staatenwelt erstaunt die Ähnlichkeit der Maßnahmen, die adelige Familien und Individuen ergriffen. Hierunter fielen auch die Kunstförderung sowie der Aufbau kostbarer Sammlungen, die der interessierten Öffentlichkeit zugänglich gemacht wurden. Sie prägten das »moderne« Italienbild als Schatzkammer der Kunst und Kultur. Die leitenden Gründe waren politisch; die adeligen Akteure legitimierten ihren gesellschaftlichen Status, indem sie sich als eine Tugendelite im Dienst der »kulturellen Veredelung« der Gesellschaft propagierten. Ihre Bühnen waren keine dem Bürgertum »entrückten« Königs- und Fürstenhöfe, sondern die großen und kleine(re)n Provinz- und Hauptstädte der Apennin-Halbinsel.

Fast wie eine Ergänzung zum vorherigen wirkt der Beitrag von **Ines Heisig** (Saarbrücken), der die »Freiherren Heyl zu Herrnsheim in Worms zur Zeit des Kaiserreichs« unter dem Aspekt des »repräsentativen Wohnens als Elitenpraxis« diskutiert. Als Beispiel dient ihr der Heylshof (oder auch Heyl'sches Palais genannt), ein von der Familie in unmittelbarer Nähe des mittelalterlichen Wormser Doms erbautes, repräsentativen Wohn- und Ausstellungszwecken dienendes Gebäude, das heute »die größte noch in ihrem Gesamtbestand erhaltene Privatsammlung des 19. Jahrhunderts in Deutschland« beherbergt.[78] Der Beitrag diskutiert zum einen den sozialen Ort, in dem sich die Familie bewegte. Dieser oszillierte einerseits zwischen Adel und Industrie im Worms der »Gründerzeit«, als sich die kleine Reichsstadt durch ein enormes Bevölkerungswachstum und eine aufblühende Wirtschaft zur Industriestadt entwickelte. In starkem Kontrast zu dieser lokalen Einbindung stehen die europäischen Zusammenhänge, in denen sich die Familie durch ihr Sammler- und Mäzenatentum sowie durch ihre Wirtschaftsaktivitäten und ihr Konnubium bewegte. Der Anschluss an das Eisenbahnnetz sorgte vor Ort nicht nur für wirtschaftliche Impulse, sondern auch für einen frühen Tourismus. Dieser war vor allem bildungsbürgerlich geprägt; für ihn wurde ein Erlebnisrahmen geschaffen, der bis heute existiert. Diese spezifische Wormser Identität bezog sich zwar auf die mittelalterliche, reichsstädtische Geschichte, entstand aber erst im 19. Jahrhundert und wurde von der Familie bewusst mitgestaltet und weiterentwickelt. Der Heylshof, ein

78 Die Studie basiert auf den Ergebnissen ihrer Dissertation vgl. Ines Heisig: Kulturförderung als Prestigepolitik. Der Aufstieg der Unternehmerfamilie Heyl im Deutschen Kaiserreich (Elitenwandel in der Moderne/Elites and Modernity 24), Berlin/Boston 2023.

hybrides Mixtum aus malerischer Behaglichkeit und funktionalem Eklektizismus, stand stellvertretend dafür.

Sehr heterogen, aber aussagekräftig waren die Beiträge in der zweiten Sektion zum Thema »Stadt als Bezugspunkt des Adels«. In diesem Zusammenhang behandelte **Joachim Brüser** (Tübingen) den Witwensitz Kirchheim unter Teck und die frühneuzeitliche Witwenversorgung im Herzogtum Württemberg unter dem Leitbegriff »Fernab vom Weltgetriebe«. Es drängte sich nicht nur dem Verfasser die Frage auf, ob hinterlassene Ehefrauen »in die Wüste geschickt« und damit politisch »kaltgestellt« wurden oder werden sollten. Die Benennung eines von der Herrscherresidenz getrennten »Witwensitzes« war zunächst einmal ein gängiger Bestandteil adeliger Eheverträge und diente der Rechtssicherheit im Falle einer Verwitwung. In Kirchheim unter Teck verbrachten zwischen 1628 und 1811 immerhin fünf Herzoginnen von Württemberg ihren Witwenstand. Allerdings war eine »dichte Beschreibung« ihrer jeweiligen Lebenssituation und sozialen Interaktion nur in den allerseltensten Fällen möglich. Die überlieferten Wittumsverschreibungen liefern zwar den normativen Rahmen, in dem sich die Frauen zumindest in der Theorie bewegen konnten. Für dessen Ausgestaltung, also die soziale Wirklichkeit, fehlen allerdings in den meisten Fällen die Quellen. So sind diese Witwen nicht nur aus der Kirchheimer Perspektive wenig erforscht, und entsprechend wenig ist über sie bekannt. Von daher verfestigt sich auch hier der Eindruck, dass sich Geschichtsbilder und Erinnerungsorte nicht auf quasi natürliche Weise herausbilden, sondern Ergebnis ganz bestimmter Prozesse und Interessen sind. Bei Franziska von Hohenheim (1748–1811) war es ihre »romantische Biographie« als einer zur Fürstin und Landesherrin aufgestiegenen einstigen Mätresse, bei Henriette von Nassau-Weilburg (1780–1857) ihr karitatives Engagement für Kirchheimer Institutionen wie Feuerwehr und Krankenhaus. In dieser Hinsicht noch interessanter ist der Fall von Barbara Gonzaga, die ihre Witwenzeit gar nicht in Kirchheim, sondern in einer anderen württembergischen Kleinstadt verbrachte und lediglich ihre Grablege aus persönlichen Gründen bei den Kirchheimer Dominikanerinnen wählte. Ihr »Erinnerungswert« speiste sich aus ihrer Rolle als »kulturbringende Italienerin im spätmittelalterlichen Württemberg« und »Ehefrau des vor allem im 19. Jahrhundert hochverehrten Eberhards im Bart, des ersten Herzogs von Württemberg und des Gründers der Universität Tübingen«, so der Verfasser. Alle drei einte der Umstand, dass die Stadt jeder von ihnen ein Denkmal setzte, das zum Kristallisationspunkt ihres Nachlebens wurde.

Ludwig Ohngemach (Ehingen) behandelt in einer Mikrostudie den »Ritterkanton Donau und die vorderösterreichische Landstadt Ehingen«. Es geht ihm dabei um das Verhältnis zwischen einer (sehr) kleinen Stadt und einer in ihren Mauern angesiedelten Institution des reichsunmittelbaren regionalen Adels. Die Bedeutung der Kantonssitze lag in ihrer Kanzlei samt dem Archiv mit wichtigen Privilegien. Der Umzug aus der wirtschaftlich und politisch bedeutenden, donauabwärts gelegenen Reichsstadt Ulm nach Ehingen vollzog sich gegen Ende des 17. Jahrhunderts. Begründet wird er mit einem Gefühl der Bedrohung durch den Schwäbischen Kreis, der in Ulm residierte und in dem die größeren Reichsstände dominierten. Hierzu bildete die österreichische Landstadt Ehingen eine Alternative. In Wien war man von dieser Verlagerung zwar angetan, in Ehingen selbst und bei den regionalen habsburgischen Amtsträgern aber eher nicht. Kasse und Kassier blieben weiterhin in Ulm, um »an diesem wichtigen Wirtschafts- und Finanzplatz präsent« zu sein. Aufgrund einer ungewöhnlich guten Überlieferung konnten die Formen des Zusammenlebens mit der Ehinger Stadtbevölkerung rekonstruiert werden: Dies betraf zum einen Zahl und Charakter der belegten Gebäude, deren Ausweitung zu Konflikten führte. Ein weiteres Problem bildete das stadtfremde Personal. »Reibereien und Streitigkeiten zwischen dem Ritterkanton und insbesondere den örtlichen Amtsträgern waren an der Tagesordnung«. Auch in den folgenden Generationen pflegten die Familien der ritterschaftlichen Amtsträger ein Konnubium meist »unter sich«, während sich auf anderen Feldern durchaus Kooperationen entwickelten. So schätzte man die Kanzlei als Wirtschaftsfaktor, ihr Personal als Experten in Rechtsfragen und anderen Dingen des täglichen Miteinanders.

Eine andere Perspektive nimmt **Daniel Menning** (Tübingen) in seinem Beitrag »Zwischen Stadt und Dorf« ein. Darin untersucht er in einer wirtschaftsgeschichtlichen Mikrostudie den Getreidehandel der Freiherren von Liebenstein auf dem Rittergut Jebenhausen in einem 50-jährigen Längsschnitt von 1759 bis 1809. Bei dem gewählten Zeitraum handelt es sich um den »Vorabend der Eisenbahnzeit«; erst danach ergab sich die Möglichkeit, über das sich rasch verdichtende Schienennetz auf dem Landweg Massengüter über große Strecken zu transportieren. Im Gegensatz zu älteren Forschungsannahmen bestimmten in Jebenhausen bereits in der zweiten Hälfte des 18. Jahrhunderts Marktmechanismen den Warenfluss und Güteraustausch. Dabei ging es jedoch (noch) nicht ausschließlich um Profitmaximierung, sondern es galt, »im engen räumlichen Geflecht des Dorfes« paternalistischen Verpflichtungen zur Fürsorge nachzukommen und sich im Hinblick auf die Preisgestaltung entsprechend zu verhalten. Immerhin saßen damals die Liebensteiner auf dem Rittergut bereits seit etwa acht Generationen. Diese Rücksichtnahme galt weitaus weniger für das benachbarte »Ausland«, sprich für das württembergische Göppingen. Dessen geographische Nähe spiegelte sich zu einem erheblichen Anteil im Abnehmerspektrum. Ähnliches galt auch für Kunden in weiter entfernten (Klein-)Städten. Darunter fielen vor allem Bäcker als getreideverarbeitende Handwerker, während Kaufleute als Zwischenhändler kaum in Erscheinung traten. Ein Vergleich mit anderen Untersuchungsräumen erbrachte abweichende Muster: »Insofern ergibt sich interregional ein differenziertes Bild von Ähnlichkeiten und Unterschieden der adligen Getreidehandelsaktivitäten, die teils auf Strategien, teils auf die Lage von Gütern zurückzuführen sein dürften.«

Roland Deigendesch (Reutlingen) diskutiert in seiner Studie »Die Stadt als Archiv. Hinterlegungen von Adelsarchiven als Quelle für Stadt-Umlandbeziehungen am Beispiel der Reichsstadt Reutlingen« einen bislang stark unterbelichteten Aspekt des städtischen Archivwesens. Es geht um die Deponierung von Urkunden und anderen Wertsachen im städtischen »Briefgewölbe«. In das vorherrschende Bild vom strukturellen Antagonismus von Adel und Bürgern will dies so gar nicht passen, was vermutlich zu dieser Forschungslücke geführt hat. Reichsstädte, die selbst von ihren Freiheitsprivilegien, regionalen Bündnissen und starken Mauern geschützt waren, boten ein hohes Sicherungspotential nicht nur für sensible Schriftstücke. Dies galt insbesondere in Kriegs- und Krisenzeiten und veränderte sich auch nicht durch den Glaubenswechsel im Zuge der Reformation: »1525 oder 1526, also inmitten der härtesten Auseinandersetzungen um eine reichsrechtliche Anerkennung lutherischer Konfession, hinterlegte ausgerechnet Graf Joachim von Zollern Urkunden seines Herrn, Erzherzog Ferdinands von Österreich, in Reutlingen«. Diese paradox wirkende, aber reale Praxis endete erst um die Mitte des 17. Jahrhunderts. Der Verfasser gibt allerdings zu bedenken, dass die Kenntnisse darüber nur einem Überlieferungszufall zu verdanken sind, nämlich dem Erhalt der entsprechenden Register. Methodisch anregend ist die daraus abgeleitete Überlegung, dass dies indirekt eine weitere Forschungsfrage beantwortet. Es geht um den Nutzen der Städte für den Adel, aber

> »wer in die Stadt reitet, um eine Truhe mit Wertsachen ins städtische Archiv zu bringen, wird die Stadt nicht verlassen, ohne im Wirtshaus eingekehrt zu sein, ohne den Markttag zu besuchen. Die zentralräumliche Ausstrahlung einer Stadt [...] erweist sich nicht zuletzt in der Reichweite ihrer Depositalkunden.«

Aus einer vergleichenden Untersuchung ergäben sich damit Erkenntnismöglichkeiten »hinsichtlich städtischer Zentralörtlichkeit, zu Stand und Praxis städtischen wie adeligen Archivwesens und Kanzleigebrauchs« und nicht zuletzt »die Chance auf Hinweise auf im Original am Ende verloren gegangene Quellen zur Geschichte mancher Adelshäuser.«

Die dritte Sektion des Bandes befasst sich mit »Stadt und Adel zwischen Konflikt und Kooperation«, beginnend mit dem Beitrag von **Niklas Konzen** (Schwäbisch Gmünd) über den »Städtefeind«. Fehdeführung und antistädtische Ressentiments bei Hans von Rechberg von Hohenrechberg. Dieser entstammte einem schwäbischen Niederadelsgeschlecht, lebte von circa 1410 bis 1464 und zählte schon zu seinen Lebzeiten zu den umstrittensten Gestalten des deutschen Südwestens. Einerseits genoss er große Reputation als erfolgreicher Kriegshauptmann im Dienst verschiedener süddeutscher Fürsten. In diesem Zusammenhang unternahm er zahlreiche Fehden gegen Reichsstädte und Eidgenossen, wobei es ihm andererseits immer wieder gelang, Scharen adliger Anhänger zu mobilisieren und deren Gefolgschaft als politisches Kapital zu nutzen. Dieses wiederum bewahrte und vermehrte er bewusst in seiner öffentlichen Selbstinszenierung; sie bestand einerseits im Appell an Kernmerkmale adliger Identität und andererseits im Rückgriff auf ständeideologische Feindbilder. Damit lag der Rechberger im Trend der Zeit. Ausgehend von den Ergebnissen seiner Dissertation[79] diskutiert Konzen die komplexen Hintergründe dieser »Städte-

79 Niklas Konzen: Aller Welt Feind. Fehdenetzwerke um Hans von Rechberg († 1464) im Kontext der südwestdeutschen Territorienbildung (Veröffentlichungen der Kommission für Geschichtliche Landeskunde in Baden-Württemberg B 194), Stuttgart 2014.

feindlichkeit«. Es ging Hans von Rechberg um den Ausgleich von Legitimationsdefiziten angesichts seiner »Interpretation des Fehderechts«, die Gewinnung von Unterstützern »durch den Bezug auf historische Kollektiverfahrungen des südwestdeutschen Adels«, die Anheizung der Spannungen »zwischen Österreich und der Eidgenossenschaft sowie Württemberg und dem schwäbischen Städtebund zum eigenen strategischen Vorteil« und letztlich um die »gezielte Polarisierung entlang von Standesgrenzen«, um mögliche Bündnisse zwischen Fürsten und Nichtadligen abzuwehren. Dabei schreckte er auch vor Unterstützern nicht zurück, »die in erster Linie an den Gewinnen aus Raub und Erpressung interessiert waren«. Der Grund für diese Maßnahmen, die ihn auch nach den Kriterien der Zeit schließlich ins Abseits brachten, lag jedoch ganz woanders: Das soziale Kapital, das er durch seine Aktionen ansammelte, machten ihn »als Kooperationspartner für Württemberg und Österreich interessant« und verschafften »ihm dadurch zumindest eine Zeitlang die Möglichkeit [...], durch Einflussnahme auf die ›Außenpolitik‹ dieser Akteure den Erhalt des eigenen Status als Herrschaftsträger abzusichern«.

Einen anderen Ansatz verfolgt **Ben Pope** (Manchester) in seinem Beitrag »Adlige Diener der Reichsstadt Nürnberg. Eine Stadt und ihre Beziehungen zum Umland«. Auch er fußt dabei auf den Ergebnissen seiner Dissertation[80] und setzt sich mit den wechselseitigen Beziehungen zwischen ›Stadtleuten‹ und ländlichem Adel auseinander. Seine These lautet, dass »eine gewisse Distanz zwischen der Stadt und ihren Dienern [...] letztendlich das Fundament dieser Nähe und Dauer bildete«. Langfristige Beziehungen (unter Einschluss von Dienstverhältnissen) waren zwischen Adligen aus dem Umland und städtischen Nürnberger Eliten üblich und dienten den jeweils eigenen Interessen. Dem überaus exklusiven städtischen Rat sicherten die adligen Diener sein Machtmonopol, fungierten als Hauptleute im städtischen Aufgebot und eröffneten als hochrangige Mitglieder städtischer Gesandtschaften Zugänge zu höfischen Netzwerken. Diese Dienste ließ man sich in Nürnberg etwas kosten; in den 1430er Jahren betrug ihr Anteil immerhin neun Prozent am städtischen Haushalt. Die Interessen der Adeligen waren vergleichbar gelagert, nur nutzten sie den städtischen Dienst, »um ihre Selbstständigkeit den Fürsten gegenüber zu verteidigen und bei günstigen politischen Umständen auch auszubauen«. Zur Aufrechterhaltung und Stabilisierung dieses Gleichgewichts zum gegenseitigen Nutzen »mussten die adligen Diener außerhalb der städtischen Gesellschaft bleiben«. Dies erleichterte ihnen die Identitätsbildung in Abgrenzung zur städtisch-bürgerlichen Welt einerseits und verhinderte andererseits Standeskonflikte. In Nürnberg endete diese Kooperation um das Jahr 1500, während sie in anderen Großstädten wie Frankfurt am Main zeitlich darüber hinausreichte. Diese für beide Seiten vorteilhaften Beziehungen verhinderten keineswegs Konflikte. So entspann sich in den

80 Ben Pope: Relations between Townspeople and Rural Nobles in late medieval Germany. A Study of Nuremberg in the 1440s, Phil. Diss. Durham 2016, http://etheses.dur.ac.uk/11492/ (18.09.2023).

1480er Jahren eine Debatte über den Ausschluss von Adligen mit (zu) engen Verbindungen zu Städten von den sogenannten Vier-Lande-Turnieren. Letztendlich gestatteten deren Veranstalter nur die Teilnahme von Adligen, »die notgedrungen den Schutz einer Stadt gesucht hatten«.

Tjark Wegner (Tübingen) diskutiert im dritten Beitrag der Sektion unter dem Titel »Wenn Bürger sich Burgen borgen« das Thema »Die schwäbischen Reichsstädte und Burgenöffnungen vom 14. bis zum beginnenden 16. Jahrhundert«. Die Thematik ist für Südwestdeutschland ein Forschungsdesiderat, da sie bislang nur in einer älteren Studie vergleichend bearbeitet wurde.[81] Daher zielt der Beitrag auf eine Systematisierung und Verortung im Schnittpunkt der verschiedenen Disziplinen (Stadt-, Adels- und Burgenforschung, Ereignis- und Rechtsgeschichte sowie Bauforschung und Archäologie). Betrachtet man die Akteure, dann stößt man einerseits auf Städte mit einem hohen Grad an rechtlicher Autonomie und politischer Handlungsfähigkeit, also auf Reichs- und Freie Städte. Ihnen gegenüber stehen Adelige, die (im Konfliktfall) ihre Burgen öffnen. Fragt man nach ihren jeweiligen Handlungsmotiven, dann lassen sich zum gegenwärtigen Forschungsstand keine validen Ergebnisse präsentieren. Aus einer zeitlichen Perspektive betrachtet häufen sich die Nachweise in den 1370er und 1380er Jahren, also in den politisch unsicheren Zeiten, die in den sogenannten ersten süddeutschen Städtekrieg mündeten.[82] Nach dessen Ende durch den Landfrieden von Eger 1389 ist ein gegenläufiger Trend zu beobachten, der sich in den 1430er und 1440er Jahren im Vorfeld des zweiten Städtekriegs wieder umkehrte und bis in das 16. Jahrhundert fortdauerte. Mit der sich in der Frühen Neuzeit wandelnden Militär- und Belagerungstechnik veränderte sich aber nicht nur der Festungsbau, sondern auch die politische Handlungsfähigkeit der Städte und damit letztendlich auch die Öffnungspraxis. Ergänzend hierzu diskutiert der Beitrag alternative Mittel der Städte, um militärisch auf ihr Umland Einfluss zu nehmen. Hierunter fallen »Nicht-Schädigungsvereinbarungen«, Zugriff auf den Umlandbesitz geistlicher Einrichtungen wie Spitäler mittels der Vogtei sowie Bürgerrechtsverleihungen an adelige Witwen und Kinder. Überlegungen zur »Praxis hinter den Verträgen verschiedenster Couleur« eröffnen dagegen Perspektivenwechsel hin zu Handlungsmotiven und -optionen des Adels wie Ausbürger- oder Söldnerstatus sowie monetäre Abhängigkeit.

Nach dieser Tour d'Horizon lässt sich sagen, dass die jüngere Forschung in den letzten Jahrzehnten nicht nur an der Überwindung der traditionellen Dichotomie zwischen dem Mittelalter als Zeit der Städte und Bürger und der (Frühen) Neuzeit als Zeit des Adels und des Fürstenstaates gearbeitet, sondern auch die engen Ver-

81 Friedrich Hillebrand: Das Öffnungsrecht bei Burgen. Seine Anfänge und seine Entwicklung in den Territorien des 13.–16. Jahrhunderts unter besonderer Berücksichtigung Württembergs, [Diss.] Tübingen 1967.

82 Alexander Schubert: Städtekrieg, 1387/1389. In: Historisches Lexikon Bayerns, 20.09.2011, https://www.historisches-lexikon-bayerns.de/Lexikon/Städtekrieg,_1387/1389 (9.10.2023).

flechtungen zwischen Stadt und Adel entdeckt hat. Dieser Weg führte über den spätmittelalterlichen landesherrlichen Hof hin zur frühneuzeitlichen Residenz(-Stadt). Allerdings ist nicht von der Hand zu weisen, dass auch schon im Hochmittelalter Städte als Konsumtions- und Verwaltungszentren sowie als bevorzugte Orte höfischer Prachtentfaltung (für einen vorzugsweise ambulanten Herrscher) gedient haben.

Angesichts der Vielfalt der Thematik konnte der vorliegende Band eine Reihe von wichtigen Themen leider nur anreißen. Es verwundert auch nicht, dass viele Beiträge auf Dissertationen fußen oder aus den reichen Quellenbeständen südwestdeutscher Reichsstädte schöpfen. So vielgestaltig einem die städtische Welt entgegentrat, so war auch der Adel nicht »statisch«, sondern differenziert und dynamisch (sowohl in seiner sozialen Stratigraphie mit Auf- und Abstieg, Hoch- und Niederadel, räumlichen Schwerpunkten und Aktivitäten sowie Identitäten). Ähnliches gilt in mancher Hinsicht auch für Städte und ihre Bewohner (Größe, Herrschaft, Handel, Identität); selbst räumliche Verlagerungen (zum Beispiel im Falle von Rottweil) und Expansion sind nicht nur für ihre Baukörper und Bewohner, sondern auch im Hinblick auf die Ausbildung eines Territoriums nachweisbar.

Auch die gegenseitigen Beziehungen von Stadt und Adel waren vielfältig und oszillierten zwischen Freund- und Feindschaft sowie neutraler Koexistenz. Sie waren aber auch noch grundsätzlicher: Städte wurden nicht nur von Königen, sondern auch von Adeligen gegründet. Städte waren nicht nur Gegner, sondern auch Auftrag- und Arbeitgeber für den Adel. Städte konnten Adelige gefangen setzen, im Extremfall bis an ihr Lebensende. Dies lehrt ein prominentes Beispiel wie Enzo, König von Sardinien und illegitim geborener Sohn Kaiser Friedrichs II., der im Jahre 1242 nach jahrzehntelanger Haft in Bologna starb.[83] Gleichzeitig waren Städte die »semiotische Bühne« des Adels, denkt man an den Adventus des Stadtherrn mitsamt seinem Hof, das Turnier mit illustren Gästen oder die Fastnacht, die auch vom Adel in der Stadt gefeiert wurde. So schrieb beispielsweise Herzog Heinrich I. von Braunschweig-Lüneburg im Februar 1508 an Bürgermeister und Ratsmannen von Lüneburg und bat sie um sechs graue Pferde und zwei gute Wagenknechte, »um einer Einladung des Erzbischofs von Magdeburg zum Fastnachtsvergnügen nach Halle folgen zu können«.[84] Es handelte sich dabei um keinen Einzelfall, wie zahlreiche Beispiele belegen.[85]

83 Vgl. Knut Görich (Hrsg.): Enzo – König von Sardinien (um 1220–1242) (Schriften zur staufischen Geschichte und Kunst 39), Göppingen 2021.

84 Vgl. Uta Reinhard: Vastelavend – Sülzerhöge – Kopefahrt. Fastnacht in Lüneburg vom 15. bis 17 Jahrhundert. In: Niedersächsisches Jahrbuch für Landesgeschichte 72 (2000), S. 157–180, hier S. 171, Anm. 87 (der Quellenbeleg stammt aus dem Stadtarchiv Lüneburg).

85 Weitere Beispiele bei: Ellen Widder: Alltag und Fest an welfischen Höfen des 15. und 16. Jahrhunderts. In: Niedersächsisches Jahrbuch für Landesgeschichte 72 (2000), S. 11–43, hier S. 26, 33–38.

Doch der Adel feierte nicht nur in der Stadt, sondern wohnte (auch) dort. Auf die fürstlichen Witwen wurde im Beitrag von Brüser schon hingewiesen, aber es gab dort auch »in Trennung« von ihrem Ehemann lebende Frauen. Als Beispiele sollen hier nur Mechthild »von Rottenburg«, geborene Pfalzgräfin bei Rhein und in zweiter Ehe verheiratete Herzogin von Österreich († 1482)[86], genannt werden sowie die in Waiblingen lebende Anna von Württemberg, verheiratete Gräfin von Katzenelnbogen († 1471).[87]

Städte dienten auch in anderer Hinsicht zur Sicherung adeliger Ressourcen. Dies galt nicht nur für die Deponierung von Familienarchiven und -preziosen, von denen im Beitrag von Deigendesch bereits die Rede war. Pfalzgraf Friedrich I. bei Rhein, der Siegreiche († 1476), hinterlegte in der Stadt Augsburg Geld für die Versorgung eines nachgeborenen Sohnes. Das Kind hatte man dorthin in die Obhut adeliger (?) Pflegeeltern gegeben. Nach seinem frühen Tod hinterließ es Einkünfte aus einem Tafelgut Herzog Sigmunds von Tirol († 1496) in Augsburg. Nur durch einen Überlieferungszufall weiß man davon, da sich um das ausstehende Entgelt der Pflegeeltern ein Streit entspann, der seinen Weg in die Überlieferung fand.[88]

Nicht nur das Patriziat, alleinstehende adelige Frauen und Kinder lebten in der Stadt, sondern auch männliche Adelige besaßen dort Immobilien, die sie (zumindest temporär?) selbst bewohnten.[89] Als ein bekanntes Beispiel galt lange Zeit das Nassauer Haus in Nürnberg, ein Wohnturm aus dem 13. Jahrhundert. Die Frage, wer es gebaut und wer darin gewohnt hat, ist aufgrund des dazu bestehenden Quellen- und Forschungsmangels bislang wieder offen.[90] Blickt man auf andere Regionen Europas wie Italien, dann sieht man in den dortigen Städten eindrucksvolle Turmbauten (oder deren Reste).[91] Neuere Studien belegen, dass die vermeintlich so festgefügten

86 Vgl. zu Mechthild (und anderen, nach Württemberg eingeheirateten Frauen): Carina Zeiler: Mit recht, gerechtikait, unser maynung. Die Testamente der Gräfinnen und Herzoginnen des Hauses Württemberg im Spätmittelalter (Reihe Geschichtswissenschaften 1), St. Ottilien 2023.

87 Karl E. Demandt (Bearb.): Regesten der Grafen von Katzenelnbogen, Bd. 2 (Veröffentlichungen der Historischen Kommission für Nassau 11), Wiesbaden 1954, Nr. 5058, S. 1419.

88 Wolfgang von Moers-Messmer: Schicksale und Identifikationsversuch der Gebeine Friedrichs I. (des Siegreichen) von der Pfalz. Ein Beitrag zum Problem der Kurfürstenbestattungen in Heidelberg. In: Forschungen und Berichte der Archäologie des Mittelalters in Baden-Württemberg 8 (1983), S. 185–208, hier S. 204–207.

89 Zum Niederadel vgl. u. a. Bernhard Kreutz/Roland Deigendesch (Bearb.): Reutlinger Urkundenbuch, Bd. 2: Die Urkunden von 1400 bis 1500, Reutlingen 2023, Nr. 535, S. 418–420 ([Reutlingen], 1479 August 20).

90 Helge Weingärtner: Nassauerhaus. In: Michael Diefenbacher/Rudolf Endres (Hrsg.): Stadtlexikon Nürnberg, Nürnberg ^{2}2000, https://online-service2.nuernberg.de/stadtarchiv/objekt_start.fau?prj=verzeichnungen&dm=Stadtlexikon&ref=3938 (11.10.2023).

91 Vgl. Klaus Tragbar: Vom Geschlechterturm zum Stadthaus. Studien zu Herkunft, Typologie und städtebaulichen Aspekten des mittelalterlichen Wohnbaus in der Toskana (um 1100 bis 1350) (Beiträge zur Kunstgeschichte des Mittelalters und der Renaissance 10), Münster

Grenzen zwischen Stadt und Adel in Italien auch in anderer Hinsicht verschwimmen.[92] In Deutschland lässt sich die Liste der bislang wenig erforschten Wohntürme fortsetzen (Augsburg, Esslingen, Regensburg, Weil der Stadt etc.).[93] All dies deutet sehr darauf hin, dass die Erforschung von »Stadt und Adel« in Zukunft eher die Verbindung als die Abgrenzung (unter)suchen sollte.

2003; Matthias Quast (Bearb.): Siena. Banca dati delle facciate del centro storico, https://db.biblhertz.it/siena/siena.xql?rec=723 (23.01.2024); Giovanna Casali: San Gimignano. L'evoluzione della città tra XIV e XVI secolo (Biblioteca dell'Archivio storico italiano 28), Firenze 1998.

92 Vgl. dazu u. a. Peter W. Sposato: Forged in the Shadow of Mars. Chivalry and Violence in Late Medieval Florence, Ithaca 2022.

93 Joachim Zeune: Geschlechtertürme. In: Historisches Lexikon Bayerns, 2010, http://www.historisches-lexikon-bayerns.de/Lexikon/Geschlechtertürme (23.01.2024).

Die Reichsstadt Reutlingen und die adeligen Herren von Greifenstein

Archäologisch-historische Überlegungen zum materiellen Niederschlag von Konkurrenz und Koexistenz im 13. und 14. Jahrhundert

Michael Kienzle, Moritz Foth, Lukas Werther

Gryffenstain muri, quamvis fuerant bene duri, Istis subducti sunt civibus undique rupti – mit diesen Worten beschreibt der Esslinger *magister Trutwinus* in seinem Gedicht über den Reichskrieg des Jahres 1311 die Zerstörung der Greifensteiner Burg(en) im Echaztal durch eine Streitmacht der Reichsstadt Reutlingen.[1] Nur wenige Jahre zuvor, 1294, war ein Rumpold von Greifenstein dagegen noch Schultheiß in Reutlingen.[2] Konkurrenz und Koexistenz prägten demnach im ausgehenden 13. und frühen 14. Jahrhundert das wechselhafte Miteinander der edelfreien Herren von Greifenstein und der Reichsstadt Reutlingen.

Aus archäologischer Perspektive stellt sich die Frage, ob und, wenn ja, wie sich diese beiden Pole des Miteinanders in den materiellen Hinterlassenschaften greifen lassen. Im Fokus soll dabei die Diskussion möglicher archäologischer Evidenz für die Zerstörungen des Jahres 1311 auf Greifensteiner Burgen stehen. Ausgangspunkt der folgenden Überlegungen ist ein konkreter archäologischer Befund, der im Jahr 2021 auf Burg Stahleck bei Unterhausen (Gde. Lichtenstein, Ldkr. Reutlingen) ausgegraben wurde. Im Vorburgbereich kamen dabei die Reste eines Fachwerkgebäudes zu Tage, das dem eingelagerten Fundmaterial zufolge im 14. Jahrhundert einem großen Schadensfeuer zum Opfer fiel. Bereits in einem ersten Vorbericht wurde die Frage aufgeworfen, ob dieses Brandereignis mit der Überlieferung des *magister Trutwinus*

1 Vgl. Paul Friedrich von Stälin: Zwei Gedichte des 14. Jahrhunderts zur Geschichte der Grafen von Württemberg, In: Württembergische Vierteljahreshefte für Landesgeschichte 6 (1883), S. 3 sowie Walther Ludwig: Der Esslinger Arzt Trutwein und sein Siegesgedicht von 1312. In: Esslinger Studien 34 (1995), S. 1–19.

2 HStA Stutt. A 135 U 8; WUB X, Nr. 4583, S. 288; vgl. auch Landesarchivdirektion Baden-Württemberg/Landkreis Reutlingen (Hrsg.): Der Landkreis Reutlingen. Amtliche Kreisbeschreibung, Band I [KB Rt], Sigmaringen 1997, S. 926 und II, S. 327 sowie Beschreibung des Oberamts Reutlingen [OAB], hrsg. vom Königlichen Statistischen Landesamt, 2. Bearbeitung, Stuttgart 1893, S. 462.

zu korrelieren ist – und ob es sich um einen möglichen archäologischen Nachweis des Reutlinger Kriegszuges handeln könnte.[3]

Im Folgenden gilt es also zu prüfen, ob dieser Zusammenhang verifiziert oder falsifiziert werden kann.[4] Dafür soll zunächst der Fundort in seinen wesentlichen Charakteristika beschrieben und der historischen Überlieferung gegenübergestellt werden. Daran schließt sich ein Abriss des historischen Forschungsstandes zu den Herren von Greifenstein und ihrer Rolle als mögliche Lehnsherren der Stahlecker an, gefolgt von Überlegungen zur Rolle Pfullingens und zu den Ereignissen des Jahres 1311. Im zweiten Teil des Beitrages folgt eine Vorstellung erster Ergebnisse der Grabungsauswertung, gefolgt von einer Gegenüberstellung mit der historischen Überlieferung und einer abschließenden Synthese.

3 Moritz Foth/Michael Kienzle/Jonathan Scheschkewitz u. a.: Ausgrabungen in der ehemaligen Burg Stahleck bei Lichtenstein-Holzelfingen. In: Archäologische Ausgrabungen in Baden-Württemberg (2021), S. 343–346.

4 Zu methodischen Problemen eines solchen Vorgehens allgemein Anders Andrén: Between Artifacts and Texts. Historical Archaeology in Global Perspective (Contributions to Global Historical Archaeology), New York/London 1998; Zur Problematik des archäologischen Nachweises historisch überlieferter Zerstörungen vgl. exemplarisch Peter Brown: The contribution of archaeology to the study of historical disasters. In: Rebecca O'Sullivan/Christina Marini/Julia Binnberg (Hrsg.): Archaeological approaches to breaking boundaries. Interaction integration and division. Proceedings of the Graduate Archaeology at Oxford Conferences 2015–2016 (BAR international series 2869), Oxford 2017, S. 239–245; Orsolya Heinrich-Tamáska/Niklot Krohn/Sebastian Ristow (Hrsg.): Rauben, Morden, Plündern. Nachweis von Zerstörung und kriegerischer Gewalt im archäologischen Befund. Tagungsbeiträge des Arbeitskreises Spätantike und Frühmittelalter (Schriftenreihe Studien zu Spätantike und Frühmittelalter 5), Hamburg 2013; Historisches Ereignis und archäologischer Befund (Mitteilungen der Deutschen Gesellschaft für Archäologie des Mittelalters und der Neuzeit 16), hrsg. von der Deutschen Gesellschaft für Archäologie des Mittelalters und der Neuzeit, Heidelberg 2005; Werner Meyer: Gewalt und Gewalttätigkeit im Lichte archäologischer und realienkundlicher Zeugnisse. In: Manuel Braun/Cornelia Herberichs (Hrsg.): Gewalt im Mittelalter. Realitäten – Imaginationen, München 2005, S. 39–64 sowie Elias Flatscher: *Ex igne* – das Brandereignis 1300/01 von Schloss Tirol aus interdisziplinärer Sicht. In: Stefan Eichert/Thomas Kühtreiber/Manfred Lehner u. a. (Hrsg.): Laufzeit/Zeitlauf. Zeitkonzepte – Datierung – Chronologie in der Mittelalter- und Neuzeitarchäologie. Beiträge der internationalen Tagung in Graz, 20. bis 23. September 2016 (Beiträge zur Mittelalterarchäologie in Österreich 33), Wien 2018, S. 137–150.

1. Die Burgstelle Stahleck im Talschluss des Zellertals

Burg Stahleck[5] lag im Talschluss des bei Unterhausen einmündenden Zellertals, eines Seitentals der Echaz (Abb. 1). Sie erhob sich auf einem nach Westen vorspringenden steilen Burgfelsen am Rand der Hochfläche, etwa 2 km nordöstlich der Siedlung Holzelfingen (Gde. Lichtenstein, Ldkr. Reutlingen). Gegen das nahezu ebenerdig anschließende Gelände der Hochebene wurde die Burganlage feldseitig durch einen heute stark verfüllten, abgewinkelten Halsgraben geschützt. In einem dahinter situierten, mit reichlich Steinmaterial durchsetzten Erdwall treten vereinzelt Reste vom Fundamentmauerwerk einer ehemaligen Umfassungsmauer hervor (Abb. 2). Die etwa dreieckige, rund 22 × 25 m messende Kernburg dürfte ihre heute auffallend ebene Fläche einer Planierung unbestimmter Zeitstellung und Intention verdanken. Spuren einer Innenbebauung sind obertägig nur noch vereinzelt nachvollziehbar. Lediglich punktuell zeichnen sich unscharfe Konturen von Mauerzügen ab, die vorwiegend im Bereich eines stark ausgetretenen Wanderwegs des Schwäbischen Albvereins freigelegt wurden.

Hohlziegelbruch und zahlreiche Fragmente gebrannter Lehmbrocken im Hangschutt sowie innerhalb des Burgareals, die im Rahmen einer gezielten Prospektion erfasst werden konnten, verwiesen allerdings bereits im Vorfeld der archäologischen Grabungsarbeiten des Jahres 2021 auf eine einst umfangreichere Bebauung.[6] Diese scheint schon zu Beginn des 19. Jahrhunderts nicht mehr erhalten gewesen zu sein, denn im Jahr 1824 waren der älteren Oberamtsbeschreibung zufolge nur noch »Wall und Graben« vorhanden.[7] Von diesen Befestigungsanlagen soll 1902 angeblich nichts mehr zu erkennen gewesen sein.[8] Bereits 1925 war der Burgplatz vollständig eingeebnet.[9]

5 Allgemein zur Anlage vgl. Christoph Bizer: Oberflächenfunde von Burgen der Schwäbischen Alb. Ein Beitrag zur Keramik- und Burgenforschung (Forschungen und Berichte der Archäologie des Mittelalters in Baden-Württemberg 26), Stuttgart 2006, S. 125–127; KB Rt I, S. 927; Wilhelm Kinkelin: Das Pfullinger Heimatbuch, Reutlingen 1956, S. 384–385; Günter Schmitt: Burgenführer Schwäbische Alb, Bd. 4: Alb Mitte-Nord, Biberach 1991, S. 311–314; Ders.: Kaiserberge, Adelssitze. Die Burgen, Schlösser, Festungen und Ruinen der Schwäbischen Alb, Biberach 2014, S. 83 sowie Theodor Schön: Die von Stahleck. In: Reutlinger Geschichtsblätter N. F. 13, 1902, S. 15; Michael Kienzle: Stahleck, https://www.unsere-burgen.de/Stahleck (05.07.2022).

6 Michael Kienzle: Burg und Kulturlandschaft. Beobachtungen zum soziokulturellen und topographischen Umfeld mittelalterlicher Adelssitze im Bereich der Mittleren Schwäbischen Alb, Dissertation Tübingen (2021).

7 OAB 1893, S. 127; J. D. G. Memminger: Beschreibung des Oberamts Reutlingen, Stuttgart/Tübingen 1824, S. 124.

8 Schön (wie Anm. 5), S. 15; Dem ist wohl zu widersprechen, da auch heute noch im Geländebefund sehr deutlich der Verlauf von Wall und Graben zu verfolgen ist.

9 Konrad Albert Koch: Der alte Lichtenstein und Greifenstein. In: BlSAV 37/6 (1925), S. 88.

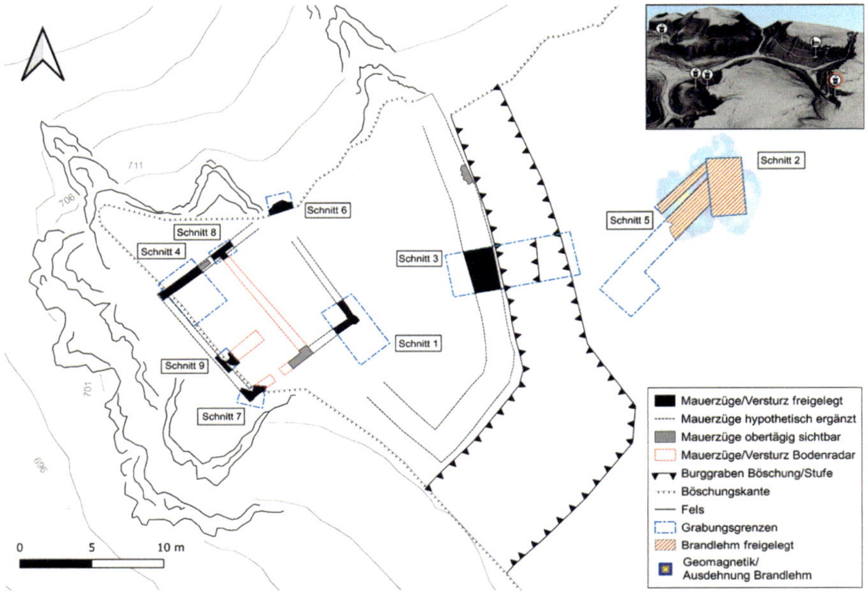

Abb. 1: Gesamtplan der Burg Stahleck, als Teil der Greifensteiner Burgengruppe: Im 3D-Modell v. l. nach r. die Burgen Hochbiedeck, Unterer und Oberer Greifenstein, die Klosterwüstung Brudersteig und die Burgstelle Stahleck.
© Plan M. Foth/3D-Modell M. Kienzle; Datengrundlage www.lgl-bw.de

Innerhalb einer geräumigen Rodungsinsel, deren heutige Ausformung im Wesentlichen bereits die Flurkarte von 1820 zeigt[10], befindet sich im Vorfeld der Burg der als Landwirtschaftsbetrieb und Restaurant fungierende Stahlecker Hof. In der Literatur teils als Wirtschaftshof der Burganlage angesprochen[11], wurde die Hofanlage nachweislich erst um die Mitte des 19. Jahrhunderts erbaut.[12] Es ist jedoch anzunehmen, dass zumindest Teile der dortigen Wirtschaftsflächen bereits während des Mittelalters im Rahmen der dominikalen Eigenwirtschaft der Burgherren[13]

10 StA LB EL 68 VI, Württ. Flurkarte, SO 08/16, SO 08/17.

11 Schmitt, Burgenführer (wie Anm. 5), S. 314.

12 Erstmals 1854 als Wohnplatz verzeichnet; KB Rt I, S. 927; Auf der Flurkarte von 1820 (wie Anm. 10) ist das Hofgut noch nicht verzeichnet.

13 Vgl. hierzu allgemein Werner Meyer: Landwirtschaftsbetriebe auf mittelalterlichen Burgen. In: Harry Kühnel (Hrsg.): Adelige Sachkultur des Spätmittelalters (Veröffentlichungen des Instituts für Realienkunde Österreichs 5), Wien 1982, S. 377–386 sowie Ders.: Die mittelalterliche Burg als Wirtschaftszentrum. In: Château Gaillard 13 (1987), S. 127–142.

Abb. 2: Blick aus der Vorburg über den Halsgraben und die angeschnittenen Reste der ehemaligen Umfassungsmauer (markiert) in die Kernburg (2021)
© Foto M. Kienzle, 2021

agrarwirtschaftlich genutzt wurden.[14] Erschlossen wurde diese Rodungsfläche durch eine alte Steige, die vom Echaztal kommend durch das Zellertal fast unmittelbar unterhalb der Burg emporführte. Noch heute zeichnet sich dieser Albaufstieg, dessen Fortsetzungen über die Hochfläche wohl in Richtung der Orte Ohnastetten/Münsingen beziehungsweise Würtingen/Urach führten, in Form mehrerer Altwege und Hohlwegrelikte deutlich im Landschaftsbild ab.[15] Markant ist der frühneuzeitliche

14 Vgl. hierzu zahlreiche regionale Vergleichsbeispiele in Kienzle (wie Anm. 6).

15 Kienzle (wie Anm. 6). Insbesondere auf der südlichen Talseite zeichnen sich im Gelände mehrere, teils parallel verlaufende Trassenverläufe verschiedener Altwege ab. Stellenweise tief eingefahrene Hohlwege legen eine zumindest zeitweise stärkere Frequentierung des Aufstiegs nahe. Im Rahmen einer im Mai 2022 durchgeführten Untersuchung gelang eine umfassende Erfassung dieser Kulturlandschaftselemente infrastruktureller Art, deren Auswertung künftig weitreichendere Erkenntnisse zur Genese dieses Albaufstiegs erbringen wird; Michael Kienzle: Altwege im Zellertal, https://greifenstein-projekt.de/aktuelles/ (20.07.2022) sowie Karl Brink: Altwege und andere Relikte der Mobilität um Burg Stahleck, Bachelorarbeit Tübingen (2022).

Ausbau des oberen Abschnitts dieser Steige, wo sich Reste eines gepflasterten Straßenkörpers und einer eisernen Straßenbegrenzung erhalten haben.[16]

2. *Adel auf Burg Stahleck*

Ein potentieller Vertreter einer auf der Burg ansässigen Adelsfamilie könnte erstmals greifbar werden, wenn am 26. April 1254 unter den Zeugen einer in Urach ausgestellten Urkunde Graf Ulrichs von Württemberg ein *Conrado de Stahelekke* genannt wird.[17] Zwar ist die Zuweisung jenes Konrads zur hier behandelten Burg Stahleck nicht unumstritten[18], jedoch werden mit den Herren von Hundersingen, von Blankenstein, von Lichtenstein, von Genkingen, von Melchingen und von Neuhausen (Erms) in auffälliger Weise überwiegend Vertreter lokal ansässiger Adelsgeschlechter aus dem näheren Umfeld in der Zeugenreihe genannt. Erstmals gesichert einem auf der Burg ansässigen Geschlecht entstammt eine Angehörige der Stahlecker Familie, die 1304 Nonne im nahen Kloster Offenhausen war.[19] Zuletzt erscheint ein Vertreter des Geschlechts mit einem Dietrich von Stahleck, der 1322 gemeinsam mit Ulrich dem Zimmermann von Reutlingen als Zeuge in einer Urkunde Bertholds von Altdorff Erwähnung findet.[20]

Die Errichtung des namensgebenden Stammsitzes wurde bislang um die Mitte des 13. Jahrhunderts angesetzt.[21] Neue Fundstücke der sogenannten Mittleren Albware lassen jedoch eine Erbauung bereits im Laufe der ersten Hälfte des 13. Jahrhunderts plausibel erscheinen.[22] Da sich das bis Grabungsbeginn vorliegende Spektrum der Lesefunde bis weit in das 14. Jahrhundert erstreckte, schloss man eine potentielle Zerstörung der Burg während des Reichskriegs 1311 weitgehend aus.[23] Auch ein

16 Eine im Mai 2022 durchgeführte Sondage ergab erste Hinweise zur baulichen Ausformung des etwa 4 m breiten, stellenweise aus dem bergseitigen Fels gearbeiteten Straßenkörpers. Inwieweit sich anhand des hierbei ermittelten Fundguts sowie entnommener Sedimentproben künftig konkretere Angaben zur Nutzungszeit des bereits in der Flurkarte von 1820 nicht mehr verzeichneten Wegs werden machen lassen, wird die noch ausstehende Auswertung zeigen.

17 HStA Stutt. A 601 U 31; WUB V, Nr. 1295, S. 60–62; Schön (wie Anm. 5), S. 15.

18 So wird im Württembergischen Urkundenbuch vermutet, dass es sich aufgrund des zuvor genannten *Heinrico de Kurnekke* (Burg Kürneck bei Unterkirnach) um die Burg »Stallegg« bei Löffingen (Freiburg) und nicht um Stahleck bei Lichtenstein handelt.

19 HStA Stutt. A 511 Urk. 27; Bizer (wie Anm. 5), S. 125.

20 Schön (wie Anm. 5), S. 15; KB Rt I, S. 927; HStA Stutt. Abt. Denckendorff.

21 Bizer (wie Anm. 5), S. 126; die noch von Kinkelin geäußerte Vermutung, dass in der Burg Stahleck die erste Burg der Greifensteiner zu sehen ist, darf verworfen werden; Kinkelin (wie Anm. 5), S. 384.

22 Siehe unten.

23 Bizer (wie Anm. 5), S. 126.

engerer Zusammenhang der Burg Stahleck mit der benachbarten Herrschaft Greifenstein[24] beziehungsweise eine Zugehörigkeit zur Greifensteiner Burgengruppe[25] wurde daraus resultierend angezweifelt.[26] So blieb die historische Einordnung der Burg bis heute vage. »Es ist aber im Rahmen der Geschichte des greifensteinischen Territoriums mit dieser Burg Stahleck gar nichts rechtes anzufangen«, vermerkte in bezeichnender Weise bereits vor einigen Jahrzehnten der Pfullinger Heimatforscher Wilhelm Kinkelin.[27]

3. Die edelfreien Herren von Greifenstein im oberen Echaztal

Überblickt man die sehr fragmentarische Überlieferung, so scheint es sich bei aller Lückenhaftigkeit dennoch abzuzeichnen, dass die Burg Stahleck im 13. und früheren 14. Jahrhundert im Kernraum der Herrschaft Greifenstein und damit im Prinzip auf dem Territorium der Greifensteiner lag.[28] Auch dass die in ihrer Bedeutung wohl eher mindermächtigen Herren von Stahleck zu den ritterlichen Dienstleuten beziehungsweise zum Kreise einer Greifensteiner Ministerialität gehörten, ist anzunehmen, auch wenn eindeutige Nachweise hierzu bislang fehlen. Jene, mit

24 Eine gezielte wissenschaftliche Aufarbeitung der Geschichte der Herrschaft Greifenstein steht bislang aus und soll künftig im Rahmen des interdisziplinär ausgerichteten Forschungsprojekts »Burgenbauer, Raubritter, Klostergründer? Archäologie und Geschichte der edelfreien Herren von Greifenstein im oberen Echaztal« an der Universität Tübingen aufgearbeitet werden. Zum Projekt und zur Herrschaft Greifenstein allgemein vgl. https://greifenstein-projekt.de/ (05.07.2022).

25 Letztendlich bleibt bislang trotz einiger lokalgeschichtlicher Aufarbeitungen weitgehend unklar, welche der Echaztalburgen mit Sicherheit einer solchen Burgengruppe beziehungsweise einer Greifensteiner Verfügungsgewalt im weitesten Sinne zugerechnet werden dürfen.

26 Schmitt (wie Anm. 5), S. 314; die dem zu Grunde liegende Zirkelschlussgefahr ist evident, wurde bislang aber kaum problematisiert.

27 Kinkelin (wie Anm. 5), S. 385.

28 So verfügten die Greifensteiner nicht nur über Besitz im unterhalb der Burg gelegenen Zellertal, sondern auch im Bereich der nordwestlich situierten Waldberge um den sogenannten Hohenberg (den heutigen »Urselhochberg«). Auch der Bereich »Zellerbuch« südwestlich von Stahleck und Güter und Rechte im südöstlich gelegenen Dorf Ohnastetten lassen sich zeitweise unter den Besitzrechten nachweisen, vgl. Kienzle (wie Anm. 6). Die Verkaufsurkunde Swiggers von Greifenstein aus dem Jahr 1355 lässt außerdem ganz allgemein auf eine weite Ausdehnung der Herrschaft Greifenstein in östliche beziehungsweise südöstliche Richtung schließen: *[...]das ich ze horzolfing, un(d) uf der albe her gen Vrach hie dieszu Mu(e)nsing(en) han;* HStA Stutt. A 602 Nr. 13707. Die Kernfrage, ob bzw. ab wann das Territorium der Greifensteiner allerdings als geschlossen (s. o.) angesehen werden kann, gilt es noch zu beantworten.

einem *Bertholdus de Grifinstain* 1187 erstmals genannten Greifensteiner[29], hatten im späten 12. Jahrhundert eine zeitweise offenbar bedeutendere Herrschaft im oberen Echaztal errichtet.[30] Der spärlichen Überlieferung zufolge verfügten sie über mehrere Burganlagen[31], darunter die beiden Anlagen Oberer und Unterer Greifenstein bei Holzelfingen. Ihrer Verfügungsgewalt scheint auch eine von Crusius als Hochbiedeck überlieferte Burganlage unterstanden zu haben.[32] Diese wurde seinerzeit durch Wilhelm Kinkelin mit der kleinräumigen, auf dem Imenberg nordöstlich von Unterhausen gelegenen Anlage überzeugend lokalisiert.[33] Eine weitere Greifensteiner Burganlage soll derselben Überlieferung zufolge auf dem sogenannten »Burgstein« bei Holzelfingen gelegen haben.[34] Schließlich verfügten die Greifensteiner zeitweise auch über die sogenannte Obere Burg in Pfullingen. Es ist zu vermuten, dass diese während des 13. Jahrhunderts als Sitz der der (Greifensteiner) Ministerialität zuzurechnenden Familie »von Pfullingen« diente.[35]

29 WUB II, Nr. 449, S. 248–249.

30 Kienzle (wie Anm. 6).

31 Bizer (wie Anm. 5), S. 115–127; Schmitt, Burgenführer (wie Anm. 5), S. 297–314; Ders., Kaiserberge (wie Anm. 5), S. 82 f.; Kinkelin (wie Anm. 5), S. 382–391 sowie Kienzle (wie Anm. 6).

32 HStA Stutt. H 236 Bd. 10, 30; Martin Crusius: Schwäbische Chronik, Paralipomena, hrsg. von J. J. Moser, Frankfurt 1733, S. 426: *Ad eosdem nobiles pertinuit etiam vicina arx, dicta Hochbidegga;* Ders., Annales Suevicae sive chronica rerum gestarum Suevicae gentis, Paraleipomenos Rervm Sveuicarum, http://digital.ub.uni-duesseldorf.de/ihd/content/pageview/1223106), S. [51] 45 (05.07.2022).

33 Wilhelm Kinkelin: Hochbiedeck über dem Pfullinger Tal. Eine verschwundene Greifensteiner Burg. In: BlSAV 44/7 (1932), S. 211–212; Ders. (wie Anm. 5), S. 385–386; zur Anlage auch Bizer (wie Anm. 5), S. 123–124.

34 HStA Stutt. H 236 Bd. 10, 30; Crusius (wie Anm. 32): *Burgstain: quòd ibi arx stetit ad Greiffenstainios pertines;* Zu dieser Anlage auch Bizer (wie Anm. 5), S. 82 sowie Michael Kienzle: Burgstein, https://www.unsere-burgen.de/3837 (05.07.2022); im Sommer 2022 gelang es mittels einer archäologischen Grabung Fundamentmauern und verschiedene Fundstücke gehobener mittelalterlicher Alltagskultur an der bis dato nicht gesicherten Burgstelle zu erfassen. Ob die Ansprache als Burgstelle endgültig verifiziert werden kann, wird im Rahmen zukünftiger Grabungskampagnen zu klären sein. Zum aktuellsten Forschungsstand vgl. Michael Kienzle / Lukas Werther / Moritz Foth u. a.: Auf den Spuren der Edelfreien von Greifenstein im oberen Echaztal. In: Archäologische Ausgrabungen in Baden-Württemberg 2022 (2023), S. 322–326.

35 Kinkelin (wie Anm. 5), S. 64; Michael Kienzle: Obere Burg Pfullingen, https://greifenstein-projekt.de/objekte/ (05.07.2022); Die Herren von Pfullingen werden im 13. Jahrhundert eindeutig als Ministeriale bezeichnet: *De ministerialibus [...] Waltherus et Marquardus de Phullingen;* HStA Stutt. B 475 U 133; WUB III, Nr. 588, S. 41–43; vgl. hierzu auch Alois Schneider: »Grafen« im Pfullichgau, Herzog von Schwaben und Bischof Wolfgang von Regensburg. Aspekte der Geschichte Pfullingens im hohen Mittelalter. In: Barbara Scholkmann / Birgit Tuchen (Hrsg.): Die Martinskirche in Pfullingen. Archäologie und Baugeschichte (Materialhefte zur Archäologie 53), Stuttgart 1999, S. 116. Die 1216 erstmals

Zumindest in Teilen dürfte auf den umliegenden Adelssitzen also ein Kreis an ritterlichen Dienstmannen der Greifensteiner ansässig gewesen sein, zu denen höchstwahrscheinlich auch die schon vor 1220 nachweisbaren und bis in die erste Hälfte des 14. Jahrhunderts agierenden Herren von Holzelfingen zu zählen sind.[36] Auch die wohl ebenfalls der Ministerialität zuzurechnenden[37] »Rempen von Pfullingen«, treten 1283 nachweislich als Lehensleute der Greifensteiner in Erscheinung.[38] Letztere waren im nordwestlichen Teil Pfullingens auf der sogenannten »Unteren« oder »Rempenburg« ansässig.[39] Zur *familia* der Greifensteiner gehörten auch die beiden in der Gütergeschichte des Klosters Weißenau vor 1220 erwähnten Ritter *Chonradi et Eberhardi, cognomine Krebize.*[40] Nur unscharf zeichnen sich die Verhältnisse dagegen – ähnlich wie bezüglich der Stahlecker – im Falle der mehrfach genannten Herren von Unterhausen ab.[41] Auch in diesem Ort verfügten die

bezeugte Familie »von Pfullingen« lässt sich während des 13. Jahrhunderts über mehrere Vertreter verfolgen, so etwa am 28. Mai 1269, als ein *dominus Bertoldus miles de Phullingen* unter den Zeugen einer im Bereich des Klosters Pfullingen vollzogenen Rechtshandlung auftritt; HStA Stutt. A 514 U 289; WUB VII, Nr. 2074, S. 33–34.

36 Diese erscheinen (vor 1220) in Zusammenhang mit der Schenkung einer Wiese in Bernloch an das Kloster Weißenau in der Überlieferung. Mit Beringer von Holzelfingen wird die Familie 1336 letztmalig genannt; vgl. hierzu: OAB 1893, S. 372; KB Rt I, S. 913.

37 Auch wenn die Reihenfolge der Nennung einzelner Zeugen nicht pauschal als Indiz für eine ständische Zugehörigkeit herangezogen werden kann, so vermag diese im Einzelfall doch zumindest gewisse Hinweise zu liefern. In einer Urkunde des Jahres 1260 etwa treten sowohl die an anderer Stelle eindeutig als Ministeriale bezeugten Herren von Pfullingen (vgl. Anm. 35) ebenso wie ein *Burchardo cognomine Rempo* in der Reihenfolge jeweils hinter den höherstehenden Herren von Greifenstein auf; HStA Stutt. A 514 U 312; WUB V, Nr. 1593, S. 352–353; vgl. hierzu auch Dietmar Böhringer: Das niederadelige Geschlecht der Herren Remp von Pfullingen, unpubl. Zulassungsarbeit, Reutlingen 1967, S. 1.

38 HStA Stutt. A 474 U 451; WUB VIII, Nr. 3281, S. 419.

39 Zu der heute vollständig überprägten, wenig erforschten Burganlage bzw. zum jüngeren württembergischen Schlossbau vgl. Dietmar Böhringer: Das Schloss. In: Hermann Fischer u. a. (Hrsg.): Pfullingen einst und jetzt, Pfullingen 1982, S. 139–156; Bernd Breyvogel: Das Pfullinger Schloss. In: Hubert Krins/Barbara Scholkmann (Hrsg.): Pfullingen. Zeugen der Geschichte. Bedrohung-Erforschung-Erhaltung. Begleitheft zu einer Ausstellung des Landesdenkmalamts Baden-Württemberg und der Eberhard-Karls-Universität Tübingen (Archäologische Informationen aus Baden-Württemberg 24), Stuttgart 1992, S. 57–62 sowie Schmitt, Burgenführer (wie Anm. 5), S. 287–296.

40 Ludwig Baumann: Acta S. Petri in Augia (I. Weissenauer Gütergeschichte). In: Zeitschrift für die Geschichte des Oberrheins 29, Karlsruhe 1877, S. 43.

41 So etwa 1161 Adelbert von *Husen;* 1273 und 1292 Conrad von *Husen;* 1307 Ulrich von *Husen;* 1344 Eberhard von Hausen; vgl. hierzu OAB Rt 1893, S. 217; Elfriede Vöhringer (Bearb.): 900 Jahre Lichtenstein-Unterhausen. Geschichtliche Entwicklung der Gemeinde Unterhausen 1089–1989, seit 1975 mit Honau und Holzelfingen Lichtenstein, Lichtenstein 1989, S. 32.

Greifensteiner aber nachweislich über umfangreiche Rechte und Besitz.[42] Auch in welchem Verhältnis diese gegenüber den ebenfalls der Ministerialität zuzurechnenden, teils aber in anderen Diensten stehenden Herren von Lichtenstein standen, bleibt bislang vage.[43]

Anfangs noch im Dienste der Pfalzgrafen von Tübingen, erscheinen die Greifensteiner später mehrfach in Zusammenhang mit den Grafen von Grüningen und Veringen sowie den Herren von Neuffen.[44] Im 14. Jahrhundert treten sie teils im Gefolge der Württemberger auf. Die nun enge Bindung an das Grafenhaus zeigt sich nicht zuletzt 1331, als *Albrecht von Grifenstain* Landrichter des Grafen Ulrich III. von Württemberg war.[45] Nach einer Blütezeit in der ersten Hälfte des 13. Jahrhunderts[46] scheint die Herrschaft Greifenstein zunehmend in Konflikt mit der aufstrebenden Reichsstadt Reutlingen gekommen zu sein. Zentraler Bestandteil der Auseinandersetzungen dürfte die Kontrolle der durch das Tal auf die Albhochfläche führenden »Heerstraße« gewesen sein.[47] Diese Verkehrstrasse – wohl ein Teilstück der in den Schriftquellen Ende des 12. Jahrhunderts erwähnten *via rhenia*[48] – verband den Neckarraum sowie das Kernland der Tübinger Pfalzgrafen mit dem

42 So verkaufte beispielsweise im Jahr 1300 Kuno von Greifenstein Eigenleute in *Husen* an Konrad Maier, Bürger zu Reutlingen; WUB XI, Nr. 5414, S. 354–355.

43 Diese werden beispielsweise 1262 und 1272 in der Zeugenreihe hinter den nachweislich der Ministerialität zuzurechnenden Herren von Pfullingen genannt (vgl. hierzu Anm. 35); WUB VI, Nr. 1640, S. 40–41; WUB VII, Nr. 2250, S. 170; im Jahr 1181 verfügte der ronsbergische Ministeriale Gebhart von Lichtenstein (*Gebehardus etiam de Liehtinstain ministerialis*) über Lehensbesitz in Altingen; WUB II, Nr. A3, S. 389–436; Maurus Feyerabend: Des ehemaligen Reichsstiftes Ottobeuren Benediktiner Ordens in Schwaben sämmtliche Jahrbücher, in Verbindung mit der allgemeinen Reichs- und der besonderen Geschichte Schwabens 2, Ottobeuren 1814, S. 195 ff., S. 205 ff. und S. 233 ff.; Hermann Hoffmann (Bearb.): Die Urkunden des Reichsstifts Ottobeuren 764–1460 (Schwäbische Forschungsgemeinschaft bei der Kommission für Bayrische Landesgeschichte, Reihe 2a, 13), Augsburg 1991, S. 8, Nr. 11.

44 WUB II, Nr. 466, S. 270–272; III, Nr. N17, S. 477 und Nr. 588, S. 41–43; V, Nr. 1434, S. 198–199; VII, Nr. 2122, S. 68–69; IX, Nr. 3889, S. 301.

45 HStA Stutt. A 474 U 296.

46 Dies zeigt sich nicht zuletzt am Burgenbau dieser Zeit (Oberer Greifenstein, Hochbiedeck, Stahleck – zu den jeweiligen Datierungen vgl. Bizer (wie Anm. 5), S. 115–127), könnte aber auch in einem Zusammenhang stehen mit einer im späten 13. Jahrhundert erkennbaren prosperierenden Entwicklung in der nahen Siedlung Pfullingen.

47 Schneider (wie Anm. 35), S. 111; Karl Weller: Die Reichsstraßen des Mittelalters im heutigen Württemberg. In: Württembergische Vierteljahreshefte für Landesgeschichte N. F. 33 (1927), S. 7 und S. 32, Nr. 11; OAB 1893, S. 192 sowie Kinkelin (wie Anm. 5), S. 64. Eine systematische Untersuchung dieser Vermutung steht bislang allerdings noch aus.

48 WUB II, Nr. 466, S. 270–272; WUB II, Nr. 482, S. 296–297.

Bodenseeraum und Oberschwaben.[49] Vielleicht ist es die Erinnerung an die damaligen Auseinandersetzungen, die sich in lokal tradierten Sagen über Raubrittertum und Wegelagerei bis heute in der lokalen Kultur erhalten hat.[50]

4. Pfullingen im späten 13. Jahrhundert

In Pfullingen passierte die genannte Straße den Greifensteiner Besitzkomplex unmittelbar. Aus dem Bereich des alten Ortskerns und der Martinskirche kommend[51], führte sie dem Verlauf der »Großen Heerstraße« folgend nur rund 100 m entfernt an der Position der Oberen Burg vorbei.[52] Innerhalb des bereits 937 mit dem *Pfullichgouue* indirekt erwähnten Zentralorts Pfullingen[53], auf dessen gehobene Bedeutung reichhaltige archäologische Funde verweisen[54], zeichnen sich im 13. Jahrhundert überdies auffällig stadtähnliche Strukturen ab.[55] Es wäre – bei aller angebrachten Vorsicht – sogar in Erwägung zu ziehen, dass es zu diesem Zeitpunkt Bestrebungen hinsichtlich einer Pfullinger Stadtgründung gab.[56] Noch im 17. Jahrhundert, also im Vorfeld der erst 1699 letztendlich vollzogenen Stadtgründung, verfügte der Ort über einige herausragende Privilegien, die ein typisches Dorf in der Regel nicht hatte. Zu diesen gehörten etwa ein eigenes Marktrecht sowie eine eigene Gerichtsbarkeit.[57]

49 Zur Rheinstraße vgl. Tübinger Blätter 1901, S. 53; Dietmar Böhringer: Warmbronner Hohlwege. Zeugen einer mittelalterlichen Hauptverkehrsader. In: Zeitschrift für Württembergische Landesgeschichte 58 (1999).

50 Vöhringer (wie Anm. 41), S. 34–35 sowie Karl Rommel: Reutlinger Heimatbuch. Bilder, Sagen und Geschichten aus Stadt und Amt, 6. erw. Aufl., Reutlingen 1999, S. 198 ff.

51 Zur Siedlungsgeschichte und zum Kirchenbau allgemein vgl. Barbara Scholkmann/Birgit Tuchen (Hrsg.): Die Martinskirche in Pfullingen. Archäologie und Baugeschichte (Materialhefte zur Archäologie in Baden-Württemberg 53), Stuttgart 1999.

52 Zur Position der heute vollständig überprägten Oberen Burg vgl. Kinkelin (wie Anm. 5), S. 63–70.

53 MGH DD K I/H I/O I, S. 96, Nr. 8; WUB I, Nr. 180, S. 209–210; Kerstin Kaiser: Die Geschichte Pfullingens vom hohen Mittelalter bis zur Stadtwerdung. In: Krins/Scholkmann (wie Anm. 39), S. 44–45 sowie Schneider (wie Anm. 35), S. 112–113.

54 Birgit Kulessa/Dieter Quast/Dina Stahn: Die frühmittelalterliche Besiedlung. Pfullingen entsteht. In: Krins/Scholkmann (wie Anm. 39), S. 24–30; Dieter Quast: Pfullingen im frühen Mittelalter. In: Scholkmann/Tuchen (wie Anm. 35), S. 11–23.

55 Barbara Scholkmann: Die ergrabenen Bauten I–IV unter der Martinskirche von Pfullingen. Rekonstruktion, Datierung und baugeschichtliche Einordnung. In: Scholkmann/Tuchen (wie Anm. 35), S. 74–75; Birgit Tuchen: Vorgängerbauten der Martinskirche. Ergebnisse der archäologischen Untersuchung. In: Krins/Scholkmann (wie Anm. 39), S. 36.

56 Tilmann Marstaller: Der bestehende Bau der Martinskirche. In: Scholkmann/Tuchen (wie Anm. 35), S. 78.

57 Kaiser (wie Anm. 53), S. 48.

Bereits 1999 kam Barbara Scholkmann während der Untersuchung der Martinskirche außerdem zu dem Schluss, dass die Errichtung einer dreischiffigen Basilika, einer für eine ländliche Pfarrkirche des 12./13. Jahrhunderts eher untypischen Form, auf eine herausragende Stellung Pfullingens im späten 13. Jahrhundert hinweisen könne. »Eher möglich erscheint, daß dahinter eine bedeutende Adelsfamilie als Erbauer [...] stand«, schlussfolgerte sie am Ende ihrer Betrachtungen.[58]

Bis heute ist weitgehend ungeklärt, wer zu den Initiatoren dieses prestigeträchtigen, die eigenen herrschaftlichen Ansprüche dokumentierenden Kirchenneubaus zu zählen ist. Während die zumeist der Ministerialität zuzurechnenden Familien des Talraums wohl weniger als Initiatoren einer solchen Bauleistung anzusehen sind, wäre eher an die edelfreien Greifensteiner zu denken, die in ihrer Bedeutung bislang möglicherweise unterschätzt wurden.[59] Umfangreiche Rechte und Besitzungen dieser Herren lassen sich in Pfullingen insbesondere aus späteren Quellen eindeutig nachweisen.[60] Auch deuten sich engere Zusammenhänge mit dem älteren Pfullinger Ortsadel an, der 1161 letztmalig in den Quellen genannt wird[61], bevor rund einundzwanzig Jahre später der erste Greifensteiner in der Überlieferung erscheint.[62] Zahlreiche Besitzüberschneidungen machen zudem die Herren von Greifenstein als Besitznachfolger, wenn nicht sogar Nachfahren jenes Pfullinger Ortsadels wahrscheinlich, welche sich – ganz dem Stil der Zeit entsprechend[63] – mit der Errichtung einer namensgebenden Höhenburg einen neuen Herrschaftssitz geschaffen haben dürften. Neben der Martinskirche ist im selben Kontext auch nach der Stellung des um die Mitte des 13. Jahrhunderts erbauten Klarissenklosters in Pfullingen beziehungsweise nach der Rolle der Greifensteiner im Zuge dieser Klostergründung zu fragen. Einer heute nicht mehr existenten Inschrift im Kreuzgang sowie der älteren Klosterchronik von 1525 zufolge, soll das Kloster um 1250 von den beiden edlen Frauen Mechthild und Irmel gestiftet und 1278 bezogen worden sein. Jene seien der älteren Lehrmeinung folgend der Familie der Rempen zuzuordnen.[64] Neuere

58 Scholkmann (wie Anm. 55), S. 75.

59 Dies mag auch dem Umstand geschuldet sein, dass die Überlieferung äußerst fragmentiert ist und eine umfassende und gezielte Aufarbeitung der wechselvollen Geschichte dieser Adelsfamilie bislang aussteht.

60 Vgl. hierzu etwa Kinkelin (wie Anm. 5), S. 64–70.

61 HStA Stutt. B 523 U 2311; WUB II, Nr. 376, S. 137–138; vgl. hierzu auch: Schneider (wie Anm. 35), S. 116.

62 Wie Anm. 29.

63 Hans-Martin Maurer: Die Entstehung der hochmittelalterlichen Adelsburg in Südwestdeutschland. In: Zeitschrift für Geschichte des Oberrheins 117 (1969), S. 295–332.

64 Ausschlaggebend hierzu insbesondere die ältere Klosterchronik aus dem 16. Jahrhundert, die von zwei Frauen Mechthilt und Irmel aus dem Geschlecht der Rempen spricht, die jenes Kloster im Jahr 1250 erbaut und 1278 bezogen haben sollen. Die erste urkundliche Erwähnung des Klosters fällt in das Jahr 1252; Maximilian Straganz: Duae relationes circa Monasterium Brixinense O. Clar. In: Archivum franciscanum historicum 6 (1913), S. 538;

Forschungen sehen die erstmals 1260 gesichert nachweisbaren[65] niederadeligen Remp als Stifter aber eher kritisch.[66]

Abschließend lässt sich festhalten, dass bislang kaum thematisiert wurde, welche Rolle der Greifensteiner Zugriff auf Pfullingen, die Konkurrenz zwischen Pfullingen und Reutlingen und die späteren Auseinandersetzungen zwischen Reutlingen und den Greifensteinern in der komplexen Gemengelage des späteren 13. und frühen 14. Jahrhunderts gespielt haben.[67]

5. Die Kriegsereignisse des Jahres 1311

Die seit der Mitte des 13. Jahrhunderts mit der Ummauerung Reutlingens[68] zunehmenden Spannungen im oberen Echaztal zwischen aufstrebender Reichstadt auf der einen und alteingesessenem Adel auf der anderen Seite scheinen im frühen 14. Jahrhundert ein erhebliches Konfliktpotential entwickelt zu haben.[69] Daran dürfte auch die zeitweise durchaus stattfindende Koexistenz beziehungsweise Phasen konstruktiver Interaktion zwischen Stadt und Adel, die sich 1294 etwa mit der Stellung eines *Rumpoldi de Grifenstain sculteti* abzeichnet, der also offenbar Schultheis in Reutlingen war[70], oder die anhand von 1332 nachweisbaren Lehensrechten des

Rahel Bacher: Klarissenkonvent Pfullingen. Fromme Frauen zwischen Ideal und Wirklichkeit (Schriften zur Südwestdeutschen Landeskunde 65), Ostfildern 2009, S. 13 f. sowie Raimund Waibel: 750 Jahre Klarissenkloster der heiligen Cäcilie in Pfullingen (Beiträge zur Pfullinger Geschichte 11), Pfullingen 2002, S. 42–47.

65 HStA Stutt. A 514 U 312; WUB V, Nr. 1593, S. 352–353; vielleicht ist dieser Familie aber auch schon ein 1213 genannter Heinrich Rempe zuzurechnen; Böhringer (wie Anm. 39), S. 140.

66 Susanne Engelhard: Die Klosterkirche der Klarissen und ihre Restaurierung. In: Krins/Scholkmann (wie Anm. 39), S. 50–51; Paul Schwarz: Das Klarissenkloster. In: Hermann Fischer/Brigitte Neske/Hermann Taigel (Hrsg.): Pfullingen einst und jetzt, Pfullingen 1982, S. 114–138; Böhringer (wie Anm. 37), S. 2; Waibel (wie Anm. 64), S. 10; Bacher (wie Anm. 64), S. 14; dass als potenzielle Stifterfamilie auch die Herren von Greifenstein in Erwägung gezogen werden müssen, wurde zuletzt ebenfalls festgestellt; Ebenda, S. 201.

67 Dieser Frage soll unter anderem innerhalb des interdisziplinär ausgerichteten Forschungsprojekts »Burgenbauer, Raubritter, Klostergründer? Archäologie und Geschichte der edelfreien Herren von Greifenstein im oberen Echaztal« nachgegangen werden (vgl. Anm. 24).

68 Linda Gaiser: Die Reutlinger Stadtmauer. Schutz, Repräsentation, Ressource. In: Reutlinger Geschichtsblätter NF 55 (2016), S. 9–66.

69 Mit Blick auf übergeordnete Entwicklungslinien scheint sich dies deutlich herauszukristallisieren. Inwieweit sich ein solches aber auch anhand einer konkreteren Quellenüberlieferung unmittelbar nachzeichnen lässt, bedarf noch eingehenderer Forschungen, die in den folgenden Jahren vorangetrieben werden sollen.

70 Wie Anm. 2.

Albret von Grifenstain über den damals verstorbenen Reutlinger Schmied Berthold und dessen Kinder ersichtlich wird[71], langfristig nicht viel geändert haben.[72]

Zur Eskalation kam es schließlich im Jahr 1311, als vor dem Hintergrund des Reichskriegs der schwäbischen Städte gegen den Grafen Eberhard I. von Württemberg[73] eine oder mehrere Burgen der Greifensteiner zu den Zielen der Reichsstädter gehörten. Es ist das Gedicht eines Esslinger Stadtbürgers des frühen 14. Jahrhunderts, das von der vollständigen Zerstörung der Befestigungen von Greifensteiner und Lichtensteiner Burgen durch eine Reutlinger Streitmacht berichtet.[74] Diese sollen dem Text zufolge nicht nur erobert, sondern vielmehr bis auf die Grundmauern zerstört worden sein[75] – vielleicht ein Hinweis darauf, dass dieser Zerstörung weitreichendere Beweggründe zu Grunde lagen.[76] Es muss sogar in Erwägung gezogen

71 StA Rt A 2 U 878; Bernhard Kreutz (Bearb.): Reutlinger Urkundenbuch 1. Die Urkunden bis 1399, Reutlingen 2019, S. 116–117, Nr. 176.

72 Inwieweit auch darüber hinaus Phasen der Koexistenz und Kooperation stattfanden, wäre an anderer Stelle nochmals genauer zu überprüfen, soll jedoch im Rahmen des vorliegenden Artikels nicht weiter verfolgt werden.

73 Hermann Haering: Der Reichskrieg gegen Graf Eberhard den Erlauchten von Württemberg in den Jahren 1310–1316. In: Württembergische Jahrbücher für Statistik und Landeskunde (1910), S. 43–70.

74 *Gryffenstain muri, quamvis fuerant bene duri, Istis subducti sunt civibus undique rupti;* Stälin (wie Anm. 1), S. 3 sowie Ludwig (wie Anm. 1), S. 1–19; nicht eindeutig aus dem Gedichttext heraus beantwortet werden kann die Frage, ob nur die Greifensteiner Stammburg oder mehrere Greifensteiner Burgen gemeint sind und zerstört wurden. W. Ludwig (wie Anm. 1, S. 13) übersetzt die entsprechende oben zitierte Textstelle im Sinne von nur einer Burganlage: »Die Mauern von [Burg] Greiffenstein, obgleich sie sehr fest waren, wurden durch diese [Reutlinger] Bürger von unten her zerstört und auf allen Seiten zersprengt.« Diese Übersetzung ist aber sicher nicht alternativlos – und selbst wenn rein sprachlich nur eine Burganlage gemeint ist, schließt das selbstverständlich die Zerstörung weiterer Anlagen unter Greifensteiner Kontrolle nicht aus. Es ist daher eine Aufgabe zukünftiger Forschungen, dieser Frage genauer nachzugehen.

75 So wäre zu überlegen, ob eine treffendere Übersetzung nicht folgendermaßen lauten könnte: *Die Mauern des Greiffenstein, obgleich sie sehr stark/fest waren, wurden von diesen Bürgern erobert* (von lat. subducere = entwenden, entreißen, dem Besitzer/dem Rechtsinhaber entziehen) *und auf allen Seiten/in jeder Hinsicht* (also umfassend/vollständig) *gebrochen/abgerissen* (von lat. rumpere = brechen, zerbrechen, abbrechen, aufbrechen, etwas zerbrechen, zersprengen, abreißen); durch die Hervorhebung der starken Mauern wird nicht nur der Erfolg der Reichstädter überhöht, sondern auch deren gewaltsame Brechung als besondere Leistung hervorgetan. Dabei wurden die Befestigungen nicht nur militärisch erobert, sondern den adeligen Herrschaftsträgern zugleich auch die an der Burg haftende rechtliche beziehungsweise machtpolitische Komponente entrissen. Dies verdeutlicht auch die Betonung des vollständigen Niederreißens der Mauern, mit dem die Burg als Befestigungsanlage und Machtgrundlage obsolet wird bzw. ihre Funktion fortan nicht mehr erfüllen kann.

76 Inwieweit die hier vorliegende Siegesrhetorik wörtlich zu nehmen ist, sei dahingestellt. Jedoch deuten auch die archäologischen Quellen, bislang zumeist in Form von Lesefunden,

werden, dass die Burgen als herrschaftspolitische Ressourcen[77] beziehungsweise als Symbole steingewordenen Herrschaftsanspruchs der am Albrand sitzenden adeligen Konkurrenten gezielt aus dem Landschaftsbild getilgt werden sollten.[78]

Für die Greifensteiner scheinen die mit dem Reutlinger Kriegszug einhergehenden Verheerungen jedenfalls tiefgreifende Auswirkungen gehabt zu haben.[79] In der Folge vollzog sich ein rascher Niedergang der Greifensteiner Herrschaft im Echaztal. Es kam zu weiteren Konflikten – so etwa 1331 mit dem Kloster Pfullingen[80] – und einer sukzessiven geographischen Neuorientierung in den oberschwäbischen sowie den Bodenseeraum bis in das Gebiet der heutigen Schweiz.[81] Am 25. November

auf einen entsprechenden Niedergang der Burgen Ober und Untergreifenstein, Hochbiedeck und Alter Lichtenstein im frühen 14. Jahrhundert hin und untermauern somit die lyrisch überlieferten Ereignisse; Bizer (wie Anm. 5), S. 112–124; weitere archäologische Untersuchungen, die in den kommenden Jahren von Seiten der Universität Tübingen stattfinden sollen, lassen auf eine ungleich bessere und differenzierter auswertbare Quellenlage hoffen.

77 Zum Ressourcenbegriff vgl. Martin Bartelheim / Roland Hardenberg / Thomas Knopf u. a.: »ResourceCultures«. A Concept for Investigation the Use of Resources in Different Societies. In: Alžběta Danielisová / Manuel Fernández-Götz (Hrsg.): Persistent economic ways of living. Production distribution and consumption in late prehistory and early history (Archaeolingua 35), Budapest 2015, S. 39–49.

78 Zu einem ähnlichen Prozess andernorts vgl. exemplarisch Hans-Werner Peine / Kim Wegener: Zur repräsentativen Außenfassade der Holsterburg bei Warburg (Nordrhein-Westfalen). In: Burgen und Schlösser 58/3 (2017), S. 149–165.

79 Dies mag sich auch in der Sage vom »letzten Greifensteiner« niedergeschlagen haben. Dieser habe, so will es die Überlieferung, nachdem er von einer Pilgerfahrt in das gelobte Land zurückgekommen sei, die väterlichen Burgen zerstört und in Ruinen liegend vorgefunden. Bestürzt habe er daraufhin seinen verbliebenen Besitz vermacht und allem Weltlichen entsagt. Er habe daraufhin im nahe gelegenen Zellertal eine Waldklause errichtet, wo er fortan als frommer und vom Volk geliebter Einsiedler gelebt habe; Rommel (wie Anm. 50); dass es sich im Falle der dortigen klerikalen Niederlassung um eine durchaus stattliche und mutmaßlich zumindest zeitweise auch bedeutendere Anlage gehandelt haben könnte, konnte jüngst mittels archäologischer Ausgrabungen aufgezeigt werden; Moritz Foth / Michael Kienzle / Harald von der Osten u. a.: Erste Ausgrabungen in der vermuteten Klosterwüstung »Brudersteig« bei Lichtenstein-Unterhausen. In: Archäologische Ausgrabungen in Baden-Württemberg (2020), S. 310–313.

80 HStA Stutt. A 514 U 86; HStA Stutt. A 514 U 87.

81 So war 1319 *her Swiger von Griffenstain custer ze sant Gallen;* Hermann Wartmann (Bearb.): Urkundenbuch der Abtei Sanct Gallen, Bd. 3: 920–1360, Zürich 1882, S. 411, Nr. 1249; Otto Clavadetscher (Bearb.): Chartularium Sangallense, Bd. 5: 1300–1326, St. Gallen 1988, S. 349, Nr. 3043; ein Berthold von *Griffenstein* war 1353 Kanoniker der Stiftskirche in Buchau; StA Sigmaringen Ho 162, U 50 Nr. 2; Kuno von Greifenstein war 1343 Landrichter im Thurgau und siegelte *am mitwuch nach sant Johans tag* auf dem Landtag »zur Lauben« mit dem Gerichtssiegel; StAZH TAI 3.57.2; BBB FA von Mülinen, Urkunde Nr. 98.

1355 verkaufte schließlich Swigger von Greifenstein, der letzte bezeugte Vertreter der Familie, seine Herrschaft Greifenstein mitsamt dem Burgstall Greifenstein und umfangreichem Zubehör an die Grafen Eberhard II. und Ulrich IV. von Württemberg.[82] Die Herrschaft Greifenstein war somit – wie überhaupt weite Teile des Talraums – vollends württembergisch geworden. Die hieraus resultierenden vielschichtigen herrschaftspolitischen Wandlungen im späten 14. und im 15. Jahrhundert weiterzuverfolgen, soll aber nicht mehr Teil der vorliegenden Untersuchung sein.

6. Ausgrabungen in der ehemaligen Burg Stahleck

Im Sommer und Herbst 2021 führte die Universität Tübingen in Kooperation mit dem Landesamt für Denkmalpflege zwei archäologische Grabungskampagnen an der Burgstelle Stahleck durch.[83] Diese waren Teil des interdisziplinären Forschungsprojekts »Burgenbauer, Raubritter, Klostergründer? – Archäologie und Geschichte der edelfreien Herren von Greifenstein im oberen Echaztal«, welches sich zum Ziel gesetzt hat, im oberen Echaztal die vielschichtigen Zusammenhänge zwischen Burgenbau und Adel sowie die Interaktion mit der umgebenden Kulturlandschaft zu erforschen.[84]

Innerhalb des Kernburgareals konnten nahe der Spornspitze des steil abfallenden Burgfelsens in sechs Grabungsschnitten die Fundamentmauern eines rund 10 × 10 m messenden (Haupt-)Gebäudes erfasst werden, das als repräsentativer Wohnbau der Burgherren genutzt worden sein dürfte (Abb. 1). Dieser Baukörper verfügte im Erdgeschoss über einen Zwischenmauerzug und damit zwei separate Räume. Die mit kalkhaltigem Mörtel durchsetzten Fundamentmauern aus unregelmäßigen, zumeist unbearbeiteten Kalksteinen wiesen eine Stärke von 0,5–0,6 m auf. Reste von einstigem Sichtmauerwerk oder Laufhorizonte konnten nicht erfasst werden und scheinen großflächig dem Steinraub und späteren Planierungen zum Opfer gefallen zu sein. Verschiedene Befunde weisen auf eine Zweiphasigkeit des Gebäudes hin. Die dokumentierten Mauern dürften zur jüngsten Ausbauphase gehören, in welcher der Bau über ein massives Erdgeschoss und vermutlich über ein hölzernes Obergeschoss beziehungsweise einen Fachwerkstock verfügt haben dürfte. Die Dachdeckung war mittels Hohlziegeln ausgeführt, deren Fragmente sich in großer Menge in den Versturz- und Abbruchschichten sowie im Hangbereich fanden. Auch dürfte der Bau über eine repräsentative Kachelofenheizung verfügt haben, wie zahlreiche Bruch-

82 HStA Stutt. A 602, U. 13707: *Griffenstein min Burgstal, daß ob Růtlingen lit [...] und alles das dar zů gehôrt.*

83 Zum Folgenden bereits Foth u. a. (wie Anm. 3); die Ergebnisse der aktuell laufenden Auswertung sollen zeitnah umfassend vorgelegt werden. Die hier vorgestellten Ausführungen sind daher als Vorbericht zu verstehen.

84 https://greifenstein-projekt.de/konzeption/ (07.07.2022).

stücke von gedrehten Becherkacheln des 13. oder frühen 14. Jahrhunderts in den zugehörigen Schichtpaketen aufzeigen. Dies verweist auf eine gehobene Wohnkultur, da rauchfreie Öfen während des 13. Jahrhunderts in Süddeutschland noch weitgehend den sozialen Eliten vorbehalten waren.[85]

Ein weiterer Grabungsschnitt wurde durch den nordöstlichen Abschnitt des Burggrabens gelegt. Dort konnten im Bereich des begleitenden Schuttwalls Reste einer bis zu 1,80 m starken Umfassungsmauer freigelegt werden, die als Umfriedung der Kernburg diente. Diese scheint im Nachgang der Nutzungszeit der Burg bis auf die untersten Lagen abgetragen worden zu sein. Der im Bereich des Grabungsschnitts etwa 4,7 m breite und 1,60 m tiefe Burggraben wurde aus dem anstehenden Fels herausgearbeitet und konnte bis zur Sohle untersucht werden (Abb. 2). Die darin befindliche Verfüllschicht, bestehend aus großformatigen und mit reichlich Hohlziegelbruch durchsetzten Kalksteinen, ist als Versturz der Umfassungsmauer zu deuten. Die stratigraphisch ältesten Funde konnten unter dieser Versturzschicht und unmittelbar über der Grabensohle erfasst werden. Es fanden sich unter anderem Bruchstücke rotbemalter Schwäbischer Feinware mit Gitterdekor, zwei Fragmente von schlanken Nuppengläsern und das u-förmige Ortband einer Schwertscheide aus Buntmetall. Als geläufige Ausstattungsaccessoires der gehobeneren Gesellschaftsschichten, lassen sich diese Fundstücke gut mit der zeittypischen ritterlich-adeligen Sachkultur in Einklang bringen.[86] In dieselbe Richtung verweisen auch archäozoologische Analysen von Schlacht- und Speiseabfällen in der Grabenverfüllung, die beispielsweise einen signifikanten Jagdwildanteil erbrachten.[87] Teile von Trensen und

85 Rainer Atzbach: The ›Stube‹ and its Heating. Archaeological Evidence for a Smoke-Free Living Room between Alps and North Sea. In: Mette Svart Kristiansen / Kate Giles (Hrsg.): Dwellings, identities and homes. European housing culture from the Viking Age to the Renaissance (Jutland Archaeological Society Publications 84), Højbjerg 2014, S. 195–209; Sophie Hüglin: Von Kacheln und Öfen im Mittelalter. In: Jahrbuch für Hausforschung 50 (2011), S. 319–339 sowie Sabine Felgenhauer-Schmiedt: Die Sachkultur des Mittelalters im Lichte der archäologischen Funde (Europäische Hochschulschriften Reihe 38, Archäologie 42), Frankfurt am Main 1993, S. 124–128.

86 Vgl. Christina Schmid: Ergrabene Kontexte. Interpretationen archäologischer Fundzusammenhänge auf Burgen (Formate – Forschungen zur Materiellen Kultur 2), Göttingen 2020; Christof Krauskopf: Adelige Repräsentation im Spannungsfeld zwischen archäologischen, schriftlichen und bildlichen Quellen. In: Joachim Zeune (Hrsg.): Adelskulturen auf Burgen. Kolloquium des Wissenschaftlichen Beirats der Deutschen Burgenvereinigung, Brixen 2017 (Veröffentlichungen der Deutschen Burgenvereinigung Reihe B Schriften 16), Braubach 2019, S. 147–157 sowie Christoph Krauskopf: Tric-Trac, Trense, Treichel. Untersuchungen zur Sachkultur des Adels im 13. und 14. Jahrhundert (Veröffentlichungen der Deutschen Burgenvereinigung e. V. Reihe A, Forschungen 11), Braubach 2005.

87 Vgl. Julius Dietze: Ferkel, Speck und Wildbret – die Tierknochen der Burg Stahleck (13./14. Jhd.) als Indikator für sozialen Status und Ökonomie, Bachelorarbeit Tübingen (2022).

Hufeisen sind der standesgemäßen Fortbewegung zu Pferde zuzuordnen, während das Fragment eines Wagenbeschlags beziehungsweise einer Deichselarmierung aus dem Kernburgareal auf die Nutzung des nahen Albaufstieges für die Versorgung der Burganlage verweist.[88]

Die innerhalb der Grabenverfüllung erfassten Keramikfunde sind entscheidend für die chronologische Einordnung der Burganlage, insbesondere ihrer Anfangsdatierung. Diese basierte bislang im Wesentlichen auf den mittels Oberflächenfunden erarbeiteten Ergebnissen Christoph Bizers, der hierbei auf einen Bestand von insgesamt 198 Fundstücken zugreifen konnte.[89] Diese umfassten durchweg Scherben der jüngeren Drehscheibenware, wobei neben einer sandig-glimmerhaltigen auch eine grauschwarz-hartgebrannte Variante unterschieden werden konnte.[90] Schmale Leistenränder oder frühe, verschliffene Karniesrandformen, wie sie für diese Warenart typisch sind, fehlten an den lediglich neun Randstücken in seinem Fundgut weitgehend.[91] Die erfassten Randstücke der grauschwarz-hartgebrannten Drehscheibenware scheinen mehrheitlich Merkmale der Übergangs- beziehungsweise Frühstufe dieser Warenart aufzuweisen. Es dominieren zwar härter gebrannte, nach wie vor aber stark sandig gemagerte Stücke.[92] Sehr hart gebrannte Stücke kamen, ebenso wie kräftig profilierte Karniesränder, nur selten vor. Einige Wandstücke wiesen Riefungen, Rollstempeldekor oder Wellenlinienverzierungen auf.[93] An Ofenkeramik fanden sich neben wenigen sandigen Becherkacheln vermehrt härter gebrannte, graue Stücke sowie Fragmente viereckig ausgeformter Napfkacheln.[94] Die sogenannte Albware[95] konnte dagegen von Bizer im Lesefundgut nicht erfasst werden. Das Fehlen dieser Ware sowie früher Randformen der sandig-glimmerhaltigen Drehscheibenware wurden dementsprechend als Indiz für eine Erbauung der

88 Dazu Brink (wie Anm. 15).
89 Bizer (wie Anm. 5), S. 125–127.
90 Hierzu allgemein ebenda, S. 49–51.
91 Ebenda, S. 125.
92 Ebenda, S. 125.
93 Ebenda, S. 125 f.
94 Ebenda, S. 126.
95 Zur als Albware bekannt gewordenen, eigentlich aber weit über die Alb hinausreichenden Warengruppe allgemein vgl. ebenda, S. 22–43; Rainer Schreg: Keramik aus Südwestdeutschland, Tübingen 1998, S. 214 f.; Uwe Gross: Mittelalterliche Keramik zwischen Neckarmündung und Schwäbischer Alb. Bemerkungen zur räumlichen Entwicklung und Gliederung (Forschungen und Berichte der Archäologie des Mittelalters in Baden-Württemberg 12), Stuttgart 1991, S. 26–30; Beate Schmid: Archäologische Untersuchungen im Stadtgebiet von Mengen, Kreis Sigmaringen (Forschungen und Berichte der Archäologie des Mittelalters in Baden-Württemberg 27), Stuttgart 2009, S. 69–71 sowie Sören Frommer: Gammertingen, St. Michael. Auswertung der archäologischen Ausgrabungen insbesondere unter herrschafts-, siedlungs- und landesgeschichtlicher Fragestellung (Forschungen und Berichte zur Archäologie in Baden-Württemberg 4), Wiesbaden 2017, S. 30–35.

Burganlage um die Mitte des 13. Jahrhunderts »nur wenig vor der Erstnennung von 1254« gewertet. Nur unscharf ließe sich nach Bizer außerdem das Ende der Burg anhand der keramischen Neuerungen des 14. Jahrhunderts im Zeitraum um die Jahrhundertmitte ansetzen.[96]

Anhand der 2021 neu erfassten und sauber stratifizierten Funde aus der Grabenverfüllung kann dieses Bild modifiziert werden. Von besonderer Relevanz ist hierbei das Vorkommen der zuvor nicht erfassten Albware, die mit 445 Scherben repräsentativ im Fundgut vertreten ist.[97] Kennzeichen dieser Warenart ist der stark mit Kalkspat gemagerte Ton, der den Scherben eine weise Sprenkelung verleiht. Der meist ungleichmäßige Brennvorgang resultiert zumeist in einer uneinheitlichen Farbgebung zwischen dunkelbraun und grau bis hin zu rötlichen oder gelblichen Färbungen. Bei der auf Burg Stahleck erfassten Albware handelt es sich hauptsächlich um Bruchstücke bauchiger, zunehmend schlanker werdender Töpfe. Andere Gefäßformen oder Bruchstücke von Ofenkeramik finden sich dagegen nicht im Fundgut. Während Randformen der älteren Albware an Burg Stahleck nicht vorkommen, finden sich die typischen Ränder der mittleren und jüngeren Albware[98] mit 25 Fragmenten in ausreichender Menge, um belastbare chronologische Aussagen zu treffen. Vertreten sind die schräg ausbiegenden, unprofilierten einfachen Randformen der mittleren Albware mit leicht verdicktem Randbereich, die auf kurzen, einziehenden Hälsen sitzen. Die ebenen Standböden der meist grau-braun gefärbten Gefäße sind abgehoben und weisen noch die Merkmale nachgedrehter Keramik auf. Die zunehmende Verdickung, Profilierung und Unterschneidung einiger Randstücke scheint den Übergang zur jüngeren Albware anzudeuten[99], wobei eine klare Abgrenzung nicht immer gegeben ist.[100] Die jüngere Albware ist vertreten mit schmalen, zierlichen Leistenrändern, die teils ein leicht geschwungenes Außenprofil sowie eine schwache Innenkehle aufweisen. Die scheibengedrehten, zumeist grau bis hellgrau gefärbten Stücke zeigen teils schwach erkennbare Drehfurchen sowie deutliche Abschneidespuren an den Standböden.

Mit Blick auf die zahlreichen Fundstücke der sandig-glimmerhaltigen sowie der grauschwarz-hartgebrannten Drehscheibenware scheinen sich die von Bizer formu-

96 Bizer (wie Anm. 5), S. 126.

97 Die Auswertung des dieser Warenart zuzuordnenden Fundbestands befindet sich derzeit in der Abteilung für Archäologie des Mittelalters und der Neuzeit an der Eberhard Karls Universität Tübingen in Vorbereitung und soll in naher Zukunft umfassend publiziert werden.

98 Zu bemerken ist, dass die Übergänge zwischen mittlerer und jüngerer Albware fließend sind und sich auch im Fundgut der Burg Stahleck mehrfach Übergangsformen finden.

99 Bizer (wie Anm. 5), S. 37.

100 Dazu grundlegend Katharina Conrad: »zu kilperg uff der brestorff«. Die Keramikfunde aus der hoch- bis spätmittelalterlichen Wüstung Brechesdorf bei Kilchberg (Lkr. Tübingen), Masterarbeit Tübingen (2022).

lierten Beobachtungen dagegen im Wesentlichen zu bestätigen, wobei noch genauer zu überprüfen sein wird, inwieweit etwa sandig-glimmerhaltige nachgedrehte Ware nachgewiesen werden kann.[101]

Für die Datierung der Burganlage ergeben sich somit relativ klare Ansätze. Durch das vollständige Fehlen von Randformen der älteren Albware, wie sie an den älteren Burgen Unterer Greifenstein oder Schloss Lichtenstein noch vorkommen[102], darf eine Erbauung der Burganlage vor 1200 relativ sicher ausgeschlossen werden. Die Randformen der mittleren Albware, die von wenig entwickelten bis zu fortgeschritteneren Stücken und Übergangsformen zur jüngeren Albware reichen, verweisen dagegen klar auf eine Entstehung der Burganlage in der ersten Hälfte des 13. Jahrhunderts. Bestätigung könnte diese Einschätzung im Vorkommen entsprechend zu datierender sandig-glimmerhaltiger nachgedrehter Keramik finden.[103]

Mit dem Aufkommen echter Drehscheibenware in der ersten Hälfte beziehungsweise vermehrt seit der Mitte des 13. Jahrhunderts[104] lässt sich das Vorkommen der reichhaltig erfassten sandig-glimmerhaltigen Drehscheibenware in Einklang bringen[105], die im Laufe der ersten Hälfte beziehungsweise um die Mitte des 14. Jahrhunderts sukzessiv in eine härter gebrannte, grauschwarz gefärbte Variante übergeht.

101 Insbesondere für die erste Hälfte des 13. Jahrhunderts scheint dieser Warenart auf zahlreichen Burgen der Mittleren Alb eine größere Bedeutung als Indikator zuzukommen, wie jüngst erst im Falle der wohl wenig vor 1200 errichteten und bereits um die Mitte des 13. Jahrhunderts zerstörten Burg Baldeck im Ermstal aufgezeigt werden konnte. Hier umfasste das Gros der erfassten Lesefunde Bruchstücke einer stark sandig-glimmerhaltigen eindeutig nachgedrehten Warenart; Michael Kienzle: Die Belagerung der Burg Baldeck im Herbst des Jahres 1256. In: Ders.: Burgenbau und Adel im oberen Ermstal. Archäologie und Geschichte (Beiträge zur Bad Uracher Stadtgeschichte 8), Metzingen 2022, S. 87–111.

102 Bizer (wie Anm. 5), S. 108–111 und S. 119–122; exemplarisch für die nahe Stadt Reutlingen etwa auch Dorothee Ade-Rademacher: Die Grabungen Königsbronner Pfleghof und Oberes Bollwerk. Aussagen zur frühen Geschichte der Stadt. In: Unter Putz und Pflasterstein, hrsg. vom Heimatmuseum Reutlingen, Reutlingen 1999, S. 28 f.

103 Vgl. Anm. 101; die Auswertung des umfangreichen Fundbestands insbesondere aus der Grabenverfüllung und dem Kernburgareal lässt zum derzeitigen Arbeitsstand diesbezüglich aber noch keine konkreteren Aussagen zu.

104 Schreg (wie Anm. 95), S. 227 sowie Ade-Rademacher (wie Anm. 102), S. 30.

105 Dass die grob sandige Magerung noch bis um die Mitte des 14. Jahrhunderts das dominierende Charakteristikum der jüngeren Drehscheibenware im Bereich der Reutlinger Alb ausmachte, zeigt auch der hohe Anteil entsprechender Scherben in einer auf 1364 datierten Planierschicht in Reutlingen; Arne Köppen: Zeugnisse des Alltags. Die archäologischen Funde der Grabung Pfäfflinshofstrasse 4. In: Heimatmuseum Reutlingen (wie Anm. 102), S. 113 und 115; ein anhand von Vergleichsbeispielen und typologischen Kriterien sowie baugeschichtlichen Argumenten in die zweite Hälfte des 13. Jahrhunderts datierter schei-

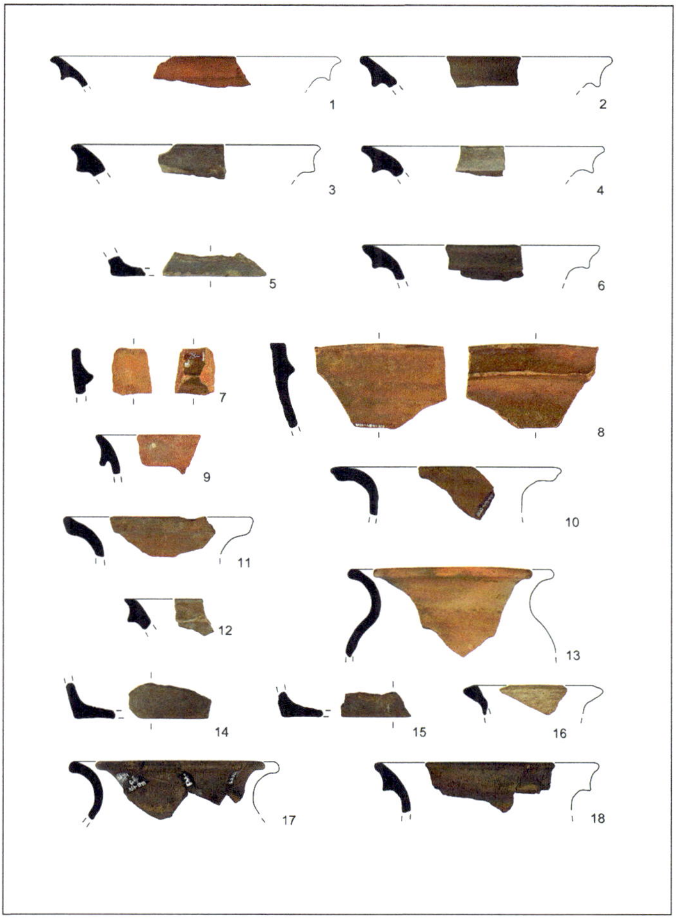

Abb. 3: Burg Stahleck, Keramik aus dem Vorburgareal. 1 Befund 3. – 2–3 Befund 24/25. – 4–6 Befund 24. – 7–10 Befund 39. – 11–16 Befund 71. – 17–18 Befund 84. 1 M. 1:3; 2–18 M. 1:2
© Fotos und Zeichnungen E. D'Avis, 2022

Die in der zweiten Hälfte des 14. Jahrhunderts geläufiger werdenden sehr hart gebrannten Stücke kommen dagegen – wie Bizer zurecht feststellt – eher sporadisch vor. Für eine Nutzungszeit der Burg bis um die Mitte des 14. Jahrhunderts sprechen

bengedrehter Karniesrandtopf mit stark sandig-glimmerhaltiger Magerung stammt aus der Pfullinger Martinskirche; Barbara Scholkmann: Der Bautopf aus dem Turm der Martinskirche. In: Scholkmann/Tuchen (wie Anm. 35), S. 103 f.

Abb. 4: Burg Stahleck, Keramik aus dem Vorburgareal. 1 Befund 3. – 2 Befund 24/25. – 3–6 Befund 24. – 7–9 Befund 39. – 10–11 Befund 71. 1–6 M. 1:2; 7 M. 1:3; 8–11 M. 1:2.
© Fotos und Zeichnungen E. D'Avis, 2022

neben zahlreichen wenig entwickelten Karniesrändern (Abb. 3, Nr. 1–4, 6) auch die in großer Menge erfassten viereckigen Napfkacheln (Abb. 4, Nr. 7) wie sie etwa an den benachbarten, wohl 1311 zerstörten und nicht mehr aufgebauten Burgen Unter- und Obergreifenstein, Hochbiedeck und Alter Lichtenstein noch nicht vorkommen.[106]

106 Bizer (wie Anm. 5), S. 112–124; der von Bizer vorliegende Fundbestand kann zudem durch weitere Fundstücke ergänzt und weitgehend bestätigt werden, die im Zuge der Projekt-

Auch zahlreiche Wandscherben mit aufgelegtem Kniffleistendekor (Abb. 4, Nr. 1, 6) oder frühe Stücke glasierter Gefäßkeramik verweisen auf eine Nutzung der Burganlage noch um die Jahrhundertmitte[107], wogegen Karniesränder aus dem späteren 14. Jahrhundert mit stark ausgeprägter Profilierung fehlen.[108] Burg Stahleck scheint dem derzeitigen Kenntnisstand nach also von der ersten Hälfte des 13. Jahrhunderts bis um die Mitte des 14. Jahrhunderts bewohnt gewesen zu sein. Kürzere Unterbrechungen der Nutzung können dabei nicht ausgeschlossen werden.[109]

7. Ein Brandereignis des 14. Jahrhunderts in der Vorburg

Der Kernburg und dem Graben vorgelagert ist ein ausgedehntes Vorburgareal, das sich bereits durch Geländemerkmale und Lesefunde abgezeichnet hatte und durch die Ausgrabung 2021 verifiziert werden konnte. Der Fokus lag dabei auf einem annähernd rechteckigen, leicht erhöhten Plateau von etwa 8 × 8 m mit mittiger Senke, das sich durch zahlreiche Bruchstücke gebrannten Lehms bereits obertägig als Ort eines Brandes oder zumindest der Entsorgung von Brandschutt zu erkennen gab. Aufgrund seiner starken magnetischen Signatur konnte die Ausdehnung des erhitzten Materials durch eine Magnetik-Prospektion flächig verfolgt werden (Abb. 1). Grabungsschnitte durch die Kernzone des Plateaus sowie der Magnetik-Anomalie bestätigten, dass beide von einem massiven Brandlehmpaket herrühren. Im Folgenden soll dieser Befund näher beschrieben werden (Abb. 5).

Den geologischen Untergrund bildet im gesamten Vorburgbereich der anstehende verwitterte Kalkstein des Unteren Massenkalkes (Befund 31, 58).[110] Darüber findet sich großflächig ein dünnes Paket aus gelblich-grauem Lehm, in den einzelne Brandlehm- und Holzkohleflitter eingeschlossen sind (Befund 23, 24, 25, 101). Vermutlich handelt es sich um einen ortstypischen Verwitterungs- oder Umlagerungshorizont,

arbeit sowie auch in vorangegangenen Untersuchungen (Kienzle [wie Anm. 6]) erfasst werden konnten. Die Auswertung und Publikation dieses Materials soll in den nächsten Jahren sukzessiv erfolgen; ein Fragment einer oxydierend gebrannten Schüsselkachel mit eckig ausgezogener Mündung aus Reutlingen kann auf die Zeit nach 1337 datiert werden. Weitere dem Stahlecker Fundgut entsprechende Fragmente oxydierend gebrannter, viereckig ausgezogener Ofenkacheln sowie ein Stück einer grün glasierten Nischenkachel fanden sich in der Planierschicht von 1364; Köppen (wie Anm. 105), S. 113 und S. 118.

107 Vergleichbare Stücke fanden sich in einer auf 1364 dendrodatierten Planierschicht in Reutlingen; Köppen (wie Anm. 105), S. 111, Tafel 1 und S. 115 f.

108 Die auf Burg Stahleck erfassten späteren Randformen scheinen einer ersten Durchsicht nach gut mit dem vor bzw. um 1364 dendrodatierten Fundspektrum aus Reutlingen übereinzustimmen; Köppen (wie Anm. 105), S. 113 f., Tafel 2.

109 Dies lässt sich als vorläufiges Ergebnis festhalten. Für abschließende Aussagen bleibt jedoch auf die noch ausstehende umfassende Auswertung der Grabungskampagne hinzuweisen.

110 Vgl. https://maps.lgrb-bw.de/ (28.07.2022), GK 50.

Abb. 5: Burg Stahleck, Profil durch die Reste des abgebrannten Fachwerkgebäudes des 14. Jahrhunderts mit Hervorhebung der wichtigsten stratigraphischen Einheiten (2021). Gelb: Befund 84 (Deckenkonstruktion), orange: Befund 39 (Brandschutt), rot: Befund 60 (Brandzentrum), grau: Befund 38 (Oberboden).
© Foto und Bearbeitung M. Foth

der zeitlich vor die Nutzungszeit der Burganlage datiert. Vor allem auf der Oberfläche der Schicht lagen diverse Keramikscherben auf (Abb. 3, Nr. 2–6; Abb. 4, Nr. 2–6). Direkt darüber liegen die stratigraphisch ältesten und *in situ* liegenden Brand- und Versturzschichten (Befund 7, 22, 29 und v. a. 84). Es ist daher davon auszugehen, dass die Oberfläche der Schichten 23, 24, 25 und 101 den Laufhorizont des darüber befindlichen Gebäudes darstellen, in den nutzungszeitliches Fundmaterial eingetreten ist. Da Hinweise auf eine Bodenbildung fehlen, das Schichtpaket geringmächtig ausgeprägt ist beziehungsweise teilweise auch vollständig fehlt, ist von einer Planiermaßname des Geländes vor Errichtung des darüber befindlichen Gebäudes auszugehen. Ältere Nutzungsspuren des Vorburg könnten dabei vollständig entfernt worden sein.

Über den beschriebenen Schichten und der nutzungszeitlichen Oberfläche (die allerdings kaum als solche erkennbar war) fand sich ein stellenweise bis zu 60 cm mächtiges Paket aus Brandlehm (u. a. Befund 7, 19, 22, 29, 39, 47, 71, 77, 78 und v. a. 84). Das Erscheinungsbild und die stratigraphische Binnengliederung dieses Brandschuttes war kleinräumig sehr unterschiedlich – wie auch dessen Verbrennungsgrad (Abb. 6).[111] Vor allem in Schnitt 2 war das Gesamtpaket in sich kaum zu untergliedern, gleichzeitig war der Lehm dort größtenteils nur schwach gebrannt und es konnten keine größeren konstruktiven Einheiten *in situ* liegend nachgewiesen wer-

111 Dazu jüngst Anna Döpper: Ein Fachwerkhaus des 14. Jahrhunderts Untersuchungen des Brandlehms der Burgstelle Stahleck, Bachelorarbeit Tübingen (2022).

Abb. 6: Burg Stahleck, Brandlehmfragmente aus dem Vorburgareal. 1–2 Wandabdrücke. – 3 Kantholzabdruck. – 4 Rundholzabdruck. – 5–6 Keramikfragmente, eingebettet in Brandlehm. – 7–8 Brandlehm. Verschlackt. – 9–10 Brandlehmfragmente mit Putzresten. 1–3 M. 1:3; 4–7 M. 1:1; 8 M. 1:2; 9–10 M. 1:1.
© Fotos V. S. Brigola, Bearbeitung A. Döpper, 2022

den. In Schnitt 5 fanden sich dagegen insbesondere im Bereich von Befund 84, 59/60 und 39 (genannt in stratigraphischer Reihenfolge vom ältesten zum jüngsten) große Brandlehmpakete, die einzelnen Gebäudeteilen zugeordnet werden können und nach dem Brand nicht mehr bewegt wurden. Gleichzeitig findet sich in den entsprechenden Befunden die höchsten Anteile stark verziegelter oder sogar verschlackter und verglaster Brandlehmstücke (Abb. 6, Nr. 5–8), die darauf hinweisen, dass hier das Brandzentrum mit Temperaturen von lokal über 1000 °C zu lokalisieren ist.[112] Eingebettet und teilweise eingeschmolzen in den Brandlehm fanden sich große Mengen viereckiger Napfkacheln (Abb. 3, Nr. 7–8; Abb. 4, Nr. 7–9; Abb. 6, Nr. 5–6).

Für die Gesamtinterpretation entscheidend ist Befund 84. Der komplexe Befund besteht aus verkohlten Rundhölzern, einem darüber liegenden verziegelten Lehmpaket mit rechtwinklig zu den Rundhölzern liegenden, parallel zueinander verlaufenden Abdrücken von Rund- oder Halbhölzern mit nach unten hin erhaltener gerundeter Stammoberfläche (erkennbar u. a. an Abdrücken von oberflächlichem Wurmfraß im Brandlehm) – und teilweise zwischen diesen Stämmen liegenden Abdrücken von eng gesetzten schmalen Rundhölzern und/oder Staken (Abb. 7).[113] Über den verschiedenen Negativabdrücken der komplett vergangenen Hölzer lag ein weiteres Lehmpaket, das nach oben hin (zu Befund 59) mit einer großflächig intakten, glatten Originaloberfläche abschloss, der unmittelbar eine weitere glatte Oberfläche als Unterkante von Befund 59 auflag. Auch wenn die Auswertung noch nicht abgeschlossen ist, lässt die Gesamtsituation eigentlich nur den Schluss zu, dass es sich bei Befund 84 um die verstürzte Deckenkonstruktion zwischen Erdgeschoss und 1. Obergeschoss handelt, die auf der Oberseite mindestens einen neuen Lehmestrich erhalten hat. Konstruktiv bestehen gute Analogien zu eng gesetzten Balkendecken mit Lehmfüllung zwischen den Balken und oben aufgetragenem Lehmestrich.[114] Insbesondere bei Decken zwischen Lager- oder Stallräumen im Erdgeschoss und Wohnräumen im Obergeschoss finden sich andernorts ab dem Spätmittelalter häufig aufwändige und relativ mächtige Lehmfüllungen, die dem ausgegrabenen Befund entsprechen.[115] Dies deutet bereits darauf hin, dass Befund 84 die Deckenkonstruktion eines Wirtschaftsraumes im Erdgeschoss und gleichzeitig den Fußboden eines gut isolierten Wohnraumes im 1. Obergeschoss bildet. Dazu passt auch, dass Befund 84 und 59 sehr fundarm waren, wogegen die darüber liegende Schicht 39 hunderte von Ofenkachelscherben enthielt.

112 So auch Döpper (wie Anm. 111), S. 27–29.

113 Große Teile des Befundes wurden im Block geborgen und befinden sich aktuell noch im Freilegungs- und Analyseprozess.

114 Vgl. etwa Konrad Bedal/Herbert May (Hrsg.): Unter Dach und Fach. Häuserbauen in Franken vom 14. bis ins 20. Jahrhundert (Schriften und Kataloge des Fränkischen Freilandmuseums des Bezirks Mittelfranken 36), Bad Windsheim 2002, S. 228–232; bis zur vollständigen Auswertung muss allerdings auch die Möglichkeit in Erwägung gezogen werden, dass es sich um eine verstürzte Wandkonstruktion handelt, obgleich dies konstruktiv vor allem wegen der eng gesetzten Stämme wenig plausibel erscheint. Unklar ist außerdem bislang, ob die verkohlten Rundhölzer unter Befund 84 zur Decken- bzw. Fußbodenkonstruktion gehören oder separat zu betrachten sind. Diese Frage wird erst die vollständige Freilegung der Blockbergung klären können.

115 Albrecht Bedal: Alte Bauernhäuser in Baden-Württemberg und seinen Freilichtmuseen. Ländliche Bauten von 1350 bis 1700 in Wort und Bild, Schwäbisch Hall 2018, S. 77; Bedal/May (wie Anm. 114), S. 230–232.

Abb. 7: Burg Stahleck, Vorburgareal. *In situ* liegende Balkenabdrücke einer Deckenkonstruktion im Brandlehm (Befund 84).
© Foto M. Foth, 2021

Aus der Gesamtbetrachtung der Befundsituation wird deutlich, dass sich im 1. Obergeschoss eine rauchfreie Stube mit Kachelofen befand. Bauarchäologisch untersuchte Vergleichsbauten des 14. und frühen 15. Jahrhunderts zeigen, dass die Lage der Stube mit Kachelofen im Obergeschoss sowohl im ländlichen als auch im städtischen Bauen absolut typisch war – obgleich insbesondere im ländlichen Raum auch mit Stuben im Erdgeschoss zu rechnen ist, so etwa im 1367 datierten Bauernhaus aus Höfstetten (Ldkr. Ansbach).[116] Der überwiegende Teil der spätmittelalterlichen Stuben lag in einer Hausecke und mit mindestens einer Seitenwand nach Süden exponiert.[117] Die Lage von Befund 84, 60 und 39 im Südteil des Brandlehmplateaus und der entsprechenden magnetischen Anomalie würde hervorragend dazu passen. Da der in der Stube stehende Hinterlader-Ofen und der im angrenzenden Küchenbereich be-

116 Vgl. Bedal (wie Anm. 115), S. 170–174; Konrad Bedal (Hrsg.): Ein Bauernhaus aus dem Mittelalter (Schriften und Kataloge des Fränkischen Freilandmuseums des Bezirks Mittelfranken 9), Rothenburg o. T. 1987; Ders.: Häuser aus Franken. Museumshandbuch für das Fränkische Freilichtmuseum Bad Windsheim, Bad Windsheim 2002, S. 239–240.

117 Vgl. Bedal (wie Anm. 115), S. 169–174; Konrad Bedal: Flurküchen, Herde, Rauchfänge im Fachwerkhaus Südwestdeutschlands. In: Mitteilungen der Deutschen Gesellschaft für Archäologie des Mittelalters und der Neuzeit 19, Paderborn 2007, S. 171–182.

findliche Rauchabzug einander bedingen[118], muss davon ausgegangen werden, dass es einen an die Stube angrenzenden Küchenraum gab, von dem aus der Kachelofen beheizt wurde. Die Verteilung der Ofenkeramik, die Lage des vermuteten Brandzentrums im Bereich von Befund 60 und Unterschiede im Befundbild könnten darauf hindeuten, dass die Stube in der Südwestecke, der Kachelofen im Bereich der nördlichen Stubenwand und die Küche dahinter in der Nordwestecke lagen.[119] Trifft dieser Rekonstruktionsvorschlag zu, so hatten die Bewohner des Gebäudes aus den Stubenfenstern einen direkten Blick in die Kernburg. Die westliche Gebäudeflanke lässt sich etwa 10 m östlich des Halsgrabens lokalisieren.

Neben den beschriebenen konstruktiven Merkmalen erlaubt die systematische Bearbeitung der Holz- und Wandabdrücke des Brandlehms auch weitere Einblicke in das Erscheinungsbild des Gebäudes.[120] Zahlreich vertreten sind Kantholzabdrücke mit Kantenlängen bis 23 cm, die auf das konstruktive Gerüst des Fachwerkbaus aus sauber bebeilten Balken verweisen (Abb. 6, Nr. 3). Vereinzelt konnten Abdrücke von im 90°-Winkel aneinander grenzenden Kanthölzern sowie in einem Fall auch eine 45°-Verbindung nachgewiesen werden, die auf Strebe- und Eckverbindungen hinweisen. Sehr zahlreich vertreten sind außerdem Staken- und Flechtwerkabdrücke, die den Gefachefüllungen der Wände zuzuordnen sind, sowie glatte Oberflächen der Wand-, Boden- und Deckenfüllung (Abb. 6, Nr. 1–2, 4). Vereinzelt fanden sich Reste von dünnem weißem Kalkputz (Abb. 6, Nr. 9–10), die darauf hinweisen, dass Teile des Gebäudes oder einzelne Räume hell verputzt waren.

Die Datierung von Gebäudenutzung und Brandzeitpunkt ergibt sich aus dem Fundmaterial in den Schichten unter Befund 84 sowie aus den darüber liegenden Brandlehmpaketen. Das stratigraphisch älteste keramische Fundmaterial im Bereich des abgebrannten Gebäudes stammt aus Befund 24 und 25 (Abb. 3, Nr. 2–6; Abb. 4, Nr. 2–6). Dabei handelt es sich um knapp 50 Fragmente zerscherbter Gefäßkeramik und einige wenige Bruchstücke von Ofenkacheln. Die Gefäßkeramik umfasst primär sandig-glimmerhaltige und Jüngere graue Drehscheibenware. Lediglich zwei Wandscherben sind braun glasiert. Vertreten sind neben mehreren wenig entwickelten Karniesrändern (Abb. 3, Nr. 1–4, 6, 9, 12) auch Teile von Flachdeckeln (Abb. 4, Nr. 3, 10) sowie mehrere Wandscherben von großen Vorratsgefäßen mit Kniffleistendekor (Abb. 4, Nr. 1, 6). Auffällig ist das fast vollständige Fehlen von Ofenkeramik unter den stratigraphisch ältesten Brandschichten, wohingegen aus den Brandschuttschichten über Befund 84 hunderte von Kachelscherben stammen, die teilweise mit dem Brandlehm verschmolzen sind (Abb. 4, Nr. 9; Abb. 6, Nr. 5–6). Diese Fundverteilung stützt die Interpretation, dass der Kachelofen sich ursprünglich im Obergeschoss befunden hat und zusammen mit der Zwischendecke (Befund 84) im Zuge des Brandereignisses nach unten verstürzt ist. Vergleichbare

118 Ebenda, S. 173.

119 Dies gilt es aber im Zuge der vollständigen Grabungsauswertung zu überprüfen.

120 Vgl. Döpper (wie Anm. 111).

Befunde des 13. und 14. Jahrhunderts finden sich in einiger Zahl, bezeichnenderweise primär von Burgen, wo offenbar bessere Erhaltungsbedingungen herrschten als auf den meist schnell beräumten und überbauten städtischen Parzellen.[121] Bei den Kacheln handelt es sich nach erster Durchsicht ausschließlich um viereckige Napfkacheln mit unterschiedlichen Randausprägungen (Abb. 3, Nr. 7–8; Abb. 4, Nr. 7; Abb. 6, Nr. 5), die größtenteils erhebliche Spuren eines sekundären Brandes bis hin zu Verglasungen aufweisen (Abb. 6, Nr. 5–6). Der größte Teil der Kacheln ist unglasiert. Da jedoch, bei gleicher Grundform, auch einige glasierte Stücke vorkommen (Abb. 3, Nr. 7–8; Abb. 4, Nr. 8) ist davon auszugehen, dass der Ofen zwar im Wesentlichen mit unglasierten Kacheln ausgestattet war, diese aber – vermutlich an exponierter Stelle – durch glasierte Stücke ergänzt wurden.

Das gesamte Fundmaterial im Bereich des abgebrannten Gebäudes macht, unabhängig von der stratigraphischen Lage, einen sehr homogenen Eindruck. Hinweise auf eine größere zeitliche Tiefe fehlen und deuten auf eine relativ kurze Nutzungszeit des Gebäudes hin. Das Fundinventar lässt sich hervorragend mit den dendrodatierten Fundkomplexen der Grabung Pfäfflinhofstraße 4 in Reutlingen aus dem zweiten Drittel des 14. Jahrhunderts vergleichen.[122]

Das punktuelle Vorkommen glasierter Gefäße und Kacheln wie auch das Spektrum der Warenarten und Formen erlauben es bei aller Vorsicht, das Stahlecker Material relativ sicher zwischen die beiden dortigen dendrodatieren Fundkomplexe der Zeit um 1337 und 1364 einzuordnen.[123] Der Brand dürfte demnach um die Mitte des 14. Jahrhunderts stattgefunden haben. Nach dem Brandereignis wurde der Gebäudestandort offenbar nur teilweise beräumt (die Befundlage deutet u. a. auf die Entfernung größerer Holzreste hin), große Teile des Brandschuttes verblieben allerdings an Ort und Stelle. Einige stratigraphisch jüngere Gruben (u. a. Befund 32–34) und eine mauerartige Steinsetzung (Befund 18) deuten auf eine Nachnutzung hin, die allerdings nicht näher eingeordnet werden kann.

Zusammenfassend lässt sich aus dem Befund heraus ein mindestens zweigeschossiger, teilweise weiß verputzter Fachwerkbau des mittleren 14. Jahrhunderts mit kachelofenbeheizter Stube im Obergeschoss und Wirtschaftsräumen im Erdgeschoss rekonstruieren. Scherben von großvolumigen Vorratsgefäßen deuten darauf hin, dass der Raum unter der Stube unter anderem zu Lagerzwecken genutzt wurde. Das Gebäude brannte nach kurzer Nutzungszeit im mittleren 14. Jahrhundert ab und wurde nicht wieder aufgebaut. Dass die Reste des Gebäudes und des darin befindlichen Kachelofens überhaupt – zumindest teilweise – *in situ* erhalten geblieben sind und der Brandort nicht vollständig beräumt wurde, bestärkt den Gesamteindruck, dass nach dem mittleren 14. Jahrhundert keine intensive Nutzung der Burganlage

121 Vgl. Sophie Hüglin: Von Kacheln und Öfen im Mittelalter. In: Jahrbuch für Hausforschung 50 (2011), S. 319–339, hier S. 332.

122 Vgl. Köppen (wie Anm. 105).

123 Vgl. Köppen (wie Anm. 105).

mehr stattgefunden haben kann. Da eindeutig nach dem mittleren 14. Jahrhundert datierende Funde und Befunde auch sonst im Burgareal fehlen, könnte das Gebäude die letzte Nutzungsphase der Burganlage zu Wohnzwecken markieren, die mit dem Brandereignis endet.

8. Zusammenschau und Ausblick

Wie lassen sich also schriftliche Überlieferung und archäologischer Befund zusammenführen – und welche Anhaltspunkte ergeben sich für die Beantwortung der Kernfrage dieses Beitrages, ob ein Zusammenhang des archäologisch nachgewiesenen Stahlecker Schadensfeuers mit den schriftlich tradierten Zerstörungen 1311 durch Reutlinger Truppen verifizierbar oder falsifizierbar ist?

Das Fundmaterial aus dem Burggraben zeigt, dass die Nutzung von Burg Stahleck in der ersten Hälfte des 13. Jahrhunderts einsetzt. Die Burg bestand also zum Zeitpunkt der vermuteten Erstnennung im Jahr 1254 bereits einige Jahre oder sogar Jahrzehnte lang – ein durchaus typisches Phänomen, das sich für viele archäologisch untersuchte Burgen beobachten lässt.[124] Im weiteren Verlauf des 13. und wohl auch noch im frühen 14. Jahrhundert bestand in der Kernburg den archäologischen Quellen zufolge ein repräsentativer Wohnbau der Burgherren. Das zugehörige Fundmaterial zeigt das zeittypische Spektrum spätmittelalterlicher weltlicher Eliten. Diese Phase korreliert zeitlich mit der Blütephase der Herrschaft Greifenstein. Welche Rolle Burg Stahleck innerhalb dieses Herrschaftskomplexes allerdings spielte, ob (und wenn ja in welchem Zeitraum) ein direkter Greifensteiner Zugriff bestand und ob die Burg damit überhaupt zu den möglichen Zielen des Reutlinger Kriegszuges 1311 gehörte, können die neu erschlossenen archäologischen Quellen bislang noch nicht klären helfen.

Auch die Frage nach dem Zeitpunkt der Aufgabe der Kernburg und den damit einhergehenden Prozessen lässt sich aktuell zwar noch nicht klar beantworten, doch konnten immerhin einige erste Indizien gesammelt werden: So deuten Unterschiede im keramischen Fundmaterial darauf hin, dass die Kernburgnutzung signifikant früher abbricht als die Vorburgnutzung. Es wird daher im Zuge der weiteren Grabungsauswertung ein besonderes Augenmerk auf der Frage liegen müssen, wann genau die Kernburg aufgegeben wurde, ob damit Zerstörungen einhergingen – und ob es Argumente für einen chronologischen oder sogar kausalen Zusammenhang mit den Ereignissen des Jahres 1311 gibt. Diese Frage wird außerdem auch für die archäologisch nachgewiesenen Planiermaßnahmen im Vorburgbereich und die darauffolgende Neubebauung zu diskutieren sein, die nach aktuellem Forschungsstand in (oder kurz vor) das zweite Drittel des 14. Jahrhunderts datiert und durchaus eine Reaktion auf vorangehende Zerstörungen darstellen könnte, auch wenn diese bislang nicht direkt nachweisbar sind.

124 Vgl. etwa Kienzle (wie Anm. 6).

Die jüngsten Funde aus der gesamten Anlage, unter anderem aus dem abgebrannten Fachwerkbau in der Vorburg, verweisen schließlich auf eine letztmalige intensivere Nutzung des Burgareals im zweiten Drittel des 14. Jahrhunderts.[125] Auffällig ist, dass das Nutzungsende von Burg Stahleck chronologisch in denselben Zeitraum datiert wie der Verkauf der Herrschaft Greifenstein im Jahr 1355. Ob es sich dabei um mehr als eine chronologische Koinzidenz handelt, müssen zukünftige Forschungen zeigen.

Ein direkter Zusammenhang zwischen dem archäologisch nachgewiesenen Brand des Fachwerkhauses in der Vorburg und den schriftlich überlieferten Zerstörungen einer oder mehrerer Greifensteiner Burgen durch den Reutlinger Kriegszug im Jahr 1311 lässt sich folglich nicht verifizieren – und aus chronologischen Gründen sogar mit hoher Wahrscheinlichkeit falsifizieren, denn das Fundmaterial der Brandschichten erlaubt es, den Brandzeitpunkt frühestens in das zweite Drittel des 14. Jahrhunderts zu datieren. Die nach aktuellem Forschungsstand spätestens im ersten Drittel des 14. Jahrhunderts erfolgte Aufgabe der Kernburg sowie die Planierung und Neubebauung des Vorburgareals in den Jahrzehnten nach 1311 liefern aber immerhin indirekte Hinweise auf erhebliche Umstrukturierungen von Burg Stahleck zu Beginn des 14. Jahrhunderts, deren Zusammenhang mit den Kriegsereignissen von 1311 zu diskutieren sein wird. Darüber hinaus ist zu prüfen, wie repräsentativ die kleinflächig ergrabenen Befunde für die Gesamtanlage sind.

Aus archäologischer Perspektive gilt es daher zukünftig nicht nur, die indirekten Indizien genauer zu verfolgen, sondern auch den Blick zu öffnen und andere Quellengruppen zu evaluieren, die Konkurrenz und Koexistenz zwischen beiden Akteursgruppen (inklusive das an der Schnittstelle liegende Pfullingen) genauer beleuchten könnten. Zu denken wäre dabei etwa an wirtschaftliche Verflechtungen, die über eine gezielte Analyse der archäologischen Hinterlassenschaften von Produktion und Distribution herausgearbeitet werden könnten (so etwa Keramik, aber auch tierische Reste). Vielversprechend erscheint auch eine systematische Stoffstromanalyse mit einem Fokus auf die wichtigen Ressourcen Holz und Wasser, für die im betreffenden Zeitraum schon allein aufgrund der geographischen Gegebenheiten ein besonderes Konfliktpotential zwischen Reutlingen und den Greifensteinern angenommen werden kann.[126]

125 Ähnlich auch bereits Bizer (wie Anm. 5), S. 125–127.

126 Zum Reutlinger Holzmangel im frühen 14. Jahrhundert exemplarisch Tilmann Marstaller: Zu Lande und zu Wasser. Bauholzimporte des 12.–17. Jahrhunderts im mittleren Neckarraum. In: Mitteilungen der Deutschen Gesellschaft für Archäologie des Mittelalters und der Neuzeit 24 (2012), S. 61–70, hier S. 62; zur Wasserkraftnutzung und zu wassernahem Gewerbe an der Echaz exemplarisch Barbara Sickelmann-Bisinger: Die Echaz – Vergangenheit und Gegenwart eines Energielieferanten. In: Krins/Scholkmann (wie Anm. 39), S. 77–84; Alois Schneider (Hrsg.): Reutlingen (Archäologischer Stadtkataster Baden-Württemberg 23), Stuttgart 2003 sowie KB Rt (wie Anm. 5).

Der Blick auf das Bürgerwappen

Heraldische Kommunikation im sozialen Wettbewerb der spätmittelalterlichen Stadt

Marcus Meer

Im langen Fahrwasser der Kulturgeschichte ist in den vergangenen Jahren auch der Gegenstand und der Ertrag der heraldischen Disziplin unter veränderten Vorzeichen in das Erkenntnisinteresse der modernen Mediävistik gerückt.[1] Zu den Wegbereitern einer »Kulturgeschichte der Heraldik« gehören neben Michel Pastoureau auch Werner Paravicini und Georg Scheibelreiter[2], deren Denkanstöße nunmehr von Laurent Hablot, Torsten Hiltmann, Miguel Metelo de Seixas und Matteo Ferrari – unter anderen – aufgenommen und weiterentwickelt worden sind.[3] Eine wachsende Zahl von Studien zeigt, dass sich das kommunikative Funktionsrepertoir mittelalterlicher Wappen keineswegs in der Identifikation von Kämpfern auf dem Schlachtfeld

1 Zu dieser Entwicklung siehe Torsten Hiltmann: Zwischen Grundwissenschaft, Kulturgeschichte und digitalen Methoden. Zum aktuellen Stand der Heraldik. In: Archiv für Diplomatik 65 (2019), S. 287–320, hier S. 291–310; Laurent Hablot: Heraldic Imagery, Definition, and Principles. In: Colum P. Hourihane (Hrsg.): The Routledge Companion to Medieval Iconography, London 2017, S. 386–398, hier S. 396 sowie Heiko Hartmann: Heraldry. In: Albrecht Classen (Hrsg.): Handbook of Medieval Studies. Terms – Methods – Trends, Bd. 1, Berlin/New York 2010, S. 619–624, hier S. 623.

2 Michel Pastoureau: Traité d'héraldique, Paris [4]2003; Georg Scheibelreiter: Wappen und adeliges Selbstverständnis. In: Georg Scheibelreiter (Hrsg.): Wappenbild und Verwandtschaftsgeflecht. Kultur- und mentalitätsgeschichtliche Forschungen zu Heraldik und Genealogie (Mitteilungen des Instituts für Österreichische Geschichtsforschung 53), Wien/München 2006, S. 123–141 sowie Werner Paravicini: Gruppe und Person. Repräsentation durch Wappen im späteren Mittelalter. In: Otto Gerhard Oexle/Andrea von Hülsen-Esch (Hrsg.): Die Repräsentation der Gruppen. Texte, Bilder, Objekte (Veröffentlichungen des Max-Planck-Instituts für Geschichte 141), Göttingen 1998, S. 327–389.

3 Torsten Hiltmann/Miguel Metelo de Seixas (Hrsg.): Heraldry in Medieval and Early Modern State Rooms (Heraldic Studies 3), Ostfildern 2020. Für englischsprachige Beispiele siehe auch Fiona Robertson/Peter N. Lindfield (Hrsg.): Semy-de-Lys. Speaking of Arms, 1400–2016, https://heraldics2014.wordpress.com/publication-semy-de-lys/ (14.01.2022); Nigel Ramsay (Hrsg.): Heralds and Heraldry in Shakespeare's England, Donington 2014 sowie Peter R. Coss/Maurice Keen (Hrsg.): Heraldry, Pageantry, and Social Display in Medieval England, Woodbridge/New York 2002.

oder Besitzern und Stiftern von Gebäuden, Grabmälern, Kunstwerken oder Handschriften erschöpfte: »If heraldry originated as a practical means of identification on battlefields«, so Miri Rubin, »it developed into an intricate art of self-introduction and maintenance of identity.«[4] Seit ihrem Aufkommen im 12. Jahrhundert wurden heraldische Zeichen »ein zentrales Element der Kultur und Gesellschaft und ein wesentliches Instrument der Kommunikation« mit multi-medialen Erscheinungsformen und multi-funktionalen Anwendungsmöglichkeiten:[5] Wappen proklamierten Kontrolle über Territorien und Personen, markierten persönliche oder institutionelle Loyalitäten und delegierten Autorität[6]; sie dienten der Memoria und zeigten Verwandtschaftsverhältnisse[7]; sie repräsentierten gesellschaftliche Hierarchien und kommunizierten Konzepte politischer Ordnung[8]; sie verdeutlichten und verwirklichten soziale Ambitionen, etwa als Teil genealogisch begrün-

4 Miri Rubin: Identities. In: Rosemary Horrox/W. Mark Ormrod (Hrsg.): A Social History of England, 1200–1500, Cambridge 2006, S. 383–412, hier S. 387. Siehe auch Brigitte Miriam Bedos-Rezak: Medieval Identity. A Sign and a Concept. In: The American Historical Review 105 (2000), S. 1489–1533, hier S. 1529.

5 Hiltmann (wie Anm. 1), S. 219. Siehe auch Ludwig Biewer: Wappen als Träger von Kommunikation im Mittelalter. Einige ausgewählte Beispiele. In: Karl-Heinz Spiess/Oliver Auge (Hrsg.): Medien der Kommunikation im Mittelalter (Beiträge zur Kommunikationsgeschichte 15), Stuttgart 2003, S. 139–154. Den gleichen Eindruck vermittelte schon eine Ausgabe der Zeitschrift des Mediävistenverbandes, die sich »Wappen als Zeichen« widmete, siehe Das Mittelalter 11 (2006).

6 Mario Damen/Marcus Meer: Heraldry and Territory. Coats of Arms and the Representation and Construction of Authority in Space. In: Mario Damen/Kim Overlaet (Hrsg.): Constructing and Representing Territory in Late Medieval and Early Modern Europe, Amsterdam 2021, S. 245–275 sowie Laurent Hablot: Revêtir le prince. Le héraut en tabard, une image idéale du prince. Pour une tentative d'interprétation du partage emblématique entre prince et héraut à la fin du Moyen Age à travers le cas bourguignon. In: Revue du Nord 366–367 (2006), S. 755–803.

7 Laurent Hablot: La mémoire héraldique des Visconti dans la France du XVe siècle. In: Alessandro Savorelli/Laura Cirri (Hrsg.): L'arme segreta. Araldica e storia dell'arte nel Medioevo (secoli XIII–XV), Florenz 2015, S. 267–283; Kilian Heck: Die Ahnen formen den Raum. Genealogische Dispositive in der Architektur im 15. Jahrhundert. In: Dietrich Boschung/Julian Jachmann (Hrsg.): Diagrammatik der Architektur (Morphomata 6), München 2013, S. 286–306 sowie Hans-Rudolf Meier/Sabine Sommerer: Von der kollektiven Identität zur individuellen Ahnenprobe. Heraldik in der spätmittelalterlichen Profanraumdekoration. In: Conrad Lutz/Dominique Rigaux (Hrsg.): Sprechende Wände. Wandmalerei, Literature und Geschichte im Mittelalter, Grenoble 2007, S. 167–182.

8 Torsten Hiltmann: Potentialities and Limitations of Medieval Armorials as Historical Source. The Representation of Hierarchy and Princely Rank in Late Medieval Collections of Arms in France and Germany. In: Thorsten Huthwelker u.a. (Hrsg.): Princely Rank in Late Medieval Europe. Trodden Paths and Promising Avenues (Rank 1), Ostfildern 2011, S. 157–198 sowie Thorsten Huthwelker: Die Darstellung des Rangs in Wappen und Wappenrollen des späten Mittelalters (Rank 3), Ostfildern 2013.

deter Herrschaftsansprüche.[9] Umgekehrt konnte das Verändern oder Entfernen heraldischer Zeichen derartige Ansprüche zurückweisen, genauso wie ihre spontane oder ritualisierte Zerstörung öffentlichen Protest ausdrückte und gesellschaftliche Ächtung anzeigte.[10]

Grundlegend für all diese Funktionen waren dabei mittelalterliche Wahrnehmungsdispositionen, die Wappen über bloße ikonografische Elemente (beispielsweise Anspielungen auf den Namen in »redenden« Wappen) hinausgehend als Zeichen der Identität ihrer Träger ansahen und mit zentralen Identitätskomponenten assoziierten, von Tugenden wie Frömmigkeit und Ritterlichkeit über Gruppenzugehörigkeit bis zu Genealogie und Geschichte als Fundamenten mittelalterlicher Ehrzuschreibungen.[11] Gleichzeitig wächst im Einklang mit der Forschung zu visueller

9 Laurent Hablot: The Sacralisation of the Royal Coats of Arms in Medieval Europe. In: Herrero López Montserrat u. a. (Hrsg.): Political Theology in Medieval and Early Modern Europe. Discourses, Rites, and Representations, Turnhout 2017, S. 313–336; Ronald Salzer: Des Kaisers süße Propaganda. Ein Habsburgerwappenmodel für Festbäckerei aus der Burg Grafendorf in Stockerau, Niederösterreich. In: Beiträge zur Mittelalterarchäologie in Österreich 27 (2011), S. 135–144 sowie Adrian Ailes: Heraldry in Medieval England. Symbols of Politics and Propaganda. In: Peter R. Coss/Maurice Keen (Hrsg.): Heraldry, Pageantry, and Social Display in Medieval England, Woodbridge/New York 2002, S. 83–104.

10 Steven Thiry: Matter(s) of State. Heraldic Display and Discourse in the Early Modern Monarchy (c. 1480–1650), Ostfildern 2018, Kap. 5; Laurent Hablot: Le bris des armes. L'iconoclasme héraldique dans la société médiévale. In: Pascale Charron u. a. (Hrsg.): La pensée du regard. Études d'histoire de l'art du Moyen Âge offertes à Christian Heck, Turnhout 2016, S. 181–191; Laurent Hablot: Emblèmes outragés, corps ravagés. L'utilisation de l'emblématique dans les châtiments à la fin du Moyen Age. In: Lydie Bodiou u. a. (Hrsg.): Corps outragés, corps ravagés de l'Antiquité au Moyen Age, Turnhout 2011, S. 139–152; Matthew Strickland: »All Brought to Nought and Thy State Undone«. Treason, Disinvestiture and the Disgracing of Arms under Edward II. In: Peter R. Coss/Christopher Tyerman (Hrsg.): Soldiers, Nobles and Gentlemen. Essays in Honour of Maurice Keen, Woodbridge 2009, S. 279–304; Marcus Meer: Heraldic Display and Urban Space: The Visuality and Spatiality of Heraldic Conflict in Late Medieval Augsburg. In: Torsten Hiltmann/Laurent Hablot (Hrsg.): Heraldry in the Medieval City. The Case of Italy in the European Context, Ostfildern [im Druck] sowie Marcus Meer: Reversed, Defaced, Replaced. Late Medieval London and the Heraldic Communication of Discontent and Protest. In: Journal of Medieval History 45 (2019), S. 618–645.

11 Laurent Hablot: Les armoiries, un marqueur du rang dans les sociétés médiévales? In: Jörg Peltzer (Hrsg.): Rank and Order. The Formation of Aristocratic Elites in Western and Central Europe, 500–1500 (Rank 4), Ostfildern 2015, S. 245–270; Adrian Ailes: Heraldry as Markers of Identity in the Medieval Literature. Fact or Fiction. In: Catalina Gîrbea u. a. (Hrsg.): Marqueurs d'identité dans la littérature médiévale, Turnhout 2014, S. 181–191; Rolf E. Sutter (Hrsg.): Identität in Genealogie und Heraldik, Stuttgart 2012 sowie Paravicini (wie Anm. 2). Zum Ehrverständnis des Mittelalters, siehe Klaus Schreiner/Gerd Schwerhoff: Verletzte Ehre – Überlegungen zu einem Forschungskonzept. In: Gerd Schwerhoff/Klaus Schreiner (Hrsg.): Verletzte Ehre. Ehrkonflikte in Gesellschaften des

Kultur das Gespür für den Umstand, dass die dieser Multifunktionalität zugrunde liegenden Wahrnehmungen stets multivalent blieben:[12] Es gibt eine Abkehr von der Heraldik als einem »stable system of signification and even as a fixed system of meaning«, wie Fiona Robertson und Peter Lindfield feststellen, zugunsten wesentlich breiterer Fragen: »In what ways and in which circumstances, historically and culturally, and under what assumed privileges and adopted constraints of knowledge, do heraldic signs ›speak‹? Who do they speak to, how, when, and why?«[13]

Standen bislang meist die heraldischen Praktiken und Perzeptionen des Adels im Mittelpunkt, öffnet sich vermehrt auch die Stadtgeschichtsforschung für die Heraldik, wohl als thematische Konsequenz ihres generellen Interesses an »symbolischer Kommunikation« im urbanen Raum.[14] Vor allem dank Christoph Friedrich Weber

Mittelalters und der Frühen Neuzeit (Norm und Struktur 5), Köln/Weimar/Wien 1995, S. 1–28 sowie Martin Dinges: Die Ehre als Thema der Stadtgeschichte. Eine Semantik im Übergang vom Ancien Régime zur Moderne. In: Zeitschrift für Historische Forschung 16 (1989), S. 409–440.

12 Nicholas Mirzoeff: An Introduction to Visual Culture, London/New York 1999, S. 44, warnte etwa, dass »no one way of seeing is ever wholly accepted in a particular historical moment«. Siehe auch Gerhard Paul: Von der Historischen Bildkunde zur Visual History. In: Gerhard Paul (Hrsg.): Visual History. Ein Studienbuch, Göttingen 2006, S. 7–36; Jean-Claude Schmitt: L'historien et les images. In: Otto Gerhard Oexle (Hrsg.): Der Blick auf die Bilder. Kunstgeschichte und Geschichte im Gespräch (Göttinger Gespräche zur Geschichtswissenschaft 4), Göttingen 1997, S. 7–51. Zur Mehrdeutigkeit der Heraldik als Phänomen visueller Kultur bzw. Problem der Geschichtswissenschaft, siehe ebenfalls Marcus Meer: Heraldry Topsy-Turvy. Depictions and Performances of Dishonour and Death. In: Ludmilla Jordanova/Florence Grant (Hrsg.): Writing Visual History, London 2020, S. 25–44.

13 Fiona Robertson/Peter N. Lindfield: Introduction. Speaking of Arms. In: Fiona Robertson/Peter N. Lindfield (Hrsg.): Semy-de-Lys. Speaking of Arms, 1400–2016, S. 1–6, hier S. 2, https://heraldics2014.files.wordpress.com/2015/12/introduction1.pdf (14.01.2022).

14 Mark Mersiowsky: Wege zur Öffentlichkeit. Kommunikation und Medieneinsatz in der spätmittelalterlichen Stadt. In: Stephan Albrecht (Hrsg.): Stadtgestalt und Öffentlichkeit. Die Entstehung politischer Räume in der Stadt der Vormoderne (Veröffentlichungen des Zentralinstituts für Kunstgeschichte in München 24), Köln/Weimar/Wien 2010, S. 13–57; Kateřina Horníčková: Faces of Community in Central European Towns. Images, Symbols, and Performances, 1400–1700, Lanham [Maryland] 2018; Gerrit Deutschländer u. a. (Hrsg.): Symbolische Interaktion in der Residenzstadt des Spätmittelalters und der Frühen Neuzeit (Hallische Beiträge zur Geschichte des Mittelalters und der Frühen Neuzeit 9), Berlin 2013; Stefanie Rüther (Hrsg.): Integration und Konkurrenz. Symbolische Kommunikation in der spätmittelalterlichen Stadt (Symbolische Kommunikation und gesellschaftliche Wertesysteme 21), Münster 2009; Jörg Oberste/Edith Feistner (Hrsg.): Repräsentationen der mittelalterlichen Stadt (Forum Mittelalter Studien 4), Regensburg 2008; Jacoba Van Leeuwen (Hrsg.): Symbolic Communication in Late Medieval Towns (Mediaevalia Lovaniensia 37), Leuven 2006 sowie Marc Boone u. a. (Hrsg.): Le verbe, l'image et les représentations de la société urbaine au Moyen Âge, Antwerpen 2002.

erscheinen Funktionen von Wappen in den Stadtgesellschaften des mittelalterlichen Italiens als vielfältiger und aufschlussreicher Untersuchungsgegenstand[15], während für das nordeuropäische Gebiet jüngst Susanne Wittekind die Bedeutung heraldischer Kommunikation in den Städten des heutigen Deutschland und England hervorhob:

> »Die Rolle der Wappen als Medien der symbolischen Kommunikation – als Vergegenwärtigung und Erinnerung der Person, die sie zeichenhaft vertreten, als Zeichen von Verwandtschaft oder Gefolgschaft, von Gruppenzugehörigkeit und sozialem Status, als Ausdruck politischer Bestrebungen und Ansprüche –, kommt mithin, so die These, sogar in besonderer Weise in Städten zum Tragen.«[16]

Dieser Beitrag behandelt weniger die sozialen und politischen Funktionen dieses visuellen Kommunikationsmediums in der mittelalterlichen Stadt, sondern vielmehr eben jene Wahrnehmungen und Bedeutungszuschreibungen, die diesen Funktionen dort zugrunde lagen.[17] Im Anschluss an Robertson und Lindfield soll dabei die potenzielle Multivalenz solcher Wahrnehmungen stets im Blick behalten werden.

15 Christoph Friedrich Weber: Zeichen der Ordnung und des Aufruhrs. Heraldische Symbolik in italienischen Stadtkommunen des Mittelalters (Symbolische Kommunikation in der Vormoderne), Köln 2011; Christoph Friedrich Weber: Exempla im Schilde führen. Zur Funktionalität »redender Wappen« in der kommunalen Geschichtsschreibung des Trecento. In: Das Mittelalter 11 (2006), S. 147–166 sowie Christoph Friedrich Weber: Eine eigene Sprache der Politik. Heraldische Symbolik in italienischen Stadtkommunen des Mittelalters. In: Zeitschrift für historische Forschung 33 (2006), S. 523–564. Siehe auch die Literaturhinweise in Anm. 112.

16 Susanne Wittekind: Wappen in der Stadt – als Medien der Kommunikation von Adeligen, Patriziern und Gilden. In: Susanne Wittekind/Sabine von Heusinger (Hrsg.): Die materielle Kultur der Stadt in Spätmittelalter und Früher Neuzeit (Städteforschung A 100), Köln/Weimar/Wien 2019, S. 51–68, hier S. 52. Siehe auch Michael Hecht: Patriziatsbildung als kommunikativer Prozess. Die Salzstädte Lüneburg, Halle und Werl in Spätmittelalter und Früher Neuzeit (Städteforschung A 79), Köln 2010, bes. S. 216, S. 230–231 und S. 250; Stefanie Rüther: Prestige und Herrschaft. Zur Repräsentation der Lübecker Ratsherren in Mittelalter und Früher Neuzeit (Norm und Struktur 16), Köln 2003, S. 178–218; Rudolf Endres: Adel und Patriziat in Oberdeutschland. In: Winfried Schulze/Helmut Gabel (Hrsg.): Ständische Gesellschaft und soziale Mobilität (Schriften des Historischen Kollegs 12), München 1988, S. 221–238, hier S. 227 f.

17 Siehe zu den sozialen und politischen Funktionen heraldischer Kommunikation jetzt auch Marcus Meer: Heraldry in Urban Society: Visual Culture and Communication in Late Medieval England and Germany (Oxford Studies in Medieval European History), Oxford 2024, beruhend auf meiner Dissertation (Cities, Citizens, and Their Signs. Heraldic Communication and Urban Visual Culture in Late Medieval England and Germany, Diss. Durham/Münster 2019, http://etheses.dur.ac.uk/13491/ [31.01.2024]), die auch die im Folgenden diskutierten deutschsprachigen Beispiele sowie eine Reihe weiterer deutscher und englischer Fälle behandelt, die sich zweifellos fortsetzen ließe.

Heraldische Zeichen spiegelten auch in der spätmittelalterlichen Stadt die Identität ihrer Träger, insofern, so die These dieses Beitrags, Wappen als Repräsentationen des symbolischen Kapitals ihrer Träger wahrgenommen wurden beziehungsweise so wahrgenommen werden sollten. Denn genauso wie symbolisches Kapital auf die fortwährende Anerkennung durch die Mitmenschen angewiesen und somit immer veränder- und versagbar war[18], so waren auch Wahrnehmungen von Wappen als Zeichen von Ehre – gespeist aus Assoziationen mit Tugend, Herkunft und Wohlstand zum Beispiel – trotz gewisser Wahrnehmungsdispositionen (als Teil auch eines stadtbürgerlichen Habitus) letztlich immer abhängig von der Bereitschaft der Beobachtenden, diese Bedeutungszuschreibungen im konkreten Fall vorzunehmen. Genau wie ihre Träger waren nicht alle Wappen gleich; doch als Argument im steten Wettbewerb um soziale Position, der mittelalterliche Stadtgesellschaften auszeichnete[19], bauten etablierte wie ambitionierte Stadtbürger auf bestimmte Wahrnehmungsdispositionen gegenüber Wappen oder beanspruchten – angesichts erheblicher sozialer und heraldischer Konkurrenz – die besondere Wertigkeit des eigenen Wappens im Diskurs mittels verschiedenartiger Wappenbriefe und ätiologisch-heraldischer Erzählungen. Auf die Wappen von Zünften und Städten sowie heraldische Zeichen in anderen europäischen Städten wird am Ende des Beitrages kurz zurückzukommen sein, im Mittelpunkt aber stehen im Folgenden die Bürgerwappen deutschsprachiger Städte des 15. Jahrhunderts.[20]

18 Pierre Bourdieu: Symbolic Capital and Social Classes, übers. v. Loïc Wacquant. In: Journal of Classical Sociology 13 (2013), S. 292–302, hier bes. S. 297. Siehe auch Pierre Bourdieu: The Logic of Practice, übers. v. Richard Nice, Stanford [Calif.] 1990, S. 118–121 sowie Pierre Bourdieu: Ökonomisches Kapital, kulturelles Kapital, soziales Kapital. In: Reinhard Kreckel (Hrsg.): Soziale Ungleichheiten (Soziale Welt Sonderband 2), Göttingen 1983, S. 183–198, hier S. 195.

19 Siehe zum Beispiel Christof Rolker: Heraldische Orgien und sozialer Aufstieg. Oder: Wo ist eigentlich »oben« in der spätmittelalterlichen Stadt? In: Zeitschrift für Historische Forschung 42 (2015), S. 191–224; Gerhard Fouquet: Stadt-Adel. Chancen und Risiken sozialer Mobilität im späten Mittelalter. In: Günther Schulz (Hrsg.): Sozialer Aufstieg. Funktionseliten im Spätmittelalter (Deutsche Führungsschichten in der Neuzeit 25), München 2002, S. 171–192 sowie Mark Addison Amos: »Somme Lordes & Somme Other of Lower Astates«. London's Urban Elite and the Symbolic Battle for Status. In: Douglas Biggs u. a. (Hrsg.): Traditions and Transformations in Late Medieval England (The Northern World 2), Leiden 2002, S. 159–176.

20 Zu Bürgerwappen im Besonderen und zur städtischen Heraldik im Allgemeinen siehe auch Jeane-Claude Muller (Hrsg.): La ville et ses habitants. Aspects généalogiques, héraldiques et emblématiques, Luxembourg 1999; Hervé Pinoteau u. a. (Hrsg.): Les armoiries non nobles en Europe, Paris 1986; Konrad Friedrich Bauer: Das Bürgerwappen. Ein Buch von den Wappen und Eigenmarken der deutschen Bürger und Bauern, Frankfurt a. M. 1935 sowie Leesenberg: Zur Geschichte der Entstehung der Bürgerwappen. In: Wochenblatt der Johanniter-Ordens-Balley Brandenburg 18 (1877), S. 287–289.

1. Bürger, Adel und Wappen

Die Annahme, dass das Führen von Wappen seit ihrem Ursprung im 12. Jahrhundert ein Vorrecht des Adels gewesen sei, das Kaiser, Könige, Fürsten und ihre Herolde mehr oder weniger streng bewacht hätten, erfreut sich sowohl im öffentlichen als auch bisweilen im wissenschaftlichen Diskurs weiterhin einer gewissen Beliebtheit. Gerade die heraldischen Ambitionen der Bürgerlichen – das heißt im vormodernen Zusammenhang der Stadtbürger – sind es, die vor allem die älteren Heraldiker und Historiker dazu veranlasst haben, Nicht-Adeligen den legitimen Wappenbesitz zu versagen. Felix Hauptmann verkündete so beispielsweise im Brustton der Überzeugung: »Das Wappen erscheint also geradezu als ein Charakteristikum für den Adel. Dass es als solches von Nichtadeligen nicht geführt werden durfte, ergiebt sich mit Nothwendigkeit hieraus.«[21] Eine Ausnahme, die etwa Heinrich von Kohlhagen zugestand, seien seit Beginn des 15. Jahrhunderts »offizielle« Wappenbriefe als eine außergewöhnliche Gnadengabe an städtisch-bürgerliche Familien gewesen.[22] Tatsächlich konnte die jüngere Forschung zeigen, dass solche Aussagen höchstens auf Entwicklungen der Frühen Neuzeit zutreffen, die den Sehnsüchten heraldischer Theoretiker des 19. Jahrhunderts nach einem überzeitlichen und eindeutigen »Wappenrecht« eher entsprachen als die mittelalterliche Quellenlage.[23]

Zweifellos hat es auch in dieser Epoche bereits zaghafte Versuche gegeben, Wappen als Adelsmerkmal zu reservieren und die sozialen Ambitionen wappentragender Stadtbürger so zu desavouieren. Kaiser Friedrich III. beschwerte sich 1467 über die heraldischen Praktiken von Nicht-Adeligen und hob besonders *ettlich burgere in unsern und des reichs stetten* hervor, die *sich wappen und cleinete understeen zu füren.*[24] Zwar wurde Caspar von Freyberg als ausführender Beamter beauftragt, jeden zu bestrafen, der sich des unberechtigten Führens eines Wappens schuldig gemacht

21 Felix Hauptmann: Das Wappenrecht. Historische und dogmatische Darstellung der im Wappenwesen geltenden Rechtssätze. Ein Beitrag zum deutschen Privatrecht, Bonn 1896, S. 61.

22 Heinrich Theodor von Kohlhagen: Wodurch unterscheidet sich das bürgerliche von adeligen Wappen? In: Heraldisch-genealogische Blätter für adelige und bürgerliche Geschlechter 1 (1904), S. 20.

23 Paul Adam-Even: De l'acquisition et du port des armoiries. Armes nobles et bourgeoises. Études d'héraldique comparée. In: Recueil du IVe Congrès International des Sciences Généalogique & Héraldique, hrsg. vom Office généalogique & héraldique de Belgique, Brüssel 1958, S. 79–106, hier S. 105–106; Ian de Minvielle-Devaux: The Laws of Arms in England, France & Scotland, London 2007, S. 37 sowie Paul Gründel: Bürgerliches Wappenrecht. In: Archiv für Stamm- und Wappenkunde 8 (1908), S. 168–174 und S. 184–191, hier S. 188–189.

24 Chmel n. 5264. In: Regesta Imperii Online, http://www.regesta-imperii.de/id/1467-11-26_1_0_13_0_0_5263_5264 (14.01.2022).

hatte, dennoch scheint es nicht – wie etwa in England seit dem 16. Jahrhundert[25] – zu systematischen Kontrollen gekommen zu sein. Erst 1682 verbot Kaiser Leopold I. erneut explizit *der Reichs-Städte Patricii und Bürgere [...] allerhand Wappen zu formiren / ohne daß sie [...] Wappen von Uns oder Unseren Vorfahren am Reiche durch ordentliche Concessiones erlanget hätten.*[26]

Deutlich zahlreicher sind für das Mittelalter jene Meinungen, die das Annehmen und Führen von Wappen quasi als Jedermannsrecht konzipierten. Bartholus de Saxoferrato war in dieser Hinsicht wegweisend für nachfolgende Generationen, als er ca. 1355 in seiner Abhandlung *De insigniis et armis* die Frage, ob man Wappen aus eigener Initiative annehmen könne, mit einem eindeutigen »Ja« beantwortete.[27] Peter von Andlau folgte dieser Auffassung in seinem *De imperio Romano* (ca. 1460) ebenso wie Felix Hemmerlin in seinem *Dialogus de nobilitate et rusticitate* (1444), bevor Johannes Salzmann in seiner Erörterung *Was ist Adel* (1476–1483) behauptete, dass zwar in der Vergangenheit die Kaiser allein Wappen verliehen hätten, nunmehr aber *yeder man nach lust wappen genommen.*[28] Diese Einschätzungen decken sich mit einer mehrheitlich unautorisierten und unsanktionierten heraldischen Praxis mittelalterlicher Stadtbürger[29], die Heraldiker und Stadthistoriker für das mittelalterliche Europa ebenso identifizieren wie schon der kastilische Humanist Diego de Valera, der in seinem *Espejo de verdadera nobleza* (1440) feststellte: *Es ist gemeiner Brauch,*

25 Selbst die Visitationen der englischen Herolde seit spätestens 1530 geben keine Hinweise darauf, dass Zugehörigkeit zum Adel als entscheidendes Kriterium für legitime Wappenführung angesehen wurde, siehe etwa Adrian Ailes: The Development of the Heralds' Visitations in England and Wales 1450–1600. In: The Coat of Arms. Third Series 5 (2009), S. 7–23; Anthony Wagner: Heralds and Heraldry in the Middle Ages. An Inquiry into the Growth of the Armorial Function of Heralds, Oxford/New York ^{2}1956, S. 9–11 sowie Peter M. Ashman: Heraldry and the Law of Arms in England. In: The Journal of Legal History 9 (1988), S. 50–86. Im Gegenteil, im Falle der wappentragenden Bürger von London »there is no evidence that heralds ever used their authority to challenge the validity of arms that conformed to the conventions of heraldic art«, bemerkt Sylvia L. Thrupp: The Merchant Class of Medieval London (1300–1500), Chicago/Cambridge 1948, S. 249, Anm. 34.

26 Johann Christian Lünig (Hrsg.): Das Teutsche Reichs-Archiv, Bd. 1, Leipzig 1710, S. 438–439. Vgl. Hauptmann (wie Anm. 21), S. 62–65 und S. 77.

27 Bartholus de Saxoferrato: De Insigniis et Armis. In: Osvaldo Cavallar u. a. (Hrsg.): A Grammar of Signs. Bartolo Da Sassoferrato's Tract on Insignia and Coats of Arms, Berkeley 1994, S. 93–158, hier S. 145 f.

28 Johannes Salzmann: Die Entstehung des Adels. In: Korrespondenzblatt des Gesamtvereins der Deutschen Geschichts- und Alterthumsvereine 34 (1886), S. 16–18, hier S. 18.

29 Biewer (wie Anm. 5), S. 145; Donald L. Galbreath/Léon Jéquier: Handbuch der Heraldik, Augsburg 1990, S. 12–13 und S. 43 sowie Gustav A. Seyler: Geschichte der Heraldik (Wappenwesen, Wappenkunst, Wappenwissenschaft), (J. Siebmachers grosses Wappenbuch, A), Neustadt an der Aisch 1970, S. 313. Siehe auch Pinoteau u. a. (wie Anm. 20).

vor allem in Deutschland, Böhmen, Frankreich, England und Italien, dass alle Bürger Wappen nach Belieben führen und in ihren Häusern und Pfarrkirchen darstellen.[30]

2. Bühnen der Selbstdarstellung

Mit dem Hinweis de Valeras auf die Darstellung von Wappen in beziehungsweise an Bürgerhäusern und städtischen Kirchen sind bereits zwei Orte angesprochen, die als Bühnen bürgerlicher Selbstrepräsentation und Identitätskonstruktion – samt ihres vielfältigen Gebrauchs visueller Kommunikation – von der Forschung mit großer Aufmerksamkeit bedacht werden.[31]

Bürgerhäuser spiegelten die Identität ihrer Bewohner als Nebenprodukt jenes Strebens nach gesellschaftlicher Anerkennung, das durch die visuelle und materielle Gestaltung und Ausstattung der Gebäude den wirtschaftlichen Wohlstand, die berufliche Leistung, die sozialen Beziehungen und das außergewöhnliche Herkommen der Besitzer darzustellen suchte.[32] Schon das Äußere dieser Selbstdarstellungsräume griff das Wappen des Besitzers beziehungsweise der Bewohner auf[33], denn biswei-

30 Diego de Valera: Tratado de las armas. In: Mario Penna (Hrsg.): Prosistas castellanos del siglo XV, Bd. 1, Madrid 1959, S. 117–139, hier S. 135: *[E]sto vemos en común costunbre, mayormente en Alemaña, Boemia, e Francia, e Inglaterra e Italia, donde todos los ciuidadanos toman armas a su plazer, las quales pintan en sus casas y en las iglesias donde son perroquianos.*

31 Zum Zusammenhang von Raum und Identität in der mittelalterlichen Stadt siehe auch Caroline Goodson u. a. (Hrsg.): Cities, Texts, and Social Networks, 400–1500. Experiences and Perceptions of Medieval Urban Space, Farnham 2010; Stephan Albrecht (Hrsg.): Stadtgestalt und Öffentlichkeit. Die Entstehung politischer Räume in der Stadt der Vormoderne (Veröffentlichungen des Zentralinstituts für Kunstgeschichte in München 24), Köln/Weimar/Wien 2010 sowie Susanne Ehrich/Jörg Oberste (Hrsg.): Städtische Räume im Mittelalter (Forum Mittelalter Studien 5), Regensburg 2009.

32 Siehe bspw. Konrad Bedal: Wohnen wie zu Dürers Zeiten. Stuben und Wohnräume im süddeutschen, insbesondere fränkischen Bürgerhaus des späten Mittelalters. In: G. Ulrich Grossmann/Franz Sonnenberger (Hrsg.): Das Dürer-Haus. Neue Ergebnisse der Forschung, Nürnberg 2007, S. 27–60; Harry Kühnel: Die Sachkultur bürgerlicher und patrizischer Nürnberger Haushalte des Spätmittelalters und der frühen Neuzeit. In: Trude Ehlert (Hrsg.): Haushalt und Familie in Mittelalter und früher Neuzeit, Wiesbaden 1991, S. 15–31 sowie Ruth E. Mohrmann: Wohnen und Wohnkultur in nordwestdeutschen Städten im Spätmittelalter und in der frühen Neuzeit. In: Cord Meckseper (Hrsg.): Stadt im Wandel. Kunst und Kultur des Bürgertums in Norddeutschland 1150–1650, Bd. 3, Stuttgart-Bad Cannstatt 1985, S. 513–530.

33 Siehe Georg Scheibelreiter: Heraldik, Wien 2006, S. 137. Diverse Beispiele erläutern z. B. Peter-Jürgen Klippstein: Familienwappen an historischen Bürgerhäusern und anderen Erfurter Baulichkeiten. In: Jahrbuch für Erfurter Geschichte 7 (2012), S. 283–312; Friedrich Bonhoff: Namen und Wappen an Celler Bürgerhäusern. In: Zeitschrift der Zentralstelle für Niedersächsische Familiengeschichte 2 (1920), S. 75–85 sowie Anonymous: Familien-

len findet sich neben dem Wappen des männlichen Familienoberhaupts auch jenes der Ehefrau, das ebenfalls den Wohnort der Familie im Raum der Stadt lokalisierte und – gerade wenn es über dem Eingang angebracht war – die familiäre Sphäre demarkierte (siehe auch Abb. 1). Die Wappen der Bewohner zierten auch das Innere der Bürgerhäuser, von Glasmalereien in den Fenstern (Abb. 2), Holzschnitzereien an den Decken und Malereien und Teppichen an den Wänden über Möbel wie Schränke und Betten bis zu den Kissen auf den Bänken und dem Besteck und Geschirr auf den Tischen.[34] Auch die Wappen von Verwandten und Freunden gesellten sich zu jenen der Bewohner und bildeten so die Vernetzung innerhalb der Stadtgesellschaft – durch das Zusammenspiel verschiedenster heraldischer Trägermedien – als eine Art jener Wappenreihen ab, die Sabine Sommerer und Rudolf Meier als für die spätmittelalterliche Profanraumdekoration charakteristischen »Mittel der Gruppenbildung« identifizieren; sie »erweiterten die effektiv versammelte um eine virtuelle Runde, der man sich im gemeinsamen Hiersein zugehörig und verpflichtet fühlte.«[35] Insofern heraldische Dekorationen von Bürgerhäusern soziale Beziehungen in Gegenwart und Vergangenheit spiegelten, implizierten sie gar »eine durch das Haus verbundene diachronische Gruppe und symbolisieren damit deren gemalte Hauschronik.«[36] Heraldisch kommunizierte soziale Beziehungen konnten dabei durchaus über die Grenzen der Stadt hinausreichen, denn neben den Wappen des Adels erschienen manchmal selbst jene von Fürsten, Königen und Kaisern – teilweise aus ganz Europa – in Bürgerhäusern.[37] Ob ihre Präsenz als Ausdruck tatsächlicher

wappen an alten Häusern der Stadt Braunschweig. In: Heraldische Mitteilungen 15 (1904), S. 77–80, S. 85–92 und S. 95–103.

34 Für spezifische Beispiele siehe Marcus Meer: ›Todos Los Ciuidadanos Toman Armas a Su Plazer‹. Heraldic Self-Representation and Commemoration in Town Houses and Urban Churches (England and Germany in the Late Middle Ages). In: Armas e Troféus. IX Série 20 (2018), S. 139–170, hier S. 143–158. Siehe auch Urs Martin Zahnd: Spätmittelalterliche Bürgertestamente als Quellen zu Realienkunde und Sozialgeschichte. In: Mitteilungen des Instituts für Österreichische Geschichtsforschung 96 (1988), S. 55–78, hier S. 66; Susanne Mosler-Christoph: Die materielle Kultur in den Lüneburger Testamenten 1323 bis 1500, Diss. Georg-August-Universität zu Göttingen 1998, S. 185 sowie Fritz Rörig: The Medieval Town, übers. v. Don Bryant, London 1967, S. 130.

35 Meier/Sommerer (wie Anm. 7), S. 176.

36 Ebenda, S. 181. Siehe auch Sabine Sommerer: Kommunikationsmodelle im Vergleich. Überlegungen zur Konzeption und Rezeption spätmittelalterlicher Deckenmalereien. In: Romy Günthart/Michael Jucker (Hrsg.): Kommunikation im Spätmittelalter. Spielarten – Wahrnehmungen – Deutungen, Zürich 2005, S. 65–78.

37 Siehe Sabine Sommerer: Die Balkenmalereien im »Schönen Haus« in Basel. Ein Beitrag zur Funktionsweise standesgemäßer Bildsprache. In: Eckart Conrad Lutz/Johanna Thali/René Wetzel (Hrsg.): Literatur und Wandmalerei II. Konventionalität und Konversation, Tübingen 2005, S. 419–434, hier S. 434 sowie Hans-Rudolf Meier: Dekorationssysteme profaner Raumausstattungen im ausgehenden Mittelalter. In: Eckart Conrad Lutz u. a. (Hrsg.): Literatur und Wandmalerei II. Konventionalität und Konversation, Tübingen 2005, S. 393–418, hier S. 407.

Abb. 1: Erker mit Wappenschilden in einem Ausschnitt einer Stadtansicht auf einem von zwei Altarflügeln mit der Darstellung des Regensburgers Hostienfrevels
© Germanisches Nationalmuseum, Nürnberg, Gm1806. Foto: Georg Janßen

genealogischer Verbindungen etwa zum Landadel, persönlicher Bekanntschaft mit einflussreichen Gestalten oder bloße untertänige Begeisterung für *potentates* der mittelalterlichen Gesellschaft ausdrücken sollte – oder ob sie schlicht Ergebnis einer generellen städtischen Präferenz für heraldische Dekorationen war – ist nicht immer eindeutig zu klären.[38]

38 Siehe auch Thomas Brockow: Spätmittelalterliche Wand- und Deckenmalereien in Bürgerhäusern der Ostseestädte Lübeck, Wismar, Rostock, Stralsund und Greifswald. Ein Beitrag zur Erfassung und Auswertung von Quellen der Kunst- und Kulturgeschichte in norddeutschen Hansestädten (Schriftenreihe Studien zur Geschichtsforschung des Mittelalters 14),

Abb. 2: Paar hinter einem Wappenschild mit Hausmarke, vermutlich aus dem Rheinland (1520/30)

Ähnlich dem Bürgerhaus erscheinen auch in städtischen Kirchen – als weiterem Zentralort stadtbürgerlicher Identitätskonstruktion und Statusrepräsentation[39] – die Wappen von Stadtbürgern in aller Regelmäßigkeit auf Grabmalen und Gedenktafeln.[40]

Hamburg 2001, S. 89 sowie Hans Vogts: Das Kölner Wohnhaus bis zur Mitte des 19. Jahrhunderts (Jahrbuch Rheinischer Verein für Denkmalpflege und Heimatschutz 1964/65), Neuss 1966, S. 221.

39 Siehe z.B. Otto Gerhard Oexle: Die Stadtkultur des Mittelalters als Erinnerungskultur. In: Thomas Schilp/Barbara Welzel (Hrsg.): Dortmund und Conrad von Soest im spätmittelalterlichen Europa (Dortmunder Mittelalter-Forschungen 3), Bielefeld 2004, S. 11–28; Hanno Brand/Pierre Monnet/Martial Staub (Hrsg.): Memoria, communitas, civitas. Mémoire et conscience urbaines en Occident à la fin du Moyen Âge (Beihefte der Francia 55), Ostfildern 2003; Thomas Zotz: Der Stadtadel im spätmittelalterlichen Deutschland und seine Erinnerungskultur. In: Werner Rösener (Hrsg.): Adelige und bürgerliche Erinnerungskulturen des Spätmittelalters und der Frühen Neuzeit (Formen der Erinnerung 8), Göttingen 2000, S. 145–161 sowie Thomas Schilp: Memoria in der mittelalterlichen Stadtgesellschaft. In: Lectiones eruditorum extraneorum in facultate philosophica Universitatis Carolinae Pragensis factae 5 (1998), S. 25–58.

40 Siehe dazu ebenfalls Meer (wie Anm. 34), S. 158–169 sowie Hecht (wie Anm. 16), S. 231.

Abb. 3: Denkmal des Franz Koler (gest. 1280) in der Darstellung des Hallerbuchs (1533–1536)
© Staatsarchiv Nürnberg, Nürnberger Handschriften Nr. 211, fol. 246v

Im Bemühen um erlösende *memoria* ermöglichte sich im Medium der Heraldik auch an diesem Ort die Abbildung der individuellen sozialen Stellung durch den heraldischen Einbezug der eigenen Verwandtschaft, nicht nur im Falle gemeinsam bestatteter Eheleute sondern auch, bisweilen nach der Art einer Ahnenprobe, entfernterer

Abb. 4: Wappenscheibe des Hans Tucher und dessen Ehefrauen Barbara Ebner und Ursula Harsdörfer mit Pilgerabzeichen (1490–1510)
© Germanisches Nationalmuseum, Nürnberg, MM132. Foto: Jürgen Musolf

Vorfahren (Abb. 3).[41] Auch in Glasmalereien erschienen Bürgerwappen in Kirchen, wo ihnen zur Erinnerung an erbrachte Leistungen der Verstorbenen und ihrer Vorfahren etwa Abzeichen von Pilgerorten oder Ritterorden beigestellt wurden, die auf lange Reisen und vornehme Mitgliedschaften verwiesen (Abb. 4).[42] Stiftungen

41 Siehe auch Heck (wie Anm. 7), bes. S. 289–291 und S. 295–297.

42 Marcus Meer: Seeing Proof of Townsmen on the Move. Coats of Arms, Chivalric Badges, and Travel in the Later Middle Ages. In: Journal of Early Modern History 25 (2021), S. 11–38. Siehe auch Rolker (wie Anm. 19), bes. S. 196–197.

Abb. 5: Wappen der in der »Schicht« von 1374 getöteten Ratsleute im *Schichtbuch* des Hermann Bote (1514)
© Herzog August Bibliothek Wolfenbüttel: Hs. 120 Extrav., 20r (public domain)

von wappengeschmückten Altaraufsätzen, liturgischen Geräten und Chormänteln brachten in ganz ähnlicher Weise nicht nur die fromme Sorge des Stifters um das eigene Seelenheil, sondern auch die karitative Leistung für jenes der Mitbürger für die Ewigkeit mittels Wappen zum Ausdruck.[43]

Auch andere Leistungen für das Gemeinwohl konnten im Kontext von Kirchen mit den heraldischen Zeichen der Leistenden verbunden werden, wie im Falle prominenter Todesopfer der Braunschweiger »Schicht« von 1374 (Abb. 5), deren Wappen *in de kapellen worden gehendet* und dort ebenso zum »Erinnerungszeichen« gemacht wurden wie die Wappen jener Geschlechter, die in Köln siegreich aus der Schlacht

43 Corine Schleif: Donatio et memoria. Stifter, Stiftungen und Motivationen an Beispielen aus der Lorenzkirche in Nürnberg (Kunstwissenschaftliche Studien 58), München 1990, S. 87–88; Wolfgang Schmid: Kölner Hansekaufleute als Stifter und Mäzene. In: Hansische Geschichtsblätter 113 (1995), S. 127–144, hier S. 129 sowie Johannes Wilhelm: Augsburger Wandmalerei, 1368–1530 (Abhandlungen zur Geschichte der Stadt Augsburg 29), Augsburg 1983, S. 55.

an der Ulrepforte (1378) hervorgegangen und *under dem boigen an der stat muyren entgaen der Uylregassen* verewigt waren.[44]

Ein dauerhaftes Zuhause fanden Bürgerwappen aber auch in Rathäusern. Obwohl diese Gebäude auf den ersten Blick als reine Selbstdarstellungsräume der Kommune beziehungsweise des Rates erscheinen mögen, zeigten die Mitglieder dieser Führungszirkel durch das Anbringen ihrer eigenen Wappen, oft in unmittelbarer Nähe zum allgegenwärtigen Stadtwappen, auf eben jene Mitgliedschaft sowie die Erfolge im *cursus honorum* der städtischen Ämter.[45] Zugehörigkeit zu Gruppen als weiteres Kriterium stadtbürgerlicher Identität und Proprium symbolischen Kapitals wurde auch durch die Kopräsenz von Bürgerwappen in der Ausgestaltung von Zunfthäusern angezeigt.[46] Gleiches dürfte für Trinkstuben der Patrizier gegolten haben,

44 Ludwig Hänselmann (Hrsg.): Die Chroniken der niedersächsischen Städte. Braunschweig, Bd. 2, Leipzig 1880 (Die Chroniken der deutschen Städte vom 14. bis ins 16. Jahrhundert 16), S. 318; Werner Overstolz: Das Buch des Werner Overstolz, hrsg. v. Marc von der Höh [in Vorbereitung]. Ich danke Herrn von der Höh für die großzügige Bereitstellung seiner in Arbeit befindlichen Edition des Overstolz-Buches. Für die ebenfalls heraldisch erinnerte »Ursulanacht« (1371) in Lüneburg und weitere Beispiele für städtische Erinnerungszeichen verschiedenster Art, siehe Klaus Graf: Schlachtengedenken im Spätmittelalter. Riten und Medien in der Präsentation kollektiver Identität. In: Detlef Altenburg (Hrsg.): Feste und Feiern im Mittelalter (Symposion des Mediävistenverbandes 3.1986), Sigmaringen 1991, S. 63–70, hier S. 67 sowie Klaus Graf: Schlachtengedenken in der Stadt. In: Günter Scholz/Bernhard Kirchgässner (Hrsg.): Stadt und Krieg (Stadt in der Geschichte 15), Sigmaringen 1989, hier S. 92.

45 Für Beispiele aus Lüneburg, siehe Marcus Meer: History on the Walls and Windows to the Past. Heraldic Commemoration of Historical Identity in Late Medieval English and German Town Halls. In: Hiltmann/Metelo de Seixas (wie Anm. 3), S. 149–164, hier S. 160. Siehe auch Arnold Bartetzky: Die Beziehungen zwischen Stadt und Krone im Spiegel von Rathausdekorationen des Spätmittelalters und der frühen Neuzeit (Prag, Breslau, Krakau, Posen). In: Marina Dmitrieva/Karen Lambrecht (Hrsg.): Krakau, Prag und Wien. Funktionen von Metropolen im frühmodernen Staat (Forschungen zur Geschichte und Kultur des östlichen Mitteleuropa 10), Stuttgart 2000, S. 45–58.

46 Jens Kremb: Zunftscheibe, Zunfttafel, Totentafel oder Meistertafel? Die runden Wappenschilde der Zünfte. In: Andreas Tacke u. a. (Hrsg.): Material Culture. Präsenz und Sichtbarkeit von Künstlern, Zünften und Bruderschaften in der Vormoderne, Petersberg 2018, S. 359–382, hier bes. S. 375–377; Jörg Rogge: Geschlechtergesellschaften, Trinkstuben und Ehre. Bemerkungen zur Gruppenbildung und den Lebensordnungen in den Führungsschichten mittelalterlicher Städte. In: Gerhard Fouquet (Hrsg.): Geschlechtergesellschaften, Zunft-Trinkstuben und Bruderschaften in spätmittelalterlichen und frühneuzeitlichen Städten (Stadt in der Geschichte 30), Ostfildern 2003, S. 99–127, hier S. 115 sowie Christian Roder: Das Zunftwesen im alten Villingen (Stadtarchiv Villingen-Schwenningen Bestand 2.1, Faszikel BBB 14, 267–320), S. 11, https://web.archive.org/web/20130915103150/ http://www.villingen-schwenningen.de/fileadmin/pdf/Kultur/Stadtarchiv/Roder_Zunftwesen20042009.pdf (06.11.2024).

Abb. 6: »Geschlechtertanz« in Augsburg, womöglich in der Trinkstube, mit Wappen über den Fenstern, einschließlich Bürgerwappen (ca. 1500)
© Kunstsammlungen & Museen Augsburg. Zur Verfügung gestellt durch Zeno.org (public domain)

Wie bewusst die Präsenz dieser heraldischen Zeichen in der Stadt von ihren Bewohnern beobachtet wurde – und wie eng Wappen in den städtischen Räumen mit so wichtigen Komponenten von Identität und symbolischem Kapital wie Gruppenzugehörigkeit verknüpft waren – zeigt sich besonders anhand von Vorfällen, in denen das Zeigen von Wappen in bestimmten Räumen unterbunden wurde. Als Endres Zeringer im Jahr 1463 den Rat von Nürnberg um Erlaubnis bat, ein Kruzifix (*marter*) auf der ersten Steinbrücke der Stadt anzubringen, wurde ihm auferlegt, *das er kein schilt doran mach.*[48] Nachdem Zeringer sich über diese Vorschrift hinweggesetzt hatte, wurde er aufgefordert, das Wappen zu entfernen; vielleicht, weil man fürchtete, es könne einen falschen Eindruck vom Stifter oder Besitzer dieser kommunalen Brücke

47 Staats- und Stadtbibliothek, Augsburg, 2 Cod. H. 1, fol. 117v.
48 Endres Tucher: Baumeisterbuch der Stadt Nürnberg (1464–1475), hrsg. v. Friedrich von Weech u. Matthias Lexer, Stuttgart 1862, S. 202.

erwecken, oder aber, wie Wolfgang von Stromer vermutet, weil Endres Zeringer zu jener Zeit schon nicht mehr Teil der Bürgerschaft der Stadt Nürnberg war.[49] Ähnlich dem Nürnberger Rat, der dem Nicht-Bürger das Zeigen seines Wappens im Raum der Stadtgemeinschaft untersagte, verweigerte auch der Rat von Augsburg den Fuggern das Zeigen ihres Wappens in der Trinkstube, nachdem die reiche Aufsteigerfamilie angeboten hatte, im Gegenzug die Kosten für die überfällige Renovierung zu übernehmen.[50] Es scheint, als hätte der Rat trotz des unzweifelhaften Reichtums der Fugger den heraldischen Eindruck vermeiden wollen, die Familie sei den führenden Geschlechtern der Stadt ebenbürtig.[51] Auch Karl-Heinz Spieß, anschließend an Pierre Monnet, hat am Beispiel von Heinrich Rorbach in Frankfurt und Peter Egen beziehungsweise Peter von Argun in Augsburg hervorgehoben, wie eifrig ambitionierte Stadtbürger Wappen in ihren Wohnhäusern und den Pfarrkirchen ihrer Heimatstadt anbrachten, gerade in Folge von kaiserlichen Wappenbriefen[52], die im Folgenden eine zentrale Rolle spielen.

3. *Wahrnehmungen von Bürgerwappen*

Es ist einerseits einleuchtend, dass auch heraldische Zeichen schon allein durch ihre wiederholte Darstellung im Kontext dieser visuellen und materiellen Bühnen stadtbürgerlichen Selbstverständnisses mit eben jenem Selbstverständnis assoziiert wurden – »Ähnlichkeit des Ortes, des Platzes, an den die Natur zwei Dinge gestellt hat,

49 Wolfgang von Stromer: Die Zeringer. Steirisch-Nürnberger innovatorische Montanunternehmer und Fernhändler im 15. Jahrhundert. In: Herwig Ebner (Hrsg.): Festschrift Othmar Pickl zum 60. Geburtstag, Graz/Wien 1987, S. 603–632, hier S. 613.

50 Johann Jakob Fugger/Clemens Jäger: Das Ehrenbuch der Fugger, hrsg. v. Gregor Rohmann u. Jörg Breu, Bd. 2, Augsburg 2004, S. 175: *So hat / Er das haus auf dem Berlach, darinnen sie der Zeit Jr Trinkcstuben noch halten, / vnd zwey tail daran schuldig gewesen sein, nicht allain bezalen, sonder von / grund wider auferpawen wöllen, Allain das sie Jme der herren fugger Wap- / pen von der Lilien, zu ainer dankcbarkait vnd Eer dem fuggerischen Namen darein zumachen vergonnen wöllen, welchs von Jnen abgeschlagen [...].* Siehe auch Norbert Lieb: Die Fugger und die Kunst im Zeitalter der Spätgotik und frühen Renaissance (Veröffentlichungen der Schwäbischen Forschungsgemeinschaft Reihe 4, 1), München 1952, S. 283–284.

51 So auch Benjamin Scheller: Memoria an der Zeitenwende. Die Stiftungen Jakob Fuggers des Reichen vor und während der Reformation (ca. 1505–1555) (Veröffentlichungen der Schwäbischen Forschungsgemeinschaft Reihe 4, 28), Berlin 2004, S. 37.

52 Karl-Heinz Spieß: Aufstieg in den Adel und Kriterien der Adelszugehörigkeit im Spätmittelalter. In: Kurt Andermann/Peter Johanek (Hrsg.): Zwischen Nicht-Adel und Adel (Vorträge und Forschungen 53), Konstanz 2001, S. 1–26, hier 14–15 sowie Pierre Monnet: Les Rohrbach de Francfort. Pouvoirs, affaires et parenté à l'aube de la Renaissance allemande (Travaux d'humanisme et renaissance 317), Geneva 1997, S. 283–286.

folglich Ähnlichkeit der Eigenheiten«.[53] Andererseits ist mit der Raumforschung anzunehmen, dass das Zeigen von Wappen wiederum zum Endzweck dieser räumlichen Selbstdarstellung beitrug[54], wurden diese Zeichen doch auch außerhalb dieser Kontexte mit essenziellen Aspekten der Identität ihrer Besitzer verknüpft. Tatsächlich sind es gerade schriftliche Quellen, die einen Einblick in solche historischen Wahrnehmungen von Wappen gewähren.[55]

Zu den in dieser Hinsicht aufschlussreichen Quellen gehören nicht zuletzt die Verleihungen formelhafter Wappenbriefe, die von Stadtbürgern angestoßen wurden (Abb. 7)[56], trotz oder gerade wegen ihrer Formelhaftigkeit. Denn es ist anzunehmen, dass sich die Empfänger mit den mitunter monotonen Floskeln zur ursächlichen Beziehung zwischen Wappen und Ehre identifizierten und in ihnen einen Mehrwert erkannten. Zwar bleibt unklar, ob sie Einfluss auf die sprachliche Ausgestaltung des »Endprodukts« jenseits der Begründung ihres ursprünglichen Ersuchens um eine Wappenverleihung besaßen.[57] Allerdings war das Bemühen um einen Wappenbrief angesichts der zuvor erwähnten allgemeinen Verfügbarkeit von Wappen genauso freiwillig wie kostspielig. Soziales Kapital im Sinne von Königsnähe konnte diese Kosten decken, wie unten deutlicher wird, aber ökonomisches Kapital dürfte üblicherweise nötig gewesen sein. Auch wenn diesbezügliche Hinweise für den deutschsprachigen Bereich rar gesät sind[58], war die Ausstellung von Wappenbriefen durch die Kanz-

53 Michel Foucault: Die Ordnung der Dinge. Eine Archäologie der Humanwissenschaften, Frankfurt am Main 1971, S. 47. Siehe zur Rolle von Raum für Prozesse der Bedeutungszuschreibung in der Linguistik etwa Ronald Scollon/Suzanne Wong Scollon: Discourses in Place. Languages in the Material World, London 2003.

54 Zu Funktionen von Zeichen in der kommunikativen Konstruktion sozialer Räume, siehe z. B. die Beiträge in Gabriela B. Christmann (Hrsg.): Zur kommunikativen Konstruktion von Räumen: Theoretische Konzepte und empirische Analysen, Wiesbaden 2016.

55 Siehe z. B. Florence Grant/Ludmilla J. Jordanova: Introduction. In: Florence Grant/Ludmilla J. Jordanova (Hrsg.): Writing Visual Histories, London; New York 2020, S. 1–21, bes. S. 2–4.

56 Siehe auch Spieß (wie Anm. 52), S. 14–15 sowie Heinrich Kramm: Studien über die Oberschichten der mitteldeutschen Städte im 16. Jahrhundert: Sachsen, Thüringen, Anhalt, Köln, Wien 1981, S. 549.

57 »Das Formular, das nur selten von personalisierten Beigaben durchbrochen wird«, so beobachtet Daniel Meier (Überlegungen zum Formular von Wappenbriefen der Reichskanzlei (1338–1500). In: Mitteilungen des Instituts für Österreichische Geschichtsforschung 126 (2018), S. 34–52, S. 49), »erweckt den Anschein einer Distanz zwischen Aussteller und Empfänger.« Siehe auch Jürgen Arndt: Die Entwicklung der Wappenbriefe von 1350 bis 1806 unter besonderer Berücksichtigung der Palatinatswappenbriefe. In: Der Herold 7 (1969), S. 161–193, S. 172.

58 Gerhard Seibold: Der Wappenbrief, Bd. 1, Köln/Weimar/Wien 2020, S. 253; Daniel Maier: Die Wappenbriefe der Reichskanzlei zwischen Ludwig dem Bayern und dem frühen Maximilian I. (1338–1500), Diss. Universität Wien 2016, S. 30 sowie Arndt (wie Anm. 57), S. 186.

leien von Kaisern, Königen und Fürsten wohl mit nicht unerheblichen finanziellen Aufwendungen verbunden. König Ferdinand legte etwa 1545 fest, dass für eine Wappenverleihung zwanzig, für eine Wappenbesserung zwölf und für eine Wappenbestätigung zehn Floriner zu zahlen seien.[59] Als »innovative Kulturerscheinung des Spätmittelalters« waren Wappenbriefe aber dennoch eine willkommene Waffe im städtischen Wettbewerb um symbolisches Kapital, das sie über das Medium des Wappens zu mehren oder zumindest zu bestätigen suchten.[60] Wappenbriefe waren zwar keineswegs pauschal mit einer Erhebung in den Adelsstand verbunden[61], betonten aber in ganz Europa regelmäßig die zumindest adelsähnliche Qualität der Empfänger und der verliehenen, bestätigten oder gebesserten Wappen.[62] Über die Anerkennung der Grundlagen bestehenden symbolischen Kapitals hinaus implizierten Wappenbriefe aber auch dessen Erhöhung: Verliehene Wappen, so schon Bartholus, seien von größerer Würde als heraldische Zeichen ohne eine solche herrscherliche Anerkennung.[63] Wappenbestätigungen unterstrichen die angestrebte Erhöhung des symbolischen Kapitals in besonderem Maße, indem sie den Eindruck vermieden, der Empfänger habe sich erst kürzlich für eine solche Anerkennung »qualifiziert« (oder gar bislang kein Wappen besessen).[64] Wappenbesserungen übersetzten das im und durch den Gnadenakt anerkannte und idealiter erhöhte symbolische Kapital noch unmissverständlicher in die visuelle Dimension der Heraldik, indem sie das Erscheinungsbild des bestehenden Wappens veränderten.[65] Als beispielsweise Ambrosius Höchstetter, der als Augsburger Patrizier bereits ein Wappen führte, 1518

59 Friedrich Walter (Hrsg.): Die österreichische Zentralverwaltung, Bd. 1.2, Wien 1970, S. 97: *[A]in gemain wappen umb 20fl. / aine pösserung aines wappens umb 12 fl. / aine confirmation eines wappens umb 10fl.*

60 Claudia Kajatin: Königliche Macht und bürgerlicher Stolz: Wappen- und Adelsbriefe in Zürich. In: Peter Niederhäuser (Hrsg.): Alter Adel – neuer Adel?, Zürich 2000, S. 203–210. Siehe auch Stefan Frey: Fromme feste Junker: Neuer Stadtadel im spätmittelalterlichen Zürich, Zürich 2017, Kap. 3.2 sowie Andreas Zajic: Heraldische Souvenirs aus Konstanz? Wappenbriefe aus der Zeit des Konzils. In: Karen Evers u. a. (Hrsg.): Das Konstanzer Konzil, 1414–1418. Weltereignis des Mittelalters, Darmstadt 2014, S. 284–285.

61 Seibold (wie Anm. 58), S. 29–31 und S. 133–134 sowie J. W. Albert: Wappenbriefe und Adelsbriefe. In: Vierteljahrsschrift für Heraldik, Sphragistik und Genealogie 12 (1884), S. 547–616, hier S. 557, S. 564–565 und S. 607. Siehe schon Hanns Jäger-Sunstenau: Über die Wappenverleihungen der deutschen Kaiser 1328 bis 1806. In: Genealogie 34 (1985), S. 529–535.

62 Laurent Hablot: Affinités héraldiques. Concessions, augmentations et partages d'armoiries en Europe au Moyen Age, Habil. École pratique des hautes études 2015 sowie Adrian Ailes: Medieval Grants of Arms, 1300–1461, Diss. Universität London 1997.

63 Saxoferrato (wie Anm. 27), S. 147–148.

64 Clive Cheesman: Grants and Confirmations of Arms. In: Nigel Ramsay (Hrsg.): Heralds and Heraldry in Shakespeare's England, Donington 2014, S. 68–104, hier S. 76.

65 Hablot (wie Anm. 62), S. 18–20 sowie Colin Cole: Foreword. In: J. F. Huxford, Honour and Arms. The Story of Some Augmentations of Honour, London 1984, S. 8–10.

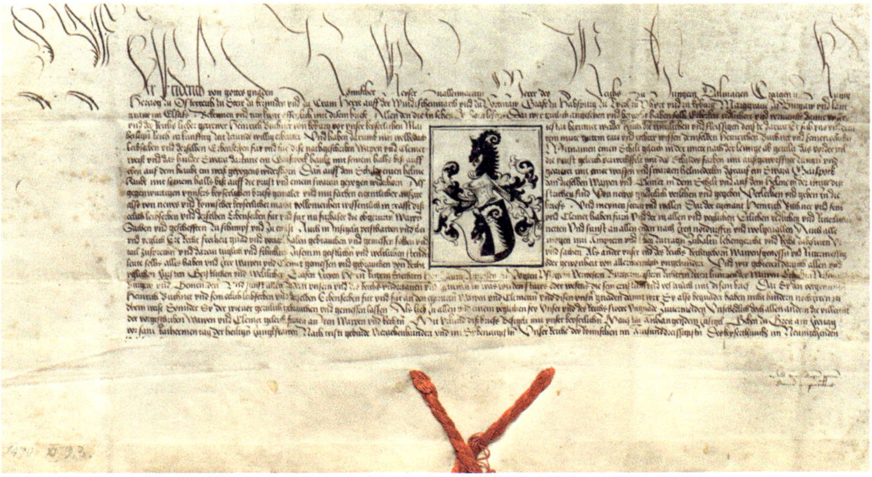

Abb. 7: Wappenbrief Kaiser Friedrichs III. an Heinrich Buchner aus Coburg (1470) © Germanisches Nationalmuseum Nürnberg, Hist. Archiv, Or. Perg. 1470 November 23

formal in den Adelsstand erhoben wurde, fügte Kaiser Maximilian anlässlich dieser Statusveränderung dem Höchstetter-Wappen sowohl einen Turnierhelm als auch eine Helmzier hinzu.[66]

Gemeinsam ist allen Wappenbriefen die geäußerte Überzeugung, dass verliehene, bestätigte oder gebesserte Wappen als Ergebnis herausragender charakterlicher Eignung und erwiesener persönlicher Leistung anzusehen seien. Wappenbriefe für mehrere Bürger von Konstanz betonten daher schon 1408 die *sunderlichen tugenden und guten wandel* ihrer Empfänger.[67] Als 1417 drei Vertreter der nürnbergischen Familie Stark ein Wappen verliehen bekamen, wurde in ähnlicher Weise ihre »Redlichkeit und Biderkeit« gelobt.[68] Der Erzbischof von Magdeburg fügte 1455 in der Begründung einer Wappenverleihung noch *lobelich leben vnd vornunfft* hinzu, *die der tüchtige vnser lieber getruwer Bastian Hughen Inwonende Burger vnser aldenstadt Magdeburg togentlichen an ym hat.*[69] Andere Wappenbriefe hoben christliches Verhalten

66 Walter Pötzl (Hrsg.): Geschichte im Wappen, Augsburg 2008, S. 113. Siehe auch Rudolf Kellenbenz: Art. Hoechstetter. In: Lexikon des Mittelalters, Bd. 5, München 1991, Sp. 63.

67 Alfred von Siegenfeld: Die Wappenbriefe und Standeserhebungen des Römischen Königs Ruprecht von der Pfalz. In: Jahrbuch der k. k. heraldischen Gesellschaft »Adler« 5–6 (1895), hier S. 408. Siehe auch ebenda, S. 409–412.

68 Johann Christian Siebenkees (Hrsg.): Materialien zur Nürnbergischen Geschichte, Bd. 1, Nürnberg 1792, S. 293.

69 Gustav Hertel (Hrsg.): Urkundenbuch der Stadt Magdeburg, Bd. 2, Halle [Saale] 1894, S. 685–686.

als besonderen Teil solcher Tugendhaftigkeit hervor, etwa im Falle der Helmstedter Bürger Henning und Hans Dorguth, deren *dogentsamheyt vnd gude kristlychkeyt* im Jahre 1462 durch den Abt von Werd mit einem Wappen ausgezeichnet wurde.[70] Häufig waren auch Verweise auf treue Dienste, welche die Empfänger dem Aussteller geleistet und so charakterliche Vorbildhaftigkeit unter Beweis gestellt haben sollen. König Ruprecht belohnte 1401 den Mainzer Bürger Folcze Greseln angesichts der *dinst, den uns unser und dez rychs lieber getruwer [...] dicke getan,* genauso wie er Christian Lusning aus Gmünd vier Jahre später, 1405, zu jenen zählte, *quos pro ipsius sacri imperij honoribus fama solempnis feruencioribus tastatur studijs laborasse.*[71] Derartige Dienste mochten durchaus auch auf dem Schlachtfeld geleistet worden sein, wie im Falle Wolf Holzschuhers aus Nürnberg suggeriert wurde. Er erhielt 1503 eine Wappenbesserung in Anerkennung seiner Verdienste an der Seite König Emmanuels von Portugal im Kampf *cum Barbaris Sarracenis [...] in Aphrica.*[72] Seine Belohnung bestand aus einem *capite Mauri* und dem Kreuz des portugiesischen Christusordens, dessen Hinzufügung zum Holzschuherschen Wappen seinem Bemühen um die Vergrößerung des Adels seiner Vor- und Nachfahren (*cupiens parentum suorum et progeniej nobilitatem augere)* zugutekommen sollte.[73]

Mit dieser Aussage leitet dieses Dokument zu einer weiteren bürgerlichen Wahrnehmungsdisposition über, die Wappen nicht nur als Ergebnis persönlicher Tugend, sondern auch als Ausweis der familiären Herkunft ansah. Auch in anderen Wappenbriefen werden solche Einstellungen deutlich, wenn etwa ältere Wappen, deren rechtmäßige Träger in direkter Linie abgestorben waren, gezielt von noch lebenden Verwandten übernommen wurden. Der Memminger Bürger Jost Lauwer erwarb bereits 1401 – dank eines Wappenbriefs König Ruprechts – *soliche wapen, die etwan die von Sawbelsberg, sine nehste mage von sinder mutter her gehabet haben.*[74] Auch Paul Ruggli, Bürger von Leutkirchen, erhielt Erlaubnis, das verwaiste Wappen seiner mütterlichen Vorfahren nach dem Tod der patrilinealen Erben in Obhut zu nehmen.[75]

Man wollte und sollte im Wappen das eigene Herkommen erkennen[76], weshalb auch und gerade genuin städtische Quellen, die einen Anspruch auf das eigene sym-

70 Gedruckt in Seyler (wie Anm. 29), S. 832.

71 Von Siegenfeld (wie Anm. 67), S. 406.

72 Johann Christoph Gatterer: Historia genealogica dominorvm Holzschvherorvm ab Aspach et Harlach in Thalheim, Nürnberg 1755, S. 246.

73 Ebenda.

74 Von Siegenfeld (wie Anm. 67), S. 397.

75 Regg. Pfalzgrafen 2 n. 2118. In: Regesta Imperii Online, http://www.regesta-imperii.de/id/1402-03-31_2_0_10_0_0_2119_2118 (14.01.2022).

76 Zur Bedeutung des »Herkommens« im Mittelalter, zumal in der städtischen Gesellschaft, siehe vor allem Klaus Graf: Ursprung und Herkommen. Funktionen vormoderner Gründungserzählungen. In: Hans-Joachim Gehrke (Hrsg.): Geschichtsbilder und Gründungs-

bolische Kapital kommunizierten und damit darauf abzielten, die eigene soziale Position zu festigen oder zu verbessern, die Abgrenzung des eigenen Wappens von anderen, »minderwertigeren« Zeichen zum Thema machten. Da sich ihre Träger im ihnen zugeschriebenen symbolischen Kapital unterschieden, unterschieden sich Wappen ebenso nicht nur visuell, sondern auch in der ihnen zugeschriebenen Qualität. Die spezifischen Argumentationsweisen, die von der Qualität bestimmter Wappen überzeugen sollten, waren dabei aber oft stereotyp, weshalb auch solche Texte deutliche Einblicke in grundsätzlichere mittelalterliche Wahrnehmungsdispositionen von Wappen bieten.

Dies trifft auch auf die städtische Geschichtsschreibung zu, jedenfalls im Falle der heraldischen Zeichen der stadtbürgerlichen Eliten, als deren Produkt etwa Stadtchroniken anzusehen sind.[77] Der berühmte Traktat des Felix Fabri über die Stadt Ulm, um 1490 entstanden, zählte zwar zwölf Gründe für die Ebenbürtigkeit der städtischen Elite mit dem landsässigen Adel auf, erwähnte aber nicht Wappenführung als solche, sondern spezifizierte vielmehr die Anciennität der patrizischen Wappen: *Achtens sind sie Adlige, wie sich an ihren alten Wappen und Zeichen erkennen läßt.*[78] Auch an anderer Stelle hebt Fabri die Wappen der führenden Familien als *Abzeichen ihres alten Bürgerrechts* hervor.[79] Die Annahme, dass heraldische Zeichen als Ergebnis generationenübergreifender Tugend anzusehen seien, welche die städtische Führungsschicht seit jeher auszeichneten, war in der kölnischen Koelhoffschen Chronik von 1499 ebenso unstrittig wie die Überzeugung, an den Wappen dieser stadtbürgerlichen Elite ließe sich ihr altes, angeblich gar antikes Herkommen ablesen: Durch *menliche hoichberoempte und ritterliche werk* hätten die fünfzehn führenden Familien der Stadt Köln über die Generationen *trefliche verbesserunge der helm-*

mythen, Würzburg 2001, S. 23–36; Klaus Graf: Erinnerungsfeste in der spätmittelalterlichen Stadt. In: Hanno Brand u. a. (Hrsg.): Memoria, communitas, civitas: Mémoire et conscience urbaines en occident à la fin du Moyen Âge, Ostfildern 2003, S. 263–273 sowie Klaus Graf: Heroisches Herkommen. Überlegungen zum Begriff der »historischen Überlieferung« am Beispiel heroischer Traditionen. In: Leander Petzoldt (Hrsg.): Das Bild der Welt in der Volkserzählung, Frankfurt a. M./New York 1993, S. 45–64. Siehe auch Birgit Studt: Symbole fürstlicher Politik. Stammtafeln, Wappenreihen und Ahnengalerien in Text und Bild. In: Martin Gosman/Volker Honemann (Hrsg.): The Mediation of Symbol in Late Medieval and Early Modern Times, Frankfurt a. M. 2005, S. 221–256.

77 Siehe z. B. Regula Schmid: Town Chronicles. In: Graeme Dunphy (Hrsg.): Encyclopedia of the Medieval Chronicle, Bd. 2, Leiden 2010, S. 1432–1438; Peter Johanek (Hrsg.): Städtische Geschichtsschreibung im Spätmittelalter und in der frühen Neuzeit, Köln 2000; sowie Urs Martin Zahnd: Stadtchroniken und autobiographische Mitteilungen. In: Klaus Arnold u. a. (Hrsg.): Das dargestellte Ich: Studien zu Selbstzeugnissen des späteren Mittelalters und der frühen Neuzeit, Bochum 1999, S. 29–52.

78 Felix Fabri: Traktat über die Stadt Ulm, übers. v. Folker Reichert, Norderstedt 2014, S. 75.

79 Ebenda, S. 73.

Abb. 8: Vertreter der Geschlechter der Stadt Köln, in Tabarde mit ihren Wappen gekleidet, vor Kaiser Trajan, abgebildet in der Koelhoffschen Chronik (1499)
Herzog August Bibliothek Wolfenbüttel: A: 131.2 Hist. 2° (2), 103 (public domain)

zeichen irs adels errungen, die ihnen ursprünglich aber bereits in römischer Zeit durch Kaiser Trajan verliehen worden seien (Abb. 8).[80]

80 Karl Hegel: Die Chroniken der niederrheinischen Städte. Cöln, Bd. 2, Leipzig 1876, (Die Chroniken der deutschen Städte vom 14. bis ins 16. Jahrhundert 13), S. 320 (Zitat), 324–325.

Ähnliche Hinweise auf den Wunsch, im eigenen Wappen altes Herkommen zu entdecken, finden sich auch in mehreren deutschsprachigen Haus- und Familienbüchern, deren bisweilen beliebig wirkende Anhäufung von Materialien beruflicher, rechtlicher, religiöser und genealogischer Art in der Geschichtswissenschaft als wertvolle Einblicke in die Selbstwahrnehmung und -darstellung mittelalterlicher (Stadt-)Menschen gewertet werden.[81] Wappen erscheinen auch in diesem Kontext als Erinnerungszeichen[82], die auf die eigenen Vorfahren verwiesen und bisweilen sogar in ausführlichere Wappensagen eingewoben wurden[83], die Vergangenheit, Gegenwart und Zukunft mit Blick auf das bürgerliche Selbstverständnis miteinander in Bezug setzten.

Das Buch des Werner Overstolz, verfasst zwischen 1444 und 1446, bietet ein Paradebeispiel für eine solche heraldische Ätiologie, wie neben Marc von der Höh auch Kerstin Seidel bemerkt und erläutert hat.[84] Dass der Glaube an römische Ursprünge

81 Marc von der Höh: Familienerinnerungen. Überlegungen zu Aspekten familienbezogener Gedächtnispraktiken in der spätmittelalterlichen Stadt. In: Jörg Oberste / Sabine Reichert (Hrsg.): Stadtgeschichte(n). Erinnerungskulturen der vormodernen Stadt, Regensburg 2017, S. 117–136, hier S. 129; Marco Tomaszewski: Familienbücher als Medien städtischer Kommunikation. Untersuchungen zur Basler Geschichtschreibung im 16. Jahrhundert, Tübingen 2017; Claudia Ulbrich: Family and House Books in Late Medieval German-Speaking Areas. A Research Overview. In: Mapping the »I«. Research on Self-Narratives in Germany and Switzerland, Leiden 2015, S. 209–226 sowie Birgit Studt: Erinnerung und Identität. Die Repräsentation städtischer Eliten in spätmittelalterlichen Haus- und Familienbüchern. In: Birgit Studt (Hrsg.): Haus- und Familienbücher in der städtischen Gesellschaft, Köln u. a. 2007, S. 1–31.

82 Zu städtischen Erinnerungszeichen siehe zusätzlich zu den in Anm. 44 zitierten Arbeiten auch Klaus Graf: Stadt-Phantasien. Erzähl-Male und Sprichwörter. In: Oberste / Reichert (wie Anm. 81), S. 13–32 sowie Michael Camille: Signs of the City. Place, Power, and Public Fantasy in Medieval Paris. In: Barbara Hanawalt / Michal Kobialka (Hrsg.): Medieval Practices of Space (Medieval Cultures 23), Minneapolis 2000, S. 1–36, hier S. 9–17.

83 Zu Wappensagen siehe Luc Duerloo: Transcending the Frontiers of Reality. The Significance of Heraldic Legends. In: Daniel Cogné / Auguste Vachon / Claire Boudreau (Hrsg.): Genealogica & Heraldica. Proceedings of the 22nd International Congress of Genealogical and Heraldic Sciences, Ottawa 1998, S. 349–356; Bernd Ulrich Hucker: Zum Quellenwert historischer Wappen- und Namensagen. Mit einem Anhang unbekannter Wappensagen der Hodenberger Chronik. In: Bernhart Jähnig (Hrsg.): Festschrift zum 125jährigen Bestehen des Herold zu Berlin, Berlin 1994, S. 1–10 sowie Georg Scheibelreiter: Mythische Genealogie und Fabelheraldik. Merowingisches und französisches Königtum. In: Georg Scheibelreiter (Hrsg.): Wappenbild und Verwandtschaftsgeflecht. Kultur- und mentalitätsgeschichtliche Forschungen zu Heraldik und Genealogie (Mitteilungen des Instituts für Österreichische Geschichtsforschung Ergänzungsband 53), Wien / München 2009, S. 201–227.

84 Kerstin Seidel: Freunde und Verwandte. Soziale Beziehungen in einer spätmittelalterlichen Stadt (Campus Historische Studien), Frankfurt a. M. / New York 2009, S. 170–174; Marc von der Höh: Zwischen religiöser Memoria und Familiengeschichte. Das Familienbuch des

der eigenen Wappen im spätmittelalterlichen Köln womöglich weit verbreitet war, legt auch dieses Familienbuch nahe, sprach es doch ebenfalls vom *schilt vamme Overstoultze, as der xv gesleichte.*[85] Nach einem kurzen Exkurs zum Brauch der Brisur, mittels derer zweite, dritte etc. Söhne vom Erstgeborenen – in diesem Fall durch Modifikation der Tinkturen – des väterlichen Wappens visuell unterschieden wurden[86], knüpft Werner in seiner Erzählung von der »Wandlung« des Overstolz-Wappens das heraldische Zeichen noch spezifischer an die eigene Familiengeschichte: Der erste bekannte Träger des ungebrochenen Overstolz-Wappen sei im 13. Jahrhundert ein Richolf Overstolz gewesen, Werners Vorfahren entstammten aber einer Nebenlinie, weshalb sie, *umb dat wir junger waren, den schilt gevoirt ind gebrochen hayn mit varven.*[87] Als aber der Sohn eines späteren Richolf Overstolz ohne Erben geblieben und die Hauptlinie im Mannesstamm daher erloschen sei, so Werner, habe er *mit rade etzlicher mynre mage ind vrunde ind ouch verstendiger heralde* 1442 entschieden, der *vuralderen schilt* an sich zu nehmen.[88] Damit wollte Werner Overstolz dafür Sorge tragen, dass das ja angeblich eigentlich klassisch-römische und durch Kaiser Trajan verliehene Wappen weder *ersterve* oder – noch schlimmer in seinen Augen – *an die buyren werde komen,* wie es im Falle anderer Geschlechter durch Mesalliancen geschehen sei.[89] Die hier wohl geäußerte Befürchtung, das Wappen könne an Nachkommen der Overstolz geraten, die durch nicht standesgemäße Ehen, vermutlich außerhalb der Stadtgesellschaft, gleichsam zu »Bauern« geworden seien, unterstreicht die besondere Qualität, die diesem heraldischen Zeichen zugeschrieben wurde: Ein Wappen, das so wie jenes der Overstolz von altem, gar antiken Herkom-

Werner Overstolz. In: Birgit Studt (Hrsg.): Haus- und Familienbücher in der städtischen Gesellschaft (Städteforschung A 69), Köln 2007, S. 33–60, hier S. 53–54. Zum Overstolz-Buch als solchem siehe auch Marc von der Höh: Historiografie zwischen Privatheit und Geheimnis – das Familienbuch des Werner Overstolz. In: Susanne Rau/Birgit Studt (Hrsg.): Geschichte schreiben. Ein Quellen- und Studienbuch zur Historiographie (ca. 1350–1750), Berlin 2010, S. 115–126 sowie Wolfgang Herborn: Bürgerliches Selbstverständnis im spätmittelalterlichen Köln. Bemerkungen zu zwei Hausbüchern aus der ersten Hälfte des 15. Jahrhunderts. In: Werner Besch u. a. (Hrsg.): Die Stadt in der europäischen Geschichte. Festschrift Edith Ennen, Bonn 1972, S. 490–520.

85 Overstolz (wie Anm. 44), fol. 9v.

86 Ebenda: *Zo wissen sij, alsoe van alders gewoynlichen under der ritterschafft was und yn veil landen noch gehalden wirt, dat eynre der elste van syme stamme den schilt gans, as sich geburde, ungebrochen voirte ind die anderen, die junger wairen, den schilt mit varven off anderen bruychen zo brechen, umb dat man den elste kente vur den elsten vamme stamme […].* Zu Brisuren, siehe etwa Académie internationale d'héraldique (Hrsg.): Brisures, augmentations et changements d'armoiries, Bruxelles 1988 sowie Ludwig Biewer/Eckart Henning: Wappen. Handbuch der Heraldik, Köln [20]2017, S. 238–243.

87 Overstolz (wie Anm. 44), fol. 9v.

88 Ebenda.

89 Ebenda.

men kündete, durfte unter keinen Umständen jemandem von zu geringer persönlicher Qualität zufallen.

Dieses Verlangen, im eigenen Wappen die eigene, altehrwürdige Geschichte zu erkennen, findet sich auch in Nürnberg, wo Haus- und Familienbücher in vergleichsweise großer Zahl vorliegen.[90] Ulman Stromer, als Vertreter einer der ältesten Familien der nürnbergischen Oberschicht, integrierte eine heraldische Ätiologie schon 1390 in sein *Püchel von meim geslecht und von abentewr*, das das Wappen der Stromer sowohl an einen außergewöhnlichen Urvater der Familie als auch an eine kaiserliche Wappenverleihung in längst vergangener Zeit knüpfte:

> *Ich Vlman Stromeir hab ervaren, daz meins anherren anher hiess her Gerhart von Reichenbach, ein ritter, und die vesten zu dem kamerstayn waz sein, und unser wapen mit den dreyn lilgen burden unsern vordem verliehen von kunck Cunrat [...].*[91]

Weder die Existenz dieses rittermäßigen Vorfahren noch ein Wappenbrief durch König Konrad (*r.* 1237–1254) sind nachweisbar oder wahrscheinlich[92], doch war Ulman womöglich nicht der Erfinder, sondern lediglich Überlieferer dieser Erzählung, sprach er doch davon, er habe von diesem Ursprung selbst *ervaren*.

Die Überzeugung vom Alter des eigenen Wappens und der daraus folgenden Höherwertigkeit gegenüber anderen heraldischen Zeichen äußerte sich auch in Augsburg im sogenannten *Wappenbuch der Familie Gossembrot*.[93] Diese Hand-

90 Karin Czaja: The Nuremberg Familienbücher. Archives of Family Identity. In: Marco Mostert/Anna Adamska (Hrsg.): Medieval Urban Literacy, Bd. 2: Uses of the Written Word in Medieval Towns (Utrecht Studies in Medieval Literacy 28), Turnhout 2014, S. 325–338; Martial Staub: Zwischen Denkmal und Dokument. Nürnberger Geschlechterbücher und das Wissen von der Vergangenheit. In: Pirckheimer-Jahrbuch für Renaissance- und Humanismusforschung 14 (1999), S. 83–104; Urs Martin Zahnd: Einige Bemerkungen zu spätmittelalterlichen Familienbüchern aus Nürnberg und Bern. In: Urs Martin Zahnd/Rudolf Endres (Hrsg.): Nürnberg und Bern. Zwei Reichsstädte und ihre Landgebiete (Erlanger Forschungen A 46), Erlangen 1990, S. 7–37 sowie Helmut Freiherr Haller von Hallerstein: Nürnberger Geschlechterbücher. In: Mitteilungen des Vereins für Geschichte der Stadt Nürnberg 65 (1978), S. 212–235.

91 Die Chroniken der deutschen Städte vom 14. bis ins 16. Jahrhundert, Bd. 1: Die Chroniken der fränkischen Städte, Nürnberg, Bd. 1, hrsg. von der Historischen Kommission bei der Bayerischen Akademie der Wissenschaften, Leipzig 1862, S. 60.

92 Siehe auch Walter Emil Vock: Ulman Stromeir (1329–1407) und sein Buch. Nachträge zur Hegelschen Ausgabe. In: Mitteilungen des Vereins für Geschichte der Stadt Nürnberg 29 (1928), S. 85–168, hier S. 105–106.

93 Bayerische Staatsbibliothek, München, Cgm. 98. Zur heraldischen Ausstattung, siehe Marcus Meer: Heraldry, Historiography and Urban Identity in Late Medieval Augsburg. The *Cronographia Augustensium* and the *Gossembrot Armorial*. In: Lisa Demets/Bram Caers/Tineke van Gassen (Hrsg.): Urban History Writing in Northwest Europe (15th–16th Centuries) (Studies in European Urban History 47), Turnhout 2019, S. 159–186, hier S. 179–185;

schrift wurde 1469 durch Hans Gossembrot – Bruder des bekannteren Sigismund Gossembrot – abgeschlossen und betont in ihrer Einleitung explizit, ausschließlich *aller alten Burger wappen von geschlechten* sowie *der alten wappen von zünften* aufnehmen zu wollen.[94] *[K]ain gast noch neu angenomen wappen,* so die Einleitung weiter, solle man aber erwarten – um relevant zu sein, mussten Wappen nach Meinung des Hans Gossembrot also alt beziehungsweise geschichtsträchtig sein. Dies schloss freilich nicht aus, dass derartige »alte« Wappen auch untereinander anhand ihres Alters differenziert werden konnten, in diesem Fall entlang der in Augsburg sozial und politisch relevanten Unterscheidung zwischen den etablierten patrizischen Familien und jenen Zunftangehörigen, die erst in jüngerer Zeit in die städtische Führungsschicht, die sich in der Herrentrinkstube traf, aufgestiegen waren.[95] Tatsächlich sind im weiteren Verlauf des Wappenbuchs die Wappen der führenden Familien von Augsburg in zwei verschiedene Abschnitte unter eindeutigen Überschriften voneinander geschieden (Abb. 9). Bedeutsamerweise findet sich auch das Gossembrot-Wappen unter jenen heraldischen Zeichen der vornehmeren Geschlechter – nicht unter den *alten wappen von zünften* – und erlaubte Hans Gossembrot durch das Medium der Heraldik auf die privilegierte Stellung seiner Familie innerhalb der Stadtelite zu insistieren, die er in ihrem alten Herkommen begründet sah.

Mochten zünftische Familien ihre Wappen mit noch so viel Stolz betrachten, mochten sie vielleicht auf eine noch so lange Erfolgsgeschichte zurückblicken, für Hans Gossembrot blieben sie – und ihre heraldischen Zeichen – doch letztlich trotz aller praktischen Ebenbürtigkeit, die sich etwa im Konnubium äußerte – von den alten Geschlechtern unterschieden. Auch in Ulm scheint eine Anerkennung der Wappen zünftischer Familien als jenen der alten Patrizier vergleichbar schlicht undenkbar gewesen zu sein. Im Zusammenhang mit der Turnierfähigkeit der Ulmer Familien führte Fabri aus, dass die alten Geschlechter ohne Probleme (vom Landadel) zum Turnier zugelassen würden, wohingegen gleiches nicht für Ulmer mit Zunfthintergrund gegolten habe: *[E]inen von den Zünften übernommenen Bürger, dessen Wappen nicht bekannt ist, würden sie keinesfalls auf dem Turnierplatz ertragen, es sei denn, um sich über ihn lustig zu machen.*[96]

Peter Geffcken: Wappen- und Familienbuch des Hans Gossembrot. In: Christoph Emmendörffer/Helmut Zäh (Hrsg.): Bürgermacht und Bücherpracht. Augsburger Ehren- und Familienbücher der Renaissance, Luzern 2011, S. 164–165 sowie Helmut Zäh: Das Geschlechterbuch von Hans Burgkmair d. J. und Heinrich Vogtherr d. J. im Kontext der Augsburger Familien- und Ehrenbücher. In: Hans-Martin Kaulbach u. a. (Hrsg.): Das Augsburger Geschlechterbuch – Wappenpracht und Figurenkunst. Ein Kriegsverlust kehrt zurück, Luzern 2012, S. 11–18, hier S. 12.

94 Bayerische Staatsbibliothek, München, Cgm. 98, fol. 1v. Zum Verfasser siehe schon Erich Petzet: Die deutschen Pergament-Handschriften. Nr. 1–200 der Staatsbibliothek in München, München 1920, S. 172–173.

95 Rolf Kießling: Das Patriziat in Augsburg vom 15. bis ins 17. Jahrhundert. In: Emmendörffer/Zäh (wie Anm. 93), S. 19–36, hier S. 19–23.

96 Fabri (wie Anm. 78), S. 73.

Abb. 9: Wappen der Familien »von zünften« im Wappenbuch der Familie Gossembrot (1469)
© Bayerische Staatsbibliothek, München, Cgm. 98, fol. 7r

Dass ein Wappen als solches keineswegs die Anerkennung des angestrebten symbolischen Kapitals garantierte, selbst wenn es einer offiziellen Verleihung entstammte, erfuhr weiter nördlich, in Braunschweig, Ludeke Holland: Trotz seiner Herkunft als Kürschner aus der wenig prestigeträchtigen Teilstadt Sack stieg er in Folge eines Aufstandes im Jahre 1488 zum Bürgermeister der Gesamtstadt auf.[97] In Folge dieser

97 Siehe Wilfried Ehbrecht: Die Braunschweiger Schicht von 1488. Ein Stadtkonflikt als Exempel für Mißgunst und Ehrgeiz in den städtischen Führungsfamilien. In: Peter Joha-

»Schicht« bemühte sich Holland, sein »Image« zu verbessern:[98] Er zog in die Neustadt und ließ sich in die Gilde der Kaufleute aufnehmen, bemühte sich aber auch um die Verleihung eines neuen Wappens, die, wie der Chronist Hermann Bote als Vertreter der etablierten Führungsschicht missfallend kommentierte, Holland zu Kopfe stieg, aber kaum über sein bescheidenes Herkommen hinwegtäuschen konnte: *Do vorhoff sick Hollant unde mende, he were uth deme slechte Davytes: de kattenkoppe mochte he do nicht mehr seyn.*[99]

Aber selbst Angehörige der städtischen Elite, die im Medium der heraldischen Kommunikation einen Anspruch auf erhöhtes symbolisches Kapital zum Ausdruck brachten, konnten mit diesem Bemühen auf Ablehnung stoßen: Als 1433 mehrere Bürger der Stadt Nürnberg, die Sigismund zu seiner Kaiserkrönung in Rom gefolgt waren, zur Belohnung eine Wappenbesserung in Form einer goldenen Krone erhielten[100], verbot der Rat das Führen eben solcher Kronen in den Wappen der Stadtbürger umgehend[101] – der Versuch, sich heraldisch aus der Gruppe der *nobiles Norimbergensis* herauszuheben, scheint als Gefährdung der etablierten Ordnung zu unterbinden gewesen zu sein.[102] Tatsächlich betonte die Rechtfertigung, die 1436 an den Kaiser gesendet wurde, die Sorge um das Gemeinwohl als Beweggrund für das Verbot: *Unserer vordern gutem regiment, die zucht und demuetikeit bey und gehanthabt haben, nachczuvollgen, got dem allmechtigen zu lob, und hoffart und kostberkeit bey uns zu drucken.*[103] Überhaupt blieb die Abweichung und Ablehnung von Wahrnehmungen, die Wappen als Ausweis symbolischen Kapitals und damit als Verweis

nek (Hrsg.): Konsens und Konflikt. Skizzen und Überlegungen zur älteren Verfassungsgeschichte deutscher Städte (Städteforschung A 56), Köln 1991, S. 292–313.

98 Siehe auch Jörg Rogge: Ehrverletzungen und Entehrungen in politischen Konflikten in spätmittelalterlichen Städten. In: Schwerhoff/Schreiner (wie Anm. 11), S. 110–143, hier S. 119–124.

99 Hänselmann (wie Anm. 44), S. 376.

100 Historische Kommission (wie Anm. 91), S. 387; XI.2 n. 9461. In: Regesta Imperii Online, http://www.regesta-imperii.de/id/1433-05-31_36_0_11_2_0_3633_9461 (14.01.2022); XI.2 no. 9540, Regesta Imperii Online, http://www.regesta-imperii.de/id/1433-07-10_1_0_11_2_0_3715_9540 (14.01.2022). Zum Brauch der Verleihung goldener Kronen, siehe E. Wernicke: Die »heraldischen« Kronen. In: Anzeiger für Kunde der deutschen Vorzeit 26 (1879), S. 320–327, hier Spalte 324 f.

101 Joseph Baader (Hrsg.): Nürnberger Polizeiordnungen aus dem XIII. bis XV. Jahrhundert, Stuttgart 1861, S. 107: *Ayn erber rat gepewt auch vestiglich, das hinfüro eynicher ir burger eynichen gekrönten helm nier oder anderswo nit haben, füren, machen, anschlahen, malen oder geprawchen soll, inn keyn weyse, es were dann, das ymantz vordern und elltern, das von allter also herbracht hetten.*

102 Siehe auch Rudolf Endres: Turniere und Gesellenstechen in Nürnberg. In: Helmut Bräuer/Elke Schlenkrich (Hrsg.): Die Stadt als Kommunikationsraum. Beiträge zur Stadtgeschichte vom Mittelalter bis ins 20. Jahrhundert. Festschrift Karl Czok, Leipzig 2001, S. 263–280, hier S. 274.

103 Historische Kommission (wie Anm. 91), S. 387.

auf gesellschaftlichen Stand verstanden, besonders aus religiösen Beweggründen möglich[104], obwohl eben diese Abweichung und Ablehnung natürlich verbreitete Wahrnehmungsdispositionen (und gewünschte kommunikative Funktionen) von Wappen wiederum bestätigten. Der Prediger Johannes Tauler (gest. 1328) soll Zuhörer in Köln etwa mit folgender Kritik der heraldischen Praxis seiner Zeit ermahnt haben:

> *Willst du erkennen, wie viele Leute ihr eigen Lob und Ehr in den Almosen suchen, so bedenke doch, was sie tun: Sie machen Fenster, Chorröcke und Altäre in die Kirchen und zeichnen sie mit ihren Wappen und Namen, nämlich, dass ihre Freigiebigkeit von allen Menschen erkannt wird.*[105]

4. Ausblick

Stadtbürgern des späten Mittelalters blieb die ursprünglich adelige Praxis heraldischer Kommunikation keineswegs fremd, vielmehr hatten sie aktiven Anteil an diesem gesamtgesellschaftlichen Phänomen, indem sie Wappen annahmen und in Bürger-, Rat- und Zunfthäusern ebenso wie in den Kirchen und anderen städtischen Räumen stolz zur Schau stellten. Gleichzeitig legen die vorgestellten Beispiele nahe, dass auch der stadtbürgerliche Blick auf Wappen mit jenem des Adels, der heraldische Zeichen als Repräsentationen von Identität wahrnahm, übereinstimmte. Deuteten sich solche Wahrnehmungsdispositionen schon in der prominenten Präsenz von Bürgerwappen auf jenen räumlichen Bühnen stadtbürgerlicher Identitätsrepräsentation und -konstruktion an, werden sie in schriftlichen Quellen wie Wappenverleihungen, Haus- und Familienbüchern aber auch Stadtchroniken besonders greifbar, wo »Historiographie, Genealogie und Heraldik«, wie Olav Heinemann gleichsam für den Adel feststellt, »eine eng miteinander verwobene Trias« bildeten.[106] Wappen wurden als Ergebnis und Ausweis eines Ehrverständnisses präsentiert, das charakterliche, religiöse und martialische Tugenden sowie Treue gegen-

104 Siehe auch Marcus Meer: Heraldry Is Vanity! Moral Criticism of Heraldic Commemoration in Germany – A European Phenomenon? In: Heraldica Nova (2018), https://heraldica.hypotheses.org/6122 (14.01.2022); Luisa Clotilde Gentile: Ambitiosa decorandi arrogantia. L'avversione per gli stemmi nelle chiese, dai predicatori medievali ai trattatisti della Riforma cattolica. In: Armas e Troféus: IX Série 19 (2017), S. 29–60 sowie Luisa Clotilde Gentile: »Ambitiosa decorandi arrogantia«. La querelle sur l'usage des armoiries dans la pensée religieuse italienne entre Moyen Âge at Âge Moderne. In: La place de la généalogie et de l'héraldique en ces temps de mutations [CD-ROM], hrsg. vom International Congress of Genealogical and Heraldic Sciences, Dublin 2002.

105 Zitiert in Alfred Peltzer: Deutsche Mystik und deutsche Kunst, Straßburg 1899, S. 91.

106 Olav Heinemann: Das Herkommen des Hauses Sachsen. Genealogisch-historiographische Arbeit der Wettiner im 16. Jahrhundert (Schriften zur sächsischen Geschichte und Volkskunde 51), Leipzig 2015, S. 156.

über dem Herrscher vonseiten des Wappentragenden ebenso einschloss wie dessen altes Herkommen von mit eben solchen Eigenschaften ausgestatteten Vorfahren.

Gerade weil Wappen als Repräsentation zentraler Komponenten symbolischen Kapitals im Spätmittelalter angesehen wurden, scheint es sich angeboten zu haben, über das Medium der Heraldik ambitionierte Ansprüche auf Erhöhung dieses symbolischen Kapitals zu formulieren. Im sozialen Wettbewerb der mittelalterlichen Stadtgesellschaft wurden Wappenverleihungen, -bestätigungen und -besserungen, die die besondere Qualität des verliehenen, bestätigten oder gebesserten Wappens rhetorisch hervorhoben oder gleich ikonografisch im heraldischen Zeichen selbst sichtbar machten, zu einer vielversprechenden Waffe. Auch mehr oder weniger detaillierte heraldische Ätiologien, eingewoben in Stadtchroniken oder Haus- und Familienbücher, welche die Vornehmheit des eigenen Wappens aufgrund einer alten und tugendreichen Vergangenheit betonten, dienten zweifellos diesem Kampf um symbolisches Kapital in Abgrenzung von anderen Stadtbürgern, vor allem sozialen Aufsteigern (und ihren Wappen). Denn natürlich unterstreichen diese Quellen auch, dass eben nicht nur die städtische Elite Wappen nutzte, auch wenn uns vor allem die Wahrnehmungen dieser Gruppe in der Überlieferung entgegentreten.

Die Verknüpfung von Tugenden, Herkommen und Wappen – verstärkt auch durch die Zurschaustellung letzterer im Bürgerhaus – ließ heraldische Zeichen zum gemeinsamen Bezugspunkt des Familienverbandes werden und demonstriert so auch für die Stadtbürger des Spätmittelalters, dass Zeichen, um am Ende des Beitrages erneut auf Bourdieu zurückzukommen, »selbst die ganze Realität von Gruppen sein und erschaffen können, deren wirksame soziale Existenz allein in und durch die Repräsentation besteht.«[107]

Diese Funktion heraldischer Zeichen dürfte für zwei weitere wappentragende Gruppen mittelalterlicher Städte umso bedeutsamer gewesen sein, zum einen für die Gilden und Zünfte, die ebenfalls Wappen wählten[108], zum anderen für die Stadtgemeinschaft als Ganzes beziehungsweise für den Rat als *pars pro toto* der Stadt, die sich durch das Stadtwappen auszeichnete.[109] Auch die Wahrnehmungen genossen-

107 Bourdieu, Kapital (wie Anm. 18), S. 195.

108 Péter Nagybákay: Über Verleihungen von Zunftwappen, im Besonderen an die Wassermüller in Sármellyék. In: Adler: Zeitschrift für Genealogie und Heraldik 13 (1983), S. 153–157; Grete de Francesco: Guild Emblems and Their Significance, Zürich 1938 sowie Alfred Grenser: Zunftwappen und Handwerkerinsignien. Eine Heraldik der Zünfte und Gewerbe, Frankfurt a. M. 1889.

109 Wilfried Schöntag: Kommunale Siegel und Wappen in Südwestdeutschland. Ihre Bildersprache vom 12. bis zum 20. Jahrhundert (Schriften zur südwestdeutschen Landeskunde 68), Ostfildern 2010; Karlheinz Blaschke: Die Symbolik der Stadtwappen. In: Problemy nauk pomocniczych historii 3 (1974), S. 221–229; Jiři Louda: European Civic Coats of Arms, hrsg. von Dermot Morrah, London 1966 sowie Otto Renkhoff: Stadtwappen und Stadtsiegel. In: Erika Kunz (Hrsg.): Festschrift Edmund E. Stengel, Münster/Köln 1952, S. 56–80.

schaftlicher Wappen schienen grundsätzlich mit jenen von Bürgerwappen übereinzustimmen. Abgesehen vom Zurschaustellen der eigenen Wappen in Zunft- und Rathäusern[110], als Repräsentations- und Konstruktionsorten kollektiver Identität, zeigen auch Schriftquellen, dass genossenschaftliche Verbände die Bausteine symbolischen Kapitals in ihren Wappen erkennen wollten. Die Statuten der St.-Theodori-Gilde von Lüneburg hielten die Mitglieder dazu an, das eigene Wappen als Erinnerung an »die besondere Ehre und Auszeichnung der öffentlichen Sache« der Stadt Lüneburg sowie als »Zeichen der Liebe und der Eintracht der Seelen der Menschen beider Geschlechter der Genossenschaft« zu sehen.[111] In Augsburg wurde auch das Herkommen im genossenschaftlichen Wappen erkannt: Im 16. Jahrhundert äußerte eine Chronik der Weber von Augsburg die kontrafaktische Überzeugung, ihr heraldisches Zeichen entstamme der Schlacht auf dem Lechfeld (955) und sei als Zeichen ihres stets schon unter Beweis gestellten Kampfesmutes anzusehen.[112] Dass auch Stadtwappen auf Leistungen auf dem Schlachtfeld zurückgeführt wurden, zeigt ein Blick auf Wappenbriefe an Städte wie jene Wappenbesserung, die Neuss in Erinnerung an ihren Widerstand gegen Karl den Kühnen erhielt.[113] Ähnliche Verleihungen betonten andere vorbildliche, ehrenhafte Eigenschaften der Empfänger, die mit dem verliehenen Wappen belohnt und zum Ausdruck gebracht werden sollten, darunter Gehorsamkeit, Ehrlichkeit, Frömmigkeit und Sorge um das Gemeinwohl.[114] Auch in historiografischen Texten wurden Stadtwappen zum Thema. Felix

110 Schöntag (wie Anm. 109), bes. S. 43–53 und S.80–87; Meer, Cities (wie Anm. 17), Kap. 3.2 und 4.3.

111 Theodor Meyer (Hrsg.): Die Satzungen der societas domicellorum (Theodori-Gilde) zu Lüneburg vom Tage St. Antonii 1461. In: Jahresbericht des Museums-Vereins für das Fürstentum Lüneburg 7–9 (1885), S. 81–99, hier S. 84: *[O]bservandis [...] ac specialiter super armis dicte societatis et clenodio [...] ad honorem specialem et decorem rei publice dicte civitatis luneburgensis inque signum amoris et concordie animorum personarum utriusque sexus dicte societatis [...].* Siehe auch Hecht (wie Anm. 16), S. 230–231.

112 Historische Kommission bei der Bayerischen Akademie der Wissenschaften (Hrsg.): Die Chroniken der schwäbischen Städte. Augsburg, Bd. 9, Stuttgart/Gotha 1929, (Die Chroniken der deutschen Städte vom 14. bis ins 16. Jahrhundert 34), S. 42–43. Siehe auch Marcus Meer: The Heraldry of the Weavers' Guild of Augsburg: Mythical Origins and Everyday Display of Corporate Heraldry in Clemens Jäger's ›Weberchronik‹. In: Heraldica Nova 2016, https://heraldica.hypotheses.org/4669 (14.01.2022).

113 Theodor Joseph Lacomblet (Hrsg.): Urkundenbuch für die Geschichte des Niederrheins oder des Erzstifts Cöln, Bd. 4, Düsseldorf 1858, S. 474–475; sowie Karl Lamprecht (Hrsg.): Die Chroniken der deutschen Städte vom 14. bis ins 16. Jahrhundert, Bd. 20: Die Chroniken der westfälischen und niederrheinischen Städte, Bd. 1: Dortmund, Neuß/Leipzig 1887, S. 610.

114 Ernst Friedländer: Ostfriesisches Urkundenbuch, Bd. 2, Emden 1881, S. 460; Anonymous: Wappenbrief [des Marktes Donaustauf]. In: Verhandlungen des Historischen Vereins für den Regenkreis 2 (1833), H. 4, S. 447–448; sowie Seyler (wie Anm. 29), S. 831.

Fabri stellte gleich mehrere zirkulierende Überlieferungen zum Ursprung des Stadtwappens von Ulm zusammen:[115] So glaubten manche etwa, Ulms heraldisches Zeichen leite sich ab von jenem der Stadt Siena, der die Ulmer einst in großer Not im Kampf zur Seite gestanden hätten.[116]

Der Verweis auf das Wappen Sienas erinnert daran, dass auch außerhalb des deutschsprachigen Gebietes eine lebhafte städtische Heraldik existierte. Eben für die italienische Städtelandschaft hat Weber festgestellt, dass Wappen auch dort als »appellative Repräsentanten von Ehre und Identität« fungierten.[117] Ähnliches trifft ebenso auf Bürgerwappen zu, die als *segnio della nostra antichità* betrachtet und im Wettbewerb um symbolisches Kapital eingesetzt wurden.[118] Auch nordwestlich der deutsch- und italienischsprachigen Städte ließen sich ähnliche Einstellungen und Nutzbarmachungen finden: In den Niederlanden glaubten Bewohner der Stadt Haarlem, in ihren Wappen den Kampf ihrer Vorfahren um Damietta erkennen zu können[119], genauso wie 1461 im englischen Salisbury der Bürgermeister William Swayne ein Wappen als Belohnung für seine »woorshipfull disposition [...] & habilitie in all gentilness« – erneut »to beare and use in war & peace« – verliehen bekam.[120]

Zukünftige Arbeiten zu den Funktionen und Wahrnehmungen heraldischer Zeichen in städtischen Gesellschaften außerhalb wie innerhalb des deutschsprachigen Bereiches sollten aber, wie im Verlauf des Beitrages mehrfach angeklungen ist, stets die Multivalenz aller Phänomene visueller Kultur im Blick behalten. Diese Offenheit

115 Fabri (wie Anm. 78), S. 19–20.

116 Ebenda, S. 14.

117 Weber, Zeichen der Ordnung (wie Anm. 15), S. 2. Siehe auch Peter Seiler: Kommunale Heraldik und die Visibilität politischer Ordnung. Beobachtungen zu einem wenig beachteten Phänomen der Stadtästhetik von Florenz, 1250–1400. In: Michael Stolleis/Ruth Wolff (Hrsg.): La bellezza della città. Stadtrecht und Stadtgestaltung im Italien des Mittelalters und der Renaissance (Reihe der Villa Vigoni 16), Tübingen 2004, S. 205–240; sowie Matteo Ferrari: Héraldique et organisation de l'espace dans les communes de l'Italie du nord. Les enseignes des tribunaux. In: Miguel Metelo de Seixas/Maria de Lurdes Rosa (Hrsg.): Estudos de heráldica medieval, Lissabon 2012, S. 297–314.

118 Valentin Groebner: Who Are You? Identification, Deception, and Surveillance in Early Modern Europe, Brooklyn [New York] 2007, S. 47. Siehe auch Alice Cavinato: Imaginary Heraldry and Self-Portrayal in Fifteenth-Century Siena. In: Robertson/Lindfield (wie Anm. 13), S. 32–42, https://heraldics2014.files.wordpress.com/2015/12/2-cavinato.pdf (14.01.2022); sowie Michel Pastoureau: Stratégies héraldiques et changements d'armoiries chez les magnats florentins du XIVe siècle. In: Annales 43 (1988), S. 1241–1256.

119 Wim van Anrooij: Middeleeuwse sporen van de Haarlemse Damiate-legende. In: E. K. Grootes (Hrsg.): Haarlems Helicon. Literatuur en toneel te Haarlem vóór 1800, Hilversum 1993, S. 11–14, hier S. 13.

120 Willoughby Aston Littledale (Hrsg.): A Collection of Miscellaneous Grants, Crests, Confirmations, Augmentations and Exemplifications of Arms, Bd. 2, London 1926, S. 192.

fordern spätmittelalterliche Differenzierungen der Qualität einzelner heraldischer Zeichen ebenso ein wie Ablehnungen ihrer Wahrnehmung und ihres Gebrauchs als Zeichen der Ehre im Wettbewerb um symbolisches Kapital und damit um sozialen Status aus religiösen oder sozio-politischen Gründen. Mit einem Augenzwinkern unterstreicht diese Multivalenz zum Schluss die Überlieferung eines Vorfalls in der Stadt Görlitz, nach welcher 1433 bei der Wiederkehr des Stadtschreibers mit einem kaiserlichen Wappenbrief die Kosten für dieses Dokument durch einen Ratsherren zynisch kommentiert worden sein soll: *[E]y lieber statschreiber, hettet Jr gebrocht einen esel, mut gulden hoden als ein backofen gros, der were vns viel angenemer gewest denn das wappen.*[121] Der heraldischen Faszination vieler Stadtbürger des Mittelalters tat die Existenz derlei gegensätzlicher Einschätzungen selbstverständlich keinen Abbruch. Denn als im 16. Jahrhundert der Görlitzer Bürgermeister Johannes Hesse (gest. 1544) den Wappenbrief-Vorfall erinnerte, betrachtete er das ausgegebene Geld im Gegenteil gut angelegt: *[M]anchir man kan bedenken der stadt nütz aber nit ehre vnd der sein viel mehr. Jss ist aber nicht erbar noch gut, nutz für ehre zu setzen.*[122]

121 Sammlung ober- und niederlausitzischer Geschichtsschreiber, hrsg. von der Oberlausitzischen Gesellschaft der Wissenschaften, Görlitz 1839, S. 231 f.

122 Ebenda. Siehe auch Richard Jecht: Der Oberlausitzer Hussitenkrieg und das Land der Sechsstädte unter Kaiser Sigmund. In: Neues Lausitzisches Magazin 92 (1916), S. 72–151, hier bes. S. 75 f.

Die italienischen Städte als Arenen: Inszenierungen adliger Kultur im langen 19. Jahrhundert

Gabriele B. Clemens

Europaweit geriet der Adel seit der Französischen Revolution unter massiven gesellschaftlichen, politischen und ökonomischen Druck. In einer stürmischen Nachtsitzung am 4. August 1789 schaffte die Nationalversammlung die Privilegien des Zweiten Standes mit einem Schlag ab. Wenige Monate später enteignete sie die katholische Kirche und nahm dem Adel damit sichere Pfründen und Karrierechancen. Es war die erklärte Absicht der Revolutionäre, die enge, symbiotische Verbindung von Thron und Altar zu zerschlagen und die systemstabilisierenden Kräfte des Katholizismus zu eliminieren.[1] Im Zuge der Koalitionskriege ab 1792 wurde die italienische Halbinsel aufgrund von Herrschaftswechseln sukzessive von der französischen Reformgesetzgebung erfasst. Zunächst eroberten die Revolutionstruppen die westlich angrenzenden Gebiete des Königreichs Sardinien-Piemont, von 1796 bis 1800 das gesamte italienische Festland. Eine Rückeroberung seitens der zweiten Koalition, der sich unter anderem Österreich, Großbritannien und Russland anschlossen, währte 1799 nur wenig Monate.[2] 1800 führte Napoleon seine Truppen in Oberitalien wieder zum Sieg. Er schuf die Italienische Republik, die er 1804 in das Königreich Italien verwandelte. 1806 mussten die spanischen Bourbonen ihren Thron in Neapel aufgeben und sich militärisch geschlagen nach Sizilien zurückziehen. In Süditalien setzte Napoleon seinen Bruder Joseph und schließlich seinen Schwager Murat als König ein. Pius VII. verlor 1808 den Kirchenstaat, weil er sich der napoleonischen Kontinentalsperre widersetzte. So geriet das gesamte italienische Festland unter die Herrschaft des *Grand Empires,* entweder als annektierte, in Departements verwandelte Gebiete, die direkt von Paris aus regiert wurden, oder als von Frankreich abhängige Modellstaaten, die aber im Prinzip nach denselben Grundsätzen verwaltet wurden. Es war das erklärte Ziel des Kaisers, dass überall in seinem Machtbereich die grundlegenden Reformen der liberalen Revolutionsphase umgesetzt wurden. Damit einher gingen eine Justiz- und Verwaltungsreform, die Abschaffung von Privilegien, die Entmachtung und Enteignung der katholischen

1 Albert Soboul: Die Große Französische Revolution. Ein Abriss ihrer Geschichte (1789–1799), Darmstadt [5]1988, S. 121 und S. 142.

2 Gabriele B. Clemens: Geschichte des Risorgimento. Italiens Weg in die Moderne (1770–1870) (Italien in der Moderne 27), Wien/Köln 2021, S. 30.

Kirche, die Gleichberechtigung aller Religionen sowie eine weitgehend liberale Wirtschaftspolitik, um nur die wichtigsten Maßnahmen zu nennen.[3]

Für den italienischen Adel bedeuteten diese Jahre erhebliche Zumutungen und Chancen zugleich, aber seine gesellschaftliche Vormachtstellung wurde nicht in Frage gestellt. Im Gegenteil, Napoleon war auf die Eliten angewiesen, um seine Herrschaft zum Erfolg zu führen. Denn wenn es im 19. Jahrhundert noch etwas gab, was den Adel – zumindest nach außen hin – als homogene Gesellschaftsschicht erscheinen ließ und ihn zugleich von anderen sozialen Gruppen abgrenzte, so war es die Persistenz des früheren Einflusses in Gestalt seines sozialnormativen Vorbildes – oder einfacher ausgedrückt: *noblesse oblige.* Adliger Lebensstil und adlige Kultur waren ein Konglomerat unterschiedlichster, seit Jahrhunderten tradierter sozialer und ethischer Verhaltensnormen und Denkweisen. In Italien manifestierte sich diese adlige Vorherrschaft in einer ganz besonderen Weise in den Städten, die der Adel gleichsam als Bühne für seine Selbstinszenierungen dominierte. Arno J. Mayer zeigte schon zu Beginn der 1980er Jahre in seinem viel diskutierten Buch über den europäischen Adel, dass für die Regierenden die offizielle Hochkultur ein wichtiges ideologisches Herrschaftsinstrument war. Nicht nur öffentliche Bauten, Denkmäler und Plätze waren dazu bestimmt, das Loblied des *Ancien Régime* zu singen, zur Selbstinszenierung genutzt wurden auch Malerei, Musik, Literatur und Historiographie.[4]

Im Folgenden wird zunächst die italienische Adelslandschaft vorgestellt, da sie sich je nach Region aufgrund gewachsener Traditionen und Machtverhältnisse erheblich unterschied. Dann folgen Ausführungen zu jenen Orten in der Stadt, die der Adel nutzte, um seine gesellschaftlichen, politischen, kulturellen und ökonomischen Positionen zu behaupten: erstens die Opernhäuser, zweitens Cafés und die Piazza, drittens die Akademien, viertens die Salons und schließlich der Adlige als lokale Kunstmäzene. Der Forschungsstand ist sehr gut, da die Historiographie dem italienischen Adel schon seit Jahrzehnten große Aufmerksamkeit schenkt.[5]

Will man das kulturelle Engagement und die symbolischen Praktiken des italienischen Adels analysieren, so gilt es hier vorab zu differenzieren. »Den« italienischen Adel gab es natürlich nicht. Es handelt sich vielmehr – wie in anderen europäischen Ländern – um sehr stark regional geprägte Adelsgruppen, die sich zum Teil erheblich hinsichtlich des Vermögens sowie ihres kulturellen und politischen Einflusses unter-

3 Antonino De Francesco: L'Italia di Bonaparte. Politica, statualità e nazione nella peninsola tra due rivoluzioni, 1796–1821, Turin 2011.

4 Arno J. Mayer: Adelsmacht und Bürgertum. Die Krise der europäischen Gesellschaft 1848–1914, München 1984 (New York [1]1981).

5 Alberto Mario Banti: Note sulle nobiltà nell'Italia dell'Ottocento. In: Meridiana 19 (1994), S. 13–27; Marino Berengo: Ancora a proposito di patriziato e nobiltà. In: Paolo Macry/Angelo Massafra (Hrsg.): Fra storia e Storiografia. Scritti in onore di Pasquale Villani, Bologna 1994 sowie Carlo Capra: Borghesia/Nobiltà. In: Alberto Mario Banti/Antonio Chiavistelli/Luca Mannori (Hrsg.): Atlante culturale del Risorgimento, Rom/Bari 2010, S. 134–148.

schieden. Der Feudaladel des Mezzogiorno war aufgrund seiner Latifundien wohl der reichste auf der italienischen Halbinsel überhaupt, erst im Laufe des 19. Jahrhunderts wurden seine Privilegien abgebaut, was aber nur wenig an seinem Reichtum und wohl kaum etwas an seiner sozialen Stellung änderte.[6] Welche Macht er hatte, verdeutlicht ein kurzer Hinweis auf die Romanfigur des Gattopardo von Tomasi di Lampedusa. Der Autor, dem gleichnamigen Geschlecht entstammend, zeigt, wie dieser Adel seine soziale Überlegenheit und Distinktion verteidigte, die seit Jahrhunderten seine Machtstellung legitimierten.[7] Ähnlich verhielt es sich im nördlich angrenzenden Kirchenstaat. Klerus und Hochadel beherrschten hier die Szene. Kann man den Kirchenstaat bis zur napoleonischen Zeit noch als aristokratische Monarchie bezeichnen, so wurde der Adel durch die Reformen ab 1815 weitgehend aus der Staatsverwaltung verdrängt. Sein enormes Vermögen bezog er wie derjenige des benachbarten Südens aus seinem Großgrundbesitz.[8]

Anders verhielt es sich nördlich von Rom. In Mailand, Florenz, Genua, Venedig und in den kleineren oberitalienischen Städten treffen wir auf das Patriziat. Während der Renaissance dominierte es den Bank- und Handelssektor, zog sich aber in der Frühen Neuzeit zunehmend aus dieser Art von Geschäften zurück und investierte einseitiger in Grund und Boden. Der toskanische Adel wurde nach 1815 vom habsburgischen Großherzog systematisch aus Verwaltung, Militär, Diplomatie und Hof verdrängt.[9] Das Schicksal des lombardischen und venezianischen Adels war vergleichbar. Auch er hatte keine Karrierechance am Hof oder im Militär – zumindest nicht in den von den Habsburgern regierten Regionen Italiens. Dem oberitalienischen Adel blieben aber sein enormer Reichtum in Form von Grundbesitz und sein Einfluss aufgrund von Verwandtschafts- und Klientelbeziehungen. Er versuchte den politischen Machtverlust im langen 19. Jahrhundert durch wirtschaftlichen Erfolg und die geschickte Ausnutzung seiner gesellschaftlichen Beziehungen zu kompensieren.[10]

6 Paolo Macry: Ottocento, Famiglia, élites e patrimoni a Napoli, Bologna 1988 sowie Giovanni Montroni: Gli uomini del re. La nobiltà napoletana nell'Ottocento, Rom 1996.

7 Giuseppe Tomasi di Lampedusa: Der Leopard (übersetzt von Burkhart Kroeber), München 2019.

8 Giacomina Nenci: Aristocrazia romana tra '800 e '900. *I Rospigliosi,* Ancona 2004.

9 Thomas Kroll: Die Revolte des Patriziats. Der toskanische Adelsliberalismus im Risorgimento (Bibliothek des Deutschen Historischen Instituts in Rom 90), Tübingen 1999 sowie Marion Lühe: Der venezianische Adel nach dem Untergang der Republik (1797–1830) (Italien in der Moderne 7), Köln 2000.

10 Carlo Pazzagli: Nobiltà civile e sangue blue. Il patriziato volterrano alla fine dell'età moderna, Florenz 1996; Andrea Moroni: Antica gente e subiti guadagni. Patrimoni aristocratici fiorentini nell'800, Florenz 1997 sowie Gabriele B. Clemens: Flexibel und innovativ – der italienische Adlige als Unternehmer im langen 19. Jahrhundert. In: Manfred Rasch/Peter K. Weber (Hrsg.): Europäischer Adel als Unternehmer im Industriezeitalter (Schriften Vereinigte Adelsarchive im Rheinland e. V. 5), Essen 2017, S. 233–255.

Schließen wir unseren kurzen Überblick mit Hinweisen zum piemontesischen Adel ab, welcher der einzige war, der in der Frühen Neuzeit die Möglichkeit hatte, durch Dienste am Hof, beim Militär, in der Verwaltung und im diplomatischen Korps von italienischen Monarchen Karriere zu machen: in der Zentrale, aber auch in der Provinz. Anders als in den übrigen Regionen haben wir hier einen Dienstadel, der durch Nobilitierungen vor allem in der Frühen Neuzeit anwuchs. Im Gegensatz zu gängigen Thesen, die von einem allmählichen Niedergang des Adels im 19. Jahrhundert ausgehen, der sich zunehmend mit bürgerlichen Eliten vermischt und so seine Identität preisgegeben habe, konnte hier der Adel, verglichen mit anderen Regionen der Halbinsel, seine Position als elitäre Führungsschicht weitgehend behaupten.[11] Selbst nach der nationalen Einigung im Jahr 1861 behielt die italienische Aristokratie ihren fragmentierten und pluralistischen Charakter bei. Auf nationaler Ebene hatte das zur Folge, dass der Adel Mühe hatte, sich als geschlossene Gemeinschaft, als Einheit zu betrachten; er engagierte sich daher nicht in einer »Adelspartei« oder für ein politisches Projekt, das dem Erbadel wieder konstitutionell verankerte Privilegien verschaffen sollte. Wenn auch das Gewicht der alten Aristokratien auf der Ebene der zentralen politischen Institutionen (Parlament, obere Verwaltung, Heer) im italienischen Fall weniger wog als in anderen monarchischen Ländern des späten 19. und frühen 20. Jahrhunderts, so scheint der materielle und symbolische Einfluss des Adels in den Regionen und Städten weiterhin dominant gewesen zu sein. Wie stark er das kulturelle und gesellschaftliche Leben in den Kommunen bestimmte, sei im Folgenden für die Bereiche Theater, Café und Piazza, Akademien, Salons und Mäzenatentum dargelegt.

Im 19. Jahrhundert entwickelten sich die Opernhäuser zum öffentlichen Treffpunkt der eleganten Welt. Erbaut wurden die international berühmten Häuser Italiens im 18. Jahrhundert: das Teatro Valle (1727) und das Argentina (1732) in Rom, das San Carlo in Neapel (1737), das Teatro Regio in Turin (1740), das Comunale in Bologna (1763), die Scala in Mailand (1778) und das La Fenice in Venedig (1791). Die in den Häusern inszenierten Opern spielten im urbanen Leben eine kaum zu überschätzende Rolle. Während Italien seine kulturelle Anziehungskraft in Sachen Malerei und Skulptur verlor und sich Paris zum Zentrum der bildenden Künste Europas entwickelte, gewannen die in den italienischen Metropolen uraufgeführten sogenannten lyrischen Opern der Romantik internationale Popularität und galten als die nationale Kunstform.[12]

Unangefochten an der Spitze des Renommees standen die großen fünf Häuser *di Alto Cartello:* die Scala in Mailand, das San Carlo in Neapel, das Torlonia in Rom,

11 Hierzu grundlegend Anthony L. Cardoza: Aristocrats in Bourgeois Italy. The Piemontese Nobility, 1861–1930 (Cambridge Studies in Italian History and Culture), Cambridge 1997.

12 Auch dabei handelt es sich wiederum um ein europäisches Phänomen. Zum großen Engagement des Adels für das Operntheater in Dresden, Prag und Lemberg vgl. die instruktive Studie von Philipp Ther: In der Mitte der Gesellschaft. Operntheater in Zentraleuropa 1815–1914 (Die Gesellschaft der Oper 1), München 2006.

das königliche Theater in Turin sowie das La Fenice in Venedig.[13] Im 19. Jahrhundert kamen dann zahlreiche Neubauten im klassizistischen Stil mit monumentalen Fassaden in jeder größeren oder mittleren Stadt hinzu. Dank der Arbeiten von Paola Magnarelli sind wir sehr gut über die Bedeutung des Theaterbaus für das Patriziat in den Marken informiert. Dessen Status basierte auf der Übernahme städtischer Ämter und seinem Grundbesitz vor den Stadttoren. In den zahlreichen Kommunen galt es für den Adel, mit großzügigen Finanzierungen öffentlicher Bauten, allen voran aufwendiger Theaterbauten, Prestige zu gewinnen und auch im jungen Nationalstaat nach 1861 weiterhin Führungsqualitäten zu beweisen. Hier wurden angesichts der Tatsache, dass die Städte mit Umland selten mehr als 15.000 Einwohner aufwiesen, völlig überdimensionierte Prachtbauten geschaffen. Eine 1868 durchgeführte ministerielle Umfrage kam zu dem Ergebnis, dass es in der kleinen Region Marken 91 aktive Theater gab, was einem Anteil von zehn Prozent in Gesamtitalien entsprach. Dieses Ergebnis belegt nicht nur die hohe Städtedichte in Mittelitalien, sondern auch die ausgeprägte Vorliebe des Patriziats für Theaterinszenierungen.[14] Landesweit verteilten sich in diesem Jahr 942 Theatersäle auf 650 Kommunen, eine Dichte, die weltweit einzigartig war.

Eine exzellente Fallstudie von Axel Körner liegt darüber hinaus für Bologna, die Hauptstadt der Emilia Romagna, vor.[15] Das *Teatro comunale,* eines der prächtigsten Opernhäuser Europas, wurde 1763 gleich neben dem Palast der Familie Bentivoglio errichtet. Deren Residenz mit 300 ausgeschmückten Räumen galt als einer der schönsten Stadtpaläste Italiens, und seine Besitzer stellten seit der Frühen Neuzeit eine der mächtigsten Familien der Stadt. Das sogenannte kommunale Theater wurde noch unter der päpstlichen Regierung erbaut, wobei die Bezeichnung kommunal für den gemeinsamen Besitz des Adels und nicht für die Stadtgemeinde als Ganzes stand. Unter der päpstlichen Herrschaft war es oft das einzige Theater, das Opern

13 Auf der zweiten Stufe standen die 19 *Teatri di Cartello* in Ancona, Bologna, Florenz (2), Genua, Livorno, Lucca, Modena, Neapel (3), Palermo, Parma, Pisa, Ravenna, Rom (2), Turin (2), Triest und Verona; vgl. Carlotta Sorba: I Teatri. L'Italia del melodramma nell'età del Risorgimento, Bologna 2011, S. 146–147.

14 Paola Magnarelli: L'ottavo peccato capitale. Nobili e borghesi tra le Marche e Roma. In: Giacomina Nenci (Hrsg.): Nobili e borghesi nel tramonto dello Stato Pontificio. Roma moderna e contemporanea XVI (2008), S. 87–110; Dies.: L'élite pontificia alla prova della politica. Continuità e cesure nel lungo Ottocento. In: Maria Luisa Betri (Hrsg.): Ripensare l'Ottocento. Risorgimento e nazione, Rom 2010, S. 357–370; Dies.: Notabili e potere locale. In: Giovanni Sabbatucci/Vittorio Vidotto (Hrsg.): L'unificazione italiana (Documenti di storia e di pensiero politico 7), Rom 2011, S. 151–169 sowie Dies.: Adelsmodelle und Formen städtischer Macht in der Provinz des Kirchenstaates. In: Gabriele B. Clemens/Malte König/Marco Meriggi (Hrsg.): Hochkultur als Herrschaftselement. Italienischer und deutscher Adel im langen 19. Jahrhundert (Reihe der Villa Vigoni 25), Berlin/Boston 2011, S. 121–139.

15 Axel Körner: Politics of Culture in Liberal Italy. From Unification to Fascism (Routledge Studies in Modern European History 12), New York 2009, S. 56–87.

aufführen und wo während der Karnevalszeit Bälle stattfinden durften – ein ökonomisches und soziales Privileg für die adligen Besitzer der prächtigen Logen. Nach dem Untergang des Kirchenstaates wollten die Adligen ihre soziale Exklusivität erhalten und finanzierten das Theater weiter aus ihren eigenen Reihen ohne staatliche Unterstützung.

Auch auf den Inseln setzte der Adel auf neue Formen des Engagements, und dazu gehörte neben dem Aufbau von Bibliotheken und Museen vor allem das Theater. Ein größeres Publikum erreichte die Aristokratie zweifelsohne, wenn sie sich als Mäzen für die Repräsentationsarchitektur von Theatergebäuden und Theater- beziehungsweise Operninszenierungen engagierte. So entwickelte sich das seit Anfang der 1820er Jahre in Catania betriebene Opernhaus zu einer neuen Bühne für den Adel. Noch im 18. Jahrhundert hatte sich der Adel exklusiv in den zahllosen privaten Theatern in seinen Palästen getroffen, nun bevorzugte er den öffentlichen Raum, um seine Distinguiertheit zu demonstrieren. Alfio Signorelli konnte anhand der Analyse von Abonnements nachweisen, wie sich die adligen Familien gegenüber einer breiteren Öffentlichkeit inszenierten. Dabei waren natürlich die Logen am begehrtesten, die zentral und in unmittelbarer Nähe der königlichen Loge und jener Familien lagen, die am Hofe akkreditiert waren.[16] Was für Catania eingehender untersucht wurde, spiegelt ein landesweites Phänomen. Jede größere Stadt Italiens besaß ein Theater. Es war der symbolische Ort, wo sich die gute Gesellschaft traf. Folgt man Benedetto Croce, dann mutierte Neapel erst mit der Eröffnung des Theaters San Carlo von der Provinzstadt zur Kapitale. Es galt bis zur Nationalstaatsgründung als »Verlängerung« des Hofes.[17] Ohnehin war das Opernwesen in Neapel besonders lebhaft. Im San Carlo, im Teatro del Fondo und im Teatro dei Fiorentini gab es zwischen 1809 und 1844 jährlich 100 Inszenierungen, in der Saison 1824/25 waren es sogar 138.

Finanziert wurden die Theater jeweils vom Adel und der Stadtverwaltung. Die alten Familien kauften oder mieteten ihre Logen über mehrere Generationen hinweg. Sie brachten dort demonstrativ ihre Wappen an und statteten sie mit eigenen Möbeln aus. Der regelmäßige Opernbesuch in der familieneigenen Loge des seit Jahrhunderten in den Städten lebenden Adels war in ihren Gewohnheiten verankert. Adlige trafen sich in diesen Häusern bis zu dreimal wöchentlich abends, um zu dinieren, Karten zu spielen und Musik zu hören. Da ein allgemeines Versammlungsverbot herrschte, nutzten sie diese Möglichkeiten des Zusammentreffens auch als politisches Ersatzforum.[18] Jedes Jahr im Herbst inszenierte sich der Adel, zurückgekehrt von den Villen auf dem Land, anlässlich der Eröffnung der Hauptsaison. Mit der offen-

16 Alfio Signorelli: Adelige Identität und kommunale Macht in Sizilien. In: Clemens u. a. (wie Anm. 14), S. 139–167 sowie Ders.: Catania borghese nell'età del Risorgimento. A Teatro, al circolo, alle urne, Mailand 2015.

17 Benedetto Croce: I teatri di Napoli. Secolo XV–XVIII, Neapel 1891, S. 334.

18 John A. Davis: Opera and Absolutism in Restoration Italy. 1815–1860. In: The Journal of Interdisciplinary History 36,4 (2006), S. 569–594, hier S. 572.

sichtlichen Hierarchie zwischen Logen und Parkett, wo die Bürgerlichen saßen, spiegelten die Theater deutlich die internen Strukturen der besseren Gesellschaft. Geboten wurde im Herbst nicht nur eine Opera seria, sondern auch eigens inszenierte Ballettaufführungen, die nicht Bestandteil der Oper waren, sodass sich ein Abend im Theater auf fünf Stunden erstrecken konnte. In den kürzeren Spielzeiten während des Karnevals und im Frühjahr wurde meist lediglich eine Opera buffa geboten, ohne eigenständige Ballettaufführungen. Ferner hatten die führenden Opernhäuser das Monopol auf die angesagtesten Bälle in der Karnevalszeit. An diesen exklusiven Bällen teilnehmen zu können, war wiederum ein Zeichen sozialer Distinktion.

Im voll erleuchteten Saal vibrierte ständig eine Lärmkulisse fortwährender Gespräche. Cafés, Restaurants und Spieltische boten im Erdgeschoss der Theater Getränke, Speisen und Zerstreuung. Beobachtern aus dem Ausland fiel auf, dass beim Besuch der Oper nicht nur der Kunstgenuss im Vordergrund stand, sondern auch das gesellige Zusammensein. Madame de Staël berichtete, dass die Leute in Italien nicht ins Theater gehen, um zuzuhören, sondern um sich in den Logen mit den besten Freunden zu treffen und sich mit ihnen zu unterhalten.[19] Ihr Landsmann Stendhal berichtete von Abenden in der Mailänder Scala, die vor allem der Konversation dienten. Man grüße von einer Loge zur anderen und besuche sich dort wie im Salon.[20] Der Schriftsteller hatte sich während seines mehrmonatigen Aufenthaltes 1816 in Mailand eine Loge gemietet, wo er seine Abende verbrachte.

Der regelmäßige Besuch der Theatersäle diente nicht allein der Statusbestätigung, das ostentative Fernbleiben wurde als Mittel der politischen Demonstration genutzt. 1857 besuchte der österreichische Kaiser Franz Joseph mit seiner jungen Frau Elisabeth die Lombardei und Venetien und residierte dort vier Monate in den königlichen Palästen von Venedig und Mailand. Mit prächtigen Hoffesten und Militärparaden versuchte er, symbolisch seine Macht zu inszenieren. Doch der regionale Adel boykottierte die kaiserlichen Empfänge, und bei einer Festvorstellung im Opernhaus La Fenice blieben seine Logen leer. In anderen oberitalienischen Städten war der Empfang ebenfalls eisig. Anstelle des lombardischen Adels saßen deren Dienstboten anlässlich einer Festvorstellung für den Kaiser in den Logen der Scala. Das war eine ungeheuerliche politische Provokation.[21] 1864 beschloss die italienische Regierung in Turin, die Hauptstadt von Turin nach Florenz zu verlagern. Der Adel reagierte geradezu schockiert auf den vereinbarten Umzug, hatte er sich doch einen starken piemontesischen Staat gewünscht, der sich über große Teile Italiens ausdehnen und unbedingt von seiner Hauptstadt Turin – dem Stammsitz der Savoyer Monarchie –

19 Anne-Louise-Germaine von Staël-Holstein: Sulla maniera e l'utilità delle traduzioni. In: Egidio Bellorini (Hrsg.): Discussioni e polemiche sul Romanticismo (1816–1826), Bari 1943, S. 8.

20 Stendhal: Voyages en Italie. Textes établis, présentés et annotés par Victor Del Litto, Paris 1973, S. 6.

21 Brigitte Hamann: Elisabeth. Kaiserin wider Willen, München 1989, S. 116f.

regiert werden sollte. Die piemontesischen Eliten blieben am folgenden Neujahrstag dem königlichen Theater demonstrativ fern und brachen so mit einer Tradition.[22]

Doch nicht nur die Opernhäuser dienten der (Auto-)Repräsentation im städtischen Raum, sondern auch exklusive Clubs und Cafés. Es ist gewiss kein Zufall, dass sich in den Cafés dieselben elitären Kreise begegneten wie in den Theatern. Der Historiker und Ökonom Giuseppe Maria Galanti berichtete 1792 über Catania: *Hier sieht man, dass sich im Erdgeschoss des Palasts der Senatoren ein Café befindet, das nur der Adel besuchen darf, allen anderen ist der Zugang nicht erlaubt:*[23] Den Adeligen garantierte ihr exklusives *caffè* hohe Aufmerksamkeit und Imageaufwertung, was vor allem am Sitz der Lokalität im Erdgeschoss des Rathauses lag, welches der zentralen *Piazza dell'università* zugewandt war. Dieser Platz verwandelte sich im Sommer – ausgestattet mit Stühlen und Tischen – zu einem Parkett für die Privilegierten. Von dort aus konnten die Adeligen an den Theater- und Musikaufführungen teilhaben. Gleichzeitig diente ihnen das *caffè* als Bühne, auf der sie der Stadt tagtäglich das Bild einer geschlossenen Kaste und einer vorherrschenden Schicht lieferten. Im Laufe des Jahrhunderts verlor das *caffè* jedoch an Gewicht und Exklusivität.[24]

In Palermo und Messina befand sich das exklusive Adelscafé gleich im Theater oder in dessen unmittelbarer Nähe.[25] Und über die *Società del Whist* in Turin wurde gemunkelt, sie würde eine Aristokratie innerhalb der Aristokratie repräsentieren. Gegründet wurde dieser Gentleman-Klub 1841 von reichen jungen Adligen, die sich ansonsten im renommierten Caffè Fiorio trafen.[26] Im selben Jahr wurde von Principe Emilio Belgiojoso in Mailand ein Jockey-Club gegründet. Diese Form der exklusiven Geselligkeit hatte er während seines Pariser Exils kennengelernt. Die dreißig Gründungsmitglieder zahlten 1.000 österreichische Lire und rekrutierten sich mehrheitlich aus regierungskritischen Adligen.[27]

Neben Cafés und Herrenklubs existierten in jeder größeren Stadt Casinogesellschaften, die der gesellschaftlichen Distinktion und Vernetzung sowie der exklusiven Erholung des Adels dienten. Am Beginn dieser Bewegung standen das Kasino in Pisa (1754) und in Florenz (1761), gefolgt vom *Casino San Pietro* in Triest (1763) und demjenigen in Bologna (1766). Für den Adel bot es sich hier neben dem *Casino dei Nobili* und der *Società del Quartetto* im Palazzo des Conte Camillo Pizzardi als exklusiver Treffpunkt an. Mit etwas zeitlichem Abstand folgten die Eröffnung der *Patriottica nobile società* in Turin (1784) sowie drei Jahre später diejenige des Kasinos von Mailand. In den 1790er Jahren erreichte dieses Phänomen auch den Süden mit der Gründung eines Adelskasinos in Palermo, der *Grande conversazione della*

22 Adriano Viarengo: Vittorio Emanuele II, Rom 2017, S. 294 f.

23 Giuseppe Maria Galante: Della descrizione geografica e politica delle Sicilie, hrsg. von Franca Assante/Domenico Demarco, 2. Bd., Neapel 1969, S. 588.

24 Signorelli, Identität (wie Anm. 16), S. 149.

25 Signorelli, Catania (wie Anm. 16), S. 91.

26 Cardoza (wie Anm. 11), S. 157.

27 Marco Meriggi: Milano borghese. Ciroli ed élites nell'Ottocento, Venedig 1992, S. 52–60.

nobiltà (1796). In Neapel blieb die Aristokratie im Kasino ebenfalls unter sich. Und schließlich sei noch die Einrichtung eines derartigen Treffpunkts in Ferrara genannt (1803). Während der Revolutionszeit wurden die Aktivitäten vielfach unterbrochen, gleichzeitig kam es zur Aufnahme erster reicher Bürger. In den Jahren nach dem Wiener Kongress wurden sie wieder aktiv, etwa in Neapel, blieben aber unter rigider polizeilicher Kontrolle. In Mailand koexistierten 1817 das wiedergegründete *Casino dei nobili,* die *Società del Giardino* und die *Concordia.* Im Prinzip pflegten hier adlige Männer ihre Geselligkeit außerhalb der Familie mit Wein, Tabak, Billard, Kartenspielen und Konversation. Mütter, Ehefrauen und Töchter der Mitglieder waren nur bei den Bällen, allen voran den Karnevalsbällen, erwünscht, denen sie doch erst den rechten Glanz verliehen. Ohnehin nutzte der Adel private Bälle und Feste zur Autorepräsentation. Stendhal berichtet in seinen italienischen Reisebeschreibungen begeistert von den luxuriösen Bällen, die der Fürst Borghese 1827 jeden Samstag in seinem Palast veranstaltete: Die Bälle, zu denen er und der in den Fürstenstand erhobene Bankier Torlonia in Rom einluden, überträfen jene der Souveräne in Europa und alles, was er im Norden gesehen habe.[28]

Wurden die Adelskasinos geduldet, so entwickelte sich ein städtisches Vereinswesen aufgrund autoritärer Regelungen bis zur Nationalstaatsgründung nur langsam. Seit dem beginnenden 19. Jahrhundert entstand allen voran in den westeuropäischen Städten ein breites Vereinswesen mit kulturellen und wissenschaftlichen Angeboten oder dem Ziel, gemeinsam zivilgesellschaftliches Engagement voranzubringen. Vereine erschienen als Allheilmittel für jeden gesellschaftlichen Notstand. Es gab wohl keinen sozialen oder kulturellen Bereich, der nicht zur Assoziation, zum Zusammenschluss einlud: Erziehung, Armenhilfe, Waisenversorgung, Denkmalbau, Pflege klassischer Musik. Hinzu kamen wissenschaftliche und ökonomische Gesellschaften, die sich der Geographie, der Altertumskunde oder der Förderung von Infrastruktur verschrieben. Von den Behörden wurden sie engmaschig überwacht oder gleich verboten, denn jede dieser Initiativen war vom Landesherrn persönlich zu genehmigen. So kann man das Vereinswesen als einen Gradmesser für die liberale oder autoritäre Politik der Regenten nehmen. Für Italien ist im Vergleich zu Großbritannien, Frankreich oder dem Deutschen Bund eine deutliche Verspätung im Versammlungswesen zu attestieren, doch lag dies nicht daran, dass kein Interesse bestanden hätte, Vereine zu gründen. Vielmehr wurden derartige Initiativen gleich im Keim erstickt. Am restriktivsten war die Politik im Kirchenstaat. Bis zu seiner Eroberung durch die Truppen des jungen Nationalstaats gab es in Rom keinen wie auch immer ausgerichteten Verein, ja noch nicht einmal ein Kasino für den Adel.[29]

28 Stendhal (wie Anm. 20), S. 722.

29 Gabriele B. Clemens: »Schläfriger und geistloser als Konstantinopel im Mittelalter« – Das römische Assoziationswesen (1815–1870). In: Christof Dipper / Lutz Klinkhammer / Alexander Nützenadel (Hrsg.): Europäische Sozialgeschichte. Festschrift für Wolfgang Schieder (Historische Forschungen 68), Berlin 2000, S. 317–329.

Im Königreich beider Sizilien wurde zwar ein Kasino zugelassen, ansonsten wurden Vereinsgründungen aber ebenfalls unterbunden.[30]

Konnte das Instrument des Vereinswesens für die Vergesellschaftung adliger und bürgerlicher Eliten lange Zeit in Italien nicht genutzt werden, so verfügte doch jede Stadt über mindestens eine Akademie.[31] Noch zu Beginn des 19. Jahrhunderts wurden Kultur und Wissenschaft südlich der Alpen weitgehend von den alten Akademien getragen, die schon vor 1800 in ganz Italien in überreicher Zahl existierten. So lässt sich für den Zeitraum vom 15. bis zum 20. Jahrhundert eine Gesamtzahl von 197 Akademien allein in Neapel ausmachen; für Rom sind im entsprechenden Zeitraum 185 Akademien nachweisbar.[32] Viele Akademien hatten vergleichbare Ursprünge: Zunächst bildeten sich kleine private Zirkel, oft entstanden aus Freundschaften, in denen eine kleine Gruppe Erfahrungen austauschte, diskutierte, Kontakte zu in- und ausländischen Gleichgesinnten suchte und zudem die Geselligkeit pflegte. Teilweise handelte es sich dabei um sehr kurzlebige Initiativen, teilweise entstanden aus diesen privaten Gelehrtenzirkeln aber auch bedeutende Akademien wie diejenigen Neapels, Mantuas oder Paduas oder die berühmte römische *Accademia dei Lincei.* Im 19. Jahrhundert wurde aus der päpstlichen eine königliche, später dann eine nationale Akademie mit Sitz bis heute im prächtigen Palazzo Corvisieri in der Via Lungara.[33]

Eine weitere sehr traditionsreiche Akademie war die königliche in Turin.[34] Sie zählte zum Typus der staatlichen Gründungen, der ebenfalls europaweit Verbreitung fand. Diese landesfürstlichen Prestigeobjekte unterschieden sich, was ihre finanzielle Ausstattung und den Ruf der Akademiker anbelangte, beträchtlich von den kleineren meist privaten Ursprungs. Diese größeren Akademien achteten streng auf Wissenschaftlichkeit, sahen sich als führende Forschungsanstalten und versuchten sich zugleich deutlich von den Universitäten abzugrenzen, die sich der Lehre widmen sollten. Zielten die Akademien nicht direkt auf Gemeinnützigkeit ab, so verfolgten sie doch naturwissenschaftliche und kulturelle Interessensgebiete wie die französi-

30 Daniela Luigia Caglioti: Associazionismo e sociabilità d'èlite a Napoli nel XIX secolo, Neapel 1996, S. 35–64.

31 Zugelassen wurden in Norditalien in der ersten Jahrhunderthälfte allerdings Agrargesellschaften, die sich dem Fortschritt in der Landwirtschaft widmeten. Vgl. für Mailand Meriggi (wie Anm. 27), S. 140, für Florenz Kroll (wie Anm. 9), S. 149.

32 Das mehrbändige Handbuch von Maylender bietet eine Übersicht über die große Vielfalt und Zahl der italienischen Akademien; Michele Maylender: Storia delle Accademie d'Italia, 5 Bde. Bologna 1926–1930.

33 Zu den Lincei Ada Alessandrini: L'Accademia Nazionale dei Lincei. In: Paolo Vian (Hrsg.): Speculum Mundi. Roma centro internazionale di ricerche umanistiche, Rom 1992, S. 532–571.

34 Silvano Montaldo: Risorgimento e scienza. Uomini e istituzioni nel Piemonte preunitario. In: Frédéric Ieva (Hrsg.): Il Piemonte risorgimentale nel periodo preunitario, Rom 2015, S. 133–160.

schen *Sociétés savantes;* gemeinsam war ihnen im 18. Jahrhundert und beginnenden 19. Jahrhundert der Glaube an die Aufklärung und den Fortschritt.[35]

Die großen Akademien waren in prächtigen Stadtpalästen untergebracht. Sie unterhielten Bibliotheken, publizierten Forschungsergebnisse der Mitglieder, veranstalteten Vorträge für einen exklusiven Kreis und lobten Preisgelder für die Lösung von Forschungsfragen aus. Die Urteile der hier versammelten Wissenschaftler über die Universitäten waren oft wenig freundlich. Wichtige Repräsentanten der Akademiebewegung lehnten es ab, an einer Universität zu lehren. Doch im 19. Jahrhundert hatten die Akademien allmählich den Zenit ihres Erfolgs überschritten. Waren sie zur Zeit der Aufklärung das wissenschaftliche Aushängeschild der Nationen, so verloren sie zunehmend an Einfluss und erstarrten in traditionellem Gedankengut und Formen. Die Ernennung zum Mitglied in einer der berühmten Akademien blieb aber ein Privileg. In den Augen konservativer Aristokraten boten die Akademien dem Patriziat noch im 19. Jahrhundert einen glänzenden Rahmen, um dilettierend die poetische Distanz des Adels zur bürgerlichen Wissenschaftlichkeit und ihrer prosaischen Realität zu inszenieren. So ist die gesellschaftliche Bedeutung der Akademien nicht zu unterschätzen. Um aufgenommen zu werden, musste man über die entsprechenden Netzwerke verfügen. Ein Kandidat brauchte jemanden, der zunächst die Lage sondierte, ob ein Aufnahmegesuch überhaupt erfolgversprechend war, einen möglichst mächtigen Akademiker, der ihn vorschlug und weitere, die den Antrag befürworteten. Abgelehnte Aufnahmegesuche führten zu großer Bitterkeit. So hatte etwa Carlo Negroni, Rechtsprofessor in Novara und späterer Senator, Ercole Ricotti, den er offenbar seit seinem Studium kannte, gebeten, für ihn die Aufnahme in die Turiner Akademie als korrespondierendes Mitglied zu erwirken. Ricotti war ordentliches Mitglied der Akademie, konnte den Kandidaten aber nicht durchsetzen. Daraufhin schrieb Negroni ihm einen wütenden Brief, in dem er die Akademiker und ihre Arbeiten diskreditierte und sie als Erbsenzähler beschimpfte.[36]

Die Mitgliedschaft in möglichst zahlreichen angesehenen Akademien erhöhte das soziale und kulturelle Kapital also beträchtlich. Mehrfachmitgliedschaften in den städtischen Akademien waren die Regel und es entstanden dichte Netzwerke. Als Beispiel sei das Engagement von Marchese Gino Capponi angeführt, der nicht nur eine entscheidende Rolle in den führenden geisteswissenschaftlichen Akademien von Florenz spielte. Die Akademieplätze wurden in der Stadt am Arno wie ein Familiengut gehandelt. So wurde Capponi bereits mit 18 Jahren als Mitglied der *Accademia Colombaria* auf Drängen seines Vaters Pier Roberto aufgenommen und gleich zum

35 Derartige pauschale Aussagen sind einzuschränken. So zeigt Daniel Roche in seiner Arbeit zu den französischen Provinzakademien des 18. Jahrhunderts in Frankreich, dass einige von ihnen auch einen Hort für traditionelles Gedankengut bildeten; Daniel Roche: Le siècle des Lumières en province. Académies et académiciens pronvinciaux, 1680–1789 (Civillisations et sociétérs 62), Paris 1978, S. 385 f.

36 Biblioteca Civica Berio, Genova, Archivio Ercole Ricotti, Brief von Carlo Negroni, Novara, 6.1.1845.

Präsidenten gewählt. Diese Leitungsfunktionen in den Akademien wurden von Florentiner Adelsfamilien von Generation zu Generation weitergereicht. 1827–1829 war er Schatzmeister der *Accademia dei Georgofili,* in den 1860er Jahren stand er der traditionsreichen *Accademia della Crusca* als Präsident vor. Mit seinem Freund, dem aus der Schweiz zugezogenen Verleger Gian Pietro Vieusseux, gab er seit 1821 die Zeitschrift *Antologia* heraus, bis sie 1832 von der Zensur verboten wurde. Des Weiteren initiierte er 1827 das *Giornale agrario toscano,* um hier für eine liberale Wirtschaftspolitik zu werben, und schließlich wiederum gemeinsam mit Vieusseux seit 1842 das *Archivio Storico Italiano.* Es handelte sich hierbei um eine der ersten historischen Zeitschriften Italiens, die für sich beanspruchte, Quelleneditionen und Forschungen zur gesamtitalienischen Geschichte zu publizieren. 1862 wurde sie vom neu gegründeten Geschichtsverein betreut, dessen Präsident wiederum Gino Capponi war.[37] Die Herausgabe der Zeitschrift und die Gründung des Vereins belegen, dass das wissenschaftliche Angebot in den Akademien als nicht mehr zeitgemäß eingestuft wurde. Auch in anderen italienischen Städten entstanden neue wissenschaftliche Vereine, die sich in ihrer Formierungsphase dezidiert von den Akademien abgrenzten. Sie galten nun vielfach als »verstaubt«, man warf ihnen vor, sie würden in ihrem feierlichen Pomp förmlich erstarren.[38]

Spielten Frauen in semi-öffentlichen Gesellschaften keine Rolle, so sah dies in den Salons ganz anders aus. Am Beginn dieser Bewegung stand die Gründung eines literarischen Salons im Paris des 17. Jahrhunderts im Palais Rambouillet. Gegen die orchestrierten, steifen Höflichkeitszeremonien an den Höfen setzte man in den Salons auf die geistreiche Konversation. Während die höfische Kultur auf den Adel beschränkt blieb, öffneten sich Salons den prominenten Vertretern der *res publica litteraria:* Musikern, Schriftstellern, Künstlern und Philosophen. Salons gab es im 18. und 19. Jahrhundert in jeder größeren Stadt Italiens, wodurch nicht nur die Standesgrenzen überwunden wurden, sondern auch Geschlechterschranken. Salons symbolisierten das Europa des Geistes und fungierten zugleich als Generalprobe der Emanzipation für Frauen. In Turin, Florenz, Pisa oder Mailand bestanden sie zunächst aus den regelmäßigen Treffen einiger großer Familien, die sich aufgrund derselben Sprache, Kultur und Umgangsformen zusammengehörig fühlten. Dieser Habitus umfasste die Kleidung und den würdevollen Gestus des Gentlemans. Mit einem gewählten Sprachduktus hob man sich vom »Pöbel« ab. Die Salons wurden partiell von der Hausherrin dominiert, die an einem festgelegten Wochentag ihre

37 Romano Paolo Coppini: Il Granducato di Toscana. Dagli »anni francesi« all'Unità (Storia d'Italia 13,3), Turin 1993, S. 237–240; Paolo Bagnoli (Hrsg.): Gino Capponi: storia e progresso nell'Italia dell'Ottocento; convegno di studio, Firenze Palazzo Strozzi 21–23 gennaio 1993 (Biblioteca storica toscana 24), Florenz 1994 sowie Kroll (wie Anm. 9), S. 159–166.

38 Gabriele B. Clemens: »Sanctus Amor Patriae«. Eine vergleichende Studie zu deutschen und italienischen Geschichtsvereinen im 19. Jahrhundert (Bibliothek des Deutschen Historischen Instituts in Rom 106), Tübingen 2004, S. 224–230.

Habitués empfing. Die *Salonnière* war die unbestrittene Autorität, deren Aufgabe es war, eine kultivierte Atmosphäre in ihrem familiären Palast zu schaffen. In prächtig mit Kunst ausgestatteten Räumen diskutierten die Teilnehmer über Kunst, Musik und Literatur. Die Geschichte der italienischen Salons ist untrennbar verbunden mit dem Wirken außerordentlicher weiblicher Persönlichkeiten, förmlich einer Galerie geistreicher, adliger Frauen.[39]

Während der Restauration entwickelten sich die luxuriösen Salons zunehmend zu Treffpunkten der Oppositionellen. In Mailand versammelte sich dort jener Adel, der zur Hofgesellschaft der Habsburger nicht zugelassen war. Eine ganz besondere Attraktivität entwickelte der Salon der Contessa Clara Maffai in der Via Tre Monasteri, wo sich regelmäßig Künstler europäischen Rangs einfanden, unter anderem Massimo d'Azeglio, Honoré de Balzac, Alessandro Manzoni, Giuseppe Verdi und Francesco Hayez.[40] Vergleichbar bedeutend waren in Florenz die Salons der Marchesa Marianna Ginori Lisci, derjenige der Marchesa Teresa Bartolommei sowie der sogenannte rote Salon von Emilia Peruzzi de' Medici, die montags auf ihren roten Samtsofas neben arrivierten Künstlern regelmäßig die bekanntesten Politiker aus moderat-liberalen Kreisen empfing.[41] Im Sommer wurde der Salon in den Villenvorort Bagno a Ripoli in die kühlere Villa La Torre all'Antella verlegt, die die Familie Peruzzi seit 1299 besaß. Ohnehin begleiteten regelmäßige Besucher des Salons die Adligen in den Sommermonaten in die *villeggiatura,* in die Sommerfrische. Dort waren auch prominente Gäste aus dem europäischen Ausland gern gesehen. Der Salon Peruzzi stellt ein schönes Beispiel für die zunehmende Politisierung während des Risorgimento dar. Jenseits von Pressezensur und polizeilicher Überwachung boten die Salons neben der privaten Korrespondenz einen geschützten Raum für einen freien Informationsaustausch. Gerade junge Adlige knüpften hier Kontakte zu europäischen Politikern und Künstlern, die Italien bereisten. So nutzten etwa Ubaldino Peruzzi und Lorenzo Ginori Lisci ihre in den heimischen Salons aufgebauten Beziehungen zur Zeit ihres Studiums in Paris. Sie trafen sich in der französischen Metropole mit führenden politischen Köpfen wie Adolphe Thiers, Alexis de Tocqueville, Alphonse de Lamartine und Louis Auguste Blanqui. Zu den demokratischen Kaffeehausrevolutionären hatten die jungen Adligen allenfalls während des Studiums Kontakt. Nach Italien zurückgekehrt, wurden sie in den privaten Salons liberal-moderat oder konservativ sozialisiert.

In Rom öffneten Marchesa Boccapaduli und Contessa Ersilia Lovatelli Caetani die Pforten ihrer Paläste für die internationale Wissenschaftlerszene, die sich vorü-

39 Maria Iolanda Palazzolo: I salotti di cultura nell'Italia dell'800. Scene e modelli, Mailand 1985, S. 24; Maria Teresa Mori Salotti: La sociabilità delle élite nell' Italia dell'Ottocento, Neapel 2000 sowie Maria Luisa Betri/Elena Brambilla (Hrsg.): Salotti e ruolo femminile in Italia tra fine Seicento e primo Novecento, Venedig 2004.

40 Daniela Pizzagalli: L'amica. Clara Maffei e il suo salotto nel Risorgimento, Mailand 2004.

41 Palazzolo (wie Anm. 39), S. 82–84.

bergehend in der ewigen Stadt aufhielt.[42] Selbstverständlich gab es in jeder größeren Stadt nicht nur einen angesagten Salon, sondern mehrere, wo sich Gruppen, Netzwerke und politische Zirkel jeder Couleur ausbildeten. So war in Turin der Kreis um Juliette Colbert, der Frau des Marchese Falletti di Barolo, im gleichnamigen Palast nach 1814 konservativ geprägt. Darüber hinaus trafen sich bei Cesare Taparelli d'Azeglio bis 1830 katholisch-konservative Kreise, während sich das gemäßigt-liberale Lager gleichzeitig bei Prospero und Catherine Balbo einfand, ergänzt um ausländische Diplomaten und bürgerliche Akademiker. Nach der Revolution 1848/49 verfügte der liberale Salon der aus dem Exil zurückgekehrten Marchesa Costanza Arconati Visconti über eine besondere Anziehungskraft.[43] Für Neapel ist zahlreichen Reiseberichten zu entnehmen, dass auch dort die Geselligkeit in den Salons ihren Triumph feierte. Wie im Paris der Restauration spielte sich in Neapel das gesellschaftliche Leben der Eliten in Salons und Cafés ab. Hochgeschätzt waren die privaten Treffen bei der Principessa Francesca Pignatelli di Belmonte, bei Pauline Craven, geborene de la Ferronays, oder der musikalische Salon der Contessa de la Feld. Bürgerliche fanden zwar auf persönliche Einladung Zugang in diese Kreise, aber die ideelle Gleichheit der Gesprächsteilnehmer blieb vordergründig, allein schon aufgrund des bestehenden enormen Reichtumsgefälles.

Die bisherigen Ausführungen belegen, dass in den letzten Jahrzehnten für Italien viele instruktive Arbeiten zum adligen Engagement in den Bereichen elitäres Gesellschaftswesen und Theaterkultur erschienen sind. Hinsichtlich des Engagements der italienischen Aristokratie im Bereich der Bildenden Künste in den italienischen Städten bestehen allerdings noch große Forschungslücken. Es liegen bisher für das lange 19. Jahrhundert nur wenige Arbeiten zum Mäzenatentum oder zum Kunstmarkt vor. Während die Literatur zu diesen Themenkomplexen für die Renaissance und die Frühe Neuzeit ganze Bibliotheken füllen könnte, gestaltet sich die Suche nach entsprechenden Hinweisen ab dem ausgehenden 18. Jahrhundert schwierig, dabei trat der Adel in diesem Feld gemäß traditioneller Muster weiterhin als Mäzen auf. Eine Analyse in den reichen Familienarchiven oder Auswertungen der vielen publizierten Sammlungskataloge böte hier mit Sicherheit reiches Material für weiterführende Untersuchungen. Derzeit ist der Forschungsstand zu Stiftungen, Sammlungen und

42 S. zu ihrem Netzwerk ausführlich: Floris Meens: How to approach Salons? A fin de-siècle Italian Case Study. In: Cultural and social history 18 (3) (2021), S. 337–420.

43 Für die Jahre 1848 bis 1864 lassen sich allein im Zentrum von Turin zehn Salons, alle geführt von adligen Frauen, nachweisen: Salon von Giuseppina Cavour, der Nichte des Ministerpräsidenten, Salon Tapparelli d'Azeglio, Salon Sclopis, Salon Barolo, Salon von Olimpia Rossi Savio, Salon der Grafen von Benevollo, Salon Perrone, Salon Mancini, Salon der Grafen Arconati, Salon von Angelica Palli Bartolomei sowie der von Giuditta Sidoli Bellerio: Silvia Cavicchioli: I luoghi della cultura nella Torino di Cavour. In: Domenico Scarpa (Hrsg.): Atlante della letteratura italiana, Bd. 3: Dal Romanticismo a oggi, Turin 2017, S. 227–243, hier S. 241–243.

mäzenatischem Handeln alter Familien bescheiden, besser sind wir hingegen über nobilitierte Aufsteiger unterrichtet.

Wie die nobiltierten Kaufmanns- und Industriellenfamilien in Paris, London, Gent, Berlin oder Köln investierten italienische Aufsteiger, einmal zu Reichtum gekommen, denselben Logiken folgend, enorme Summen in Kunst in ihren Stadtpalais und Latifundien.[44] Dies sei am Beispiel von vier Familien aufgezeigt: der Familie Costabili Containi in Ferrara, der Familie Torlonia in Rom, der Familie Ladarelle im Großherzogtum Toskana sowie der Familie De Ferrari aus Genua. Dabei gilt es auch einen Blick auf die Nobilitierungen und die Heiratspolitik zu werfen, weil erst das ganze Ensemble aus Reichtum, Grundbesitz, Kultur und Familienbeziehungen gesellschaftlichen Aufstieg garantierte.

Giambattista Costabili Containi gehörte um 1800 zu den entschiedenen Anhängern der Französischen Revolution und des napoleonischen Systems, das ihm eine glänzende Karriere ermöglichte. Er war Generalverwalter des Besitzes der Krone im Königreich Italien, wurde mit Ehrentiteln überhäuft und 1809 zum *Conte des Empires* erhoben.[45] Nachdem Costabili erhebliche Summen mit Heereslieferungen verdient hatte, nutzte er den Verkauf des säkularisierten Kirchenbesitzes, um in Ländereien zu investieren. Während seiner Zeit am napoleonischen Hof in Mailand verband ihn eine Freundschaft mit dem Vizekönig Eugen. Nach dem Zusammenbruch des Empire kehrte er in seine Heimatstadt Ferrara zurück und engagierte sich fortan im Stadtrat. 1836 erhob ihn Papst Gregor XVI. zum *marchese.* Sein neuer Wohnsitz, der ehemalige Palast der aristokratischen Familie Bevilaqua in Ferrara, diente als Galerie. Jene Jahre des Umbruchs boten hervorragende Möglichkeiten für Kunstsammler. Auf den Markt kamen zum einen Bilder von alten aristokratischen Familien, die ausstarben oder in Not geraten waren, und zum anderen jene aus den zahlreich aufgehobenen kirchlichen Institutionen.[46] Neben Bildern aus Ferrara konzentrierte Costabili sich – wie andere Sammler auch – vorzugsweise auf Gemälde aus dem 14. und 15. Jahrhundert. Am Ende seines Lebens war die Kollektion auf über 600 Bilder angewachsen. Nach seinem Tod wollten die Erben die ganze Sammlung an die Stadt verkaufen, diese lehnte das Angebot jedoch ab. Die Gemälde wurden sukzessiv versteigert, wobei die wertvollsten Stücke nach London in die National

44 Hierzu Gabriele B. Clemens: Händler, Sammler und Museen. Der europäische Kunstmarkt um 1900. In: Thomas Höpel/Hannes Siegrist (Hrsg.): Kunst, Politik und Gesellschaft in Europa seit dem 19. Jahrhundert (Europäische Geschichte in Quellen und Essays 3), Stuttgart 2017, S. 89–101.

45 Zu seiner Biographie Gianni Venturi: Costabili Containi, Giovanni Battista. In: Dizionario Biografico degli Italiani, Bd. 30: Cosattini – Crispolto, Rom 1984, S. 264–266.

46 Gabriele B. Clemens: Die Kunstverkäufe des römischen Adels. Eine Basis neuer europäischer Sammlungen. In: Hannelore Putz/Andrea Fronhöfer (Hrsg.): Kunstmarkt und Kunstbetrieb in Rom (1750–1850). Akteure und Handlunsgorte (Bibliothek des Deutschen Historischen Instituts in Rom 137), Berlin/Boston 2019, S. 49–69.

Gallery gingen. Costabili orientierte sich beim Aufbau seiner Sammlung an aristokratischen Vorbildern. Beraten von dem Kunstexperten Conte Leopoldo Cicognara baute er während weniger Jahrzehnte eine Galerie auf, wofür seine adligen Nachbarn Jahrhunderte gebraucht hatten.[47]

Ähnlichen Handlungsmustern folgten die Torlonia, die als einfache Bürger im 18. Jahrhundert aus der Auvergne in die ewige Stadt gekommen waren. Durch Tuch- und Getreidegeschäfte, Beteiligungen an Baumwollmanufakturen, Säge- und Bergwerken, später vor allem durch den Kunsthandel und das Bankgeschäft brachten sie es zu einem exorbitanten Vermögen.[48] Nach 1800 waren sie die führenden Bankiers Roms. Sie akkumulierten Adelspaläste, Landgüter und Adelstitel, zunächst den eines *Marchese di Romavecchia,* dann den eines *Principe.* Mithilfe von Heiratsbeziehungen vernetzte sich die Familie geschickt mit dem römischen Hochadel in Gestalt der Familien Colonna-Doria und Borghese.[49] Neben anderen wertvollen Immobilien ließ Alessandro Torlonia seine an der Via Nomentana gelegene Villa Colonna und den Stadtpalast an der Piazza Venezia kostbar ausstatten.[50] Der Stadtpalast und die Villa waren neben anderen Landgütern sichtbare Symbole des Aufstiegs der Familie an die Spitze der römischen Aristokratie. Ihr Mäzenatentum stand ganz im Dienste der Selbstdarstellung und verfolgte ein Ziel, nämlich die kurze Geschichte der Familie vergessen zu machen und das Geld als den Ursprung ihres Adels zu nobilitieren. Dabei waren weder Alessandro noch sein Vater Giovanni fanatische Kunstliebhaber. Nachdem die Residenzen standesgemäß ausgeschmückt waren, wandten sie sich öffentlichen Aufgaben zu, wie zum Beispiel Kirchenrestaurierungen, die ein gewisses Renommee sicherten und als klassische Akte fürstlicher Magnificenza ausgewiesen waren. Ihre Stadtpaläste und Landsitze dienten nicht zuletzt dazu, den europäischen Hochadel zu empfangen, um ihn dort mit opulenten Festen und exquisiten Kunstsammlungen zu beeindrucken. Anlässlich eines Empfangs im Jahr 1842, auf dem unter den 4.000 geladenen Gästen neben Papst Gregor XVI. auch Ludwig I. anwesend war, wurde das mäzenatische Handeln Torlonias sogar mit dem des bayerischen Königs verglichen.[51] Alles in allem präsentierte sich der Prinz wie ein Fürst des Ancien Régime.

47 Gian Domenico Romanelli: Cicognara, Francesco Leopoldo. In: Dizionario Biografico degli Italiani, Bd. 25: Chinzer – Cirni, Rom 1981, S. 421–428.

48 Allein schon der populäre Titel des Buches von Hans von Hülsen: Torlonia. »Krösus von Rom«. Geschichte einer Gelddynastie, München 1940, weist auf sagenumwobenen Reichtum hin.

49 Barbara Steindl: Mäzenatentum im Rom des 19. Jahrhunderts. Die Familie Torlonia (Studien zur Kunstgeschichte 65), Hildesheim 1993, S. 3. 1902 wurde der Palazzo an der Piazza Venezia der Erweiterung des Platzes geopfert und abgerissen.

50 Adriana Campitelli: Villa Torlonia: l'ultima impresa del mecenatismo romano, Rom 1997.

51 Carlo Poppi: La nobiltà del censo: i Torlonia e Roma. In: Sandra Pinto/Liliana Barroero/Fernando Mazzocca (Hrsg): Maestà di Roma da Napoleone all'Unità d'Italia (Ausstellungskatalog), Mailand 2003, S. 407.

Ein vergleichbar steiler Aufstieg gelang den ebenfalls aus Frankreich stammenden Larderels, *conte di Montecerboli,* in Livorno. Sie schufen Reichtümer mit der Gewinnung von Schwefel, Borsäure und Ammoniak in der Toskana. Auch sie erwarben wie die Torlonia Stadtpaläste in Livorno und Florenz sowie große Landgüter in der Umgebung.[52] Als Beispiel für eine selbstreferentielle Ausgestaltung seien der Stadtpalast der Familie Larderel in Livorno und das Landgut Pomarance angeführt. Beide sind prunkvoll ausgestattet mit historisierenden Architektur- und Dekorstücken, dem omnipräsenten Familienwappen, opulenten Bilder- und Statuensammlungen sowie einer fiktiven Ahnengalerie. Nicht nur der Ankauf wertvoller Kunst, sondern auch der Kauf von Landgütern mit enormen Nutzflächen war nicht rein wirtschaftlich motiviert. Die Neureichen folgten damit einem in Frankreich schon während des Ancien Régime üblichen Muster. Man kaufte ausgedehnte Landgüter, richtete einen Fidei Commis oder ein Majorat ein, was dann im Fall einer Standeserhebung die Erblichkeit des Titels und klangvolle Namen garantierte. Der Landkauf diente also in erster Linie der Standeserhöhung, es kam ihm ein nicht hoch genug zu veranschlagender Prestigewert zu. Erst der Besitz von Grund und Boden schuf wirkliches gesellschaftliches Ansehen. Zudem war es ein weithin sicheres Investment. Dasselbe gilt für die wertvollen Kunstsammlungen. Auch sie waren Investitions- und Spekulationsobjekte, stellten im Notfall eine finanzielle Reserve dar und dürfen nicht ausschließlich unter dem Aspekt der Prestigemehrung gesehen werden. Immobilien und Kunst bedeuteten eine mögliche Versicherung bei abflauenden Konjunkturen und konnten dabei in Einzelfällen sogar einen drohenden Konkurs abwenden. Doch nicht nur in den Jahren nach 1800 investierten Unternehmer hohe Summen in Grundbesitz, dieser Trend hielt während des gesamten Jahrhunderts ungebrochen an. Zu wenig wurde von der Forschung bisher auch beachtet, dass die neureichen Nobilitierten durch ihre Landkäufe und ihre Heiratspolitik den alten Adel stabilisierten. Viele Traditionsfamilien gerieten durch die Umwälzungen und Reformen seit der Französischen Revolution in finanziell schwierige Situationen; da konnte es entlasten, einen Teil der Güter zu verkaufen, um das Familienerbe zu retten.

Als viertes Beispiel seien die De Ferrari aus Genua angeführt. Deren Aufstieg und ihr mäzenatisches Engagement bietet eine weitere Parallelgeschichte. Andrea De Ferrari hatte während der letzten Jahrzehnte des Ancien Regime in der Seerepublik ein großes Vermögen als Kaufmann erwirtschaftet. Für seine Verdienste wurde er 1787 geadelt. 1828 heiratete sein Sohn Raffaele Maria Brignole Sale, Tochter einer altadligen Familie, welche an der Spitze des sozialen Ansehens in Genua stand. Sie war verwandt mit dem französischen Hochadel und ihre illustren Verbindungen öffneten Raffaele De Ferrari die Türen zur französischen und internationalen High Society. Er vermehrte das mobile väterliche Vermögen durch Investitionen in den

52 Raffaele Romanelli: Famiglia e patrimonio nei comportamenti della nobiltà borghese dell'Ottocento. In: Lucia Frattarelli Fischer/Maria Teresa Lazzarini (Hrsg): Palazzo de Larderel a Livorno. La rappresentazione di un'ascesa sociale nella Toscana dell'Ottocento, Mailand 1992, S. 9–27.

französischen Eisenbahnbau und mit Bauspekulationen in Paris.[53] Auch dieser Parvenue kaufte riesige Ländereien in der Region von Bologna mit einem Schloss aus dem 16. Jahrhundert, welche wiederum die Basis für seine Erhebung in den Prinzenrang bildeten.[54] Der Titel eines *Duca de Galliera* wurde ihm 1838 vom Papst verliehen und 1843 nochmals von König Karl Albert von Sardinien bestätigt. Auch im Falle der De Ferrari verbanden sich kapitalistische Geschäftspraktiken und das Streben nach »Aristokratisierung«. Obwohl sich die Familie meist in Paris in ihrem Hôtel de Matignon aufhielt, blieb sie dem heimatlichen Genua wirtschaftlich und als Mäzen und Stifter verbunden. Der Spitzenfinanzmann spendete 20 Millionen Lire für den Ausbau des Hafens in Genua. Neben verschiedenen frommen Stiftungen finanzierten die De Ferrari drei Hospitalkomplexe und schenkten der Stadt zwei Barockpaläste: den *Palazzo rosso* mit seiner Bibliothek sowie den *Palazzo Bianco* mit einer wertvollen Bildersammlung. Noch heute werden in diesen beiden Häusern die Bildersammlungen Genuas gezeigt.[55]

Die Motivation der neuadligen Sammler und Mäzene lässt sich wie folgt zusammenfassen: Sie investierten große Summen in Kunst aus der Renaissance und dem Barock sowie in alte Stadtpaläste und Landsitze, um sich wie Adlige präsentieren zu können. Dabei erfolgten die Investitionen in Kunst und Immobilien aufgrund einer komplexen Motivation, die neben Prestigegewinn auch ganz dezidiert wirtschaftlichen Logiken folgte. Die vom alten Adel erworbenen Palazzi und Sommerschlösser wurden in wenigen Jahr(zehnt)en mit Kunstsammlungen ausgestattet und boten eine Bühne, auf der die Sammler ihre kulturelle Praxis effektvoll inszenierten. Es erhöhte das Prestige beträchtlich, wenn man als Kunstkenner galt, denn Mäzenatentum und »Kennerschaft« bildeten ein wesentliches Merkmal sozialer Distinktion. Pierre Bourdieu betont, dass die Bedeutung von Machtkämpfen im ästhetischen Feld nicht auf die Sphäre der Kunst beschränkt bleibt, sondern dass diese immer auch sozial wirksam sind.[56]

Nun soll hier keineswegs der Eindruck erweckt werden, dass sich die adligen Traditionsfamilien Italiens im 19. Jahrhundert darauf beschränkt hätten, notgedrungen ausschließlich als Kunstlieferanten zu dienen. Natürlich gab es weiterhin Aristokraten, die mit außerordentlichem Engagement ihre geerbten Sammlungen

53 Louis Bergeron: Le premier Duc de Galliera dans la Haute Banque parisienne du XIXe siècle. In: Giorgio Assereto u. a. (Hrsg.): I Duchi di Galliera. Alta finanza, arte e filantropia tra Genova e l'Europa nell'Ottocento, 2 Bde., Genua 1992, S. 329–341 sowie Leo Morabito: Raffaele De Ferrari e la società promotrice di una ferrovia da Genova al Piemonte. In: Assereto u. a. (wie Anm. 53), S. 511–537.

54 Stefano Retali: Un esempio di conduzione di un'azienda agraria della pianura bolognese: Galliera tra il 1837 e il 1851. In: Assereto u. a. (wie Anm. 53), S. 537–551.

55 Giovanni Assereto: Raffaele de Ferrari. In: Dizionario Biografico degli italiani, Bd. 33: D'Asaro – De Foresta, Rom 1987, S. 727–736.

56 Pierre Bourdieu: Ökonomisches Kapital, kulturelles Kapital, soziales Kapital. In: Reinhard Kreckel (Hrsg.): Soziale Ungleichheiten (Soziale Welt Sonderband 2), Göttingen 1983, S. 183–198.

ausbauten oder neue schufen. Dabei leisteten sie viel, um das kulturelle Kunsterbe vor dem »Ausverkauf« zu retten, da nicht nur europäische, sondern auch amerikanische Sammler beziehungsweise deren Kunstagenten und -händler in immer größerer Zahl die italienische Halbinsel auf der Suche nach Kunstwerken für ihre Sammlungen bereisten.[57] Verwiesen sei an dieser Stelle wieder nur auf vier herausragende Beispiele aristokratischen Mäzenatentums. So erwies sich etwa in Neapel der aus dem alten Feudaladel stammende *principe* Gaetano Filangieri di Santriani als äußerst großzügiger Mäzen von Kunst und Wissenschaft. In seinem Palazzo lebte er inmitten einer Sammlung klassischer Meister und lokalen Kunsthandwerks, wobei er über letzteres Standardwerke publizierte.[58] In Ravenna war es wiederum der Conte Cristino Raspini, der seit Beginn des 19. Jahrhunderts eine wertvolle Bildersammlung aufbaute.[59] Für Mailand sei der Conte Gian Giacomo Poldi Pezzoli angeführt. Er vermachte der Stadt seinen Palazzo inklusive der Sammlungen mit der Auflage, den Namen und die komplette Sammlung für zukünftige Generationen zu erhalten. So sollte sein Prestige sowie ein ehrendes Andenken an die Familie für alle Ewigkeit gewahrt werden.[60] In Rom erinnert noch heute der Name eines Museums an den Altertumssammler Conte Giovanni Barracco. Er stammte aus dem süditalienischen Feudaladel und nutzte seinen Reichtum für Reisen, um als Privatgelehrter Antiken im Mittelmeerraum zu sammeln. Auch er schenkte seinen Stadtpalast samt Sammlung der Stadt Rom.[61]

Fazit

Während die deutsche Geschichtswissenschaft spätestens seit den 1990er Jahren die Themen elitäres Gesellschaftswesen und Mäzenatentum im 19. Jahrhundert völlig einseitig als bürgerlich interpretiert und dieses Deutungsmuster partiell auch ohne Rücksicht auf das »Vetorecht« der Quellen verfochten hat[62], gelang es italienischen Forschern, das Thema offener zu diskutieren. In diesem Beitrag wurde vor allem das Mäzenatentum des Adels fokussiert, der sich in kulturellen Gesellschaften, Salons,

57 Rita Cervigni Troncone: Principi e quadri: Pasquale Villari e le gallerie romane. In: Archivio della Società Romana di Storia Patria 124 (2001), S. 277–325. Auch dieses Thema bedarf noch eingehender Studien.

58 Museo Civico Gaetano Filangieri, Neapel 1888.

59 Matteo Benini: Primi appunti per la collezione di Cristino Rasponi. In: Romagna arte e storia 80 (2007), S. 87–98.

60 Rosanna Pavoni: Reviving the Renaissance. The Use and Abuse of the Past in Nineteenth-Century Italian Art and Decoration, Cambridge 1997.

61 Maddalena Cima (Hrsg.): Giovanni Barracco patriota e collezionista, catalogo della mostra Roma, Museo Barracco 19 settembre 2010–9 gennaio 2011, Rom 2010.

62 Gabriele B. Clemens: Auf Biegen und Brechen: bürgerliches Mäzenatentum im urbanen Kontext des 19. Jahrhunderts. In: Informationen zur modernen Stadtgeschichte 2 (2008), S. 71–78.

in der städtischen Museums- und Theaterszene und beim Aufbau von wertvollen Sammlungen mit persönlichem Einsatz und großem Vermögen einsetzte. Alles in allem bleibt festzuhalten, dass dieses kulturelle Engagement durchaus politisch motiviert war. Der Adel demonstrierte so seinen gesellschaftlichen Status und dominierte aufgrund dieser herausgehobenen Position die Stadträte. Zudem wurde er überproportional in das nationale Parlament nach 1861 gewählt.[63]

Während sich deutsche Untersuchungen zum bürgerlichen Mäzenatentum stapeln, wird weitgehend übersehen, dass die zahlreichen europäischen Höfe und der vermögende Adel weiterhin Unsummen in Kunst investierten.[64] Die traditionellen Mäzene hatten noch keineswegs abgedankt, und es bedarf zukünftig einer genaueren Überprüfung, inwieweit bürgerliches Mäzenatentum die traditionellen Kunstförderer im ausgehenden Jahrhundert ablöste, oder ob es einfach hinzutrat, ferner wie das Verhältnis zwischen den verschiedenen adlig-bürgerlichen Gruppen zu gewichten ist. Dies böte ein weiteres fruchtbares Untersuchungsfeld für Elitenkonflikte und -kompromisse, vielleicht sogar eines der Elitenbildung. Zu überlegen wäre ohnehin grundsätzlich, ob man mit dem Begriff der Notabeln diese elitäre Gruppe in Europa nicht besser fassen könnte.[65] Dass sich der italienische Adel seiner Bezeichnung als Meister der »Sichtbarkeit« würdig erwiesen hat, mögen die angeführten Themen gezeigt haben. Gewiss ist es dem italienischen Adel neben den öffentlichen Arenen außerordentlich effektiv gelungen, sich in der semi-privaten Sphäre seiner Häuser zu inszenieren. Bot ihm doch die prachtvolle jahrhundertealte Bausubstanz in der schier unüberschaubaren Zahl der städtischen Paläste und Sommerresidenzen eine besonders imposante Bühne.

63 Körner (wie Anm. 15), S. 22–27.

64 Es sei hier verwiesen auf das außerordentliche Mäzenatentum des bayerischen Königs, das ihm regelmäßig harte politische Konflikte aufgrund des Steuerbewilligungsrechts der Kammer brachte; Heinz Gollwitzer: Politik und Kultur in Bayern unter Ludwig I. Studien zur bayerischen Geschichte des 19. und 20. Jahrhunderts, Regensburg 2011 sowie Hannelore Putz: Das Königtum und Kunst. Die Kunstförderung König Ludwigs I. von Bayern (Schriftenreihe zur bayerischen Landesgeschichte 164), München 2013. Übersehen wurde lange, dass auch Wilhelm I. von Württemberg seine Residenz als Mäzen aufwerten wollte: Gabriele B. Clemens/Melanie Jacobs: Fürstliches Mäzenatentum in Südwestdeutschland im 19. Jahrhundert. In: Zeitschrift für Württembergische Landesgeschichte 75 (2016), S. 171–192.

65 So sieht etwa Körner für Bologna die Thesen von Arno Mayer deutlich bestätigt: [T]he case of the former Papal States seems to show exactly that: the aristocratic élites continued to occupy the predominant role on all levels of social and political representation, well after Unification«. Körner (wie Anm. 15), S. 21. Zum Begriff der Notabeln bzw. Honoratioren in der deutschen und italienischen Politik vgl. Renato Camurri: I tutori della nazione: i »grandi notabili« e l'organizzazione della politica nell'Italia liberale. In: Ricerche di Storia Politica XV, NS (2012), S. 261–278 sowie Monica Cioli: Le »Honoratioren« nella Germania dell'Ottocento apogeo e declino. In: Ricerche di Storia Politica XV, NS (2012), S. 295–315.

Repräsentatives Wohnen als europäische Elitenpraxis

Das Palais Heylshof in Worms im Deutschen Kaiserreich[1]

Ines Heisig

Auf dem sagenheiligen Boden der alten Burgundenhalle, die einst den Helden Siegfried aufnahm, aber auch sein kindliches Menschenvertrauen zu seinem Todesleid mißbrauchte, auf dem mauerfesten Grunde, auf dem der geschichtlich hehre Bischofspalast sich erhob, in dessen Reichstagssaal Luther sein erlösendes Heldenwort sprach, auf demselben Fundament steht ein stattlicher Palast in graciösem Roccoco, das Herrenhaus der modernen Medici von Worms.[2]

Mit diesen Worten beschrieb der Pädagoge und Publizist Hugo Göring 1899 das Stadtpalais »Heylshof« der Freiherren Heyl zu Herrnsheim in Worms. Cornelius Wilhelm Heyl (1843–1923) und seine Ehefrau Sophie (1847–1915) hatten dieses Stadtschloss 1883 in Auftrag gegeben (siehe Abb. 2 und 3). Der Heylshof steht

1 Der vorliegende Beitrag entstand im Rahmen meines Dissertationsprojekts »Kulturförderung als Prestigepolitik. Der Aufstieg der Unternehmerfamilie Heyl im Deutschen Kaiserreich«, betreut von Prof. Dr. Gabriele Clemens, Universität des Saarlandes, gefördert von der Gerda-Henkel-Stiftung. An dieser Stelle möchte ich dem Stadtarchiv Worms und hier insbesondere Dr. Gerold Bönnen meinen Dank für die engagierte Unterstützung des Projekts aussprechen. Mein Dank geht außerdem an Dr. Olaf Mückain, Museum Heylshof, für umfangreiche Beratung. Die Dissertation ist 2023 in der Reihe »Elitenwandel in der Moderne/Elites and Modernity« bei De Gruyter Oldenbourg erschienen. Der vorliegende Beitrag basiert auf folgender Publikation: Ines Heisig: »Wohnst Du noch oder inszenierst Du schon? Repräsentatives Wohnen als Elitenpraxis im Kaiserreich am Beispiel des Heylshofs in Worms«. In: Irene Haberland/Matthias Winzen (Hrsg.): Schein oder Sein. Der Bürger auf der Bühne des 19. Jahrhunderts. Museum LA8 Baden-Baden. 30. März bis 8. September 2019, Oberhausen 2019, S. 327–353. Vgl. außerdem: Ines Heisig: »Besondere Briefe Kunst betreffend«. Einblicke in die Vernetzung von Cornelius Wilhelm und Sophie von Heyl im Kunstmarkt zur Zeit des Kaiserreichs. In: Gerold Bönnen/Ferdinand Werner (Hrsg.): Die Wormser Industriellenfamilie von Heyl. Öffentliches und privates Wirken zwischen Bürgertum und Adel, Worms 2010, S. 487–498; Ines Heisig: Die Unternehmerfamilie von Heyl in Worms. Aspekte privater Kulturförderung im Kaiserreich. In: Gabriele Clemens/Malte König/Marco Meriggi (Hrsg.): Hochkultur als Herrschaftselement. Italienischer und deutscher Adel im langen 19. Jahrhundert (Reihe der Villa Vigoni 25), Berlin 2011, S. 233–262.

2 StAWorms, Abt. 186, Nr. 547, Hugo Göring: »Todfeinde der Socialdemagogie«, Manuskript für einen Leitartikel der Zeitung Die Post, 1899.

sinnbildlich für die rasante Aufstiegsgeschichte der Familie Heyl, die im Verlauf des 19. Jahrhunderts innerhalb dreier Generationen in den Adel aufgestiegen war. Ihre Etablierung in der gesellschaftlichen Spitze des Deutschen Kaiserreiches beruhte auf ökonomischem Erfolg als Lederfabrikanten, politischer Partizipation, sozialer Distinktion und nicht zuletzt der Integration in entsprechende Netzwerke. Zu ihrer vielseitigen Prestigepolitik gehörte auch der Kauf von Schloss Dalberg in Herrnsheim inklusive Fideikommiss, die Stiftung eines Volkshauses an die Stadt Worms, die Errichtung einer Grabkapelle sowie die Erfindung eines eigenen Wappens. Der adlig-bürgerlichen Elitenpraxis folgend förderten die Heyls zudem Kulturinstitutionen und etablierten sich als Kunstsammler und Mäzene. Als repräsentatives Domizil im Zentrum der Stadt planten sie den Heylshof von vornherein – neben seiner Funktion als Wohnhaus – als privates Museum für ihre innerhalb weniger Jahre zusammengetragene, umfangreiche Kunstsammlung. Damit diente der Heylshof als Bühne für das Sammlerehepaar, um auch hochrangige Gäste und Mitglieder des Hochadels angemessen zu empfangen. Gekrönt wurde ihr Engagement mit der Verleihung des hessischen Freiherrentitels im Jahr 1886. In den darauffolgenden Jahren setzten Cornelius Wilhelm und Sophie Heyl alles daran, ihre neu gegründete Adelsdynastie zu etablieren.

Heute kann das Heyl'sche Palais als Museum besichtigt werden. Das »Museum Kunsthaus Heylshof« ist die größte noch in ihrem Gesamtbestand erhaltene Privatsammlung des 19. Jahrhunderts in Deutschland. Zur Zeit der Weimarer Republik hatte Cornelius Wilhelm Heyl die Kunstsammlung und den Heylshof in eine Stiftung überführt und beides als Ensemble der Öffentlichkeit übergeben.[3] Durch diese Stiftung schützte er sein Wohn- und Repräsentationshaus vor Veränderungen und setzte auf diese Weise sich selbst und seiner Familie ein Denkmal.[4] Am 21. Februar 1945 wurde der Heylshof zerstört und nach dem Krieg in bescheidenerer Form wiederaufgebaut.

Im vorliegenden Beitrag wird gezeigt, dass sich die Aufstiegsgeschichte der Heyls deutlich sichtbar in ihrer Wohnkultur und damit im Heylshof manifestierte. Damit kann der Heylshof als Bestandteil der Prestigepolitik der nobilitierten Unternehmerfamilie gelesen werden. Eine entscheidende Rolle spielte dabei der repräsentative Wohnstil, den das Sammlerehepaar in ihrem Stadtpalais realisierte und der es ihnen ermöglichte, sich in der Mittelstadt Worms als Angehörige der kaiserzeitlichen Elite

3 Zur gesamten Kunstsammlung entstand in den 1920er Jahren ein beschreibender Katalog, der allerdings nicht publiziert wurde: StA Worms, Abt. 202, Nr. 288a, Swarzenski, Kunstsammlung, 1921. Georg Swarzenski war zwischen 1906 und 1937 Direktor des Städel Museums in Frankfurt.

4 Vgl. Judith Bürgel: »Da wir beide Liebhaberei an Antiquitäten besaßen«. Die Gemäldesammlung von Cornelius Wilhelm und Sophie von Heyl. In: Wolfgang Schenkluhn (Hrsg.): Stiftung Kunsthaus Heylshof. Kritischer Katalog der Gemäldesammlung, Worms 1992, S. 51–71, hier S. 70.

Abb. 1: Der Heylshof in Worms, Straßenseite, Aufnahme von 1905
© Stadtarchiv Worms

zu inszenieren. Vorbilder für ihren gesellschaftlichen Aufstieg und die elitäre Kulturpraxis fanden die Heyls in den europäischen Hauptstädten. Hier lebten ihnen der Hof- und Funktionsadel, reiche Bankiers, Unternehmer und Künstler vor, welche Bedingungen und Prestigeanstrengungen zu erfüllen waren, um ihrer »erweiterten Elite« anzugehören.[5] Eine Schlüsselfunktion kam dabei dem französischen Kulturtransfer zu, der europaweit wesentliche Impulse für das private Sammeln und das Patronagewesen setzte. Mit der Realisierung des Heylshofs betraute das Sammlerehepaar zudem ein Team hochrangiger und etablierter Künstler und Architekten. Für die Kunstsammlung holten sie den Rat international agierender Experten ein. Das Heyl'sche Palais ist somit im Kontext von europäischen Kulturtransferprozessen und adligen Leitbildern im Deutschen Kaiserreich zu betrachten.

5 Zum Begriff der *composite elite* siehe: Heinz Reif: Adel im 19. und 20. Jahrhundert (Enzyklopädie deutscher Geschichte 55), München [2]2012, S. 124f. Immer noch einschlägig: Fritz Stern: Gold and Iron. Bismark, Bleichroder, and the Building of the German Empire, New York 1977.

1. Der Aufstieg der Familie Heyl in der Mittelstadt Worms

Ursprünglich stammte die Familie Heyl aus Bacharach und zog nach Worms, als sich die Stadt Ende des 17. Jahrhunderts für Neubürger und somit auch für Reformierte wie die Heyls öffnete.[6] Im Juli 1816 fiel Worms nach den Beschlüssen des Wiener Kongresses mit der neuen Provinz Rheinhessen an das Großherzogtum Hessen und wurde von der Freien Stadt Worms zu einer hessischen Stadt. Eine umfangreiche Einordnung von Worms in die Städtelandschaft des 19. Jahrhunderts steht noch aus. Wegen seiner Größe und seiner historischen Bedeutung als ehemalige Reichsstadt kann Worms nicht als Kleinstadt bezeichnet werden. Die Maßstäbe einer Großstadt erfüllte es aber gleichfalls nicht. Ebenso wies Worms im Hinblick auf Industrie und Verkehr mittlere Größen auf. Im Zeitraum zwischen 1800 und 1900 beliefen sich die Wormser Bevölkerungszahlen zwischen ca. 5.000 und 40.000 Einwohner. Worms entsprach folglich dem Typus »Mittelstadt«. Auch qualitative Faktoren stützen diese Klassifizierung.

Erstmals stellte der Stadthistoriker Clemens Zimmermann allgemeine Charakteristika für diesen Stadttypus vor, indem er thesenhaft kleinstädtische und großstädtische Elemente auf Mittelstädte übertrug: Ähnlich der Kleinstadt waren hier persönliche Netzwerke und das damit verbundene Vereinsleben zentral.[7] Während die Infrastruktur eher großstädtisch war, prägte eine kleinstädtische Überschaubarkeit das Leben. In dynamischen Mittelstädten, eine Bezeichnung, die auf Worms im 19. Jahrhundert zutrifft, herrschte demnach größtmögliche Konstanz und Transparenz, das heißt die gesellschaftlichen Strukturen und personellen Konstellationen blieben übersichtlich, während gleichzeitig Expansions- und Industrialisierungsprozesse abliefen. Die Eigenschaften von Worms ermöglichten der Familie Heyl eine

6 In der Geschichtsschreibung der Stadt Worms wird durchgängig auf die Bedeutung der »Heylschen Lederwerke« und der Unternehmerfamilie für den Städtebau und die Industrialisierung hingewiesen. Vgl. z. B. Fritz Reuter: Karl Hofmann und »das neue Worms«. Stadtentwicklung und Kommunalbau 1882–1918, Darmstadt/Marburg 1993; Ders.: Worms zwischen Reichsstadt und Industriestadt 1800–1882. Beobachtungen und Materialien (Der Wormsgau Beiheft 32), Worms 1993. Der Sammelband »Geschichte der Stadt Worms« enthält im Index 97 Verweise auf Familienmitglieder der Heyls und das Unternehmen: Vgl. Gerold Bönnen (Hrsg.): Geschichte der Stadt Worms, Stuttgart 2005. 2010 legte der Wormser Stadtarchivar Gerold Bönnen erstmals eine umfassende Studie zur Familiengeschichte der Heyls vor: Gerold Bönnen: Die Familie Heyl und ihr Wirken (ca. 1850–1980). In: Bönnen/Werner (wie Anm. 1), S. 35–186.

7 Vgl. Clemens Zimmermann: Die Mittelstadt – Normalfall oder Idealbild der Stadtentwicklung. In: Brigitta Schmidt Lauber (Hrsg.): Mittelstadt. Urbanes Leben jenseits der Metropole, Frankfurt 2010, S. 279–286, hier S. 279 und S. 283. Vgl. dazu außerdem: Clemens Zimmermann: Die Kleinstadt in der Moderne. In: Clemens Zimmermann (Hrsg.): Kleinstadt in der Moderne (Stadt in der Geschichte 31), Ostfildern 2003, S. 9–28.

enorme Präsenz und vielfältige Einflussmöglichkeiten: Die trotz Wachstum noch überschaubare Größe der Stadt erhöhte die Einwirkungskraft einzelner Akteure der Familie. Gleichzeitig konnten sie auf eine Infrastruktur zurückgreifen, die großstädtischen Bedingungen ähnelte.

Seit dem 16. Jahrhundert hatte sich Worms in einem stetigen strukturellen Abstieg befunden, der bis nach der Mitte des 19. Jahrhunderts anhielt. Erst in den 1830er Jahren kam es durch die Niederlassung der ersten Lederfabriken zu neuen wirtschaftlichen Impulsen. 1834 baute Johann Cornelius Heyl gemeinsam mit seinem Schwager Johann Karl Martenstein die Saffianleder-Manufaktur »Heyl und Martenstein« auf und gründete 1839 eine Fabrik zur Herstellung von lackiertem Kalbleder, die späteren »Heylschen Lederwerke«. Die Lederwerke der Familie Heyl und die seit 1840 bestehende Konkurrenzfirma »Doerr & Reinhart« bildeten Kondensationspunkte für die spätere Industrialisierung der Region. Die Heyls schufen die Grundlage einer Großindustrie, die nicht auf eigener handwerklicher Innovation basierte, sondern auf Kapitalbasis unter Verwendung eines in Großbritannien erworbenen Patents. Der rasche Anstieg der Einwohnerzahlen Worms' ging mit dieser Entwicklung einher. Im Jahr 1840 lebten 8.000 Menschen in Worms, 1871 waren es bereits 14.500. Diese Zahl verdreifachte sich annähernd bis 1900 und für das Jahr 1914 sind schließlich rund 50.000 Einwohner verzeichnet.[8] Die Beschäftigtenzahlen der Lederlackierfabrik Heyl stiegen in ähnlicher Weise an; 1845 verfügte das Unternehmen über 220 Arbeiter und diese Zahl stieg 1857 über 650 auf 2.124 im Jahr 1889. Acht Dampfmaschinen steigerten die Produktivität der Firma. Im Vergleich dazu hatte die konkurrierende Lederlackierfabrik »Doerr & Reinhart« 1889 nur 675 Beschäftigte und drei Dampfmaschinen.[9]

Bald gehörte Cornelius Wilhelm Heyl zu den führenden hessischen, sogar deutschen Industriellen. Gemeinsam mit seiner Ehefrau Sophie Stein, die aus einer Kölner Bankiersfamilie stammte, betätigte er sich in den Bereichen Kulturförderung sowie der Philanthropie. In diesem Zusammenhang gründeten sie zahlreiche Vereine und Gesellschaften. Weiterhin war Cornelius Wilhelm Heyl als Politiker und Vertreter des in Worms dominanten Nationalliberalismus nicht ohne politischen Einfluss.[10]

8 Vgl. Gerold Bönnen: Das Stadtarchiv Worms und seine Bestände, Koblenz 1998, S. 34, S. 37 f. und S. 39.

9 Vgl. Hedwig Brüchert: Soziale Verhältnisse und Arbeitsbedingungen in der Industriestadt Worms bis zum Ersten Weltkrieg. In: Bönnen, Worms (wie Anm. 6), S. 793–823, hier S. 795.

10 Das politische Engagement von Cornelius Wilhelm Heyl fand auf fünf Ebenen statt: Im städtischen Rahmen spielte er erstens als höchstbesteuerter Grundbesitzer in der Stadtverordnetenversammlung eine Rolle, zweitens übte er im Kontext der Vereine und Lobbyverbände, wie etwa der Handelskammer, Einfluss aus. Auf der Ebene des Großherzogtums Hessen besaß er drittens einen Sitz in der Ersten Kammer. Diese einflussreiche Position auf Lebenszeit erhielt er aufgrund seiner Berufung durch den Großherzog. Viertens fungierte

Der jüngere Bruder Maximilian Heyl (1844–1925) schlug eine militärische Karriere ein und wurde 1880 in den Majorsstand befördert; gleichzeitig war er Teilhaber der Heylschen Lederwerke. Auch Maximilian brachte sich, gemeinsam mit seiner Ehefrau Doris Stein, als Mäzen in Worms ein.[11]

Ihre »Hochphase« erlebte die Familie zwischen 1874 und 1914. Im Jahr 1886 wurde Cornelius Wilhelm gemeinsam mit seinem Bruder Maximilian durch Großherzog Ludwig IV. von Hessen (1837–1892) mit dem Freiherrentitel »von Heyl zu Herrnsheim« in den erblichen Adelsstand erhoben und zählte damit zur ersten Klasse der Hofgesellschaft.[12] Da die deutschen Fürsten im 19. Jahrhundert Nobilitierungen nur selten einsetzten und Unternehmer noch seltener als Offiziere und Staatsbeamte diese Standeserhöhung erwarten konnten, ist die Adelung Cornelius Wilhelm Heyls als Ausnahmeerscheinung zu bewerten.[13] Insbesondere die hessischen Großherzöge gingen nicht verschwenderisch mit Nobilitierungen um: Zwischen 1806 und 1818 fanden jährlich durchschnittlich eineinhalb Adelserhebungen, Standeserhebungen und Adelsanerkennungen statt, wobei der Großteil auf Offiziere und Beamte entfiel. Großherzog Ludwig IV. nobilitierte während seiner Regierungszeit in den Jahren 1877 bis 1892 neben Cornelius Wilhelm Heyl nur einen weiteren Unternehmer.[14]

er als Abgeordneter der Nationalliberalen Partei im Reichstag und fünftens nahm er als Vorstandsmitglied Funktionen in der kirchlichen Selbstverwaltung und Synodale wahr. Cornelius Wilhelm Heyls politische Karriere war bereits Untersuchungsgegenstand einiger Studien. 1960 legte der Historiker Günther Kriegbaum eine Dissertationsschrift über dessen parlamentarische Arbeit vor. In einer umfangreichen Examensarbeit untersuchte Bianca Hoffmann 2001 das politische Wirken Heyls als Stadtverordneter, Mitglied der Ersten Hessischen Kammer, und als Reichstagsabgeordneter. Vgl. Günther Kriegbaum: Die parlamentarische Tätigkeit des Freiherrn C. W. Heyl zu Herrnsheim (Mainzer Abhandlungen zur mittleren und neueren Geschichte 9), Meisenheim am Glan 1962 sowie Bianca Hoffmann: Untersuchungen zum politischen Wirken des Wormser Lederindustriellen C. W. (v.) Heyl, Landau 2001.

11 Vgl. Fritz Reuter: Dr.-Ing. e. h. Karl Maximilian Freiherr von Heyl (1844–1925). Ein Mäzen und Musenfreund. In: Der Wormsgau. Wissenschaftliche Zeitschrift der Stadt Worms und des Altertumsvereins Worms e. V. 16 (1992/95), S. 7–11.

12 Vgl. Fritz Reuter: Vier bedeutende Wormser Familien im 19. und 20. Jahrhundert. Heyl, Valckenberg, Doerr und Reinhart. In: Genealogie. Deutsche Zeitschrift für Familienkunde 42 (1993), S. 644–661, hier S. 644–646 sowie Bönnen (wie Anm. 8), S. 173–176. Die Erhebung in den Adelsstand der Brüder Heyl wurde am 19.08.1887 im Großherzoglich Hessischen Regierungsblatt veröffentlicht (Großherzoglich Hessischen Regierungsblatt, Beilage Nr. 23, Darmstadt, 19.08.1887, S. 173).

13 Vgl. Monika Wienfort: Der Adel in der Moderne, Göttingen 2006, S. 139. Eine Ausnahme mit zahlreichen Nobilitierungen stellte Preußen zwischen 1871 und 1918 mit 1.129 Nobilitierungen dar.

14 Christoph Franke, der eine statistische Untersuchung der großherzoglich-hessischen Nobilitierungen vornahm, zählt zwei Unternehmer. Vermutlich handelt es sich bei dem zweiten

Das gute Verhältnis der Familie zum Haus Hessen zeigte sich auch auf privater Ebene: Großherzog Ludwig IV. übernahm die Patenschaft für den jüngsten Sohn Cornelius Wilhelms und Sophies.[15] Der Chronist des großherzoglichen Hauses Hessen, Manfred Knodt, erwähnt auch die freundschaftliche Beziehung zwischen dessen Sohn, Großherzog Ernst Ludwig (1868–1937), und den Brüdern Heyl.[16] Sie teilten das Interesse an Kunst, Kunstkonsum und Kulturförderung. So hielt der Großherzog Ernst Ludwig in seinem Tagebuch fest: *Durch Maximilian von Heyl kam ich öfters zu Franz von Lenbach, dieser große, aber auch einfache selbstbewußte Künstler imponierte mir gewaltig. Der Heylshof [hier: das Palais von Maximilian und Doris von Heyl in Darmstadt, Anm. I. H.] war zu jener Zeit ein richtiges Zentrum für Kulturpflege.*[17] Franz von Lenbach (1836–1904), der das Unternehmerpaar porträtierte (siehe Abb. 2 und 3), brachte in einem Gratulationsschreiben an Cornelius Wilhelm Heyl anlässlich der Nobilitierung 1886 auf den Punkt, welchen Lebensstil die Familie verfolgte, und formulierte, was Heyl nur zu gerne hören wollte: *Nach iure ipso waren Sie mir immer schon längst Freiherr, ein Aristokrat im wirklichen Sinn des Wortes.*[18]

Durch ihre Nobilitierung standen die Heyls an der Schnittstelle zwischen Wirtschaftsbürgertum und Adel. Sie können als Unternehmerfamilie zwar dem Wirtschaftsbürgertum zugeordnet werden, zeigten aber durch ihren Lebensstil und ihre Verbindungen mit regionalen und vor allem überregionalen Eliten eine starke Anbindung an die Aristokratie. Insbesondere ihre Aktivitäten und Leistungen auf kulturellem Feld vergegenwärtigen Kontaktzonen zwischen Adel und Bürgertum, darüber hinaus verdeutlicht das Beispiel der Familie Heyl insbesondere die immer noch starke Dominanz adliger Traditionen im 19. Jahrhundert. Dies äußerte sich auch in ihrer Heiratspolitik nach der Nobilitierung. Die Kinder Cornelius Wilhelms und Sophies heirateten – mit einer Ausnahme – in überwiegend altadlige, nur teilweise

Unternehmer um den Mainzer Weingroßhändler Willibald Brentano, dessen alter italienischer Adelstitel allerdings 1889 nur bestätigt wurde. Vgl. Christoph Franke: Alter Adel – neuer Adel. Großherzoglich-hessische Nobilitierungen im 19. Jahrhundert. In: Eckart Conze/Alexander Jendorff/Heide Wunder (Hrsg.): Adel in Hessen. Herrschaft, Selbstverständnis und Lebensführung vom 15. bis ins 20. Jahrhundert (Veröffentlichungen der Historischen Kommission für Hessen 70), Marburg 2010, S. 359–374, hier S. 367 und Eckhart G. Franz: Otto Rudolf von Brentano (1855–1927). Hessischer Minister und stellvertretender Ministerpräsident. In: Bernd Heidenreich (Hrsg.): Geist und Macht. Die Brentanos, Wiesbaden 2000, S. 181–196, hier S. 183 und S. 184 Anmerkung 4.

15 Vgl. Ella Mensch: Erinnerungen an Sophie Freifrau von Heyl zu Herrnsheim, Darmstadt 1917, S. 17.

16 Vgl. Manfred Knodt: Ernst Ludwig. Großherzog von Hessen und bei Rhein. Sein Leben und seine Zeit, Darmstadt 1978, S. 262.

17 Ernst Ludwig, zit. n. Knodt (wie Anm. 16), S. 336.

18 StA Worms Abt. 186 Nr. 1202, Franz von Lenbach an Cornelius Wilhelm Heyl, 11.04.1886.

Abb. 2: Franz von Lenbach: Sophie von Heyl, 1901
© Museum Kunsthaus Heylshof (Inv. Nr. 102)

nobilitierte, protestantische Familien ein: von Leonhardi, von Deichmann, von Ysenburg-Büdingen, von der Planitz, Riedesel zu Eisenbach, von der Marwitz-Stein.[19] Es ist offensichtlich, dass die Heyls aufgrund verschiedener Strategien den Adelstitel erreichten. Bereits vor der Nobilitierung führten sie einen adeligen Lebensstil, der

19 Wilhelmine Adrienne von Heyl heiratete Wilhelm-Theodor von Deichmann, Martha Cornelia von Heyl heiratete Hugo Rudolf Frh. v. Leonhardi, Alice Sophie von Heyl heiratete Max Edler von der Planitz, Erwin Max Cornelius von Heyl heiratete Anna Klara Seibt, Maximilian Otto Cornelius von Heyl heiratete Anna Riedesel Freiin zu Eisenbach, Cornelius Wilhelm Karl heiratete Mathilde Prinzessin v. Ysenburg u. Büdingen, Ludwig Cornelius von Heyl heiratete Eva-Marie von der Marwitz-Stein. Vgl. Bönnen, Familie Heyl (wie Anm. 6), S. 35–186, hier S. 37 und S. 52.

Abb. 3: Franz von Lenbach: Cornelius Wilhelm von Heyl, 1883
© Museum Kunsthaus Heylshof (Inv. Nr. 101)

sich nicht nur in philanthropischen und mäzenatischen Projekten äußerte. Auch ihre Wohnsitze entsprachen adligen Standards. Neben zahlreichen Besitzungen wie dem Heylshof und der »Sommerresidenz« Gut Pfauenmoos in der Schweiz erwarb Cornelius Wilhelm Heyl 1883 das Schloss Herrnsheim bei Worms für 650.000 Mark, das ursprünglich einem alten Adelsgeschlecht, der Familie Dalberg Kämmerer von Worms, gehörte.[20] Diesen Kauf verband er mit der Errichtung eines Fideikommiss, was offenkundig ein gezielter Bestandteil der Nobilitierungsstrategie war.[21] In die-

20 Vgl. Bönnen, Familie Heyl (wie Anm. 6), S. 35–186, hier S. 47.

21 Zur Besitzrechtsform »Fideikommiss« siehe Wienfort (wie Anm. 13), S. 17 und S. 70–71. Wienfort betont, dass Fideikommisse nicht überall üblich waren. In Adelslandschaften wie Hessen seien die Güter eher unter den Erben aufgeteilt worden. Vgl. ebenda., S. 71.

sen Zusammenhang gehören auch die Anfertigung eines Familienwappens nach der Nobilitierung und die Errichtung der Gottliebenkapelle 1888/91 in Herrnsheim als Grabstätte.[22]

Es hat sich gezeigt, dass Cornelius Wilhelm und Sophie Heyl mit einem hohen Grad an Perfektion alle Maßstäbe erfüllten, die ebenfalls in den europäischen Nachbarländern für die Elitenbildung zentral waren. Der Heylshof und die Heyl'sche Kunstsammlung können ebenfalls in das Panorama der europäischen Mäzenatentums- und Privatsammlerszene des ausgehenden 19. Jahrhunderts eingeordnet werden. Das Sammlerehepaar profitierte von der in dieser Zeit »wachsenden Mobilität von Personen, aber auch von Gütern und Informationen«.[23] Postdienste und Medien sowie technisch basierte Formen des Transports und der Kommunikation förderten die Vernetzung. Diese transnationalen Netzwerke leiteten vielfach dynamische Kulturtransferprozesse ein, die auf private Ausstattungsprogramme und Geschmacksmuster, aber auch auf die Förderpolitik der Mäzene reziprok einwirkten.[24] Für Cornelius Wilhelm und Sophie Heyl gehörte das Reisen zum Lebensstil. Bereits in ihrer Jugend beherrschten sie mehrere Fremdsprachen und verreisten zu Bildungszwecken.[25] Später kamen Geschäftsreisen und Aufenthalte in eleganten Kurorten dazu. Stets verkehrten sie in exklusiven internationalen Kreisen.[26]

2. Repräsentatives Wohnen als adlig-bürgerliche Elitenpraxis und Ergebnis von Kulturtransferprozessen – großstädtische Vorbilder für den Heylshof

Im Frühjahr 1866 reiste die 19-jährige Sophie mit ihrem Vater, dem Kölner Bankier und Kunstsammler Carl Martin Stein (1806–1868) nach Paris. Ihre Eindrücke hielt Sophie eilig in ihrem Tagebuch fest – sie hatte sich vorgenommen, alles zu notieren,

Die Bekanntmachung der Errichtung eines Fideikommisses aus dem früher Dalberg'schen Gut bei Herrnsheim durch Cornelius Wilhelm Heyl wurde ebenfalls im Großherzoglich Hessischen Regierungsblatt veröffentlicht: Großherzoglich Hessisches Regierungsblatt, Beilage Nr. 7. Darmstadt, 10.04.1886, S. 49.

22 Vgl. Ferdinand Werner/Gerold Bönnen: Gabriel von Seidl und die Gottliebenkapelle in Herrnsheim. In: Bönnen/Werner (wie Anm. 1), S. 397–412.

23 Vgl. Jens Jäger: Das vernetzte Kaiserreich. Die Anfänge von Modernisierung und Globalisierung in Deutschland, Stuttgart 2020, S. 9.

24 Zum Konzept des Kulturtransfers siehe Hans-Jürgen Lüsebrink: Der Kulturtransferansatz. In: Christiane Solte-Gresser/Hans-Jürgen Lüsebrink/Manfred Schmeling (Hrsg.): Zwischen Transfer und Vergleich. Theorien und Methoden der Literatur- und Kulturbeziehungen aus deutsch-französischer Perspektive, Stuttgart 2013, S. 37–50.

25 Vgl. StA Worms, Abt. 170/26, Nr. 5, Cornelius Wilhelm von Heyl, Aus meinem Leben, Manuskript o.J., Transkript 1966, S. 4.

26 StA Worms, Abt. 187, Nr. 112, Adrienne von Deichmann geb. Freiin von Heyl zu Herrnsheim, Kinder – und Jungmädchen-Erinnerungen bis zu Ehe, Aufzeichnung aus dem Jahr 1931, Transkript, o.S.

was in *dem ersten Jahre des Erwachsenenseins* Eindruck auf sie machen würde.[27] In einem Staccato der touristischen Attraktionen erwähnt die junge Reisende die Notre Dame, die Brücken über der Seine, den Bois de Boulogne und den Jardin du Luxembourg. Sophie besuchte eine Aufführung im Théâtre Français und flanierte über die Champs-Élysées, die breiten Boulevards mit Läden voller *Lichtschimmer* und einem *ewig vorüberbrausenden Menschenstrom.*[28] Das großstädtische Flair der Metropole erlebte sie außerdem in Restaurants, Cafés und auf dem Pferderennen; die Modestadt Paris ließ sie staunen über *die reizenden Damen, alle in schönsten Toiletten, einige mit rotgefärbten Haaren, dabei unter den Augen ganz schwarz, was mit dem weißgepuderten Teint einen merkwürdigen Effekt macht.*[29] Gemeinsam mit ihrem Vater suchte sie zudem die Museen der Metropole auf:

> *Anderen Tags mit Papa Louvre herrliche Sammlung von Kunstschätzen! Papa musste mich überall fortreißen, wir sahen alles im Fluge, die herrlichen Raffaels, Rubens, dann die Venus von Milan, die reizenden Bilder von Lebrun […]. Mittwoch dann ich allein mit Papa im offenen Wagen nach dem Hôtel Cluny […], das Schlößchen aus der Zeit der Hugenotten voller Kunstschätze, herrliche Elfenbeinsachen, Gläser, alte Waagen, Schuhe von Marie-Antoinette und außer vielem andern auch die Kinnlade Molières. Das Schlößchen ist zwar restauriert, ist aber dennoch ganz wie zur damaligen Zeit eingerichtet, sehr interessante Kaminschränke, Läden etc. Von Cluny […] nach Notre Dame, herrliches Bauwerk, doch nicht mit unserem Dom zu vergleichen.*[30]

Für den vorliegenden Beitrag ist Sophies Erwähnung des Musée Cluny von besonderer Bedeutung, denn diese Sammlung entwickelte Mitte des 19. Jahrhunderts eine enorme Strahlkraft auf das gesamte Sammelwesen und die Inszenierung von Kunstbesitz in Europa.[31] Auch für Sophie und Cornelius Wilhelm Heyl sollte Cluny später als Blaupause für die Präsentation ihres Kunstbesitzes im Heylshof dienen. Der Antiquar Alexandre du Sommerard (1779–1842) hatte zu Beginn des 19. Jahrhunderts eine Kunst- und Kunstgewerbesammlung mit Artefakten des Mittelalters und der Renaissance zusammengetragen.[32] In den 1830er Jahren inszenierte er seinen Kunstbesitz im ehemaligen Stadtpalais der Äbte von Cluny in historisierender Weise. Je nach Raumkonzept und -funktion ließ er die einzelnen Säle des mittelalterlichen Palais in verschiedenen historischen Stilen ausstatten. Gemälde, Skulpturen, kunstgewerbliche Gegenstände und antike Möbelstücke wurden in einer teils

27 StA Worms, Abt. 187, Nr. 56, Sophie Stein, Tagebuch 1864–1866, Transkript, 1. Dezember 1865, S. 34.

28 Ebenda, S. 55.

29 Ebenda, S. 56.

30 Ebenda, S. 54f.

31 Vgl. Clemens/Jacobs (wie Anm. 64), S. 177.

32 Vgl. Sven Kuhrau: Der Kunstsammler im Kaiserreich. Kunst und Repräsentation in der Berliner Sammlerkultur, Kiel 2005, S. 32.

authentischen, teils historisierenden Rahmenarchitektur arrangiert. Dadurch verlebendigte Sommerard die historischen Artefakte und simulierte den Eindruck, »dass es sich wirklich um das Schlafzimmer des Königs handelte.«[33]

Das Ausstellungs- und Inszenierungsmodell *Hôtel de Cluny* verbreitete sich durch ein Album mit lithographischen Abbildungen aus den Jahren 1838–1846 und wurde zur Schablone für die Inszenierung »repräsentativer Sammlungen« in ganz Europa sowie später auch den Vereinigten Staaten.[34] Nach dem Tod Sommerards wurde dessen Privatsammlung zudem ab 1844 zu einem öffentlich zugänglichen Museum.[35] Das Modell der »repräsentativen Sammlung« ermöglichte es den Kunstsammlerinnen und -sammlern die übliche Trennung von Gemäldegalerie und Wohnbereich aufzulösen und ihren teilweise als Universalsammlung angelegten Kunstbesitz – bestehend aus Malerei, Skulptur, Bronzen, Kunstgewerbe und Möbeln – als »integrierte Kunstsammlungen« innerhalb ihrer Wohnräume zu präsentieren.[36] Attraktiv waren diese Arrangements in ihrer Doppelfunktion von repräsentativem Wohnraum und Sammlung nicht allein wegen ihrer Raffinesse und den bereit gehaltenen Überraschungsmomenten, sondern auch, weil sie den Sammlerpersönlichkeiten eine Bühne zur spezifisch historisierenden Inszenierung ihrer Person lieferten.[37]

In Paris ließen sich zahlreiche renommierte Kunstsammler von der Präsentationsform in Sommerards Hôtel Cluny zu ähnlichen Arrangements anregen. Das berühmteste Beispiel dafür bietet das Palais des Bankierserben Édouard Andrés – ein klassizistisches Stadtschloss im Stil der herrschaftlichen Palais des 18. Jahrhunderts, das er 1868 im Arrondissement de l'Élysée errichten ließ. Hier schuf André gemein-

33 Ebenda.

34 Vgl. Galli Michero: Katalogbeitrag zu: Deroy La Camera, 1838–1846. In: Galli Michero/Mazzocca (Hrsg.): Gian Giacomo Poldi Pezzoli, 2012, S. 98–99. Diesem Modell folgten auch die Sammler Adolph de Rothschild und Friedrich von Pourtalès, der es schließlich nach Berlin brachte. Vgl. Gabriele Clemens: Städtische Kunstsammler und mäzenatisches Handeln. Französisch-deutscher Kulturtransfer im 19. Jahrhundert. In: Gabriele Clemens/Jean El Gammal/Hans Jürgen Lüsenbrinck (Hrsg.): Städtischer Raum im Wandel. Modernität, Mobilität, Repräsentationen (Vice versa 4), Berlin 2011, S. 105–120, hier S. 107–110 sowie Kuhrau (wie Anm. 32), S. 32.

35 Vgl. Tom Stammers: The purchase of the past. Collecting culture in post-revolutionary Paris c. 1790–1890, Cambridge 2020, S. 166.

36 Zum Modell der repräsentativen Kunstsammlung im Deutschen Kaiserreich, vgl.: Thomas W. Gaehtgens: Wilhelm von Bode und seine Sammler. In: Ekkehart Mai/Peter Paret (Hrsg.): Sammler, Stifter und Museen. Kunstförderung in Deutschland im 19. und 20. Jahrhundert, Köln/Weimar/Wien 1993, S. 153–172; Ernst Siebel: Der großbürgerliche Salon 1850–1918. Geselligkeit und Wohnkultur, Berlin 1999, v. a. S. 207–255 sowie Barbara Paul: »Das Kollektionieren ist die edelste aller Leidenschaften!«. Wilhelm von Bode und das Verhältnis zwischen Museum, Kunsthandel und Privatsammlertum. In: Kritische Berichte 21 (1993), S. 41–64.

37 Vgl. Kuhrau (wie Anm. 32), S. 33.

sam mit seiner Ehefrau, der Künstlerin Nélie Jacquemart, diverse *mise en scene* für ihre gemeinsamen Gemälde- und Kunstgewerbesammlungen aus dem mittelalterlichen Italien und dem frühneuzeitlichen Frankreich.[38] Zu diesem Zweck ließen sie vollständige alte Dekors aus ihrem ursprünglichen Zusammenhang abbauen und in ihren Räumen neu anbringen. 1912 ging die Sammlung Jacquemart-André als Stiftung an das »Institut de France« und wurde ein Jahr später als öffentliches Museum für Besucherinnen und Besucher zugänglich. Auch der Sammler Adolph de Rothschild folgte dem Modell Du Sommerards in seinem Pariser Palais, wo er Ende der 1860er Jahre die Inszenierung der Renaissance-Sammlung aus dem Hôtel Cluny übernahm.[39]

Ein »piccolo Museo de Cluny« richtete sich der Kunstsammler Gian Giacomo Poldi Pezzoli (1822–1879) in den 1850er Jahren in Mailand ein. Er ließ jeden Raum in einem bestimmten Kunststil der Vergangenheit einrichten: Das Treppenhaus wurde im Barockstil erbaut und das Vorzimmer vorwiegend mit Porträts geschmückt. Es gab einen auf die Renaissance rekurrierenden »goldenen Saal«, einen »schwarzen Saal« im Stil des frühen Cinquecentos und ein Schlafgemach im Barockstil des 17. Jahrhunderts. 1881 wurde das Haus mit den Sammlungen als öffentliches Museum eingeweiht und ging als »Paradebeispiel« für den französisch-europäischen Kulturtransfer in die Kunstgeschichte ein. Darüber hinaus diente die Sammlung Poldi-Pezzoli wiederum als Vorbild, auch über die Grenzen Europas hinaus: etwa für Isabella Stewart Gardner (1840–1924), die sich zu Beginn des 20. Jahrhunderts ein im Neorenaissance-Stil gestaltetes Privatmuseum in Boston schuf.

In London steht die Wallace Collection in Hertford House als »doyen of historic house museums«.[40] Hier hatte der Erbe des vierten Marquess of Hertford, Sir Richard Wallace (1818–1890), im Stadtpalais seiner Familie sogenannte *period rooms* für die umfangreiche Kunstsammlung seiner Vorfahren mit eigenen Erweiterungen geschaffen. Der sogenannte *Reynolds Room* erhielt eine Einrichtung nach *regency taste;* ein anderer Raum versetzte die Besucher mit Majoliken, Skulpturen, Handschriften und Gemälden aus der Sammlung des Vicomtes de Tauzia ins 16. Jahrhundert. Noch zu Lebzeiten öffnete Wallace für eine gesellschaftliche Elite sein Haus einmal wöchentlich, was sich zu einem festen Bestandteil der Londoner Gesellschaftsszene etablierte.[41] Zu den Besuchern gehörte etwa Nélie Jacquemart-

38 Vgl. Clemens (wie Anm. 34), S. 109.

39 Vgl. Ebenda, S. 108.

40 Jeremy Warren: The 4th Marquess of Hertford and Sir Richard Wallace as Collectors. Chalk and Cheese? Or Father and Son? In: Inge Reist (Hrsg.): British Models of Art Collecting and the American Response. Reflections Across the Pond, Burlington 2014, S. 117–131, hier S. 117.

41 »Wallace sought the social advancement which the circumstances of his birth made difficult to attain, and it seems that he used not just his art collection and his status as an acknowledged connaisseur to further his entry into English society.« Stephen Duffy/Jo Hedley: The Wallace Collection's Pictures. A Complete Catalogue, London 2004, S. xxxiv.

André, aber auch Henry Clay Frick, der in den 1880er Jahren begann, seine berühmte New Yorker Kunstsammlung aufzubauen.

In Berlin wurde die »inszenierte Sammlerkultur« aus dem Hôtel Cluny von der französischen Grafenfamilie Pourtalès etabliert.[42] Friedrich von Pourtalès (1779–1861), der Oberzeremonienmeister von Friedrich Wilhelm III. und Friedrich Wilhelm IV., ließ sich in den 1850er Jahren ein Palais erbauen, das den entsprechenden Rahmen für seine Kunstsammlung bieten sollte. Als Vorbild für die Präsentation seiner Kunstwerke diente ihm die Sammlung seines Bruders James Alexanders in Paris, der sich wiederum am Modell Du Sommerards orientierte.

Gleichzeitig zu diesen europaweiten Kulturtransferprozessen profilierte sich im Deutschen Kaiserreich die Berliner Sammlerszene zunehmend, wie der Kunsthistoriker Sven Kuhrau in einer dichten und aufschlussreichen Studie darlegt.[43] Die Berliner Sammler orientierten sich, was Ausstattungsluxus und Kunstkonsum anbetraf, an den großbürgerlichen und aristokratischen Häusern in London und Paris.[44] Kuhrau beschreibt die Berliner Sammlerszene als eine von Beginn an »adelig-bürgerliche Hybridkultur«.[45] Die Akteure vernetzten sich in der Markt-, Experten- und Vereinsstruktur der Szene sowie auf dem gesellschaftlichen Parkett der Elite.[46] Der Adel nutzte die kulturelle Praxis des Kunstsammelns als »Strategie des Obenbleibens«[47] und diente gleichermaßen als Vorbild für das Großbürgertum.

Die Kulturförderung der Kronprinzessin Victoria (ab 1888 Witwe Kaiserin und Königin Friedrich genannt), die sich in einer regen Sammeltätigkeit und dem Engagement für die Gründung eines Kunstgewerbemuseums zeigte, ist ein eindrückliches Beispiel für diese Praxis. Zu ihren Sammlungsbereichen gehörten: Bildwerke, Gemälde, Arbeiten in Edelmetall, Mobiliar, Miniaturporträts, deutsches Steingut, Emaille, Eisen, Zinn und Porzellan.[48] Sie ließ die einzelnen Objekte in Ensembles

42 Vgl. Clemens (wie Anm. 34), S. 110.

43 Kuhrau (wie Anm. 32).

44 Ebenda, S. 9.

45 Ebenda, S. 49.

46 Sie trafen sich nicht nur als Konkurrenten um Kunstwerke, sondern stellten auch gemeinsam als Leihgeber aus. Diese Form des Mäzenatentums fand die gewünschte Resonanz in der Presse. Als Beispiel sei hier die sechste internationale Kunstausstellung in München 1892 genannt. Als Leihgeber »alter Kunst« traten auf: Kaiserin Friedrich; die Berliner Sammler Thiem, Professor Knaus, Wesendonck und Hainauer; der Leipziger Generalkonsul Thieme; aus Wien Miller von Aichholz und die Baronin Todesco; der Hamburger Konsul Weber und die Münchner Sammler Schubart und Fiedler. Vgl. Anonym, Sammlungen. In: Kunstchronik 3 (1892), S. 425.

47 Vgl. Rudolf Braun: Konzeptionelle Bemerkungen zum Obenbleiben. Adel im 19. Jahrhundert. In: Hans-Ulrich Wehler (Hrsg.): Europäischer Adel 1750–1950 (Geschichte und Gesellschaft Sonderheft 13), Göttingen 1990, S. 87–95.

48 Vgl. Wilhelm von Bode: Die Kunstsammlungen ihrer Majestät der Kaiserin und Königin Friedrich in Schloss Friedrichshof, Berlin 1896.

zusammenfassen und damit *period rooms* einrichten, in denen Möbel, Dekor und Kunstwerke aus der gleichen Epoche stammten.[49] Ihre kulturelle Praxis setzte zugleich Maßstäbe innerhalb der Adelskreise als auch der Bourgeoisie.[50] Kunstsammlungen wurden als Symbole adeliger Identität gedeutet und dazu genutzt, eine aristokratische Lebensführung zu repräsentieren.

Für Berlin demonstriert das kunstmäzenatische Handeln des jüdischen Bankiers Oskar Hainauer diesen Prozess. Hainauer orientierte sich einerseits an der Familie Rothschild, andererseits diente ihm der Kunstgeschmack Victorias als Vorbild. Die Rothschilds waren in den Adelsstand aufgestiegen und manifestierten ihre gesellschaftliche Position mit dem Bau prestigeträchtiger Paläste und Schlösser.[51] Hainauer folgte diesem Prinzip und orientierte sich bei der Ausstattung seiner Villa mit integrierter Kunstsammlung nachweislich an französischen Vorbildern. Er trug maßgeblich dazu bei, den Pariser Wohnstil als Modell in Berlin zu etablieren.

Alle Berliner Sammler verband die intensive Netzwerkarbeit Wilhelm von Bodes (1845–1929). Der Generaldirektor der Berliner Königlichen Museen war der einflussreichste Kurator und Museumsexperte im Kaiserreich. Sein Schüler Donath stellt Bodes System folgendermaßen vor:

> *Er verkehrt mit den Sammlern, leitet sie, zeigt ihnen die Wege, die sie weiter bringen und reformiert so, indem er gleichzeitig die Museen großzügig ausgestaltet, in genialer Weise auch das private Sammelwesen.*[52]

Bode beriet aber nicht nur Sammler in den europäischen Metropolen: Zu seinen Klienten gehörten auch Cornelius Wilhelm und Sophie Heyl. Sie transferierten das großstädtische Sammelwesen mithilfe von Bodes Expertise in die mittelstädtische Provinz und konnten damit wiederum überregionale Sichtbarkeit erreichen. Für seine Beratungstätigkeit erwartete Bode neben Leihgaben auch Schenkungen an die königlichen Museen. In großen Ausstellungsprojekten, wie etwa der Ausstellung von Gemälden älterer Meister aus Berliner Privatbesitz, die anlässlich der Silberhochzeit des Kronprinzenpaars 1883 organisiert wurde, bot er den Sammlern eine glänzende Bühne.[53] Mit der Gründung des Kaiser-Friedrich-Museums-Vereins 1897 intensi-

49 Vgl. Inge Eichler: Victoria als Malerin, Sammlerin und Mäzenin. In: Rainer von Hessen (Hrsg.): Victoria Kaiserin Friedrich. Mission und Schicksal einer englischen Prinzessin in Deutschland, Frankfurt am Main 2002, S. 134–150, hier S. 145.

50 Vgl. Kuhrau (wie Anm. 32), S. 49. Zur künstlerischen Erziehung Victorias siehe auch die Biografie: Hannah Pakula: An Uncommon Woman. The Empress Frederick Daughter of Queen Victoria, Wife of the Crown Prince of Prussia, Mother of Kaiser Wilhelm, New York 1995, S. 42.

51 Vgl. Sven Kuhrau über die Sammlung Oskar Hainauers: Kuhrau (wie Anm. 32), S. 43.

52 Adolph Donath: Psychologie des Kunstsammelns, Berlin 1911, S. 102.

53 Sigrid Otto: Wilhelm von Bode. Journal eines tätigen Lebens. In: Wilhelm von Bode/ Kaiser-Friedrich-Museums-Verein (Hrsg.): Wilhelm von Bode, Museumsdirektor und Mäzen. Wilhelm von Bode zum 150. Geburtstag, Berlin 1995, S. 23–50, hier S. 31. Aus rund

vierte Bode dieses Zusammenspiel aus Beratung und Akquise von Werken für die Museen.[54] Cornelius Wilhelm Heyl war ebenfalls ein Gründungsmitglied dieses exklusiven Vereins.

3. Der Heylshof als Bühne für die Inszenierung kultureller Elitenpraxis

Fasst man das Wort *Theater* in seiner ursprünglichen Bedeutung als *Schauplatz* auf, als »Ort, an dem sich etwas des Zeigens Würdiges ereignet«, erfährt der Bühnen- und Inszenierungsbegriff eine Öffnung in alltägliche Lebensbereiche.[55] Mit dieser erweiterten Theaterbegrifflichkeit erschließen sich neue Perspektiven auf kulturelle Phänomene und ihre theatralen Ausdrucksformen.[56] Ein Blick auf die Wohnkultur im Kaiserreich zeigt, dass die herrschenden Schichten repräsentative Wohnräume als Bühnen gestalteten, um ihre kulturelle Praxis zur Schau zu stellen. Der »Heylshof« führt die Verschmelzung von Leben und Theater in den oberen Sphären der kaiserzeitlichen Elite eindrücklich vor Augen.

Folgt man Pierre Bourdieus soziologischem Grundlagenwerk *Die feinen Unterschiede*, waren Unterschiede zwischen den Wohnweisen seit jeher »Ausdruck sozialer und kultureller Lebensformen auf Basis der jeweiligen Möglichkeiten und Notwendigkeiten«.[57] Sowohl die ökonomischen Begebenheiten als auch die gesellschaftlichen Normen und Wertvorstellungen bestimmten das Wohnen und seine Wahrnehmung. Die Kulturhistorikerin Adelheid von Saldern formuliert diesen Sachverhalt folgendermaßen:

> »Oftmals signalisierten Häuser, Räume und Gegenstände die Schichtzugehörigkeit und den beruflichen Erfolg der Menschen, die in den Räumen lebten und die Gegenstände nutzten. Sie trugen [...] wesentlich zum Aufbau und

50 Privatsammlungen stellte Bode 300 Objekte aus. Vgl. Gerda Ridler: Privat gesammelt – öffentlich präsentiert. Über den Erfolg eines neuen musealen Trends bei Kunstsammlungen (Schriften zum Kultur- und Museumsmanagement), Bielefeld 2012, S. 31.

54 Olaf Matthes: James Simon. Mäzen im Wilhelminischen Zeitalter, Berlin 2000, S. 136.

55 Peter Rusterholz: Theatrum vitae humanae. Funktion und Bedeutungswandel eines poetischen Bildes. Studien zu den Dichtungen von Andreas Gryphius, Christian Hofmann von Hofmannswaldau und Daniel Casper von Lohenstein (Philologische Studien und Quellen 51), Berlin 1970, S. 15.

56 Erika Fischer-Lichte: Einleitung. In: Dies. (Hrsg.): Theatralität und die Krisen der Repräsentation. DFG Symposium 1999 (Germanistische Symposien-Berichtsbände 22), Stuttgart/Weimar 2001, S. 1–19, hier S. 15.

57 Pierre Bourdieu: Die feinen Unterschiede, Frankfurt 1982 (deutsche Ausgabe), zit. nach: Adelheid von Saldern: Im Hause zu Hause. Wohnen im Spannungsfeld von Gegebenheiten und Aneignungen. In: Jürgen Reulecke (Hrsg.): Geschichte des Wohnens, Bd. 3: 1800–1918. Das bürgerliche Zeitalter, Stuttgart 1997, S. 145–332, hier S. 149.

Erhalt der gesellschaftlichen Ordnung bei, und zwar sowohl mittels eigener Positionsbestimmung als auch durch fremde Zuordnung.«[58]

Die Aufstiegsgeschichte der Familie Heyl beruhte auf ökonomischem Erfolg, sozialer Distinktion und Integration in elitäre Netzwerke. Das Mittel der Inszenierung spielte innerhalb von Distinktionsprozessen eine wichtige Rolle und wurde von den Heyls auch zur Netzwerkbildung angewendet.

In der Geschichtswissenschaft ist der Untersuchungsgegenstand »Wohnen« komplex, da die subjektive Aneignung von Wohnungen und Gegenständen schwer zu ermitteln ist. Als Quellen stehen insbesondere Bilder, Briefe und Beschreibungen, Inventare und Autobiographien zur Verfügung, die aus kunst- und kulturhistorischer Perspektive analysiert werden können. Wenn man untersuchen will, wie die kaiserzeitliche Elite ihre Lebenswelt wirkungsvoll in Szene setzte, bietet es sich an, das Theatralitätsmodell der Kulturwissenschaften in die Untersuchung einzubeziehen. Es schärft den Blick für den spezifischen Aufführungscharakter von Kultur und kulturellen Handlungen und eröffnet zwei Perspektiven, nämlich neben der Kultur *der* Inszenierung auch die Kultur *als* Inszenierung wahrzunehmen.[59] Der Aufführungsbegriff setzt sich aus den Elementen Inszenierung, Körperlichkeit und Wahrnehmung zusammen, die anhand des Theatralitätsmodells untersucht werden. Auch hier liegt der Fokus auf den sozialen Prozessen, da eine Aufführung als »Zusammentreffen unterschiedlicher Gruppen, die unterschiedliche Beziehungen zueinander eingehen« definiert wird.[60] Fruchtbar ist dieses Modell für die Untersuchung der Wohnkultur der Familie Heyl, da es Prozesse der (Selbst-)Inszenierung greifbar macht. Die Theaterwissenschaftlerin Erika Fischer-Lichte definiert mehrere Teile der Inszenierung: Erstens das, was in/mit ihr zur Erscheinung gebracht wird und von anderen wahrgenommen wird. Zweitens das Ensemble von Techniken und Praktiken, das eingesetzt wird, um es in Erscheinung zu bringen.[61] Infolgedessen ist zu fragen, inwiefern die Heyls Inszenierungen zur Netzwerkbildung nutzten und welche Bühne sie sich zur Aufführung ihrer kulturellen Praxis schufen.

Nach ihrer Heirat bewohnten Cornelius Wilhelm und Sophie zunächst eine Stadtvilla, das sogenannte Schlösschen am Schlossplatz nördlich des Domes.[62] Im

58 Von Saldern (wie Anm. 57), S. 148 f.

59 Vgl. Fischer-Lichte (wie Anm. 56), S. 7 und S. 10.

60 Ebenda, S. 10 und S. 12.

61 Ebenda, S. 8.

62 Der Großvater Heyls, Johann Cornelius Heyl III. (1792–1858) hatte die Stadtvilla mit der Adresse Schlossplatz 1 in direkter Domnähe im Jahr 1851 erworben. Dessen Vater, der Kaufmann Johann Cornelius Heyl II. (1758–1818), hatte bereits 1805 die Ruinen des fürstbischöflichen Schlosses neben dem Dom ersteigert. Vgl. hierzu: Wolfgang Schieder/Manfred Koltes (Hrsg.): Säkularisation und Mediatisierung in den vier rheinischen Departements 1803–1813. Edition des Datenmaterials der zu veräußernden Nationalgüter, Teil 4: Donnersberg-Departement (Forschungen zur deutschen Sozialgeschichte 5), Boppard 1991. Zum Kanton Worms: S. 414–436.

Zuge ihres sozialen Aufstiegs wünschten sie sich ein repräsentativeres Domizil, das auf dem im Familienbesitz befindlichen fürstbischöflichen Areal (Domareal und fürstbischöflicher Garten) erbaut werden sollte. Dieser äußerst exponierte, geschichtsträchtige Bauplatz stellte hohe Anforderungen an den Architekten.[63] Cornelius Wilhelm Heyl entschied sich für den anerkannten Semper-Schüler Alfred Friedrich Bluntschli (1842–1930), der sich bereits durch zahlreiche Erst- und Zweitplatzierungen in Wettbewerben um öffentliche Monumentalbauten profiliert hatte.[64] Die Planungen für den Heylshof fielen in die Zeit von Bluntschlis Wechsel von Frankfurt nach Zürich, wo er eine Professur annahm.[65]

Nachdem Cornelius Wilhelm mehrere Änderungen veranlasst hatte, wich Bluntschli in manchen Aspekten von seiner ursprünglichen Planung ab, sodass es zu einer »Barockisierung« des ursprünglichen Entwurfs kam und schließlich ein neubarockes Schlösschen mit Rokokoelementen entstand.[66] Dies korrespondierte mit der Innenausstattung, die der dem Rokoko zugeneigte Lorenz Gedon (1843–1883) ausführte.[67] Der Heylshof mit integrierter Kunstsammlung wurde zu einer Bühne, auf der das Sammlerehepaar Heyl seine kulturelle Praxis effektvoll inszenieren konnte. Als tatsächliches Wohnhaus wurde die Villa nur zeitweise genutzt. Das Gebäude diente eher als Gästehaus für die zahlreichen Künstler und Persönlichkeiten, mit denen die Familie in Verbindung stand.[68]

Der Heylshof unterschied sich von den Stadtvillen des Großbürgertums und zeigte deutliche Anleihen aus der barocken Schlossarchitektur. Im Gegensatz zur üblichen Villenarchitektur richtete Bluntschli etwa die Repräsentationsräume zur Gartenseite hin aus und nicht zur Straßenseite.[69] Auch die Etagenfolge mit Sockelgeschoss, Beletage und Mezzanin orientierte sich am Schlossbau. Insgesamt inszenierte Bluntschli den Heylshof als Solitär in einer Parkumgebung. Er entwickelte den

63 Vgl. Klaus Hansemann: Der Heylshof. Unternehmerschloß und Privatmuseum. In: Schenkluhn (wie Anm. 4), S. 19–50, hier S. 19 f.

64 Bluntschli errang erste Preise in den Wettbewerben: Wiener Zentralfriedhof (1871); Hamburger Rathaus (1876, beide mit dem Büro »Mylius & Bluntschli«); Eidgenössische Parlaments- und Verwaltungsgebäude (1885). Zweite Preise: akademisches Krankenhaus Heidelberg (1866/67, erster Preis nicht vergeben); Wiener Rathaus (1868/69); Deutscher Reichstag (1871/72); Museums- und Schulgebäude des Städelschen Instituts in Frankfurt (1873); Kollegiengebäude der Universität Straßburg (1878); Zentralbahnhof in Frankfurt (1880). Die letzten vier genannten Entwürfe wurden vom Büro »Mylius & Bluntschli« vorgelegt. Vgl. Bernd Altmann: »Mein Motto fürs Leben bleibt Renaissance.« Der Architekt Alfred Friedrich Bluntschli (1842–1939), Diss. Univ. Trier 2004, Bd. 1, S. 12.

65 Vgl. Ferdinand Werner: Von Wohnhäusern, Landsitzen und Villen. In: Bönnen/Werner (wie Anm. 1), S. 187–312, hier S. 204.

66 Ebenda, S. 301.

67 Ebenda, S. 211.

68 Vgl. Hansemann (wie Anm. 63), S. 19 f.

69 Werner (wie Anm. 65), S. 209.

Abb. 4: Salon im Heylshof, Fotografie von 1905
© Stadtarchiv Worms

Grundriss, ausgehend von einem quadratischen Mitteltrakt, symmetrisch und richtete den Baukörper diagonal zur Straße aus, sodass ein dreieckiger Vorplatz entstand, der an den Ehrenhof eines Schlosses erinnert. Dieser Eindruck wurde zudem von den beiden Freitreppen verstärkt, die den Eingangsbereich flankierten.[70] Insgesamt hatte der Heylshof eine Gesamthöhe von 34 Metern. Entsprechend monumental waren die Ausmaße der Repräsentationsräume: Der Salon des Heylshofs maß 60 Quadratmeter bei einer Höhe von fünf Metern, der Speisesaal umfasste 55 Quadratmeter.[71]

70 Vgl. Hansemann (wie Anm. 63), S. 24, S. 26 und S. 27.

71 Zum Vergleich: Cornelius Wilhelm von Heyl ließ von Arthur Wienkopp für seine Fabrikangehörigen Arbeiterhäuser bauen, die einen hohen Standard hatten und eine äußerst positive Presseresonanz erzielten. Der Unternehmer reagierte mit unterschiedlichen Bau-

Für den bildnerischen Schmuck und die Innenausstattung beauftragte Cornelius Wilhelm Heyl den Münchner Künstler Lorenz Gedon, der als Architekt, Bildhauer, Kunstgewerbler und Kunstsammler das Heylsche Anwesen mit inszenatorischem Geschick ausgestaltete. Zum Zeitpunkt des Auftrags war Gedon bereits bekannt und wurde von prominenten Auftraggebern beschäftigt. Nachdem er 1867 den ersten Preis der Münchner Akademie, gestiftet von König Ludwig II., gewonnen hatte, erhielt er Aufträge für Arbeiten in der königlichen Residenz. Mit der Familie Heyl kam der Künstler 1878 in Paris in Kontakt, als er die deutsche Sektion auf der Weltausstellung gestaltete.[72] Bei der Gestaltung der Heylshof-Fassade legte Gedon den Schwerpunkt auf eine wirkungs- und eindrucksvolle Ausstattung des Eingangsbereichs. Er schuf 15 figürliche Schlusssteine über den Fenstern, den Giebelschmuck, zwei Vasen am Portalvorbau sowie Skulpturen, die auf den Voluten des Portaldachs platziert wurden. Zur Eingangsgestaltung gehörte zudem der Titel *Heyl's Hof*, der in den Stein gemeißelt wurde. Mit dieser Namensgebung grenzten sich die Heyls bewusst von den bürgerlichen Wohnhäusern der Stadt ab, da für diese die Verwendung des Begriffs *Hof* keineswegs geläufig war. Die Zuschreibung *Hof* war traditionell kirchlichen Niederlassungen oder adligen Domizilen vorbehalten und verschaffte dem Heyl'schen Besitz eine fiktive Anciennität, die die Familie geschickt mit dem historischen Baugrund des Anwesens verband.[73]

Besonders imposant war das zweiflüglige hölzerne Portal, für deren Türen Gedon Reliefs entwarf, die auf die Heyls und ihr Anwesen in Worms Bezug nahmen.[74] Es ist noch heute original erhalten und zeigt zwei Genreszenen (siehe Abb. 5): *Ankunft und Abschied*. Auf der einen Seite ist die Ankunft der Hausherrin dargestellt, die aus einer Kutsche steigt und vom Personal des Hauses begrüßt wird, im Hintergrund ist die Wormser Dreifaltigkeitskirche zu sehen. Das Schnitzbild auf dem zweiten Torflügel zeigt die Verabschiedung des Hausherrn in soldatischer Tracht von seiner Gemahlin. Diese Szene verlegte der Künstler vor das Hotel Zum Alten Kaiser, das sich

projekten auf den Wohnraumbedarf seiner wachsenden Belegschaft: 1845 verfügte das Unternehmen über 220 Arbeiter. Diese Zahl stieg 1857 über 650; im Jahr 1889 waren es 2.124 Personen. Die Häuser Wienkopps bestanden aus einer Wohnküche – größter Raum des Hauses – von 17 m^2, einer Stube mit 14 m^2 und einer Schlafkammer mit 10 m^2. Mit einer Gesamtwohnfläche von 40 m^2 waren die Häuser im Vergleich zu anderen Arbeiterwohnungen sehr geräumig. Durchschnittlich umfassten Werkswohnungen zumeist nur 30 m^2 und die Arbeiterwohnungen in Großstädten, den sogenannten Mietskasernen bestanden in der Regel aus einer Wohnküche von 20 m^2. Zu den Arbeiterhäuser von Wienkopp, vgl. Emil Högg: Hessische Landesausstellung für freie und angewandte Kunst in Darmstadt 1908. In: Architektonische Zeitschrift 11 (1908), S. 86–87, hier S. 87. Zum Arbeiterwohnen, vgl.: Clemens Zimmermann: Wohnen als sozialpolitische Herausforderung. Reformerisches Engagement und öffentliche Aufgaben. In: Reulecke (wie Anm. 57), S. 503–636.

72 Vgl. Brigitte Gedon: Lorenz Gedon. Die Kunst des Schönen, München 1994, S. 238–240 sowie Hansemann (wie Anm. 63), S. 21.

73 Vgl. Werner (wie Anm. 65), S. 211 und S. 215.

74 Zur Gestaltung des Portals: Werner (wie Anm. 65), S. 211.

Abb. 5: Lorenz Gedon, Portal des Heylshofs in Worms, 2019
© Ines Heisig

in der Andreasstraße in Worms befand. Auffällig ist die altertümliche Kleidung der dargestellten Personen, sodass beide Szenen im 18. Jahrhundert zu spielen scheinen. Offensichtlich rekurrierte der Künstler mit dieser historisierenden Verklärung auf die Familiengeschichte der Heyls, die stets Wert darauf legten, eine weit zurückreichende Verbindung mit der Stadt Worms zu haben. Dementsprechend waren Familienmemoria und Anciennität ein immanenter Bestandteil im Bildprogramm des Heylshofs. Dazu gehörte auch das eigens geschaffene Familienwappen, das sich das Unternehmerehepaar im Zuge ihrer Nobilitierung anfertigen ließ.[75] Die Eingangssituation innerhalb des Palais orientierte sich ebenfalls deutlich am höfischen

75 Vgl. Heisig, Unternehmerfamilie (wie Anm. 1), S. 241.

Zeremoniell. Nach dem Durchschreiten des Portals im Sockelgeschoss betraten die Besucher einen großzügig angelegten Treppenaufgang: Während sie zum Vestibül hinaufgingen, das zum Salon überleitete, stieg der Gastgeber wie ein barocker Fürst zu ihnen hinab.[76] Als Schmuck der Treppe diente ein von Lorenz Gedon aufwändig gestaltetes Treppengeländer mit vergoldeten Rokokofiguren. Als Wandschmuck hatte der Künstler zwei Putten platziert, die eine Stuckdraperie wie einen Theatervorhang vor den Besuchern öffneten. Dieses direkte Zitat aus der Welt der Inszenierung fand seine Fortsetzung in der Gestaltung der Gesellschaftsräume.

Cornelius Wilhelm und Sophie zeigten in diesen Räumen ihre umfangreiche Kunstsammlung, die Gemälde und kunstgewerbliche Objekte umfasste.[77] Entsprechend des Modells »Cluny« kreierte Gedon für die Inszenierung der Werke historisierende Rahmenarchitekturen, in denen die Grenzen zwischen neu geschaffenen Einrichtungsgegenständen und antiken Originalen kaum wahrzunehmen waren – Kunstwerke, Kopien und Möblierung gingen eine szenografische Verbindung ein. Lorenz Gedon galt als Meister solcher Repräsentationsarchitektur. In der Zeitschrift des Bayerischen Kunstgewerbevereins hieß es über ihn und seinen Künstlerkollegen Franz von Seitz: *Sie wollten in die Hallen und Stuben der Vorfahren wieder einziehen und sich mit gleich kunstvollem Geräth umgeben, [...] sie wollten die alte Herrlichkeit ganz direkt in die Gegenwart verpflanzen.*[78]

Wie eingangs erläutert, gehörte es zum besonderen Charakter des repräsentativen Wohn- und Sammlungstypus, einzelnen Räumen je nach Funktion einen spezifischen historischen Stil zuzuordnen. Der Kunsthistoriker Kuhrau, der die Berliner Kunstsammlerszene zur Zeit des Kaiserreichs untersuchte, nennt diesen Wohnstil »funktionalen Eklektizismus«.[79] Wilhelm von Bode beschrieb die Praxis der Kunstsammler, verschiedene Einrichtungsstile in den einzelnen Räumen anzuwenden, noch 1909 folgendermaßen:

> *Der moderne Geschmack verlangt die Aufstellung der Kunstwerke als Schmuck der Wohnräume. Diese werden, bei Sammlern älterer Kunst, regelmäßig dem Charakter ihrer Benutzung entsprechend dekoriert: Die Damenzimmer und Gesellschaftsräume im Stile des 18. Jahrhunderts, das der Ausstattung einen so festlichen und heiteren Charakter zu geben, seine Möbel so bequem und geschmackvoll zu gestalten wusste, wie keine andere Zeit; das Arbeitszimmer des Herrn und die Bibliothek werden im Stile der Renaissance eingerichtet, die im Zeichen*

76 Zur Anlehnung an das barocke höfische Zeremoniell in der Repräsentationsarchitektur im Kaiserreich: vgl. Kuhrau (wie Anm. 32), S. 14.

77 StA Worms, Abt. 202, Nr. 288a, Swarzenski: Kunstsammlung, 1921.

78 Georg Hirth: Franz von Seitz und Lorenz Gedon. Gedächtnisrede. In: Zeitschrift des Bayerischen Kunst-Gewerbe-Vereins 1/2 (1884), S. 1–7, hier S. 3. Franz von Seitz (1817–1883) war Kostüm- und Bühnenbildner an der Münchner Hofbühne. Gemeinsam mit Lorenz Gedon war er außerdem für König Ludwig II. tätig

79 Vgl. Kuhrau (wie Anm. 32), S. 18.

des Humanismus auf die Ausstattung des ›studio‹ den größten Wert legte, der Esssaal im prunkvollen Stil des Barock oder im ernsten Zopfstil. Innerhalb der so ausgestatteten Zimmer findet die Kunst aller Zeiten den geeigneten Platz.[80]

Lorenz Gedon setzte den funktionalen Eklektizismus im Heylshof nach den damaligen Gepflogenheiten um, wie von Bode beschrieben.[81] Für die Ausstattung des Salons, den festlichsten und größten Raum des Hauses, wählte er den Stil des Rokoko (siehe oben, Abb. 4). Dafür ließ er Holzschnitzereien und Stuckaturen herstellen, die an süddeutsche Rokokoräume erinnerten. Auch das Mobiliar wurde nach Gedons Entwürfen angefertigt. Die Supraporten wurden mit Malereien des 18. Jahrhunderts bestückt, die Wände mit französischen Gemälden des 18. Jahrhunderts aus dem Heylschen Sammlungsbestand. In eigens angefertigten Vitrinen stellte er den umfangreichen Bestand an Porzellanfiguren aus. Für das Herrenzimmer, das Ernsthaftigkeit und Autorität vermitteln sollte, setzte Gedon Objekte und Einrichtungselemente aus der deutschen Renaissance und dem süddeutschen Barock ein (siehe Abb. 6). Er verwendete dafür Holzvertäfelungen und Mobiliar, die um 1700 entstanden waren und ursprünglich aus der Bibliothek des Klosters Buxheim stammten.[82] Für das deutsche Steinzeug der Sammlung ließ er Fächer einbauen. Als besonderes Highlight hatte er ein Lüsterweibchen, eine schwäbische Holzplastik mit Elchgeweih, datiert um 1600, in Meersburg am Bodensee ersteigert.[83] Atmosphärisch gewann der Raum zudem durch die Einfügung von Wappenscheiben aus dem 16. und 17. Jahrhundert in die Fensterverglasung. Das Raumprogramm des Speisesaals war ähnlich »altdeutsch« angelegt. Auch hier schmückten Glasgemälde des 16. Jahrhunderts die Fensterscheiben. Das Hauptaugenmerk bei der Raumgestaltung lag auf der Präsentation von Gemälden, die ebenso wie in Wohnzimmer und Boudoir dicht und in mehreren Reihen angeordnet waren.

Die Integration der Kunstsammlung in die Innenarchitektur der Räume sollte *malerische Behaglichkeit und Stileinheit* vermitteln; Haus und Sammlung sollten

80 Wilhelm von Bode, Vorwort. In: Auktionskat. Huldschinsky 1909, S. 4, zit. nach Kuhrau (wie Anm. 32), S. 18 f.

81 Aufschlussreich für die Rekonstruktion der einzelnen Räume ist – neben dem Fotomaterial – der 1925 erschienene Führer durch die Kunstsammlungen des Heylshofs: Stadtarchiv Worms, Abt. 185, Nr. 2550.

82 Cornelius Wilhelm Heyl erwarb für sein Studio und Bibliothekszimmer »Holzarbeiten« aus der Bibliothek des Grafen Bassenheim. Die gräfliche Familie Waldbott-Bassenheim mit Sitz auf Schloss Buxheim besaß die Bibliothek des ehemaligen Carthäuser-Klosters. Graf Hugo Philipp von Waldbott-Bassenheim (1820–1895) verkaufte die Bibliothek 1883 durch den Münchner Kunsthändler Carl Förster auf einer Auktion. Auktionskatalog: Catalog der Bibliothek des ehemaligen Carthäuser-Klosters und gräflich Waldbott-Bassenheimischen Schlosses Buxheim. Auction in München. Dreißigste Carl Förster'sche Kunstauction. Abtheilung II. Bibliotheca Buxiana, München 1883.

83 Vgl. Gedon (wie Anm. 72), S. 161.

Abb. 6: Herrenzimmer im Heylshof, Fotografie von 1905
© Stadtarchiv Worms

einander entsprechen *wie Bild und Rahmen.*[84] Gedon konnte für seine historistische Inszenierung aus einem umfangreichen Sammlungsbestand schöpfen, den Cornelius Wilhelm und Sophie Heyl in relativ kurzer Zeit zusammengetragen hatten. Sophie war dabei die treibende Kraft. Ihr Vater Carl Martin Stein hatte sich bereits als Kunstsammler einen Namen gemacht. Das Stein'sche Haus in Köln bot sich als Vorbild für den Aufbau der Kunstsammlung an. Des Weiteren orientierten sich Cornelius Wilhelm und Sophie bei der Auswahl der Gemälde und Kunstgegenstände an zeitgenössischen Privatsammlungen in Berlin und europäischen Metropolen. Einen Schwerpunkt des Gemäldebestands bildet deutsche Malerei mit Gemälden vom 15. bis zum 19. Jahrhundert, gefolgt von holländischer und flämischer Malerei.[85] Französische und italienische Werke kauften Cornelius Wilhelm und Sophie weniger intensiv. Insgesamt ist eine Vorliebe für das 17. Jahrhundert auszumachen, da von den 114 verzeichneten Gemälden 59 aus dieser Epoche stammen. 33 Bilder sind zeitgenössisch. Der Bestand an holländischen Meistern weist eine

84 StA Worms, Abt. 202, Nr. 288a, Georg Swarzenski: Kunstsammlung, 192, S. 6.
85 Diese Aufstellung richtet sich nach den Angaben des Kritischen Katalogs der Stiftung Kunsthaus Heylshof. Vgl. Bürgel (wie Anm. 4), S. 51–71.

museale Struktur auf und rekurriert auf die Berliner Sammlungen. Das *Kunsthandbuch für Deutschland,* das erstmals 1897 von der Generalverwaltung der Königlichen Museen herausgegeben wurde, führt die Heyl'sche Sammlung als einzige Privatsammlung in Worms auf. Der Eintrag hebt die herausragende holländische Sektion hervor.[86] Die Sammlung bot Gemälde von Frans Hals, Gerard ter Borch und Pieter van Slingelandt sowie Bilder der flämischen Künstler Peter Paul Rubens und Anthonis van Dyck. Zeitgenössische Gemälde erwarben Sophie und Cornelius Wilhelm vor allem durch persönliche Kontakte zu verschiedenen Künstlern und durch Auftragsarbeiten von Andreas und Oswald Achenbach, Ludwig Knaus und Benjamin Vautier, Franz von Lenbach und Friedrich August von Kaulbach.[87] Cornelius Wilhelm legte ein umfangreiches Konvolut von über 500 Briefen, Telegrammen, Auktionsberichten, Angebotsschreiben, Rechnungen, Quittungen, Empfehlungsschreiben, Inventarlisten, Provenienzschreiben und Briefen privaten und halb-privaten Charakters an, das die intensiven Kontakte der Familie mit den prägenden Akteuren auf dem Kunstmarkt des Kaiserreichs dokumentiert. Ein herausragender Protagonist innerhalb des Kunstnetzwerks der Heyls war Wilhelm von Bode, der das Sammlerehepaar als Experte beriet und Kontakte zu Kunsthändlern und Restauratoren herstellte.[88]

Als Ensemble bildeten Heylshof und Kunstsammlung einen standesgemäßen Rahmen für festliche Anlässe, die von Sophie von Heyl organisiert wurden. In der Presse wurde das Palais als *stattlicher Palast in graciösem Roccoco* gefeiert.[89] Hier konnte sich das nobilitierte Unternehmerpaar als die *modernen Medici von Worms*[90] feiern lassen und Gäste der kulturellen, politischen und hochadligen Elite empfangen. Im Rückblick schilderte dies Cornelius Wilhelm folgendermaßen:

> *An die schönen Feste, die meine liebe Frau in ihren Häusern und im Sommer im Heyl'schen Garten gab, denke ich mit Wehmut zurück. Da sie sehr musikalisch und [...] gesanglich trefflich ausgebildet war, spielte bei allen ihren Festen die Musik eine Hauptrolle. Sie berief häufig auswärtige Künstler und Künstlerinnen. [...] Viel [sic] interessante Gäste verkehrten gerne unter dem Dach meines Hauses, in dem die gefeierte Frau waltete.*[91]

86 Vgl. Kunsthandbuch, hrsg. von den Königlichen Museen zu Berlin, Berlin 1904, S. 330.

87 Vgl. Bönnen, Familie Heyl (wie Anm. 6), S. 35–186, hier S. 122 und Bürgel (wie Anm. 4), S. 51–71, hier S. 63 f.

88 Vgl. Heisig, Briefe (wie Anm. 1), S. 487–498.

89 StAWorms, Abt. 186, Nr. 547, Hugo Göring: »Todfeinde der Socialdemagogie«, Manuskript für einen Leitartikel der Zeitung Die Post, 1899.

90 Ebenda.

91 Cornelius Wilhelm von Heyl: Aus meinem Leben, Manuskript o. J, S. 32 f. Die Lebenserinnerungen entstanden zur Zeit des Ersten Weltkriegs und wurden 1966 maschinenschriftlich erfasst. StA Worms, Abt. 170/26, Nr. 5.

Der Erfolg des Ehepaares ist unter anderem an den hochrangigen Gästen dieser Einladungen abzulesen: Cosima Wagner, das Großherzogspaar von Hessen, Prinzessin von Battenberg und Prinzessin Alice von Hessen, Kaiserin Friedrich mit den Prinzessinnen, der Kronprinz von Griechenland, Kaiser Wilhelm, Prinz und Prinzessin Heinrich von Preußen, Zar Nikolaus II. und andere waren zu Besuch.[92]

4. Fazit

Der Heylshof steht modellhaft für den repräsentativen Wohnstil der kaiserzeitlichen Eliten. Das Ensemble aus Bauwerk und Kunstsammlung entfaltete die Wirkung eines Gesamtkunstwerks, das in besonderer Weise die Funktion der Heyl'schen Kulturförderung und ihr Streben nach öffentlicher Sichtbarkeit zeigte. Mit dem Heylshof schuf sich das Sammlerehepaar eine Bühne, auf der es die kulturelle Elitenpraxis ihrer Zeit inszenieren konnte. So wurde der Heylshof zu einem Ort der Zur-Schau-Stellung der Kunstsammlung und damit des adligen Habitus der Familie sowie ihres ökonomischen und kulturellen Kapitals. Der Heylshof verkörperte das Prinzip der Inszenierung, das, verbunden mit der Absicht des sozialen Aufstiegs, auf Rezeption ausgelegt war. Wie die Beispiele aus der europäischen Szene der Mäzene und Privatsammler in Frankreich, England, Italien und Deutschland zeigen, handelte es sich um eine elitäre Kulturpraxis, die auf Kulturtransferprozesse und adelige Leitbilder zurückzuführen ist. Vor diesem Hintergrund sind die Genese der Heylschen Kunstsammlung und ihre Präsentation in der historistischen Rahmenarchitektur als Aneignungsleistung zu verstehen. Die Heyls adaptierten erfolgreich ein tradiertes ästhetisches Programm, um sich Zugang in die adlig-bürgerliche Elite zu verschaffen und sich darüber hinaus dort zu etablieren.

Innerhalb eines eigens geschaffenen Rahmens ließen die Heyls das Bild eines alten Adelsgeschlechts entstehen. Obwohl Cornelius Wilhelm Heyl aus einer Fischer- und Kaufmannsfamilie entstammte, schuf er sich die Wohnumgebung eines barocken Fürsten, der seine Besucher auf einem hohen Treppenaufgang empfängt, sich als Kunstmäzen mit seiner Privatsammlung umgibt und einen hohen Personalaufwand betreibt. Das Gebäude vermittelte Anciennität und atmete den Geist eines weit zurückliegenden Stammbaums. Es handelte sich um eine eindrucksvolle Darstellung der neuen Dynastie als alte Dynastie. Wer dennoch die eigentliche Herkunft der Familie nicht vergaß, musste anerkennen, dass die Familie die Klaviatur des elitären Geschmackskanons souverän beherrschte. Haus und Interieur strahlten Reichtum, Macht und Bildung aus und verbanden ökonomisches und kulturelles Kapital. Der

92 Vgl. Friedrich M. Illert: Cornelius Wilhelm Freiherr Heyl zu Herrnsheim. Ehrenbürger der Stadt Worms. Ehrenmitglied des Altertumsvereins Worms. Zu seinem hundertsten Geburtstag am 10. Februar 1943. In: Der Wormsgau. Zeitschrift der Kulturinstitute der Stadt Worms und des Altertumsvereins Worms 2 (1943), S. 393–419, hier S. 409.

zur Schau gestellte Prunk und das demonstrativ aristokratische Auftreten der Hausherren regten allerdings auch zu Spott an. So wurde Cornelius Wilhelm als *Ritter vom Leder*[93] und *ungekrönter König von Worms*[94] verhöhnt.

93 Bernhard von Bülow: Denkwürdigkeiten, Bd. 2: Von der Marokko-Krise bis zum Abschied, hrsg. von Franz von Stockhammern, Berlin 1930, S. 92.
94 Anonym, Sub rosa. In: Jugend 26 (1906), S. 575.

»Fernab vom Weltgetriebe«[1]

Der Witwensitz Kirchheim unter Teck und die frühneuzeitliche Witwenversorgung im Herzogtum Württemberg

Joachim Brüser

Die Stadt Kirchheim unter Teck, der Landkreis Esslingen und die Staatlichen Schlösser und Gärten Baden-Württemberg nutzen heute in ihrem Marketing sehr geschickt die vormalige Funktion des Kirchheimer Schlosses als württembergischer Witwensitz. An zahlreichen Stellen tauchen in den touristischen Broschüren und in den Veranstaltungsprogrammen württembergische Witwen auf. Dabei ist Herzogin Henriette von Württemberg wohl am stärksten im städtischen Bewusstsein verankert, gefolgt von Franziska von Hohenheim und Barbara Gonzaga. Im heutigen Stadtraum erinnern vier Denkmäler an diese drei herzoglichen Witwen mit Kirchheimbezug.[2]

Im Folgenden soll es nun aber deutlich eingeschränkter um die Witwen regierender Herzöge von Württemberg mit Witwensitz in Kirchheim und deren zeitgenössische Bedeutung für die Amtsstadt gehen. Damit scheiden zwei der drei genannten württembergischen Witwen aus: Herzogin Henriette (1780–1857) kam als Ehefrau von Herzog Louis von Württemberg (1756–1817)[3] 1811 ins Kirchheimer Schloss. Der Bruder König Friedrichs war durch unbedachtes Wirtschaften hoffnungslos

1 Karl Mayer: Aus Kirchheims Vergangenheit, Kirchheim unter Teck 1913, S. 86.

2 Geschichte – Kulinarik – Kultur. Broschüre der Stadt Kirchheim unter Teck zu Stadtführungen 2021, S. 7; Bummeln – Sehen – Staunen. Broschüre der Stadt Kirchheim unter Teck zum QR-Code-Stadtspaziergang 2021, S. 15; Schloss Kirchheim. Broschüre zu Sonderführungen der Staatlichen Schlösser und Gärten 2021; Schloss Kirchheim. Veranstaltungskalender der Staatlichen Schlösser und Gärten 2021 sowie Landratsamt Esslingen (Hrsg.): Freizeitglück. Aktiv und genussvoll den Landkreis Esslingen entdecken, Esslingen 2021, S. 61. Vgl. auch die Regionalpresse: Maria Glotzbach: Vier Herzoginnen von Württemberg blickten zurück. In: Der Teckbote vom 19. Oktober 2004, Beiträge zur Heimatkunde des Bezirks Kirchheim unter Teck 69 (2005), S. 33 f.

3 Wolfgang Kress: Ludwig (»Louis«) von Württemberg. In: Sönke Lorenz/Dieter Mertens/Volker Press (Hrsg.): Das Haus Württemberg. Ein biographisches Lexikon, Stuttgart 1997, S. 343–345.

Abb. 1: Herzogin Henriette von Württemberg (1780–1857)
© Stadtarchiv Kirchheim unter Teck G 314

überschuldet und wurde quasi in die Verbannung nach Kirchheim geschickt. Nach seinem Tod 1817 blieb seine Witwe bis zu ihrem eigenen Tod 1857 in Kirchheim. Sie war also weder die Witwe eines regierenden Herzogs von Württemberg, noch war Kirchheim ursprünglich als ihr Witwensitz gedacht.[4]

4 Karin Peters: Herzogin Henriette von Württemberg und ihr soziales Wirken in Kirchheim unter Teck (Schriftenreihe des Stadtarchivs Kirchheim unter Teck 1), Kirchheim unter Teck 1985; Wolfgang Kress: Henriette von Württemberg. In: Sönke Lorenz/Dieter Mertens/Volker Press (Hrsg.): Das Haus Württemberg. Ein biographisches Lexikon, Stuttgart 1997, S. 346f. sowie Karl-Georg Sindele: Herzogin Henriette von Württemberg. Eine Biographie (1780–1857), Ostfildern 2006.

Barbara Gonzaga von Mantua (1455–1503) war als Ehefrau von Herzog Eberhard im Bart (1445–1496) die erste Herzogin von Württemberg. Ihr Witwensitz sollte eigentlich Herrenberg sein, wurde aber schließlich Böblingen. Da sie gute Beziehungen zum Kirchheimer Dominikanerinnenkloster unterhielt, wurde sie nach ihrem Tod in der dortigen Klosterkirche beigesetzt. Kirchheim war also nicht ihr Witwensitz, sondern ihre Grablege.[5]

Herzogin Franziska von Württemberg (1748–1811) ist dagegen die Letzte in einer Reihe von fünf verwitweten Herzoginnen von Württemberg, die zwischen 1628 und 1811 in Kirchheim unter Teck ihren Witwensitz hatten und dort ihren Lebensabend zubrachten. Auch wenn sich die Stadt Kirchheim durchaus ihrer Geschichte als Witwensitz bewusst ist, sind doch diese Witwen aus Kirchheimer Perspektive wenig erforscht und über deren Wirken in und für Kirchheim ist wenig bekannt. Ausgehend von den intensiven und exzellenten Forschungen von Rosemarie Reichelt in der umfangreichen Kirchheimer Stadtgeschichte von 2006[6] und von den Beständen des Hauptstaatsarchivs Stuttgart sollen im Folgenden diese fünf Kirchheimer Witwen im Fokus stehen, die rechtlichen Rahmenbedingungen ihrer Wittumsverschreibungen, ihr jeweiliger Aufenthalt in der Stadt unter der Teck und die Beziehungen und Berührungspunkte zwischen Stadt und Witwen.

5 Günter Scholz: Barbara von Mantua (1455–1503). In: Ders./Sabine Ferlein (Hrsg.): Fürstliche Witwen auf Schloß Böblingen, Böblingen 1987, S. 79–86; Ebba Severidt: Barbara von Württemberg. In: Sönke Lorenz/Dieter Mertens/Volker Press (Hrsg.): Das Haus Württemberg. Ein biographisches Lexikon, Stuttgart 1997, S. 95 f.; Hansmartin Decker-Hauff: Frauen im Hause Württemberg, Leinfelden-Echterdingen 1997, S. 49–58; Isolde Dautel: »Kain Stain oder Tafel«. Auf den Spuren der ersten Herzogin von Württemberg Barbara Gonzaga (1455–1503). In: Schriftenreihe des Stadtarchivs Kirchheim unter Teck 30 (2003), S. 7–29; Karl-Otto Alpers: Die erste Herzogin des Landes fand in Kirchheim ihre letzte Ruhestätte. In: Teckbote vom 24. Mai 2003, Beiträge zur Heimatkunde des Bezirks Kirchheim unter Teck 66 (2003), S. 9–13; Jutta Rebmann: Fürstinnen aus Italien im Hause Württemberg, Mühlacker 2005, S. 79–181; Rolf Götz: Geschichte Kirchheims von der ersten urkundlichen Nennung im Jahre 960 bis zur Mitte des 16. Jahrhunderts. In: Rainer Kilian (Hrsg.): Kirchheim unter Teck. Marktort, Amtsstadt, Mittelzentrum, Kirchheim unter Teck 2006, S. 192 f.; Roland Deigendesch: Die »Frau von Mantua« und das Dominikanerinnenkloster in Kirchheim unter Teck. In: Peter Rückert (Hrsg.): Von Mantua nach Württemberg. Barbara Gonzaga und ihr Hof, Stuttgart 2011, S. 161–167 sowie Peter Rückert: Barbara Gonzaga und ihre Familie. In: Christina Antenhofer u. a. (Hrsg.): Barbara Gonzaga. Die Briefe (1455–1508), Stuttgart 2013, S. 11–34.

6 Rosemarie Reichelt: Kirchheim unter Teck. Eine württembergische Amtsstadt von der Mitte des 16. Jahrhunderts bis Ende des Herzogtums (1803). In: Rainer Kilian (Hrsg.): Kirchheim unter Teck. Marktort, Amtsstadt, Mittelzentrum, Kirchheim unter Teck 2006, S. 275–478.

1. *Rechtliche Rahmenbedingungen eines Wittums*

Eine fürstliche Eheschließung der Frühen Neuzeit war weniger eine Angelegenheit zwischen zwei verliebten Menschen, die in einer Liebeshochzeit gipfelte, als vielmehr eine diplomatische Verhandlung mit anschließendem Vertragsabschluss zweier Dynastien oder Länder. Einer der wichtigsten Punkte in den Eheverträgen, die untrennbar zu Fürstenhochzeiten dazugehörten, waren die Regelungen, wie eine potentielle Witwenzeit der Braut finanziert und ausgestattet sein sollte.[7]

Die Ausstattung der Witwe wurde als Wittum, Leibgeding, Leibgut oder Wiederlage bezeichnet und stand der Witwe ab dem Tod ihres Mannes bis zu ihrem eigenen Tod oder bis zu ihrer Wiederverheiratung zu. Sie konnte ihr Wittum selbst also nicht weitervererben.[8] Etymologisch ist das Substantiv *Wittum* mit dem Verb *widmen* verwandt, beschreibt also den Zweck der entsprechenden Güter und hat nichts mit dem Wort *Witwe* zu tun.[9]

In einen fürstlichen Ehevertrag der Frühen Neuzeit fanden viele Bestimmungen Eingang. Neben dem eigentlichen Beschluss zur Eheschließung waren das Bestimmungen zum Beilager, Heiratsgut, Aussteuer und Morgengabe, zum Vermögen der Braut und zu deren Unterhalt während der Ehe, zu Konfession von Eheleuten und Kindern, zur Erbschaft der Frau und des Mannes, zu Vormundschaft, Erbfolge und Unterhalt der Kinder oder zu einem potentiellen Konsens der Familien zur Eheschließung. Die Versorgung der fürstlichen Ehefrau nach dem Tod des Mannes nahm

7 Vgl. zu Heiratsverträgen und Wittum: Johann Jacob Moser: Familien-Staats-Recht derer teutschen Reichsstände, Bd. 2 (Neues teutsches Staatsrecht 12.2), Frankfurt am Main 1775, S. 1–721; Friedrich Wilhelm Eckardt: Das Witthum oder Dotalitium und Vidualitium in ihrer historischen Entwicklung quellenmäßig dargestellt. In: Zeitschrift für deutsches Recht und deutsche Rechtswissenschaft (1846), S. 437–493; Karl-Heinz Spieß: Witwenversorgung im Hochadel. Rechtlicher Rahmen und praktische Gestaltung im Spätmittelalter und zu Beginn der Frühen Neuzeit. In: Martina Schattkowsky (Hrsg.): Witwenschaft in der Frühen Neuzeit. Fürstliche und adlige Witwen zwischen Fremd- und Selbstbestimmung (Schriften zur sächsischen Geschichte und Volkskunde 6), Leipzig 2003, S. 87–114; Margareth Lanzinger: Heiratskontrakte – intermediär: als Form der Vermittlung zwischen gesetztem Recht, sozialen Normen und individuellen Interessen. In: Dies./Angelika Klampfl (Hrsg.): Normativität und soziale Praxis. Gesellschaftspolitische und historische Beiträge, Wien 2006, S. 81–96 sowie Britta Kägler: Frauen am Münchener Hof (1651–1756) (Münchener historische Studien 18), Kallmünz 2011, S. 167–183.

8 Witthum, Wittum, Widum, Wiedum, Wiedem, Widem oder Weden. In: Johann Heinrich Zedler: Grosses vollständiges Universal-Lexikon, Bd. 57: Will-Wn, Leipzig 1748, Spalte 1887.

9 Wittum. In: Deutsches Wörterbuch von Jacob Grimm und Wilhelm Grimm, digitalisierte Fassung im Wörterbuchnetz des Trier Center for Digital Humanities, www.woerterbuchnetz.de/DWB?lemid=W24137 (12.6.2021).

nicht wenig Raum in diesen Regelungen ein und war nach Johann Jakob Moser *ein weitläufftiger und sorgfältig zu fassender Punct.*[10]

Eine angemessene Ausstattung der Witwe war vor allem deswegen von Bedeutung, da sie *den Stand und die Würde ihres verstorbenen Gemahls*[11] behielt, entsprechend auftreten musste und eine dafür ausreichende Ausstattung benötigte. Die Finanzierung der Witwe konnte entweder über eine festgelegte regelmäßige Zahlung oder über die Zuweisung von Einkommensquellen zur eigenen Verwaltung geschehen. In Württemberg war es wie in den meisten anderen Territorien des Reichs üblich, den Witwen regierender Herzöge in den Eheverträgen Einkünfte aus konkreten Gebietskörperschaften zuzuweisen. Zum Teil wurden diese Zuweisungen durch Geldzahlungen oder Naturalleistungen ergänzt. Dabei orientierte sich die Höhe der Witwenversorgung am Stand der Braut und an der Höhe der Mitgift, die die Braut in die Ehe einbrachte, und wurde in dieser Herleitung auch Wiederlage genannt.[12]

Dem Wittum wurde eine hohe rechtliche und dynastische Bedeutung zugeschrieben. So wurden entsprechende Regelungen in Württemberg auch im Tübinger Vertrag von 1514 erwähnt, die in den Landtagsabschieden von 1565 und 1608 sowie in den Testamenten der Herzöge Eberhards III. und Karl Alexanders 1664 und 1737 bestätigt wurden. Zudem verpflichtete Württemberg das Haus Österreich für den Fall eines Lehenheimfalls darauf, dass Österreich die württembergischen Witwenversorgungen weiterzuführen hatte. Dies geschah beispielsweise in der Herzogsurkunde von 1495 und im Prager Frieden von 1599.[13]

Zu Lebzeiten des herzoglichen Gemahls spielte die zukünftige Witwe auf ihrem Witwengut keine Rolle. Die gegenseitige Beziehung zwischen Witwengut und Herzogin – obwohl sie vor der Hochzeit festgelegt worden war – begann erst mit dem Tod des Herzogs. Zwar wurden teilweise bereits zum Zeitpunkt des Vertragsabschlusses Huldigungen von den Witwengütern eingeholt, dies hatte zu Lebzeiten des Herzogs allerdings keine rechtliche Bedeutung, sondern war vielmehr eine in der Zukunft wirksam werdende Verpflichtung.

Was nun einer Fürstlichen Wittwe Jura auf ihrem Wittum anbelangt, so ist dises ein sehr delicater Punct[14] mit großen Unterschieden zwischen den verschiedenen Territorien des Reichs. Zum Teil hatte die Witwe in ihrem Wittum Anspruch auf die Gerichtsbarkeit. Hier standen ihr teilweise lediglich das Wittumsschloss und die Einnahmen aus den festgelegten Gebietskörperschaften zur Verfügung. Allerdings musste das im Heiratsvertrag festgelegte Witwengut nicht automatisch auch der Wohnort der Witwe sein. Diese konnte genauso gut in der Residenzstadt bleiben oder ein anderes eigenes Gut zu ihrem Wohnort bestimmen.[15]

10 Moser (wie Anm. 7), S. 185.
11 Ebenda, S. 666.
12 Ebenda, S. 695–697.
13 Ebenda, S. 245–247 und S. 544.
14 Ebenda, S. 704.
15 Ebenda, S. 694.

Sehr regelmäßig kam es vor, dass das im Ehevertrag festgelegte Wittum während der Ehe oder nach dem Tod des Ehemanns verändert wurde. Im günstigsten Fall war dies eine Verbesserung der Ausstattung der Witwe. Allerdings war es auch möglich, dass das Wittum reduziert wurde, was zum Teil auch gegen den erklärten Widerstand der Witwe geschah.[16]

2. Württembergische Witwensitze

Im Folgenden sollen die Wittumsverschreibungen der regierenden Herzöge von Württemberg für die komplette Zeit des Herzogtums zwischen 1495 und 1803 betrachtet werden. Alle regierenden Herzöge von Württemberg waren verheiratet, vier von ihnen zweimal. Das bedeutet bei 15 regierenden Herzögen, dass in insgesamt 19 Eheverträgen über zukünftige Witwensitze entschieden wurde und dass 15 Wittumsverschreibungen umgesetzt wurden. Alle Herzöge starben verheiratet, alle wurden von einer Ehefrau überlebt.

Die Wittumsverschreibungen regierender Herzöge unterschieden sich grundsätzlich von denen ihrer nicht regierenden männlichen Verwandten, die ebenfalls den Titel eines Herzogs trugen. Während die Witwen regierender Herzöge Einkünfte aus einer Gebietskörperschaft erhielten, die um Finanz- und Naturalleistung ergänzt werden konnten, erhielten die Witwen nicht regierender Herzöge lediglich eine finanzielle Absicherung, die ihnen von der Seite des regierenden Herzogs als Familienoberhaupt und der Landstände als Kofinanzier und Garant zugesichert wurde.

Dies zeigt sich im Folgenden bei den Wittumsverschreibungen, bei denen zum Zeitpunkt der Hochzeit nicht absehbar war, dass der Ehemann einmal regierender Herzog werden sollte. Dies war beispielsweise der Fall bei Karl Alexander 1727[17], Friedrich Eugen 1753[18], Ludwig Eugen 1762[19] oder Friedrich 1780.[20] Diese Wittumsverschreibungen wurden allerdings spätestens angepasst, als die Ehemänner die Regierung in Württemberg übernahmen.

Einen weiteren Sonderfall stellt Erbprinz Friedrich Ludwig (1698–1731)[21], der Sohn Herzog Eberhard Ludwigs, dar. Er ist der einzige Fall im Untersuchungs-

16 Ebenda, S. 712–714.

17 Wittumsverschreibung für Maria Augusta von Württemberg vom 14. April 1734; HStA Stuttgart G 197 U 359.

18 Wittumsverschreibung für Friederike Sophie von Württemberg vom 15. Dezember 1753; HStA Stuttgart G 237 Bü 6.

19 Wittumsverschreibung für Sophie Albertine von Württemberg vom 9. Mai 1795; HStA Stuttgart G 235 Bü 2.

20 Wittumsversicherung der Landschaft vom 21. November 1780; HStA Stuttgart G 244 Bü 3 & 4.

21 Dieter Stievermann: Friedrich Ludwig. In: Sönke Lorenz/Dieter Mertens/Volker Press (Hrsg.): Das Haus Württemberg. Ein biographisches Lexikon, Stuttgart 1997, S. 173 f.

zeitraum, bei dem ein Erbprinz heiratete und dann durch seinen frühen Tod nicht an die Regierung kam. Seine Frau Henriette Marie von Brandenburg-Schwedt (1702–1782)[22] wurde also in Ehevertrag und Wittumsverschreibungen als zukünftige Witwe eines regierenden Herzogs behandelt.[23] Nach dem frühen Tod ihres Mannes zog sie sich zunächst auf ihren Witwensitz Göppingen zurück. Im Laufe der vierziger Jahre kehrte sie allerdings zu ihrer eigenen Familie nach Berlin zurück und erhielt dort 1749 vom preußischen König Schloss Köpenick übertragen, wo sie 1782 starb und beigesetzt wurde.

Tabelle 1: Rechtskräftig gewordene Wittumsverschreibungen

Ort	Hochzeit	Herzogin	Herzog	Wittum	Nutzung
Kirchheim	1609	Barbara Sophia	Johann Friedrich	–	1628–1632
	1656	Maria Dorothea	Eberhard III.	–	1675–1690
	1673	Magdalena Sibylla	Wilhelm Ludwig	1694[24]	1694–1712
	1697	Johanna Elisabeth	Eberhard Ludwig	1732[25]	1732–1757
	1785	Franziska	Karl Eugen	1792[26]	1792–1811
Nürtingen	1465/67	Elisabeth	Eberhard II.	1499[27]	1499–1524
	1544	Anna Maria	Christoph	1551[28]	1551–1589
	1585	Ursula	Ludwig	1589[29]	1593–1635
	1656	Maria Dorothea	Eberhard III.	–	1690–1698

22 Dieter Stievermann: Henriette Marie. In: Sönke Lorenz/Dieter Mertens/Volker Press (Hrsg.): Das Haus Württemberg. Ein biographisches Lexikon, Stuttgart 1997, S. 174 f.

23 Wittumsverschreibung für Henriette Marie von Württemberg vom 10. April 1717; HStA Stuttgart G 219 Bü 4.

24 Wittumsveränderung für Magdalena Sibylla von Württemberg von August 1694; HStA Stuttgart G 124 Bü 17.

25 Wittumsveränderung für Johanna Elisabeth von Württemberg vom 7. Januar 1732; HStA Stuttgart G 185 Bü 9.

26 Wittumsverschreibung für Franziska von Württemberg vom 4. September 1792; HStA Stuttgart G 232 U 393.

27 Übereinkunft mit dem Oberrat zum Wittum für Elisabeth von Württemberg vom 29. November 1499; HStA Stuttgart G 33 Bü 4/A 602 Bü 486.

28 Wittumsveränderung für Anna Maria von Württemberg vom 18. April 1551; HStA Stuttgart G 48 Bü 4.

29 Wittumsveränderung für Ursula von Württemberg vom 10. November 1589; HStA Stuttgart G 57 U 122.

Ort	Hochzeit	Herzogin	Herzog	Wittum	Nutzung
Brackenheim	1609	Barbara Sophia	Johann Friedrich	1609[30]	–
	1656	Maria Dorothea	Eberhard III.	1656[31]	–
Böblingen	1474	Barbara Gonzaga	Eberhard I.	1483[32]	1496–1503
Göppingen	1717	Henriette Marie	Friedrich Ludwig	1717[33]	1731–1749
Leonberg	1581	Sibylla	Friedrich I.	1609[34]	1609–1614
Ludwigsburg	1797	Charlotte Mathilde	Friedrich II.	1816[35]	1816–1828
Schorndorf	1727	Maria Augusta	Karl Alexander	1734[36]	–
Waiblingen	1511	Sabina	Ulrich	1499[37]	1550–1564
Winnental	1762	Sophie Albertine	Ludwig Eugen	1795[38]	1795–1807

Der Überblick über die württembergischen Wittumsverschreibungen zeigt, dass immer wieder andere Schlösser als Witwensitze ausgewählt wurden, so dass sich die überwiegende Mehrheit der Schlösser nur einmal in dieser konkreten Funktion fand. Kirchheim war das württembergische Schloss, das mit fünf Einträgen am häufigsten als Witwensitz genutzt wurde. Ansonsten tauchen nur die Schlösser von Nürtingen mit vier und Brackenheim mit zwei Nennungen häufiger als einmal in der Liste auf. Dabei wurde Schloss Brackenheim im heutigen Landkreis Heilbronn zwar zweimal zum Witwensitz bestimmt, aber nie als solcher wirklich genutzt. Böblingen, Göppingen, Leonberg, Ludwigsburg, Schorndorf, Waiblingen und Winnental werden nur jeweils einmal aufgeführt. Geographisch gesehen befinden sich die Witwensitze

30 Wittumsverschreibung für Barbara Sophia von Württemberg vom 5. November 1609; HStA Stuttgart G 67 U 171.

31 Wittumsverschreibung für Maria Dorothea von Württemberg vom 21. Juli 1656; HStA Stuttgart G 89 Bü 2.

32 Christoph Florian: Barbara Gonzaga auf ihrem Witwensitz in Böblingen. In: Peter Rückert (Hrsg.): Von Mantua nach Württemberg – Barbara Gonzaga und ihr Hof, Stuttgart 2011, S. 155.

33 Wittumsverschreibung für Henriette Marie von Württemberg vom 10. April 1717; HStA Stuttgart G 219 Bü 4.

34 Wittumsveränderung für Sibylla von Württemberg vom 14. Februar 1609; HStA Stuttgart G 60 Bü 4.

35 Wittumsveränderung für Charlotte Mathilde von Württemberg vom 9. und 11. November 1816; HStA Stuttgart G 245 Bü 6 & 9.

36 Wittumsverschreibung für Maria Augusta von Württemberg vom 14. April 1734; HStA Stuttgart G 197 U 359.

37 Heiratsabrede vom 23. Juli 1499; HStA Stuttgart G 42 Bü 1.

38 Wittumsverschreibung für Sophie Albertine von Württemberg vom 9. Mai 1795; HStA Stuttgart G 235 Bü 2.

einigermaßen im Zentrum des Herzogtums. Die Orte lagen entweder in Oberämtern, die direkt ans Oberamt Stuttgart anstießen oder – im Fall von Kirchheim, Schorndorf und Waiblingen – mit jeweils etwa 35, 32 und 15 Kilometern Entfernung nur vom Territorium der Reichsstadt Esslingen vom Oberamt Stuttgart getrennt waren. Alle diese Orte sind heute Teil der Region Stuttgart. Lediglich Brackenheim im heutigen Landkreis Heilbronn liegt mit knapp über 40 Kilometern Distanz etwas in der Peripherie.

Damit unterschied sich Württemberg grundsätzlich von zahlreichen anderen Territorien des Reichs.[39] Dort war es vielmehr Usus, den Witwen in der Hauptstadt entsprechenden Wohnraum zuzuweisen. Oft blieben die Witwen auch im Residenzschloss selbst untergebracht. So war es beispielsweise bei den Kurfürsten von Bayern im 17. und 18. Jahrhundert, nachdem im 16. Jahrhundert eher Witwensitze in der Peripherie bevorzugt worden waren: Kurfürstliche Witwen wohnten zweimal direkt in der Residenz, einmal in der Münchner Herzog-Max-Burg (Maria Leopoldine von Österreich-Este 1799) und einmal in Schloss Fürstenriet (Maria Anna von Sachsen 1777) in unmittelbarer Nähe der Hauptstadt.[40] Witwen der Markgrafen von Baden-Baden kamen in Ettlingen (Sibylla Augusta 1727) oder Baden-Baden (Maria Viktoria Pauline 1771) unter – jeweils etwa 15 Kilometer von der Residenz Rastatt entfernt – oder kehrten zu ihrer Familie zurück (Maria Anna 1776 nach München). Die Witwen der Markgrafen von Baden-Durlach blieben in der Durlacher Karlsburg, die bis 1718 die Residenz des Markgrafen war.[41]

39 Vgl. dazu allgemein: Helmut Neuhaus: Die Fürstin als Witwe in der europäischen Geschichte der Frühen Neuzeit. In: Christina Hofmann-Randall (Hrsg.): Das Erlanger Schloß als Witwensitz 1712–1817 (Schriften der Universitätsbibliothek Erlangen-Nürnberg 41), Erlangen 2002, S. 9–39: Martina Schattkowsky: Witwenschaft in der Frühen Neuzeit. Fürstliche und adlige Witwen zwischen Fremd- und Selbstbestimmung. In: Dies. (Hrsg.): Witwenschaft in der Frühen Neuzeit. Fürstliche und adlige Witwen zwischen Fremd- und Selbstbestimmung (Schriften zur sächsischen Geschichte und Volkskunde 6), Leipzig 2003, S. 11–32; Spieß (wie Anm. 7); Ulrike Ilg: Fürstliche Witwen in der Frühen Neuzeit. Eine Einführung. In: Dies. (Hrsg.): Fürstliche Witwen in der Frühen Neuzeit. Zur Kunst- und Kulturgeschichte eines Standes, Petersberg 2015, S. 5–13 sowie Stefanie Walther: »Tatkräftige Mutter« oder »plage«? Hochadlige Witwen und ihre Verortung innerhalb des Familienverbandes. In: Ulrike Ilg (Hrsg.): Fürstliche Witwen in der Frühen Neuzeit. Zur Kunst- und Kulturgeschichte eines Standes, Petersberg 2015, S. 27–39.

40 Vgl. z. B. für die Residenz München: Samuel John Klingensmith: The Utility of Splendor. Ceremony, Social Life, and Architecture at the Court of Bavaria, 1600–1800, Chicago 1993, S. 46–49; Sabine Heym: Kunst und Repräsentation. Zur Entwicklungsgeschichte der Residenz der Wittelsbacher. In: Brigitte Langer (Hrsg.): Pracht und Zeremoniell. Die Möbel der Residenz München, München 2002, S. 36 sowie Kägler (wie Anm. 7), S. 176–183.

41 Isolde Dautel: Fürstliche Witwensitze in Baden. Immer standesgemäß und einmal gegen die Etikette. In: Schlösser Baden-Württemberg 2 (2004), S. 36–40 sowie Armin Kohnle: Kleine Geschichte der Markgrafschaft Baden, Leinfelden-Echterdingen 2009.

Für Hessen kann man dagegen in der Frühen Neuzeit von einer »Abschiebung auf abgelegene Burgen und Häuser«[42] sprechen. Ähnlich war es auch in den Herzogtümern Schleswig-Holstein[43] oder im Kurfürstentum Sachsen.[44]

Mit der Tradition, die Witwen außerhalb der Hauptstadt unterzubringen, brach Württemberg erst im 19. Jahrhundert, als die Wittumsverschreibung der ersten Königin Charlotte Mathilde 1816 auf Ludwigsburg geändert wurde. Auch Königin Pauline und Königin Olga, die Witwen von König Wilhelm I. und König Karl, erhielten Wohnräume in Stuttgart und Ludwigsburg verschrieben, hielten sich beide aber lieber am Bodensee auf – Pauline auf Gut Seefeld beim schweizerischen Rorschach und Olga auf Schloss Friedrichshafen.[45]

Allerdings waren nicht alle Witwensitze auch offizielle Wittumsverschreibungen. Und nicht alle Wittumsverschreibungen wurden dann tatsächlich auch als Witwensitz genutzt. Die Herzoginnen Barbara Sophia und Maria Dorothea hatten anlässlich ihrer Hochzeiten 1609 und 1656 Wittumsverschreibungen auf Schloss, Stadt und Amt Brackenheim erhalten. Beide nutzten aber statt Brackenheim das Kirchheimer Schloss, Maria Dorothea zog 1690 von Kirchheim nach Nürtingen weiter. Das Schloss in Brackenheim sollte 1628 für Barbara Sophia ausgebaut und modernisiert werden. Durch die Wirrungen des Dreißigjährigen Krieges konnten die Arbeiten aber nicht abgeschlossen werden, bevor die herzogliche Familie nach Straßburg floh. In der Zwischenzeit war die herzogliche Witwe in Kirchheim untergekommen. Nachdem Schloss Brackenheim 1670 abgebrannt war, wich auch Maria Dorothea 1675 erst einmal auf Kirchheim aus, während in Brackenheim wieder renoviert wurde. Nach dem Kirchheimer Stadtbrand 1690 ging sie weiter nach Nürtingen. Brackenheim bezog auch sie nie.[46]

Herzogin Magdalena Sibylla hatte 1673 bei ihrer Hochzeit eine Wittumsverschreibung auf Schloss Leonberg erhalten, die 1694 auf Kirchheim verändert wurde.

42 Uta Löwenstein: »Daß sie sich uf iren Withumbssitz begeben und sich sonsten anderer der Herrschafften Sachen und Handlungen nicht undernemen…« Hofhaltungen fürstlicher Frauen und Witwen in der frühen Neuzeit. In: Jörg Jochen Berns/Detlef Ignasiak (Hrsg.): Frühneuzeitliche Hofkultur in Hessen und Thüringen (Jenaer Studien 1), Erlangen 1993, S. 116.

43 Oliver Auge/Nina Gallion: Witwen und Witwensitze in Schleswig-Holstein. In: Dies. (Hrsg.): Fürstliche Witwen und Witwensitze in Schleswig-Holstein (Quellen und Forschungen zur Geschichte Schleswig-Holsteins 127), Husum 2019, S. 17–27.

44 Ute Essegern: Kursächsische Eheverträge in der ersten Hälfte des 17. Jahrhunderts. In: Martina Schattkowsky (Hrsg.): Witwenschaft in der Frühen Neuzeit. Fürstliche und adlige Witwen zwischen Fremd- und Selbstbestimmung (Schriften zur sächsischen Geschichte und Volkskunde 6), Leipzig 2003, S. 115–135.

45 Michael Wenger: Unterhalt und Residenz. Witwen und ihre Schlösser. In: Frank Thomas Lang/Anja Stangl (Hrsg.): Schloss Kirchheim unter Teck. Landesfestung, Witwensitz, Schlossmuseum. Schloss und Stadt in Frauenhand, Stuttgart 2007, S. 16.

46 Vgl. zu Schloss Brackenheim: Karl Viktor Riecke: Beschreibung des Oberamts Brackenheim, Stuttgart 1873, S. 169 f.

Durch ihre Aufgaben als Vormund und Mitregentin für ihren minderjährigen Sohn Eberhard Ludwig blieb sie nach dem Tod ihres Gatten Wilhelm Ludwig vorerst in Stuttgart. Erst mit dem Regierungsantritt ihres Sohnes zog sie sich in den Witwenstand zurück. Anstatt aber ihren offiziellen Witwensitz Kirchheim zu beziehen, begab sie sich nach Stetten im Remstal. Dieses Schloss hatte sie bereits 1674 von ihrem Ehemann lebenslänglich übertragen bekommen. Die längste Zeit ihres Witwenstandes verbrachte sie dort und nicht an ihrem offiziellen Witwensitz.[47]

Herzogin Maria Augusta hatte nach dem Regierungsantritt ihres Mannes Karl Alexander, den sie 1727 geheiratet hatte, 1734 eine neue Wittumsverschreibung zunächst auf Schorndorf, dann zusätzlich auf Heimsheim und Perouse erhalten. Sie blieb aber nach dem Tod Karl Alexanders und während der Minderjährigkeit ihres Sohnes Karl Eugen vorerst in Stuttgart, auch wenn sie von den Regierungsgeschäften weitgehend ausgeschlossen war. Als ihr Sohn 1744 die Regierung übernahm, hoffte sie auf mehr Einfluss in der Landespolitik. Karl Eugen empfand dies als Einmischung, verwies sie immer wieder auf ihren Witwensitz in Heimsheim und verbannte sie schließlich 1750 nach Göppingen. Sie erhielt keine neue Wittumsverschreibung, so dass Göppingen, wo sie 1756 starb, nicht ihr offizieller Witwensitz wurde.[48]

Zwei Wittumsverschreibungen fallen in ihrer Offenheit etwas aus dem Rahmen. Sowohl 1753 bei der Hochzeit Herzog Friedrich Eugens mit Friederike Sophie Dorothea von Brandenburg-Schwedt[49] als auch 1797 bei der Hochzeit von Herzog Friedrich II. mit Prinzessin Charlotte Mathilde von Großbritannien wurde der konkrete Witwensitz offengehalten.[50] 1753 wurden als mögliche Witwensitze Kirchheim,

47 Der offizielle Witwensitz laut Wittumsverschreibung war zunächst Leonberg, dann Kirchheim. Dennoch wird in der Literatur Stetten immer wieder als Witwensitz Magdalena Sibyllas bezeichnet. Das Schloss war nur insofern Witwensitz als die herzogliche Witwe dort meist wohnte. Vgl. z. B.: Katharina Hild/Nikola Hild: Schlösser in der Region Stuttgart. Geschichte und Geschichten, Tübingen 2009, S. 93–97; Hans Westphal: Sehnsucht nach dem himmlischen Jerusalem. Das Emblemprogramm der Stettener Schlosskapelle (1682), Stuttgart 2017, S. 1 sowie Reinhard Lieske: Das Bildprogramm der Stettener Schlosskapelle. Ein Spiegel der Frömmigkeit von Herzogin Magdalena Sibylla. In: Joachim Kremer (Hrsg.): Magdalena Sibylla von Württemberg. Politisches und kulturelles Handeln einer Herzogswitwe im Zeichen des frühen Pietismus (Tübinger Bausteine zur Landesgeschichte 27), Ostfildern 2017, S. 117–145.

48 Gabriele Haug-Moritz: Maria Augusta. In: Sönke Lorenz/Dieter Mertens/Volker Press (Hrsg.): Das Haus Württemberg. Ein biographisches Lexikon, Stuttgart 1997, S. 256–258; Decker-Hauff (wie Anm. 5), S. 155–166 sowie Gerhard Raff: Hie gut Wirtemberg allewege, Bd. 4: Das Haus Württemberg von Herzog Eberhard Ludwig bis Herzog Carl Alexander unter besonderer Berücksichtigung der Christina Wilhelmina von Grävenitz, Schwaigern 2015, S. 481–532.

49 Wittumsverschreibung für Friederike Sophie von Württemberg vom 15. Dezember 1753; HStA Stuttgart G 237 Bü 6.

50 Ehevertrag vom 3. Mai 1797; HStA Stuttgart G 245 Bü 6. Übereinkunft zwischen König Wilhelm I. und Königin Charlotte Mathilde in Betreff des Wittumshofs vom 9. und 11. November 1816; HStA Stuttgart G 245 Bü 9.

Göppingen oder Leonberg aufgeführt, 1797 Kirchheim, Göppingen, Urach oder Winnenden zusätzlich zu einem eigenen Palais in Stuttgart. Im ersten Fall wurde die konkrete Entscheidung über einen Witwensitz hinfällig, da die Witwe nur zwei Monate nach ihrem Ehemann starb.[51] Im Fall von Königin Charlotte Mathilde kam diese nach dem Tod ihres Mannes mit ihrem Sohn König Wilhelm I. überein, sich völlig von der ursprünglichen Wittumsverschreibung zu lösen. So erhielt sie 1816 nach dem Tod ihres Mannes Schloss Ludwigsburg als Witwensitz und verzichtete auf die ursprünglich aufgeführten Optionen.[52]

Mehrfach wurden Witwensitze in der Eheverabredung festgeschrieben, die später wieder geändert wurden oder deren präsumtive Witwe vor ihrem Gatten starb. Dies traf Neuenstadt fünfmal, Leonberg zweimal und ansonsten Herrenberg, Nürtingen, Waiblingen und Reichenweiher je einmal.

Tabelle 2: Durch Neufassung oder Tod nicht wirksam gewordene Wittumsverschreibungen

Ort	Hochzeit	Herzogin	Herzog	Jahr und Grund
Neuenstadt	1544[53]	Anna Maria	Christoph	1551 Veränderung auf Nürtingen[54]
	1575[55]	Dorothea Ursula	Ludwig	1583 Tod der Herzogin
	1585[56]	Ursula	Ludwig	1589 Veränderung auf Nürtingen[57]
	1748[58]	Elisabeth Friederike Sophie	Karl Eugen	1780 Tod der Herzogin
	1780[59]	Auguste	Friedrich II.	1788 Tod der Herzogin

51 Gabriele Haug-Moritz: Friederike Sophie Dorothea. In: Sönke Lorenz/Dieter Mertens/Volker Press (Hrsg.): Das Haus Württemberg. Ein biographisches Lexikon, Stuttgart 1997, S. 287.

52 Übereinkunft zwischen König Wilhelm I. und Königin Charlotte Mathilde in Betreff des Wittumshofs vom 9. und 11. November 1816; HStA Stuttgart G 245 Bü 9.

53 Wittumsverschreibung für Anna Maria von Württemberg vom 9. Dezember 1544; HStA Stuttgart G 48 Bü 2 & U 43.

54 Wittumsveränderung für Anna Maria von Württemberg vom 18. April 1551; HStA Stuttgart G 48 Bü 4.

55 Wittumsverschreibung für Dorothea Ursula von Württemberg vom 8. September 1576; HStA Stuttgart G 56 U 102 & U 103.

56 Wittumsverschreibung für Ursula von Württemberg vom 24. April 1588; HStA Stuttgart G 57 Bü 9 & U 120/ 120a.

57 Wittumsveränderung für Ursula von Württemberg vom 10. November 1589; HStA Stuttgart G 57 U 122.

58 Wittumsverschreibung für Elisabeth Friederike Sophie von Württemberg vom 26. September 1748; HStA Stuttgart G 231 Bü 2 & 5.

59 Wittumsversicherung der Landschaft vom 21. November 1780; HStA Stuttgart G 244 Bü 3 & 4.

Ort	Hochzeit	Herzogin	Herzog	Jahr und Grund
Leonberg	1673[60] 1697[62]	Magdalena Sibylle Johanna Elisabeth	Wilhelm Ludwig Eberhard Ludwig	1694 Veränderung auf Kirchheim[61] 1732 Veränderung auf Kirchheim[63]
Herrenberg	1474[64]	Barbara Gonzaga	Eberhard I.	1483 Veränderung auf Böblingen[65]
Nürtingen	1637[66]	Anna Katharina	Eberhard III.	1655 Tod der Herzogin
Reichenweiher	1581[67]	Sibylla	Friedrich I.	1609 Veränderung auf Leonberg[68]
Waiblingen	1585[69]	Ursula	Ludwig	1589 Veränderung auf Nürtingen[70]

Insgesamt vier Wittumsverschreibungen wurden nicht umgesetzt, da die Herzoginnen vor ihren Ehemännern starben. Dies war der Fall bei Dorothea Ursula und Herzog Ludwig 1583, Anna Katharina und Herzog Eberhard III. 1655, Elisabeth Friederike Sophie und Herzog Karl Eugen 1780 sowie Auguste und Herzog Friedrich II. 1788. Drei dieser Wittumsverschreibungen hätten Neuenstadt am Kocher als Witwensitz vorgesehen, eine Schloss Nürtingen.

60 Wittumsverschreibung für Magdalena Sibylla von Württemberg vom 6. November 1673; HStA Stuttgart G 124 Bü 17 & U 286.

61 Wittumsveränderung für Magdalena Sibylla von Württemberg von August 1694; HStA Stuttgart G 124 Bü 17.

62 Wittumsverschreibung für Johanna Elisabeth von Württemberg vom 12. Juni 1697; HStA Stuttgart G 185 Bü 1.

63 Wittumsveränderung für Johanna Elisabeth von Württemberg vom 7. Januar 1732; HStA Stuttgart G 185 Bü 9.

64 Wittumsverschreibung für Barbara von Württemberg vom 9. Juli 1474; HStA Stuttgart G 28 Bü 2/A 602 Nr. 376.

65 Christoph Florian: Barbara Gonzaga auf ihrem Witwensitz in Böblingen. In: Peter Rückert (Hrsg.): Von Mantua nach Württemberg. Barbara Gonzaga und ihr Hof, Stuttgart 2011, S. 155.

66 Wittumsverschreibung für Anna Katharina von Württemberg vom 13. Mai 1642 als Bestätigung des Ehevertrags von 1636/37; HStA Stuttgart G 88 U 226.

67 Wittumsverschreibung für Sibylla von Württemberg vom 23. Mai 1581; HStA Stuttgart G 66 Bü 2.

68 Wittumsveränderung für Sibylla von Württemberg vom 14. Februar 1609; HStA Stuttgart G 60 Bü 4.

69 Wittumsverschreibung für Ursula von Württemberg vom 27. Februar 1585; HStA Stuttgart G 57 Bü 2 & U 111.

70 Wittumsveränderung für Ursula von Württemberg vom 10. November 1589; HStA Stuttgart G 57 U 122.

Sieben der Wittumsverschreibungen wurden während der Ehe verändert, was in den entsprechenden Verträgen stets als Verbesserung definiert wurde. Hintergründe oder Begründungen wurden in den meisten Fällen nur sehr abstrakt formuliert und nicht konkret angegeben. 1551 und 1589 wurde der Witwensitz Neuenstadt auf Nürtingen verändert, so dass Neuenstadt – in Kombination mit den drei oben genannten Todesfällen – nie Sitz der Witwe eines regierenden Herzogs wurde. Neuenstadt wäre mit über 60 Kilometern Entfernung der am weitesten von Stuttgart entfernte Witwensitz im Herzogtum gewesen. Nürtingen liegt mit etwa 30 Kilometern Entfernung deutlich näher an der Hauptstadt.

Der Witwensitz von Barbara Gonzaga wurde von Herrenberg auf Böblingen verändert[71], nachdem ihre Schwiegermutter Mechthild 1482 gestorben war. Mechthild hatte bei ihrer Hochzeit mit Graf Ludwig I. 1436 eine Wittumsverschreibung auf Böblingen und Sindelfingen erhalten. Sie war 1450 Witwe geworden, heiratete bereits 1452 Erzherzog Albrecht VI. und starb 1482.[72] Im Jahr nach ihrem Tod ging ihr ursprünglicher Witwensitz an ihre italienisch-württembergische Schwiegertochter Barbara Gonzaga. Vermutlich bot sich Böblingen besser an als Herrenberg, da das Schloss in gutem Zustand und aktuell ausgestattet war.

Als Sibylla von Anhalt 1581 den späteren Herzog Friedrich I. von Württemberg heiratete, war dieser noch Graf von Württemberg-Mömpelgard. Als Wittumsverschreibung erhielt sie Reichenweier (heute Riquewihr im Elsass), das Teil der Grafschaft Mömpelgard war. Ihr Mann wurde 1593 nach dem kinderlosen Tod von Herzog Ludwig regierender Herzog von Württemberg. Als Sibylla 1608 Witwe wurde, bezog sie Schloss Leonberg. Im Folgejahr erhielt sie von ihrem Sohn Herzog

71 Florian (wie Anm. 65), S. 156.

72 Bernhard Theil: Literatur und Literaten am Hof der Erzherzogin Mechthild in Rottenburg. In: Zeitschrift für württembergische Landesgeschichte 42 (1983), S. 125–144; Günter Scholz: Mechthild von der Pfalz (1419–1482). In: Ders./Sabine Ferlein (Hrsg.): Fürstliche Witwen auf Schloß Böblingen, Böblingen 1987, S. 37–44; Renate Kruska: Mechthild von der Pfalz. Im Spannungsfeld von Geschichte und Literatur (Europäische Hochschulschriften – Reihe 1: Deutsche Sprache und Literatur 1111), Frankfurt am Main 1989; Hans-Martin Maurer: Eberhard und Mechthild. Untersuchungen zu Politik und Kultur im ausgehenden Mittelalter (Lebendige Vergangenheit 17), Stuttgart 1994; Joachim Fischer: Mechthild. In: Sönke Lorenz/Dieter Mertens/Volker Press (Hrsg.): Das Haus Württemberg. Ein biographisches Lexikon, Stuttgart 1997, S. 83 f.; Decker-Hauff (wie Anm. 5), S. 39–48; Jutta Rebmann: Mechthild. Fürstin im Spätmittelalter, Mühlacker 2008; Erwin Frauenknecht: Zwischen Pfalz, Württemberg und Habsburg. Mechthild in ihren dynastischen und politischen Beziehungen. In: Ders./Peter Rückert (Hrsg.): Mechthild (1419–1483) im Spiegel der Zeit. Begleitbuch und Katalog zur Ausstellung des Landesarchivs Baden-Württemberg, Hauptstaatsarchiv Stuttgart, Stuttgart 2019, S. 20–29 sowie Peter Rückert: Mechthild, Eberhard und Barbara. Eine Familienskizze. In: Ders./Erwin Frauenknecht (Hrsg.): Mechthild (1419–1483) im Spiegel der Zeit. Begleitbuch und Katalog zur Ausstellung des Landesarchivs Baden-Württemberg, Hauptstaatsarchiv Stuttgart, Stuttgart 2019, S. 48–59.

Johann Friedrich eine neue Wittumsverschreibung auf Leonberg, die den bereits vollzogenen Umzug nachträglich begründete und rechtskräftig festschrieb.[73]

3. Das Kirchheimer Schloss und andere württembergische Witwenschlösser

Das Kirchheimer Schloss geht in seiner heutigen Gestalt auf den Ausbau der Stadt Kirchheim unter Teck als württembergische Landesfestung in der Mitte des 16. Jahrhunderts zurück. Die Arbeiten an der Befestigung der Stadt begannen unter Herzog Ulrich von Württemberg 1538 und wurden unter seinem Sohn Herzog Christoph abgeschlossen. Nach der Regierungszeit dieses Herzogs fanden zahlreiche Renovierungen und Umbauten statt, der eigentliche Ausbau zur Landesfestung war allerdings abgeschlossen.[74]

Das Schloss befindet sich in der Südwestecke der Kirchheimer Kernstadt und war Teil der Stadtmauer. Das vierflügelige Schloss bildet einen rautenförmigen Grundriss um einen geschlossenen Innenhof, der südliche und der westliche Gebäudetrakt waren dabei Teil der Stadtmauer und fallen in den Stadtgraben ab. Die Anlage ist durchgehend dreigeschossig, wobei das zweite Obergeschoss durch Umbauten zu der von den Herzoginnen bewohnten Bel Etage wurde. Ottilie Wildermuth, die Erfolgsschriftstellerin des 19. Jahrhunderts mit familiären Wurzeln in Kirchheim, beschrieb das Schloss sehr nüchtern: »Es hat weder die anmutige Eleganz neuer, noch die feierliche Pracht oder den märchenhaften Zauber alter Schlösser. Nur die hohen Kastanien, die schattigen Gänge des Schloßgartens sind von einem poetischen Hauch durchweht.«[75]

Im 16. und frühen 17. Jahrhundert wurde das Schloss von einem Burgvogt bewohnt, der das Kommando über die in Kirchheim stationierten Truppen innehatte. Melchior Linck, der zwischen 1626 und 1635 der letzte Kirchheimer Burgvogt war, wohnte nicht mehr im Schloss. Die Anlage hatte ihre Bedeutung als Festung eingebüßt und wurde von nun an immer wieder von verschiedenen Mitgliedern der herzoglichen Familie genutzt. So hielt sich Herzogadministrator Friedrich Karl

73 Dieter Stievermann: Sibylla. In: Sönke Lorenz/Dieter Mertens/Volker Press (Hrsg.): Das Haus Württemberg. Ein biographisches Lexikon, Stuttgart 1997, S. 142; Decker-Hauff (wie Anm. 5), S. 71–80.

74 Mayer (wie Anm. 1), S. 86–88; Karl-Georg Sindele: Chronologische Geschichte des Kirchheimer Schlosses und seiner Anlagen, masch. 1998, S. 3–10; Reichelt (wie Anm. 6), S. 378–382; Christian Ottersbach: Ein fest und wehrhaft gebäu. Kirchheim und sein Schloss als württembergische Landesfestung. In: Frank Thomas Lang/Anja Stangl (Hrsg.): Schloss Kirchheim unter Teck. Landesfestung, Witwensitz, Schlossmuseum. Schloss und Stadt in Frauenhand, Stuttgart 2007, S. 4–7; Hild/Hild (wie Anm. 47), S. 60–70 sowie Susanne Dieterich: Kirchheim unter Teck. Witwensitz der württembergischen Herzoginnen. In: Schwäbischer Heimatkalender 2012, S. 47–49.

75 Ottilie Wildermuth: Die alten Häuser von Kirchheim und andere Erzählungen, Kirchheim unter Teck 1990, S. 77.

Abb. 2: Die Kirchheimer Stadtansicht von Andreas Kieser ist zentral auf das grünlich dargestellte Schloss ausgerichtet (zwischen 1680 und 1687).
© Stadtarchiv Kirchheim unter Teck F 16987

zwischen 1693 und 1697 mit seiner Familie hier auf, Herzog Karl Eugen kam im 18. Jahrhundert gerne zu Jagdaufenthalten nach Kirchheim. Kurzzeitig hatte das Schloss bereits Friedrich I. 1594 als Residenz gedient, während in Stuttgart die Pest wütete.[76]

Ein Blick auf die anderen Schlösser, die zwischen 1495 und 1803 zu Witwensitzen bestimmt wurden, bestätigt den Kirchheimer Befund. Wie bereits festgestellt, handelte es sich um Schlösser, die einigermaßen von Stuttgart entfernt waren und zur Zeit der Wittumsverschreibung gerade ungenutzt und in akzeptablem Zustand waren.

Das Nürtinger Schloss diente zwischen 1426 und 1698 sieben gräflichen und herzoglichen Witwen als Wohnsitz. Das relativ schmucklose Schloss direkt neben der Laurentiuskirche wurde unter Herzog Christoph vergrößert und ausgebaut. Maria Dorothea, die nach dem Kirchheimer Stadtbrand 1690 nach Nürtingen gekommen war und 1698 hier starb, war die letzte Witwe in Nürtingen. 1765 wurde das Schloss an die Stadt verkauft und bis 1773 abgebrochen.[77]

Die Witwen Mechthild und Barbara Gonzaga nutzten die spätmittelalterliche Burg Böblingen nach nur geringen Sanierungsarbeiten. Barbara Gonzaga ließ 1501 einen Garten anlegen. Später wurde die Burg unter den Herzögen Ulrich und Christoph zum Jagdschloss ausgebaut und 1818 an die Stadt verkauft, die 1839/40 den Nordflügel abriss und die verbleibenden Gebäudeteile für schulische Zwecke nutzte. Nach der Zerstörung des Südflügels 1943 wurde das Schloss komplett abgebrochen.[78]

76 Mayer (wie Anm. 1), S. 88–90; Sindele (wie Anm. 74), S. 9–21 sowie Reichelt (wie Anm. 6), S. 373–385.

77 Jakob Kocher: Geschichte der Stadt Nürtingen, Bd. 1, Stuttgart 1924, S. 57–71; Sindele (wie Anm. 74), S. 14; Reinhard Tietzen: Nürtingen. In: Sönke Lorenz/Wilfried Setzler (Hrsg.): Heinrich Schickhardt. Baumeister der Renaissance. Leben und Werk des Architekten, Ingenieurs und Städteplaners, Leinfelden-Echterdingen 1999, S. 234–237 sowie Wenger (wie Anm. 45), S. 17 f.

78 Günter Scholz: Schloß Böblingen als Witwensitz. In: Ders./Sabine Ferlein (Hrsg.): Fürstliche Witwen auf Schloß Böblingen, Böblingen 1987, S. 19–25; Christian Keitel: Böblingen

Schloss Göppingen wurde unter Herzog Christoph zwischen 1550 und 1568 vor allem deswegen errichtet, um dem Herzog die Nutzung der Göppinger Heilquellen zu vereinfachen. Die Vierflügelanlage wurde nach dem Tod des Herzogs kaum noch verwendet und wurde erst als Witwensitz der Erbprinzessin Henriette Marie wieder hergerichtet. Nachdem diese nach Berlin übergesiedelt war, wurde Herzogin Maria Augusta hier untergebracht. Danach wurde das Schloss nicht mehr als fürstlicher Wohnsitzt genutzt.[79]

Die Leonberger Burg wurde zwischen 1560 und 1565 von Herzog Christoph zum Jagdschloss ausgebaut. 1608 erhielt Sibylla von Württemberg Leonberg zum Witwensitz. Sie ließ das Schloss neu ausstatten und vom Architekten Heinrich Schickhardt einen terrassierten Pomeranzengarten am Schloss anlegen. Nach ihrem Tod war Leonberg zwischen 1649 und 1659 noch einmal Witwensitz für Anna Sabina von Holstein-Sonderburg, die Witwe des Herzogadministrators Julius Friedrich von Württemberg-Weiltingen.[80]

Die Schorndorfer Burganlage des 13. Jahrhunderts wurde unter Herzog Ulrich ab 1538 wie Kirchheim zur Landesfestung ausgebaut. Auch wenn Maria Augusta 1734 eine Wittumsverschreibung auf Schorndorf erhielt, nutzte sie das Schloss nicht als Wohnsitz.[81]

Schloss Waiblingen, das Teil der Wittumsverschreibung für Herzogin Sabina war, wurde von ihr nie als Wohnsitz in Anspruch genommen. Zwar bezog sie die Ankünfte aus Stadt und Amt, sie lebte aber vor allem in Stuttgart und in Nürtingen.

im Spätmittelalter. In: Sönke Lorenz/Günter Scholz (Hrsg.): Böblingen. Vom Mammutzahn zum Mikrochip (Gemeinde im Wandel 14), Filderstadt 2003, S. 117–125; Günter Scholz: Mechthild von der Pfalz und Barbara Gonzaga von Mantua. Fürstliche Witwen des Hauses Württemberg auf Schloß Böblingen. In: Martina Schattkowsky (Hrsg.): Witwenschaft in der Frühen Neuzeit. Fürstliche und adlige Witwen zwischen Fremd- und Selbstbestimmung (Schriften zur sächsischen Geschichte und Volkskunde 6), Leipzig 2003, S. 427–440 sowie Wenger (wie Anm. 45), S. 18.

79 Wenger (wie Anm. 45), S. 19 f. sowie Hild/Hild (wie Anm. 47), S. 75–81.

80 Hansmartin Decker-Hauff: Das Leonberger Schloß als Witwensitz. In: Wilfried Setzler (Hrsg.): Leonberg. Eine altwürttembergische Stadt und ihre Gemeinden im Wandel der Geschichte, Stuttgart 1992, S. 121–126; Sybille Oßwald-Bargende: Von »Wittums Freyheit und gewohnheit«. Eine Skizze über herzogliche Witwen in Leonberg. In: Renate Dürr (Hrsg.): Nonne, Magd oder Ratsfrau. Frauenleben in Leonberg aus vier Jahrhunderten (Beiträge zur Stadtgeschichte 6), Leonberg 1998, S. 27–42; Alfons Elfgang: Leonberg. Der Pomeranzengarten. In: Sönke Lorenz/Wilfried Setzler (Hrsg.): Heinrich Schickhardt. Baumeister der Renaissance. Leben und Werk des Architekten, Ingenieurs und Städteplaners, Leinfelden-Echterdingen 1999, S. 202–209; Wenger (wie Anm. 45), S. 18 f. sowie Hild/Hild (wie Anm. 47), S. 138–143.

81 Uwe Schmidt: Schorndorf in der Frühen Neuzeit. In: Ders. (Hrsg.): Geschichte der Stadt Schorndorf, Stuttgart 2002, S. 30–72; Hild/Hild (wie Anm. 47), S. 90–92 sowie Lea Beck: Baugestaltung und Einflüsse des frühen Befestigungsbaus in Württemberg am Beispiel der Landesfestung Schorndorf. In: Zeitschrift für württembergische Landesgeschichte 78 (2019), S. 201–241.

Das Schloss in Waiblingen wurde indes meist von herzoglichen Amtleuten genutzt, im Dreißigjährigen Krieg zerstört und danach nicht wieder aufgebaut.[82]

Schloss Winnental war um 1300 vom Deutschen Orden errichtet worden, kam 1665 an Württemberg und wurde 1677 Sitz einer württembergischen Sekundogenitur, für die es zwischen 1683 und 1695 um- und ausgebaut wurde. Sophie Albertine von Württemberg war die einzige Witwe, der Winnental zugewiesen wurde.[83]

Auch wenn manche der genannten Witwen eine gewisse Bau- und Sanierungstätigkeit auf ihrem Witwensitz entfalteten, entstand in Württemberg kein eigener Bautypus eines weiblichen beziehungsweise Witwenschlosses.[84] Dazu fehlten den Witwen vor allem die finanziellen Gestaltungsspielräume. Anders sah das in anderen Territorien aus, wo Witwen durchaus die Rolle von Bauherrinnen und Mäzenatinnen übernahmen.[85]

4. Württembergische Witwen in Kirchheim

4.1 Herzogin Barbara Sophie von Württemberg

Die erste herzoglich-württembergische Witwe, die im Schloss Kirchheim ihren Wohnsitz nahm, war Herzogin Barbara Sophie von Württemberg (1584–1636).[86] Sie war eine Tochter des Kurfürsten Joachim Friedrich von Brandenburg und heiratete 1609 Herzog Johann Friedrich von Württemberg (1582–1628). Mit der Eheschließung erhielt sie eine Wittumsverschreibung auf Schloss, Stadt und Amt Brackenheim.[87] Unmittelbar mit dieser Verschreibung empfing sie auch die Huldigung der dortigen Untertanen.[88]

82 Robert Kretzschmar: Amtsstadt und Wittum der Herzogin Sabine. Waiblingen vom Beginn der frühen Neuzeit bis zum Ausbruch des Dreißigjährigen Krieges (1500–1618). In: Sönke Lorenz (Hrsg.): Waiblingen. Eine Stadtgeschichte (Gemeinde im Wandel 13.2), Filderstadt 2003, S. 148–194.

83 Hild/Hild (wie Anm. 47), S. 98–100.

84 Wenger (wie Anm. 45), S. 16.

85 Wolfgang Wüst: Höfisches Leben im Erlanger Wittum. Ein Witwensitz als markgräflicher Residenztyp. In: Christina Hofmann-Randall (Hrsg.): Das Erlanger Schloß als Witwensitz 1712–1817 (Schriften der Universitätsbibliothek Erlangen-Nürnberg 41), Erlangen 2002, S. 41–61 sowie Cordula Bischof: Status, Macht und Kunstpolitik in der Frühen Neuzeit. Die Witwe als Bauherrin und Auftraggeberin. In: Ulrike Ilg (Hrsg.): Fürstliche Witwen in der Frühen Neuzeit. Zur Kunst- und Kulturgeschichte eines Standes, Petersberg 2015, S. 40–54.

86 Axel Gotthard: Barbara Sophie von Württemberg. In: Sönke Lorenz/Dieter Mertens/Volker Press (Hrsg.): Das Haus Württemberg. Ein biographisches Lexikon, Stuttgart 1997, S. 146 f.

87 Wittumsverschreibung Herzog Johann Friedrichs für seine Gemahlin auf Schloss, Stadt und Amt Brackenheim vom 5. November 1609; HStA Stuttgart G 67 U 171.

88 Huldigungsbrief vom 5. November 1609; HStA Stuttgart G 67 U 173.

Der Tod ihres Mannes machte sie 1628 zur Witwe. Da Schloss Brackenheim vor dem Bezug zunächst saniert werden musste, begab sich Barbara Sophie mit Beginn der Arbeiten in Brackenheim nach Kirchheim, wo sie vorübergehend bis zum Abschluss der Arbeiten Quartier nehmen sollte. Durch die massiven Auswirkungen des Dreißigjährigen Krieges konnte dieser Plan allerdings nicht in die Tat umgesetzt werden. Die Herzogswitwe kehrte 1632 zunächst wieder nach Stuttgart zurück, 1634 floh sie mit der restlichen Herzogsfamilie nach Straßburg, wo sie 1636 starb.

Insofern hatte die erste Herzogswitwe, die im Schloss Kirchheim untergebracht war, Kirchheim nicht als Wittumsverschreibung erhalten, sondern sollte dort nur vorübergehend unterkommen. Zudem hielt sie sich nicht besonders lange in der Amtsstadt unter der Teck auf, nämlich nur etwa vier Jahre. Durch die Umstände des Dreißigjährigen Krieges verließ sie Stadt und Schloss bereits nach kurzer Zeit wieder und Kirchheim spielte für die folgenden Jahrzehnte keine Rolle mehr als Witwensitz.

4.2 Herzogin Maria Dorothea von Württemberg

Erst 1675 – über 40 Jahre später – wurde Kirchheim wieder zum Witwensitz des Hauses Württemberg. Die zweite Ehefrau von Herzog Eberhard III. (1614–1674) Maria Dorothea von Oettingen (1639–1698)[89] hatte bei ihrer Hochzeit 1656 eine Wittumsverschreibung auf Brackenheim erhalten[90] – wie auch 1609 Barbara Sophie. Allerdings brannte Schloss Brackenheim 1670 aus, so dass man beim Tod des Herzogs 1674 wieder auf Schloss Kirchheim auswich und Herzogin Maria Dorothea im Folgejahr dort gemeinsam mit ihren beiden jüngsten Kindern ihren Wohnsitz nahm.[91]

Wenige Jahre vor dem Einzug der Herzogswitwe und ihrer beiden Kinder war Schloss Kirchheim 1669/70 neu möbliert worden. Auch wenn die Möblierung noch relativ neu war, wurde sie unmittelbar vor dem Einzug der Witwe nochmals überprüft. Kurz vor ihrem Einzug wurden im Innern die inzwischen unmodernen Vertäfelungen entfernt, die Dürnitz wurde zur Schlosskapelle umgebaut und die Westseite des Schlosses zum Stadtgraben erhielt vergrößerte Fenster. Damit wandelte sich das Gebäude sichtbar von einem Teil der Festungsanlage zu einem Wohnschloss.[92]

Auch wenn Maria Dorothea nun für etwa 15 Jahre in Kirchheim lebte, blieb doch Brackenheim ihr offizieller Witwensitz und Kirchheim nur Provisorium. So betonte

89 Joachim Fischer: Maria Dorothea Sophia von Württemberg. In: Sönke Lorenz/Dieter Mertens/Volker Press (Hrsg.): Das Haus Württemberg. Ein biographisches Lexikon, Stuttgart 1997, S. 156f.

90 Wittumsverschreibung Herzog Eberhards III. für seine Gemahlin auf Schloss, Stadt und Amt Brackenheim vom 21. Juli 1656; HStA Stuttgart G 89 Bü 2.

91 Reichelt (wie Anm. 6), S. 374.

92 Herzogliches Dekret vom 12. März 1675; HStA Stuttgart G 89 Bü 4. Sindele (wie Anm. 74), S. 14; Reichelt (wie Anm. 6), S. 374.

Abb. 3: Herzogin Maria Dorothea von Württemberg (1639–1698)
© Stadtarchiv Kirchheim unter Teck G 12

Herzogadministrator Friedrich Karl 1678 ausdrücklich, dass seiner Stiefmutter *das fürstl[iche] Schloss zue Kürchheim, biß das durch Feuerschaden eingegangene Schloss zu Brackenheimb völlig repariret wirt, ad interim surrogirt und ihro eingeraumbt werde.*[93] Die Brackenheimer Bevölkerung hatte ihr 1674 gehuldigt[94] und die Witwe nahm deutlichen Anteil an der dortigen Wirtschaftsverwaltung.[95]

93 Herzoglicher Rezess vom 4. März 1678; HStA Stuttgart G 89 Bü 5.
94 Herzoglicher Geheiß- und Huldigungsbrief vom 3. September 1674; HStA Stuttgart G 89 Bü 4.
95 Vgl. die entsprechenden Korrespondenzen in: HStA Stuttgart G 89 Bü 4–7.

Die Arbeiten in Brackenheim gingen aber nur langsam voran. So beantragte die Witwe 1684 knapp 20.000 Gulden für die Neumöblierung des Schlosses, Rentkammer und Oberrat wollten ihr lediglich 3.000 Gulden dafür zugestehen, der Herzogadministrator bewilligte ihr schließlich 6.000 Gulden.[96] Letztlich blieb Maria Dorothea bis zum Großen Stadtbrand von 1690 in Kirchheim. Nach dem Brand überließ sie das unzerstört gebliebene Schloss der Stadt- und der Kellereiverwaltung und wich im August 1690 ins benachbarte Nürtingen aus.

4.3 Herzogin Magdalena Sibylla von Württemberg

Magdalena Sibylla von Hessen-Darmstadt (1652–1712) heiratete 1673 Herzog Wilhelm Ludwig von Württemberg (1647–1677). Im Ehevertrag wurden Schloss, Stadt und Amt Leonberg als Wittum festgesetzt[97], zusätzlich überschrieb ihr der Herzog im Jahr nach der Hochzeit Schloss Stetten im Remstal.[98] Als Magdalena Sibylla 1677 Witwe geworden war, huldigten die Leonberger der Herzogin.[99] Die junge Witwe blieb aber vorerst in Stuttgart und übernahm gemeinsam mit Herzogadministrator Friedrich Karl die Vormundschaftsregierung über ihren minderjährigen Sohn Eberhard Ludwig.[100]

Erst als Eberhard Ludwig 1693 selbst die Regierung in Württemberg antrat, stellte sich die Frage nach einem Witwensitz für Magdalena Sibylla. Kurz nach seinem Regierungsantritt verfügte der Herzog, dass seine Mutter einen besseren Witwen-

96 Consignation über das fürstliche Schloß zu Brackhenheim, waß solches ohngefähr zu moblieren erfordern möge aus dem Jahr 1684, Votum camerale zur Meublierung vom 7. Mai 1784, Oberratsgutachten vom 9. Mai 1684 und herzogliches Dekret vom 30. Mai 1685; HStA Stuttgart G 89 Bü 7.

97 Wittumsverschreibung Herzog Wilhelm Ludwigs für seine Gemahlin auf Schloss, Stadt und Amt Leonberg vom 6. November 1673; HStA Stuttgart G 124 Bü 17 & U 286.

98 Lebenslange Übertragung von Schloss und Dorf Stetten vom 16. Juli 1674; HStA Stuttgart G 124 Bü 12.

99 Huldigung von Stadt und Amt Leonberg für Herzogin Magdalena Sibylla aus dem Jahr 1678; HStA Stuttgart G 124 Bü 15.

100 Joachim Fischer: Magdalena Sibylla von Württemberg. In: Sönke Lorenz/Dieter Mertens/Volker Press (Hrsg.): Das Haus Württemberg. Ein biographisches Lexikon, Stuttgart 1997, S. 162 f.; Decker-Hauff (wie Anm. 5), S. 113–124; Holger Starzmann: Zwischen Fürstenglanz und Weltenekel. Zum 350. Geburtstag von Magdalena Sibylla von Württemberg. In: Schriftenreihe des Stadtarchivs Kirchheim unter Teck 28 (2002), S. 119–135; Reichelt (wie Anm. 6), S. 375 f. sowie Sabine Holtz: »Zum allgemeinen Heyl des Landes ... preißwürdigst und kluglich geführet«. Die politischen Handlungsoptionen der Herzogin Magdalena Sibylla von Württemberg (1652–1712) als »Mit-Obervormünderin«. In: Joachim Kremer (Hrsg.): Magdalena Sibylla von Württemberg. Politisches und kulturelles Handeln einer Herzogswitwe im Zeichen des frühen Pietismus (Tübinger Bausteine zur Landesgeschichte 27), Ostfildern 2017, S. 9–28.

Abb. 4: Herzogin Magdalena Sibylla von Württemberg (1652–1712)
© Stadtarchiv Kirchheim unter Teck G 131

sitz erhalten sollte – *wegen ihrer so lange Zeit ob sich gehabter Mitvormundschafft, fürstl[icher] Education und in denen beschwehrlichen Kriegszeiten fürgewandter großer Vigilenz.*[101]

Statt des ursprünglich bestimmten Witwensitzes Leonberg wollte Eberhard Ludwig ihr nun Kirchheim zuschreiben. Der Regierungsrat gab zu bedenken, dass Kirchheim eigentlich bereits doppelt belegt sei. Einerseits sei Kirchheim weiterhin offizieller Wohnsitz von Maria Dorothea, auch wenn diese seit dem Stadtbrand 1690 in Nürtingen wohne. Andererseits habe der abgesetzte Herzogadministrator Friedrich Karl mit seiner Familie das Schloss Kirchheim bezogen, während sein eigentliches Schloss Winnental gerade saniert wurde. Sobald dort die Arbeiten aber abgeschlossen wären, stünde einer Verschreibung Kirchheims auf Magdalena Sibylla eigentlich nichts mehr im Weg.[102] Daraufhin verkündete Eberhard Ludwig formal, dass der Witwensitz Leonberg für seine Mutter auf Kirchheim verändert werde. Außerdem

101 Herzogliches Dekret vom 8. Mai 1694; HStA Stuttgart G 124 Bü 16.
102 Gutachten der in dieser Frage eingesetzten Regierungsratsdeputation vom 12. Mai 1694; HStA Stuttgart G 124 Bü 16.

verordnete er, dass sie von nun an den ihr zustehenden Wein nicht mehr aus den Ämtern Herrenberg und Böblingen erhielt, sondern aus den Ämtern Schorndorf und Waiblingen.[103] Magdalena Sibylla hatte sich im Vorfeld beschwert, dass der Wein aus den Ämtern Kirchheim, Herrenberg und Böblingen *gar ein saurer und schlechter Wein*[104] sei.

Trotz ihres neuen offiziellen Witwensitzes Kirchheim lebte Magdalena Sibylla nun vor allem auf ihrem eigenen Schloss in Stetten, erst in ihren letzten beiden Lebensjahren ab Herbst 1710 oder 1711 hielt sie sich immer wieder in Kirchheim auf. Nichtsdestotrotz fanden am Kirchheimer Schloss umfassende Baumaßnahmen statt. Das 1690 abgebrannte Kavaliersgebäude und der Marstall wurden wieder aufgebaut. Die Schlosskirche wurde 1708/09 vermutlich durch den herzoglichen Baumeister Johann Friedrich Nette neu ausgestattet, erhielt in den folgenden Jahren deutlich vergrößerte Fenster und wurde schließlich 1718/19 durch Georg Friedrich List neu ausgemalt.[105]

Herzogin Magdalena Sibylla starb 1712 in Kirchheim. Da die Schlosskapelle noch nicht fertiggestellt war, konnte ihr Wunsch, in Kirchheim beigesetzt zu werden, nicht verwirklicht werden und ihr Sarg wurde in die Stuttgarter Stiftskirche überführt. Die Kirchheimer Schlosskirche konnte erst 1717 vom Hofprediger Samuel Urlsperger geweiht werden. Ausgeschmückt wurde sie unter anderem durch einen Bilderzyklus aus dem Besitz der verstorbenen Herzogin. Dieser wurde 1833 durch Herzogin Henriette der benachbarten Notzinger Kirchengemeinde geschenkt.[106]

4.4 Herzogin Johanna Elisabeth von Württemberg

Johanna Elisabeth von Baden-Durlach (1680–1757) heiratete 1697 Herzog Eberhard Ludwig von Württemberg (1676–1733) – gleichzeitig heiratete ihr Bruder Markgraf Karl III. von Baden-Durlach (1679–1738) dessen Schwester Magdalena Wilhelmine von Württemberg (1677–1742).[107] Mit dem Ehevertrag wurde die Wittumsverschreibung auf Schloss, Stadt und Amt Leonberg festgelegt. Sollten die Ein-

103 Herzogliches Dekret von August 1694; HStA Stuttgart G 124 Bü 17.

104 Wegen Veränderung meines Widums-Sizes seind dises die Puncte, darüber zu refelectiren wäre; HStA Stuttgart G 124 Bü 16.

105 Sindele (wie Anm. 74), S. 14–16 sowie Johannes Gromer: Ein Blick hinter die Fassaden. Zur Baugeschichte des Schlosses Kirchheim. In: Frank Thomas Lang/Anja Stangl (Hrsg.): Schloss Kirchheim unter Teck. Landesfestung, Witwensitz, Schlossmuseum. Schloss und Stadt in Frauenhand, Stuttgart 2007, S. 8.

106 Starzmann (wie Anm. 100), S. 128; Reichelt (wie Anm. 6), S. 375–378 sowie Westphal (wie Anm. 47), S. 4.

107 Dieter Stievermann: Johanna Elisabeth von Württemberg. In: Sönke Lorenz/Dieter Mertens/Volker Press (Hrsg.): Das Haus Württemberg. Ein biographisches Lexikon, Stuttgart 1997, S. 172; Decker-Hauff (wie Anm. 5), S. 125–134 sowie Reichelt (wie Anm. 6), S. 378–380.

künfte aus Leonberg nicht ausreichend sein, sollte zusätzlich auf Böblingen und Herrenberg zurückgegriffen werden.[108]

Die Ehe zwischen Eberhard Ludwig und Johanna Elisabeth war von der langen Beziehung des Herzogs zu seiner Mätresse Christina Wilhelmina von Grävenitz geprägt. Die abgeschobene Herzogin verbrachte letztlich die längste Zeit ihrer Ehe in einer Art vorgezogenem Witwenstand im Stuttgarter Schloss, während Herzog, Mätresse und Hof sich im neu erbauten Schloss Ludwigsburg aufhielten. Erst 1731, nach 25 Jahren der Trennung, versöhnten sich Herzog und Herzogin wieder.

Etwa ein halbes Jahr nach der offiziellen Versöhnung erhielt Johanna Elisabeth im Januar 1732 von ihrem Mann eine Wittumsverbesserung. Statt Leonberg wurde ihr nun Kirchheim als Witwensitz zugeschrieben. Das herzogliche Dekret begründet die Veränderung mit *beßerer Bequehmlichkeit*[109] des Kirchheimer Schlosses. Wenig später forderte der Herzog die Kirchheimer Beamten auf, Johanna Elisabeth Gehorsam zu leisten, sobald er selbst verstorben war.[110]

Eberhard Ludwig starb im Oktober 1733, am 15. September 1735 bezog Johanna Elisabeth das Kirchheimer Schloss. Zuvor war das Schloss für 6.000 Gulden renoviert und neu mit Tapeten und Vorhängen ausgestattet worden. Die Möbel kamen aus den Stuttgarter und Ludwigsburger Räumlichkeiten ihres 1731 verstorbenen Sohnes, Erbprinz Friedrich Ludwig. Die Schlosskapelle erhielt eine neue Empore. Bereits 1720 war im Garten des Kirchheimer Schlosses ein Komödienhaus errichtet worden. Dieses dürfte von der herzoglichen Witwe aber eher nicht genutzt worden sein.[111]

Auch wenn die Witwe in Kirchheim relativ zurückgezogen lebte, verzeichnete das herzoglich-württembergische Adressbuch des Jahres 1757 einen Witwenhofstaat mit insgesamt 53 Personen in Kirchheim.[112] Johanna Elisabeth starb 1757 und wurde in der Ludwigsburger Herzogsgruft beigesetzt.

4.5 Herzogin Franziska von Württemberg

Franziska von Hohenheim (1748–1811) ist die wohl berühmteste der württembergischen Herzoginnen. Sie kam als Mätresse Herzog Karl Eugens (1728–1793) 1769 ins Land, nach dem Tod der Herzogin Elisabeth Friederike Sophie (1732–1780)[113]

108 Wittumsverschreibung für Johanna Elisabeth von Württemberg vom 12. Juni 1697; HStA Stuttgart G 185 Bü 1.

109 Herzogliches Dekret zur Wittumsveränderung vom 7. Januar 1732; HStA Stuttgart G 185 Bü 9.

110 Herzogliches Dekret an Stadt und Amt Kirchheim vom 10. Mai 1732; StadtA Kirchheim U 119. Mayer (wie Anm. 1), S. 100–102.

111 Sindele (wie Anm. 74), S. 16 sowie Reichelt (wie Anm. 6), S. 378–380.

112 Georg Ernst Bürckh: Jetzt-florirendes Würtemberg oder hoch-fürstl. Würtembergisches Adress-Hand-Buch auf das Jahr 1757, Stuttgart 1757, S. 72–74.

113 Haug-Moritz (wie Anm. 51), S. 264 f.

Abb. 5: Epitaph der Herzogin Franziska von Württemberg (1748–1811) in der Kirchheimer Martinskirche
© Stadtarchiv Kirchheim unter Teck F 19241

heiratete der Herzog sie zunächst heimlich und erst 1785 wurde sie offiziell als Herzogin von Württemberg anerkannt.[114] Während für die erste Frau Karl Eugens

114 Ernst Müller: Herzogin Franziska in Kirchheim. In: Schwäbische Heimat 2 (1968), S. 164–166; Gabriele Haug-Moritz: Franziska von Württemberg. In: Sönke Lorenz/Dieter Mertens/Volker Press (Hrsg.): Das Haus Württemberg. Ein biographisches Lexikon, Stuttgart 1997, S. 265 f.; Reichelt (wie Anm. 6), S. 383–385 sowie Johannes Moosdiele-Hitzler: Franziska von Hohenheim. Carl Eugens »irdische Urania«? Dekonstruktion eines altwürttembergischen Erinnerungsortes. In: Wolfgang Mährle (Hrsg.): Aufgeklärte Herrschaft im Konflikt. Herzog Carl Eugen von Württemberg 1728–1793 (Geschichte Württembergs. Impulse für die Forschung 1), Stuttgart 2017, S. 59–83.

Neuenstadt am Kocher als Witwensitz vorgesehen gewesen war[115], erhielt Franziska 1792 Kirchheim zugeschrieben.[116]

Karl Eugen nutzte Schloss Kirchheim immer wieder zu Jagdaufenthalten, so dass das Schloss seit dem Tod Johanna Elisabeths 1757 nicht leer stand. Er ließ 1764 im Schlossgarten ein Reithaus errichten und 1767 die Hofgärtnerei zu einem Opernhaus ausbauen, das allerdings 1796 wieder abgebrochen werden musste.[117] Zudem kam Franziska regelmäßig nach Kirchheim, seitdem sich ihre Schwester Luise von Pflug 1781 dort niedergelassen hatte. Auch wenn das Schloss nicht lange ungenutzt geblieben war, wurde es doch vor dem Einzug Franziskas grundlegend saniert. Diese Arbeiten nach dem Tod Karl Eugens 1793 und vor dem Einzug Franziskas 1795 waren die bisher größten, verschlungen über 13.000 Gulden und wurden unter der Leitung des herzoglichen Hofbaumeisters Reinhard Ferdinand Heinrich Fischer (1746–1813) ausgeführt.

Das Schloss erhielt im Erdgeschoss eine neue Eingangshalle und ein repräsentatives Treppenhaus. Der Schwerpunkt der Arbeiten lag allerdings im zweiten Obergeschoss des West- und des Südwestflügels, wo sich die Wohnräume der Herzogin befanden. Dort wurden die Fenster erneut vergrößert und neue Öfen eingebaut. Zum Teil wurden die Räume neu zugeschnitten und auf den Kasematten im Anschluss an die Fürstenzimmer wurde eine Terrasse mit kleinem Garten und Treibhaus angelegt.[118]

Während der Umbaumaßnahmen in Kirchheim lebte Herzogin Franziska im Stuttgarter Alten Schloss, im Januar 1795 siedelte sie dann in ihren Witwensitz über. In ihrem Tagebuch notierte sie am 20. Januar: *Ich feng an Ein Zu packen, daß ich bis übermorgen meine abreise von hier nacher Kirchheim bestimd habe.*[119] Deutlich ist zu spüren, dass Franziska nicht freiwillig nach Kirchheim ging – so schrieb sie am Tag ihrer Ankunft an ihrem Witwensitz in ihr Tagebuch: *ich wuste selbst nicht recht wie*

115 Wittumsverschreibung für Herzogin Elisabeth Friederike Sophie von Württemberg vom 26. September 1748; HStA Stuttgart G 231 Bü 2 & 5.

116 Wittumsverschreibung für Herzogin Franziska von Württemberg vom 4. September 1792; HStA Stuttgart G 232 U 393. Agnatischer Konsens zur Wittumsverschreibung vom 22. Juli 1792; HStA Stuttgart G 232 Bü 20.

117 Rolf Bidlingmaier: Die herzogliche Oper in Kirchheim unter Teck. In: Schriftenreihe des Stadtarchivs Kirchheim unter Teck 13 (1991), S. 87–101 sowie Sindele (wie Anm. 74), S. 17 f.

118 Sindele (wie Anm. 74), S. 18–21; Reichelt (wie Anm. 6), S. 384; Gromer (wie Anm. 105), S. 8 f. sowie Saskia Esser: Herzogin Franziska richtet ein. Die Wohnräume der Herzogswitwe. In: Frank Thomas Lang/Anja Stangl (Hrsg.): Schloss Kirchheim unter Teck. Landesfestung, Witwensitz, Schlossmuseum. Schloss und Stadt in Frauenhand, Stuttgart 2007, S. 37 f.

119 Eintrag im Tagebuch der Franziska von Hohenheim vom 20. Januar 1795. In: A. Osterberg: Tagebuch der Gräfin Franziska von Hohenheim, späteren Herzogin von Württemberg, Stuttgart 1913, S. 485.

mir wahr.[120] Danach sind die Einträge von Eintönigkeit und Monotonie geprägt. Die häufigsten Einträge lauten: *Es geng heute nichts besonders vor*[121] oder: *Der heutige Tag Glich Zemlich dem Gestrigen.*[122] Nur etwa drei Wochen nach ihrem Umzug nach Kirchheim endet ihr Tagebuch mit einem letzten Eintrag vom 11. Februar 1795.

Der Witwenhofstaat Franziskas bewegte sich in einer ähnlichen Größenordnung wie der von Johanna Elisabeth. Die Staatshandbücher geben zunächst 50 Personen im Jahr 1798 an, dann 54 Personen im Jahr 1809.[123]

5. *Beziehungen der Witwen zur Stadt Kirchheim*

Was bedeutete nun aber die Präsenz einer herzoglichen Witwe im Schloss Kirchheim für die Stadt Kirchheim? Rosemarie Reichelt stellte klar fest, dass sich das bewohnte Schloss gleichermaßen positiv wie negativ auf die Stadt auswirkte: »Das Schloss und seine Bewohner beeinflussten in segensreicher, mitunter aber auch in äußerst belastender Weise das Alltagsleben der Amts- und Stadtbewohner im 17. und 18. Jahrhundert.«[124]

Die erste und wichtigste Verbindung zwischen der Herzogin und der Stadt waren eindeutig die Finanzen. Die Wittumsverschreibung legte fest, dass die Einkünfte aus Stadt und Amt für die Dauer der Witwenzeit an die Witwe gingen. Im Regelfall reichten die Kirchheimer Einkünfte zur Finanzierung der Witwe nicht aus, weswegen der Witwe weitere Leistungen zugesichert wurden.

Die Einkünfte des Witwensitzes wurden im Regelfall um eine Kombination von Geld- und Naturalleistungen ergänzt. Diese Naturalleistungen bestanden – wie bereits dargestellt – vor allem aus Brennholz, aber auch Wild, Wein oder Getreide konnten in diese Regelungen aufgenommen werden.[125]

Außerdem war es möglich, der Witwe die Erträge weiterer Gebietskörperschaften zu überschreiben. So erhielt Johanna Elisabeth 1697 in ihre Wittumsverschreibung auf Leonberg einen Passus, dass sie zusätzliche Ansprüche auf Erträge aus den Ämtern Böblingen und Herrenberg haben sollte, sollten die Leonberger Erträge nicht

120 Eintrag im Tagebuch der Franziska von Hohenheim vom 22. Januar 1795. In: Ebenda.

121 Eintrag im Tagebuch der Franziska von Hohenheim vom 26. Januar 1795. In: Ebenda.

122 Eintrag im Tagebuch der Franziska von Hohenheim vom 27. Januar 1795. In: Ebenda.

123 Herzoglich wirtembergisches Adreß-Buch auf das Jahr 1798, Stuttgart 1798, S. 38 f.; Königlich württembergisches Hof- und Staatshandbuch auf die Jahre 1809 und 1810, Stuttgart 1810, S. 84. Sindele (wie Anm. 74), S. 20.

124 Rosemarie Reichelt: Des einen Frust, des andern Lust. Die Untertanen und das Schloss. In: Frank Thomas Lang/Anja Stangl (Hrsg.): Schloss Kirchheim unter Teck. Landesfestung, Witwensitz, Schlossmuseum. Schloss und Stadt in Frauenhand, Stuttgart 2007, S. 23.

125 Wegen Veränderung meines Widums-Sizes seind dises die Puncte, darüber zu refelectiren wäre; HStA Stuttgart G 124 Bü 16. Herzogliches Dekret von August 1694; HStA Stuttgart G 124 Bü 17.

ausreichen.[126] Maria Augusta erhielt 1734 zusätzlich zum Witwensitz Schorndorf Erträge aus Heimsheim und Perouse[127], Elisabeth Friederike Sophie 1748 zusätzlich zu Neuenstadt aus Weinsberg und Möckmühl.[128] Auch bereits in der Wittumsverschreibung für Barbara Gonzaga 1474 wurde zusätzlich zu Herrenberg im Bedarfsfall auf Einkünfte aus Tübingen verwiesen.[129] Fast dieselben Orte wie 1748 für die erste Frau von Karl Eugen wurden 1544 und 1574 in den Wittumsverschreibungen für Anna Maria[130] und Dorothea Ursula[131], die Frauen Herzog Christophs und Herzog Ulrichs, genannt: Neuenstadt und Möckmühl.

Für Kirchheim bedeutete das im konkreten Fall von Johanna Elisabeth zwischen 1735 und 1757 Folgendes: Die Herzogin hatte Anspruch auf jährlich 4.500 Klafter Brennholz, wobei ein Klafter ungefähr einer Wagenladung entsprach. Dies war Teil der Frondienste der Kirchheimer Untertanen, die sie gegen eine geringe Aufwandsentschädigung in Form von Verpflegung für Männer und Pferde zu leisten hatten. An Wild waren der Herzogin jährlich zwölf Hirsche, zwölf Wildschweine und ein kleines Weidwerk inklusive der Erträge der herzoglichen Fischwasser im Oberamt zugeschrieben. Die Erfüllung dieser Zuschreibung war Teil der Jagdfronen der Kirchheimer Bevölkerung.[132]

Herzogin Franziska erhielt ab 1795 mit 200 Mess Holz bedeutend weniger Brennmaterial, dafür eine höhere finanzielle Dotation von 10.000 Gulden. Insgesamt hatte sie Anspruch auf 20.000 Gulden, von denen die Hälfte in Naturalien wie Holz, Wild oder Fisch geliefert wurden.[133] Grundsätzlich hatten die Herzoginnen in Kirchheim das Recht, ihr eigenes Personal einzustellen und sie konnten im Schlossbereich die niedere Gerichtsbarkeit ausüben.

126 Wittumsverschreibung für Johanna Elisabeth von Württemberg vom 12. Juni 1697; HStA Stuttgart G 185 Bü 1.

127 Wittumsverschreibungen für Maria Augusta von Württemberg vom 14. April und 4. Juni 1734; HStA Stuttgart G 197 U 359 & U 360.

128 Wittumsverschreibung für Elisabeth Friederike Sophie von Württemberg vom 26. September 1748; HStA Stuttgart G 231 Bü 2 & 5.

129 Wittumsverschreibung für Barbara Gonzaga vom 9. Juli 1474; HStA Stuttgart G 28 Bü 2/ A 602 Nr. 376.

130 Wittumsverschreibung für Anna Maria von Württemberg vom 9. Dezember 1544; HStA Stuttgart G 48 Bü 2 & U 43.

131 Wittumsverschreibung für Dorothea Ursula von Württemberg vom 8. September 1576; HStA Stuttgart G 56 U 102 & 103.

132 Herzogliches Dekret zur Wittumsveränderung vom 7. Januar 1732; HStA Stuttgart G 185 Bü 9. Unterlagen zur Wirtschaftsführung auf dem Wittumgsgut in: HStA Stuttgart G 185 Bü 9–11 & A 249 Bü 1304. Reichelt (wie Anm. 6), S. 380; Reichelt (wie Anm. 124), S. 23 f.

133 Wittumsverschreibung für Herzogin Franziska von Württemberg vom 4. September 1792; HStA Stuttgart G 232 U 393. Unterlagen zur Wirtschaftsführung auf dem Wittumgsgut in: HStA Stuttgart G 232 Bü 21 & A 364 Bü 13. Reichelt (wie Anm. 6), S. 383.

Darüber hinaus waren die Hofhaltungen der Witwe im Schloss ein Wirtschaftsfaktor für die Stadt. Über die verpflichtenden Naturallieferungen hinaus mussten die Angehörigen der Hofhaltung verköstigt werden, im Schloss fielen Renovierungs- und Reparaturarbeiten und andere Aufgaben für städtische Handwerker an.

Nicht nur die Gesamtanzahl des Witwenhofstaats war mit etwa 50 Personen einigermaßen konstant, auch deren Zusammensetzung änderte sich wenig. Die Hofhandbücher zeigen an der Spitze adlige Kammerherren und Hofdamen, deren Zahl zwischen drei (1757) und sechs (1798) schwankte. Drei Personen waren mit verschiedenen Bereichen von Verwaltung betraut. Marstall und Bewachung umfassten elf bis vierzehn Personen, die meisten Angestellten waren als Haus- und Küchenpersonal beschäftigt (1757: 35; 1798: 30; 1809: 32) in ganz unterschiedlichen Funktionen. Hier finden sich Garderobenmädchen, Friseure und Lakaien ebenso wie Köche, Konditoren, Metzger oder Gärtner. Herzogin Franziska beschäftigte 1798 einen Mundkoch mit dem sprechenden Namen Henry Frommage.[134]

Sehr schön lässt sich der Nutzen des Witwenhofstaats bei den Kirchheimer Kunstschreinern nachvollziehen, die weit über die Amtsstadt hinaus einen exzellenten Ruf hatten. Diese wirkten mit Schreinerarbeiten an den Renovierungen mit oder lieferten hochwertige Möbel ins Schloss. Entsprechende Berührungen lassen sich nachvollziehen für Johannes Benz Vater 1669/70 und 1684/85, für Johannes Benz Sohn 1709, für Bautzenberger 1734/36, für Johannes Majer 1735 sowie für Isaak Roos.[135]

Abgesehen von den wirtschaftlichen Belastungen und gleichzeitigen wirtschaftlichen Vorteilen der Bevölkerung in Stadt und Amt durch die Witwen scheinen diese vor Ort kaum eine Rolle gespielt zu haben. Weder die Quellen im Hauptstaatsarchiv Stuttgart, noch die Quellen im Stadtarchiv Kirchheim berichten von intensiveren Kontakten über die Schlossmauern hinweg. Die erste in Kirchheim wohnende Witwe wird für die Stadt als bedeutungslos beschrieben:[136] »In Kirchheim hat Barbara Sophia keine Spuren hinterlassen.«[137] Ihre Nachfolgerin Maria Dorothea wird zwar als Wohltäterin der Armen tituliert, aber auch hier scheint sich der Kontakt auf ein Minimum beschränkt zu haben. In Notzeiten stellte sie der Kirchheimer Bevölke-

134 Adreß-Buch 1798 (wie Anm. 123), S. 39.

135 Sabine Mertens: Barockmöbel aus Württemberg und Hohenlohe. In: Helga Müller (Hrsg.): Barockmöbel aus Württemberg und Hohenlohe 1700–1750. Geschichte, Konstruktion, Restaurierung, Ulm 1988, S. 14–18; Rainer Laskowski: Kirchheimer Kunstschreinerfamilien der Barockzeit. In: Kirchheimer Museumsschriften 1 (1990), S. 9–31; Leo von Stieglitz: Ordnung, Privilegien, Symbole. Notizen zur Kirchheimer Schreinerzunft im 18. Jahrhundert. In: Kirchheimer Museumsschriften 1 (1990), S. 32–40; Sabine Mertens: Kirchheimer Möbel des 18. Jahrhunderts. In: Kirchheimer Museumsschriften 1 (1990), S. 41–58; Reichelt (wie Anm. 6), S. 460–462 sowie Reichelt (wie Anm. 124), S. 23.

136 Mayer (wie Anm. 1), S. 90 sowie Reichelt (wie Anm. 6), S. 373.

137 Rainer Kilian: Kirchheimer Schloßherrinnen. Aus dem Leben von Barbara Sophia (1584 bis 1636) und Maria Dorothea (1639 bis 1698), Teckbote vom 25. Mai 1991, Beiträge zur Heimatkunde des Bezirks Kirchheim unter Teck 53 (1991), S. 11.

rung immer wieder Lebensmittel zur Verfügung, da ihre Lieferungen aus Brackenheim zuverlässig in Kirchheim eintrafen.[138]

Ähnlich punktuell war der Kontakt der Herzogin Magdalena Sibylla zur Stadt Kirchheim. Auch hier zeigen die Quellen zwei Berührungspunkte – allerdings bereits aus der Zeit, bevor Kirchheim ihr Witwensitz wurde. 1688 erwirkte sie während des Pfälzischen Erbfolgekriegs einen Schutzbrief des französischen Generals de Montclar für die Stadt Kirchheim und die im Schloss lebende Herzoginwitwe Sophia Dorothea. Dieser Schutzbrief verhinderte im selben Jahr, dass die Stadt Kirchheim einer Forderung französischer Soldaten nach einer Getreidelieferung nachkommen musste, die sich zu diesem Zeitpunkt in Esslingen befanden. Letztlich profitierte in diesem Fall die Stadt von der Gegenwart einer Witwe vor Ort. Entscheidungsrelevant war dabei die aktuell in Kirchheim lebende Witwe Sophia Dorothea, nicht die zukünftige Kirchheimer Witwe Magdalena Sibylla.[139] Nach dem Großen Stadtbrand von 1690 erließ Magdalena Sibylla als Administratorin im Namen ihres Sohnes Eberhard Ludwig eine Brandsteuer in Württemberg, die den Wiederaufbau der zerstörten Stadt Kirchheim unterstützen sollte.[140]

Da Magdalena Sibylla dann letztlich lediglich weniger als zwei Jahre in Kirchheim lebte, hielten sich auch in ihrem Fall die Kontakte zur Stadt und zu ihren Einwohnern in Grenzen. In Erinnerung blieb sie in Kirchheim zunächst unter anderem durch den bereits angeführten Bilderzyklus, den sie der Schlosskirche stiftete und der nach Abschluss der Renovierungsarbeiten nach ihrem Tod dort aufgehängt wurde.[141]

Ähnliches ist auch zur Herzogin Johanna Elisabeth zu lesen:[142] »[Z]ur Stadt ist sie nahezu kontaktlos«[143] geblieben. »Bei der Kirchheimer Bevölkerung war sie unbeliebt.«[144] Oder fast deckungsgleich: »In der Stadt hat sie keine große Rolle gespielt, auch soll sie nicht sehr beliebt gewesen sein.«[145] Auch hier schweigen die Stuttgarter

138 Mayer (wie Anm. 1), S. 91; Kilian (wie Anm. 137) sowie Sindele (wie Anm. 74), S. 14.

139 Schreiben der Stadt an den Herzog vom 7. Dezember 1688, Schreiben des Herzogadministrators an die Stadt vom 8. Dezember 1688, Salvaguardia des Generals de Montclar für die Herzoginwitwe und die Stadt Kirchheim vom 16. Dezember 1688; StadtA Kirchheim A 652. Reichelt (wie Anm. 6), S. 349 f. sowie Reichelt (wie Anm. 124), S. 23.

140 Mayer (wie Anm. 1), S. 124; Sindele (wie Anm. 74), S. 14 sowie Reichelt (wie Anm. 6), S. 356.

141 Rainer Kilian: Kirchheimer Schloßherrinnen. Magdalena Sibylle (1652 bis 1712), Teckbote vom 1. Juni 1991, Beiträge zur Heimatkunde des Bezirks Kirchheim unter Teck 53 (1991), S. 13–15; Starzmann (wie Anm. 100), S. 128; Reichelt (wie Anm. 6), S. 375–378 sowie Westphal (wie Anm. 47), S. 4.

142 Mayer (wie Anm. 1), S. 100–103 sowie Rainer Kilian: Kirchheimer Schloßherrinnen. Johanna Elisabetha (1680 bis 1757), Teckbote vom 8. Juni 1991, Beiträge zur Heimatkunde des Bezirks Kirchheim unter Teck 53 (1991), S. 15–17.

143 Sindele (wie Anm. 74), S. 16.

144 Ebenda.

145 Reichelt (wie Anm. 6), S. 380.

und Kirchheimer Quellen über weite Strecken. Allerdings finden sich für Johanna Elisabeth zwei Berührungspunkte zur Stadt. So hielt sie 1744 im Kircheimer Rathaus eine öffentliche und unangemeldete Rede anlässlich der Erbhuldigung auf Herzog Karl Eugen. Darin wollte sie die Kirchheimer Bevölkerung beruhigen, dass diese trotz der katholischen Konfession des jungen Herzogs nichts zu befürchten hatte.[146] Und 1751 wurde auf ihre Initiative der Pfullinger Spezial Georg Michael Seeger nach Kirchheim versetzt, obwohl er sich nicht beworben hatte.[147]

Die letzte Witwe eines Herzogs von Württemberg, die während der Zeit des Alten Reichs nach Kirchheim kam, war Herzogin Franziska. Im Gegensatz zu ihren Vorgängerinnen lebte sie nicht völlig zurückgezogen im Schloss, sondern pflegte regelmäßigen Austausch mit den Kirchheimerinnen und Kirchheimern. Sie veranstaltete immer wieder Konzerte im Schloss, zu denen auch Menschen aus Kirchheim eingeladen waren. Dass bereits kurz nach der Wiener Uraufführung 1798 Haydns *Schöpfung* in Kirchheim aufgeführt wurde, zeugt von der musikalischen Aktualität des einigermaßen abgelegenen Witwensitzes. Oft durften auch Kirchheimer Kinder ins Schloss kommen. Bei täglichen Ausfahrten nahm sie Anteil am Geschehen in der Stadt.[148]

So erinnert sich die Stadt Kirchheim an sie bis heute anders als an die anderen Witwen. Ottilie Wildermuth beschrieb sie gar als »wohltätige Fee des Städtchens«.[149] Anderswo ist zu lesen: »Als edle Menschenfreundin und Wohltäterin der Armen ist sie bei den Kirchheimern geschätzt.«[150] Als sie im Januar 1811 in Kirchheim starb, kamen zahlreiche Besucher zur Aufbahrung ins Schloss, um ihrer Anteilnahme Ausdruck zu verleihen und sich von der Kirchheimer Herzogin zu verabschieden. Auch zu ihrer Beisetzung in der Kirchheimer Martinskirche erschienen zahllose Menschen aus Kirchheim und Umgebung.

146 Stadt- und Amtsversammlungsprotokolle 1744; StadtA Kirchheim B 1 S. 21. Reichelt (wie Anm. 6), S. 380.

147 Reichelt (wie Anm. 6), S. 380.

148 Wildermuth (wie Anm. 75), S. 77–90; Rainer Kilian: Kirchheimer Schloßherrinnen. Franziska von Hohenheim (1748 bis 1811), Teckbote vom 15. Juni 1991, Beiträge zur Heimatkunde des Bezirks Kirchheim unter Teck 53 (1991), S. 17–20; Reichelt (wie Anm. 6), S. 383–385; Sabine Rathgeb: Kirchheimer Erinnerungen. In: Frank Thomas Lang/Anja Stangl (Hrsg.): Schloss Kirchheim unter Teck. Landesfestung, Witwensitz, Schlossmuseum. Schloss und Stadt in Frauenhand, Stuttgart 2007, S. 33 sowie Sabine Rathgeb: Die »Sonne des Städtchens«. Franziskas Witwenzeit in Kirchheim. In: Frank Thomas Lang/Anja Stangl (Hrsg.): Schloss Kirchheim unter Teck. Landesfestung, Witwensitz, Schlossmuseum. Schloss und Stadt in Frauenhand, Stuttgart 2007, S. 34–36.

149 Wildermuth (wie Anm. 75), S. 79.

150 Sindele (wie Anm. 74), S. 20.

6. Fazit

Nach dem Tod der letzten Bewohner des Kirchheimer Schlosses – Herzogin Franziska 1811, Herzog Louis 1817 und Herzogin Henriette 1857 – erfuhr das Gebäude verschiedene Nutzungen und wurde letztlich Pädagogisches Fachinstitut und Fachseminar. Die Witwen blieben in Kirchheim ganz unterschiedlich präsent. Barbara Sophia, Maria Dorothea, Magdalena Sibylla und Johanna Elisabeth wurden schnell vergessen. Ein Porträt der Herzogin Magdalena Sibylla gab der Gemeinderat 1880 ohne jegliche Bedenken gern aus städtischem Besitz nach Stuttgart ab, als von dort Interesse daran geäußert wurde.[151] Dagegen blieben Franziska, Henriette und die in Kirchheim bestattete Barbara Gonzaga im Gedächtnis der Stadt haften.

Letztlich ist dieses sehr unterschiedliche Gedenken nachvollziehbar. Durch ihre romantische Biographie ist Franziska bis heute die bekannteste Herzogin von Württemberg – verklärt als guter Engel Württembergs[152] – »und ihr Andenken lebt hier unvergessen fort«.[153] Herzogin Henriette engagierte sich in der Stadt Kirchheim in vielen Bereichen, viele Kirchheimer Institutionen wie Feuerwehr oder Krankenhaus gehen auf eine Initiative der Witwe zurück. Barbara Gonzaga gilt als kulturbringende Italienerin im spätmittelalterlichen Württemberg und war die Ehefrau des vor allem im 19. Jahrhundert hochverehrten Eberhards im Bart, des ersten Herzogs von Württemberg und des Gründers der Universität Tübingen.

Dieselben Schwerpunkte in der Memoria sind auch im heutigen Kirchheimer Schlossmuseum zu sehen: Die in den neunziger Jahren des 20. Jahrhunderts wiederhergestellten Fürstenzimmer zeigen in wenigen Räumen den Zustand unter Herzogin Franziska, in den meisten Räumen die Zeit der Herzogin Henriette.[154]

Gleiches gilt für Denkmäler im Stadtraum. Barbara Gonzaga erhielt im Jahr 2003 ein Denkmal an der Stelle, wo sich die Klosterkirche vor ihrem Abbruch nach der

151 Schreiben des Archivrats Stälin an den Kirchheimer Schultheiß Kröner vom 2. Oktober 1880; Auszug aus dem Gemeinderatsprotokoll vom 18. November 1880; StadtA Kirchheim A 105.

152 Hansmartin Decker-Hauff: Herzog Karl Eugen von Württemberg. In: Reiner Rinker/Wilfried Setzler (Hrsg.): Die Geschichte Baden-Württembergs, Stuttgart 1986, S. 166.

153 Walter Wenger: Gedenkstein für Franziska von Hohenheim, die einstige Mitbürgerin unserer Teckstadt. In: Teckbote vom 27. Februar 1963, Beiträge zur Heimatkunde des Bezirks Kirchheim unter Teck 2 (1966), S. 27.

154 Esser (wie Anm. 118) sowie Saskia Esser: Das liebe alte Kirchheimer Schloss mit seinen von Andenken aller Zeiten gefüllten Räumen… Die Schlosseinrichtung unter Herzogin Henriette. In: Frank Thomas Lang/Anja Stangl (Hrsg.): Schloss Kirchheim unter Teck. Landesfestung, Witwensitz, Schlossmuseum. Schloss und Stadt in Frauenhand, Stuttgart 2007, S. 44–51.

Reformation befunden hatte und damit auch ihr Grab.[155] An Franziska erinnern heute in Kirchheim zwei Denkmäler: An der Chorwand der Martinskirche oberhalb ihres Grabes ließ der Württembergische Geschichts- und Altertumsverein 1906 ein Epitaph anbringen. Vor dem Eingang zum Schloss wurde 2011 ein weiteres Franziskadenkmal in Form einer beschrifteten Stele errichtet.[156] Im selben Jahr und in ähnlicher Form erhielt Herzogin Henriette direkt daneben ein eigenes Denkmal. An sie erinnert außerdem die Benennung einer Straße und eines Kindergartens sowie die von mehreren Kirchheimer Konditoren angebotene Henriettentorte.[157] Herzogin Henriette gilt nicht zu Unrecht heute als »bislang berühmteste Kirchheimerin«.[158]

Die übrigen vier Kirchheimer Witwen spielen in der kollektiven Erinnerung der Stadt keine große Rolle und werden meist nur bemüht, wenn betont werden soll, dass das Schloss über 200 Jahre als Witwensitz gedient habe. Diese vier Herzoginnen mit wenig bis gar keinem Kontakt zur Stadt und zur Bevölkerung treten damit auch weiterhin hinter Franziska und Henriette zurück.

155 Silvia Hildebrandt: Barbara Gonzaga. Memoria und Mythos. In: Peter Rückert (Hrsg.): Von Mantua nach Württemberg. Barbara Gonzaga und ihr Hof, Stuttgart 2011, S. 178–182.

156 Mayer (wie Anm. 1), S. 109; Am Grabe der Herzogin Franziska von Hohenheim. In: Teckbote vom 26. Januar 1933, Beiträge zur Heimatkunde des Bezirks Kirchheim unter Teck 5 (1936), S. 29 f. sowie Renate Schattel: Anrührende Einblicke in das Leben der beliebten Wohltäterin. Nach 192 Jahren wird die Grabstätte der Franziska von Hohenheim im Chor der Martinskirche gewürdigt. In: Teckbote vom 1. Oktober 2003, Beiträge zur Heimatkunde des Bezirks Kirchheim unter Teck 67 (2004), S. 3–5.

157 Sindele (wie Anm. 4), S. 167 f. sowie Stele für Stele. Ein Denkmal für Herzogin Henriette. In: Der Teckbote vom 6. September 2011; Tugendhafte Netzwerkerin Henriette. Seit gestern erinnert eine Stele vor dem Kirchheimer Schloss an dessen letzte fürstliche Bewohnerin. In: Der Teckbote vom 12. September 2011.

158 Reichelt (wie Anm. 124), S. 24.

Der Ritterkanton Donau und die vorderösterreichische Landstadt Ehingen

Ludwig Ohngemach

Die besondere Beziehung Ehingens zum niederen reichsunmittelbaren Adel beruhte auf dem Umstand, dass die Stadt seit der Wende vom 17. zum 18. Jahrhundert Sitz des Kantons Donau war. Da dieser den ständigen Vorsitz unter den fünf Kantonen des schwäbischen Ritterkreises führte, galt die Stadt an der Donau zudem als Sitz des Ritterkreises.[1]

Ausgehend von den Ritterbünden des 14. Jahrhunderts war es Teilen des niederen Ritteradels gelungen, sich im Westen und der Mitte Oberdeutschlands den staatlichen Durchdringungsprozessen zu entziehen, sodass die Ausbildung von Flächenstaaten nicht zustande kam. Im Verlauf des 16. Jahrhunderts fanden sie sich zu einer in drei Kreise mit zusammen 14 Kantonen gegliederten Korporation zusammen.[2]

Kennzeichnend für diese staatsähnliche Organisation war die direkte Verbindung zum Kaiser und damit eine reichsunmittelbare Stellung, während die einzelnen Ritter weder individuell noch kollektiv über die Reichsstandschaft verfügten. Den größeren Fürsten erschienen die ritterschaftlichen Gebiete als lästige Fremdkörper, welche die Entwicklung ihrer eigenen Gebiete zu einem modernen Landesstaat behinderten. Einzelne Fürsten versuchten daher wiederholt, die in ihrem Umkreis ansässigen Ritter ihrer landesfürstlichen Obrigkeit zu unterwerfen. Mit Hilfe des Kaisers, der ein politisches, aber auch finanzielles Interesse am Erhalt einer unmittelbaren Ritterschaft hatte, gelang es, diese Angriffe immer wieder erfolgreich abzuwehren.[3]

In ihren Herrschaften übten die einzelnen Ritter die Landeshoheit aus und wachten argwöhnisch über ihre Unabhängigkeit auch vom Kanton selbst, dem sie nur ein

1 Volker Press: Reichsritterschaft. In: Meinrad Schaab/Hansmartin Schwarzmaier/Dieter Mertens (Hrsg.): Handbuch der Baden-Württembergischen Geschichte, Bd. 2: Die Territorien im Alten Reich, Stuttgart 1995, S. 771–812, hier S. 798, S. 800.

2 Zur Entstehung der Reichsritterschaft vgl. Press (wie Anm. 1), bes. S. 790 ff. Demnach schlug die Geburtsstunde der frühneuzeitlichen Reichsritterschaft 1542 mit der Einführung des gemeinen Pfennigs.

3 Vgl. Volker Press: Der württembergische Angriff auf die Reichsritterschaft 1749–1754 (1770). In: Franz Quarthal (Hrsg.): Zwischen Schwarzwald und Schwäbischer Alb. Das Land am oberen Neckar (Veröffentlichung des Alemannischen Instituts 52), Sigmaringen 1984, S. 329–348.

Minimum an Aufgaben, wie die Militär- und Steuerhoheit, überließen. So hatten die Kantone bei ihren Mitgliedern den Einzug der sogenannten »Charitativsubsidien«, also Hilfsgelder, für den Kaiser zu besorgen. Ihnen war weiterhin unter anderem die Exekution gegen säumige Mitglieder, die Aufsicht in Vormundschaftsfragen sowie bei Lehensauseinandersetzungen die Ausübung des *Jus retractus,* des ritterschaftlichen Vorkaufrechtes, übertragen. In ritterschaftlichen Schuldangelegenheiten setzte der Kaiser die Kantone als Kommissarien ein. Auf Grund der Finanzkrise des niederen Adels waren damit verbundene Konflikte keine Seltenheit.[4]

Für die Kantonszugehörigkeit der einzelnen Familien war maßgeblich, wo ihre jeweiligen Güter immatrikuliert waren. Im Kanton Donau spielten eine wichtige Rolle, auch als Amtsträger, unter anderem die Herren von Freyberg, die Freiherren von Hornstein, die Rassler von Gamerschwang, die Schenken von Stauffenberg oder die Freiherren von Ulm Erbach. Nicht wenige Familien waren durch ihren Besitz gleich in mehreren Kantonen immatrikuliert. So gehörte die Familie von Freyberg mit verschiedenen Familienzweigen den Kantonen Donau, Hegau-Allgäu-Bodensee, Kocher sowie Neckar und Schwarzwald an.[5]

Zur Führung der Geschäfte wurden von den Kantonen bereits vor dem Dreißigjährigen Krieg Kanzleien eingerichtet. Der Kanton Donau, der seit 1545 neben den Kantonen Hegau-Allgäu-Bodensee, Neckar-Schwarzwald, Kocher sowie Kraichgau zum Schwäbischen Ritterkreis gehörte, wählte als Standort hierfür zunächst die Reichsstadt Ulm.[6] An der Spitze des Kantons stand das Direktorium, dem der jeweilige Direktor, zeitweilig auch Ritterhauptmann genannt, und vier Ritterräte, die mit ihm zusammen den Ausschuss bildeten, angehörten. Sie wurden vom Plenarkonvent, der Versammlung aller Mitglieder, gewählt.[7] Wichtigere Gegenstände wurden in den Direktorialkonferenzen behandelt und entschieden, Grundsatzentscheidungen und Wahlen waren den seltenen Plenarkonventen vorbehalten.

Dem Direktor und dem Direktorium arbeiteten eine ganze Reihe von Offizianten zu, welche auch die laufenden Verwaltungsgeschäfte führten. Zu nennen sind ein Syndikus, der juristisch gebildet war, weiterhin zwei Konsulenten, ein Sekretarius,

4 Press (wie Anm. 1), S. 797 sowie Gert Kollmer: Die wirtschaftliche und soziale Lage der Reichsritterschaft im Ritterkanton Neckar-Schwarzwald 1648–1805. In: Quarthal (wie Anm. 3), S. 285–301.

5 Press (wie Anm. 1), S. 796.

6 Zur Organisation der Reichsritterschaft in Schwaben vgl. Press (wie Anm. 1), S. 795 f.

7 Vgl. z. B. Herzoglich-wirtembergisches Adreß-Buch auf das Jahr 1790. Nebst einem Anhang der freyen Reichsritterschaft in Schwaben, Stuttgart [1790], S. 328: Direktor: Johann Anton Freiherr von Freyberg und Eisenberg. Ritterräte und Ausschüsse: Marquart Speth, Freiherr zu Zwiefalten, Ludwig Freiherr von Speth zu Zwiefalten, Joseph Freiherr zu Stotzingen, Johann Nepomuk Freiherr von Speth-Schülzburg; zur Organisation und ihrer Entstehung vgl. Press (wie Anm. 1), S. 795 f. sowie Ders.: Reichsritterschaften. In: Kurt G. A. Jeserich/Hans Pohl/Georg-Christoph von Unruh (Hrsg.): Deutsche Verwaltungsgeschichte, Bd. 1: Vom Spätmittelalter bis zum Ende des Reiches, Stuttgart 1983, S. 679–689, hier S. 684 ff.

Abb. 1: Freie Reichsritterschaft. Die linke Säule bilden die fünf Kantone des Ritterkreises Schwaben: Donau, Hegau- Allgäu und Bodensee, Neckar-Schwarzwald und Ortenau sowie Kocher und Kraichgau. An der rechten Säule sind die Wappen der sechs Kantone des fränkischen Ritterkreises angeordnet, nämlich Odenwald, Gebürg, Röhn-Werra, Steigerwald, Altmühl und Baunach. Den Kreis am Rheinstrom bilden, im Vordergrund zu sehen, die vier Kantone Ober-Rhein, Mittelrhein mit der Wetterau, dann Niederrhein und Elsass. Aus: J.S. Burgermeister, Codex Diplomaticus Equestris oder Reichs-Ritterschaftliches Archiv 1–2. Ulm 1721. Vorlage und Aufnahme Stadtarchiv Ehingen (Donau)

der Registrator, ein bis zwei Kanzlisten und der Rechnungsleger oder Kassier.[8] Hinzu kam das niedere Personal, zu dem Boten bis hin zum Hausmeister zählten.[9]

Wie erwähnt, fungierte der Kanton Donau für den Schwäbischen Ritterkreis als permanentes Direktorium und führte für diesen die Geschäfte.[10] Daher fanden die sogenannten Fünfortskonvente, die Zusammenkünfte der fünf schwäbischen Kantone, üblicherweise in Ulm statt.[11] Allerdings war der Ritterkreis neben den Kantonen nur ergänzend tätig, wobei das permanente Direktorium durch den Kanton Donau und dessen Nähe zum Kaiser die große Stabilität gerade des schwäbischen Ritterkreises bewirkte. Im 18. Jahrhundert verfügte dieser über weitreichende Verbindungen und unterhielt Agenten unter anderem in Österreich, am Reichskammergericht in Wetzlar, beim Reichstag in Regensburg und bei den österreichischen Behörden in Freiburg im Breisgau.[12]

Auf Reichsebene vereinbarte die unmittelbare Ritterschaft nach einem ersten sogenannten »Generalkorrespondenztag« 1557 in Schwäbisch Gmünd 1577 die Einrichtung eines Generaldirektoriums für alle drei Ritterkreise. Dieses sollte im jährlichen Turnus wechseln. 1596 wurden diese Überlegungen wieder aufgegeben, da sie sich als nicht realisierbar erwiesen. Allerdings kam es immer wieder, zuletzt 1790 in Heilbronn, zu Generalkorrespondenztagen, die von den Kreisen im Turnus veranstaltet wurden. Das Generaldirektorium zum jeweils nächsten Treffen übernahm der einladende Ritterkreis, im Falle Schwabens also immer der Kanton Donau.[13]

1. Ehingen wird Sitz des Ritterkantons Donau

Bereits vor der Wende zum 18. Jahrhundert war Ehingen, das um 1230 von den Grafen von Berg gegründet worden war, gelegentlich Schauplatz von Zusammenkünften des ritterschaftlichen Adels gewesen. Die Stadt gehörte seit ihrem Verkauf im Jahr 1343 und endgültig nach dem Aussterben der Berger Grafen im Mannesstamm 1346 mit den zugehörigen Herrschaften Ehingen, Schelklingen und Berg zum Besitz des

8 HStA Stuttgart, B 573, Bü 3 (o. Dat).

9 Vgl. HStA Stuttgart, B 573 Au, Nr. 457a (1756); B 573 Au Lit., Nr. 1416 Jahresrechnung 1774/75, p. 204 ff.; B 573 Au Lit., Nr. 1417 Jahresrechnung 1779/80.; B 573, Bü 398, N. 48 (1733, Jan. 10). Im Januar 1733 erhielt David Fünkh diesen Posten, der mit einer Wohnung im Ritterhaus verbunden war.

10 Nach Press (wie Anm. 1), S. 800 entwickelte sich das ständige Direktorium des Kantons Donau aus der besonders engen Beziehung zum Kaiser.

11 Volker Press: Die Reichsritterschaft im Reich in der frühen Neuzeit. In: Franz Brendle/Anton Schindling (Hrsg.): Volker Press. Adel im Alten Reich. Gesammelte Vorträge und Aufsätze (Frühneuzeit-Forschungen 4), Tübingen 1998, S. 205–231, hier S. 213 f. sowie Ders. (wie Anm. 1), S. 798.

12 HStA Stuttgart, B 573 Au Lit., Nr. 1416 (1774/75).

13 Press (wie Anm. 1), S. 798 f.

Älteste Ansicht der Stadt Ehingen nach einem Kupferstich um 1740

Abb. 2: Ehingen um 1740
© Stadtarchiv Ehingen (Donau)

Hauses Habsburg.[14] Allerdings gab es auch im benachbarten Munderkingen Rittertage.[15] Weit häufiger trafen sich die Ritter in der nahen Reichsstadt Ulm.[16]

Bei der Standortauswahl für die Kanzleien der einzelnen Ritterkantone spielten eine ganze Reihe verschiedener Umstände eine Rolle.[17] Ein wichtiger Gesichtspunkt war die Sicherheit der Archive vor dem Zugriff konkurrierender Mächte im Reich. Die meisten Kantone siedelten sich daher mit ihren Kanzleien in Reichsstädten an. Andererseits gab es im Nahbereich durchaus auch Interessenskonflikte, die eine solche Lösung im Einzelfall nicht unproblematisch erscheinen ließen.[18] Hier konnte

14 1382 hatte Herzog Leopold von Österreich in Ehingen einen Landfrieden mit den 34 Städten und den drei Adelsgesellschaften des Schwäbischen Bundes zustande gebracht. Franz Michael Weber: Ehingen. Geschichte einer oberschwäbischen Donaustadt, Ehingen 1955, S. 128 f. 1482 war in Ehingen offenbar ein Turniertag der Ritter geplant. Zur frühen Stadtgeschichte Ehingens vgl. S. 32 ff. Christoph Friedrich von Stälin: Wirtembergische Geschichte in 4 Teilen, Bd. 4: Schwaben und Südfranken, Stuttgart 1847, ND Aalen 1975, S. 86, Anm. 1. 1512 fand hier ein Rittertag statt, in dessen Verlauf die Vereinigung der Ritter erneuert wurde. Zur Frühgeschichte der Stadt vgl. Immo Eberl: Die Geschichte der Stadt Ehingen bis zu ihrem Übergang an Österreich (1343 bzw. 1346), Ehingen 1978.

15 1559 und 1560. Vgl. Joseph Laub: Geschichte der vormaligen fünf Donaustädte in Schwaben, Mengen 1894, S. 215 f. sowie Stälin (wie Anm. 14), S. 702 ff.

16 HStA Stuttgart, B 572 Au, Nr. 1214. Realindex der Fünfortsrezesse bis 1786. Demnach sind im 16. Jahrhundert lediglich drei Rezesse in Ehingen entstanden. Die drei des 17. Jahrhunderts, die jeweils in Ehingen entstanden, datieren bezeichnenderweise in die Jahre 1692/93, als die Kanzlei in Ehingen sesshaft wurde.

17 Press (wie Anm. 1), S. 796 f.

18 In Esslingen hatte der Kanton Kocher seit 1556 seinen Sitz, der Bezirk Allgäu-Bodensee des Kantons Hegau-Allgäu-Bodensee in Wangen, der Kanton Neckar-Schwarzwald zeitweise in Esslingen, der Kanton Kraichgau in Heilbronn. Zum Verhältnis des Kantons Kocher zur Reichsstadt Heilbronn vgl. Wilhelm Schütz: Die Reichsritterschaft und ihr Verhältnis zur Reichsstadt Heilbronn besonders im 18. Jahrhundert, Heilbronn 1940; Press (wie Anm. 11), S. 215 verweist auf den nach dem Dreißigjährigen Krieg zunehmenden ökonomischen Gegensatz zwischen Reichsstädten und Reichsrittern und auf die wachsende Konkurrenzsituation zwischen Stadt und Land.

eine dem habsburgischen Kaiserhaus eng verbundene Landstadt vorteilhafter erscheinen. Dies war im Falle Ehingen, aber auch etwa bei Radolfzell ausschlaggebend.[19] Hinzu kam, dass sich der schwäbische Adel insbesondere der Kantone Donau und Hegau-Allgäu-Bodensee durch eine besondere Nähe zum Kaiser beziehungsweise zum Haus Habsburg auszeichnete.[20] Als Beispiele für Kanzleisitze in reichsunmittelbaren Städten wären zu nennen: Wangen für den Bezirk Allgäu-Bodensee des Kantons Hegau-Allgäu-Bodensee, Esslingen, wo seit 1556 der Kanton Kocher ansässig war, oder Heilbronn, für das sich der Kanton Kraichgau ab 1620 und der Kanton Odenwald 1720 entschieden.[21]

In der zweiten Hälfte des 18. Jahrhunderts erschienen den Rittern gelegentlich auch ritterschaftliche Orte als Standort für ihre Kanzleien geeignet. So übersiedelte der Kanton Odenwald 1764 von Heilbronn nach Kochendorf.[22]

Zur Attraktivität Ehingens trug möglicherweise auch der Umstand bei, dass sich hier – nach dem Dreißigjährigen Krieg regelmäßig – die Schwäbisch-Österreichischen Landstände, die Vertreter der Herrschaften und Städte Schwäbisch-Österreichs zwischen Lech und Schwarzwald, Horb und Radolfzell, versammelten. Nachdem deren Geschäfte zunächst von Beamten der Stadt Ehingen in Personalunion geführt worden waren, entstand hier nach und nach eine eigene Verwaltung.[23]

Wie erwähnt, hatte der Kanton Donau seine Kanzlei und damit seinen Sitz zunächst in der Reichsstadt Ulm. Ende der 1680er Jahre werden dann aber Bemühungen erkennbar, die Kanzlei nach Ehingen zu verlagern. Die Reichsritterschaft hatte sich immer hartnäckig gegen die Einbindung in die Reichskreise gewehrt, da sie auf diese Weise in regionale Strukturen eingebunden worden wäre. Über die Kreise wären sie verstärkt dem Druck ihrer Konkurrenten, der Fürsten, ausgesetzt und ihr direkter Kontakt zum Kaiser erschwert worden.[24]

Es spricht nun einiges dafür, dass Spannungen mit dem Schwäbischen Kreis, der seine Zusammenkünfte in Ulm abhielt, die Ritter veranlasst hat, nach dem nur wenig donauaufwärts gelegenen Ehingen auszuweichen. Einem Schreiben des damaligen

19 Radolfzell war Sitz der Kanzlei des Bezirks Hegau des Kantons Hegau-Allgäu-am Bodensee.

20 Press (wie Anm. 11), S. 208 f., S. 211 verweist auf die Eigenschaft des Kaisers als Reichsoberhaupt und Lehensherr.

21 Schütz (wie Anm. 18), S. 23 f., S. 27 f.

22 Schütz (wie Anm. 18), S. 44. Vgl. auch weiter unten zu den Überlegungen des Kantons Donau 1783.

23 Zur Geschichte der Schwäbisch-Österreichischen Landstände vgl. Franz Quarthal: Landstände und landständisches Steuerwesen in Schwäbisch-Österreich (Schriften zur südwestdeutschen Landeskunde 16), Stuttgart 1980 sowie Ludwig Ohngemach: Zur Baugeschichte des ehemaligen Landhauses der Schwäbisch-Österreichischen Landstände in Ehingen. In: Beiträge zur Geschichte der Stadt Ehingen (Donau), Bd. 1, Ulm 1999, S. 109–112.

24 Adolf Laufs: Der Schwäbische Kreis. Studien über Einungswesen und Reichsverfassung im deutschen Südwesten zu Beginn der Neuzeit (Untersuchungen zur deutschen Staats- und Rechtsgeschichte, NF 16), Aalen 1971, bes. S. 432 ff. sowie Press (wie Anm. 11), S. 214.

Ritterhauptmanns an den österreichischen Statthalter in Ehingen, Baron Speidl[25], aus dem Sommer 1692 ist zu entnehmen, dass man es nicht für tunlich hielt, die Kanzlei mit dem Archiv und den dort aufbewahrten Unterlagen weiterhin in Ulm zu unterhalten. In dem erwähnten Schreiben berichtet der damalige Ritterhauptmann von

> *[...] Conjuncturen [allda] mit den o[ber]. Ö[sterreichischen]. Ständen, in deme der schwäbische Crais, wol wid sie, als auch uns allerhandt machinationes intendiert und so vil vertreülichere Correspondetz pflegen und underhalten auch allain und für uns Director, 4 Ausschüß eine bequeme Accomodation zu Haltung d[er] Ritterconventen, dan solche dermahlen in Ulm wegen der Craisversamlung anzusehen uns allerdings nicht gerathen sehen thuen.*[26]

Wenige Tage später äußerte sich derselbe Ritterhauptmann gegenüber dem neu ernannten Vizekanzler der oberösterreichischen Regierung in Innsbruck in ähnlicher Weise.[27]

Zu diesem Zeitpunkt, im Sommer 1692, waren die ersten Vorbereitungen für eine Umsiedlung nach Ehingen bereits abgeschlossen. Im Sommer 1689 erwarben die Ritter in Ehingen auf dem Gänsberg mit einem alten Adelshof eine erste Bleibe, die später auch als Wohnhaus für den Syndikus diente.[28] Wenig später bemühten sie sich um den Ankauf zweier weiterer Häuser in hervorgehobener Lage an der oberen Hauptstraße neben dem Nikolaustor.

Es scheint aber, dass man in Ulm nicht alle Brücken abgebrochen hat. Kasse und Kassier blieben in Ulm. Offenbar wollte man weiterhin an diesem wichtigen Wirtschafts- und Finanzplatz präsent bleiben. So bezahlte der damalige Kassier Krafft 1702 das »Satzgeld« für die neuen Gebäude in Ehingen von Ulm aus und blieb, wie auch seine Nachfolger im Unterschied zu allen seinen Kanzleikollegen, weiterhin in Ulm wohnhaft.[29]

25 Heinrich Eberhard Baron von Speidel (Speidl) auf Adlerscron, k. k. Rat und Statthalter in Ehingen, belegt ab 1669/70, nach dem Franzoseneinfall 1688 Spannungen mit der Bürgerschaft, 1691 nach Stockach versetzt. Vgl. Weber (wie Anm. 14), S. 71 f., S. 80 f.

26 HStA Stuttgart, B 573, Bü 398 (1692, Juli 12) Schülzburg.

27 HStA Stuttgart, B 573, Bü 398 (1692, Juli 16) *[...] bei ietzig Coniuncturen, absonderlich aber weilen der gesambte Schwäb[ische] Crais so wol wider Österreich, als auch die Reichritterschaft sehr hart anzutringen beginnet, desto vertreülichere Correspondentz und Communication mit denen Herren österreichischen Pflegern underhalten und des Craises üblen Machinationes und Vorhaben gesambter Hand iedes mahl zeitlich vorbiegen zu können [...].* Karl Heinrich Freiherr Roth von Schreckenstein: Geschichte der ehemaligen freien Reichsritterschaft in Schwaben, Franken und am Rheinstrome, Bd. 2: Vom Jahre 1437 bis zur Aufhebung der Reichsritterschaft, Tübingen 1871, S. 470.

28 Zur Baugeschichte dieses Anwesens vgl. unten, S. 193.

29 StA Ehingen, Stadtrechnung 1702 *[...] von Herrn Cassier Krafften in Ulm auf Martini ao 1701 empfangen [...];* z. B. Herzoglich-wirtembergisches Adreß-Buch 1795 (wie Anm. 7), S. 329: Joseph Anton Krafft von Dellmensingen, zugleich gemeinschaftlicher und donaui-

Abb. 3: Siegelabdruck des Ritterkantons Donau
© Stadtarchiv Ehingen (Donau)

2. Der Ritterkanton Donau in Ehingen – seine Gebäude

Allem Anschein nach verfügte der Ritterkanton Donau in Ehingen während der gesamten Zeit seiner Anwesenheit in der Stadt über eigene Räumlichkeiten und Gebäude.[30] Dies ist nicht selbstverständlich, wie die Verhältnisse in der Reichsstadt Heilbronn zeigen. Dort vereinbarte der Kanton Kraichgau 1620 mit der Stadt vertraglich, Archiv und Kasse in einem städtischen Haus einzurichten. 1737 bis 1740 versuchte der Kanton ohne Wissen der Stadt ein eigenes Haus zu erwerben.[31] Bei den anschließenden Auseinandersetzungen argumentierte man von Seiten der Ritter unter anderem mit den Ritterhäusern im österreichischen Ehingen und Radolfzell (Kanton Hegau) sowie in der Reichsstadt Esslingen (Kanton Kocher).[32]

scher Sekretarius und Kassier, *wohnt zu Ulm;* Herzoglich-wirtembergisches Adreß-Buch 1800 (wie Anm. 7), S. 295: Christof Ostler zugleich gemeinschaftl. und donauischer Kassier, wohnt zu Ulm. u. a.

30 Es erscheint unwahrscheinlich, dass die ritterschaftliche Kanzlei zunächst städtische Verwaltungsgebäude, also Rathaus und Stadtkanzlei, mitgenutzt hat, wie dies die Schwäbisch-Österreichischen Landstände taten. Beide standen aber seit dem Stadtbrand infolge des Franzoseneinfalles 1688 nicht mehr zur Verfügung. Weber (wie Anm. 14), S. 74 ff.

31 Schütz (wie Anm. 18), S. 23 f.

32 Schütz (wie Anm. 18), S. 29 f.

Abb. 4: Haus des Syndikus des Ritterkantons Donau auf dem Gänsberg
© Stadtarchiv Ehingen (Donau)

In Ehingen war es dem Direktorium bereits im Sommer 1689 gelungen, die sogenannte »Vitztumbische Behausung« in unmittelbarer Nachbarschaft des Salemer Klosterhofes auf dem Gänsberg zu erwerben.[33] Es handelte sich um ein altes adeliges

33 HStA Stuttgart, B 573, Bü 398, N. 14 (1689, Juli 17). Kaufpreis 1.250 fl. Zum Hauptgebäude gehörten noch eine kleine Stallung sowie ein kleines Häuschen *[…] worinnen sich ain gemaines Paar Ehevolckh auff halten kann.* Als Angrenzer werden genannt: Hans Jakob Miller, Jakob Weiseisen, Weber, und Hans Ulrich Miller, Lammwirt und derzeit Postmeister. Verkäuferin war Anna Maria Seiz, die Witwe des fuggerischen Amts- und Gerichtsschreibers in Kirchberg, Georg Schönkindt. Der am 17. November 1685 verstorbene Schönkindt hatte das Anwesen im September 1682 vom Ehinger Hl.-Geist-Spital für 1.100 fl. erworben. Nach Ausweis der Jahresabrechnungen der Jahre 1659–1663 war das »Freyhaus« in

Abb. 5: Wappen des Ritterkantons Donau über dem Eingangsportal in das Haus des Syndikus auf dem Gänsberg 1775
© Stadtarchiv Ehingen (Donau)

Gut, das als »Freyhof« bezeichnet wurde. Allerdings konnte man erst gegen eine einmalige Zahlung von 600 Gulden die erstrebte Immunität für das Gebäude erhalten, das als Unterkunft für den Syndikus vorgesehen war.[34] Ab 1691 wurde das Anwesen mit Zubehör, genannt werden Bühnen, Stadel, Garten und Nebenhaus, im Tausch gegen einen Teil des Rennhofes dem Ehinger Stadtschreiber Anton Franz Buechmiller befristet bis zum 2. August 1695 überlassen.[35]

In späterer Zeit wird das Haus auf dem Gänsberg immer wieder im Zusammenhang mit Bauarbeiten und kleineren Streitigkeiten mit benachbarten Ehinger Bür-

diesen Jahren von Susanna Vitzthumbin, geb. Gräfin von Lichtenberg, erworben worden. 1680 hatte man dann versucht, das Haus an den Sternwirt Johann Lutz zu veräußern. Vgl. StA Ehingen, Spitalrechnung 1659/69; 1660/61; 1661/62; 1662/6; Spitalamtsprotokoll 1618–1671, p. 280r (1680, Aug. 1); Kontraktenprotokoll 1682–91, p. 39r (1682, Sept. 18); p. 39v; p. 58v (1683, Juli 13); Pfarrarchiv (PfA) St. Blasius, Totenregister (1685 Nov. 17).

34 Vgl. dazu oben.

35 HStA Stuttgart, B 573, Bü 398, N. 3 (1691, Jan. 23). Anton Franz Buechmüller, Syndikus und Stadtschreiber 1690, 1691; Quarthal (wie Anm. 23), S. 425.

gern erwähnt. Sein heutiges Erscheinungsbild dürfte Ergebnis von Umbauarbeiten in den Jahren um 1775 sein.[36]

2.1 Der sogenannte »Rennhof«

Wenig später bemühten sich die Ritter um den nahe gelegenen »Rennhof«. Dessen Name geht auf die Familie Renner von Allmendingen zurück, in deren Hände er nach den Familien von Stadion und später von Speth, nach einem kurzen Zwischenspiel der Abtei Marchtal, 1494 gelangt war. Johann und Konrad Renner waren Sekretäre Kaiser Maximilians I. gewesen, der bei seinen Aufenthalten in Ehingen in den Jahren 1498 bis 1511 vermutlich in diesem Anwesen eine angemessene Unterkunft vorgefunden hatte.[37]

Als ehemaliger adeliger Sitz und Freihof war er von allen bürgerlichen und militärischen Belastungen befreit. Das umfangreiche Anwesen mit zahlreichen Nebengebäuden gehörte damals dem Ehinger Stadtschreiber und Syndikus Anton Franz Buechmüller.[38]

2.2 Das Ritterhaus an der oberen Hauptstraße

Dessen ungeachtet, beabsichtigten die Ritter zur dauerhaften Unterbringung ihrer Kanzlei ein eigenes Gebäude nach eigenen Vorstellungen zu errichten.[39] Daher bemühten sie sich um den Erwerb mehrerer Häuser an der oberen Hauptstraße, die sich früher im Besitz der Familie von Speth befunden hatten und als ehemals adelige Sitze über Immunitätsrechte verfügten. Zunächst verzögerte der Magistrat den Verkauf

36 HStA Stuttgart, B 573, Bü 398, N. 15 (1698, Juli 29) *[...] des. auf dem Gänsberg neu erbauten Ross- und Viehstall [...];* N. 20 (1726 Dez. 2); N. 21; N. 22; Salemer Hof betr. N. 35–37 (1740); 1787 erfolgte ein Augenschein, der offenbar einige Erneuerungsarbeiten u. a. am Giebel gegen den Salemer Klosterhof nach sich zog. HStA Stuttgart, B 573, Bü 398, p. 58v ff. (1787, Juli 19) Relation. In diesem Zusammenhang werden eine ganze Reihe von Nebengebäuden erwähnt: Wagenhaus, Schweinestall, Waschhaus, Kutschenschopf. Das heutige Anwesen Gänsberg 4, das noch heute über dem Portal von 1775 das Wappen des Ritterkantons Donau ziert, blieb nach 1805 zunächst in Staatsbesitz, sollte offenbar zeitweise Stadtschreiberei werden und kam dann in den Besitz des letzten Abtes von Marchtal, Prälat Friedrich von Walter († 1841). Heute Privatbesitz.

37 HStA Stuttgart, B 573, Bü 398, N. 1 (o. Dat.), Beschreibung des Rennhofs. Demnach gehörten damals zu diesem Anwesen insgesamt drei Häuser, Scheuer und Stallungen. Letztere boten zwölf Pferden Platz und konnten – wie der Beschreibung zu entnehmen ist – ohne größere Umstände auf eine Kapazität von dreißig Pferden ausgebaut werden; N. 2 (1690 Dez. 22); Weber (wie Anm. 14), S. 48 f., S. 143 sowie Hermann Wiesflecker: Kaiser Maximilian I., Bd. 5: Der Kaiser und seine Umwelt, Wien/München 1986, S. 292., S. 485: Johann und Konrad Renner.

38 Weber (wie Anm. 14), S. 71. Vgl. auch Anm. 102 in diesem Beitrag.

39 HStA Stuttgart, B 573, Bü 398, N. 3 (1691, Jan. 23).

Abb. 6: »Ritterhaus«, Kanzleigebäude des Ritterkantons Donau, errichtet ab 1692
© Herbert Geiger, Stadtarchiv Ehingen (Donau)

an die Ritterschaft, wollte dessen Übergang in den Besitz auswärtiger Nichtbürger verhindern und das Entstehen von exemten Bereichen nicht dulden.[40] Doch ab August 1692 wurden die noch bestehenden Häuser abgerissen und mit den Arbeiten am Neubau begonnen.[41] Dieser beeindruckt durch seine Größe, vor allem aber durch seine eindrucksvolle und repräsentative Fassadengestaltung.

40 Vgl. Schütz (wie Anm. 18), S. 29 zu ähnlichen Vorgängen in Heilbronn.
41 StA Ehingen, Ratsprotokoll (RPE) p. 237r (1693, Aug. 13). Für das Steinbrechen, Sandgraben und Steine Transportieren zum *ritterschaftlichen Gebäw* fordert der Magistrat 100 Taler, die auch bezahlt wurden. Vgl. StA Ehingen, Stadtrechnung 1694/95, S. 2 *[...] löbl. Ritterschaft weg ihres newen Baw [...].*

Neben den Gewölben für das ritterschaftliche Archiv beherbergte das Gebäude Arbeitsräume für die ritterschaftliche Kanzlei. Dazu gehörte spätestens seit 1780 auch eine Bibliothek. Weiterhin werden 1788 ein Tafelzimmer und ein Billardzimmer aufgeführt.[42] Um die notwendigen Stallungen und Nebengebäude errichten zu können, erwarb der Kanton in den nachfolgenden Jahren noch weitere angrenzende Grundstücke.[43]

Selbstverständlich wurden immer wieder Reparaturen und Erneuerungsarbeiten notwendig.[44] Die Renovierungsarbeiten ab 1788 markieren dann den Verzicht auf weitere Übersiedlungspläne für die Kanzlei in eine andere Stadt.[45] Zeitweise beabsichtigte der damalige Direktor das Haus auch für seinen persönlichen Aufenthalt einrichten zu lassen, was aber nicht realisiert wurde.[46]

42 HStA Stuttgart, B 573 Au Lit., Nr. 1417, p. 253. Für fast 642 fl. erwarb man damals von den Erben des verstorbenen Syndikus Tausean dessen hinterlassenen, wohl nicht unbedeutenden Bücherbestand; Dr. Johann Gotthard von Tausean († 1779 Jan. 8), PfA St. Blasius, Totenregister; Otto von Alberti: Württembergisches Adels- und Wappenbuch, ND Neustadt an der Aisch 1975, S. 808. HStA Stuttgart, B 573, Bü 398, p. 67v–83r Baubericht, Gutachten und Überschlag über die Baureparation aus dem Jahre 1788 nennt neben verschiedenen Wohnräumen für Beamte, ein Tafelzimmer, Küche, Billardzimmer, Bibliothek, ein Verhörzimmer, ein Konferenzzimmer, ein Arbeitszimmer, weiterhin werden aufgeführt: ein großer Kanzleiraum und das Archiv, das die gewölbten Räume des unteren Stockwerks einnahm.

43 Auf Grund der mit der Stadt getroffenen Vereinbarung hatte diese jeweils ihr Einverständnis zu geben. HStA Stuttgart, B 573, Bü 398, N. 12 (1692, Okt. 4). Joseph Roggenburger, Bürger und Weber, tauscht sein hinteres Gärtlein bei seinem Haus an der Stadtmauer; N. 13 (1693, Okt. 12). Georg Miller, Bürger und Weber, verkauft ein Stück Garten u. a. an der ritterschaftlichen Gartenmauer; Erneuerung von Scheuern und Stallungen. HStA Stuttgart, B 573, Bü 398, N. 30–33 (1726–1737).

44 Im Frühjahr 1760 riss der Wind Teile des Kamins ab und warf sie auf das Dach des benachbarten Süßbäckers Johannes Volz. HStA Stuttgart, B 573, Bü 398, p. 64r ff. (1760, Febr. 20). Bereits 1733 erhielt Nachbar Metzger Christian Schaupp ein Gratial, nachdem er durch das Dach des Ritterhauses Schäden erlitten hatte. HStA Stuttgart, B 573, Bü 398, N. 27 (1733, Juli 28).

45 HStA Stuttgart, B 573, Bü 398, p. 68v ff. Baubericht, Gutachten und Überschlag über die Baureparation und Möblierung *des hochen ritterschäftlichen Hauses in Ehingen*. Unterzubringen waren demnach fünf gnädige Herren mit ihren Dienerschaften, was dem Direktor und den vier Ausschussmitgliedern entspricht. Weiterhin werden genannt: ein Kassier, Amtsdiener oder Hausmeister, nebst Beibehaltung eines Tafelzimmers, Küche, Billardzimmer, Bibliothek sowie Verhör-, Konferenz- oder Arbeitszimmer eines Beamten.

46 HStA Stuttgart, B 573, Bü 398, p. 58r (1789, Juni 11). Direktor an Architekt Bickel, Konstanz, demnach musste die Absicht, das Haus für seinen Aufenthalt einrichten zu lassen aufgegeben werden, sodass sich die Änderungen auf das untere Stockwerk beschränkten, wobei u. a. fünf Fenster eingebrochen wurden.

Abb. 7: »Hohes Haus«, Klosterhof der Prämonstratenserabtei Marchtal, 1717 bis 1742 durch den Kanton Donau genutzt
© Herbert Geiger, Stadtarchiv Ehingen (Donau)

2.3 Der Klosterhof der Abtei Obermarchtal, das sogenannte »Hohe Haus«

1717 beschaffte sich der Kanton weitere Räumlichkeiten durch Anmieten des Klosterhofes der Abtei Marchtal, der in der Folgezeit durch Umbauten den neuen Ansprüchen angepasst wurde.[47] Auch dieses, in den Quellen als »Freyhof« bezeichnete Anwesen, verfügte als ehemaliger Adelssitz über Immunitätsrechte. Gegen Überlassung eines Kapitals von 1.500 Gulden, dessen Ertrag als Mietzins galt, sicherte

47 Zur Geschichte dieses Hofes vgl. Weber (wie Anm. 14), S. 311 ff.

man sich die Nutzung des Hauses durch die Ritter für 25 Jahre.[48] 1742 wurde diese Vereinbarung nicht mehr verlängert.[49]

In den ersten Jahren führte der Ritterkanton für die Immunität seiner Gebäude am oberen Tor und auf dem Gänsberg alljährlich auf Martini ein festgelegtes »Satzgeld« in Höhe von 50 Gulden ab, das aber im Verlauf des Spanischen Erbfolgekrieges durch eine Einmalzahlung in Höhe von 1.000 Gulden abgelöst werden konnte.[50]

3. Das Personal der Kantonskanzlei

Mit der Übersiedlung der ritterschaftlichen Kanzlei nach Ehingen war auch der Umzug des zugehörigen Personals mit ihren Familien verbunden. Hiervon ausgenommen waren, wie erwähnt, nur der Kassier sowie der Direktor und die normalerweise vier Ritterräte, die lediglich bei Bedarf, zur Führung der Geschäfte, nach Ehingen kamen. Die übrige Zeit lebten sie auf ihren Gütern und hielten sich an ihren angestammten Wohnorten auf.[51]

Im Haushaltsjahr 1774/75 standen neben den Deputatgeldern von Direktor und fünf Ritterräten auf der Gehaltsliste des Kantons der Syndikus von Tausean, zwei Konsulenten, ein Sekretär, ein Registrator sowie zwei Kanzlisten.[52] Daran hat sich bis zum Ende des Jahrhunderts nichts geändert, auch wenn vorübergehend nur ein

48 HStA Stuttgart, B 573, Bü 398, N. 18 (1717, März 19). »Freyhof«, nebst zwei dazu gehörige, mit Mauern umgebene Gärten. Anpassung an die eigenen Anforderungen sowie der Bauunterhalt war durch den Ritterkanton zu erfolgen, wobei bereits 1717 festgelegt wurde, dass er für diese Ausgaben bei Rückgabe der Gebäude weitere 1700 Gulden erhalten solle. 1717 hatte sich die Abtei bereit erklärt zum Umbau unentgeltlich 140 bis 150 Stück Holz aus eigenen Waldungen zu liefern. StA Ehingen, Ratsprotokoll p. 43r (1717, Febr. 27). Die Ritter dürfen für die »Marchtallische Haus Reparation« unentgeltlich Sand und Steine beziehen.

49 Mit Ablauf des Mietvertrages 1742 erhielten die Ritter daher 3200 Gulden zurück. HStA Stuttgart, B 573, Bü 398, N. 40 (1742, Okt. 5); N. 41 (1742, Okt. 13) *Marchtal bey gegenwärtig weith aussehenden misslichen Zeithen, auch anderen beweg[enden]. Ursachen [...];* N. 44 (1743, Okt. 3). Zusammenstellung von Baukosten; N. 45 (1744, Febr. 27).

50 StA Ehingen, Stadtrechnung 1694/95, S. 2: *[...] Sazgelt empfangen recessiert massen jährlich 50 fl [...];* 1696/97, S. 3 u. a.; letztmalig 1702/03, S. 3; vgl. Anm. 106.

51 Z. B. 1790 Direktor Johann Anton Freiherr von Freyberg und Eisenberg sowie die Ritterräte und Ausschüsse Marquard Speth, Freiherr zu Zwiefalten, in Gammertingen, Ludwig Freiherr von Speth zu Zwiefalten in Hettingen bei Riedlingen, Joseph Freiherr zu Stotzingen, zu Heudorf bei Riedlingen, Johann Nepomuk Freiherr von Speth-Schülzburg bei Ehingen. Herzoglich-wirtembergisches Adreß-Buch 1790 (wie Anm. 7), S. 328.

52 HStA Stuttgart, B 573 Au Lit., Nr. 1416 (1774/75). Ritterschaftliche Agenten u. a. in Österreich, Wetzlar, Regensburg und Freiburg.

Konsulent oder drei Kanzlisten die anfallenden Geschäfte besorgten. Hinzu kam nicht weiter erwähntes, niederes Personal.[53]

1805/06 standen dem Syndikus zwei Konsulenten zur Seite. Weiterhin waren vorhanden drei Sekretäre, von denen einer zusätzlich als Archivar, einer als Kassier bezeichnet wird. Ein Akzessist (Anwärter) und ein Registraturadjunkt (Gehilfe) sowie drei Kanzlisten bearbeiteten gleichfalls die Geschäfte des Kantons. Unterstützt wurden sie von der niederen Dienerschaft, zu der zwei Kanzleiboten sowie ein Hausknecht zählten. Genannt wird außerdem ein Pensionist. Neben Angaben zum Lebens- und Dienstalter sowie zum Jahresgehalt sind dieser Aufstellung Beurteilungen von Persönlichkeit und Dienstleistungen der damaligen Stelleninhaber zu entnehmen.[54]

3.1 Das Verhältnis zur städtischen Bevölkerung

Das Kanzleipersonal des Ritterkantons und dessen Familien nahmen innerhalb der Stadtbevölkerung einen Sonderstatus ein. Abgesehen vom niederen Personal wie Hausmeister und Ritterboten stammten sie in der Regel nicht aus Ehingen, sondern waren auf Grund ihrer Anstellung beim Kanton zugewandert. Sie verfügten daher auch in späterer Zeit normalerweise nicht über das städtische Bürgerrecht, um dessen Erwerb sich auch nur wenige bemühten.[55] So wurde Johann Baptist Ruef 1764 als Beisitzer aufgenommen und entrichtete dann entsprechende Abgaben.[56] Die allermeisten mussten als Fremde ohne Bürgerrecht die doppelte Steuer bezahlen.[57]

Die Spitzenbeamten des Kantons, insbesondere Syndiki und Konsulenten, gehörten auf Grund ihrer Herkunft und ihrer Bildung zur städtischen Oberschicht. In der Regel hatten sie ein akademisches Studium absolviert und oft schon vor ihrer Zuwanderung und Übersiedlung nach Ehingen hervorgehobene Stellungen bekleidet. Peter Anton von Cotto war zuvor für die Schwäbisch-Österreichischen Landstände tätig gewesen.[58] Joseph Friedrich Matthias Gronmayer war Doktor beider Rechte und fürstlich augsburgischer Hofrat, sein Kollege, Konsulent Ferdinand Franz Gasser,

53 Herzoglich-wirtembergisches Adreß-Buch 1790 (wie Anm. 7), S. 328 f. Konsulent Ferdinand Franz Gasser, Sekretarius und Kassier Joseph Anton Kraft von Delmensingen, Registrator Kittler und drei Kanzlisten: Johann Baptist Ruof, Gottfried Anton Körner und Christian Ostler.

54 HStA Stuttgart, B 573, Bü 3 (o. Dat.).

55 Dies scheint in Heilbronn zunächst anders gewesen zu sein. Vgl. Schütz (wie Anm. 18), S. 24.

56 StA Ehingen, Stadtrechnung 1764/65 Einn. Jährliche Schutzgelder 3 fl.

57 StA Ehingen, Ratsprotokoll, p. 40v (1765, März 29) Skribent Ruef *[...] weilen er dieses Haus als Fremder inne habe und die doppelte Steur zu bezahlen schuldig ist [...].*

58 Peter Anton von Cotto, vgl. Quarthal (wie Anm. 23), S. 369, S. 414, Licentiatus, vor 1763 Amtmann des Klosters Irsee, 1763–1767 Syndikus der Stände, 1779–1787 Syndikus der Ritterschaft; vgl. Anm. 132, 146.

Lizentiat beider Rechte und fürstlich freisingischer Hofrat.[59] Einer Personalaufstellung von 1806 ist zu entnehmen, dass der Akzessist Joseph von Hirrlinger nach akademischem Studium seine Kenntnisse durch eine Tätigkeit beim Reichshofrat erweitert hatte. Sekretär Karl Gasser hatte ein Studium in Tübingen und Göttingen absolviert und war dann in Wien und Wetzlar beim Reichskammergericht gewesen, bevor er zum Ritterkanton Donau gekommen war.[60]

Dementsprechend verfügten sie häufig über einen für die österreichische Landstadt Ehingen einzigartigen Bildungshorizont, wie er sich zum Beispiel für den Syndikus von Tausean belegen lässt. Dieser besaß eine umfangreiche Privatbibliothek, die nach seinem Tod durch den Kanton angekauft wurde. Reste dieser Büchersammlung haben sich in der Stadtbibliothek Ulm erhalten.[61]

Die Abgeschlossenheit gegenüber der übrigen Bevölkerung trug dazu bei, dass die kantonale Beamtenschaft zumeist unter sich blieb. Zudem standen oft mehrere Mitglieder einer Familie gleichzeitig oder nacheinander in Diensten des Kantons, wie es sich zumindest für die letzten Jahre des Bestehens der Ritterschaft zeigen lässt. Darüber hinaus wurden gelegentlich sehr lange Dienstzeiten erreicht. So konnte 1806 der 64-jährige Ferdinand Franz Gasser auf 36 Dienstjahre als Konsulent und Syndikus bei der Ritterschaft zurückblicken. Sein 23-jähriger Sohn Karl war zu diesem Zeitpunkt bereits zwei Jahre als Sekretär tätig. Ähnlich verhielt es sich beim damaligen Konsulenten Willibald von Hirrlinger, der, 50 Jahre alt, seit 18 Jahren beim Kanton tätig war. Sein 22-jähriger Sohn Joseph von Hirrlinger arbeitete seit einem Jahr als Akzessist. Beim Sekretär und Archivar Franz Gronmayer handelte es sich um einen

59 Herzoglich-wirtembergisches Adreß-Buch 1784 (wie Anm. 7), S. 304: beide J. U. Dr. (*juris utriusque Dr.*); Herzoglich-wirtembergisches Adreß-Buch 1790 (wie Anm. 7), S. 328: J. U. D. (*juris utriusque Doctor*) bzw. J. U. L. (*juris utriusque Licentiatus*); Joseph Friedrich (Fidelis) Matthias Gronmayer, Konsulent und später Syndikus des Ritterkantons Donau († 1803 Dez. 29), PfA St. Blasius, Totenregister; Ferdinand Franz Gasser, geb. um 1742, Konsulent und später letzter *gemeinschaftlich Kanton donauischer Syndikus,* 1806 seit 36 Jahren in Diensten der Ritterschaft. HStA Stuttgart, B 573, Bü 3.

60 HStA Stuttgart, B 573, Bü 3. Offizianten und Diener bei der Ritterschaft, Landständen und angestellten Offizianten (1806).

61 Johann Gotthard von Tausean, Syndikus († 1779, Juni 8), PfA St. Blasius, Totenregister; HStA Stuttgart, B 573 Au Lit. (1417) Kanton Donau Jahresrechnung (1779/80) f. 253. 1780 wurden für den Ankauf der Bibliothek den Erben des Syndikus Tausean fast 641 fl. bezahlt. Teile dieser Büchersammlung gelangten später offenbar in die Bibliothek des Kreisgerichtshofs des Donaukreises nach Ulm und von dieser in die Stadtbibliothek Ulm. Bei 30 Bänden mit 41 Titeln ist die Herkunft aus dem Besitz Tauseans sicher, bei weiteren, da ein Besitzvermerk fehlt, zumindest wahrscheinlich. Bei zwei Bänden belegt der Einband mit Wappen und der Aufschrift *LIBER ORDINIS EQUESTRIS SUEV AD DANUBI* die Herkunft aus der Bibliothek des Ritterkantons. Vgl. Bernhard Appenzeller / Dorothea Schoch / Alexander Rosenstock (Bearb.): Die Bibliothek des Kreisgerichtshofes des Donaukreises. Standortkatalog, Ulm 2014, bes. Vorwort von Alexander Rosenstock, S. IX–X.

Sohn des ehemaligen Konsulenten und späteren Syndikus Joseph Friedrich (Fidelis) Matthias Gronmayer.

Aus der Familie Körner waren gleich drei Generationen für die Kantonskanzlei tätig: 1748 der Skribent Eugen Körner, später Gottfried Anton Körner, der um 1806 auf 39 Jahre als Registrator zurückblicken konnte, und dessen Sohn Lorenz, der damals bereits acht Jahre als Kanzlist arbeitete.[62]

Kontakte zur einheimischen, städtischen Bevölkerung waren eher selten. Dies gilt auch etwa für Taufpatenschaften. Es scheint kein Zufall zu sein, dass der ritterschaftliche Skribent und Kanzlist Johann Baptist Ruef die Patenstelle für alle Kinder des Organisten an der Stadtpfarrkirche St. Blasius übernahm, der seinerseits 1747 aus Weißenhorn zugewandert war.[63]

Auch Ehen unter den für den Kanton tätigen Familien sind bezeugt. So nahm 1764 der Konsulent und spätere Syndikus Fidel Gronmayer mit Maria Barbara Agatha eine Tochter seines Amtsvorgängers Johann Gotthard de (von) Tausean zur Frau.[64] Und Maria Anna Tausean fand mit dem Buchhalter und späteren Einnehmer Franz Borgias Absolon, einem Beamten der Schwäbisch Österreichischen Buchhalterei, einen passenden und standesgemäßen Ehepartner.[65] Dagegen waren Heiraten zwischen Angehörigen des Kantonspersonals und Ehinger Bürgerstöchtern seltene Ausnahmen.[66]

Trotz allem, zumindest manche der ritterschaftlichen Beamten fühlten sich offenbar in Ehingen heimisch und ließen sich dort nach ihrem Tod auch beisetzen.[67] Ebenso bemühten sich spätestens Ende des 18. Jahrhunderts gelegentlich Angehö-

62 Willibald Joseph Matthias von Hirrlinger, Konsulent. HStA Stuttgart, B 573, Bü 3; PfA St. Blasius, Taufregister (1746, Aug. 13). Antonius Godefriedus; Totenregister (1809, Sept. 1) Gottfried Kerner, vorm. ritterschaftl. Registrator; StA Ehingen, Inventuren u. Teilungen K 6 (1809, Sept. 16); Ratsprotokoll, p. 3v (1748, Jan. 19) reichsritterschaftl. Skribent Eugenius Körner.

63 Johann Baptist Ruef (1723–1809), Kanzlist, PfA St. Blasius, Familienregister 2, S. 235. Vgl. Anm. 73, 119, 150. PfA St. Blasius, Taufregister. Zu Johann Adam Schwerdt, Organist in Ehingen 1747–1773 († 1796, März 28), Ludwig Ohngemach: Orgeln und Organisten an der Ehinger Blasiuskirche im 17. und 18. Jahrhundert. In: Beiträge zur Geschichte der Stadt Ehingen (Donau), Bd. 1, Ulm 1999, S. 113–124, hier S. 115 f., S. 121.

64 Maria Barbara Agatha, geb. 2. Juni 1738, PfA St. Blasius, Taufregister (1738, Juni 2).

65 PfA St. Blasius, Totenregister (1797, Juli 10) Maria Anna Absolon, geb. v. Tausean, 50 Jahre alt. Quarthal (wie Anm. 23), S. 419, 421; Franz Quarthal/Georg Wieland/Birgit Dürr: Die Behördenorganisation Vorderösterreichs von 1753 bis 1805 und die Beamten in Verwaltung, Justiz und Unterrichtswesen (Veröffentlichung des Alemannischen Instituts 43), Bühl/Baden 1977, Nr. 760, 3272 u. 3295.

66 Z. B. StA Ehingen, Ratsprotokoll, p. 40v (1765, März 29). Johann Baptist Ruef *[...] sein Weib seelig eine Bürgerstochter gewesen.*

67 Noch heute befinden sich an den Innen- und Außenwänden von St. Blasius Grabsteine von ritterschaftlichen Beamten und ihren Familien.

rige des niederen ritterschaftlichen Dienstpersonals um Aufnahme in das Ehinger Hl.-Geist-Spital.[68]

3.2 Wohnung und Unterkunft

Die ritterschaftlichen Beamten wohnten normalerweise mit ihren Familien bei Ehinger Bürgern zur Miete. Anfallende Kosten für Hauszins und Heizung (»Holtzgelder«) wurden von der Ritterkasse übernommen.[69]

Größere Ansprüche an die Wohnkultur ihrer Unterkünfte stellten offenbar die höheren Beamten, Syndiki und Konsulenten des Ritterkantons. Derartige repräsentative und gut ausgestattete Unterkünfte waren in Ehingen nur in sehr begrenzter Anzahl vorhanden. Um diese konkurrierten sie mit den städtischen Spitzenbeamten, soweit diese nicht aus Ehingen stammten oder über eigenen Hausbesitz verfügten.

Als standesgemäße Wohnadresse kam insbesondere das ehemals Freybergische oder Ellerbachische Schlösschen, ein alter Adelssitz am Marktplatz in Frage. Dieser war seit den 1760er Jahren in Händen der Stadt. Im Frühjahr 1760 bemühte sich Konsulent Ferdinand Gasser um eine Wohnung im Schlösschen, in das dann auch Bürgermeister Belli de Pino einzog, der damals neu nach Ehingen übersiedelte. Zusammen mit diesem sowie dessen Nachfolger im Amt des Bürgermeisters, Franz Ignaz Jenko von Jenkesheim, verfügte Gasser hier über eine standesgemäße Unterkunft. Diese Wertschätzung dürfte auch beim Einzug des landständischen Kanzlisten Johann Evangelist Knauß eine Rolle gespielt haben.[70]

Später, 1789 und 1791, ist mit dem Konsulenten Willibald Joseph Matthias von Hirrlinger noch einmal ein Angehöriger der Kantonskanzlei als Bewohner des repräsentativen Gebäudes am Marktplatz belegt.[71]

Grund- und Immobilienbesitz erwarben nur wenige Bedienstete des Ritterkantons.[72] Als sich 1764 aus der Bürgerschaft kein Interessent für ein Haus auf dem Gänsberg fand, gab der Rat Johann Baptist Ruef, der als Kanzlist beim Ritterkanton

68 StA Ehingen, Ratsprotokoll, p. 17 (1802, Jan. 29) der ritterschaftliche Kanzlist Joh. Bapt. Ruef bittet seinen Sohn Theodul Ruef ins Spital aufzunehmen; p. 57r (1802, Febr. 26); p. 1v (1806, Jan. 10). Johanna Kittlerin, Tochter des † Registrators Kittler wird ins Spital aufgenommen. Überträgt diesem ihre vom Direktorium bestätigte jährliche Pension von 50 Gulden.

69 Z. B. HStA Stuttgart, B 573 Au Lit., Nr. 1416, p. 238 ff. für die HH Offizianten Syndikus von Tausean, Konsulent Gronmayer, Konsulent Gasser, Kanzlist Ruef.

70 Fidel Belli de Pino, Bürgermeister 1776–1779, Franz Ignaz Jenko von Jenkesheim, Bürgermeister 1780–1786. Vgl. Quarthal (wie Anm. 23), S. 425; Ludwig Ohngemach: Das sogenannte Kaiblinsche Schlösschen am Marktplatz. In: Beiträge zur Geschichte der Stadt Ehingen, Bd. 3, Ehingen 2021, S. 130–147, hier S. 138 ff.

71 Vgl. Ohngemach (wie Anm. 70), S. 143.

72 StA Ehingen, Ratsprotokoll, S. 200 (1707, Okt. 27), Konsulent Ruösch; S. 91 (1710, März 14) Ruösch als Besitzer des Buchmillerschen Gartens oder Zwingers.

Abb. 8: Freybergisches, Ellerbachisches, auch Kaiblinsches Schlösschen am Marktplatz © www.luftbild-Bertram.de, Stadtarchiv Ehingen (Donau)

beschäftigt war, Hilfestellung. Dieser war allerdings mit einer Bürgerstochter verheiratet gewesen.[73] Er hatte scheinbar nur die übliche Bürgersteuer entrichtet und fürchtete nun, nach deren Tod, wieder die sonst für das ritterschaftliche Personal als Fremde geforderte, doppelte Steuer bezahlen zu müssen.[74]

Andere Beamte pachteten Liegenschaften, auch aus dem Besitz der Stadt.[75]

73 StA Ehingen, Ratsprotokoll, p. 30v (1764, Febr. 29). Ruef erhält das Haus auf ein Jahr gegen Zins, damit er es anschließend mit eigenen Barmitteln leichter ankaufen kann; zu Johann Baptist Ruef vgl. auch Anm. 119 u. 150.

74 StA Ehingen, Ratsprotokoll, p. 40v (1765, März 29). Skribent Ruef *[...] weilen er dieses Haus als Fremder inne habe und die doppelte Steur zu bezahlen schuldig ist, so bitet er gehorsamb in Ruckhsicht dass er von d'ritterschaftlichen Canzley dependiere, mit vielen Kindern beladen und sein Weib seel. eine Bürgerstochter gewesen, man möchte ihne bey d'Bürgersteur umb so mehrers belassen, als er anderer gestalten das Haus nicht behaubten könnte [...].*

75 StA Ehingen, Ratsprotokoll, p. 49v (1764, Mai 7). Ritterschaftssekretär Sandtner den sog. Buechmillerischen Zwinger.

4. Die Bedeutung der Kanzlei für die Stadt Ehingen und ihre Bürger

4.1 Zusammenarbeit der Stadt mit dem Kanton

Soweit es gleiche Interessen gab, bemühten sich Stadt und Ritterschaft um sachdienliche Zusammenarbeit. Für das durchaus nicht unangenehme Miteinander von Kanzlei und Stadt spricht der Umstand, dass man sich auf dem Ehinger Rathaus gerne des juristischen Sachverstandes des reichsritterschaftlichen Personals bediente und bei diesen immer wieder Rechtsgutachten anfertigen ließ.[76]

Bei passender Gelegenheit stimmten Stadt und Kanton ihre Maßnahmen aufeinander ab. So bot das Direktorium im Frühjahr 1780 seine Mitwirkung bei der *Ausreuttung des liederlichen Bettelgesindels* an. In der Folgezeit wurden offenbar auch gemeinsame Fahndungsmaßnahmen durchgeführt.[77] Dennoch kam es – anders als Thomas Schulz für Esslingen und den Kanton Kocher festgestellt hat – in Ehingen – übrigens auch im Unterschied zu den Schwäbisch-Österreichischen Landständen – nicht zu einer Verflechtung des kantonalen und des städtischen Personals.[78]

Auch nutzte die Stadt vereinzelt die finanziellen Möglichkeiten der Ritter. So nahm das städtische Steueramt 1775 einen Kredit von 4.000 Gulden gegen vier Prozent Verzinsung vom Ritterkanton Donau auf.[79] Andererseits unterstützte die Stadt gelegentlich, so 1717, Baumaßnahmen des Kantons durch die kostenlose Abgabe von Baumaterialien.[80] Bei Brandfällen in der Stadt konnten die Betroffenen auf Beihilfe aus der Kantonskasse hoffen.[81]

76 StA Ehingen, Stadtrechnung (1751/52), p. 17v von Consulent Tausean; (1752/53), p. 24r; (1759/60), p. 44v; (1769/70), p. 51r *[...] dem ritterschaftlichen Herren Consulenten v. Cotto wegen Stellung mehrerer Consilien [...];* (1770/71), p. 47r Konsulenten Gronmayer.

77 StA Ehingen, Ratsprotokoll, p. 33r (1780, Apr. 7). Als Beilage übersandte man eine gedruckte ritterschaftliche Bettelordnung; p. 61v (1780, Mai 5), *[...] da erst vor 14 Tagen mit der benachbarten Ritterschaft eine solche [allgemeine Straiff] vorgenohmen worden [...].*

78 Thomas Schulz: Der Kanton Kocher der Schwäbischen Reichsritterschaft 1542–1805 (Esslinger Studien 7), Esslingen 1986, S. 216.

79 StA Ehingen, Ratsprotokoll, p. 7v (1775, Jan. 20). Magistrat bzw. Steueramt verpflichteten sich ab 1776 jährlich 1.000 fl., zuzüglich Zins, abzuführen; HStA Stuttgart, B 573 Au Lit., Nr. 1416 Jahresrechnung 1774/75, p. 235; man kam aber in den Folgejahren mit diesen Zahlungen in Verzug. 1780 waren lediglich 2.000 fl. abbezahlt. Im März 1780 erklärte der Magistrat die noch ausstehende Summe bis Ostern begleichen zu wollen. StA Ehingen, Ratsprotokoll p. 14v (1780, März 3).

80 StA Ehingen, Ratsprotokoll, p. 43r (1717, Febr. 27). Sand und Steine für Reparatur des Marchtaler Hofs.

81 So erhielt im Juli 1775 Martin Schmutz eine Brandsteuer von fast 8 fl. HStA Stuttgart, B 573 Au Lit., Nr. 1416, p. 246.

4.2 Die wirtschaftliche Bedeutung der Kanzlei des Ritterkantons für die Stadt

Die ritterschaftlichen Beamten und ihre Angehörigen, es handelte sich um sechs bis acht Familien, die zumindest zur städtischen Oberschicht zu zählen sind, stellten schon durch ihre respektablen Gehälter und Lebenshaltungsausgaben einen nicht zu unterschätzenden Wirtschaftsfaktor dar. Die Anmietung von großzügigen und repräsentativen Wohnungen wurde bereits erwähnt.

Darüber hinaus sind hier auch die Ausgaben für die Direktorialkonferenzen zu nennen. Diese Versammlungen von Direktor und den vier Ritterräten des Ausschusses wurden seit der Wende zum 17. Jahrhundert zumeist in Ehingen abgehalten und fanden oft mehrmals im Jahr statt.[82]

Hierfür genügten die Räumlichkeiten im Ritterhaus und im Haus des Syndikus auf dem Gänsberg. Die Bediensteten fanden in den örtlichen Gasthöfen Unterkunft, sodass die Ausgaben nicht zum geringsten Teil der Ehinger Bürgerschaft zufielen.

Wie die *Canton-Donauische Jahrs-Rechnung* des betreffenden Jahres ausweist, fielen für die neuntägige Direktorialkonferenz in Ehingen im November 1774 Ausgaben für Diäten, Reise- und Kostgelder in Höhe von über 702 Gulden an. Bei einer 13-tägigen *hohe Direktorial Conferenz und abgehaltenem Viertelstag* betrugen die Ausgaben für Diäten und Kostgelder für Offizianten und Dienerschaft mehr als 2.311 Gulden.[83]

1780 tagte das Direktorium in Ehingen sogar 15 Tage, die sich für die Ritterkasse mit fast 1303 Gulden für Diäten, Kost- und Reisegelder auswirkten.[84] Zumeist waren die Zusammenkünfte kürzer, sodass sich die Ausgaben normalerweise um 800 Gulden bewegten.[85]

Bei entsprechendem Anlass, so im Frühjahr 1775, wurden Tagungen des Direktoriums auch mit einem »Viertelstag« oder einer Plenarversammlung der Kantonsmitglieder verbunden. Diese größeren Zusammenkünfte fanden normalerweise in Ulm statt, wo die notwendige Infrastruktur, insbesondere zahlreiche Quartiere, zur Verfügung stand, und verursachten entsprechende Kosten. Im Februar 1775 beliefen sich diese auf immerhin 2.312 Gulden. Außerdem befand sich in Ulm auch weiterhin die Kasse des Ritterkantons.[86]

82 HStA Stuttgart, B 573.

83 HStA Stuttgart, B 573 Au Lit., Nr. 1416: Jahresrechnung 1774/75, p. 204 ff.; p. 227 *[...] bey vorgewester hocher Directorial Conferenz in Ehingen hat ein hochlöbl. Ritter Directorium nebst HH. Officianten und der Dienerschafft an Diaeten, Raiskosten und Kostgelter von 14. biß den 22. November 1774 [...] ertragen 702 fl. 17 x.* u. a.

84 HStA Stuttgart, B 573 Au Lit. 1417 (1780, Jan. 12–26).

85 HStA Stuttgart, B 573 Au Lit. 1416, Jahresrechnung 1774/75, p. 227 (1774, Nov.) 702 fl.; p. 228 (1775, Juli) 773 fl.

86 HStA Stuggart, B 573 Au Lit. 1416, p. 228 (1775, Febr. 7–19); B 573 Au Lit. 1417 (1780, Jan. 12–26).

5. Einbindung der Kanzlei und ihres Personals in die Stadt und ihren Alltag – Zusammenarbeit mit der Stadt

Ungeachtet aller Bemühungen zur Abschottung gegenüber der Stadt und ihren Bewohnern war die Kanzlei des Ritterkantons durch ihre Beamten und deren Angehörigen im alltäglichen Leben der Stadt präsent und sichtbar. So beteiligte sich der Kanton finanziell am Um- und Ausbau der Stadtpfarrkirche St. Blasius 1736 bis 1740, wozu man schließlich 300 Gulden beitrug. Dafür standen dann der Ritterschaft zwei eigene Kirchenstühle zur Verfügung.[87] Mit einem jährlichen Almosen trug die Kasse des Ritterkantons zur Finanzierung des in Ehingen beliebten und einflussreichen Franziskanerkonvents bei.[88]

Repräsentative Grabmäler und Totenschilde der ritterschaftlichen Familien und des Kanzleipersonals schmückten die Pfarrkirche. Darüber hinaus hinterließen Angehörige der Kantonskanzlei durch große und bedeutende Stiftungen zu Gunsten der Kirchen in der Stadt bleibende und unübersehbare Spuren. Zu besonderen Ehren brachte es der Syndikus des Ritterkantons Donau Wilhelm Anton Ertel (Ertl), der offenbar ein recht gutes Verhältnis zur Stadt hatte.[89] 1710 wurde er in der Stadtpfarrkirche St. Blasius beigesetzt, nachdem er die Kirche durch Stiftungen und Berücksichtigung in seinem Testament reich bedacht hatte.[90] Genannt werden sechs große Altarleuchter aus Silber, insbesondere aber eine silberne Madonnenfigur des Augsburger Meisters Johann Lukas Sigel und eine neue Kanzel.[91]

Weitere Stiftungen vermachte Ertel der Liebfrauenkirche, die von den Franziskanern versorgt wurde. Einen eigenständigen Kapellenbau bei der Liebfrauenkirche,

87 HStA Stuttgart, B 573, B 398, N. 34 (1738, Okt. 9); N. 37 (1740, Okt. 31) zwei Kirchenstühle beim mittleren Gang; Weber (wie Anm. 14), S. 254.

88 Z. B. HStA Stuttgart, B 573, Au Lit., Nr. 1416: Jahresabrechnung 1774/75, p. 245. Direktor von Freyberg wegen den Franziskanern und Kapuzinern das jährliche Almosen 40 fl.

89 Wilhelm Anton Ertel (Ertl), Syndikus († 6. März 1710), PfA St. Blasius, Totenregister *Ecclesiae parochialis nostrae ad S. Blasiae magnus beneficator;* Ertel verkehrte offenbar auch gesellschaftlich mit der Stadt, deren Vertreter gelegentlich in seinem Haus gastierten. Stadtrechnung 1700/01, p. 30r.

90 Für Irritationen hatte zunächst gesorgt, dass vor Aushebung des Grabes lediglich die Zustimmung des Dekans Dr. Zinserling, nicht aber die des Rates eingeholt worden war. StA Ehingen, Ratsprotokoll, p. 86 ff. (1710, März 7).

91 StA Ehingen, Ratsprotokoll, S. 296 ff. (1711, Nov. 20) *[...] legierte Cantzel, silberne Leichter und Unser Frawen Bildt auf 2000 fl. Werth [...].* Die erwähnte Marienstatue wird heute noch in der Stadtpfarrkirche aufbewahrt und zeigt wie die Kanzel das Wappen des Stifters. Vgl. Helmut Seling: Die Kunst der Augsburger Goldschmiede 1529–1868, Bd. 1: Geschichte und Werke, München 1980, S. 154 (datiert um 1710); Mane Hering-Mitgau: Barocke Silberplastik in Südwestdeutschland, Weißenhorn 1973, S. 182 f. Immaculata Anf. 18. Jh.; Ludwig Ohngemach: Ehinger Kirchenschätze. Museum Ehingen. Lindenberg im Allgäu 2011, Nr. 11–12, S. 96 f.

Abb. 9: Stadtpfarrkirche St. Blasius, Epitaph für Johann Gotthard de Tausean (1720–1779), Dr. jur. und Syndikus des Kantons Donau 1764–1779

den er bereits 1705 errichten wollte, konnte schließlich nicht realisiert werden.[92] Möglicherweise veranlasste sein Beispiel den gleichfalls für den Ritterkanton tätigen Konsulenten Meinrad Ruösch, den Bau der Annakapelle in der Liebefrauenkirche zu finanzieren, in der er dann nach seinem Tod 1721 auch beigesetzt wurde.[93] Vergleichbares ist von Angehörigen der landständischen Verwaltung nicht bekannt.

92 StA Ehingen, Ratsprotokoll, p. 20r (1705, Juni 4); p. 31r (1705, Juli 26). Ausschlaggebend waren die schwierigen topographischen Verhältnisse am geplanten Bauplatz am Prozessionsweg zur Liebfrauenkirche.

93 StA Ehingen, Franziskanerchronik, p. 258b, 271b; Weber (wie Anm. 14), S. 290.

Abb. 10: Stadtpfarrkirche St. Blasius, Madonna im Strahlenkranz um 1710, von Johann Lukas Sigel, Augsburg († 1745), Stiftung des Wilhelm Anton Ertel († 1710), Syndikus des Kantons Donau
© Aufnahme: Konrad Rainer, Salzburg, Stadtarchiv Ehingen (Donau)

Im Stadtbild war die Ritterschaft durch ihr Personal präsent. Zumindest zeitweise trat dieses in Livree auf und die Ritterboten führten Spieße mit.[94] Auch an Festlichkeiten in der Stadt, so zuletzt 1804 anlässlich der Erhebung Franz I. zum österreichischen Kaiser, nahmen neben den Landständen gleichfalls die Reichsritter teil.[95]

94 HStA Stuttgart, B 573 Au Lit., Nr. 1416, p. 241 *Livree und der Ritterbotten Montur;* Lit. Nr. 1417 (1779/80), p. 246 *[...] wegen einem verfertigten Bottenspieß [...], [...] wegen denen bunden Livree der Ritterbotten.*

95 StA Ehingen, Ratsprotokoll, p. 37v (1805, Apr. 5) *Feyer des österr. erblichen Kaiserthums so am 30. September 1804 abgehalten worden [...];* HStA Stuttgart, B 30, Bü 29; Quarthal (wie Anm. 23), S. 393.

Abb. 11: Stadtpfarrkirche St. Blasius, Kanzel vor 1710, Stiftung des Wilhelm Anton Ertel († 1710), Syndikus des Kantons Donau. Auf dem Schalldeckel Wappen des Stifters. © Herbert Geiger, Stadtarchiv Ehingen (Donau)

6. Reichsunmittelbare Ritterschaft und österreichische Landstadt. Streitigkeiten mit der Stadt Ehingen und den österreichischen Landesbehörden

Als reichsunmittelbare Korporation stellte die Ritterschaft – und damit ihre Häuser und ihr Personal – mit ihrem Sonderstatus in der österreichischen Landstadt Ehingen naturgemäß einen Fremdkörper dar. Die zuletzt zugestandene Immunität ihrer dadurch dem städtischen und landesherrlichen Zugriff entzogenen Häuser mit den wertvollen Archiven war offenbar ein, wenn nicht der entscheidende Beweggrund zur Übersiedlung von Ulm nach Ehingen gewesen. Hinzu kam die Freiheit von landesherrlichen Steuern.[96] Zudem genoss die Reichsritterschaft Zollfreiheit, sofern es sich um Güter handelte, die auf eigenem Grund und Boden erzeugt und zum eigenen Bedarf in der Stadt benötigt wurden.[97]

Wohl seit 1763 hatten die Ritter das Recht *Delinquenten oder sonst ausschweifende Cavalliers* im Ritterhaus in einem entsprechenden Gewahrsam festzusetzen.[98]

Bereits in der Umsiedlungsphase der Kanzlei zeichneten sich die Konfliktpunkte ab, die Verhältnis und Zusammenleben zwischen Stadt und reichsunmittelbarer Ritterschaft über viele Jahre zumindest mitbestimmen sollten. 1691, als es um den Erwerb des Bauplatzes für das geplante Kanzleigebäude an der oberen Hauptstraße ging, verwies der Rat auf sein in den *Ehingische[n] Statuten undt [des] Stadtbrauch[s]* festgelegtes Recht, dass Grundstücke im Zwing und Bann der Stadt nur mit seinem Wissen und seiner Billigung unter besonderen Konditionen an Fremde verkauft werden durften. Als ehemals adeliger Freihof seien die betreffenden Häuser ursprünglich von bürgerlichen Lasten freigestellt gewesen. Allerdings hafte dieses Vorrecht – so der Rat – nicht auf dem Grund, sondern sei ausschließlich an die Familie des ehemaligen Stadtsyndikus Johann Buechmiller gebunden gewesen.[99] Da der Rat die Häuser möglichst an die Ehinger Bürgerschaft verkauft haben wollte, diese aber erklärtermaßen nicht in der Lage war, sie zu erwerben, wandte er sich schließlich an die vorgesetzten österreichischen Stellen.[100]

96 StA Ehingen, Ratsprotokoll, p.75v (1786, Juli 7). In der Hofresolution vom 29. Mai 1786 wurden die örtlichen Behörden angewiesen, die Häuser der Ritterschaft, die nicht zur Schwäbisch-Österreichischen Kasse steuerten weder zu nummerieren, noch die Ritter und ihr Dienstpersonal zu besteuern. Soweit die Dienstleute österreichische Untertanen seien, würden sie ohnehin in den Familienbögen jener Orte berücksichtigt, in denen sie geboren seien. Die Reichsritterschaft gewährte lediglich dem Kaiser die sogenannten Caritativ Subsidien. Vgl. Press (wie Anm. 1), S. 802 f.

97 StA Ehingen, Ratsprotokoll, p. 6v (1699, März 19); p. 120 (1776, Aug. 1). Der Graf zu *Oberdischingen auch andere umliegende ritterschaftlichen Cavaliers* hatten die Zollfreiheit generell gefordert. Antwort des Oberamts.

98 1779 äußerte die vorderösterreichische Regierung und Kammer auf entsprechende Anfrage der Ehinger keine Bedenken dem Ritterdirektorium dieses Recht auf Dauer zu gewähren. StA Augsburg, Vorderösterreich, Regierung, Akten 29 (1779, Juni 23) *unter den nehmlichen Bedingnissen wie ao 1763.*

99 StA Ehingen, Ratsprotokoll, p. 102r (1691, Okt. 18). Dabei betonte der Rat, dass man Georg von Freyberg erst auf erzfürstliche Intervention den Kauf eines Gartens erlaubt habe. Bereits im Vorfeld hatten die Ritter offenbar auf einen vergleichbaren Fall in Radolfzell hingewiesen, dort ging es um die so genannte »Schellenbergische Behausung«, gleichfalls ein adeliges Anwesen, das in den Besitz des Ritterkantons im Hegau übergegangen war. Zur Information sollte eine Abschrift des Kaufvertrages erbeten werden.

100 StA Ehingen, Ratsprotokoll, p. 106v (1691, Okt. 30) *wegen der Opposition gegen löbliche Ritterschaft, ihne als Frembden die Ventischen Häuser käufflichen nit zu überlassen, erclärt sich die Burgerschaft bei Mitlen nit zu sein, in einen so starckhen Kauff einzutretten [...];* p. 107r (1691, Nov. 11) *[...] beschlossen worden, [...] nit zugestatten, dz die ventischen Häuser*

Die Ritter ihrerseits machten für diese Widerstände insbesondere den damaligen Bürgermeister Christian Mellinger[101] sowie dessen Stadtschreiber Anton Franz Buechmiller[102] verantwortlich, denen sie vorwarfen, innerhalb der Bürgerschaft Stimmung gegen die Ansiedlung der Kanzlei zu machen. Als sie von ihrem Konsulenten Ruösch erfahren hatten, dass der Magistrat in der Sache nach Innsbruck an das oberösterreichische Wesen berichtet habe, wandten sie sich im Juli 1692 an den österreichischen Statthalter in Ehingen, Baron von Speidl. Dabei wiesen sie darauf hin, dass die Stadt und ihre Bürger durch den Umzug der Ritterkanzlei bereits erhebliche wirtschaftliche Vorteile erfahren hätten. Da in den ritterschaftlichen Häusern keine Gasthäuser und kein Gewerbe betrieben werden solle, der Stadt also kein Verlust an Steuer- oder Umgeldeinnahmen entstünde, die Ritter und Bediensteten sich in den Wirtshäusern verpflegen würden, wäre die Ansiedlung für die Stadt von wirtschaftlichem Vorteil. Abschließend wurde Speidl gebeten, seinen Einfluss dahingehend geltend zu machen, dass der Magistrat sowohl bezüglich der Erwerbung der »Fintischen Häuser« als auch der Immunität des Hauses auf dem Gänsberg die inzwischen vorliegenden Verträge ratifiziere.[103]

Wenige Tage später wandte sich der Direktor erneut in dieser Sache an den gerade ernannten Vizekanzler der oberösterreichischen Regierung in Innsbruck. Das oberösterreichische Wesen solle die Stadt anhand der mitgeschickten Vertragskopie veranlassen, die getroffenen Vereinbarungen zu ratifizieren. Diese waren bereits im Juni zwischen Direktor und Ausschüssen des Ritterkantons Donau mit den Buechmillerischen Erben abgeschlossen worden und beinhalteten den pfandweisen Kauf der beiden Häuser an der oberen Hauptstraße.[104]

Letzte Versuche der Stadt, die Angelegenheit in der Schwebe zu halten, blieben erfolglos und wenig später, am 25. August 1692, kam es zu einer Einigung der Ritterschaft mit der Stadt, in der die Grundlagen des künftigen Zusammenlebens vertraglich fixiert wurden.[105] Darin gaben Bürgermeister und Rat zunächst ihr Ein-

käuflich der löblichen Ritterschaft überlassen werden; p. 114r (1692, Febr. 1); p. 200r (1692, Febr. 26); p. 202v (1692, März 17); p. 208v (1692, Juli 19).

101 Christian Mellinger, Kaufmann, seit 1681 Ratsmitglied, seit 1693 bis 1697/98 nachweislich Amtsbürgermeister, danach nicht mehr im Rat († 16. Sept. 1707), PfA St.Blasius, Ehingen, Totenregister.

102 Anton Franz Buechmiller, Stadtschreiber nachweislich 1689 bis 1695 († 1729, Mai 27), PfA St.Blasius, Totenregister.

103 HStA Stuttgart, B 573, Bü 398, N. 9 (1692, Juli 12) Schülzburg. Jakobus Ruösch († 1715), Epitaph in der Liebfrauenkirche.

104 HStA Stuttgart, B 573, Bü 398, N. 10 (1692, Juli 16), Ehingen; B 573, Bü 398, N. 5 (1692, Juni 18). Kaufvertrag. Als Verkäufer werden genannt: Maria Eleonora Fint und Anna Juliana Miller, beides geborene Buechmiller, sowie Johann Georg Miller, gräfl. Schenk-Castell. Oberamtmann der Herrschaften Schelklingen und Berg. Pfandkauf auf 20 Jahre zum Preis von 2.250 Gulden.

105 HStA Stuttgart, B 573, Bü 398, N.6 (1692, Aug. 25) Innsbruck. Als Vermittler werden genannt: Franz Christoph Raßler von Gamerschwang, kaiserlich o. ö., geheimer Rat und

verständnis zum Pfandschaftsvertrag bezüglich der beiden Häuser an der oberen Hauptstraße. Weiterhin wurden diesen sowie dem Haus auf dem Gänsberg die bereits früher gewährte Immunität so lange zugestanden, wie sie im Besitz der Ritterschaft blieben und deren Direktorium in Ehingen ansässig bleibe. Diese Immunität solle sich jedoch nicht auf »malefizische Fälle« erstrecken und landesfürstliche Rechte und Regalien nicht berühren.

Die genannten Häuser sollten lediglich zur Unterkunft von Direktor, den Mitgliedern der Ausschüsse und den gewöhnlichen Beamten des reichsritterschaftlichen Corpus dienen. Die anderen Ritter (»Cavaliers«) mit ihren Bediensteten wurden auf die Gasthäuser in der Stadt verwiesen. Weiterhin verpflichtete sich die Ritterschaft in den genannten Häusern, so lange diese in ihrem Besitz seien, kein Gewerbe zu treiben. Bei anfallenden Bauarbeiten waren Ehinger Handwerker zu beauftragen. Die Ritter verpflichteten sich darüber hinaus, keine weiteren Güter zu erwerben, die der Stadt Ehingen botmäßig und steuerbar waren. Für den Fall, dass sie ihre Häuser verkaufen wollten, waren diese zunächst der Stadt und ihren Bürgern anzubieten. Für die gewährte Immunität stand der Stadt eine jährliche Rekognitionszahlung in Höhe von 50 Gulden zu.[106]

Im September 1692 wurden dann auf Betreiben der Stadt auf Basis der bereits erreichten Einigung in einem Nebenrezess noch einige weitere Einzelheiten festgelegt, die das Bemühen um ein gutnachbarliches Miteinander erkennen lassen. Unter anderem sollten sich Syndikus, Konsulent und Sekretäre des Kantons nicht als Advokaten in bürgerlichen Rechtsangelegenheiten betätigen dürfen.[107]

Regimentskanzler, sowie Adrian von Deyring [Döring] zu Mittelwerburg u. Bitenhofen, Freiherr zu Haylsperg, kais. Rat u. o. ö. Regimentsvizekanzler; StA Ehingen, Ratsprotokoll, p. 208v (1692, Juli 19) *[...] alles in statu quo solle gelassen und nit gestattet werden, die Häuser reparieren oder in etwas abbrechen zu lassen;* zu Franz Christoph Raßler von Gamerschwang (1643–1694), Regimentsvizekanzler ab 1686, tirolischer oder oberösterreichischer Regimentskanzler ab 1688. Vgl. Familiengeschichte der Freiherrn Raßler von Gamerschwang, Stuttgart 1904, S. 63 ff.

106 Als die Stadt allerdings im Verlauf des Spanischen Erbfolgekrieges in finanzielle Schwierigkeiten kam, gelang es auch diese Verpflichtung gegen eine Einmalzahlung von 1.000 Gulden abzulösen. Vgl. StA Ehingen, Stadtrechnung 1694/95, S. 2 Einnahmen Satzgelder für 1693 und 1694 100 fl. u. a.; Steir-Rechnung 1701–1705, S. 12 *von lobl. Ritterschaft Thonaw Viertl. weilln selbige alle Jahr zu gemeiner Statt hette 50 fl. Sizgelt geben sollen, so hat man entl[ich]. aus grossem Zwang der Chur-bay[rischen]. Contribution die Sach verglich[en] und paar empfang[en] auf 1000 fl.;* Weber (wie Anm. 14), S. 83, S. 131.

107 HStA Stuttgart, B 573, Bü 398, N. 8 (1692, Sept. 6). Zunächst erbat sich die Ritterschaft noch eine Reihe von Dokumenten, so den Pfandrezess bezüglich der Buechmillerschen Häuser und Kaufbriefe vom Haus auf dem Gänsberg. Weiterhin sollten die benachbarten Ehingischen und ritterschaftlichen Dörfer bei Nachtlager, Durchmärschen und anderer Leistungen soweit möglich gleichbehandelt werden. Noch auf dem Haus auf dem Gänsberg sowie den »Fintischen Häusern« lastende Schulden und alte Umlagen und Steuern sind aus der Pfandsumme zu entrichten. Gewichtiger, da die Unabhängigkeit der Ritterschaft tangierend, ist die Festlegung, dass Mägde und Knechte aus den genannten drei Häusern

In der Folgezeit gestaltete sich das Verhältnis zwischen Ritterschaft und Stadt offenbar weitgehend reibungslos. Lediglich 1708 beschwerte sich das Direktorium, dass in Abwesenheit der ritterschaftlichen Beamten in ihren beiden »Befreyungshäusern« städtische Beauftragte die Feuerbeschau vorgenommen hätten.[108] Allerdings lässt der Umstand, dass die Ritter 1735 Auskünfte einholten, wie andernorts mit den Nachlässen verstorbener Offizianten verfahren wurde, die in bürgerlichen Häusern verstorben waren, vermuten, dass nun, wenige Jahrzehnte später, erneut mit Auseinandersetzungen um diese Frage gerechnet wurde.[109]

Tatsächlich entwickelte sich dann in den letzten Jahrzehnten des 18. Jahrhunderts der Rechtsstatus des Kanzleipersonals zum zentralen Streitpunkt zwischen Ritterschaft, Stadt und österreichischen Landesstellen. Ein erster konkreter Anlass bildete die Missachtung der Sperrstunde in den Ehinger Wirtshäusern durch einige ritterschaftliche Beamte, die für sich den Status von Ausländern (*peregrini*) in Anspruch nehmen wollten. Der Magistrat berichtete den Vorfall dem ritterschaftlichen Direktorium und befragte darüber hinaus die vorderösterreichische Regierung in Freiburg, ob sich ritterschaftliche und ländständische Beamte bezüglich der »Policey« den einschlägigen Magistratsanordnungen zu fügen hätten oder nicht.[110] Das ritterschaftliche Direktorium wandte sich gleichfalls an die vorderösterreichische Re-

der Offizianten, die heiraten und sich in der Stadt niederlassen wollten, die Zustimmung des Rates einzuholen hatten und Steuern, Wachgeld und alle bürgerlichen Lasten zu tragen hatten. Weiterhin sagten die Ritter Bürgermeister und Rat zu, diese künftig nicht an fremden weltlichen und geistlichen Gerichten belangen zu wollen und Bürger und Einwohner der Stadt beim Ehinger Stadtgericht zu lassen. Sofern der Stadt aus reichsritterschaftlichen Prozessen Kosten erwuchsen, sollten diese entschädigt werden. Die Ritter verpflichteten sich zur Neutralität bei innerstädtischen Angelegenheiten in dem sich Syndikus, Konsulent und Sekretäre nicht als Advokaten in bürgerlichen Handlungen betätigen durften. Bezüglich Meinungsunterschiede bei Bauarbeiten wurden die verordneten Untergänger als einziges und maßgebliches Entscheidungsgremium anerkannt. Einmal mehr erklärten die Ritter, bürgerliche und in der Botmäßigkeit der Stadt liegende Güter weder anzukaufen noch auf dem Tauschwege zu erwerben; StA Ehingen, Ratsprotokoll, p. 212r (1692, Sept. 27).

108 HStA Stuttgart, B 573, Bü 398, N. 17 (1708, Apr. 3) *[...] unsere zwey gefreyt Behausung [...] wider die alte Observanz und Recht [...].*

109 HStA Stuttgart, B 573, Bü 398 (1735, Juni 30) Rotenburg.

110 Bürgermeister u. Rat an die vorderösterreichische Regierung und Kammer (1780, Juli 23): *[...] einige der Ausschweifung geneigt zu seyn scheinende Gesinnung der hiesig ritterschäftlichen Herren Officianten veranlassen uns, [...] die Anfrage zu machen, ob nehmlich jene [...] sich nach den in Policey Fach einschlagenden Magistratsveranlassungen zu fügen schuldig seyn oder nicht [...].* Dieser Anfrage lag folgender Vorfall zu Grunde: Am 26. Juni hatte Bürgermeister von Jenkesheim nach der Sperrstunde im Gasthaus »Hecht« u. a. den ritterschaftlichen Kanzlisten Körner angetroffen, der sich zudem renitent zeigte. StA Augsburg, Vorderösterreich, Regierung, Akten 373; Franz Ignaz Jenko von Jenkensheim, Bürgermeister 1780–1786, stammte offenbar aus dem Herzogtum Krain. Vgl. StA Ehingen, Ratsprotokoll, p. 53r (1784, März 26); Quarthal u. a. (wie Anm. 65), S. 212, Nr. 2382, 2580 u. a.

gierung und betonte, dass Räte und Beamte des reichsunmittelbaren Kantons Donau bisher in keinem Fall den polizeilichen Anordnungen der hiesigen *Municipalstadt* unterworfen sein dürften.[111]

Im November 1781 forderte das Direktorium gegenüber der vorderösterreichischen Regierung die Exemtion von der städtischen wie von der landesfürstlichen Gerichtsbarkeit für das gesamte in Kantonsdiensten befindliche Kanzleipersonal. Bisher war lediglich den Rittern selbst die Personalexemtion zugestanden worden.[112] In seiner Antwort riet die vorderösterreichische Regierung dem Direktorium des Ritterkantons sich mit dem Magistrat ins Benehmen zu setzen.[113] Die Ehinger wandten sich ihrerseits an die vorderösterreichische Regierung und Kammer in Freiburg mit der Bitte um Verhaltensmaßregeln. Diese beschränkten sich jedoch auf den Rat, das reichsritterschaftliche Direktorium um eine Begründung für diese Forderungen zu bitten. Dieses aber reagierte zunächst nicht.[114]

Inzwischen war die Drohung der Ritter, gegebenenfalls ihre Kanzlei von Ehingen weg zu verlegen, offenbar in weiteren Kreisen der Bürgerschaft bekannt geworden und hatte Ängste und Befürchtungen vor den damit verbundenen Folgen geweckt. Jedenfalls erboten sich fünf der Zunftmeister gegenüber den Deputierten im Rat, die in der Stadt anwesenden Ritter zu bitten, hier zu bleiben.[115]

Tatsächlich waren die Kanzlei und die ständig in Ehingen lebenden Offizianten mit ihren Familien, wie gezeigt, ein nicht unerheblicher Wirtschaftsfaktor. Außerdem waren die Ausgaben anlässlich der oft mehrtägigen und mehrfach im Jahr in Ehingen abgehaltenen Direktorialkonferenzen, die dabei anfallenden Diäten, Reise- und Kostgelder für Direktorium, Beamten und Dienerschaft zu berücksichtigen. Diese stellten wichtige Verdienstmöglichkeiten dar, gelangten diese Gelder doch

111 StA Augsburg, Vorderösterreich, Regierung, Akten 373 (1781, Aug. 22). Bitte an die vorderösterreichische Regierung, der Stadt einzuschärfen, dass sie nicht unter dem Vorwand der Polizei sich gegen das ritterschaftliche Kanzleipersonal weder einer *[...] eingebildeten stolzen Oberherrlichkeit anzumassen, noch unter dieser Larve gar ihre heimlich versteckten gehässigen Absichten auszuführen sich beygehen lassen möchten.*

112 StA Augsburg, Vorderösterreich, Regierung, Akten 373 (1781, Nov. 12); vgl. auch HStA Stuttgart, B 573, Bü 2 (o. Dat., nach 1783) *[...] so müsste schon die Besorgung der öffentlichen Geschäfte und das beste des Canton hierunter leiden, wenn dessen Kanzley sogar der hochlöbl[ichen]. vorderösterreichischen Regierung oder was immer für einem andern landsfürstl[ichen]. Dicasterio unterworfen sein sollten.*

113 StA Augsburg, Vorderösterreich, Regierung, Akten 373 (1781, Nov. 20).

114 StA Augsburg, Vorderösterreich, Regierung, Akten 29 (1786, Mai 9; Mai 10).

115 StA Ehingen, Deputationsprotokoll, p. 16v (1782, März 18). Den Zunftvertretern wurde bedeutet, dass weder der Deputation, noch dem gesamten Magistrat hiervon etwas bekannt sei, im Übrigen *[...] seye der Gegenstand in das Zunftmeisteramt gar nicht einschlagend, um was es zwischen der Stadt und der Ritterschaft zu thun, sondern Magistrat werde ihn verfechten [...].*

nicht zum geringsten Teil in die Kassen des Ehinger Gastgewerbes und der Ehinger Bürgerschaft.[116]

Wenig später veranlasste das wenig sensible Vorgehen des günzburgischen Landschreibers und Kommissars Freiherr von Pflummern[117] das ritterschaftliche Direktorium, erneut auf die Personalexemtion seiner Beamten zu pochen.[118] Pflummern drohte die Anwendung von Gewalt an, um im Zuge einer Untersuchung die Aushändigung der Korrespondenz zwischen dem Ritterschaftskanzlisten Ruef und dessen Sohn[119] durchzusetzen.

Eine weitere Zuspitzung erfuhr die ungelöste Angelegenheit, als am 3. April 1783 die Frau des reichsritterschaftlichen Registrators Kittler verstarb. Diese hatte, zusammen mit ihrem Mann, zur Miete im Haus eines Ehinger Bürgers gelebt. Als die städtischen Beamten zur Anfertigung eines Nachlassinventars eintrafen, fanden sie die Wohnung auf Anordnung des ritterschaftlichen Direktoriums bereits versiegelt vor, worauf der Magistrat umgehend protestierte und die ritterschaftlichen Siegel erbrechen, abnehmen und durch städtische ersetzen ließ.[120] Bereits am 15. Mai 1783 legten die beiden Konsulenten Dr. Gronmayer[121] und Gasser[122] dem Direktorium ein erstes Gutachten über diese Vorgänge vor.[123] Abschließend plädierten die beiden Autoren entschieden für eine baldmöglichste Verlegung der Kanzlei.

116 HSTA Stuttgart, B 573 Au Lit., Nr. 1416; Jahresrechnung 1774/75, p. 227.

117 Franz Joseph Adam Karl von Pflummern, 1776–1786 Oberamtsrat und Landschreiber der Markgrafschaft Burgau; Quarthal u. a. (wie Anm. 65), S. 348.

118 HStA Stuttgart, B 573, Bü 2 (o. Dat., nach 1783).

119 Johann Baptist Ruef, reichsritterschaftlicher Kanzlist, geb. 6. Jan. 1748, † 25. Jan.1825, Vater von Johann Kaspar Adam Ruef. Vgl. Heinrich Amann: Zur Erinnerung an Dr. Kaspar Ruef, Freiburg 1836; vgl. auch Anm. 73 und 150.

120 Sie lebten im Haus des Ferdinand Mattle; PfA St.Blasius, Totenregister (1783, Apr. 3); HStA Stuttgart, B 573, Bü 2 (1783, Apr. 3). Protestschreiben von Bürgermeister und Rat an das ritterschaftliche Direktorium: *[...] wir bemüssiget wider diesen in einem bürgerl[ichen] Hause vorgenohmenen Jurisdictions Act feyerlichst zu protestieren [...];* StA Augsburg, Vorderösterreich, Regierung, Akten 29 (1783, Apr. 3) Bericht an die vö. Regierung (1785, Juni 27); StA Ehingen, Ratsprotokoll, p. 44v (1783, Apr. 3). Die städtische Sperre blieb bis zu deren Abnahme durch die städtische Kanzlei unverletzt; vgl. Schilderung der Vorgänge aus Sicht der ritterschaftlichen Konsulenten Dr. Gronmayer und Gasser. HStA Stuttgart, B 573, Bü 2 (1783, Mai 15).

121 Joseph Friedrich (Fidelis) Matthias Gronmayer, Konsulent und später Syndikus des Ritterkantons Donau († 1803, Dez. 29). Vgl. Anm. 59.

122 Ferdinand Franz Gasser, geb. um 1742, Konsulent und später letzter *gemeinschaftlich Kanton donauischer Syndikus.* HStA Stuttgart, B 573, Bü 3; vgl. Anm. 59.

123 HStA Stuttgart, B 573, Bü 2 (1783, Mai 15). Das Gutachten wurde auf der Direktorialkonferenz im März 1784 in Ulm vorgestellt und beraten. Offenbar war die Möglichkeit einer Verlegung der Kanzlei bereits seit geraumer Zeit immer wieder besprochen worden, ohne dass man sich zu einem Entschluss durchgerungen hätte. Dr. Gronmayer und Gasser stellten nun in ihrem Gutachten alle Gründe zusammen, die ihrer Ansicht nach für oder gegen

Abb. 12: »Joseph Fidelis Matthias Gronmayer, J. U. D., fürstlich augsburgischer Hofrath und der unmittelbar freyen R. Ritterschaft in Schwaben aller fünf Kantons gemeinschaftlich Donauischer Rat und Syndikus« († 1803)
© Vorlage Privatbesitz, Aufnahme Stadtarchiv Ehingen (Donau)

Ihre Ausführungen lassen erkennen, wie grundlegend sich das Verhältnis der Reichsritterschaft zu den mächtigeren Reichsständen, zum Kaiser und zum Haus Österreich verändert hatte. Während sich die Reichsritter früher von den mächtigeren Reichsständen existentiell bedroht gefühlt und im Kaiser ihre einzige Stütze gesehen hatten, erlebten sie ihre Situation unter den Nachfolgern Maria Theresias gänzlich

eine Verlegung sprachen, u. a. ist ihrer Ausarbeitung auch eine Aufstellung der bei einer Verlegung zu erwartenden Kosten zu entnehmen. Zu den Anfängen der Krise zwischen Kaiser und Reichsritterschaft vgl. Press (wie Anm. 11), S. 222 f.

verändert.[124] Mit den mächtigeren Reichsständen habe man sich, so Gronmayer und Gasser, größtenteils geeinigt, sodass sie, die Reichsritter, in ihrem Existenzrecht weitgehend akzeptiert seien.[125] Andererseits aber habe sich das Verhältnis zum Haus Habsburg und zu Österreich dramatisch verschlechtert. Nun sahen sie sich von dieser Seite der »härtesten Verfolgung« ausgesetzt und insbesondere durch die neuen österreichischen Grundsätze bezüglich der Territorialhoheit bedroht. Dem Haus Österreich scheine, so Gronmayer und Gasser, die Reichsritterschaft und ihre Erhaltung keine Aufmerksamkeit mehr wert zu sein, vielmehr scheine man die Erweiterung der Vorlande durch Unterjochung der Rittergüter für einen großen Vorteil zu halten.[126] Vor diesem Hintergrund, so die beiden Autoren, könne nichts unvorsichtiger sein, als Kanzlei und Archiv »gleichsam in Feindeslanden« zu belassen und dementsprechend sei auch die Sicherheit des Kanzleipersonals nicht mehr gegeben.[127] Folgerichtig maßen sie der Frage, ob eine Verlagerung vom kaiserlichen Hof übelgenommen werden könnte, keine größere Bedeutung zu und setzten sich für eine rasche Verlegung der Kanzlei in die nahe Reichsstadt Ulm ein.[128]

Die nachfolgende Korrespondenz folgt dann in der Regel der bereits im Gutachten der Konsulenten Dr. Gronmayer und Gasser vorgegebenen Argumentationslinie. So beteuerte das Direktorium in seiner Antwort auf das städtische Protestschreiben lediglich eine personale Exemtion seiner Kanzleibeamten von der städtischen Jurisdiktion zu beanspruchen. Man habe nicht die Absicht, die ortsobrigkeitlichen Rechte und Befugnisse des Magistrats in Frage zu stellen. In der Hoffnung, dass sich nicht so bald wieder ein vergleichbarer Fall ergebe, wolle man es bei einem Protest belassen. Außerdem mache sich zunehmend ein Mangel an geeigneten Unterkünften für das Kanzleipersonal, aber auch an ausreichenden Räumlichkeiten für die Kanzlei selbst bemerkbar. Dadurch sehe man sich gezwungen, sich nach einer anderen Unterbringung der Kanzlei umzusehen, wodurch sich die Anstände selbst erledigen würden.

124 Als Beleg für das Wohlwollen Maria Theresias der Ritterschaft gegenüber verweisen sie auf die *Privilegiorum equestrium pro terris Austriacis;* Press (wie Anm. 11), S. 801 weist darauf hin, dass das Erzhaus in den vorderösterreichischen Landen vor Konflikten mit den Reichsrittern nicht zurückgeschreckt habe.

125 Hierbei verweisen sie auch auf die Aufnahme in den Westfälischen Frieden als Garantie für ihre Rechte. Vgl. dazu Roth von Schreckenstein (wie Anm. 27), 2, S. 396ff; Press (wie Anm. 1), S. 804f. dort auch zur Bedeutung der höchsten Reichsgerichte; Schulz (wie Anm. 78), S. 88.

126 Als Beispiel wie entschlossen Österreich seine territorialen Interessen durchzusetzen suche und wie *[...] unkräftig hiergegen der Schutz von den höchsten Reichsgerichten seye, dies [sei] ist aus denen burgau[ischen] und hegau[ischen] Händeln [...] bekannt genug;* Roth von Schreckenstein (wie Anm. 27), S. 474ff.

127 Zum Sicherheitsaspekt vgl. auch HStA Stuttgart, B 573, Bü 2 (o. Dat., nach 1783) hierbei auch der Hinweis, dass es sich beim ritterschaftlichen Archiv auch um die Unterlagen der fünf schwäbischen Kantone handle.

128 Hierfür entwerfen sie dann auch gleich ein Szenarium, wie die Übersiedlung nach Ulm realisiert werden könnte.

In jedem Fall äußerte das Direktorium die Erwartung, dass man in vergleichbaren Fällen von Seiten der Stadt wenigstens gestatte, Akten und Unterlagen des Kantons vom übrigen Nachlass der Verstorbenen zu separieren und sofort unter Verschluss zu nehmen.[129] Wenig später nahm das Direktorium Kontakt mit dem Magistrat der nahen Reichsstadt Ulm auf und fragte an, ob man geneigt sei, die Ritterkanzlei in ihren Mauern aufzunehmen.[130] Im so genannten »Grünen Hof« in Ulm hatte man offenbar schon ein geeignetes Anwesen in Aussicht genommen.[131]

Trotz des Drängens der beiden Konsulenten Dr. Gronmayer und Gasser blieb die Entscheidung für eine mögliche Verlegung der Kanzlei weiter in der Schwebe. Vielmehr erhielt nun Syndikus von Cotto[132] den Auftrag, ein weiteres Gutachten über diese Frage zu erstellen.[133] Dieser nun plädierte für ein genaues Abwägen von Vor- und Nachteilen sowie insgesamt für eine eher vorsichtige Haltung der Ritterschaft. Da der Vereinbarung zwischen Ritterschaft und Stadt aus dem Jahr 1692 keine einschlägigen Hinweise zu entnehmen seien und vergleichbare Streitigkeiten andernorts keine eindeutigen rechtlichen Regelungen erbracht hätten, schlug von Cotto vor, sich mit dem Magistrat auf einen Vergleich zu verständigen. Als weitere Möglichkeit führte er darüber hinaus den Ankauf eines Rittergutes an, das als Standort für die Kanzlei dienen könnte, wobei diese alle hohe und niedere Gerechtsame selbst ausüben könne. Auf diese Weise sei nicht zu befürchten, dass man nach großen Aufwendungen in einer großen Stadt am Ende doch noch auf ein eigenes Territorium ziehen müsse. Um Misshelligkeiten zu vermeiden, riet von Cotto, das Thema auf einer Plenarversammlung zu behandeln.[134]

129 HStA Stuttgart, B 573, Bü 2 (o. Dat., nach dem 3. April 1783).

130 HStA Stuttgart, B 573, Bü 2 (o. Dat.). Dabei führte das Direktorium in Nachfolge des Gutachtens seiner beiden Konsulenten aus, weshalb seine Wahl auf die Reichsstadt Ulm gefallen sei. So liege die Stadt in der Mitte des Schwäbischen Kreises und des Ritterkantons Donau. Außerdem befänden sich dort bereits jetzt die Kassen von Kanton und *gemeinschaftl[icher] R[eichs] R[itterschafts] Cassa,* auch seien dort bisher schon die meisten Mitgliederkonvente abgehalten worden.

131 HStA Stuttgart, B 573, Bü 2. Der Grüne Hof gehörte damals der Familie von Ramschwag, wobei man mit einem Kaufpreis unter Einschluss der notwendigen Reparaturen in Höhe von 25.000 Gulden rechnete.

132 Peter Anton von Cotto, ritterschaftlicher Syndikus († 13. Mai 1787): *[...] von hypochondrischer Melancholia verwirrt, an einem über 3 Stock hoch gethanen Fall verstorben.* PfA St.Blasius, Totenregister; StA Ehingen, Ratsprotokoll, p. 93v (1787, Mai 18); vgl. Anm. 58, 146.

133 HStA Stuttgart, B 573, Bü 2 (1783, Aug. 10) *[...] haben mir bei der letzhin fürgewesten Directorial Conferenz den hohen Auftrag zumachen geruhet, dass ich über die vorhabende Veränderung unser schon über 90. Jahr dahier bestehende Canzley Sizes eine gutächtliche Gedanken eröffnen soll.*

134 Hierbei hatte er den Kanton Odenwald im Blick, der zwei Jahrzehnte zuvor, 1764, das Dorf Kochendorf erworben hatte, um den fortlaufenden Streitigkeiten mit der Reichsstadt Heilbronn zu entgehen. Vgl. Press (wie Anm. 1), S. 812 f.; Schütz (wie Anm. 18), S. 44.

Das Direktorium folgte diesem Rat und setzte die Standortfrage auf die Tagesordnung der nächsten Plenarversammlung, die für den Herbst des Jahres vorgesehen war. In der Zwischenzeit sollten zudem Ritterrat von Welden und Konsulent Dr. Gronmayer unter der Hand Auskünfte bei den benachbarten Reichsstädten Ulm, Memmingen und Biberach einziehen, welche Vorrechte man insbesondere bezüglich der verlangten gänzlichen Exemtion jeweils bereit wäre, bei einem Umzug einzuräumen.[135] Dabei erkannte man, dass es bisher lediglich zwischen der Reichsstadt Nürnberg und dem Ritterkanton Braunau eine diesbezügliche Vereinbarung gab. Gronmayer unternahm daher den Versuch, selbst ein entsprechendes Regelwerk zu erstellen, das er im Juni 1784 seinen Vorgesetzten vorlegte. Hierin führte er all diejenigen Bedingungen auf, die seiner Ansicht nach für die Ansiedlung des Kantons in einer Reichsstadt erfüllt sein mussten. So forderte er rundweg für das gesamte Personal Gesandtschaftsstatus, den er nachfolgend genau ausführte.[136] Außerdem stellte er weitgehende Forderungen etwa bezüglich der Religionsausübung, Akzisefreiheit und Einschränkungen bezüglich der Gültigkeit der reichsstädtischen »Polizeyverordnungen«.

Das Direktorium wollte sich offenbar nicht ausschließlich auf die Ratschläge Gronmayers verlassen und beauftragte zusätzlich von Cotto, diese durch ein förmliches Gutachten zu überprüfen und zu bewerten. Von Cotto verwies jedoch auf seine bereits im August 1783 schriftlich vorgelegten Überlegungen und auf Anmerkungen, die er – da sie *sich der Feeder nicht anvertrauen lassen* – bei mehreren Konferenzen mündlich geäußert habe. Anschließend berichtet er von einem unlängst von Seiten der Stadt Ehingen – seiner Vermutung nach auf Betreiben höherer Stellen –

135 HStA Stuttgart, B 573, Bü 2 (1784, März 26). Erkundungsauftrag an Ritterrat Freiherr von Welden und Konsulent Gronmayer; vgl. auch B 573, Bü 2 (1784, Juni 20).

136 HStA Stuttgart, B 573, Bü 2 (1784, Juni 20). Begleitschreiben Gronmayers an das ritterschaftliche Direktorium: *Pro Memoria nebst Entwurff einer Punctation die Verlegung des Sizes des hochlöbl. R. R. Directorii und Canzley in einer benachbahrten Reichs Stadt betreffend.* Im Einzelnen wird aufgeführt: Befreiung von reichsstädtischer Botmäßigkeit, weltliche und geistliche Gerichtsbarkeit zu Lebzeiten und nach dem Tod, Befreiung von allen Lasten und Steuern, freie Religionsausübung, Ziviljurisdiktion durch die Ritterschaft, besondere Regelung bei *Actus jurisdictionis criminalis,* zur Unterkunft, Abhaltung der Zusammenkünfte und Unterbringen der Akten, Recht zum Erwerb von zwei oder drei exempten oder bürgerlichen Häusern, Recht in einem dieser Häuser ein Gefängnis einzurichten. Die Ritterschaft verspricht, sich dieser Vorrechte nur für ihre Angehörigen zu bedienen, Zollfreiheit gilt nur für den Eigenbedarf an *Consumptibilien,* auch bezgl. Getränken. Die von ritterschaftlichen Personen erworbenen Immobilien verbleiben im vorigen Verband. Für Vermögen, das diese von Bürgern erben, erheiraten oder erwerben, muss die übliche Nachsteuer entrichtet werden. Reichsstädtische Polizeyverordnungen gelten auch für die Angehörigen der Reichsritterschaft, straffällige Dienstboten sollen entlassen oder an der Tür den städtischen Behörden ausgeliefert werden. Den ritterschaftlichen gelehrten Räten und Kantonsangehörigen überhaupt ist die Einmischung in städtische oder Landesangelegenheiten verboten.

gemachten Angebot, die *p[unc]to obsignationis noch vorwaltenden Irrungen auf eine beederseits annehmliche Arth auszugleichen*. Sollte dies gelingen, so von Cotto, könne dem Direktorium nicht geraten werden, dasjenige anderwärts mit teurem Geld zu erwerben, was man hier entweder schon besser habe oder mit geringen Kosten – falls nicht umsonst – erhalten könne. Durch einen neuen Vertrag würde man zudem nicht längere Zeit gebunden sein und könne später immer noch auf ein eigenständiges Rittergut ausweichen. Die Übersiedlung auf eigenes Gebiet könne aber auch an höchsten Orten nicht verdenkt werden. Im anderen Fall aber wäre über kurz oder lang mit empfindlichem Verdruss zu rechnen.[137]

Noch immer hatte man sich bei der Ritterschaft zu keiner Entscheidung durchringen können, da verstarb am 27. Juni 1785 der ritterschaftliche Sekretär Ignaz Ostler, wodurch dieser Streitpunkt neue Aktualität gewann. Auch Ostler hatte in einem Bürgerhaus gewohnt und erneut legte das Ritterdirektorium eine Sperre an. Die Stadt allerdings verhielt sich nun sehr viel moderater und beschränkte sich auf ein Protestschreiben. Maßgeblich hierfür war, wie den Ratsprotokollen zu entnehmen ist, die Einschätzung, dass ein Verlust der Kanzlei keinesfalls im Interesse der Stadt liege. Auch das Direktorium des Kantons nahm nun eine versöhnlichere Haltung ein und beteuerte gegenüber der Stadt, keinen Anspruch auf die Gerichtsbarkeit des Sterbehauses erheben zu wollen. Man beanspruche lediglich die Personalexemtion für das Kanzleipersonal.[138]

Nachdem von der Stadt bei dieser Gelegenheit einmal mehr auf die Beantwortung ihrer Anfrage vom Dezember 1781 gedrängt worden war, erschien den Rittern die Situation zunehmend als unhaltbar. Auch dies kann als Indiz für ein geändertes Klima gedeutet werden. Als besonders fatal wurde im Direktorium überdies die uneinheitliche Haltung des Kanzleipersonals zur Standortfrage empfunden.[139]

137 HStA Stuttgart, B 573, Bü 2 (1784, Aug. 28). Auf die in der Punktation Gronmayers aufgeführten Einzelforderungen wollte er ohne eigens ergangenen Auftrag nicht eingehen.

138 PfA St. Blasius, Totenregister (1785, Juni 27); StA Augsburg, Vorderösterreich, Regierung, Akten 29 (1785, Juni 27; Juni 30; Juli 28). Um zu bekräftigen, dass man keine Gerichtsbarkeit auf das Haus beanspruche, bat das Direktorium den Magistrat, die Mobilien Ostlers versteigern zu lassen. Auch sei das eigene Personal u. a. wegen einer Direktorialkonferenz in Ulm hierzu nicht in der Lage; StA Ehingen, Ratsprotokoll, p. 113r (1785, Juli 8). Ostler wohnte im Haus von Johann Salenwirks Witwe. *[...] massen es hiesiger Stadt nicht vortheilhaft wäre, wenn dieses Personale mit ihrer täglichen Zehrung bey ohnehin geringem Bürgerverdienst abziehen würde.*

139 HStA Stuttgart, B 573, Bü 2 (1785, Sept. 20). Nach Anton von Freyberg zu Hürbel hätte eine ausweichende Antwort nicht weitergeführt, die Alternativen, Abzug aus Ehingen oder neue vertragliche Vereinbarungen würden große Vorsicht erfordern, wolle man sich vor übermäßigen Kosten schützen und vermeiden, sich auf immer zu binden. Bezüglich der Haltung des Personals äußerte Freyberg: *[...] das unangenehmste bey der ganzen Sache scheinet mir die Uneinigkeit, die Gährung und ungleiche Gesinnung des Kanzleypersonal, wodurch die Verlegenheit des Directory vermehret wird.*

Im Mai 1786 gab das Ritterdirektorium nun auch die bereits 1781 geforderte und seither ausstehende Erklärung zum Status seines Personals und im Speziellen zum Verfahren bei Nachlasssachen dieses Personenkreises ab, soweit diese in einem Bürgerhaus verstorben waren.[140] In diesem Dokument, das der Magistrat umgehend an die hohe Landesstelle in Freiburg weiterleitete, forderten die Ritter nun eine gänzliche Personalexemtion für das gesamte reichsritterschaftliche Personal. Dagegen vertrat der Ehinger Magistrat gegenüber Regierung und Kammer in Freiburg die Ansicht, dass den Rittern nach dem Vertrag von 1692 lediglich die adelige Freiheit in ihren beiden Ehinger Häusern zustünde und sie einen Verwahrort für Delinquenten oder sich übel aufführende unmittelbare *Reichscavaliers* unterhalten dürften. Alle darüber hinaus gehenden Zugeständnisse aber stellte er ins Benehmen der vorgesetzten Stellen. Mit Nachdruck wies er darauf hin, dass es keinesfalls im Sinne der Bürgerschaft sei, wenn durch Abzug der Kanzlei acht oder neun Familien der Stadt verloren gingen, die hier ihren Lebensbedarf deckten und darüber hinaus das eine oder andere fremde Geld hereinbringen würden.

Auch die österreichischen Landesbehörden bemühten sich, einen Beitrag zur Lösung der Streitigkeiten zu leisten. So wurde per Hofdekret die Steuerfreiheit der Ritterschaft bestätigt. Außerdem erhielten die örtlichen Behörden die Anweisung, die Häuser der Ritterschaft nicht zu nummerieren.[141]

Die Haltung der vorderösterreichischen Regierung orientierte sich dann maßgeblich an der gegenüber Regierung und Kammer abgegebenen Stellungnahme des Fiskalamts vom 14. August 1786.[142] Hierin wurde zunächst unmissverständlich festgestellt, dass das Recht zweifellos auf Seiten der Stadt stünde. So sei den Verträgen von 1692 und 1763 nichts von einer Exemtion des ritterlichen Kanzleipersonals zu entnehmen. Dessen sei sich auch das Direktorium des Ritterkantons bewusst, weshalb es nicht argumentiere, sondern lediglich mit Verlegung der Kanzlei drohe. Der durch den Abzug von acht oder neun Familien verursachte wirtschaftliche Verlust wurde aber als so schwerwiegend angesehen, dass es als politisch unklug bezeichnet wurde, auf dieses Recht zu bestehen. Es müsse, so das Fiskalamt, lediglich darum gehen, einen Weg zu finden, wie die Exemtion gestattet werden könne, wären doch hiermit weitere Schwierigkeiten verbunden. So wäre fraglich, ob sich die Reichsritter an österreichische Landesgesetze halten und ob sie sich dem österreichischen Obergericht unterstellen würden. Auch würden sie sich kaum landesherrlichen Verordnungen unterwerfen. Das Fiskalamt legte daher dem Magistrat nahe, sich um ein »freundschaftliches Verhältnis« mit den Rittern zu bemühen. Möglicherweise gehe es dem Direktorium des Ritterkantons nicht darum, die Jurisdiktion zu erwerben, sondern lediglich um die Befreiung vom *foro* des Stadtmagistrats zu erreichen.

140 StA Ehingen, Ratsprotokoll, p. 53r (1786, Mai 5).
141 StA Ehingen, Ratsprotokoll, p. 75v (1786, Juli 7).
142 StA Augsburg, Vorderösterreich, Regierung, Akten 29 (1786, Aug. 14).

In der Sitzung vom 19. Oktober 1786 referierte Joseph Thaddäus Sumeraw[143] ein Hofdekret, demzufolge der Reichsritterschaft die *actus jurisdiktionis voluntariae et contentiosae* über das ritterschaftliche Kanzleipersonal so lange überlassen sein solle, als sie in Ehingen bleiben würden. Eigens festgelegt worden war, dass diese Regelung nicht befristet und ohne jährliche Rekognitionszahlung gelten solle.[144]

Wohl nicht unerheblich zur weiteren Entspannung beigetragen hatte ein bereits auf April 1786 datierendes Schreiben der Ritter an den Magistrat. Hierin hatten sie zu erkennen gegeben, dass die Verlegung der Kanzlei wohl auf längere Zeit verschoben sei. Da die Ehinger sich zuletzt freundnachbarlich gezeigt hätten, wolle man, so die Ritter, außer auf den vertraglich zugesicherten Rechten der beiden Ritterhäuser, lediglich auf der Personalexemtion für das Direktorium und das Kanzleipersonal bestehen.[145]

Diese Lösung scheint allseits Anklang gefunden zu haben, denn das Verhältnis zwischen Stadt und Direktorium des Ritterkantons blieb in der Folgezeit von Reibungen weitgehend verschont. So war es dann der Magistrat, der die notwendigen Untersuchungen durch den städtischen Physikus durchführen ließ, nachdem Syndikus Peter Anton von Cotto im Mai durch Suizid zu Tode gekommen war.[146]

Nun, nach Aufgabe ihrer Abwanderungspläne, bemühten sich die Ritter auch wieder um den weiteren Ausbau ihrer Ehinger Liegenschaften.[147] Zukäufe zeigten sie dem Magistrat mit der Bitte an, sie von *ortsobrigkeitswegen* zu genehmigen.[148] Und wenig später gestand der Rat den Rittern die Ablösung der auf dem betreffenden Haus liegenden Belastungen und Steuerpflichten durch eine einmalige Zahlung von 300 Gulden zu.[149]

143 Freiherr Joseph Thaddäus Johann Nepomuk Vogt von Sumeraw auf Altensumeraw, Rappenstein und zum Thurn, Vgl. Quarthal u.a. (wie Anm. 65), S. 183, Nr. 101 vorderösterreichischer Regierungs- und Kammerrat in Freiburg.

144 StA Augsburg, Vorderösterreich, Regierung, Akten 29; StA Ehingen, RPE, p. 97r (1786, Okt. 20) kaiserliche Entscheidung vom 30. Sept., Regiminalrescript v. 19, präsentiert am 26. Sept.

145 StA Augsburg, Vorderösterreich, Regierung Akten 29. (1786, Apr. 27).

146 StA Ehingen, Ratsprotokoll, p. 93v (1787, Mai 18). Unter Zuzug von Chirurgen untersuchte Stadtphysikus Dr. Ammann den Leichnam und erstattete dem Magistrat Bericht; vgl. auch Ludwig Ohngemach: Die Stadtphysiki in Ehingen. In: Beiträge zur Geschichte der Stadt Ehingen, Bd. 3, Memmingen 2021, S. 104–129, hier S. 124; vgl. Anm. 58, 132.

147 Im Oktober 1787 ließ das Direktorium durch einen Bevollmächtigten von Metzger Christian Schupp dessen Wohnhaus mit Garten erwerben, die an das Ritterhaus grenzten. Durch Abriss sollte diesem mehr Licht verschafft werden. HStA Stuttgart, B 573, Bü 398, p. 103r ff. (1787, Okt. 9) Kaufbrief, Kaufpreis 500 fl.; StA Ehingen, Kontraktenprotokoll, p. 103r (1789, Dez. 22); Deputationsprotokoll, p. 73r (1787, Okt. 9); p. 95v (1787, Nov. 27) Antrag an den Magistrat den Kauf zu genehmigen.

148 HStA Stuttgart, B 573, Bü 398, p. 117r (1787, Nov. 24).

149 Ein vergleichbares Entgegenkommen hatte man zuvor offenbar lediglich beim Landhaus der Schwäbisch-Österreichischen Stände gezeigt. HStA Stuttgart, B 573, Bü 398, p. 96r ff. Urkunde (1789, Juni 30); B 573, Bü 398, p. 93r (1789, Sept. 29).

Generell bemühte sich das Direktorium in der Folgezeit um ein gutes Verhältnis zum städtischen Magistrat. Dies wurde etwa 1790 deutlich, als der Kanton an den Magistrat schrieb: *[...] Wir wünschen das einverständliche Benehmen unserer Ortskanzlei mit der jenseitig städtischen Behörde für immer beibehalten zu wissen.*[150]

7. Das Ende der Reichsritterschaft

Die zunehmend unsicheren Zeiten nach der französischen Revolution machten sich auch in Oberschwaben bemerkbar.[151] Als General Moreau im Zuge des Ersten Koalitionskrieges am 23. beziehungsweise am 24. Juni 1796 den Rhein überschritt, löste dies erste Fluchtbewegungen der Bevölkerung aus. Das Kantonsdirektorium hielt Ehingen offenbar nicht mehr für sicher und flüchtete sich mit Kanzlei und Archiv nach Biberach.[152]

Während des Zweiten Koalitionskrieges im Mai 1800 befahl der Ritterhauptmann von Speth[153] auch angesichts der Gefahr eines feindlichen Überfalls, sämtlichen Offizialen und Kanzleioffizianten, ihre Arbeitsplätze in Ehingen nicht zu verlassen und soweit möglich weiterhin ihre Pflichten zu erfüllen. Für den Fall, dass ihnen dadurch persönlich oder an Hab und Gut Schaden und Kosten erwachsen würden, sicherte man ihnen von Seiten des Kantons Indemnisation, also Entschädigung zu.[154]

150 Vorausgegangen war diesem Schreiben das ungebührliche Verhalten des Kantonskanzlisten Johann Baptist Ruef gegenüber dem städtischen Magistrat. StA Ehingen, Ratsprotokoll, p. 194r (1790, Dez. 3); zur Familie Ruef vgl. Anm. 73, 119.

151 Einen ersten, noch erfolglosen Vorstoß auf die Reichsritter hatte bereits im 18. Jh. Württemberg unternommen. Vgl. Press (wie Anm. 3), S. 329–348.

152 StA Ehingen, Ratsprotokoll, p.78v (1796, Juli 15) Anzeige der Flucht an den Magistrat, überlässt die Disposition über die ritterschaftlichen Häuser dem Magistrat; Johann Konrad Krais (Hrsg.): Tagebuch über diejenigen Begebenheiten welche die Reichsstadt Biberach während des französischen Kriegs vom Jahr 1790 an bis zum Jahr 1801 erfahren hat, Stift Buchau 1801, S. 19 f.; Weber (wie Anm. 14), S. 100. Schon zu Beginn des Spanischen Erbfolgekrieges hatte man offenbar Ehingen als nicht allzu sicher angesehen, weshalb dem Kanzleipersonal befohlen wurde, so lang als möglich in Ehingen auszuhalten, bei Gefahr aber nach Ulm auszuweichen. HStA Stuttgart, B 573, Bü 398, N. 49 (1702, Aug. 2) *Memoriale pro Indemnisatione bey Kriegstroublen. Unterzeichnet haben das Schreiben gesambte Directorial officianten des löbl[ichen] Canton[s] Thonau.* N. 50 (1703, Dez. 28) Kopie (1733, Okt. 26); N. 51 (1707, Aug. 11) Entschädigungszusage.

153 Johann Baptist Nepomuk von Speth-Granheim 1748–1815, Kaiserlicher geheimer Rat, Ritterhauptmann des Kantons Donau. Vgl. Eberhard von Waechter: Die letzten Jahre der deutschen Reichsritterschaft. In: Württembergische Vierteljahreshefte 40 (1934), S. 243–289, hier S. 263.

154 HStA Stuttgart, B 573, Bü 398 (1800, Mai 6) Ehingen: *[...] ihren dermaligen Aufenthalt in Ehingen ohne unseren speziellen Befehl oder Erlaubnis nicht zu verlassen, sondern samt und sonders auf ihrem Posto zu bleiben und sich nach Möglichkeit für die Erhaltung und Rettung des Kantons zu verwenden, [...].*

Bereits 1790/91 hatten die Ritter im Elsass ihre alten Privilegien verloren, die sie auch nach der Annektierung durch Frankreich noch mit dem Römischen Kaiser verbunden hatten.[155] In den Fürstentümern Ansbach und Bayreuth hatte Preußen nach dem Frieden von Basel 1795 die ritterschaftlichen Herrschaften unter preußische Landeshoheit gestellt. Vor diesem Hintergrund war es nicht zweifelhaft, dass die Existenz der reichsunmittelbaren Ritterschaft als Ganzes aufs Höchste gefährdet war. Mit großem Einsatz bemühte man sich daher bei den Entschädigungsverhandlungen für die verlorenen linksrheinischen Besitzungen in Regensburg eine Bestandsgarantie zu erhalten, was schließlich auch gelang. So enthält der am 27. Mai 1803 vom Kaiser unterzeichnete Reichsdeputationshauptschluss eine salvatorische Klausel für die Reichsritter. Dass diese Bestimmung allerdings nur auf dem Papier stand, sollte sich alsbald erweisen. Die Fürsten waren nicht gewillt, weiterhin die Selbständigkeit der Ritter zu akzeptieren. Nachdem zunächst Bayern im Oktober 1803 gewaltsam reichsritterschaftliche Gebiete okkupiert hatte, zogen im November und Dezember desselben Jahres im sogenannten Rittersturm, mit Ausnahme von Baden, Sachsen und Mainz, nahezu alle Reichsstände nach. Zwar setzte sich der zu Hilfe gerufene Kaiser im Januar 1804 mit einem Konservatorium, das alle im Fränkischen und Schwäbischen Kreis gegen die Reichsritterschaft vorgenommenen Maßnahmen für ungültig erklärte, nochmals energisch für seine Ritter ein. Als aber Österreich trotz bayerischer Paritionsanzeige weiter rüstete, griff Napoleon ein und forderte den Kaiser Anfang März ultimativ zum Rückzug seiner Truppen aus Vorderösterreich und Tirol auf. Zur Wiederherstellung der reichsritterschaftlichen Rechte kam es nun nicht mehr.

Trotz allem hielt man noch im September 1804 in Ehingen Feiern zur Erhebung Franz I. zum österreichischen Kaiser ab, an denen sich neben den Schwäbisch-Österreichischen Ständen auch der Ritterkanton Donau beteiligte.[156] Im anschließenden Dritten Koalitionskrieg ermöglichten die raschen militärischen Erfolge der Franzosen ihren Verbündeten ihre Wünsche umzusetzen. Nachdem die Österreicher unter General Mack Ulm am 20. Oktober übergeben hatten, ordnete Kurfürst Friedrich am 19. November 1805 die Okkupation des an sein Gebiet angrenzenden reichsritterschaftlichen Besitzes an. Gleichzeitig erteilte er seinen Kommissaren den Befehl, Kassen und Archive der Kantone Kocher, Kraichgau, Neckar-Schwarzwald, Odenwald und Donau zu beschlagnahmen. Als kurfürstlich badische Kommissare in einigen Orten, die zum Ritterkanton gehörten, Besitzergreifungspatente angeschlagen hatten, gab das Direktorium noch am 21. Dezember in einem Zirkular Verhaltensmaßregeln an seine Mitglieder heraus.[157]

155 Zum Folgenden vgl. Thomas Schulz: Die Mediatisierung des Adels. In: Baden und Württemberg im Zeitalter Napoleons, Bd. 2, Stuttgart 1987, 2, S. 157–174; von Waechter (wie Anm. 153).

156 StA Ehingen, Ratsprotokoll, p. 37v (1805, Apr. 5). Die anfallenden Kosten wurden gemeinschaftlich von Stadt, Landständen und ritterschaftlichem Direktorium getragen.

157 Roth von Schreckenstein (wie Anm. 27), Bd. 2, S. 599 f.

Die Besitzergreifung in Ehingen erfolgte umgehend nach Weihnachten. Am Morgen des 27. Dezembers 1805, am Tage nach Abschluss des Vertrages von Pressburg, ließ Herzog Friedrich von Württemberg die Stadt militärisch besetzen.[158] Wenig später erfolgte die Beschlagnahme des Landhauses der Schwäbisch-Österreichischen Stände. Die Häuser der Reichsritterschaft nahm Regierungsrat Dr. Anselm Friedrich Pistorius am Morgen des 7. Januar 1806 in Besitz. Am Nachmittag desselben Tages hatten sich alle Angehörigen des Kanzleipersonals im Ritterhaus einzufinden, wo sie den Eid auf den neuen Landesherrn ablegen mussten.[159] Für Unruhe sorgte am 10. Januar 1806 der Einzug von 150 bayerischen Soldaten in die Stadt, die zur Absicherung bayerischer Ansprüche an Archiv und Kassen der Landstände sowie des Ritterkantons Donau entsandt worden waren. Nicht wenige Herrschaften, die dem Kanton Donau immatrikuliert waren, lagen jenseits der Iller und waren Bayern zugeteilt worden.[160]

Am 20. Januar 1806 zeigte das Generaldirektorium als gemeinsames Organ aller drei Ritterkreise, das damals beim Kanton Donau in Ehingen lag, beim Reichstag in Regensburg die Aufhebung der Reichsritterschaft an.[161]

8. Die Auswirkungen in Ehingen

Bei der Aufhebung der Ritterschaft 1805 gehörten zum Personal der Ehinger Kreis- und Kantonskanzlei neben dem *gemeinschaftlich[en] Kanton donauischen Syndikus* Ferdinand Gasser zwei Konsulenten, ein Archivar, der Kassier und Sekretär, ein Akzessist[162], ein Registraturadjunkt sowie zwei weitere Kanzlisten.[163]

158 Im Frieden von Preßburg musste Habsburg seine Besitzungen in Südwestdeutschland an die Verbündeten Napoleons abtreten.

159 HStA Stuttgart, E 36 Lit. 2, Bü 2: Beschlagnahme der donauischen Kanzlei im Dezember. Die offizielle Inbesitznahme erfolgte offenbar am 7. Januar 1806. Vgl. StA Ludwigsburg, D 21, Bü 56; HStA Stuttgart, B 573, F 4–7, F 4 Auflösung 1806–08 (1806, Dez. 28) Wertanschlag der Immobilien von Reichsritterschaft und Ständen. Ritterhaus 16.000 fl., Syndikatshaus 5.000 fl. Vgl. Ludwig Ohngemach: Die Bedeutung der Mediatisierung für oberschwäbische Landstädte. Das Beispiel des vorderösterreichischen Ehingen. In: Peter Blickle/Andreas Schmauder (Hrsg.): Die Mediatisierung der oberschwäbischen Reichsstädte im europäischen Kontext (Oberschwaben – Geschichte und Kultur 11), Epfendorf 2003, S. 177–196.

160 Ludwig Ohngemach: Mit allen Oberlehenherrlichkeits- als Eigenthums- und Souveränitäts-Rechten [...]. Der Übergang Ehingens an das Königreich Württemberg 1806. In: Hans-Ulrich Rudolf (Hrsg.): Alte Klöster neue Herren, Bd. 2.2: Die Mediatisierung, Auswirkung von Säkularisation und Mediatisierung, Ostfildern 2003, S. 959–976, hier: S. 973 f.

161 Dieter Hellstern: Der Ritterkanton Neckar-Schwarzwald 1560–1805 (Veröffentlichungen des Stadtarchivs Tübingen 5), Tübingen 1971, S. 7 ff.; Schulz (wie Anm. 78), S. 163; von Waechter (wie Anm. 153), S. 288.

162 Akzessist = Anwärter (für Gerichts- und Verwaltungsdienst).

163 Churfürstlich-Württembergisches Adreß-Buch auf das Jahr 1805, Stuttgart [1805], S. 375 f. Syndikus Ferdinand Gasser, Konsulent Willibald Joseph Matthias von Hirrlin-

Mit dem Erlöschen der Reichsritterschaft wurden auch deren Kanzleien und Verwaltungsorgane nicht mehr benötigt. Die dort Beschäftigten verloren ihren Arbeitsplatz, was in Ehingen auch für die gleichzeitig freigesetzten Angehörigen der landständischen Verwaltung galt, von denen aber einige in württembergische Dienste übernommen wurden.[164] Vergleichbare städtische Ämter standen nur ausnahmsweise zur Verfügung. So trat der ehemals landständische Syndikus Leopold Blaw nun als Stadt- und Amtsschreiber in den Dienst der Stadt Ehingen über.[165] Die meisten der ehemaligen Kanzleibeamten sahen für sich in Ehingen keine Berufschancen und da die meisten zudem keine engeren Bindungen an ihren Dienstort aufgebaut hatten, verließen viele zusammen mit ihren Familien die Stadt. Neben der damit verbundenen Wirtschaftskraft verlor Ehingen damals einen erheblichen Teil seiner gebildeten und kulturell tonangebenden Oberschicht.

Von denen, die wegzogen, konnten einige später noch Karriere machen. Der Konsulent Willibald Joseph Matthias von Hirrlinger war ab 1817 als Vizedirektor bei der Regierung des Donaukreises in Ulm tätig.[166] Dagegen war der letzte Syndikus Johann Ferdinand Gasser ab 1811 als Privatmann in Günzburg ansässig.[167] Der bereits erwähnte, mit 28 Jahren noch junge Kanzlist Lorenz Kerner trat später in königlich bayrische Dienste.[168]

In Ehingen zurück blieben die Inhaber untergeordneter Ämter, die oft aus der Stadt selbst stammten. So verdiente der ehemalige reichsritterschaftliche Kanzleibote Joseph Hecht später seinen Unterhalt als Zolleinnehmer.[169] Carl Borromäus Weitzmann, der in der landständischen Buchhalterei beschäftig gewesen war, er-

ger, Marsch-Kommissar Josef Ripp, Registrator Franz Fidel Gronmayer, Registrator Gottfried Anton Körner, Kassier Christof Ostler sowie die Kanzlisten Johann Baptist Rueff und Josef von Kleinmeyer; HStA Stuttgart, B 573, Bü 3, Ferdinand Gasser, Syndikus, die Konsulenten Willibald Joseph Matthias von Hirrlinger, Joseph Anton Nipp. Archivar Franz Gronmayer, Kassier Christoph Ostler, Sekretär Carl Gasser Akzessist Joseph von Hirrlinger, Registratoradjunkt Gottfried Anton Körner, Kanzlist Joseph von Kleinmeyer und die Kanzlisten Lorenz Körner und Ludwig Herbst.

164 Die landständischen Syndiki Gerber, von Rottenburg, und von Arand, Munderkingen, wurden in königlich württembergische Dienste übernommen; HStA Stuttgart, B 573, Bü 3.

165 HStA Stuttgart, B 573, Bü 3, Ständisches Collegium Syndikus Blaw, landständischer Syndikus 1800–1805, † 9. Okt. 1830; Quarthal u. a. (wie Anm. 65), S. 398, Nr. 3226.

166 Carl-Maria-von-Weber-Gesamtausgabe. Digitale Edition, http://weber-gesamtausgabe.de/A001C4D (Version 4.4.0 vom 14. September 2021).

167 Petra Wulbusch (Hrsg.): Therese Huber Briefe, Bd. 4: 1810–1811, Tübingen 2001, S. 289, S. 527, S. 833 u. S. 872.

168 HStA Stuttgart, B 573, Bü 3.

169 Z. B. Kanzleibote Kaspar Rau, 54 Jahre alt († 1840), StA Ehingen, Inventuren u. Teilungen R 27; Kanzleibote Joseph Hecht, 34 Jahre, 1829 † als Zolleinnehmer, StA Ehingen, Inventuren u. Teilungen H 45; Hausknecht im Ritterhaus Johann Pfuhler, 63 Jahre alt († 1814), StA Ehingen, Inventuren u. Teilungen P 1.

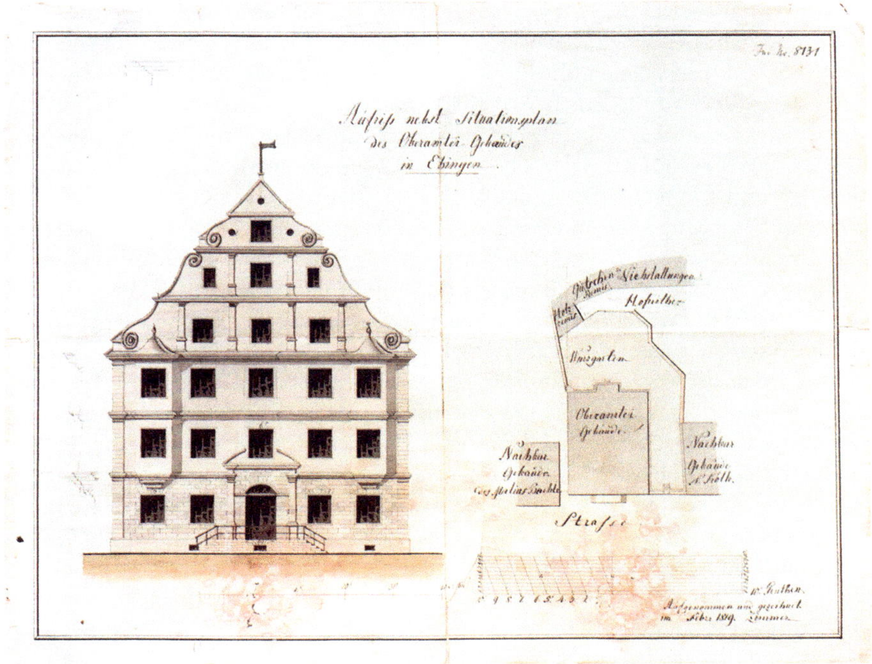

Abb. 13: Nach Aufhebung der Reichritterschaft fiel das Ritterhaus an das spätere Königreich Württemberg und diente als Amtsgebäude für das Oberamt Ehingen, Plan 1819. Auf- und Grundriss.
© Stadtarchiv Ehingen

arbeitete den Lebensunterhalt für seine große Familie mit dem Aufsetzen von Schriftsätzen.[170]

Die Gebäude des Ritterkantons Donau gingen in Staatsbesitz über. Das ehemalige Ritterhaus fand als Amtsgebäude für das neu eingerichtete königlich-württembergische Oberamt eine neue Zweckbestimmung. Das Landhaus der Schwäbisch-Österreichischen Stände wurde Sitz des Oberamtsgerichts.

170 HSTA Stuttgart, B 573, Bü 3; zu Carl Borromäus Weitzmann, der auch als schwäbischer Mundartdichter in Erscheinung getreten ist, vgl. Norbert Feinäugle: Einführung in Leben und Werk. In: Carl Borromäus Weitzmann. Gesammelte Werke, hrsg. von der Stadt Munderkingen, Ulm 1992, S. 1–53; Quarthal (wie Anm. 23), S. 420 f.; Weber (wie Anm. 14), S. 360 f.

9. Resümee

Wie gezeigt, hat sich das Verhältnis des Ritterkantons Donau zur Stadt Ehingen im Verlauf des 18. Jahrhunderts mehrfach gewandelt. Dabei ist nicht zu übersehen, dass hierfür im Wesentlichen nicht lokale Faktoren, sondern Entwicklungen maßgeblich waren, die auf reichspolitischer Ebene abliefen. Gegen Ende des 17. Jahrhunderts fühlten sich die Reichsritter mit ihrer Kanzlei in der Reichsstadt Ulm immer weniger wohl. Ulm war Vorort des von den größeren Reichsständen dominierten Schwäbischen Kreises, der sich den niederen reichsunmittelbaren Adel gerne einverleibt hätte. Dagegen erschien den Rittern die österreichische Landstadt Ehingen durch die familiäre Verbindung des Landesherrn mit ihrem obersten Schutzherrn, dem Kaiser, als attraktive Alternative. Wie sich bei der Überwindung der Vorbehalte, die bei führenden Kreisen in Ehingen vorhanden waren, zeigte, wurde diese Übersiedlung von Seiten der österreichischen Landesherrschaft durchaus begrüßt.

Als mit Immunität versehene exemte Korporation blieben die reichsunmittelbaren Ritter in der österreichischen Landstadt aber immer ein Fremdkörper und Reibereien sowie Streitigkeiten zwischen dem Ritterkanton und insbesondere den örtlichen Amtsträgern waren an der Tagesordnung. Sie blieben jedoch ohne größere Bedeutung.

Im weiteren Verlauf des 18. Jahrhunderts änderte sich das Verhältnis offenbar grundlegend. Status- und Kompetenzfragen wurden nun grundsätzliche Bedeutung zugemessen. Schließlich drohte das Direktorium die Kanzlei aus Ehingen abzuziehen und zu verlegen. Ursache war das inzwischen veränderte Verhältnis zumindest eines Teiles der Ritterschaft zum Kaiser. Und in der Tat meinten auch die beiden Ehinger Ritterschaftskonsulenten Gronmayer und Gasser, nicht mehr unbedingt auf den Schutz von Kaiser und Habsburg angewiesen zu sein, nachdem bereits im Westfälischen Frieden die Reichsritterschaft in ihrem Existenzrecht bestätigt und in der Folgezeit auch von den großen Reichsfürsten akzeptiert worden sei. Zur weiteren Entfremdung der Ritter zum Kaiserhaus trug zudem die als rigide empfundene Durchsetzung der Landeshoheit durch österreichische Behörden im Zuge der Modernisierungsbemühungen seit den Kriegen gegen Preußen bei. Seit Maria Theresia und insbesondere seit Joseph II. erlebten Teile der Reichsritterschaft das Haus Habsburg auch als Landesherrn, der vorrangig an der Arrondierung seiner vorderösterreichischen Besitzungen und an der Nutzung deren wirtschaftlicher Ressourcen interessiert war.

Eine andere Position vertrat Syndikus von Cotto. Er riet zu moderaterem Vorgehen, auch maß er der Beziehung zum Kaiserhof weiterhin entscheidende Bedeutung bei. Allem Anschein nach hat sich diese Haltung im Ehinger Direktorium letztlich durchgesetzt. Dies, aber auch die sehr pragmatische, nämlich an den ökonomischen Vorteilen für die Stadt Ehingen und ihrer Bürgerschaft orientierte Haltung der österreichischen Landesbehörden, haben maßgeblich dazu beigetragen, dass das Verhältnis von Ritterschaft und Stadt in den letzten Jahren vor der Jahrhundertwende von Streitigkeiten weitgehend verschont blieb.

Nach der Niederlage gegen das revolutionäre Frankreich und dem Ende des Alten Reiches konnte der Kaiser freilich weder seine treuesten Parteigänger im Reich noch die seit über 450 Jahren seiner Familie verbundene Landstadt vor der Okkupation durch die übermächtigen Nachbarn schützen.

Zwischen Stadt und Dorf

Der Getreidehandel der Freiherren von Liebenstein auf Jebenhausen 1759 bis 1809[1]

Daniel Menning

Als in den frühen 1790er Jahren Ernteausfälle die Getreidepreise in Südwestdeutschland steigen ließen, erwarb der Göppinger Kastenknecht Bracher 1794/95 vom Obervogt Benedikt Noennich des nur wenige Kilometer entfernten Reichsritterguts Jebenhausen 112 Scheffel Dinkel – das Standardgetreide in der Region. Dies entsprach knapp 20.000 Litern oder einem Gewicht von etwa 15 Tonnen.[2] Man kann vermuten, dass mit diesem Großeinkauf die Vorräte im städtischen Fruchtkasten wieder aufgefüllt werden sollten. Im selben Zeitraum übernahm der Göppinger Bäcker Ludwig Kolb ebenfalls 90 Scheffel Dinkel vom freiherrlich von Liebensteinschen Kastenknecht Johannes Steiß. Kleinere Mengen gingen an Doktor Theophilus Friedrich Öttinger (sechs Scheffel), auch in Göppingen ansässig, an die Jebenhauser Judenschaft (17 Scheffel) und an den dortigen Schulmeister Gehring (sechs Scheffel).[3] Die württembergische Stadt und ihre etwa 4.000 Bewohner stellten somit in der Rechnungsperiode 1794/95 die wesentlichen Aufkäufer von Getreideüberschüssen des Reichsritterguts des Freiherrn Philipp Friedrich von Liebenstein dar. Auch wenn es sich in diesem Jahr um einen Extremfall handelt, so weist das Beispiel doch exemplarisch auf ein zentrales Beziehungsfeld von Adel und Stadt hin. Während selbst Orte der Größe Göppingens für ihre Versorgung mit dem Hauptnahrungsmittel Getreide auf das Umland angewiesen waren (und sind), mussten adlige Gutsbesitzer nach Möglichkeiten Ausschau halten, wie sich die Erträge aus agrarischer Eigenwirtschaft und bäuerlichen Abgaben gewinnbringend vermarkten ließen.

Die Bedeutung von Marktbeziehungen für adlige Einkommensströme ist insbesondere im Hinblick auf die Gutswirtschaften östlich der Elbe in der Frühen Neu-

1 Ich möchte mich bei der »Irene und Sigurd Greven Stiftung« (Köln) für die großzügige finanzielle Förderung bedanken, welche die Arbeit an diesem Aufsatz ermöglichte. Anne Sophie Overkamp und Christoph Schlemmer haben mir mit zahlreichen Kommentaren geholfen, den Text besser zu machen. Leon Zimmermann danke ich für Korrekturlesen und Anpassung des Anmerkungsapparats.

2 Bei dieser Angabe handelt es sich um einen ungefähren Wert. Dinkel ist eine Weizenart, deren Hektolitergewicht in der Gegenwart zwischen 62 und 87 kg liegt. Umgerechnet würde dies für das Beispiel einem Wert zwischen 12,3 und 17,3 Tonnen entsprechen.

3 Vgl. Rechnungsbuch 1794/95. In: Staatsarchiv Ludwigsburg (STALB) – PL18 R 37, S. 115.

zeit immer wieder betont worden – auch wenn dort Handel über größere Distanzen vorherrschte. Während Kaufleute Getreide aus dem Danziger Hinterland schon seit dem 16. Jahrhundert über Amsterdam nach Südeuropa verschifften, kam es aufgrund des Nahrungsmittelbedarfs des sich industrialisierenden und urbanisierenden Großbritannien in der zweiten Hälfte des 18. Jahrhunderts zu einem Nachfrageboom nach Getreide auf der Insel, von dem unzählige Adlige entlang der Ostseeküste zu profitieren suchten. In der Forschung sind diese interregionalen Markteinbindungen adligen Großgrundbesitzes jedoch in aller Regel nur im Hinblick auf ihre Auswirkungen auf die agrarwirtschaftliche und rurale gesellschaftliche Struktur in Ostmitteleuropa untersucht worden. So vergrößerten Adlige in Vorpommern durch eine neue Welle des »Bauernlegens« in den Jahrzehnten vor 1800 ihre Eigenwirtschaften. Das hinzugewonnene Land ließen sie dann von Tagelöhnern bearbeiten. Demgegenüber hielten kurländische Rittergutsbesitzer zwar an überkommenen Formen der Arbeitsorganisation und der damit verbundenen extensiven Ressourcennutzung fest, separierten jedoch ihre Felder von jenen der Bauern, um sie besser bewirtschaften zu können.[4] Praktisch keine Beachtung haben hingegen in diesen Forschungen die Absatzwege des Getreides vom Adelsgut östlich der Elbe hin zu Seehandelskaufleuten sowie die daraus resultierenden Beziehungsgefüge zwischen Adligen und Bürgerlichen, Land und Stadt gefunden.[5]

Zugleich privilegiert der Forschungsschwerpunkt auf den Regionen östlich der Elbe eine spezifische Adelsgruppe und deren Einbeziehung in besondere Getreidemärkte. Denn der Handel mit Cerealien an sich fand bis ins 19. Jahrhundert häufig noch in einem regional sehr viel engeren Rahmen statt, weil sich beim Fehlen von schiffbaren Flüssen und abseits von Seen und Meeren Getreide aufgrund seiner spezifischen Preis-Gewicht-Relation nur über geringe Distanzen gewinnbringend vertreiben ließ. Einen europäischen Getreidemarkt gab es daher auch bis zum Ende der Frühen Neuzeit nicht, obwohl sich in manchen Regionen – zum Beispiel rund um den Bodensee – deutliche Indizien für eine wachsende interregionale Marktintegration zeigen.[6]

4 Vgl. Dariusz Adamczyk: Zwischen (Welt)Markt und endogenen Zwängen. Die Entwicklung der Gutswirtschaft im Polen der frühen Neuzeit. In: Zeitschrift für Weltgeschichte 7 (2006), S. 77–86; Mathias Mesenhöller: Ständische Modernisierung. Der kurländische Ritterschaftsadel 1760–1830 (Elitenwandel in der Moderne 9), Berlin 2009, S. 107–117 sowie Heinrich Kaak: Fortschrittliche Landwirte? Adlige Innovationsbestrebungen in Brandenburg zwischen Landesherrschaft und Untertanen. In: ZAA 59 (2011), S. 12–33.

5 Zur grundsätzlichen Entwicklung vgl. auch Wilhelm Abel: Geschichte der deutschen Landwirtschaft (Deutsche Agrargeschichte 2), 3. neubearb. Aufl., Stuttgart 1978.

6 Vgl. David Chilosi/Tommy Murphy/Roman Studer: Europe's Many Integrations. Geography and Grain Markets, 1620–1913. In: Explorations in Economic History 50 (2013), S. 46–68 sowie Frank Göttmann: Getreidemarkt am Bodensee. Raum – Wirtschaft – Politik – Gesellschaft (1650–1810) (Beiträge zur südwestdeutschen Wirtschafts- und Sozialgeschichte 13), St. Katharinen 1991.

Darüber hinaus hat das Geschehen auf und die Regulierung von einzelnen Märkten Aufmerksamkeit erfahren.[7] Hingegen beschäftigen sich nur wenige Arbeiten damit, wie einzelne Adlige ihr Getreide verkauften, obwohl vor 1850 die regionale Vielfalt und spezifische Lage eines Gutes einen entscheidenden Einfluss auf die Handelschancen und -strategien mit dem Ausgangsstoff des alltäglichen Brots und Breis haben musste.[8] Die Bedeutung unter anderem der Geographie hat zuletzt Friederike Scholten für das Rheinland und Westfalen gezeigt. Ihr Verdienst ist es darüber hinaus, die Beziehung zwischen Adligen und Käufern ins Zentrum ihrer Untersuchung gerückt zu haben. So kann sie zeigen, dass die von ihr untersuchten Gutsbesitzer Getreide häufig lokal oder im engen regionalen Rahmen absetzten. Auch spielten Marktkriterien nicht die einzige Rolle, sondern es lassen sich soziale Rücksichtnahmen beobachten. Denn, so Scholten, Cerealienmärkte stellten nur einen von mehreren *interlocking markets* dar, auf denen sich Adel und Grundholde begegneten. Zu diesen gehörten daneben auch Arbeits- und Pachtmärkte. Statt einseitig den persönlichen Profit beim Getreideabsatz zu verfolgen, achteten Adlige insofern oftmals auf den innerdörflichen Ausgleich.[9]

Zum Wirtschaftsverhalten des hier interessierenden Adels in Südwestdeutschland im 18. Jahrhundert liegen inzwischen ebenfalls einige Studien vor. Gert Kollmer hat den Ökonomien von Reichsrittern in den Kantonen Neckar-Schwarzwald und Kocher, zu letzterem gehörte Jebenhausen, ein vernichtendes Zeugnis ausgestellt:

> »Das kaufmännische Unvermögen äußerte sich vor allem darin, daß die aus der Landwirtschaft oder durch den Weinbau gewonnenen Erträge meist sofort oder sogar schon vor der Ernte verkauft wurde. So konnte eine Vorratshaltung an Getreide nie erreicht werden, und damit konnten auch hohe Getreidepreise, die durch Preissteigerungen hervorgerufen wurden und außerordentliche Gewinne abgeworfen hätten, nicht realisiert werden.«[10]

7 Für das Beispiel Überlingen siehe Göttmann (wie Anm. 6).

8 Vgl. zum Beispiel für Niedersachsen: Gudrun Maurer: Zum Getreideabsatz südniedersächsischer Amtsgüter an Hafenplätze an der Weser und an den fürstlichen Harzbergbau im 17. und 18. Jahrhundert. In: Niedersächsisches Jahrbuch für Landesgeschichte 67 (1995), S. 237–265.

9 Vgl. Friederike Scholten: Der adelige Gutsbesitzer als Getreidehändler. Rheinland und Westfalen, 18.–19. Jahrhundert. In: ZAA 67 (2019), S. 91–108 sowie Dies.: Gutsbesitzer zwischen Repräsentation und Wirtschaftsführung. Das Gut Nordkirchen in Westfalen im 18. und 19. Jahrhundert. In: Virtus 24 (2017), S. 105–127. Leider war ihre Dissertation zum Zeitpunkt des Abschlusses der Arbeit an diesem Aufsatz noch nicht erschienen.

10 Gert Kollmer: Die schwäbische Reichsritterschaft zwischen Westfälischem Frieden und Reichsdeputationshauptschluß. Untersuchungen zur wirtschaftlichen und sozialen Lage der Reichsritterschaft in den Ritterkantonen Neckar-Schwarzwald und Kocher (Schriften zur südwestdeutschen Landeskunde 17), Stuttgart 1979, S. 178. Wobei er im Hinblick auf die Frage, wie viele Adlige so handelten, auffällig unpräzise bleibt. Das Kapitel beginnt mit der Aussage »Viele Reichsritter stellten sich sowohl über ihre agrarökonomischen als auch

Mithin lasse sich bei Reichsrittern keinerlei »fortschrittlich-marktwirtschaftliche« spekulative Neigung antreffen. An den Thesen Kollmers ist durchaus Kritik geübt worden. William Godsey hat darauf verwiesen, dass es sich bei den untersuchten Reichsritterkantonen um besonders arme Adelsregionen handle. In den rheinischen Kantonen habe demgegenüber der Zugang zu Stellen in den geistlichen Territorien oftmals günstige Einkommenschancen eröffnet.[11] Freilich hat er damit keine neuen Erkenntnisse zum Management der Adelsgüter selbst geliefert. Demgegenüber haben sich Wilfried Danner und Kurt Andermann, wenn auch eher skizzenhaft, um eine Rehabilitierung der schon seit dem 19. Jahrhundert vielfach gescholtenen reichsritterschaftlichen Guts- und Landwirtschaft bemüht.[12] Freilich: Ein von ihnen unterstellter erfolgreicher Landbau musste noch keinen gewinnbringenden Absatz der Produkte bedeuten, sondern war auf günstige Handelsbeziehungen angewiesen. Eben diese haben bislang jedoch keine Beachtung gefunden.

Es soll daher im Folgenden am Beispiel des Ritterguts Jebenhausen der Freiherren von Liebenstein darum gehen, exemplarisch dem Geflecht zwischen adligem Getreideangebot und dessen Käufern in Südwestdeutschland detaillierter nachzuspüren und danach zu fragen, inwiefern dieser Handel Beziehungen zwischen Adel und Stadt schuf. Darüber hinaus wird untersucht, ob der Handel tatsächlich durch weitgehende Inkompetenz des Adels (und seines Personals) geprägt war. Dazu sollen in einem ersten Schritt der Ursprung und die Mengen des durch die Freiherren von Liebenstein auf den Markt gebrachten Getreides sowie seine Verwahrung erläutert

über ihre kaufmännischen Fähigkeiten und Kenntnisse ein schlechtes Zeugnis aus.« Demnach scheint es sich um ein Massenphänomen zu handeln. Nur zwei Sätze später schreibt er allerdings: »Die bei manchen Rittern festzustellende Mißwirtschaft trat nicht in zeitlichen Intervallen auf, sondern ist im gesamten Beobachtungszeitraum nachzuweisen und zeigt das Bild eines generellen Trends.« Siehe ebenda.

11 Vgl. William D. Godsey: Nobles and Nation in Central Europe. Free Imperial Knights in the Age of Revolution, 1750–1850, Cambridge 2004, S. 16–47.

12 Vgl. Heinrich Müller: Der letzte Kampf der Reichsritterschaft um ihre Selbständigkeit (1790–1815) (Historische Studien 77), Berlin 1910; Wilfried Danner: Studien zur Sozialgeschichte einer Reichsritterschaft in den Jahren der Mediatisierung. Entwicklung der politischen und wirtschaftlichen Stellung der Reichsfreiherren von und zu Bodman 1795–1825. In: Hegau 29/30 (1972/73), S. 91–128, hier S. 116–128; Ders.: Die Reichsritterschaft im Ritterkantonsbezirk Hegau in der zweiten Hälfte des 17. und im 18. Jahrhundert. Sozialgeschichtliche Untersuchung über die Reichsritterschaft im Hegau auf Grund von Familienakten der Freiherren von Bodman, der Freiherren von Hornstein und der Freiherren von Reischach. In: Hegau 15/16 (1970/71), S. 1–104, hier S. 51–70; Kurt Andermann: Adlige Wirtschaften auf dem Land. Zu den ökonomischen Grundlagen der Ritterschaft in der Frühen Neuzeit. In: Ders. (Hrsg.): Rittersitze. Facetten adligen Lebens im Alten Reich (Kraichtaler Kolloquien 3), Tübingen 2002, S. 167–190 sowie Ders.: Adlige Landwirtschaft in der Frühen Neuzeit. Zur Bedeutung des Eigenbaus beim ritterschaftlichen Adel. In: Ders./Sönke Lorenz (Hrsg.): Zwischen Stagnation und Innovation. Landsässiger Adel und Reichsritterschaft im 17. und 18. Jahrhundert (Schriften zur südwestdeutschen Landeskunde 56), Ostfildern 2005, S. 57–71.

werden. Ein zweiter Teil untersucht herrschaftliche Anweisungen, Verkaufspreise und -rhythmen als Indikatoren für Marktverhalten, bevor im dritten Abschnitt die Käufer, ihre regionale Herkunft und ihr soziales Profil ins Blickfeld rücken. Im abschließenden vierten Schritt stehen die Zahlungsmodalitäten im Zentrum. Die Ausführungen konzentrieren sich dabei auf das Haupthandelsgut Dinkel. Wesentliche Quellengrundlagen bilden die Rechnungsbücher des Ritterguts Jebenhausen, die für die Zeit zwischen 1759 und 1810 durchgängig überliefert sind. Bei deren Auswertung ist wichtig zu beachten, dass das Wirtschaftsjahr jeweils an Georgi (23. April) begann.[13]

1. Die Freiherren von Liebenstein und das Getreide

Das Rittergut Jebenhausen gehörte zum Kanton Kocher der Reichsritterschaft. Als reichsunmittelbares Territorium unterstand es allein dem Kaiser. Gleichzeitig umschloss das württembergische Hoheitsgebiet das Dorf weitestgehend. Seit dem späten Mittelalter befand sich der Ort im Besitz der Freiherren von Liebenstein, wobei typisch für Grundherrschaftsgebiete auch Württemberg einige Abgaben aus dem Ort bezog, während Liebensteinische Untertanen Äcker jenseits der Gemarkungsgrenze bewirtschafteten und ihre Herrschaft hiervon Zehnte abschöpfte. In den frühen 1760er Jahren fand ein Austausch statt, so dass in der Folge die weit überwiegende Menge der grundherrlichen Abgaben der Jebenhauser Einwohner entweder an die reichsritterliche Familie oder an die örtliche Heiligenpflege gingen. Ende der 1770er Jahre gewährten die von Liebensteins dann Juden ein Niederlassungsrecht, allerdings kein Privileg zum Grundbesitzerwerb. In der Folge wuchs deren Gemeinde schnell von 84 auf zeitweise 197 Mitglieder, während die Zahl der christlichen Einwohner in der zweiten Hälfte des 18. Jahrhunderts kaum zunahm und zwischen 400 und 500 schwankte.[14]

Regelmäßig verfügten die Freiherren von Liebenstein über eine gewisse Vielfalt an Getreide, wie die Rechnungsbücher zeigen. Neben Weizen, Roggen und Dinkel gehörten dazu Hafer, Sommerkorn, Gerste und Niederreutherin, ein Begriff, der schlechtgeratenes Getreide bezeichnete. Schließlich führten sie mit Kernen noch eine vorverarbeitete Form auf, namentlich enthülsten Dinkel.[15] Die verfügbaren Men-

13 Vgl. STALB – PL18 R2–R51.

14 Vgl. einführend: Anton Hegele/Inge Auerbach (Hrsg.): 800 Jahre Jebenhausen (Veröffentlichungen des Stadtarchivs Göppingen 46), Göppingen 2006; Martin Burkhardt/Maria Magdalena Rückert/Birgit Schäfer: Archiv der Freiherren von Liebenstein Jebenhausen (Inventare der nichtstaatlichen Archive in Baden-Württemberg 28), Stuttgart 2001 sowie Aron Tänzer: Die Geschichte der Juden in Jebenhausen und Göppingen, Berlin 1927.

15 Dabei konnte es sich um unterschiedliche Getreidearten handeln, jedoch ging es in Jebenhausen wohl zumeist um Dinkel. Vgl. Anton Birlinger: Schwäbisch-Augsburgisches Wörterbuch, München 1864, S. 273–274.

gen der meisten Getreidesorten waren jedoch vergleichsweise gering, was sich daran zeigt, dass man sie zumeist in Simri (= 22,15375 Liter) verzeichnete, während die Rechnungsbücher allein Hafer und Dinkel in Scheffeln (= 177,23 Liter) verbuchten. Einen Großteil der in kleinen Mengen vorkommenden Getreidesorten verbrauchte der herrschaftliche Haushalt komplett selbst oder gab ihn als Besoldungsanteil an das Personal aus. Auch für Dinkel und Hafer lassen sich erhebliche Eigenverbrauchs- und Deputatmengen feststellen. Während zahlreiche Getreidearten somit nur gelegentlich in kleinen Mengen verkauft wurden, lassen sich (neben dem Eigenverbrauch) erhebliche Marktquoten allein für Dinkel und mit Einschränkungen für Hafer feststellen. Hierbei handelte es sich um die regional wesentlichen Ernährungsgetreide für Mensch und Tier. Abbildung 1 zeigt lediglich die hier interessierenden Dinkelmengen, und zwar jene, die tatsächlich verkauft und nicht im herrschaftlichen Haushalt verbraucht wurden.[16] Trotz dieser Einschränkung spiegeln sich die durch klimatische Einflüsse bedingten Schwankungen der Ernteerträge auch in der Marktquote deutlich – bis dahin, dass 1771/72 und 1779/80 nach der Deckung des Eigenbedarfs gar kein Getreide für den Verkauf übrigblieb.

Der Ursprung des Getreides lässt sich im Wesentlichen auf bäuerliche Abgaben zurückführen, denn Eigenbau scheinen die Freiherren von Liebenstein in der zweiten Hälfte des 18. Jahrhunderts allenfalls gelegentlich und auf kleineren Parzellen betrieben zu haben.[17] Zu den Abgaben gehörten an erster Stelle die Gülten der Lehen, die aus pauschalen Mengen bestanden. Hierunter fielen rund 354 Liter Kernen, 166 Liter Roggen, 12.717 Liter Dinkel und 14.341 Liter Hafer. An zweiter Stelle kam Getreide durch den Zehnt ein, den die Herrschaft vom überwiegenden Teil der Ackerfläche des Dorfes bezog – insgesamt 141 Hektar. Schließlich brachte noch eine Sonderabgabe von 15 1753 eingerichteten sogenannten Schlosslehen mit gut 39 Hektar Fläche Cerealienerträge. Inhaber dieser Lehen mussten der Herrschaft neben dem Zehnten ein weiteres Drittel der verbliebenen Ernte als Abgabe reichen. Die Einführung der Schlosslehen an sich sowie die Nutzung desselben Abgabemodus bei der Vergabe einzelner weiterer Grundstücke in der zweiten Hälfte des 18. Jahrhunderts legen den Schluss nahe, dass es sich um eine gezielte Maßnahme zur Steigerung der für den Markt geeigneten Naturaleinnahmen handelte.[18]

Einen wesentlichen Einflussfaktor auf das Verkaufsverhalten von Getreide stellte sodann für Adlige die Lagerungsfrage dar. Im Rheinland und in Westfalen besaßen Güter oftmals keine Speicher hinreichender Größe. Ein Teil der eingehenden Körner musste deshalb zwangsläufig kurzfristig nach der Ernte und dem Drusch ver-

16 Die Rechnungsbücher notierten auch den Hausverbrauch und jene Mengen, die als Deputat an das Personal gingen als nominelle Verkäufe. Bei dieser aus heutiger Sicht etwas ungewöhnlichen Verbuchung ging es darum, den Gesamtertrag des Gutes möglichst präzise nachvollziehen zu können.

17 Diese Aussage ist jedoch nur vorläufig. Weitere Forschungen sind notwendig.

18 Vgl. zu diesen Abgaben das Jebenhauser Lagerbuch, Jebenhausen 1762. In: STALB – PL18 Bü. 160.

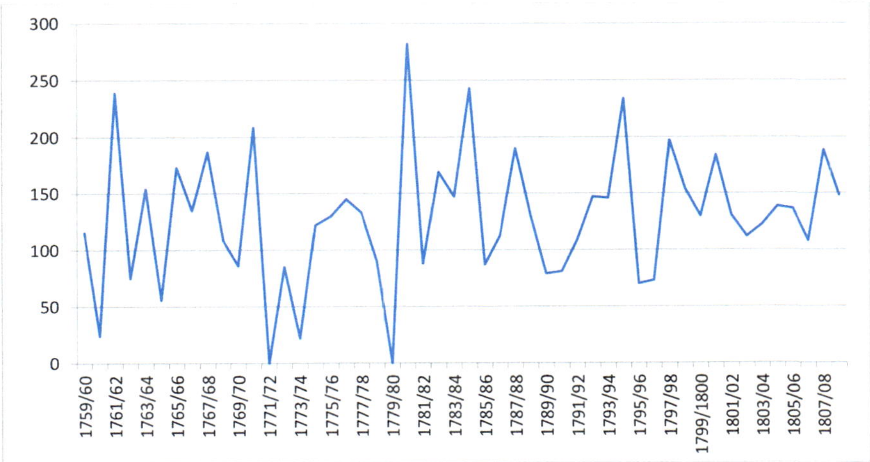

Abb. 1: Getreideverkäufe des Ritterguts Jebenhausen in Scheffel (1759–1810)
Daten erhoben anhand von Staatsarchiv Ludwigsburg (STALB) – PL18, R2–R51

kauft werden.[19] Schwedische Adlige zeigten sich dagegen erfindungsreicher. Weil sich die Schlösser im Winter ohnehin nicht ausreichend beheizen ließen, zogen manche für die kalten Monate in kleinere Nebengebäude und lagerten die Ernte im Herrenhaus.[20] Ähnlich verfuhr der Pächter des Gutes Neuhof in Westfalen.[21] Obwohl unklar bleibt, wo größere Grundherren nördlich des Bodensees ihr Cerealien deponierten, legt die Untersuchung von Frank Göttmann dennoch auch hier vorhandene Lagerkapazitäten nahe.[22] In Jebenhausen scheint die Aufbewahrung kein grundsätzliches Problem dargestellt zu haben. Das der Herrschaft gehörende und im Inventar von 1729 erstmals ausführlicher beschriebene Trinkhaus war im Erdgeschoss für Spaziergänge von Badegästen eingerichtet, die unter Ausnutzung der örtlichen Mineralquellen Trinkkuren absolvierten. Das obere Geschoß des Gebäudes enthielt hingegen einen »gedoppelten Fruchtboden«.[23] Auch wenn unklar bleibt, wie viel Getreide dieser Speicher fasste, gibt es doch keine Anzeichen, dass der Platz für das normale Ernteaufkommen nicht ausreichte.

19 Vgl. Scholten, Adelige Gutsbesitzer (wie Anm. 9), S. 100.
20 Für diesen Hinweis danke ich Göran Ulväng (Uppsala).
21 Vgl. Bernd-Wilhelm Linnemeier: Ein Gut und sein Alltag. Neuhof an der Weser (Beiträge zur Volkskultur in Nordwestdeutschland 78), Münster 1992, S. 148–149.
22 Vgl. Göttmann (wie Anm. 6).
23 Inventarium und darauf getroffene Separation, Jebenhausen 1729. In: STALB – PL18 Bü. 84, S. 4.

2. *Verkaufsanweisungen, -preise und -rhythmen*

Im Archiv existiert kaum Material, das explizit die Verkaufsstrategien der Freiherren von Liebenstein thematisiert. Man ist allein auf die Anweisungen für die Kastenknechte Conrad Müller von 1766 und Adam Schlather von 1795 angewiesen. Im ersten Fall passten die Instruktionen auf eine einzige Seite und legten im Hinblick auf die hiesige Fragestellung lediglich fest, dass Müller niemals Getreide ohne Anweisung der Herrschaft oder des Obervogts verkaufen durfte.[24] Ausführlicher gestalten sich die Hinweise in den Instruktionen Adam Schlathers am Jahrhundertende.[25] Er hatte sich regelmäßig über die Marktpreise für Getreide zu informieren. Insbesondere Dinkelverkäufe sollten in Zukunft immer in den Monaten Juni oder Juli erfolgen. Sie waren als Auktionen bei brennender Kerze abzuhalten, das heißt, Interessenten konnten so lange bieten, bis das Licht erlosch. Im Vorfeld sollten die umliegenden Müller über den anstehenden Verkaufstermin informiert und gebeten werden, ihre Kunden darauf hinzuweisen. Auch die Bäcker in Jebenhausen und im ehemals Liebensteinschen Ort Eschenbach seien zur Teilnahme aufzufordern. Die geringste Verkaufsmenge sollte 10 Scheffel betragen. Nur falls es sinnvoll erschien, durfte der Kastenknecht Getreide an Markttagen vor der Geislinger Schranne zum bestmöglichen Preis verkaufen. Es ging in den Instruktionen mithin um den Verkauf kurz vor der neuen Ernte, um eine gute Entscheidungsgrundlage für den Absatz, die Herstellung von so viel Wettbewerb wie möglich und darum, das Getreide nur in Ausnahmesituationen selbst auf städtische Märkte transportieren zu müssen. Die vorgeschriebene Mindestabnahmemenge zeigt schließlich an, dass als Käufer in erster Linie Getreide verarbeitende Personen in Frage kamen, denn für den Eigenkonsum und die Lagerung im Wohnhaus stellten 10 Scheffel schon eine ziemlich große Menge dar. Liest man die Instruktionen in chronologischer Reihenfolge, so scheint sich in den 1790er Jahren bei Philipp Friedrich von Liebenstein das Ziel der Profitmaximierung durchgesetzt zu haben, was in einer expliziten Festlegung der Verfahrensregeln beim Getreidehandel zum Ausdruck kam.

Solch ein Schluss erscheint jedoch voreilig, wenn man die Daten der Rechnungsbücher genauer analysiert. Bei deren Durchsicht zeigt sich zunächst, dass die von Liebensteins kaum selbst Cerealien auf die umliegenden Märkte brachten. Geislingen taucht als Ort nur einmal auf (1769/70) und es scheint, als ob die Käufer in diesem Fall nach Jebenhausen kamen, wie es der Göppinger Kastenknecht im Einleitungsabsatz tat. Ein seltenes Gegenbeispiel stellt der Absatz von Kernen dar, der während der Teuerungskrise im Juni und Juli 1772/73 »unter der Göppinger

24 Vgl. Instruktionen für den Kastenknecht Conrad Müller, Jebenhausen 26.2.1766. In: STALB – PL18, R187, #21.

25 Vgl. Instruktionen für den Kastenknecht Adam Schlather, Jebenhausen 2.12.1795. In: STALB – PL18, Bü. 245, unpag., S. 7–9 und S. 15–17.

Schranne« erfolgte.[26] Dort wurden am 15. Juni 108 Simri für je 1 fl. 52 xr. verkauft. Womöglich durch diesen Preis ermutigt gingen acht Tage später weitere 60 Simri nach Göppingen, für die man bereits 1 fl. 56 xr. pro Simri erhielt. Am 1. Juli folgten noch einmal 62 Simri, für jeweils 2 fl. Schließlich führte man am 8. Juli noch einmal 6 Simri in die württembergische Stadt. Allerdings hatte der Preis nachgegeben und die freiherrliche Kasse erhielt nur noch 1 fl. 55 xr. pro Simri. Damit endeten die Bemühungen um einen Direktvertrieb in diesem Jahr. Weitere Verkäufe lassen sich nicht mehr beobachten.[27] Preisschwankungen in Göppingen ließen sich somit nutzen und Getreide in diesem Fall schnell verkaufen. Man profitierte von Schwankungen von Angebot und Nachfrage vielleicht stärker, als bei einmaligen Auktionen mit vorheriger Einladung in Jebenhausen. Gleichzeitig schlugen fallende Preise jedoch auf den Ertrag durch. Warum die von Liebensteins trotz grundsätzlich möglicher positiver Einnahmeeffekte keinen stärkeren Direktverkauf auf städtischen Märkten anstrebten, muss letztlich unklar bleiben. Vielleicht erwies sich der Aufwand einfach als zu groß, möglicherweise aber auch das Risiko. Schließlich: Wenn der Kastenknecht die aktuellen Preise kannte und eine größere Zahl potenzieller Käufer zur Auktion ins Dorf kam, musste natürlich auch hier eine Preisbildung in Relation zum größeren Marktgeschehen erfolgen.

Schaut man die Rechnungsbücher im Hinblick darauf durch, zu wie viel unterschiedlichen Preisen die von Liebensteinsche Herrschaft Dinkel pro Jahr verkaufte, so ergibt sich kein einheitliches Bild. Stattdessen lassen sich zwei Phasen unterscheiden (Abb. 2). Während in der ersten Hälfte des Untersuchungszeitraums das Getreide zumeist ganzjährig zum selben Kurs notiert wurde, schwankten die Werte in der zweiten Hälfte innerhalb eines Jahres stärker. Auf den ersten Blick unterstützt dies ein Entwicklungsnarrativ, welches besagt, dass man sich beim Verkauf Richtung Jahrhundertwende stärker an einem aktuellen Marktpreis orientierte, aktiv über den Preis verhandelte oder den Verkauf als Auktion organisierte. Und die Erfahrung des Göppinger Bäckers Jacob Buk ließe sich als Beleg heranziehen. Er tätigte 1805/06 einen Einkauf über 65,25 Scheffel für 4 fl. 25 xr. je Maßeinheit und auch bei einer zweiten Transaktion im Umfang von 6,25 Scheffel erhielt er die Cerealien zu diesem Preis. Für einen dritten Dinkelkauf (14 Scheffel) musste er hingegen erheblich mehr, nämlich 5 fl. 45 xr. bezahlen.[28]

26 Rechnungsbuch 1772/73. In: STALB – PL18 R15, S. 56. Zur Krise 1770–1772 vgl. jetzt umfassend Dominik Collet: Die Doppelte Katastrophe. Klima und Kultur in der europäischen Hungerkrise 1770–1772 (Umwelt und Gesellschaft 18), Göttingen 2019 sowie Clemens Zimmermann: Obrigkeitliche Krisenregulierung und kommunale Interessen. Das Beispiel Württemberg 1770/71. In: Manfred Gailus/Heinrich Volkmann (Hrsg.): Der Kampf um das tägliche Brot. Nahrungsmangel, Versorgungspolitik und Protest 1770–1990 (Schriften des Zentralinstituts für Sozialwissenschaftliche Forschung der Freien Universität Berlin 74), Opladen 1994, S. 107–131.

27 Vgl. Rechnungsbuch 1772/73. In: STALB – PL18 R15, S. 56.

28 Vgl. Rechnungsbuch 1805/06. In: STALB – PL18 R48, S. 122.

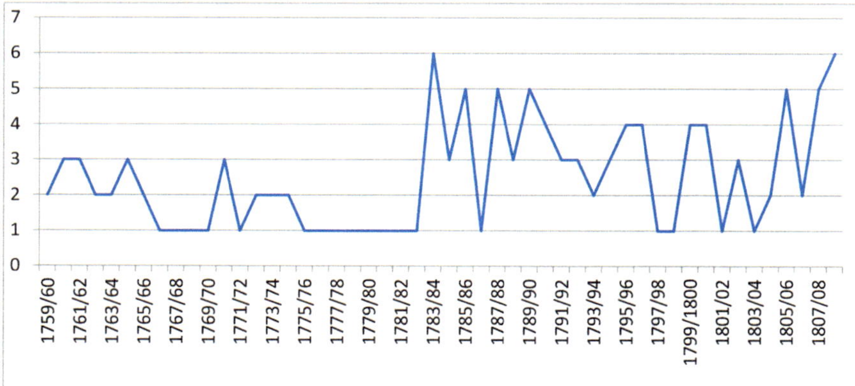

Abb. 2: Anzahl verschiedener Preise für Dinkel pro Rechnungsjahr (1759/60–1808/09)
Daten erhoben anhand von Staatsarchiv Ludwigsburg (STALB) – PL18, R2–R51

Die Höchst- und Niedrigstpreise scheinen weiteres Material zur Erhärtung des Befunds einer Transformation zu liefern (Abb. 3). Nicht nur nahm die Zahl der Verkaufspreise zu, sondern auch der Abstand zwischen Maximum und Minimum stieg. Allerdings sollte man vorsichtig sein, aus den Preisdaten solch weitgehende Schlüsse zu ziehen. Denn die größere Zahl der Kurse und der wachsende Abstand zwischen ihnen sind nicht automatisch Belege für eine spekulativere Herangehensweise an den

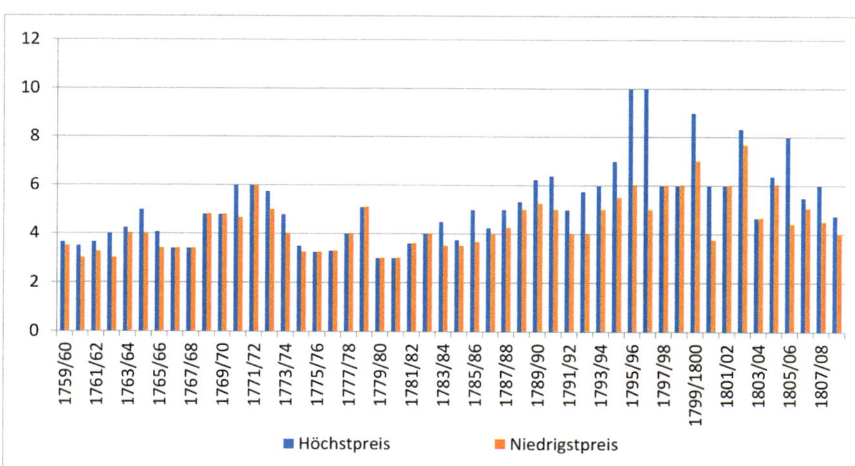

Abb. 3: Höchste und niedrigste Preise für Dinkel pro Rechnungsjahr in fl. (1759/60–1808/09)
Daten erhoben anhand von Staatsarchiv Ludwigsburg (STALB) – PL18, R2–R51

Getreidemarkt. Sie könnten einfach nur zeigen, dass häufiger verkauft wurde, während seltenere Verkäufe zu Höchstpreisen größere Gesamterträge abwerfen mochten.

Letzteres scheint auch in Jebenhausen zuzutreffen, wie eine Untersuchung der Verkaufsrhythmen zeigt. Man muss dabei den normalen Preisrhythmus des Getreides im Hinterkopf behalten: In der Regel erhielten Käufer das Gut direkt nach der Ernte am günstigsten und der Preis stieg, je näher die Einbringung der neuen Cerealien rückte und gleichzeitig die Vorräte aus dem Vorjahr schrumpften.[29] Insofern lohnte es sich, soweit möglich, für den Marktabsatz vorgesehene Dinkelvorräte zunächst einzulagern – ein Vorgehen das Kollmer für den südwestdeutschen Adel nicht festzustellen vermeinte, damit aber im Gegensatz zur Instruktion für den Liebensteinschen Kastenknecht von 1795 steht. Vereinzelte Quellenbelege zeigen jedoch, dass ein Bewusstsein für Preiszyklen mindestens unter herrschaftlichen Beamten schon deutlich früher bestand: So empfahl der freiherrlich von Reischachsche Verwalter Frick am 20. Januar 1739, man solle zum gegenwärtigen Zeitpunkt kein Getreide verkaufen, weil die Vorräte allgemein noch zu groß und die Preise daher zu niedrig seien.[30] Zeitgenossen in Oberschwaben kritisierten regionale Prälaten, aller Wahrscheinlichkeit nach Mitglieder des katholischen Adels, für deren spekulative Mentalität, indem sie Getreide bis zum späten Frühling oder Sommer zurückhielten.[31] Daneben konnten freilich auch andere Aspekte beim Verkaufsrhythmus eine Rolle spielen. Das Problem der Lagerung ist bereits angeschnitten worden. Wie Scholten zeigt, fanden zudem aufgrund schlechter Straßenverhältnisse in Westfalen und dem Rheinland im Winter in der Regel keine Verkäufe statt. Dafür kam ein guter Teil der Cerealien direkt nach der Ernte und wiederum vor der Aussaat auf den Markt.[32] Insofern beeinflussten in ihren Untersuchungen neben dem Profitmotiv weitere ganz praktische Faktoren den adligen Getreideverkauf.

Welche Strategie verfolgten nun die Freiherren von Liebenstein, deren Gut Jebenhausen nahe an Göppingen lag und die einen großen Getreidespeicher besaßen? Sortiert man die Verkäufe nach Vierteln des Erntejahres,[33] zeigt sich deutlich, dass sie in der ersten Hälfte des Untersuchungszeitraums mit den geringeren Fluktuationen im notierten Verkaufspreis normalerweise bis zum Sommer warteten, bevor sie ihren Dinkel abstießen. Zu diesem Zeitpunkt wurde dann nicht selten der Gesamtbestand an einen einzelnen Kunden veräußert, so dass die Vermutung nahe liegt, dass auch hier schon Auktionen stattgefunden haben und man diese nicht erst 1795

29 Vgl. Scholten, Adelige Gutsbesitzer (wie Anm. 9), S. 98. Dies findet auch Bestätigung in Bodman am Bodensee. Vgl. Danner, Studien (wie Anm. 12), S. 114.

30 Vgl. Danner, Reichsritterschaft (wie Anm. 12), S. 67.

31 Vgl. Göttmann (wie Anm. 6), S. 244.

32 Vgl. Scholten, Gutsbesitzer (wie Anm. 9), S. 117–121.

33 Ich folge hier auch wegen der besseren Vergleichbarkeit der Aufteilung von Göttmann (wie Anm. 6), S. 244.

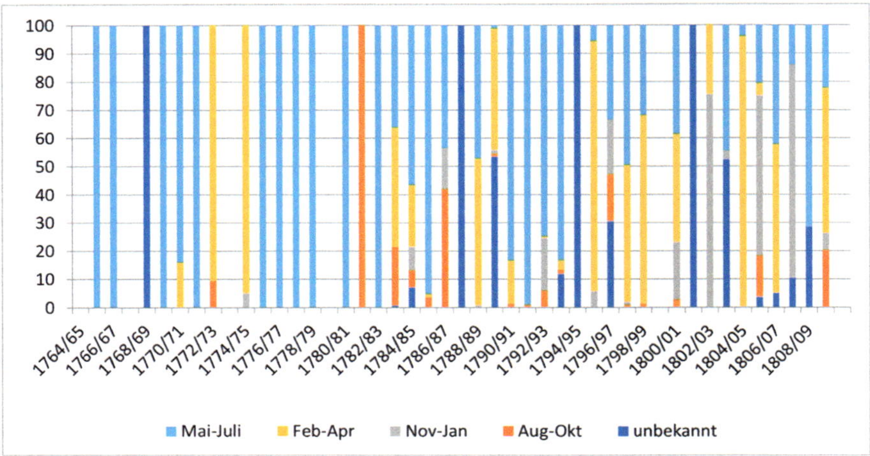

Abb. 4: Saisonale Dinkelverkäufe in Prozent (1764–1809)
Datenzusammenstellung aus den Manualen des Kastenknechts in den Rechnungsbeilagen in: STALB – PL18, R182–R230

einführte.[34] Mit dem Anstieg der unterschiedlichen Preisangaben pro Jahr in den 1780ern, verkauften die von Liebensteins interessanterweise auch früher im Erntejahr größere Mengen Getreide. Insofern mögen die Verkaufskurse von hier ab die sich saisonal verändernden Marktpreise besser widerspiegeln, die Verschiebung des Absatzzeitpunkts deutet jedoch auf eine geringere spekulative und profit-maximierende Haltung hin. Man hielt das Getreide nicht mehr bis zu den Hochpreismonaten fest. Diese Beobachtungen haben Einfluss auf die Bewertung der Anweisungen für die Kastenknechte. Man sollte die Instruktion für Adam Schlather von 1795 wohl eher nicht als Beweis zunehmender spekulativer Neigung lesen, sondern sie erscheint eher als Aufruf, ältere Strategien zu reaktivieren.

Fragt man nach den Gründen für diese Rückkehr zum alten Verfahren, liegt es nahe, einen Prozess des Vergessens in den 1780er Jahren zu unterstellen. Allerdings scheint diese These nicht völlig überzeugend. Denn der Besitzer von Jebenhausen wechselte in jener Zeit nicht und auch die Kastenknechte und Verwalter blieben stets eine Reihe von Jahren. Als alternative Erklärung drängen sich die wiederkehrenden schlechten Ernten seit 1770 auf. Immer wieder lässt sich feststellen, dass Philipp Friedrich von Liebenstein Getreide in Jahren geringer Erträge früher verkaufen ließ. Die militärischen Auseinandersetzungen um 1800 und ihre Folge für die Zivilbevölkerung könnten dann erklären, warum man trotz der Instruktionen 1795 nicht zum Einzelverkauf zurückkehrte – die spekulative Gewinnmaximierung

34 In Westfalen und dem Rheinland war diese Verkaufsform zeitgleich ebenfalls in Benutzung. Vgl. Scholten, Gutsbesitzer (wie Anm. 9).

somit zurückstellte. Schließlich mag auch der Tod Philipp Friedrich von Liebensteins 1799 eine Rolle bei den Verschiebungen im frühen 19. Jahrhundert gespielt haben. Ihm folgten im Besitz Jebenhausens seine drei Söhne, die womöglich einen höheren Geldbedarf hatten, dieses früher im Erntejahr benötigten und daher nicht auf die Hochpreisphase im Sommer warten konnten. Insofern mögen nicht alle von Liebensteins dieselbe Spekulationsneigung verspürt haben. Welche Gründe auch immer in einzelnen Momenten den Ausschlag gaben, ein Entwicklungsnarrativ hin zu verstärkter Profitmaximierung lässt sich nicht aufrechterhalten. Vielmehr dürften die Gewinne aus dem Getreideverkauf eines von mehreren sich nicht immer gegenseitig ausschließenden Zielen dargestellt haben.

3. *Käufer*

Während Anweisungen, Preise und Rhythmen ein komplexes Bild liefern, erlaubt es das regionale und soziale Profil der Käufer das Verständnis der Getreidehandelsstrategie noch weiter zu vertiefen. Denn durch Getreideverkäufe erwarben die von Liebensteins nicht nur Einkommen, sie schufen auch Verbindungen, vielleicht sogar längerfristige Beziehungen, unabhängig davon, ob die Kunden aus dem Dorf oder dem benachbarten Württemberg stammten. Woher kamen nun die Erwerber des freiherrlich von Liebensteinschen Dinkels? Gab es so etwas wie eine Stammkundschaft? Und welchen Berufen gingen die Käufer nach? Die Beantwortung dieser Fragen erlaubt einerseits ein besseres Verständnis der regionalen Reichweite des Getreidemarkts. Andererseits eröffnen sich Einblicke in das Verhältnis eines adligen Gutes zu städtischen und ländlichen Konsumenten. Für die Analyse ließen sich anhand der Rechnungsbücher im Zeitraum 1759 bis 1809 insgesamt 83 individuelle Käufer von Dinkel ermitteln, in weiteren 27 Fällen wurden mehrere Personen vom Rechnungsbuchschreiber zu einer Gruppe zusammengefasst, so dass sich der je individuelle Anteil anhand der genutzten Quellen nicht ermessen lässt. Zu diesen Gruppen gehören auch die christliche und jüdische Gemeindeverwaltung in Jebenhausen, die zeitweilig als Käuferinnen auftraten. Unter den Einzelpersonen lassen sich 14 als Mitglieder der Jebenhauser Judengemeinde identifizieren, so dass der weit überwiegende Teil des Getreides an Kunden christlichen Glaubens ging. Schließlich gilt es noch zu betonen, dass sich nur vier Frauen in den Auflistungen fanden, so dass der Getreidekauf vom herrschaftlichen Fruchtkasten fast ausnahmslos eine Männerangelegenheit darstellte.

Die Anzahl der Käufer, die pro Jahr Dinkel vom Fruchtkasten der Freiherren von Liebenstein erwarben, schwankte leicht (Abb. 5). Zwar mag die Grafik in der ersten Hälfte des Untersuchungszeitraums die Zahl der Kunden gelegentlich unterschätzen, weil die Rechnungsbücher sie in Gruppen zusammenfassten. Zugleich verschiebt sich aber mit dem Anstieg 1783/84 auch, wie oben gesehen, der saisonale Verkauf (Abb. 4), was dann doch für Veränderung spricht. Ein weiterer Wandel lässt sich ganz am Ende des Untersuchungszeitraums ausmachen, als insbesondere Mitglieder

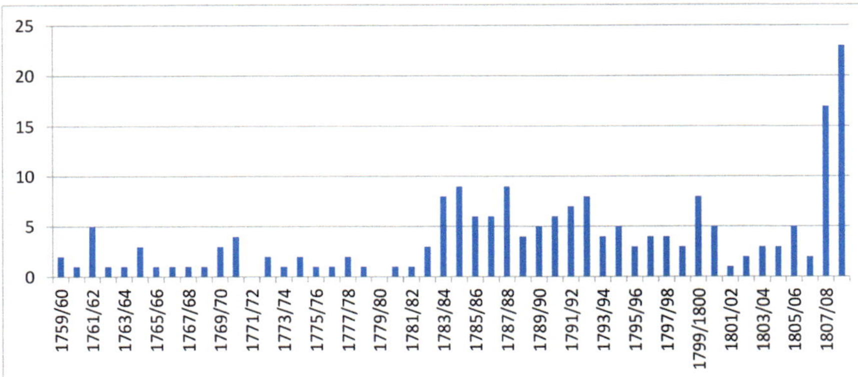

Abb. 5: Anzahl der Einzelkunden bzw. Gruppen, die Dinkel pro Jahr erwarben (1759/60–1808/09)
Daten erhoben anhand von Staatsarchiv Ludwigsburg (STALB) – PL18, R2–R51

der jüdischen Gemeinde in Jebenhausen verstärkt als individuelle Käufer auftraten, nachdem in den Jahren zuvor oftmals die Gemeindevorsteher den Dinkelerwerb von der Herrschaft organisiert und das Getreide dann wohl an ihre Glaubensgenossen weiterverteilt hatten. Insofern lässt sich hier ein Strategiewechsel eher auf der Käufer- als auf der Verkäuferseite beobachten.

Schaut man auf die regionale Herkunft der Käufer des freiherrlich von Liebensteinschen Dinkels, so ergibt sich ein ziemlich eindeutiges Bild (Abb. 6). Es dominierten lokale Kunden, dicht gefolgt von Personen aus Göppingen. Die württembergische Stadt stellte insofern einen zentralen Markt für den Verkauf des Getreides

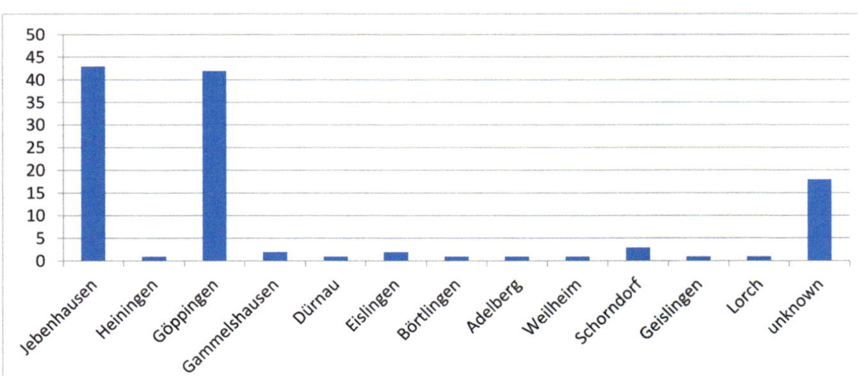

Abb. 6: Regionale Herkunft der Dinkelkäufer, die Orte sortiert nach der Entfernung von Jebenhausen (1759/60–1808/09)
Daten erhoben anhand von Staatsarchiv Ludwigsburg (STALB) – PL18, R2–R51

dar – übrigens im Unterschied zum Hafer, für den Käufer auch aus Plochingen und sogar Stuttgart erschienen. Aus den restlichen kleineren Städten und Dörfern, vielfach im engeren Umland gelegen, kamen nur gelegentlich einmal Erwerber von Dinkel nach Jebenhausen. Mit einer Maximaldistanz von 16 Kilometern einfacher Strecke lässt sich dieser Raum als innerhalb einer Tagesreise bewältigbar beschreiben. Nur selten kamen Kunden aus weiter entfernten Städten. Die 20 Kilometer von Schorndorf aus ließen sich nur noch mühsam an einem Tag zu Fuß zurücklegen und mit steigender Distanz spielte auch die Preis-Gewicht-Relation des Dinkels eine immer stärkere Rolle – so lohnten sich Distanzen von mehr als 40 Kilometern im Umkreis des Bodensee nur bei bedeutenden Preisunterschieden.[35] Insofern deuten die Herkunftsorte der Käufer an, dass die von Liebensteins nicht in überregionale Handelsnetzwerke integriert waren und auch keine Notwendigkeit in dieser Hinsicht bestand, um das anfallende Getreide zu verkaufen.

Im Hinblick auf die angegebenen oder durch andere Quellen erschließbaren Berufe der Käufer finden sich in den Rechnungsbüchern vor allem Bäcker (Abb. 7). Dies bedeutet, dass die Freiherren von Liebenstein nicht mit zeitgenössisch kritisch beäugten Zwischenhändlern Geschäfte machten, die im Verdacht standen das Getreide zu verteuern. Sondern sie traten beim Dinkelabsatz entweder mit Brotproduzenten oder direkt mit Endverbrauchern in Geschäftskontakte. Der eine Kaufmann in der Liste erwarb lediglich zwei Scheffel, die wohl zum Hausbrauch gedacht waren.[36] Diese Mischung aus Dinkel verarbeitenden Bäckern und Endkonsumenten unter den Käufern spiegelt sich auch in den Mengen wider, die Personen beziehungsweise Gruppen pro Jahr erwarben (Abb. 8). Während für normale Haushalte bis zu fünf Scheffel, in selteneren Fällen auch maximal neun zu verzeichnen sind, erwarben Bäcker in aller Regel zehn Scheffel und mehr, wobei Jebenhauser Produzenten offenbar eher geringere Mengen und dafür öfter im Jahr erwarben, während Göppinger Bäcker sich gern direkt in großem Umfang Dinkel beschafften. Größere Lagerkapazitäten, die Distanz zum Jebenhauser Fruchtkasten und die Transportkosten mögen hierbei eine Rolle gespielt haben. Die zahlreichen Kleinverkäufe sind auch insofern interessant, als sie der Instruktion von 1795 widersprechen, die zehn Scheffel als Mindestmenge festlegte, was eine Bevorzugung von Getreide verarbeitenden Berufen darstellte und die Verkäufe möglicherweise einfacher machen sollte, da man sich nicht mit einer Vielzahl kleiner Kunden auseinandersetzen musste. Die Quellen deuten jedoch darauf hin, dass diese Regel nie konsequent eingehalten wurde, auch wenn sie möglicherweise die Getreidekäufe durch den jüdischen Gemeindevorsteher in den 1780er und 90er Jahren erklärt.

35 Diese Information aus Göttmann (wie Anm. 6), S. 290–293. Transportpreise allgemein finden sich auch bei Rolf Walter: Die Kommerzialisierung von Landwirtschaft und Gewerbe in Württemberg (1750–1850) (Beiträge zur südwestdeutschen Wirtschafts- und Sozialgeschichte 12), St. Katharinen 1990, S. 63–72.

36 Für die jüdischen Getreidekäufer findet sich im Übrigen nur in einem Fall, dem Gammelshauser Bäcker Marx Veit, eine Berufsbezeichnung.

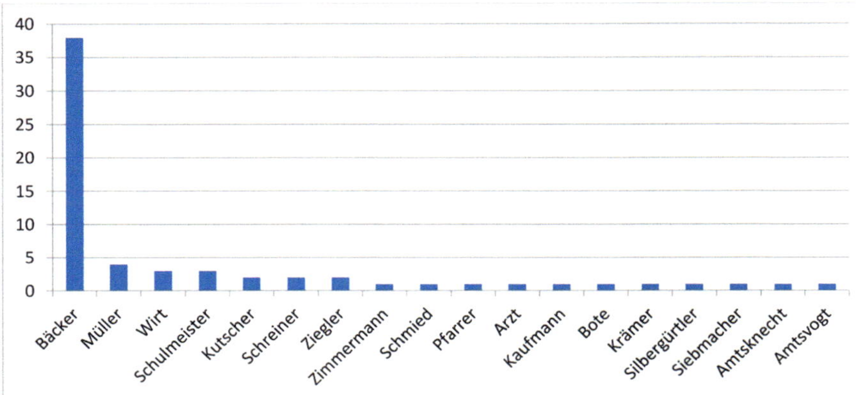

Abb. 7: Berufsangaben von Dinkelkäufern (1759/60–1808/09)
Daten erhoben anhand von Staatsarchiv Ludwigsburg (STALB) – PL18, R2–R51

Blickt man abschließend auf die Häufigkeit, mit der identifizierbare Einzelpersonen Getreide bei den von Liebenstein erwarben, so zeigt sich: So etwas wie eine jährlich wiederkehrende Stammkundschaft lässt sich kaum beobachten – wenn auch die Zahl der Käufe innerhalb eines Jahres zuweilen höher lag. Immerhin 14 Jebenhauser und 15 Göppinger Käufer tauchten nur in einem einzigen Jahrgang der Rechnungsbücher auf. Für die weiteren Orte galt dies für sechs Kunden. Zumindest in zwei Jahrgängen lassen sich zwei Jebenhauser, sechs Göppinger und zwei Personen aus anderen Orten beobachten. Für drei Jahre ließen sich für Jebenhausen und Göppingen jeweils zwei Personen feststellen. Drei Jebenhauser erschienen in vier oder fünf

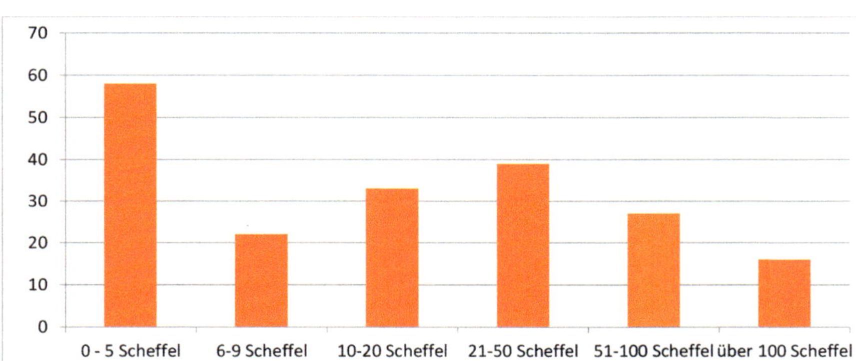

Abb. 8: Anzahl der Dinkelkäufe pro Person bzw. pro Gruppe innerhalb eines Jahres sortiert nach der gekauften Menge (1759/60–1808/09)
Daten erhoben anhand von Staatsarchiv Ludwigsburg (STALB) – PL18, R2–R51

Jahren. Als Stammkunden lassen sich in sieben Jahren Dr. Öttinger aus Göppingen[37] und Bäcker Hänßler aus Jebenhausen bezeichnen. In acht Jahren kaufte Bäcker Gayring, ebenfalls aus Jebenhausen, und nur in einem einzigen Fall kann man von einem wirklichen Stammkunden sprechen: Schulmeister Gehring sah sich in 15 Jahren veranlasst, neben dem ihm zugewiesenen herrschaftlichen Deputat weiteren Dinkel beim freiherrlichen Fruchtkasten abzunehmen. Aus dieser Verteilung lässt sich der Schluss ziehen, dass, wenn nicht dienstliche Gründe banden, sich die Kunden ihren Getreideverkäufer aussuchen konnten und nicht auf die Freiherren von Liebenstein angewiesen waren. Gleichzeitig fühlte sich auch die Herrschaft kaum gebunden.

Die vorhandenen Daten deuten somit auf relativ komplexe, wettbewerbsorientierte Getreidemärkte im Raum Göppingen hin, auf denen zahlreiche Anbieter für Groß- und Kleinkunden existierten und auf denen Reisen bis 20 Kilometer für größere Mengen Frucht nichts Ungewöhnliches darstellten, sich aber jenseits dieser Distanz selten auszahlten. Darüber hinaus zeigt sich, dass Jebenhausen und Göppingen die wesentlichen Orte waren, in die der Dinkel der Freiherren von Liebenstein verkauft wurde. Als Käufer traten sowohl Verarbeiter als auch Endverbraucher auf, wobei die Anzahl pro Jahr erst ganz am Ende des Untersuchungszeitraums signifikant anstieg. Die Tatsache, dass sich nur in sehr geringem Ausmaß eine Kundenbindung feststellen lässt, dürfte dafür sprechen, dass der Preis bei Kaufentscheidungen eine Rolle spielte – mithin die Herrschaft in den Marktwettbewerb eingebunden blieb und sich kaum bemühte Klientelnetzwerke über Getreideverkäufe aufzubauen. Damit unterschied sich das Verhalten gegenüber dem Rheinland und Westfalen, wo Adelsgüter eine wesentlich größere und aktive Rolle in der Direktversorgung von Handwerkern und proto-industriellen Arbeitern in den ihnen zugehörigen Dörfern spielten.[38]

4. Zahlungsmodalitäten

Einen Mangel an hochwertigen Zahlungsmitteln gab es im 18. Jahrhundert regelmäßig – besonders kleine Münzen enthielten oft wenig Edelmetall und fanden nur begrenzt Akzeptanz. Viele Transaktionen erfolgten daher auf Kredit und ein Kontenausgleich erfolgte erst nach Monaten oder manchmal Jahren. Interessanterweise lassen sich den Jebenhauser Rechnungsbüchern kaum Aussagen zu diesem Problem entnehmen. Kreditvereinbarungen für Getreidekäufe finden sich nur in wenigen Fällen.[39] Es steht daher zu vermuten, dass Kunden den erworbenen Dinkel tatsächlich sofort bezahlen mussten. In diese Richtung deutet auch die Instruktion des Kastenknechts von 1795, die Barzahlung vorschrieb und darüber hinaus festlegte,

37 Dr. Öttinger hatte 1782 das freiherrlich Liebensteinsche Stadthaus in Göppingen erworben. Vgl. STALB – EL251II Bü. 213.

38 Vgl. Scholten, Gutsbesitzer (wie Anm. 9).

39 Vgl. STALB – PL18, R4, 100; R27, 80.

dass sie in großen Münzen zu erfolgen habe.[40] Dies könnte ebenfalls erklären, warum sich so viele Großabnehmer unter den Kunden finden, denn innerhalb Jebenhausens hätte man sonst auch Tagelöhne und Getreidekäufe gegeneinander verrechnen können – woran jedoch offensichtlich kein Interesse bestand. Da sich jedoch aufgrund der Quellenlage kaum Weiteres über die Gründe für die Bargeldpräferenz herausfinden lässt – die allein ein hinreichendes Motiv gewesen sein mag – scheint es sinnvoller, sich solche Fälle anzusehen, in denen abweichende Zahlungsmodalitäten gewährt wurden. Denn diese zeigen, dass es beim Getreidehandel Verbindungen zwischen Gutsherr und Untertanen gab, die bei der reinen Betrachtung des Kundenkreises leicht verloren gehen.

So stellte der Kastenknecht aufgrund eines Befehls von Freiherr Philipp Friedrich von Liebenstein den beiden Dorfbäckern Johann Georg Widmann und Johannes Hänßler sowie dem Müller Johannes Schmid im Rechnungsjahr 1785/86 jeweils zehn bis 15 Scheffel Dinkel aus dem herrschaftlichen Fruchtkasten zur Verfügung. Diese mussten sie nicht direkt bezahlen, sondern erst nachdem sie das Getreide verbraucht hatten. Falls sie dann weiteren Dinkel benötigten, sollten sie diesen ebenfalls im Voraus erhalten. Man wird dies wohl als Förderung der lokalen Produzenten – womöglich unter ökonomisch schwierigen Umständen[41] – verstehen müssen, zumal für den Fruchtvorschuss auch ausdrücklich keine Zinsen erhoben werden sollten, was eine Rückfrage des Rechnungsprüfers zur Folge hatte, dem der Vorgang auffiel, weil er sich über den Jahresabschluss hinweg erstreckte und daher bei der Verbuchung Schwierigkeiten verursachte.[42] Ähnliche Motive mögen einem weiteren Verkauf von Getreide an die Bäcker Hänßler gegen spätere Bezahlung 1759/60 und an Leonhard Gayring im Jahr darauf zugrunde gelegen haben.[43]

Etwas anders gelagert war ein Vertrag, den man 1796 aufsetzte und in dem sich die in Jebenhausen ansässige Judengemeinde Dinkel aus dem herrschaftlichen Fruchtkasten sicherte. Die Forschung geht davon aus, dass die jüdische Einwohnerschaft insgesamt nicht über besonders großen Wohlstand verfügte.[44] Bereits seit 1783/84 lassen sich, mit einer Ausnahme, jährliche Getreidekäufe der Gemeindevorsteher beobachten. Ein massiver Preisanstieg in Zeiten von Krieg oder Missernte musste diese Gruppe, die zudem über keinen Grundbesitz verfügte, insofern besonders hart treffen. Als im Rechnungsjahr 1796 der Dinkelpreis auf 10 fl. explodierte, schloss

40 Vgl. Instruktionen für den Kastenknecht Adam Schlather, Jebenhausen 2.12.1795. In: STALB – PL18, Bü. 245, unpag., 8.

41 In den umliegenden Jahren trat auch der Anwald (sic!) Matthäus Haag als Getreidekäufer, wohl im Auftrag der Gemeinde, auf – vermutlich um damit die Dorfarmen zu unterstützen. Vgl. die Rechnungsbücher für die Jahre 1783/84, 1785/86, 1786/87, 1787/88. In: STALB – PL18 R26, S. 85, R28, S. 86, R29, S. 88, R30, S. 90.

42 Vgl. Notamina zur Rechnung 1785/86. In: STALB – PL18 R28, unpag., S. 5–6.

43 Vgl. Rechnungsbuch 1759/60. In: STALB – PL18 R2, S. 109; Rechnungsbuch 1760/61. In: STALB – PL18 R2, S. 101.

44 Vgl. Tänzer (wie Anm. 14), S. 109–150.

die Gemeinde daher einen Vertrag mit dem Freiherrn von Liebenstein, in dem sie sich für die kommenden zwölf Monate die Lieferung von 125 Scheffel zu je 10 fl. zusichern ließ. Davon nahm sie 1796 bereits 60 und zu Beginn des Folgejahres weitere 52 Scheffel ab.[45] Damit griff man rückblickend betrachtet zwar zum Schaden der jüdischen Gemeinde und zum Nutzen der Herrschaft zum Höchstpreis zu. Die Gewissheit auch während einer Mangelsituation an hinreichend Grundnahrungsmittel zu kommen, scheint mögliche ökonomische Nachteile jedoch aufgewogen zu haben. Denn Ende 1797 oder Anfang 1798 schloss man erneut einen Vertrag *mit gnädiger Herrschaft immediate* ab.[46] In diesem erhielt die Gemeinde die Lieferung von 82 Scheffel Dinkel gegen zukünftige Zahlung zugesichert. Der Preis von 6 fl. je Scheffel entsprach diesmal dem, was auch andere Käufer im selben Zeitraum zahlen mussten.[47]

Als Ausdruck von Fürsorge gegenüber den Dorfbewohnern verbunden mit einem Verzicht auf Spekulationsgewinne lässt sich schließlich noch ein anderes Verhalten interpretieren – auch wenn es auf den ersten Blick einigermaßen hartherzig erscheint. Im Jahr 1770 kam es auch in Jebenhausen aufgrund klimatischer Bedingungen zu erheblichen Ernteausfällen. Diese verstärkte noch ein Hagelschlag am 24. Juli, *so daß hiernach [... den] Gültreichern, bis sie wiederum ihre Äker angesähet haben wenig und fast gar nichts übrig geblieben, welches doch zu ihr und der ihrigen Lebens Unterhalt höchst nöthig, sie folglich außer Stande gewesen, ihre schuldige Gültfrüchten naturaliter zu lüfern.* Auch ein Ankauf von außerhalb war durch die Getreideausfuhrsperre des Herzogtums Württemberg unmöglich.[48] Statt sich nun dennoch etwa vorhandenen Dinkel liefern zu lassen und dann wiederum teuer an die eigene Bevölkerung oder das Umland zu verkaufen, erteilte der Freiherr von Liebenstein die Erlaubnis, die Gülten ausnahmsweise in Bargeld *in dem dermalig niedrigsten Preiß mit 5 f 30x [...] zu bezahlen.*[49] Dieses Angebot blieb bis zum 30. November offen. Das erlaubte den Landwirten zunächst ihre Ernteerträge genauer zu überblicken und dann über die Offerte zu entscheiden. Immerhin knapp die Hälfte der Gülten beglichen die Lehnsnehmer schließlich zum angebotenen Kurs. Der gewählte Betrag lag, berücksichtigt man Getreideverkäufe im Jahr 1770 und 1771, etwa 8,3 % unterhalb des notierten Höchststands von 6 fl., zu dem sich die Herrschaft auch den selbst verbrauchten Dinkel anrechnete. Insofern handelte es sich aus Sicht des Freiherrn von Liebenstein

45 Vgl. Rechnungsbuch 1796/97. In: STALB – PL18 R39, S. 115. Der Vertrag in ebd., R216, #25.

46 Rechnungsbuch 1797/98. In: STALB – PL18 R40, S. 115.

47 Vgl. Rechnungsbuch 1798/99. In: STALB – PL18 R41, S. 114.

48 Vgl. zu den Ausfuhrsperren als politischem Druckmittel der herzoglichen Regierung auch Zimmermann (wie Anm. 26).

49 Rechnungsbuch 1770/01. In: STALB – PL18 R13, S. 66–67. Im westfälischen Nordkirchen empfahl der Rentmeister der Herrschaft unter ähnlichen Bedingungen einen anderen Weg. Hier sollte die Ablieferung um ein Jahr nach hinten verschoben werden. Vgl. Scholten, Gutsbesitzer (wie Anm. 9), S. 116.

wohl tatsächlich um eine fürsorgliche Offerte. Berücksichtigt man jedoch zugleich, dass die Herrschaft vermutlich im April oder Mai 1770, als die schlechte Ernteentwicklung absehbar gewesen sein mochte, noch 147 Scheffel Dinkel für 4 fl. 40 xr. an einen Göppinger Bäcker verkaufte, hätte durch die günstige Abgabe dieser Vorräte an die eigene Dorfbevölkerung vielleicht noch mehr geholfen werden können, als durch das Angebot Gülten in Bargeld zu begleichen. Zumal die Gemeinde – wohl zur Versorgung Dorfarmer – 1770/71 selbst Dinkel für 6 fl. von der Herrschaft erwerben musste.[50]

Nichtsdestotrotz kann man wohl davon ausgehen, dass die Umwandlung der Dinkelgülten in Geldzahlungen sowie die Getreideabgabe beziehungsweise -zusicherung gegen spätere Zahlung, trotz des generierten Gewinns für die freiherrliche Kasse, Formen der Fürsorge innerhalb des Adelsdorfes darstellten, zumal sich für städtische Käufer keine solche abweichenden Zahlungsmodalitäten feststellen lassen.[51]

5. *Fazit*

Bis zum Bau der Eisenbahn und der Verdichtung des Schienennetzes spielte die spezifische Lage eines Adelsgutes für den Getreidehandel eine entscheidende Rolle. Der Export über größere Distanzen stellte, so lässt sich vermuten, die Ausnahme dar. Stattdessen blieben adlige Güter auf Konsumentinnen und Konsumenten in nahegelegenen Dörfern und Städten angewiesen, wie letztere gleichzeitig die Überschussproduktion beziehungsweise das nicht erforderliche Zehntgetreide der Rittergüter benötigten. Cerealienhandel konstituierte somit einen regelmäßigen Austausch zwischen Adel und Stadt in der Frühen Neuzeit. Diesen strukturierten in der zweiten Hälfte des 18. Jahrhunderts Marktmechanismen, so legen es zumindest die Befunde zu Jebenhausen nahe. Gleichzeitig lassen sich im Verkauf von Dinkel an die Jebenhauser Bevölkerung jedoch auch Elemente einer *moral economy* beobachten. Diese schloss Profit nicht aus, aber der Freiherr von Liebenstein hatte doch zu berücksichtigen, dass man im engen räumlichen Geflecht des Dorfes aufeinander angewiesen war und die Stellung als Landesherr gewisse Pflichten mit sich brachte.

Es lassen sich weitere Ergebnisse für die Geschichtsschreibung zur Reichsritterschaft anschließen. Die Annahme Gert Kollmers, dass die reichsritterschaftlichen Getreideverkäufe im Kanton Kocher ökonomisches Unvermögen, wenn nicht gar Unvernunft widerspiegeln, ist erheblich zu differenzieren. Das Bemühen um Profitmaximierung prägte den Getreidehandel des Freiherrn Philipp Friedrich von Liebenstein schon zu Beginn des Untersuchungszeitraums. Insbesondere Verkaufsrhyth-

50 Vgl. Rechnungsbuch 1770/71. In: STALB – PL18 R13, S. 66; Rechnungsbuch 1771/72. In: STALB – PL18 R13, S. 58.

51 In diesem Zusammenhang muss man wohl auch die neue Dorfarmenordnung sehen, die Freiherr Philipp Friedrich von Liebenstein im Anschluss an die Missernten 1775 erließ. Vgl. Dorfarmenordnung, Jebenhausen 25.1.1775. In: STALB – PL18 Bü. 273.

men und die Instruktion von 1795 deuten auf ein wesentlich größeres Bewusstsein für marktwirtschaftliche Entwicklungen hin als gemeinhin angenommen. Freilich dominierte die Orientierung am Markt nicht vollkommen, sondern die Sorge für die Dorfbevölkerung – weniger für die Einwohner der württembergischen Stadt Göppingen – spielte besonders in wirtschaftlich schwierigen Zeiten eine Rolle und führte dazu, dass sich das Verkaufsverhalten in den 1780er Jahren veränderte, bevor man gut zehn Jahre später wieder zur vermutlich ursprünglichen Strategie zurückkehren wollte.

Schließlich ergeben sich noch Beobachtungen für die Adelsgeschichte insgesamt: Ähnlich wie in der Untersuchung Friederike Scholtens zum Rheinland und zu Westfalen, lässt sich auch im Falle der Freiherren von Liebenstein die »Doppelfunktion des Gutsherrn als Unternehmer und als fürsorglicher Herr« seiner Untertanen beobachten.[52] Im Zweifelsfall erhielten letztere günstigere Konditionen als städtische Abnehmer. Allerdings bildeten im Falle Jebenhausens eben diese städtischen Abnehmer einen Faktor, der von erheblich größerer Bedeutung war, als es sich in den Untersuchungen Scholtens für das Rheinland und Westfalen beobachten lässt.[53] Hierbei mag die räumliche Nähe Göppingens eine Rolle gespielt haben, wiederkehrende größere Haferverkäufe nach Plochingen deuten aber darauf hin, dass geographische Nähe allein nicht den Ausschlag gab. Zudem nahm das verarbeitende Gewerbe, namentlich Bäcker, eine wesentlich stärkere Position unter den Abnehmern ein, findet jedoch praktisch keinen Widerpart in den Untersuchungen Scholtens, in deren Quellen Landlose und Handwerker als Käufer dominieren.[54] Dafür erwarben im rheinischen Heltorf wiederum Kaufleute fast ein Drittel des Getreides, was in Südwestdeutschland nicht zu beobachten ist. Große Ähnlichkeiten lassen sich dagegen in der Aufteilung der Verkäufe an Klein- und Großkunden zwischen Jebenhausen sowie dem Rheinland und Westfalen beobachten – auch wenn dies eigentlich nicht der geäußerten Strategie der Freiherren von Liebenstein entsprach. Schließlich gibt es auch im Südwesten Hinweise für eine Institutionalisierung der Getreideverkäufe und die Preisfestsetzung durch Auktionen – beides Entwicklungen, die Scholten für das Rheinland und Westfalen aufzeigt.[55] Insofern ergibt sich interregional ein differenziertes Bild von Ähnlichkeiten und Unterschieden der adligen Getreidehandelsaktivitäten, die teils auf Strategien, teils auf die Lage von Gütern zurückzuführen sein dürften.

52 Scholten, Adelige Gutsbesitzer (wie Anm. 9), S. 91.
53 Vgl. ebenda, S. 103.
54 Eindrücklich im Falle Nordkirchens: Scholten, Gutsbesitzer (wie Anm. 9), S. 121.
55 Vgl. Scholten, Adelige Gutsbesitzer (wie Anm. 9), S. 97–100.

Die Stadt als Archiv

Adelige Urkundenhinterlegungen am Beispiel der Reichsstadt Reutlingen

Roland Deigendesch

In den späten Januartagen 1519 ließ Herzog Ulrich von Württemberg (1487–1550) die Stadt Reutlingen mit schwerem Geschütz beschießen und löste damit ein Beben aus, das weit über die Mauern dieser schwäbischen Reichsstadt hinausreichte.[1] Die Hintergründe sind bekannt: Das durch den Tod Kaiser Maximilians entstandene Vakuum an der Spitze des Reichs ermöglichte dem als wenig zimperlich bekannten württembergischen Landesherrn, im Handstreich die fast zur Gänze von württembergischem Territorium umgebene Stadt zu erobern und als Landstadt dem Herzogtum einzuverleiben. Der Herzog hatte sich jedoch verkalkuliert. Sein offenbarer Landfriedensbruch rief die im Schwäbischen Bund zusammengeschlossenen Stände auf den Plan; nach wenigen Monaten war nicht nur die Reichsstadt ihrer vorübergehenden württembergischen Landeshoheit, sondern der Herzog selbst seines eigenen Landes entledigt, für ihn der Beginn eines 25-jährigen Exils links des Rheins im württembergischen Mömpelgard.

Eher beiläufig erscheint in den Quellen ein Detail, das die Zeitgenossen noch lange beschäftigen sollte: Die Mannen des Herzogs hatten bei der Eroberung Reutlingens nicht nur die Stadt demoliert, sondern offenbar auch das Archiv in ihren Besitz gebracht. In den Worten der Reutlinger habe Ulrich

1 Dieter Mertens: Württemberg. In: Meinrad Schaab u.a. (Hrsg.): Handbuch der baden-württembergischen Geschichte 2, Stuttgart 1995, S. 74 f.; Franz Brendle: Dynastie, Reich und Reformation. Die württembergischen Herzöge Ulrich und Christoph, die Habsburger und Frankreich (Veröffentlichungen der Kommission für geschichtliche Landeskunde in Baden-Württemberg B 141), Stuttgart 1998, S. 57 ff.; Horst Carl: Der Schwäbische Bund 1488–1534 (Schriften zur südwestdeutschen Landeskunde 24), Leinfelden 2000, S. 446–451. Aus Anlass des 500. Jahrestages ist das Ereignis zuletzt in diversen Zeitschriftenbeiträgen gewürdigt worden, etwa durch Karl Konrad Finke: Zwischen Hochverrat und Karrieredenken. Der Anteil juristischer Amtsträger Herzog Ulrichs von Württemberg an dessen Sturz 1519. In: Schwäbische Heimat 70 (2019), S. 18–35; Wilfried Setzler: Schicksalsjahr 1519 – Tübingen kommt an Österreich. In: Tübinger Blätter 105 (2019), S. 43–48.

> *[...] der selben gwelber eroffnen, ire handvestin, freyheyt, priuilegien der selben confirmation, bestätigung und annder briefe sampt ettlichem gellt unnd annderm gmeiner statt deselbs unnd anndern so söllichs zu getrewen hannden hinder sie erlegt haben gewalltigklich nehmen, enntwörn unnd weckfüren lassen.*[2]

Schon daraus wird ersichtlich, dass der Stadt manches, was sich in ihren »Gewölben« befand, gar nicht gehörte. Alsbald klagte deshalb der in Gammertingen und Hettingen auf der Schwäbischen Alb residierende Hans Caspar von Bubenhofen – wegen seines Reichtums auch der »Goldene Ritter« genannt – gegenüber der Eidgenossenschaft, dass seine Vorfahren »seit hundert Jahren« im »Schatzgewölbe« des eroberten Reutlingen einen Behälter mit Barschaft, Kleinodien und anderem im Wert von ungefähr 20.000 Gulden verwahrt hätten. Bei der Eroberung der Stadt sei dies alles weggeführt und bislang nicht zurückerstattet worden.[3] Der Herzog hingegen, gerade gegenüber den Eidgenossen um Legitimation seines Handelns bemüht, wollte Reutlingen keineswegs geplündert haben, allenfalls Geschütz, darunter *das, was ihnen Auswärtige aufzubewahren gegeben.*[4]

Für Bubenhofen ging es zunächst einmal gut aus. Nachdem noch Ende September 1519 das Fehlen von Zins- und Vertragsbriefen der Familie moniert worden war[5], vermerken die Akten im November die Rückerstattung der offenbar nach Stuttgart verbrachten Wertgegenstände. Altbürgermeister Jakob Becht quittierte zusammen mit Erhard Wölfflin für die Stadt Reutlingen am Montag nach St. Leonhard den Empfang von *ettlich truchen unnd laden mit brieffen vsser vnnsern gewelben unnd behaltnußßen genomen.*[6] Andere warteten vergeblich: Noch 1528 vermissten die Nachkommen Wendels von Hailfingen dessen in Reutlingen hinterlegte Briefe, die ebenfalls durch den Überfall Herzog Ulrichs verloren gegangen waren.[7]

Diese Episode führt damit zu der offenbar geläufigen Praxis, Wertgegenstände, und dazu zählen auch Urkunden und anderes Schriftgut, im Archiv einer Stadt und

2 Hauptstaatsarchiv Stuttgart (im Folgenden HStAS) A 147 Bü 2.

3 Amtliche Sammlung der älteren Eidgenössischen Abschiede 3.2. Bearb. von Anton Philipp v. Segesser, Luzern 1869, Nr. 772 (14.3.1519). Erwähnt wird die Archivberaubung auch bei Max Duncker: Die Herren von Bubenhofen. In: Zeitschrift für württembergische Landesgeschichte (im Folgenden ZWLG) 1 (1937), S. 363 sowie Fred Feist: Das unrühmliche Ende der Gebrüder Hans Caspar und Hans Wolff von Bubenhoven, Söhne des Landhofmeisters Johannes I. von Bubenhoven. In: Hohenzollerische Heimat 48 (1998), S. 38. Nach den Untersuchungen von Karl Otto Müller: Zur wirtschaftlichen Lage des schwäbischen Adels am Ausgang des Mittelalters. In: ZWLG 3 (1939), S. 310 waren die Bubenhofen mit Abstand die vermögendste ritterschaftliche Familie am oberen Neckar. S. a. Herbert Burkharth: Geschichte der Herrschaft Gammertingen-Hettingen, Sigmaringen 1983, S. 71 f.

4 Amtliche Sammlung (wie Anm. 3), Nr. 770 (21.2.1519).

5 Ebenda, Nr. 797 (26.9.1519).

6 HStAS A 147 Bü 2.

7 Stadtarchiv (im Folgenden: StadtA) Reutlingen A 2 Nr. 707.

Abb. 1: Um 1500 entstandenes Stifterbild Hans Caspars von Bubenhofen, des »Goldenen Ritters« in der Pfarrkirche St. Martin zu Hettingen, seit 1503 Kollegiatstift
© Edwin Ernst Weber, Kreisarchiv Sigmaringen

zumal einer Reichsstadt als Depositum zu verwahren. In der Literatur wird dieses Phänomen eher beiläufig erwähnt[8], kaum aber einmal näher betrachtet. Das soll nun anhand der Reutlinger Adelsdeposita geschehen, denen, das nur am Rande, die Stadt die erste schriftliche Erwähnung ihres Archivs verdankt. Nach einer Übersicht zu dieser archivischen Praxis (1) werden die typischen dazu gehörigen Quellen vorgestellt (2), um schließlich nach Auswertungsmöglichkeiten, dem »Mehrwert« des Themas, (3) zu fragen.

8 Klaus Graf: Gmünd im Spätmittelalter. In: Geschichte der Stadt Schwäbisch Gmünd. Red.: Klaus Jürgen Herrmann, Stuttgart 1984, S. 93.

1)

Die Hinterlegung von Schriftstücken oder deren Abschriften an einem sicheren Ort ist eine im Grunde leicht erklärliche und verbreitete Maßnahme zur Bewahrung wichtiger Dokumente, die etwa eigene Besitzansprüche belegten – natürlich nur solcher, die man nicht tagtäglich benötigte. Sehr früh schon dienten dazu Kirchen, Klöster und Stifte, doch auch Städte wurden herangezogen, auch von Fürsten, wie etwa München durch Ludwig den Bayern, der dort 1346 eine Landrechtsniederschrift für Oberbayern deponieren ließ.[9] Es mag überraschen, dass keineswegs nur Städte, die der eigenen Herrschaft unterstanden, hierfür genutzt wurden: 1478 verwahrte die Reichsstadt Frankfurt Schriftstücke der Gräfin Bärbel von Ehrenstein[10], zehn Jahre später hinterlegte Graf Eberhard V. von Württemberg sein Testament und zugehörige Schriftstücke samt 10.000 Gulden in Esslingen.[11] Diese Reichsstadt unweit der Grafenresidenz Stuttgart wurde 1518 von Elisabeth, der Witwe Herzog Eberhards II. von Württemberg, zum selben Zweck noch einmal bemüht.[12] Geläufiger war es für die Landesherren aber zweifellos, deswegen auf die vogteiabhängigen geistlichen Einrichtungen, Stifte und Klöster[13], oder aber auf andere

9 Hans-Joachim Hecker: Archive. In: Handwörterbuch zur deutschen Rechtsgeschichte 21, Sp. 285–293. Dazu auch Michael Stephan: Metropolis Bavariae? Die Bedeutung Münchens für Ludwig den Bayern. In: Hubert Seibert (Hrsg.): Ludwig der Bayer (1314–1347). Reich und Herrschaft im Wandel, Regensburg 2014, S. 296. Ellen Widder wies unlängst darauf hin, dass auch Reichsfürsten zu dieser Zeit keineswegs über zentralisierte Archive verfügten. Das galt nicht zuletzt für die Wittelsbacher, denen es anscheinend ein paar Jahrzehnte nach der Erbeinung der Söhne Ottos II. von 1255 nicht mehr gelang, die Urkunde aufzufinden. Vgl. Dies.: Kanzler und Kanzleien im Spätmittelalter. Eine ›Histoire croisée‹ fürstlicher Administration im Südwesten des Reiches (Veröffentlichungen der Kommission für geschichtliche Landeskunde in Baden-Württemberg B 204), Stuttgart 2016, hier S. 106 ff., 192.

10 StadtA Frankfurt Reichssachen I Nr. 5973.

11 Staatsarchiv Ludwigsburg (im Folgenden: StAL) B 169 U 623 und Bü 153. Abschriften wurden auch in der württembergischen Kartause Güterstein bei Urach hinterlegt, HStAS A 602 U 350. Erhalten hat sich bekanntlich nur das spätere Testament Eberhards aus dem Jahr 1492, über dessen Hinterlegung jedoch nichts bekannt ist. Vgl. dazu Württemberg im Spätmittelalter, bearb. von Joachim Fischer u. a., Stuttgart 1985, S. 26 f.

12 HStAS A 602 Nr. 491.

13 Stellvertretend zum Stuttgarter Stift Oliver Auge: Stiftsbiographien. Die Kleriker des Stuttgarter Heilig-Kreuz-Stifts (1250–1552) (Schriften zur südwestdeutschen Landeskunde 38), Leinfelden-Echterdingen 2002, S. 189, der unter Berufung auf Eugen Schneider vermutet: »Angesichts solcher Nachrichten scheint es nicht verfehlt, Anfänge des württembergischen Archivwesens auch in der Stiftskirche zu suchen.« Allgemein Ders.: Südwestdeutsche Stiftskirchen im herrschaftlichen Kontext. Ansätze und Perspektiven der Forschung. In: Sönke Lorenz/Oliver Auge (Hrsg.): Die Stiftskirche in Südwestdeutschland. Aufgaben und Perspektiven der Forschung (Schriften zur südwestdeutschen Landeskunde 35), Leinfelden-Echterdingen 2003, S. 188 f.

Dynasten zuzugehen. Beides kann etwa bei der bestens vernetzten Erzherzogin Mechthild (1419–1482) beobachtet werden, die mehrfach Testamente aufgesetzt hatte und diese entweder württembergischer Vogtei unterstehenden Klöstern oder aber dem Pfälzer Hof anvertraute.[14] Eine »extraterritoriale« Verwahrung war indes nicht ganz frei von dem Problem, dass bei zwischenzeitlich eingetretenen Konflikten der Verwahrer zögern mochte, Dokumente wieder herauszugeben. Aus diesem Grund musste 1397 Engelhard, Herr zu Weinsberg, zwischen Graf Eberhard III. von Württemberg und Herzog Leopold von Österreich *der brief wegen* schlichten, die der Habsburger und der Markgraf von Baden über gegenseitige Streitigkeiten dem Württemberger zur Verwahrung gegeben hatten, und die Eberhard nun *nicht mainet herus ze geben*.[15] Städte verfuhren mitunter ebenso widerstrebend, wie ein Ulm betreffender Schiedsspruch von 1391 belegt.[16] 1469 wurde wegen der Herausgabe eines in Schwäbisch Gmünd verwahrten Urkundendepositums gar das kaiserliche Kammergericht bemüht.[17]

Ein gewisses Misstrauen gegenüber dem Landesherrn mochte die württembergischen Landstände bewogen haben, den Tübinger Vertrag des Jahres 1514 in mehreren Abschriften an diverse Reichsstädte zur sicheren, man könnte sagen redundanten, Verwahrung zu geben, unter anderem auch nach Reutlingen.[18]

Dass auch geistliche Stifte und Klöster Städte zur Hinterlegung ihrer Urkunden nutzten, war wohl allenfalls in Kriegs- oder Krisenzeiten üblich. Schwäbisch Gmünd nahm während des Bauernkriegs ebenso Klosterbesitz auf wie Reutlingen, das von

14 HStAS A 602 Nr. 138 und 144, vgl. Joachim Fischer: Das Testament der Erzherzogin Mechthild von Österreich vom 1. Oktober 1481. In: Hans-Martin Maurer (Hrsg.): Eberhard und Mechthild (Lebendige Vergangenheit 17), Stuttgart 1994, S. 111 f.; Mechthild (1419–1482) im Spiegel der Zeit. Bearb. von Erwin Frauenknecht und Peter Rückert, Stuttgart 2019, S. 203–207. Schon 1457 hatte Gräfin Margarete ihren 1453 geschlossenen Ehevertrag mit Graf Ulrich von Württemberg samt zwei weiteren damit zusammenhängenden Schriftstücken an ihren Diener Ulrich von Rechberg zur Verwahrung gegeben, HStAS A 602 Nr. 240.

15 HStAS A 602 Nr. 4813.

16 StadtA Ulm A Urk. 722 von 1391 Juni 14: Albrecht von Rechberg zu Hohenrechberg schlichtet zwischen Heinrich Kaib – damals indes ein Ulmer Bürger – und der Stadt Ulm auf Herausgabe eines Lehenbriefs. Ich verdanke die Kenntnis der Quelle dem freundlichen Hinweis von Tjark Wegner, Tübingen. Ein Jahr darauf erklärt sich nach zuvor erfolgter Schlichtung die Stadt Reutlingen bereit, die die umstrittenen Herrschaftsrechte und Einkünfte um Blaubeuren betreffenden Urkunden in Verwahrung zu nehmen. Vgl. Reutlinger Urkundenbuch Teil 1, bearb. von Bernhard Kreutz, Reutlingen 2019, Nr. 890 (S. 532–534). Die heute in Stuttgart (HStAS A 602 U 7080) liegende Urkunde befand sich nachweislich des Lotter'schen Repertoriums bis zum Ende der Reichsstadtzeit in Reutlingen, vgl. StadtA Reutlingen S 150 Bd. 5, fol. 20v. Ein weiteres Exemplar im StadtA Ulm, Urkunden Nr. 745.

17 StAL B 177 Bü 1444.

18 Hinterlegung in Esslingen: StAL B 169 U 625; in Reutlingen: HStAS B 201 U 228 und 228a, weitere Hinterlegungen der Landschaft 1552 bis 1602: StadtA Reutlingen A 2 Nr. 612–618.

der nahen Kartause Güterstein darum gebeten worden war – allen reformationsbedingten Unzuträglichkeiten zwischen Kloster und Stadt zum Trotz.[19] Einfache Bürger[20], aber auch ganze Dorfgemeinden und kleinere Städte[21] machten hingegen von dem Instrument des Depositums für ihre wichtigeren Urkunden durchaus Gebrauch.

Im Folgenden steht jedoch die Hinterlegung von Urkunden und anderen Schriftstücken durch die auch mengenmäßig wichtigste Gruppe, den Niederadel, im Mittelpunkt. Der »Spezialfall« der Archive von Ritterkantonen, die ja ihre Kanzleien in den Städten hatten, bleibt dabei außerhalb der Betrachtung.[22] Immerhin soll eine damit zusammenhängende Reutlinger Sonderüberlieferung, die am Ende aber wieder zum Thema des Beitrags führt, nicht unerwähnt bleiben: Karl Otto Müller veröffentlichte 1939 Steuerlisten der Ritterschaft am oberen Neckar, die der Finanzierung des 1488 gegründeten Schwäbischen Bundes dienten.[23] Diese zwischen 1488 und 1500 entstandenen »Gültlisten«, so Müller, haben »sich in Reutlingen, einem häufig besuchten Tagungsort der adeligen Mitglieder«[24] erhalten – eine Art von Archiv dieses Adelskorpus in der Reichsstadt also? Man muss im Grunde nur die Ausgabenposten in den zusammen mit den Steuerlisten überlieferten Rechnungen der Rittergesellschaft studieren, um zu erkennen, dass Reutlingen – wenn überhaupt – ein höchst selten gewählter Tagungsort war.[25] Und obschon über eine Hinterlegung von Unterlagen des späteren Ritterkantons Neckar-Schwarzwald in Reutlingen am Ende

19 Schwäbisch Gmünd: StAL B 177S Bü 1365 f.; Reutlingen: StadtA Reutlingen A 1 Nr. 6078/1.

20 StadtA Reutlingen A 2 Nr. 600–610.

21 So in Reutlingen das Dorf Kusterdingen und die Stadt Ebingen, vgl. StadtA Reutlingen A 2 Nr. 621–624.

22 Vgl. Markus Lechleiter: Die Flüchtung des Archivs des Reichsritterkantons Kraichgau von Heilbronn nach Nürnberg im Jahre 1792. In: Kraichgau 25 (2018), S. 77–93; zu den Ritterkantonen siehe auch den Beitrag Ludwig Ohngemachs in diesem Band.

23 K. O. Müller (wie Anm. 3), S. 285–328. Die edierte Quelle jetzt in: HStAS A 602 Nr. 5893 (zuvor: Ebenda H 53 Bü 75–75a).

24 K. O. Müller (wie Anm. 3), S. 286, in diesem Sinn auch noch Horst Carl: Reutlingen und der Schwäbische Bund. In: Reutlinger Geschichtsblätter NF 42 (2003), S. 44. Im Kontext der bekannten und durchaus wichtigen Bundesversammlung in Reutlingen vom April 1488 – nach Carl, ebenda, S. 42, die eigentliche Gründungsversammlung des Schwäbischen Bundes – mag noch interessieren, dass der nur in drei Exemplaren erhaltene Frühdruck GW M40949 mit Eidtexten der Bundesmitglieder (»Form des Eides in der Gesellschaft des Teils am Neckar«) von 1488 nach neueren Überlegungen durch Michael Greyff womöglich in Reutlingen gedruckt worden ist. Ein Exemplar befindet sich im StadtA Reutlingen (A 20 Nr. 2), die anderen in London, British Library sowie im Bayerischen HStA München. Zum Druck selbst vgl. den jeweils aktuellen Datenbankeintrag in https://gesamtkatalogderwiegendrucke.de/ (2.1.2022).

25 Exemplarisch mag das über mehrere Jahre bis 1496 gehende Abrechnungsheft Hans Caspars von Bubenhofen (in HStAS A 602 Nr. 5893) stehen, das keine einzige Reise zu einer Tagung nach Reutlingen enthält, dafür werden u. a. Rottenburg/Neckar, Tübingen, Herrenberg und Esslingen genannt.

des 17. Jahrhunderts tatsächlich nachgedacht wurde[26], deutet eine im Reutlinger Archiv erhaltene Übersicht eines privaten Adelsdepositums aus dem Jahr 1561 einen gänzlich anderen Weg an:[27] Unter zahlreichen Einzelnummern dieser mit *Wehinger Briefe* überschriebenen Aufstellung von in Reutlingen hinterlegten Dokumenten findet sich unter den Nrn. 18 und 19 eine Vollmacht des Schwäbischen Bundes für Thomas von Wehingen, *seiner verwesung der Hauptmannschaft des Bunds Rechnung zue empfahen* sowie *etliche register und ander schrifften die selbige verwaltung belangendt.* Es handelt sich mit Gewissheit um nichts anderes als um die von Müller edierten Steuerlisten und weitere, aufgrund Adressierung unschwer Thomas von Wehingen zuzuordnende Korrespondenz, die derselbe als Hauptmann der Ritterschaft am Neckar bei sich aufbewahrte[28] und zusammen mit sonstigen Familienpapieren seinem persönlichen Depot in der Reichsstadt überantwortete.

Quellenbelege von Urkundendeposita des Adels lassen sich in vielen reichsstädtischen Überlieferungen mühelos auffinden.[29] Voraussetzung war die Etablierung

26 StadtA Reutlingen A 2 Nr. 619: Ausschuss und Räte der Ritterschaft am Neckar und Schwarzwald übergeben 1692 zwei eisenbeschlagene, mit Riegeln und Schlössern versehene Truhen sowie eine schwarze Truhe mit zwei Schlössern zur Verwahrung. Vermutlich hängen mit diesem Vorgang wenig später aktenkundig gewordene Überlegungen zusammen, Kanzlei und Archiv des Ritterkantons nach Reutlingen zu verlegen. Doch beließ man am Ende beides in Tübingen. Zum Vorgang vgl. StadtA Reutlingen A 1 Nr. 6265–6272, s. a. Volker Press: Reichsritterschaft. In: Handbuch der baden-württembergischen Geschichte 2 (wie Anm. 1), S. 796.

27 StadtA Reutlingen A 2 Nr. 625. Die Übersicht wurde offenbar erst für den Nachkommen, den Kirchheimer Obervogt Hans von Remchingen, erstellt.

28 Der zollerische Obervogt Thomas von Wehingen (gest. ca. 1511) wird ab 1497 in den Gültlisten des Ritterviertels am Neckar als »Verweser« der Hauptmannschaft geführt, zuvor, 1496, war er einer von drei Beigeordneten des Hauptmanns, vgl. HStAS A 602 WR 5893 sowie Carl (wie Anm. 1), S. 201, Anm. 108, der ihn allerdings erst 1501 in dieser Funktion kennt. Die Stücke wurden dann von Lotter im Reutlinger Archiv aufgefunden, der sie lediglich pauschal als »2 Faszikel Akten und auf Papier geschriebene Urkunden der Familie von Wehingen de ao. 1471 bis 1508« aufnahm. Im Stuttgarter Adelsmembrum HStAS A 155 II, wo sie sich zunächst befanden, wurden sie dann als provienzfremd ausgesondert, vgl. S. 625 des Repertoriums: »[...] ferner ist hieher genommen worden eine Sammlung von Rechnungsakten ohne Jahresbemerkung, die früher in einem abgesonderten Convolut aufbewahrt waren.« Zum weiteren Gang über das Membrum Schwäbischer Bund an den heutigen Ort s. Anm. 3.

29 Zahlreiche Belege aus Frankfurt in: Inventare des Frankfurter Stadtarchivs 2, Frankfurt 1889, S. 68 (1427, Dez. 2 und 1428 Febr. 25: Bescheinigungen über eine beim Rat hinterlegte Lade mit Briefen in der Auseinandersetzung Henne Wyles mit den Gebrüdern Gnybe aus Mainz), S. 95 (1463, Juni 17: Der Rat bescheinigt ein von Hans v. Walborn übergebenes Depositum aus einer Lade von Briefen); S. 262 (um 1480: Loys v. d. Mark hinterlegt Urkunden in einer Lade) sowie StadtA Frankfurt Bestand Reichssachen I, Nr. 934, 1161, 1267, 1441, 1465, 1478, 1790, 2253, 3501. Für die diesbezüglichen Hinweise danke ich David Schnur, Saarbrücken, von dem auch die Hinweise auf Schwäbisch Gmünder Deposita aus den Jahren 1414 bis1494 stammen: Alfons Nitsch (Bearb.): Urkunden und Akten der

städtischer, zumal reichsstädtischer Archive sowie eine hinreichende Verwaltungsschriftlichkeit in der Adelswelt. Es handelt sich damit um ein Phänomen des späten Mittelalters und der frühen Neuzeit. Im Folgenden konzentriere ich mich aus praktischen Gründen auf die Zeit bis um 1550 und stütze mich dabei auf die Überlieferung des Reutlinger Stadtarchivs, wo im Zuge der Neubearbeitung der Reutlinger Urkunden einschlägige Quellen ans Licht kamen.

Die Gründe, weshalb sich ein Adeliger entschloss, Urkunden und Wertsachen Städten, mit denen man ansonsten keineswegs immer auf bestem Fuß stand, anzuvertrauen, waren so selbstverständlich, dass sie bedauerlicherweise kaum eigens formuliert wurden. Der Mecklenburger Adelige Matthias Vieregge etwa äußerte sich gegenüber dem Rat Rostocks 1592 lediglich in dem Sinn, dass er sich *keinen bessern Ort* zur Aufbewahrung von Urkunden *dran meinen Kindern mercklich gelegen* vorstellen könne, als das Rostocker Rathaus, mithin das Archiv der Hansestadt.[30] Umgekehrt, auch diesen Fund verdanke ich dem Buch Markus Friedrichs *Die Geburt des Archivs*, beklagt noch im 17. Jahrhundert der oberrheinische Reichsritter und Jurist Caspar Lerch von Dirnstein die »Missachtung der Archive« durch seine Standesgenossen, die dadurch selbst ihre wichtigste Waffe aus den Händen gaben, die sie im Kampf um ihre Privilegien besaßen.[31]

ehemaligen Reichsstadt Schwäbisch Gmünd 777 bis 1500, 2 Bde., Regensburg 1966–1967, Nr. 807, 942, 1414, 1497, 1621, 1664 und 2201. Zudem dokumentiert StAL B 177S Bü 1381 die Hinterlegung eines Depositums der Speth von Schülzburg Mitte des 16. Jahrhunderts. Das Urkundenbuch der Stadt Rottweil 1, bearb. von Heinrich Günter (Württembergische Geschichtsquellen 3), Stuttgart 1896 enthält: 1471 März 26 (Sigmund v. Hohenberg hinterlegt Zinsbrief über 5.000 fl.) (Nr. 1397) sowie 1471 Mai 13 (Wilhelm von Rechberg quittiert den Empfang eines Heiratsbriefs) (Nr. 1398). Ein weiterer Hinweis von 1425 März 24: Brun Wernher von Hornberg über einen hinterlegten Schuldbrief wegen des Kaufs von Hornberg ist mit HStAS A 602 Nr. 9708 enthalten. Es kann hier selbstverständlich nicht um Vollständigkeit gehen, die wenigen Beispiele aus den drei Städten sollen genügen. Zu dem für Reutlingen wichtigen Esslingen s. Anm. 56.

30 Markus Friedrich: Die Geburt des Archivs, München 2013, S. 65. Vieregge dürfte hier auf die besonders gute Obhut seiner Dokumente im städtischen Archiv abheben, wohl weniger auf rechtliche Aspekte wie das Ius Archivi, das gerade Hansestädten nach allgemeiner Auffassung durchaus zukam und am Ende des 16. Jahrhunderts bereits als bekannte Rechtsfigur gelten darf. Dagegen spricht jedoch nicht nur in diesem Fall ein fehlender Quellenbeleg, es erscheint auch unwahrscheinlich, dass Dokumente, die eine Stadt ja unbesehen in verschlossener Lade übernimmt, qua schierer Unterbringung im städtischen Gewölbe eine höhere Beweiskraft erhalten. Für den anregenden diesbezüglichen Diskussionsbeitrag ist Hans-Joachim Hecker zu danken. Zum Ius Archivi vgl. jetzt die in der Archivalischen Zeitschrift 97 und 98 (2021), (2022) publizierten, allerdings erst nach Abschluss dieses Manuskripts erschienen Beiträge der Münchener Tagung »Archive im Alten Reich als Herschaftsinstrument«. Herangezogen wurde der nach wie vor einschlägige Artikel von Friedrich Merzbacher: Ius Archivi. Zum geschichtlichen Archivrecht. In: Archivalische Zeitschrift 75 (1979), S. 135–147.

31 Friedrich (wie Anm. 30), S. 66.

Allein schon der Überfall Herzog Ulrichs auf Reutlingen vermag eine Vorstellung davon zu geben, dass auch ein Depositum in einer befestigten, mit einem geordneten Archiv versehenen Stadt den Besitzer nicht ganz ruhig schlafen lassen konnte, doch zweifellos war es dort sicherer als auf der heimischen Burg – nicht einmal der fatale Stadtbrand Reutlingens von 1726 vermochte die im städtischen Gewölbe verwahrten Deposita zu zerstören.

Hinterlegungen, Deposita, waren am Ende des Mittelalters eine schon lange eingeführte, vom römischen Recht her bekannte Sache.[32] Für Reutlingen war sicherlich von Bedeutung, dass in der Landrechtskodifikation des benachbarten Herzogtums Württemberg von 1555 das Institut der Hinterlegung Aufnahme fand.[33] Im 16. Jahrhundert waren gerade Urkundenhinterlegungen derart verbreitet, dass sich in städtischen Formelbüchern Mustervereinbarungen dafür finden, so etwa in Speyer[34], oder dann im bekannten, später auch gedruckten Formelbuch des Pforzheimer Stadtschreibers Alexander Hug.[35]

Mit Peter Johanek ließe sich sagen, dass sich der Adelige mit einem Urkundendepositum nicht nur vor Feuer und Diebstahl gesicherten Verwahrorten, sondern der städtischen Verwaltungsinfrastruktur ganz allgemein bediente: »Adelige nutzen städtische Schreiber etwa für eigene Rittergesellschaften, verwahren in den Städten ihre Kassen, nutzen Kirchen für Versammlungen.«[36] Auch das städtische Archivgewölbe darf man hinzufügen.

32 Wolfgang Sellert: Hinterlegung. In: Handwörterbuch zur deutschen Rechtsgeschichte 2, Sp. 158–162.

33 Im Abschnitt »De Deposito« (S. 150) heißt es: *Wir setzen vnd ordnen, wölcher haab und gůt, es sei was es wöll, zů seinen getrewen handen zůbehalten annimpt, oder wann etwas von der Oberkeit hinder jemandts zůbehalten gelegt würdt, der soll das trewlich und als sein eigen gůt versehen und bewaren. Dann wa er einich untrew, betrug oder scheltbare hinlessigkeit damit fürneme vnd des mit urthel überwunden würde, so ist er abtrag zůthůn schuldig und steht darzů in unser straff.* Onlineausgabe: https://drw-www.adw.uni-heidelberg.de/drqedit-cgi/zeige?sigle=wuertlr.%201555 (4.1.2022).

34 Universitätsbibliothek Heidelberg, Cpg 494: Urkundensammlung (Formelbuch), Speyer (?), um 1530. Online unter der URL: https://digi.ub.uni-heidelberg.de/diglit/cpg494/0005 (4.1.2022). Einschlägige Formulare finden sich zu *Quittung und Obligation hynterlegter und empfangner brieff etc.* auf fol. 27v ff.: Die Nachkommen Philipps von Kronberg (gest. 1510) sowie Wilhelms von Urbach Erben quittieren der Stadt Speyer den Empfang von Urkunden; Schuldbriefe werden bei der Stadt Speyer hinterlegt (ca. 1447).

35 Alexander Hug: Rhetorica und Formulare Teutsch. Benutzt wurde die Ausgabe Tübingen 1560. Onlineausgabe unter der URL: https://digi.ub.uni-heidelberg.de/diglit/huge1560/0001 (4.1.2022), hier fol. 212 f.: Hinterlegung eines Unterpfandsbriefs, Formulare für Hinterleger und für die verwahrende Stadt; desgleichen für Gültbriefe.

36 Peter Johanek: Adel und Stadt im Mittelalter. In: Adel und Stadt. Vorträge auf dem Kolloquium der Vereinigten Westfälischen Adelsarchive e. V. vom 28.–29. Oktober 1993 in Münster. Red.: Gunnar Teske, Münster 1998, S. 31.

2)

Der stark formalisierte und verrechtlichte Rahmen eines Depositums sorgte für typische Quellen im Zusammenhang mit den Hinterlegungen, die am Reutlinger Beispiel kurz vorgestellt werden sollen.

Zu erwarten ist, dass der Adelige eine Bestätigung für seine Hinterlegung erhält, und tatsächlich behandelt dies auch Alexander Hug in seinem Formelbuch.[37] Solche Reverse, wie nicht nur Hug sie nennt, fehlen aber ausgerechnet im Reutlinger Fall fast immer. 1526 heißt es explizit, dass es der Rat *nicht in Gebrauch* habe, einem Edelmann einen Reversbrief hinauszugeben.[38] Aus irgendwelchen Gründen verfuhr man in Einzelfällen trotzdem anders, naheliegend war dies 1575 bei der Hinterlegung der Erbeinung der hochadeligen Familie der Grafen von Zollern, der man einen solchen Wunsch wohl nicht abschlagen mochte.[39]

In aller Regel aber verfügte man anscheinend nur über das Gegenstück zum Revers, dem, wie es regelmäßig auf den Rückvermerken heißt, *Legbrief.* Mit diesem übergab der Eigentümer sein Depositum der Stadt. Formal handelt es sich um eine Privaturkunde und an einem beliebigen Beispiel[40] werden die immer wiederkehrenden Bestandteile leicht ersichtlich.

1480 erklärt Georg von Ehingen, der bekannte, unweit Tübingens residierende Rat, Ritter und Schriftsteller[41], dass auf seine Bitte Bürgermeister und Rat der Stadt Reutlingen ihm etliche Briefe *zuo Behaltnus* genommen haben. Falls er vor Abholung der Briefe sterbe, sollten sie damit seinen Erben gewärtig sein. Bei unverschuldetem Verlust der Briefe wird die Stadt aber von allen Regressforderungen befreit.

37 Hug (wie Anm. 35), fol. 213r: *Nota: umb all hinderlegte Brief werden gewonlich Revers geben* [...].

38 StadtA Reutlingen A 2 Nr. 683: *Dieweil der Rat der Stadt Reutlingen nicht in Gebrauch hat, so ein Edelmann etwas in ihr Behaltnus legt, demselben einen Reversbrief hinauszugeben, so ist doch von Junker Ernst von Fürst laut dieser Kopie hinterlegt, welche Kopie durch mich Hans Linder, von Kaiserlicher Oberkeit ein offner Notarius und geschworener Stadtschreiber zu Reutlingen, collationiert und dem rechten Original gleichlautend erfunden, des ich mich mit dieser meiner Handschrift bezeug.* Es wurde also kein Revers im eigentlichen Sinn gegeben, sondern der »Legschein« kopiert.

39 Das Testament sah ausdrücklich die Ausstellung eines Reverses durch die verwahrende Stadt vor, zur Quelle s. Anm. 60. Auch die Stadt Esslingen gab 1488 Graf Eberhard V. von Württemberg einen solchen Revers zur Bestätigung der Hinterlegung des gräflichen Testaments sowie zugehörige Rechnungen der Ämter Böblingen und Wildberg, StAL B 169 U 623.

40 StadtA Reutlingen A 2 Nr. 667 sowie Abb. 2. Daraus auch die folgenden Zitate.

41 Hans Jänichen: Ehingen, Georg von. In: Neue Deutsche Biographie 4, S. 343 f. Online-Version: https://www.deutsche-biographie.de/pnd118538551.html#ndbcontent (5.1.2022); Carl, Reutlingen und der Schwäbische Bund (wie Anm. 24), S. 44.

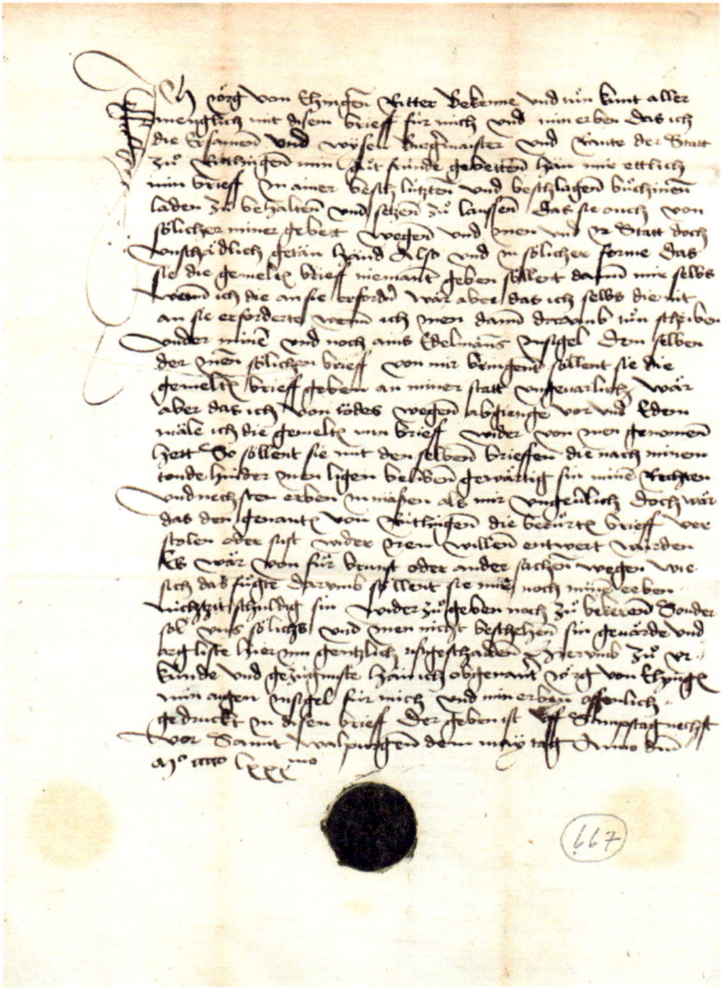

Abb. 2: Der »Legbrief« Georgs von Ehingen vom 30. April 1480
© Stadtarchiv Reutlingen A 2 Nr. 667

Nicht selten werden in den Legbriefen die deponierten Schriftstücke im Einzelnen beschrieben, ebenso die Art ihrer Lagerung. Allesamt werden sie ins städtische Gewölbe, mithin in das im Kanzleigebäude untergebrachte Archiv am Markt verbracht. 1481 erscheint auf diese Weise erstmals das städtische Archiv in einer Schriftquelle.[42]

42 StadtA Reutlingen A 2 Nr. 647. Zur Archivgeschichte vgl. Reutlinger Urkundenbuch, Teil 1, bearb. von Bernhard Kreutz, Reutlingen 2019, S. XII.

Natürlich lagen die Urkunden und Briefe dort nicht offen herum, sondern, einem modernen Bankschließfach nicht unähnlich, befanden sich in einer im Legbrief näher beschriebenen verschlossenen, zuweilen überdies versiegelten hölzernen oder aus Schindeln gemachten Truhe. Im Fall des Ehingers handelte es sich um eine *beschlützte und beschlagene buochine Lade.* Sachkulturell lassen sich bei umfänglicherer vergleichender Betrachtung durchaus gewisse Einblicke ins ritterliche Alltagsleben gewinnen: Graf Joachim von Zollern etwa übergab 1522 seine Dokumente *in einer schinden lad ingemacht und verbitscht,* Eberhard von Karpfen 1534 die seinigen in einer *raißtruhen und zwo laden, die ain wol beslagen beslossen, unnd die ander mit ainem sloß verwardt unnd versehen.*[43] In Reutlingen selbst gab es offenbar geeignete Handwerker, solche sicherlich kleineren Truhen mit entsprechenden Schlössern und Beschlägen zu fertigen: Der einzige nach Reutlingen führende Eintrag in der umfangreichen Abrechnung Hans Caspars von Bubenhofen über Einnahmen und Ausgaben für die Ritterschaft am Neckar betraf zwei Schilling Ausgaben für *sloß und glaich an brief drog an zu schlahen geben dem slosser zu rütlingen.*[44] Es ging aber auch anders: 1518 übergab Amalia Speth ein *zugeschlagenes* Weinfass mitsamt einer verschlossenen Lade[45] und sogar ein schlichter *zwilchener,* mit Stricken zusammengebundener und versiegelter Sack kam bei einem bürgerlichen Depositar vor.[46]

Nach Klärung, was und wie deponiert wurde, folgte die Regelung, unter welchen Umständen Zugang zum Depositum gewährt werden durfte. Selbstverständlich konnte der Adelige selbst die Urkunden jederzeit einsehen oder sie wieder abholen. Allerdings sahen die Legbriefe vor, dass auch Dritte damit beauftragt werden konnten. Die aber bedurften einer schriftlichen und doppelt, vom hinterlegenden Adeligen selbst und einer weiteren Adelsperson, besiegelten Vollmacht.[47]

Den Abschluss des Legbriefs bildete eine im Lauf der Jahre immer mehr ins Einzelne gehende salvatorische Klausel, die – wir erinnern uns an das Motiv für die Deponierung – die Stadt im Fall von Unglücksfällen, aber auch bei Raub oder Krieg von Regressforderungen befreite.[48] Nach 1500 mehren sich neben den ja verständlichen Fällen von Brand und Diebstahl die Erwähnungen von Hagel oder generell Wasser-

43 StadtA Reutlingen A 2 Nr. 803 und 732. Eine »Schindellade« besitzt auch Hans von Landau 1509 (ebenda Nr. 628). Anstelle von Laden ist des Öfteren auch von Truhen die Rede, ebenda Nr. 682, 779–801.

44 In: HStAS A 602 WR 5893.

45 StadtA Reutlingen A 2 Nr. 674.

46 Ebenda Nr. 604.

47 StadtA Reutlingen A 2 Nr. 667: *Wär aber, das ich selbs die nit an sie erforderte, wenn ich inen dann darumb tuon schriben under minem und noch ains Edelmanns insigel dem selben der inenn sölichen brieff von mir bringent söllent, sie die gemelten brief geben an miner statt ungevarlich.*

48 Ebenda: *Doch wär, das [...] die berürte brieff verstolen oder sust under iren willen entwert wirden, es wär von für, brunst oder ander sachen wegen, wie sich das fügte, darumb söllent sie mir noch minen erben nichtzit schuldig sin widerzuogeben noch zuo belerenn.*

schäden als möglichen Schadensursachen. Ob dies einer tatsächlichen Zunahme von Extremwetterereignissen[49] oder einer bloßen Angleichung an auch anderweitig übliche Klauseln geschuldet ist, muss hier offen bleiben.

Für die in den Legbriefen erwähnten Vollmachten, die einem Stellvertreter Einsicht in die hinterlegten Urkunden oder deren Entnahme gestatten sollten, liegen etliche Beispiele vor, darunter das älteste Schriftstück in diesem Zusammenhang überhaupt von 1446.[50] Wolf von Bubenhofen teilt darin Bürgermeister und Rat zu Reutlingen mit, dass er Hans Göss, den Kirchherren in seinem Dorf Dotternhausen, mit der Weisung nach Reutlingen geschickt habe, etliche dort hinterlegte Briefe zu holen, über die der Geistliche wohl Bescheid wisse, namentlich einen Brief, der die Zusage der Stadt Balingen enthält, keinen der Leibeigenen der Bubenhofen als Bürger anzunehmen. Einen der eigenen Patronatsherrschaft unterstehenden Pfarrer zu schicken, war alles andere als ungewöhnlich. Der in Hettingen ansässige Verwandte und württembergische Hofmeister Hans von Bubenhofen entsandte bevorzugt den Gammertinger Pfarrer Konrad Erler.[51] Auch darüber lassen sich kleine Einblicke in die Adelswelt entnehmen: Wen konnte man mit einer solchen Mission, die ja Lesefähigkeit voraussetzte, überhaupt betrauen?[52]

Im Gegensatz zu den Legbriefen handelt es sich bei den Vollmachten nicht um Urkunden, sondern um Briefe, per Siegel und zuweilen Unterschrift des Absenders sowie durch wenigstens einen weiteren standesgemäßen Siegelführer beglaubigt. Inhalt ist stets die Bitte an Bürgermeister und Rat, einem Bevollmächtigten Urkunden auszuhändigen. Nicht selten wird auch ein Grund angeführt, warum der Eigentümer nicht persönlich erscheinen kann. Neben manch Formelhaftem werden hier immer wieder Hinweise auf individuelle Lebenssituationen wie Alter oder Krankheit erkennbar.[53]

Auch die Entnahme als solche wurde dokumentiert und die Stadt damit entlastet, einerseits durch regelrechte Quittungen, andererseits durch entsprechende Rückvermerke auf Legbriefen. Dadurch wird von Fall zu Fall überdies deutlich, wer in der Stadt den Zutritt zum Gewölbe ermöglichte. Wenig überraschend war dies in aller

49 Generell dazu Wolfgang Behringer: Kulturgeschichte des Klimas, München 2007, der darauf hinweist, dass im Mittelalter und in der Neuzeit gerade extreme Regenfälle und Hagel durch Hexenzauber und dergleichen erklärt wurden, ebenda, S. 96, 166 ff.

50 StadtA Reutlingen A 2 Nr. 640.

51 Ebenda, Nr. 642–647.

52 Sofern die Boten überhaupt namentlich genannt werden, handelte es sich neben Geistlichen und nahen Verwandten mitunter um den örtlichen Vogt oder Amtmann. So bei Wolf von Bubenhofen 1495 (StadtA Reutlingen A 2 Nr. 653) oder Graf Joachim von Zollern 1510 (ebenda, Nr. 800). Udel Speth hingegen entsandte 1484 einen einfachen Knecht, Hans Schmid (ebenda, Nr. 776).

53 Konrad von Fürst etwa führt eine Erkrankung 1481 und 1487 als Grund an, Urkunden nicht persönlich abzuholen, StadtA Reutlingen A 2 Nr. 678 f. Udel Speth schickt aus demselben Grund 1478 ihren Sohn Dietrich nach Reutlingen (ebenda Nr. 771).

Regel der Stadtschreiber, von denen sich Blasius Stehelin des Öfteren namentlich nennt.[54] Im Übrigen war eine mögliche weitere, jedoch – weil teuer – eher seltene Form einer Entnahme auch die Fertigung eines Vidimus durch den Stadtschreiber oder einen Notar, der in der Stadt ja stets verfügbar war.[55]

In der städtischen Überlieferung haben sich in unterschiedlicher Anzahl alle Schriftguttypen – Revers (mit den genannten Kautelen), Legbrief, Vollmacht und Quittung – erhalten.[56] Sie ermöglichen damit einen aussagekräftigen Blick auf die Praxis des Adelsdepositums in einer mittleren Reichsstadt.

Weiterer Archivgang der Adelsdeposita

Doch wie steht es um die Deposita selbst? Ehe wir zu den Auswertungsmöglichkeiten der Depositalüberlieferung kommen, noch ein Wort zum weiteren Schicksal der Urkundendeposita. Bereits die schon erwähnten, von K. O. Müller bearbeiteten Steuerlisten des Adels am Neckar, die mit den Urkunden Thomas' von Wehingen nach Reutlingen gelangt waren, zeigen, dass Deposita zuweilen in der Stadt liegen blieben – sei es, weil die Familien ausstarben, sei es, weil der Rechtsinhalt irrelevant geworden war.

Wenig überraschend nennen die älteren Registraturverzeichnisse der Stadt die hinterlegten Urkunden selbst nicht, sondern lediglich die Akten und Urkunden, die sich darauf beziehen. Ein undatiertes, sicherlich dem 18. Jahrhundert entstammendes Verzeichnis hält etwa Legbriefe der Grafen von Zollern, *von unterschiedlichen Edelleuten [...] und einer loblichen Reichsritterschafft in Schwaben Vierthel am Neckar undt Schwarzwald* fest, ebenso Vollmachten (*Gewält*), *hinterlegte Sachen abzusondern*.[57] Auch das älteste Gesamtrepertorium des städtischen Archivs aus dem

54 Dazu auch ein Fall des Jahres 1510: Ein Graf von Zollern weist Pfarrer und Obervogt von Hechingen die Entnahme von in Reutlingen deponierten Geldern an, dabei sollen sie den *[...] stattschriber dar zue zenemend da mitt man wiss, wass man dar uß nem, doch soll man solichs ingehaim behallten.* StadtA Reutlingen A 2 Nr. 800. Der Stadtschreiber verschaffte also nicht nur den Zugang, er hatte auch, zumindest an diesem Beispiel, eine Art von notarieller Kontrollfunktion.

55 StadtA Reutlingen A 2 Nr. 805 (1523): Die Stadt verspricht Graf Eitel Friedrich von Zollern, im Einzelnen aufgezählte Urkunden *wie wie annder unser brief in unser stat Rewtlingen behaltnus versichern und behalten wöllen* und Bedarfsfall ein Vidimus zu fertigen.

56 Dass dies keineswegs selbstverständlich ist, zeigt der von Joachim Halbekann freundlicherweise beigesteuerte Quellenhinweis zu Esslingen. Demnach berichtet am 3. Juli 1593 der dortige Bürgermeister dem Rat, dass er im städtischen Archiv *ob dem stain ein Lad, daran Revers und Legbrieff geschrib[en], außgesucht und darInn allein Legbrieff befunden, die cassiert, daraus mitler Zeit gefehr entsteen möcht.* StadtA Esslingen, Ratsprotokoll 1593, Bl. 103r. Das heißt, genau diese Überlieferung wurde kassiert, um mögliche spätere Ansprüche zu vermeiden.

57 StadtA Reutlingen A 2 Nr. 626.

Jahr 1672 nennt lediglich *alte Leg- und Reversbrieff, wie auch derentwegen erthailter Quittungen.*[58]

Und doch waren die Deposita als solche zumindest in Teilen noch da. So traf nach dem Ende der Reichsstadtzeit der württembergische Archivkommissar Christoph Friedrich Lotter (1774–1850), der 1827 damit betraut worden war, das Reutlinger wie viele andere reichsstädtische Archive nach den für Stuttgart wichtigeren Stücken zu durchforsten, auf nicht wenige dieser Adelsurkunden. In dem inzwischen in der Marienkirche untergebrachten städtischen Archiv stieß er nicht nur auf die schon genannten »Legbriefe und Reverse«, sondern eben auch auf »deponierte alte Urkunden, zum größten Theil Familien-Documente von Adelichen.« Lotter mutmaßte, diese seien »bei den Familien der Deponenten in Vergessenheit gekommen« und er entschied sich aufgrund des historischen Werts *(sey es auch nur in genealogischer und antiquarischer Beziehung)* zur Mitnahme ins Staatsarchiv *zur weiteren höhern Disposition.* Glücklicherweise verzeichnete er alle damals noch in Reutlingen liegenden Stücke einzeln.[59] In Stuttgart selbst wurden die Urkunden und Aktenstücke zerstreut untergebracht; bereits kennen gelernt haben wir die Steuerlisten des Adels, andere Stücke finden sich erwartungsgemäß im Membrum Adelssachen, in den *Württembergischen Regesten* sowie in weiteren, von mir nun nicht mehr im Einzelnen geklärten Beständen.[60] Vielfach wird in den Stuttgarter Findbüchern des 19. Jahrhunderts noch explizit der Herkunftshinweis aus dem Reutlinger Archiv genannt[61], sodass von immerhin etwa einem Viertel der durch Quellen belegten deponierenden Adelsfamilien Urkunden an den heutigen Verwahrort gelangten. Dadurch lassen sich die Dokumente selbst in eine Beziehung zu den Quellen des Stadtarchivs setzen, die ja lediglich etwas über die Dokumente und deren Hinterlegung – oder Entnahme im städtischen Archiv aussagen.

58 Ebenda, S 150 Bd. 7, fol. 25v.

59 Ebenda, Bd. 5, Bl. 16–27.

60 Darunter geschichtlich auch durchaus bedeutsame Stücke wie das bereits erwähnte Testament mit Erbeinung des Hauses Zollern nach dem Tod Graf Karls I. 1575 in HStAS A 193 U 16 und 24, vgl. dazu den Eintrag Lotters, der die Herkunft aus Reutlingen belegt (StadtA Reutlingen S 150 Bd. 5, Bl. 27). Das Hinterlegungsdokument selbst in Stadtarchiv Reutlingen A 2 Nr. 813. Eine Einsichtnahme durch den gräflich zollerischen Sekretär Leonhart Schießer dokumentiert die Verwahrung der Urkunden in Reutlingen noch im ausgehenden 17. Jahrhundert, StadtA Reutlingen A 2 Nr. 815. Zur Bedeutung des Vorgangs vgl. Wilfried Schöntag: Hohenzollern. In: Handbuch der baden-württembergischen Geschichte 2 (wie Anm. 1), S. 372 f.

61 Bspw. HStAS A 155 II, Repertorium S. 22 (Herrschaft Gammertingen): »Urkunden, welche im Jahr 1827 aus dem vormals reichsstädt. Archiv zu Reutlingen, wo sie unter den Depositis vorgelegen, eingekommen sind.«

3)

Was nun lässt sich dem Schriftgut rings um adelige Urkundendeposita abseits zum Teil schon angedeuteter, eher archiv- und kulturgeschichtlich interessanter Einzelbelege abgewinnen? Vorausgeschickt sei, dass wir mit dem Reutlinger Depositalschriftgut ein kleines Sample vor uns haben. Es handelt sich um rund 110 Dokumente im Zeitraum von ca. 1450 bis 1550, 45 vor und 64 nach 1500. Tatsächliche »Fälle« sind es deutlich weniger, denn vielfach beziehen sich mehrere Schriftstücke auf ein und dasselbe Depositum. Über den Umfang eines Depositums erfahren wir aus den Quittungen und »Legbriefen« in aller Regel nichts, allenfalls lässt das 1827 erstellte Lotter'sche Verzeichnis eine näherungsweise Vorstellung darüber zu. Für das in Reutlingen verbliebene, vergleichsweise große Depositum der Herren von Bubenhofen etwa verzeichnete Lotter 25 Urkunden aus der Zeit von 1396 bis 1498.[62] Aber er traf selbstverständlich nur noch einen kleinen Teil dessen an, was einmal da war. Aus einem schon angeführten, 1561 gefertigten Verzeichnis[63] geht hervor, dass zu einem Konvolut der Herren von Wehingen 56 Einzelnummern im Reutlinger Archiv lagerten. In den meisten Fällen aber scheint es sich um deutlich weniger Schriftstücke gehandelt zu haben. Lotter listet insgesamt 44 Adelsfamilien auf. Wenn wir für jede wenigstens fünf bis zehn Urkunden vermuten, können wir von rund 300 bis 400 einst im reichsstädtischen Archiv deponierter Dokumente ausgehen. Nach dem Anschein des erhaltenen Depositums der Bubenhofen handelte es sich überwiegend um reichlich unspektakulär daherkommende, auf Papier geschriebene Stücke und eher seltener um eine Pergamenturkunde. Der schon genannte, zweifellos repräsentativere Fall der Erbeinung des Hauses Zollern war die Ausnahme.[64] Der Heiratsbrief Annas von Bubenhofen und Heinrichs von Reischach aus dem Jahr 1417 mag hier als Beispiel dienen:[65] Ein etwa 24 × 32 cm großes, klein zusammengefaltet aufbewahrtes Blatt Papier. Das heißt, auch eine größere Anzahl von Schriftstücken verursachte nicht wirklich ein Platzproblem im städtischen Gewölbe.

Inhaltlich zeichnen sich, soweit die »Legbriefe« darüber Auskunft geben, drei Gegenstände ab. Mit Abstand am häufigsten wurden sogenannte Gültbriefe hinterlegt, die Schuldforderungen festhalten. Unter den 28 Fällen, die dem Quellensample zu entnehmen sind, handelt es sich in auffallend vielen Fällen um Schulden der württembergischen Landesherren. Häufig waren Angehörige des Ritteradels offenbar nicht nur als Diener und Lehensleute, sondern auch als Kreditgeber der Württemberger gefragt, sodass man den Eindruck gewinnt, dass dies ein eigenständiges Mittel der Grafen war, Familien an sich zu binden. Dabei ging es immer wieder um

62 StadtA Reutlingen S 150 Bd. 5, Bl. 17–19.
63 S. Anm. 27.
64 S. Anm. 60.
65 In HStAS A 155 II Bü 6.

nicht eben unbeträchtliche Summen und die zugehörigen Schuldscheine mochten so an einem sicheren Verwahrort vielleicht auch vor dem Zugriff des Dienstherrn und Schuldners im Konfliktfall besser verwahrt sein als auf der eigenen Burg. Gerade die Bubenhofen und die Speth treten in den Reutlinger Quellen ziemlich regelmäßig als Kreditgeber der Grafen und Herzöge auf. Graf Eberhard V. etwa stand 1478 bei den Speth mit 9.100 Gulden in der Kreide, noch höhere Beträge liehen pikanterweise ausgerechnet die – an sich ausgesprochen vermögenden, dann aber an Überschuldung leidenden[66] – Bubenhofen an Herzog Ulrich von Württemberg, der 1519, wie eingangs gesehen, das Bubenhofische Depot samt Schuldscheinen bei der Eroberung Reutlingens für kurze Zeit an sich bringen konnte. Mit solchen Summen war der Erwerb durchaus stattlicher Adelsherrschaften möglich; das spethische Zwiefaltendorf an der Donau etwa wechselte 1441 für 4.000 Gulden den Besitzer, im Jahr darauf das nahe Untermarchtal für 8.700 Gulden.[67] Auch wenn hier nur ausschnitthaft Einblicke in die finanziellen Möglichkeiten des Niederadels erkennbar sind, verdient dieses Thema Beachtung.[68] Denn anders als die Ergebnisse Gert Kollmers für die Zeit nach dem 30-jährigen Krieg nahelegen, zeichnet sich hier ein hohes Maß an Bindung des Ritteradels durch Kreditbeziehungen an die regional dominierenden herrschaftlichen Akteure ab, die Grafen und Herzöge von Württemberg.[69] Für ein abschließendes Urteil zur wirtschaftlichen Lage der Familien fehlen weitere unerlässliche Quellen, die etwa zur Verschuldung der Familien Auskunft geben würden. Mit den Hinterlegungen begegnen sie uns ausschließlich als Gläubiger.

Die zweithäufigste Gruppe kann man als Familienpapiere zusammenfassen: Heiratsabreden, Widerlegungen einer Morgengabe, Testamente, von denen wir mit dem Testament Graf Karls I. von Hohenzollern ein prominentes, wenn auch aus späterer Zeit stammendes Beispiel kennengelernt haben.[70]

66 Duncker (wie Anm. 3), S. 353 f., 362–364; K. O. Müller (wie Anm. 3); Hans Peter Müller: Das unrühmliche Ende der Gebrüder von Bubenhofen. In: Hohenzollerische Heimat 49 (1999), S. 23 f.

67 Manfred Waßner: Geschäfte, Dienst und Herrschaft: Aspekte der wirtschaftlichen Basis des niederen Adels um 1500 am Beispiel der Familie Speth. In: Sigrid Hirbodian u. a. (Hrsg.): Herrschaft, Markt und Umwelt. Wirtschaft in Oberschwaben 1300–1600 (Oberschwaben. Forschungen zu Landschaft, Geschichte und Kultur 3), Stuttgart 2019, S. 149–151.

68 Vgl. Kurt Andermann: Angehörige des Ritteradels als Kreditgeber in Spätmittelalter und Frühneuzeit. In: Kurt Andermann/Gerhard Fouquet (Hrsg.): Zins und Gült. Strukturen des ländlichen Kreditwesens in Spätmittelalter und Frühneuzeit(Kraichtaler Kolloquien 10), Epfendorf 2016, S. 93–110, hier bes. S. 101–105; s. a. Press (wie Anm. 26), S. 789.

69 Gert Kollmer: Die wirtschaftliche und soziale Lage der Reichsritterschaft im Ritterkanton Neckar-Schwarzwald 1648–1805. In: Franz Quarthal (Hrsg.): Zwischen Schwarzwald und Schwäbischer Alb. Das Land am oberen Neckar, Sigmaringen 1984, S. 285–301, bes. S. 288 f. Allgemein zum Thema Andermann (wie Anm. 68).

70 Vgl. Anm. 60.

Als dritte Gruppe lassen sich schließlich Dokumente zu Herrschaftsrechten wie Lehenbriefe oder Urkunden im Zusammenhang mit Verpfändungen[71] ausmachen. So gelangten nach dem Tod Erzherzogin Mechthilds in Rottenburg Urkunden über die lange zwischen ihr und dem Haus Österreich umstrittene Grafschaft Hohenberg nach Reutlingen. Graf Eitelfritz von Zollern, Berater, Kriegsherr und Diener Maximilians I., seit 1488 Hauptmann der Herrschaft Hohenberg[72], hinterlegte 1489 den Huldigungsbrief hohenbergischer Städte gegenüber dem Kaiser.[73]

Unter den zahlreichen Hinterlegungen der weit verzweigten Niederadelsfamilie Speth ragt der zu Sulzburg im württembergischen Amt Kirchheim gesessene Zweig heraus. Neben den schon bekannten Gültbriefen sind hier auch Lehensurkunden über Rechte und Besitzungen dieser Herrschaft vertreten.[74] Gerade beim Niederadel muss nicht eigens erwähnt werden, dass die Überlieferung der Originale alles andere als gesichert erscheint und so kann, ohne dass dies nun im Einzelfall überprüft wurde, die Erwähnung in einem Legbrief eventuell der einzige Hinweis auf manches Stück sein.

Andere herrschaftlich relevante Stücke hatte 1446 der ältere Wolf von Bubenhofen hinterlegt, darunter eine Urkunde der Stadt Balingen, die ihm verbriefte, dass die Stadt keine seiner Leibeigenen aus den benachbarten Dörfern als Bürger aufnahm.[75] Oder der gleichnamige Nachfahre, der 1495 um Einsicht in einen Kaufbrief über Lehengüter in Engstlatt bei Balingen bat, die von einem, so heißt es, »Freibürger« aus Rottweil erkauft worden waren. Nun waren mit den Maiern der betreffenden Höfe Streitigkeiten ausgebrochen, sodass die Urkunden vor Gericht eingesehen werden sollte.[76]

Am interessantesten scheint aber der Blick auf die regionale Herkunft der Familien, die ihre Archive beziehungsweise Archivteile nach Reutlingen brachten. Bekanntlich vermochten sich eigenständige Adelsherrschaften im deutschen Süd-

71 1480 lässt der württembergische Landhofmeister Hans von Bubenhofen aus seinem Depositum den Pfandbrief der Herrschaft Kallenberg entnehmen, StadtA Reutlingen A 2 Nr. 645. Evtl. handelt es sich hier allerdings um eine Verschreibung, denn unter den von Lotter 1827 aufgenommenen Urkunden aus dem Bubenhofenbestand findet sich lediglich eine das verpfändete württembergische Balingen betreffende Urkunde, die zeitlich passen könnte. StadtA Reutlingen S 150 Bd. 5, Bl. 19, s. a. Duncker (wie Anm. 3), S. 347. Die Pfandschaft Kallenberg befand sich sehr viel früher im Besitz der Bubenhofen.

72 Vgl. die Kurzbiographie von Eberhard Gönner in der Neuen Deutschen Biographie 4, S. 423. Benutzt in der Onlineausgabe https://www.deutsche-biographie.de/sfz34828.html#ndbcontent (4.1.2022) sowie Schöntag (wie Anm. 61), S. 371.

73 StadtA Reutlingen A 2 Nr. 796.

74 StadtA Reutlingen A 2 Nr. 759 f., 770, 777. Weitere Hinterlegungen betreffen Gültangelegenheiten. Zu dem Sulzburger Zweig der Speth vgl. Hans-Martin Maurer: Burgen im Landkreis Nürtingen, Nürtingen 1967, S. 88–90.

75 StadtA Reutlingen A 2 Nr. 640. Diese Urkunde taucht im Lotter-Repertorium nicht mehr auf.

76 Ebenda, Nr. 653.

Abb. 3: Herkunft Reutlinger Urkundendeposita ca. 1450 bis 1550
© Amt für Stadtentwicklung und Vermessung Reutlingen (2020)

westen unter anderem in der Übergangszone der Grafschaft, seit 1495 des Herzogtums Württemberg zum habsburgisch beherrschten Süden und Südwesten zu etablieren.[77] Betrachtet man eine Karte der Herkunft Reutlinger Archivdepots, lässt sich unschwer eine besondere Belegdichte in räumlicher Nähe zur Reichsstadt feststellen. Darüber hinaus aber ist eine Ausbuchtung nach Süden und Westen, entlang des Neckars und über die Zollernalb hinweg bis zur Donau, erkennbar. Es handelt sich um eben jene Adelslandschaft an den Rändern des dominierenden Fürstentums Württemberg und dem vorderösterreichischen Herrschaftskonglomerat. Vielfach waren es ritteradelige Familien des Viertels am Neckar und Schwarzwald, allerdings keineswegs nur. Ein Abgleich mit den bei K. O. Müller publizierten Steuerzahlern dieses Viertels zeigt, dass weniger als 50 % der Reutlinger Hinterleger aus diesem Personenkreis stammen. Daneben stehen die Orte an der Donau für Familien des dortigen Ritterquartiers. Dass sich diese Belegdichte nicht in gleicher Weise nach Osten fortsetzt, dürfte sich mit den dortigen Reichsstädten – Esslingen, Ulm und Schwäbisch Gmünd sind hier zu nennen – erklären, die zweifellos in gleicher Weise wie Reutlingen als Hinterlegungsorte dienten. Im Südwesten dagegen befindet sich allein die Reichsstadt Rottweil, aus deren Umfeld wiederum fast keine Reutlinger Belege vorliegen.

Es gibt auch räumliche »Ausreißer«, die sich bei näherer Prüfung aber meist ohne Weiteres klären lassen: Nicht selten handelt es sich um Ritter, die in württembergischen Diensten näher bei Reutlingen tätig waren, als es ihr eigentlicher Sitz vermuten lässt. So war, um nur ein Beispiel zu nennen, jener Eitel Schelm von Bergen, der seit 1485 über Burg und Dorf Neibsheim beim heutigen Karlsruhe verfügte, um 1490 württembergischer Burgvogt auf der Achalm.[78] Auch er hinterlegte im Reutlinger Archiv etliche, nicht näher bezeichnete Briefe.[79] Oder aber es handelt sich wie bei den Summerau zu Praßberg in Oberschwaben um Familien, die über Verwandtschaftsbeziehungen in das ansonsten wieder passende regionale Spektrum verfügten.[80] Umgekehrt verhielt es sich bei dem württembergischen Obervogt zu Tuttlingen, Wilhelm von Grafeneck, welcher der zu Magolsheim gesessenen Linie

77 Historischer Atlas von Baden-Württemberg, hrsg. von der Kommission für geschichtliche Landeskunde in Baden-Württemberg. Beiwort zu Karte VI.13 (Herrschaftsgebiete und Ämtergliederung in Südwestdeutschland 1790). Bearb. von Michael Klein, Stuttgart 1988, S. 6; Press (wie Anm. 26), S. 781, 786–789.

78 Walter Pfeilsticker: Neues Württembergisches Dienerbuch 2, Stuttgart 1963, § 2694; HStA Stuttgart A 602 U 8729. Aus diesem Grund wohl war auch er zur Steuer für den Schwäbischen Bund veranschlagt, vgl. K. O. Müller (wie Anm. 3), S. 320.

79 StadtA Reutlingen A 2 Nr. 638.

80 Ebenda, Nr. 768: 1506 hinterlegen Eitelhans, Vogt von Sommerau zu Praßberg und Dietrich von Gemmingen einen Gültbrief über 2.000 Gulden Hauptgut, die Hans Caspar von Bubenhofen schuldig ist. Der Legbrief besagt, dass er ursprünglich von ihrer Verwandten Barbara, geborene von Hailfingen, deponiert worden war.

dieses auf der Schwäbischen Alb beheimateten Geschlechts entstammte, qua Dienst also in einem eher untypischen Ort ansässig wurde.[81]

Am Ende scheint noch erwähnenswert, dass politische Ereignisse offenbar keinen feststellbaren beziehungsweise allenfalls zeitlich eng begrenzten Einfluss auf das Depositalgeschäft hatten. Zuweilen werden Ereignisse auf eher subtile Weise sichtbar; so liegt vom württembergischen Vogt und Heerführer Wilhelm Herter von Herteneck (gest. 1477) ausgerechnet aus jenem Jahr ein Urkundendepositum vor, als er nach der fatalen Niederlage seines Dienstherrn bei Seckenheim aus pfälzischer Gefangenschaft wieder frei gekommen war.[82] Auch nach dem eingangs geschilderten Ereignis vom Januar 1519 wurden Deposita nach einer kurzen Pause wieder im Reutlinger Archiv hinterlegt.[83] Damals hinterlegte – kurz vor der Rückeroberung Württembergs durch Herzog Ulrich – auch Eberhard von Karpfen, den der Herzog als einen seiner ausgewiesenen Gegner ansah und ihn deshalb in der sogenannten Tübinger Schandtafel anprangerte[84], Urkunden in Reutlingen. Anscheinend geschah dies in größeren Umfang, denn es ist von einer »Reisetruhe« und zwei Laden mit Schriftstücken die Rede.[85] Anders jedoch als ein viertel Jahrhundert zuvor scheinen die Adelsdepots in den Reutlinger Stadtmauern nun nicht mehr von Kriegshandlungen gefährdet gewesen zu sein.

Auch die Reformation, die in Reutlingen sehr früh, 1523/24, Einzug gehalten hatte, spielte offenbar keine Rolle bei der Hinterlegungspraxis. Urkundendeposita von Adelsleuten blieben weiterhin üblich, allen Boykottdrohungen des mächtigen habsburgischen Nachbarn zum Trotz:[86] 1525 oder 1526, also inmitten der härtesten Auseinandersetzungen um eine reichsrechtliche Anerkennung lutherischer Konfession, hinterlegte ausgerechnet Graf Joachim von Zollern Urkunden seines Herrn, Erzherzog Ferdinands von Österreich, in Reutlingen.[87] Nachdem die fortdauernde Krisenzeit des 30-jährigen Krieges der Sache nochmals einen gewissen Schwung ver-

81 Ebenda, Nr. 691. Es handelt sich vermutlich um den Sohn Eberhard von Grafeneck, 1497 württembergischer Diener von Haus aus und 1499 bis 1504 Obervogt in Tuttlingen, anschließend in Balingen. Pfeilsticker (wie Anm. 78) § 2930, 2164.

82 StadtA Reutlingen A 2 Nr. 717 von 1464.

83 Das erste in Quellen belegte Depositum nach dem Reutlinger Fall ist StadtA Reutlingen Nr. 783 vom 7. November 1519 durch Werner Schenk von Stauffenberg zu Wilflingen.

84 Setzler (wie Anm. 1), S. 47 f. sowie mit weiteren Belegen https://www.tuepedia.de/wiki/Schandtafel (4.1.2022).

85 StadtA Reutlingen A 2 Nr. 732 f. Dazu vgl. jetzt Dennis Schmidt: Talheim 1500–1800, in: Mössingen. Stadtgeschichte – mit Öschingen und Talheim, Tübingen 2024, S. 173.

86 Vgl. den stadtgeschichtlichen Überblick in: Wilhelm Borth/Bernd Breyvogel/Wolfgang Jung (Hrsg.): Reutlingen. Von der Reichsstadtherrlichkeit zur selbstbewussten Großstadt, Reutlingen 2013, S. 67–80 sowie zuletzt Sabine Holtz: »[...] denn der Gehorsam zu glauben gehöre weder dem Kaiser, Papst, König noch Fürsten, sondern allein Gott«. Die Reichsstadt Reutlingen zwischen reformatorischem Bekenntnis und kaiserlicher Loyalität. In: Reutlinger Geschichtsblätter NF 56 (2017), S. 9–26.

87 StadtA Reutlingen A 2 Nr. 804, 808.

liehen hatte[88], war es dann damit allerdings auch vorbei: Nach den 1640er Jahren sind keine Hinterlegungen mehr aktenkundig.[89] Gleichwohl führte man in Reutlingen vereinzelt Verzeichnisse der hinterlegten Akten[90], und nur so, so darf man annehmen, haben die zurückgelassenen Urkunden auch die Zeitläufte überdauert.

Gehen wir einen Schritt zurück und denken an den von Peter Johanek aufgezeigten Fächer von Nutzungsmöglichkeiten einer Stadt für den Adel. Der Tagungsband bietet einen eindrucksvollen Strauß an Beziehungsgeflechten, die teils sinnfällig über kirchliche Stiftungen oder Bauwerke werden, teilweise sich in Schriftquellen niederschlagen. Was wir nicht oder nur wenig daraus entnehmen, sind informelle Beziehungen wie Marktbesuche, die Nutzung städtischer Handwerker oder anderer Einrichtungen, wo sich kein unmittelbarer materieller oder schriftlicher Niederschlag findet. Können die urkundlichen Spuren von Adelsdeposita einen systematisierungsfähigen Fingerzeig in diese Richtung geben? Ich meine schon. Wer in die Stadt reitet, um eine Truhe mit Wertsachen ins städtische Archiv zu bringen, wird die Stadt nicht verlassen, ohne im Wirtshaus eingekehrt zu sein, ohne den Markttag zu besuchen. Die zentralräumliche Ausstrahlung einer Stadt, so also die Überlegung, erweist sich nicht zuletzt in der Reichweite ihrer Depositalkunden. In manchen Fällen überrascht die Wahl eines Hinterlegungsortes: Weshalb etwa haben sich die Bubenhofen für Reutlingen entschieden, obwohl sie in dem keineswegs weiter entfernten Rottweil ein eigenes Haus besaßen? Die vermeintliche Erklärung, dass Reutlingen dem Ritterviertel an Neckar und Schwarzwald als Tagungsort diente, trifft erwiesenermaßen nicht zu. Es bedarf vermutlich weiterer, vergleichender Studien zu adeligen Deposita in Reichsstädten, um hier weiter zu kommen.

Stadt und Adel, das Thema hat etliche Facetten, die Felder von Konflikt und Kooperation gleichermaßen abdecken. Die Hinterlegung von Wertsachen, von Familienarchiven zumal, gehört zweifellos zu den Beispielen stadt-adeliger Kooperation. Der kurze und exemplarische Blick auf die Reutlinger Überlieferung zeigte hoffentlich, dass es sich auch lohnte, eine vergleichende Untersuchung der ums Archivdepositum kreisenden Urkundenüberlieferung anzugehen. Meines Erachtens ergeben sich daraus Erkenntnismöglichkeiten

- hinsichtlich städtischer Zentralörtlichkeit,
- zu Stand und Praxis städtischen wie adeligen Archivwesens und Kanzleigebrauchs
- und schließlich in nicht wenigen Fällen die Chance auf Hinweise auf im Original am Ende verloren gegangene Quellen zur Geschichte mancher Adelshäuser.

88 Ebenda A 2 Nr. 724–726.

89 Ein Archivetikett des 19. Jahrhunderts (ebenda Nr. 625) nennt »Depositen, ›Legbriefe‹ über solche, d. h. Besicherungen über hinterlegte Gegenstände« demnach auch aus dem 18. Jahrhundert. Allerdings haben sich aus dieser Zeit nach Kenntnisstand d. Verf. keine erhalten.

90 Ein spätes Beispiel aus dem 18. Jahrhundert ist ein »Summarisches Namenverzeichnis von Edelleuten betr. Legbriefe und deponierte Sachen«, StadtA Reutlingen A 2 Nr. 626.

Der »Städtefeind«

Fehdeführung und antistädtische Ressentiments bei Hans von Rechberg von Hohenrechberg

Niklas Konzen

Einleitung

Der folgende Beitrag soll mit Blick auf den Themenkomplex »Stadt und Adel zwischen Konflikt und Kooperation« Ergebnisse der Dissertation des Verfassers bündeln, deren Untersuchungsobjekt, Hans von Rechberg von Hohenrechberg, sich zu Lebzeiten über einen langen Zeitraum hinweg als Führungsfigur adliger »Städtefeinde« profiliert hat.[1] Rechberg stammte aus einem schwäbischen Niederadelsgeschlecht mit zahlreichen Eheverbindungen in den gräflichen und freiherrlichen Adel und umfangreichem Güterbesitz. Zugleich war er der Hauptkoordinator eines losen Netzwerks von Adligen, die etwa 1440 bis 1460 vor allem (aber nicht nur) den schwäbischen Städtebund und die Eidgenossenschaft in zahlreichen Fehden bekämpften und schädigten, durch Straßenraub, Entführung, Plünderung, Viehdiebstähle, Löse- und Schutzgelderpressung. Nach Rechbergs Tod in seiner letzten Fehde bezeichnete der zeitgenössische Memminger Chronist Erhard Wintergerst ihn als den

> *gröst wüetrich (...), als bey unsserem gedencken keiner gewessen im Teütschland, denn er hat alweg krieg, er hatt vill schlösser verloren, hat unsäcklich vill menschen umbgebracht und mörderey gestifft mit stäth einnemen, er hat vill armer leytt gemacht mit brenen und rauben. (...) Der baur wer zuo krönen, der Hanssen von Rechberg erschossen.*[2]

Dieses Urteil über Rechbergs Biographie dürfte mit Blick auf seine tatsächliche Gewaltbilanz in den schwäbischen Reichsstädten ziemlich konsensfähig gewesen sein.

Hans von Rechberg lag mit seinen Fehden im Trend seiner Zeit: Um die Mitte des 15. Jahrhunderts kam es im Südwesten zu einer Häufung von Adelsfehden gegen reichsunmittelbare und freie Städte, insbesondere den schwäbischen Städtebund und

1 Niklas Konzen: Aller Welt Feind. Fehdenetzwerke um Hans von Rechberg († 1464) im Kontext der südwestdeutschen Territorienbildung (Veröffentlichungen der Kommission für geschichtliche Landeskunde in Baden-Württemberg, Reihe B: Forschungen 194), Stuttgart 2014.

2 Memminger Chronik von Erhard Wintergerst und Johannes Kimpel, Wiss. Stadtbibliothek Memmingen 4° 2,19, S. 114f.

Abb. 1: Hans von Rechberg von Hohenrechberg in einer zeitgenössischen Darstellung (um 1460)

die Eidgenossenschaft. Darüber hinaus führten in diesem Zeitraum fürstliche und städtische Bündnisse in der Region zwei Großkonflikte gegeneinander, an denen sich auch Hans von Rechberg beteiligte, nämlich den Alten Zürichkrieg von 1443 bis 1446 und den Zweiten Städtekrieg 1449/50. Seit dem 19. Jahrhundert wurde daher in der Forschung erörtert, ob diese Konflikte der Fürsten und des Adels mit der Eidgenossenschaft und den Reichsstädten Ausdruck eines »Prinzipienkampfes« zwischen »Aristokraten« und genossenschaftlichen Republikanern gewesen seien.[3] Als polarisierende Faktoren sind auf adliger Seite der häufig von Städten ausgehende

3 Vgl. Thomas Fritz: Ulrich der Vielgeliebte – ein Württemberger im Herbst des Mittelalters. Zur Geschichte der württembergischen Politik im Spannungsfeld zwischen Hausmacht, Re-

Versuch einer Kriminalisierung adliger Fehdeführung, allgemeine Ressentiments gegen die Ausübung von Herrschaft durch Nichtadlige und, damit zusammenhängend, die Angst vor territorialer Verdrängung durch städtische Umlandpolitik genannt worden, auf städtischer Seite die Furcht vor Mediatisierung durch benachbarte Fürsten. In jüngerer Zeit hat insbesondere Klaus Graf in diesem Zusammenhang auf gegenseitige Verdrängungs- und Unterwerfungsängste des Landadels und der reichsstädtischen Eliten in Bezug auf die jeweils andere Gruppe hingewiesen.[4] Zugleich wurde festgestellt, dass nur ein Teil des südwestdeutschen Adels sich an Fehden gegen Eidgenossen und Reichsstädte beteiligte und es umgekehrt zahlreiche Beispiele für kooperative Beziehungen bis hin zu Bündnisverhandlungen oder zum Eintritt von Adligen in städtische Solddienste gibt.[5] Es stellt sich also nicht nur die Frage nach den Ursachen von Städtefeindlichkeit, sondern auch danach, warum manche Adlige, wie Hans von Rechberg, zu Städtefeinden wurden und andere nicht.

Im folgenden Beitrag sollen zunächst zwei Quellenbeispiele aus dem Umfeld Hans' und seines Bruders Ulrich von Rechberg von Hohenrechberg einen Eindruck vom »Feindbild Städte« aus adliger Sicht vermitteln. Da diese Vorwürfe sich teilweise auf Ereignisse beziehen, die auch aus Sicht dieser beiden Rechberger weit in der Vergangenheit liegen, wird anschließend die Beteiligung früherer Generationen ihrer Familie an städtefeindlichen Adelseinungen erläutert, außerdem die weitere Entwicklung dieser Adelseinungen in der Regierungszeit Kaiser Sigismunds.

Als nächstes soll auf die Funktion eingegangen werden, die Städtefeindlichkeit bei den Fehdeaktivitäten speziell Hans von Rechbergs erfüllte, insbesondere mit Blick auf das Problem der Legitimierung seiner Verstöße gegen das Landfriedensrecht und auf die Bildung und Mobilisierung von Unterstützernetzwerken im Rahmen dieser Fehdeführung. Dabei werden auch Parallelen zur Bildung von Adelsgesellschaften bei den früheren Rechberg-Generationen thematisiert.

Schließlich soll kurz zu der Frage Stellung genommen werden, warum Hans von Rechbergs Verhältnis zu Städten und Eidgenossen sich deutlich anders entwickelte als das anderer Familienmitglieder. Da die Gründe hierfür nach Meinung des Verfassers eher in seinen Beziehungen zu Württemberg und Österreich zu suchen sind als in persönlichen Erfahrungen mit Städten und Eidgenossen, sollen sie hier unter Verweis auf die ausführliche Behandlung dieses Aspekts an anderer Stelle nur kurz angerissen werden.

gion und Reich (Schriften zur südwestdeutschen Landeskunde 25), Leinfelden-Echterdingen 1999, S. 93 ff.

4 Vgl. Klaus Graf: Feindbild und Vorbild. Bemerkungen zur städtischen Wahrnehmung des Adels. In: ZGO 141 (1993), S. 121–154; Ders.: Der adel dem purger tregt haß. Feindbilder und Konflikte zwischen städtischem Bürgertum und landsässigem Adel im späten Mittelalter. In: Werner Rösener (Hrsg.): Adelige und bürgerliche Erinnerungskulturen des Spätmittelalters und der Frühen Neuzeit (Formen der Erinnerung 8), Göttingen 2000, S. 191–204 sowie Ders.: Die Fehde Diemars von Lindach gegen die Reichsstadt Schwäbisch Gmünd (1543–1554). In: Gmünder Studien 7 (2005), S. 7–32.

5 Vgl. Konzen (wie Anm. 1), S. 53–57.

Das Feindbild Städte in einer Quelle zur Schlacht bei Waldstetten, 1449

Die beiden einleitenden Quellenbeispiele entstanden im Jahr 1449. In diesem Jahr beteiligten sich beide Brüder von Rechberg unabhängig voneinander an kriegerischen Auseinandersetzungen, in denen Adlige und Städte gegeneinander kämpften. Zunächst zu Ulrich von Rechberg: Dieser kämpfte im Zweiten Städtekrieg (1449–50) als Fehdehelfer Württembergs gegen den schwäbischen Städtebund und brachte am 1. September 1449 der Reichsstadt Gmünd in einem Gefecht bei Waldstetten eine vernichtende Niederlage bei.[6] Ein zeitgenössisches Gedicht[7], das dieses Ereignis glorifiziert, hebt besonders die Rolle Ulrichs von Rechberg als Führungsfigur im Kampf von Fürsten und Adel gegen die Städte hervor, die hier als »Bauern« bezeichnet werden. Namentlich genannt werden neben Ulrich drei weitere Rechberger, die mit ihrer Streitmacht der Quelle zufolge mit der Losung *stich ab und nim gefangen kain!* eine Gmünder Streitmacht von 700 Mann am Waldstetter Bach in die Flucht schlugen und zahlreiche Gegner erstachen.[8]

Dieses Vorgehen der Adligen rechtfertigt der vermutlich aus Ulrichs Umfeld stammende Autor mit angeblichen Untaten der schwäbischen Reichsstädte, die eingangs aufgelistet werden: Die Städte führten aus »Übermut« – also aus Arroganz, aus Selbstüberschätzung – einen Krieg gegen den Adel, sie trieben ihren Hochmut mit Gott, Adel, Kirchen und Klöstern, sie plünderten und schändeten Kirchen und Klöster, schütteten Hostien aus ihren Gefäßen und machten sich weiterer blasphemischer Handlungen schuldig, sie maßten sich die Herrschaftsgewalt des Kaisers an.[9]

6 Zur Rolle Graf Ulrichs V. von Württemberg-Stuttgart im Zweiten Städtekrieg Fritz (wie Anm. 3), S. 93–109, insbesondere S. 98 zur Schlacht von Waldstetten; zur Überlieferung des Ereignisses siehe außerdem Klaus Graf: Gmünder Chroniken im 16. Jahrhundert, Schwäbisch Gmünd 1984, S. 205 f.

7 Siehe »Die Kämpfe bei Gmünd, Staufen und Eßlingen«. In: Karl Steiff/Gebhard Mehring (Hrsg.): Geschichtliche Lieder und Sprüche Württembergs, Stuttgart 1912, S. 32–37.

8 *Her Ulrich von Rechberg ain riter guot, / Junkherr Ulrich von Rechberg hoch gemuot, / Junkherr Wilhalm von Rechberg uß Wisenstain, / Juncherr Vit von Rechberg, den ich main, / – von Hohenrechberg ist ir stam, / all vier gevetter, als ich vernam – / die kamen dar geritten all (...); / sie wölten sich ergetzen / und die buren letzen. / Der zug von dem adel fri / Der het nach ordnung ein frölich kri: / »stich ab und nim gefangen kain!« / Der puren fechten das was klain, / ir waren siben hundert wol, / das sprich ich, als ich billich sol; / die waren verzagt, als ich sach, / sie fluochen zuo Walchsteten an den bach, / an der flucht wurden sie erstochen, / do wart ir brennen gerochen / und ander muotwil groß.* Steiff/Mehring (wie Anm. 7), S. 33.

9 *Mit dem lebendigen Got / beguonden sie zuo triben spot / in mangem gotzhus, als man sol / Gots fronlichnam gnaden vol in monstranzen halten schon, / (...) dem sagen wir lob und bitten all, daß er uns halt an sorgen fri / vor der großen buobri, / die das sacrament so here / schütten uß in bösen geren / umb des schnöden gutes sold. / Got nit ungerochen wolt / laßen staun, als ich glob, / den selben edeln gnaden rob. / Sie branten clöster manigfalt; / tof, crisam und [was] man halt / in der hailigen cristenhait, / dem teten sie allem groß lait / beidü fruo und spat.* Steiff/Mehring

Abb. 2: Epitaph des Ulrich von Rechberg in der Pfarrkirche St. Martin, Donzdorf
© Niklas Konzen, 2014

Es scheint jedoch sehr zweifelhaft, ob diese Vorwürfe – soweit sie konkrete Handlungen und Ereignisse benennen – überhaupt einen Bezug auf reale Vorfälle des zu diesem Zeitpunkt kaum einen Monat zuvor begonnen Städtekriegs gehabt haben. Demgegenüber fällt auf, dass viele dieser Vorwürfe fast wortgleich in einem zeitna-

(wie Anm. 7), S. 32. – *Got uns allen gnädig si, / dass er uns helfen rechen / das haidnisch kirchen brechen, / das die von Giengen, Now und ir genoßen / hond geton clain und großen.* (...) *Anders hochmuoz will ich schwigen, / den sie mit Got dem herren triben, mit clöstern kirchen und dem adel fri.* Ebenda, S. 34. – *[V]on Eslingen die suren recken / den herren wölten sie schrecken / von Wirtenberg kuen und hoch geborn; / zwar mir tuot im herzen zorn, / daß die tumen laien / im land begernent raien, / als ob sie kaiser were, / uf min tru, es bringt mir swere.* Ebenda, S. 35.

hen Konflikt an anderem Schauplatz öffentlich artikuliert wurden, nämlich dem Alten Zürichkrieg, der von 1443 bis 1446 zwischen Schweizer Eidgenossenschaft und dem Haus Österreich mit seiner adligen Klientel ausgetragen wurde. Kern der habsburgischen Propaganda im Zürichkrieg war die Bezeichnung der Eidgenossen als Bauern, die beabsichtigten, ihre rechtmäßigen Herren, nämlich das Haus Österreich und den Adel überhaupt, zu vertreiben, sich selbst zu Herren aufzuschwingen und dabei sogar die Rolle des Kaisers einzunehmen. Habsburgische Quellen deuteten diese unterstellten Ziele als Rebellion gegen eine gottgewollte Herrschaftsordnung.[10]

Diese Darstellung wiederum war im Verlauf der eidgenössischen Expansion im 14. Jahrhundert entstanden. Ein Schlüsselereignis dieser Entwicklung im zeitgenössischen Bewusstsein des südwestdeutschen Adels war die Schlacht bei Sempach, in der 1386 neben Herzog Leopold III. von Österreich hunderte Adlige aus dem südwestdeutschen Raum gegen die Eidgenossen gefallen waren. Die überlieferten Gefallenenlisten in Nekrologen und Chroniken bezeugen eine weit verbreitete Gedenktradition.[11]

Auch im Zürichkrieg spielte das Sempachgedenken eine wichtige Rolle in der habsburgischen Propaganda: So kursierte etwa die Nachricht, die Eidgenossen hätten die Kirche des Klosters Rüti geschändet, die Leichen mehrerer dort begrabener Adliger aus ihren Gräbern gerissen und sich gegenseitig mit den Gebeinen des bei Sempach gefallenen Grafen Walraff von Tierstein beworfen.[12] Zu dieser Entehrung adeliger Memorialkultur kamen Berichte über die Plünderung von Kirchen und Klöstern, wobei eidgenössische Söldner Hostien und heiliges Öl ausgeschüttet hätten.[13]

10 Vgl. hierzu Claudius Sieber-Lehmann: In Helvetios – Wider die Kuhschweizer. Fremd- und Feindbilder von den Schweizern in antieidgenössischen Texten aus der Zeit von 1386 bis 1532 (Schweizer Texte NF 13), Bern/Stuttgart/Wien 1998, S. 13–16 und S. 38–46 sowie Ders.: Schwierige Nachbarn. Basel, Vorderösterreich und die Eidgenossen im ausgehenden 15. Jahrhundert. In: Franz Quarthal/Gerhard Faix (Hrsg.): Die Habsburger im deutschen Südwesten. Neue Forschungen zur Geschichte Vorderösterreichs, Stuttgart 2000, S. 273–286.

11 Siehe Steffen Krieb: Vom Totengedenken zum politischen Argument. Die Schlacht bei *Sempach* (1386) im Gedächtnis des Hauses Habsburg und des südwestdeutschen Adels im 15. Jahrhundert. In: Horst Carl u. a. (Hrsg.): Kriegsniederlagen. Erfahrungen und Erinnerungen, Berlin 2004, S. 69–88 sowie Sieber-Lehmann (1998 und 2000, wie Anm. 10).

12 [*S*]*i erschluogend inen in dem münster alle helm und schilt und wurffen si hinuß, als die herren und die edlen ir begrept in dem selben münster hand. Si nament die paner in dem münster, die man den herren zuo henkt, so man ir begrept begaut, und fuorten die mitt inen enweg, als ob sy die in ainem stritt gewonnen hettind. Item sy brachen die greber in dem münster uff, vnd truogent die totten lichnam heruß, graf Fridrichen von Toggenburg, und schluogen im ain stain in den mund; graff Waldraffen von Tierstain schutten si uß dem bom und wurffen enandren mitt synen gebainen.* Bernhard Stettler (Bearb.): Die sog. Klingenberger Chronik des Eberhard Wu(e)st, Stadtschreiber von Rapperswil, St. Gallen 2007, S. 323.

13 *Sy nament die fläschlin, da das hailig sacrament in was, öl und crisum, und schutten das sacrament uß durch des klainen schatz willen, den sy darab lössen mochten. Die sekkel, da das hailich wirdig sacrament in was, nament sy und andren kilchenschatz, gloggen und anders.* Stettler (wie Anm. 12), S. 323

Abb. 3: Kloster Königsfelden: Gedenktafel für die dort begrabenen Gefallenen der Schlacht bei Sempach (oben Herzog Leopold III. von Österreich), 1692

Die in der erstgenannten Quelle dargestellten Vorwürfe gegen die Reichsstädte – die angebliche Adelsfeindlichkeit der Städter, ihre Diffamierung als hochmütig gewordene Bauern, die sich über ihren Stand erheben und die Stelle des Kaisers einnehmen wollten, die angebliche Plünderung von Kirchen und Klöstern, die behaupteten blasphemischen Handlungen wie etwa Hostienschändungen – entsprachen also Motiven aus einem ganz anderen Konfliktzusammenhang. Genau diese Vorwürfe werden auch in einem weiteren Schreiben aus dem gleichen Jahr wie das oben genannte Gedicht thematisiert, an dem nun Ulrichs Bruder Hans von Rechberg beteiligt war.

Das Feindbild »Städte« in Hans von Rechbergs Selbstdarstellung im Konflikt mit Basel 1449

Hans von Rechberg hatte kurz vor Ausbruch des Städtekriegs, an dem er sich später wie sein Bruder auf Seite der Fürsten beteiligte, noch von Oktober 1448 bis Mai 1449 mit anderen Adligen eine Fehde gegen Basel geführt. Basel war damals wohlgemerkt kein Mitglied der Eidgenossenschaft, hatte aber im Alten Zürichkrieg auf eidgenössischer Seite gestanden. Auf Konfliktgegenstand und Verlauf dieser Fehde soll hier nicht eingegangen werden, sondern nur auf Parallelen in den Vorwürfen von adliger Seite: In ihrem Schreiben vom 2. April 1449 warfen Rechberg und seine Verbündeten Basel vor, die Stadt habe sich mit friedbrüchigen, meineidigen, ehr- und rechtsflüchtigen Kirchenzerstörern verbündet, die Hostien ausgeleert und ihre Schuhe mit heiligem Öl eingeschmiert hätten – gemeint ist natürlich die Eidgenossenschaft. Auch der Hauptvorwurf der Adelsfeindlichkeit traf Basel: Die Stadt versuche, das löbliche Haus Österreich, allen Adel und Ehrbarkeit zu vertreiben, wider Gott, Ehre und Recht, eigenmächtig, ohne rechtliche Legitimation gemäß der Goldenen Bulle und alles anderen Rechts. Weiter wird erwähnt, dass die Verbündeten Basels bekanntlich ihren eigenen Herrn auf dem Seinen und um des Seinen willen erschlagen hätten.[14] Dies war eindeutig ein Verweis auf die Schlacht von Sempach, bei der nach einem in habsburgischen Kreisen verbreiteten Spruch Herzog Leopold III. von Österreich *a suis, in suo, cum suis, propter sua* getötet worden war.[15]

Neben der Erwähnung von Sempach zogen die Adeligen weitere historische Ereignisse des 14. Jahrhunderts heran, um die Adelsfeindlichkeit und Gottlosigkeit der Basler zu belegen, nämlich das verheerende Basler Erdbeben von 1356, das die Adligen als göttliche Strafe deuteten[16], und die sogenannte »Böse Fasnacht« von 1376, ein Aufruhr, bei dem anlässlich eines von Herzog Leopold III. von Österreich in der Stadt gehaltenen Turniers mehrere seiner Gefolgsleute getötet wurden.[17]

14 *Und das man uewer harkomen noch baß v[er]stande, hand ir understanden, das lobelich huß von Oest[er]rich, allen adel und erberkeit fuerbasser [...] zuo vertriben, wider got, ere und recht, mit uewer selbs gewalt, unv[er]folget nach der guldin pullen lute und sage und alles rechten, und hand uech verbunden zuo den [...], die fridebruechig, meineidig, ere und rechtfluechtig kirchenbrecher, die das heilig sacrament ußgeschuettet, schuehe mit dem heiligen oele gesalbet hand, cristenluete uffgeschnitten mit namen den Stuessen, den stattschriber und den Meyer von Zuerich, smalcz usser inn genomen und ouch ir schuehe mit gesalbet, ir eigen herre uff dem sine[n] und umb das sin erslagen.* StA Basel-Stadt, Politisches D 1 St. Jakoberkrieg 1 1443–1456, S. 91 und S. 109.

15 Alois Niederstätter: Der Alte Zürichkrieg. Studien zum österreichisch-eidgenössischen Konflikt sowie zur Politik König Friedrichs III. in den Jahren 1440 bis 1446 (Forschungen zur Kaiser- und Papstgeschichte des Mittelalters 14), Köln/Weimar 1995, S. 161.

16 *Und das ir aber v[er]standen, das es uns, ouch sust fuersten, herrn, rittern, knehten und menglich zuo wissen sie, wie ir uewer alter und bicz har komen und umb uewer grosse missetat gestrauffet sint durch uewer boeßrem herbracht herkomen sint ir plaget word[e]n von dem almechtigen gott, der uech v[er]fallen ließ in uewer statt und aber unser gnediger herre von Oest[er]rich einer die sinen uech zuo schickte uß allen sinen slossen und gebieten umb uech gelegen und uech ließ helffen getruewlich uewer statt rumen.* StA Basel-Stadt, Politisches D 1 St. Jakoberkrieg 1 1443–1456, S. 91 und S. 109. Zum Basler Erdbeben von 1356 siehe Werner Meyer: Da verfiele Basel überall. Das Basler Erdbeben von 1356 (Neujahrsblatt Gesellschaft für das Gute und Gemeinnützige 184), Basel 2006.

17 *Denn unv[er]gessen ist solich groß mort boeser uebeler geschicht an dem durchluchtig[e]n fuersten von Oesterrich und andern herren, rittern und knehten an der vaßtnaht in uewer statt begangen, die zuo uech ritten in guoten truewen und gelouben. Darain ir nit sachen, sunder ir vil todgeslagen, die by kintbettern fluehen, die by den selb[e]n frowen todgeslagen wurden und sy das nit gehelffen mochte, und der from fuerste kume entran[n]. Des hand ir*

Es wird also in beiden Beispielen kein Unterschied gemacht zwischen der Eidgenossenschaft und dem jeweiligen Gegner – im einen Fall der Vereinigung der Reichsstädte in Schwaben, im anderen Basel – sondern diese stellen lediglich unterschiedliche Ausprägungen des Feindbilds vom Nichtadligen dar, der auf Kosten von Adel und Fürsten nach politischer Macht strebt. Dass in beiden Zusammenhängen die gleichen Vorwürfe bemüht werden, weist darauf hin, dass die jeweilige Auseinandersetzung nicht ursächlich aus den dabei genannten Ereignissen entstanden ist, sondern diese Elemente einer größeren Erzählung darstellen, in der ein prinzipieller Konflikt zwischen Adel und Städten behauptet wird, und an welche man den aktuellen Konflikt anschließen möchte.

Die Herren von Rechberg im ersten Städtekrieg und im Sempacherkrieg

Diese Erzählung reichte, wie bereits angedeutet, in die zweite Hälfte des 14. Jahrhunderts zurück. Damals bestand insofern eine ähnliche Konstellation wie in den 1440er Jahren, als auch damals Teile des südwestdeutschen Adels parallel in Auseinandersetzungen mit den schwäbischen Städten wie auch mit der Eidgenossenschaft involviert waren: Einerseits als Parteigänger der Habsburger im Sempacherkrieg, andererseits, gemeinsam mit Württemberg, im Ersten Städtekrieg gegen den schwäbischen Städtebund zwischen 1376 und 1388.

Die historischen Anspielungen in der zweiten vorgestellten Quelle dürften vielen adligen Zeitgenossen vertraut gewesen sein. Gerade bei den Herren von Rechberg ist nachvollziehbar, dass der erste Städtekrieg, der Sempacherkrieg wie auch die Appenzellerkriege für die Generation von Hans' und Ulrichs Großeltern und Eltern prägende Ereignisse gewesen sein müssen. Denn die Herren von Rechberg spielten in drei Adelsgesellschaften eine wichtige Rolle, die damals in Opposition zu Städten und Eidgenossen gegründet wurden: In der Gesellschaft mit St. Wilhelm, der Löwengesellschaft und der Gesellschaft mit St. Georgenschild.

Die Gesellschaft mit St. Wilhelm bekämpfte (wie auch die Löwengesellschaft) ab etwa 1380 gemeinsam mit Graf Eberhard III. von Württemberg den schwäbischen Städtebund. Sie war auf Initiative der Grafen von Helfenstein gegründet worden, deren Besitzungen in direkter Nachbarschaft zur Reichsstadt Ulm lagen und schwer unter den Verheerungen des Städtekriegs zu leiden hatten. Zu den Hauptleuten gehörte unter anderem Wilhelm von Rechberg zu Hohenrechberg, der Großvater der Brüder Hans und Ulrich. Alle Hauptleute der Gesellschaft waren mit den Helfensteinern sowie zum Teil auch untereinander verwandtschaftlich verbunden; Wilhelms Schwiegertochter, die Mutter von Hans und Ulrich, war eine geborene Gräfin von

in lassen geniessen, do uech ein fuerst von Oest[er]rich halff in solichen grossen noeten ir von dem almehtigen got geplaget wurden. StA Basel-Stadt, Politisches D 1 St. Jakoberkrieg 1 1443–1456, S. 91 und S. 109. Zur »Bösen Fasnacht« siehe Georg Kreis/Beat von Wartburg (Hrsg.): Basel. Geschichte einer ständischen Gesellschaft, Basel 2000, S. 50 und S. 61 f.

Abb. 4: Darstellung der Schlacht bei Sempach in der Berner Chronik von Bendicht Tschachtlan (1470). Oben links auf habsburgischer Seite das Rechbergbanner mit den zwei roten Löwen © Tschachtlan, Bendicht: [Berner Chronik]. Bern, [um 1470], S. 328. Zentralbibliothek Zürich, Ms A 120, https://doi.org/10.7891/e-manuscripta-85723, Public Domain Mark 1.0

Helfenstein. Bereits 1379 hatte Wilhelm von Rechberg mit anderen künftigen Mitgliedern einen Zug Ulmer Kaufleute in Brenztal überfallen. In der Gesellschaft wird also offenbar ein bereits bestehendes, informelles Bündnis institutionalisiert.[18]

18 Konzen (wie Anm. 1), S. 69 f. Zur Gesellschaft mit St. Wilhelm siehe Holger Kruse u. a. (Hrsg.): Ritterorden und Adelsgesellschaften im spätmittelalterlichen Deutschland (Kieler Werkstücke D: Beiträge zur europäischen Geschichte des späten Mittelalters 1), Frankfurt a. M. 1991, S. 111 f. Von den Hauptleuten der Gesellschaft – Herzog Friedrich von Teck,

Die Löwengesellschaft war ein 1379 im Rhein-Main-Gebiet gegründetes militärisches Adelsbündnis, dem sich innerhalb von kurzer Zeit hunderte von Adligen aus dem gesamten südwestdeutschen Raum anschlossen. 1380 gründete sich eine Teilgesellschaft zu Schwaben, der ebenfalls Verwandte der Herren von Rechberg angehörten, unter anderem Gebhard von Rechberg-Illeraichen, dessen Schwager Graf Friedrich XI. von Hohenzollern-Hechingen und Graf Friedrich von Veringen, dessen Schwester Agnes die Ehefrau Wilhelms von Rechberg war.[19]

Beiden Adelsgesellschaften gehörten also Mitglieder der Familie Rechberg sowie ihrer angeheirateten hochadligen Verwandten an, und zwar zu einem guten Teil in führenden Positionen. Die Gesellschaft mit St. Wilhelm scheint nichts anderes als ein Familienverband um die Grafen von Helfenstein und die Herren von Rechberg gewesen zu sein.

Viele Veteranen des Städtekriegs, darunter Mitglieder beider Gesellschaften, beteiligten sich außerdem am Sempacherkrieg. Diese Verbindung ergab sich aus einem Bündnis zwischen Eidgenossen und dem schwäbischen Städtebund, dem auf der anderen Seite eine Allianz zwischen Württemberg und Habsburg folgte, aber auch aus dem Klientelverhältnis vieler Adliger zum Haus Habsburg. Die Schlacht bei Sempach geriet, wie bereits erwähnt, für die habsburgische Seite zu einer verlustreichen Niederlage.[20] Unter den Sempacher Gefallenen war auch Albrecht, ein Sohn des Wilhelm von Rechberg. Albrecht soll ein Rat des gefallenen Herzogs Leopold gewesen und mit ihm zusammen im habsburgischen Hauskloster Königsfelden beigesetzt worden sein. Die Abtei Königsfelden wurde danach zum Verbreitungszentrum einer anti-eidgenössischen Memorialtradition. Das Gedenken an die Schlacht bei Sempach wurde für den Adel der Region zu einem identitätsstiftenden Ereignis, das auch Hans und Ulrich von Rechberg geprägt haben dürfte.[21]

Konrad von Hürnheim, Bruno Güss von Brenz und Wilhelm von Rechberg – waren alle bis auf Hürnheim mit den Grafen von Helfenstein sowie zum Teil auch untereinander verschwägert. Vgl. die Visualisierung dieser Verbindungen in Stammtafeln bei Konzen (wie Anm. 1), S. 66 f. sowie ergänzende Kommentare S. 69 (insbesondere Anm. 12) nach folgenden genealogischen Werken: Hans-Wolfgang Bächle: Das Adelsgeschlecht der Rechberger. Burgen und Schlösser, Kirchen und Kapellen, Kunstwerke, Grabdenkmäler, Schwäbisch Gmünd 2004, S. 146 ff.; Detlev Schwennicke (Hrsg.): Europäische Stammtafeln, NF 5 (1988), Tafeln 87 ff., 98; Ebenda, NF 12 (1992), Tafeln 57–60; Ebenda, NF 1.1 (1998), Tafel 117; Julius Kindler von Knobloch: Oberbadisches Geschlechterbuch, Band 3, Heidelberg 1919, S. 370 f. sowie Irene Gründer: Studien zur Geschichte der Herrschaft Teck (Schriften zur südwestdeutschen Landeskunde 1), Stuttgart 1963, S. 47.

19 Zur Löwengesellschaft Kruse u. a. (wie Anm. 18), S. 10 f.; zu den verwandtschaftlichen Verbindungen Konzen (wie Anm. 1), S. 66 f. und S. 69 f. (zur Literaturgrundlage vgl. Anm. 18).

20 Ebenda, S. 80 f. Zum Totengedenken nach der Schlacht von Sempach vgl. Krieb (wie Anm. 11).

21 Konzen (wie Anm. 1), S. 80 f. Albrecht von Rechberg sagte der Eidgenossenschaft in einem Fehdebrief von Mittwoch vor Peter und Paul 1386 die Fehde an, der in der ca. 1390 bis 1477 verfassten Zürcher Stadtchronik, auch als Gloggner'sche Chronik bezeichnet, wiedergegeben wird; siehe Theodor von Liebenau: Die Schlacht bei Sempach. Gedenkbuch

Die Löwengesellschaft wie auch die Gesellschaft mit St. Wilhelm sind nur bis 1382 belegt.[22] Doch eine Generation später erscheinen wiederum mehrere Rechberger in einer Adelsgesellschaft, die ebenfalls in einer Auseinandersetzung mit nichtadligen Herrschaftsträgern entstand, nämlich in den Appenzellerkriegen, in gewisser Hinsicht einem eidgenössisch-habsburgischen Stellvertreterkonflikt. Ab 1406 formierten sich mehrere Adelsbündnisse gegen die Appenzeller, die sich 1407 zur Rittergesellschaft mit St. Georgenschild zusammenschlossen. Im Januar 1408 besiegte diese Gesellschaft in einer Schlacht bei Bregenz den appenzellischen »Bund ob dem See«, der sich daraufhin auflöste. In der Gesellschaft mit St. Georgenschild gehörten Angehörige aller drei Rechberg-Linien zu den Gründungsmitgliedern, darunter Heinrich von Rechberg, der Sohn Wilhelms und Vater von Hans und Ulrich.[23]

In den folgenden Jahrzehnten gliederte sich diese Gesellschaft in mehrere regionale Teilgesellschaften auf, die häufig miteinander kooperierten und zwischen denen zum Teil dynastische Verbindungen bestanden, die aber ansonsten weitgehend unabhängig voneinander handelten. Der helfensteinisch-rechbergische Familienverband trat in fast identischer Geschlechterkonstellation wie in der St. Wilhelmsgesellschaft spätestens 1437 in einer dieser Teilgesellschaften in Erscheinung, nämlich der Rittergesellschaft mit St. Georgenschild in Niederschwaben an der Donau.[24] Zugleich bestanden aus der Linie Wilhelms und Heinrichs von Rechberg mehrere Heiratsverbindungen zu bedeutenden Familien der Gesellschaft im Hegau, etwa den von Bodman, den von Homburg und – durch Hans von Rechbergs Ehe mit seiner ersten Frau Verena – den Truchsessen von Waldburg.[25]

Die Parallelität zwischen adliger Vergesellschaftung und städtefeindlicher Konfliktführung bei den Herren von Rechberg legt nahe, dass städtefeindliche Ressentiments wesentlich zur Bildung eines Wir-Gefühls bei diesen Adelsgruppierungen beigetragen haben dürften und feindliche Abgrenzung gegenüber den Städten ein

zur fünften Säkularfeier, Luzern 1886, S. 149. Der Reformator und Chronist Heinrich Bullinger nennt Albrecht in seiner 1571 verfassten Darstellung der Schlacht als einen der Gefallenen, die in Königsfelden begraben wurden, und beruft sich dabei auf das heute nur noch fragmentarisch erhaltene Jahrzeitbuch des Klosters; Ebenda, S. 283.

22 Sonja Zielke-Dünnebeil: Die Löwen-Gesellschaft, ein Adelsbund des 14. Jahrhunderts. In: ZGO 138 (1990), S. 27–97, hier S. 59.

23 Konzen (wie Anm. 1), S. 81 f.

24 Die 1437 bis 1439 erwähnten Mitglieder stammten zu einem großen Teil aus den Familien der Grafen von Helfenstein-Blaubeuren, der Herren von Rechberg, Güss, Westerstetten und Hürnheim – Verwandte, teils auch direkte Nachfahren der oben genannten Hauptleute der Gesellschaft mit St. Wilhelm. Konzen (wie Anm. 1), S. 86 f. sowie vgl. Herbert Obenaus: Recht und Verfassung der Gesellschaften mit St. Jörgenschild in Schwaben. Untersuchungen über Adel, Einung, Schiedsgericht und Fehde im fünfzehnten Jahrhundert (Veröffentlichungen des Max-Planck-Instituts für Geschichte 7), Göttingen 1961, S. 233, S. 239 und S. 242 f.

25 Hierzu Konzen (wie Anm. 1), S. 88, insbesondere Anm. 61, mit Verweis auf Kindler von Knobloch (wie Anm. 18), S. 370 f. sowie Bächle (wie Anm. 18), S. 147.

wichtiges Identitätsmerkmal der Bündnisangehörigen darstellte. Das Trauma der Sempacher Niederlage wurde lange über die eigentlichen Ereignisse hinaus wachgehalten. Unter den adligen Parteigängern des Hauses Habsburg dürfte die aus der Niederlage erwachsene Erfahrung des Verlustes und der Demütigung durch die Eidgenossenschaft ein Gemeinschaftsgefühl erzeugt haben, dessen Grundlagen die Habsburger selbst sorgfältig pflegten und in späteren Konflikten zu reaktivieren suchten.[26] Auch Hans von Rechbergs Bezug darauf war offensichtlich ein Versuch, an diese Erinnerung – und die damit verbundene identitätsstiftende Wirkung – anzuknüpfen.

Zwischen den beiden Perioden feindlicher Polarisierung adliger und »städtischer« Akteure am Ende des 14. Jahrhunderts und in den 1440er Jahren bestand jedoch keine ungebrochene Kontinuität. Vielmehr kam es gerade bei der Gesellschaft mit St. Georgenschild während der Herrschaft Kaiser Sigismunds zu einer deutlichen Annäherung gegenüber den Reichsstädten. Ein zentraler Grund dafür war Sigismunds Politik, ständeübergreifende Bündnisse zwischen den kleineren reichsunmittelbaren Städten und Adligen vor allem im Südwesten des Reichs zu fördern, um so eine Gegenmacht zu den Habsburgern aufzubauen. Im Zuge dieser Annäherung kam es in den 1430er Jahren zu einem Bündnis des Georgenschilds mit dem Bund der Bodenseestädte, außerdem zu Bündnisverhandlungen mit dem Schwäbischen Städtebund. Auch nach dem Herrschaftsantritt Friedrichs III. verhielt sich die Gesellschaft mit St. Georgenschild gegenüber den südwestdeutschen Reichsstädten überwiegend neutral bis wohlwollend. So führten beide Seiten zu Beginn der 1440er Jahre vor dem Hintergrund der erwähnten Welle städtefeindlicher Adelsfehden Bündnisverhandlungen miteinander, die Gesellschaft spielte eine wichtige Rolle bei der Aushandlung eines Friedensschlusses für viele dieser Fehden im November 1442, und in den Folgejahren unterstützten führende Mitglieder der Gesellschaften im Hegau und in Oberschwaben die Städte sogar bei der Verfolgung einzelner Städtefeinde.[27]

26 Vgl. die bei Steffen Krieb (wie Anm. 11) dargestellten Elemente habsburgischer Erinnerungskultur im Kloster Königsfelden (ebenda, S. 71–74), die Bezüge auf das Ereignis in der prohabsburgischen Chronistik und politischen Ereignisdichtung des 15. Jahrhunderts (ebenda, S. 74–83) sowie insbesondere die bewusste Hervorhebung der Sempach-Memoria durch König Friedrich III. im Kontext der Auseinandersetzungen mit der Eidgenossenschaft in den 1440er Jahren (S. 83–87): Nach Kriebs Fazit sollte »das gemeinsame Gedenken an die Toten von Sempach« den vorländischen Adel an das Haus Österreich binden (S. 83); »die Erinnerung an Sempach [diente] zur Konstruktion des Feindbildes von den mordlustigen, die göttliche Ordnung umstürzenden und den ganzen Adel vernichtenden Eidgenossen, mit Hilfe dessen der vorländische Adel zur Unterstützung im Kampf gegen die Schweizer motiviert werden sollte« (S. 88).

27 Konzen (wie Anm. 1), S. 94–96, S. 113–115 und S. 120 f., mit Verweis auf Obenaus (wie Anm. 23), S. 9 f. und S. 121–124 sowie Horst Carl: Vom Appenzellerkrieg zum Schwäbischen Bund. Die Adelsgesellschaften mit St. Georgenschild im spätmittelalterlichen Oberschwaben. In: Peter Blickle (Hrsg.): Appenzell – Oberschwaben. Begegnungen zweier Regionen in sieben Jahrhunderten, Konstanz 1997, S. 97–132, besonders S. 120 f.

Die Frontenbildung »Adel gegen Städte« war also kein dauerhaftes Phänomen, und es führte keine unvermeidliche Entwicklungslinie von der Schlacht bei Sempach und den städtefeindlichen Adelseinungen um 1400 zu Hans von Rechbergs Fehdeserie gegen Städte und Eidgenossen. Das zeigt auch das Beispiel seines Bruders Ulrich, der zwar im Zürichkrieg Feind der Eidgenossen und im Städtekrieg Feind des schwäbischen Städtebundes wurde, aber dabei jeweils lediglich seinem Dienstherrn, Graf Ulrich V. von Württemberg-Stuttgart, folgte und ansonsten offenbar nicht als Städtefeind in Erscheinung trat.[28] Die Grafen von Württemberg unterhielten ihrerseits für den Großteil der ersten Hälfte des 15. Jahrhunderts Bündnisbeziehungen mit den schwäbischen Reichsstädten. Auch Ulrich von Rechbergs Dienstherr, Graf Ulrich, schloss – nach einer zunehmend feindlichen Distanzierung von der württembergischen Landesteilung 1442 bis zum Städtekrieg 1449/50 – bereits 1452 wieder Bündnisse mit Rottweil, Ulm, Reutlingen, Weil der Stadt und Giengen.[29]

Funktionen des Feindbilds Städte bei Hans von Rechberg

Da also eine entsprechende Familientradition zwar Referenzpunkt für Hans von Rechbergs Städtefeindlichkeit war, aber diese nicht ursächlich erklären kann, stellt sich die Frage, warum er kontinuierlich über mehrere Jahrzehnte Feindschaften mit Städten und Eidgenossen pflegte, während sein Bruder Ulrich kein derartiges Verhalten zeigte. Dazu ist zunächst festzustellen, dass die Artikulierung pauschaler städtefeindlicher Vorwürfe durch Hans von Rechberg eng mit seinen Fehden verbunden ist und in diesem Zusammenhang vor allem zwei Funktionen erfüllte: Erstens die Selbstrechtfertigung und zweitens die Mobilisierung adliger und fürstlicher Unterstützer sowie die Verstärkung des Gruppenzusammenhalts unter seinen Verbündeten.

Zunächst zum ersten Punkt: Die Fehde im Sinne eines Rechts auf gewaltsame Selbsthilfe im Fall einer Rechtsverweigerung der Gegenseite wurde in der Praxis häufig zur Rechtfertigung von Gewalthandlungen jeglicher Art missbraucht. Selbst wenn der »Hauptsächer« einer Fehde – also der Beschwerdeführer, dessen Klage über eine Rechtsverletzung die Fehde begründete – wirklich einen Anspruch verfolgte, den er für berechtigt hielt und den er zuerst vergeblich vor Gericht verfolgt hatte, waren Verstöße gegen das Landfriedensrecht durchaus häufig. Das liegt mit daran, dass dieser Hauptsächer oft von Helfern abhängig war, die ihrerseits nicht an einer Konfliktlösung interessiert waren, sondern an der Erweiterung ihres Handlungsspielraums, den der Status des Fehdeführenden ihnen eröffnete. Unter den Fehdehelfern spielten Adlige häufig eine führende Rolle, weil sie Kenntnisse auf dem Gebiet der Kleinkriegführung mitbrachten und über befestigte Stützpunkte

28 Konzen (wie Anm. 1), S. 488.

29 Konzen (wie Anm. 1), S. 270–272. Ausführlicher zur Beziehung der Grafen Ulrich und Ludwig von Württemberg Fritz (wie Anm. 3), S. 78–83, S. 88–92, S. 113 f. und S. 137.

verfügten. Daher waren selbst in Fehden, die von einem nichtadligen Klageführer initiiert wurden, adlige Fehdehelfer oft führend beteiligt. In vielen Fällen verlor der Hauptsächer mit der gewaltsamen Eskalation des Konflikts die Kontrolle über dessen Entwicklung an seine adligen Fehdehelfer.[30]

Hans von Rechberg war geradezu ein Paradebeispiel für so einen professionellen adligen Fehdehelfer. Er trat in keiner einziger seiner Fehden als Hauptsächer auf, sondern ausnahmslos immer als Helfer einer anderen Person. Er gab vor, dieser anderen Person zu ihrem Recht verhelfen zu wollen, aber sein Handeln führte eigentlich nie dazu, dass die Ansprüche des Hauptsächers erfüllt wurden. In mehreren Fällen führte er die Fehde auch noch zu einem Zeitpunkt weiter, als die nominellen Hauptsächer längst tot waren. Seine Schützlinge waren häufig, aber nicht immer Adlige – etwa die Brüder von Heimenhofen, die sich mit der Reichsstadt Kempten stritten, weil Kempten einige ihrer Leibeigenen ins Bürgerrecht aufgenommen hatte; Heinrich von Eisenburg, der die zehn Jahre zurückliegende Besetzung einer Burg seines Vaters durch die Reichsstadt Ulm beklagte; oder Wilhelm von Grünenberg, der die Stadt Rheinfelden als habsburgische Pfandschaft für sich beanspruchte, nachdem Rheinfelden 1415 die Reichsunmittelbarkeit erlangt hatte. Für Hans von Rechberg scheint der offizielle Fehdegrund letztlich unerheblich gewesen zu sein, Hauptsache, er lieferte eine fehderechtliche Legitimation für Gewaltanwendung.[31]

Diese Legitimation stand oft auf einem sehr wackligen Fundament, weil Rechberg häufig gegen die Regeln rechtmäßiger Fehdeführung verstieß, etwa die Pflicht, die Absicht zur Fehdeführung drei Tage vorher per Fehdebrief anzukündigen. Rechbergs Fehdebriefe wurden in der Regel nach dem ersten Überraschungsangriff abgeschickt, wenn er seine Beteiligung an den Ereignissen nicht mehr leugnen konnte. Das führte mehrfach dazu, dass die jeweiligen Konfliktgegner seine Gefolgsleute nicht als legitime Kombattanten anerkannten, sondern sie nach Gefangennahme als Straßenräuber verurteilten und hinrichteten. Hans von Rechberg reagierte darauf jeweils mit der Ermordung von Geiseln der Gegenseite: In der Grünenberg-Fehde zum Beispiel ertränkten die Grünenberg-Helfer nach der Hinrichtung von Straßenräubern in Basel 1449 mehrere gefangene Basler Knechte und ließen die Leichen zusammen mit einem erklärenden Brief in einer Tonne rheinabwärts in die Stadt treiben.[32]

Hans von Rechbergs Fehdeführung litt also unter einem chronischen Legitimationsdefizit, das für ihn und seine Gefolgsleute mit dem Risiko der Kriminalisierung behaftet war. Seine städtischen Gegner verbreiteten außerdem in Schreiben an an-

30 Zu den unterschiedlichen Motivlagen von Hauptsächern und ihren adligen Fehdehelfern Konzen (wie Anm. 1), S. 26–28 sowie Ders.: Legitimation des Angreifers, Fahndungshilfe des Verteidigers: Fehdebriefe in südwestdeutschen Adelsfehden des 15. Jahrhunderts. In: Peter Rückert/Nicole Bickhoff/Mark Mersiowsky (Hrsg.): Briefe aus dem Spätmittelalter. Herrschaftliche Korrespondenz im deutschen Südwesten, Stuttgart 2015, S. 105–126, hier besonders S. 106 f.

31 Konzen (wie Anm. 1), S. 26–28 sowie S. 118 f. (Heimenhofen-Fehde), S. 150–152 (Grünenberg-Fehde), S. 166 f. (Eisenburg-Fehde).

32 Ausführlicher zu diesem Aspekt ebenda., S. 218–224.

dere Herrschaftsträger, Städte wie Fürsten, Nachrichten über landfriedenswidrige Übergriffe Rechbergs, vor allem den Vorwurf des kriminellen Straßenraubs. Die Artikulation städtefeindlicher Vorwürfe durch Hans von Rechberg scheint mindestens teilweise als Gegenreaktion zu solchen Anschuldigungen erfolgt zu sein; die behaupteten Verbrechen der Städte (Eidgenossen eingeschlossen) sollten Rechbergs Legitimationsdefizit kompensieren.

Der nächste hier zu behandelnde Aspekt sind die Parallelen zwischen der Bildung der Adelsgesellschaften zwischen 1380 und 1407 und der Bildung von Fehdenetzwerken bei Hans von Rechberg. Rechbergs postulierte Rolle des »Rächers der Entrechteten«, des Fehdehelfers adliger Hauptsächer, denen die Städte angeblich Unrecht zugefügt hatten, ließ sich hervorragend in das allgemeine Narrativ einer Vertreibung des Adels durch übergriffige Städter integrieren. In der Grünenberg-Fehde wie auch sonst agierte Hans von Rechberg in enger Vernetzung mit anderen fehdeführenden Adligen, die zum Teil formal im Konflikt mit völlig anderen Akteuren standen, sich aber gegenseitig Burgen öffneten und in konkreten Fehdehandlungen – Brandschatzung von Dörfern, Überfälle auf Geleitzüge oder Ähnliches – unterstützten.[33] Diese Verknüpfung unterschiedlicher Fehden ermöglichte die Akkumulation von bewaffneten Gefolgsleuten (in der Grünenberg-Fehde sind mehr als 500 Feinde Basels aus Fehdebriefen überliefert)[34] und die Ausdehnung von Zahl und Streuung verfügbarer Stützpunkte. Diese Bündnisse schwankten von Fehde zu Fehde recht stark in ihrer Zusammensetzung, besaßen jedoch Kontinuität im Hinblick auf eine bestimmte Kerngruppe um Hans von Rechberg und eine Reihe von Personen überwiegend aus dem Edelfreien- und Grafenadel. Es gibt Hinweise, dass einige aus dem Kreis dieser informellen Bündnisse gelegentlich versuchten, ihr Bündnisverhältnis zu institutionalisieren, ähnlich wie in den älteren Adelsgesellschaften. So beteiligten sich Hans von Rechberg, mehrere Grafen von Helfenstein, von Eberstein, von Lützelstein, von Sulz sowie Georg von Geroldseck-Sulz und Walther von Dahn Anfang 1447 an einem Bündnis mit dem Bischof von Straßburg. Der Vertrag weist Ähnlichkeiten zu den Bündnisverträgen des Georgenschilds und anderer Adelseinungen auf, etwa die Pflicht zu innerer Friedenswahrung und gegenseitigem Beistand sowie die Bestimmung von Hauptleuten. Für den größten Teil der Mitglieder lässt sich auch eine tatsächliche Kooperation in der Fehdeführung im Zeitraum 1446–49 belegen.[35] Ein ähnlicher Versuch der Verfestigung eines informellen Fehdebündnisses könnte der »Schwarze Bund« gewesen sein, ein adliger Zusammenschluss während der 1451 in Graubünden ausgefochtenen Schamserfehde, den die spätere Chronik des Ägidius Tschudi erwähnt.[36]

33 Vgl. ebenda, S. 210–217.

34 Ebenda, S. 154.

35 Zur Straßburger Einung ebenda, S. 155–159; zur Beobachtung von Kontinuitäten in Rechbergs Fehdenetzwerk und deren Parallelen zu adliger Vergesellschaftung im späten 14. und frühen 15. Jahrhundert ebenda, S. 210–215. Vgl. auch das Schlussresümee ebenda, S. 397 f.

36 Ebenda, S. 182–184.

Hans von Rechberg scheint seine Bündnisbeziehungen also unter ähnlichen Vorzeichen gestaltet zu haben wie sein Vater und Großvater. In seinen Fehdenetzwerken kam es vor dem Hintergrund einer feindlichen Polarisierung zwischen Fürsten und Adligen einerseits und nichtadligen Herrschaftsträgern andererseits zur Mobilisierung von Adligen, die sich miteinander verbanden und ihre Bündnisbeziehungen in der Folgezeit aufrechterhielten, stabilisierten und zumindest kurzzeitig vertraglich fixierten. Diese Mobilisierung stand zeitlich und thematisch in engem Zusammenhang mit Rechbergs Selbstdarstellung als Städtefeind. Diese Überlegungen erklären jedoch nur, welche Funktion städtefeindliche Vorwürfe in Hans von Rechbergs Fehden hatten – aber nicht, warum er so auffällig viel mehr Fehden geführt hat als andere Mitglieder seiner Familie, etwa sein Bruder Ulrich. Diesbezüglich kann hier nur kurz auf die Ergebnisse der Dissertation des Verfassers hingewiesen werden.

Hans von Rechberg teilte mit seinen längerfristigen Fehdeverbündeten die Gemeinsamkeit, dass sie in der Zeit ihrer Fehdeaktivität in hohem Maße durch territoriale Expansionsbestrebungen benachbarter Herrschaftsträger bedroht waren – teilweise waren das Nichtadlige, nämlich Reichsstädte oder die Eidgenossenschaft, häufiger aber Fürsten. Im Fall Hans von Rechbergs und weiterer Adliger mit Herrschaftsmittelpunkten vor allem im niederschwäbischen Bereich ging diese Bedrohung von einer Instrumentalisierung von Achturteilen des Rottweiler Hofgerichts aus.[37] Diese Urteile wurden vor allem durch die Grafen von Württemberg genutzt, um Güterverkäufe zu erzwingen oder eine gewaltsame Besetzung von adligem Herrschaftsbesitz rechtlich zu legitimieren. Hans von Rechberg verkaufte unter diesen Vorzeichen 1447 sein gesamtes väterliches Erbe, die Herrschaft Gammertingen-Hettingen, an Graf Ulrich von Württemberg (also den Dienstherrn seines Bruders Ulrich). Für ihn war nicht eine Vertreibung des Adels durch die Städte die erlebte Realität, sondern eine territoriale Verdrängung einzelner Adliger durch Württemberg.[38] Dieser Gefahr suchte er nicht in offenem Konflikt zu begegnen, sondern durch den Gewinn von Einfluss auf das außenpolitische Handeln Württembergs und/oder Österreichs, um sich vor württembergischen Expansionsvorhaben zu schützen. Einen solchen Einfluss strebte er teils direkt über den Fürstendienst als Rat oder als militärischer Befehlshaber an, teils indirekt durch die Vereinnahmung dieser Fürsten für die Sache eines angeblich durch nichtadlige Verdrängung bedrohten Adels, durch gezielte Eskalation von Konflikten dieser Fürsten mit »städtischen« Akteuren. Denn ein Krieg zwischen Österreich und den Eidgenossen bewirkte, dass Österreich auf das militärische Potenzial seines Fehdenetzwerks angewiesen war; ein Krieg zwischen Württemberg und den schwäbischen Reichsstädten verhinderte die

37 So das Ergebnis einer recht aufwendigen Argumentation, die Teil V (S. 243–396) der eingangs erwähnten Dissertation bildet. Vgl. insbesondere zu den Verflechtungen zwischen Württemberg, Stadt und Hofgericht Rottweil ebenda, S. 272–278.

38 Vgl. jeweils resümierend zu mehreren Fällen der Instrumentalisierung Rottweiler Achturteile durch Württemberg ebenda, S. 306 f., S. 318 f., S. 335 f. und zum Gammertinger Güterverkauf S. 337–354.

Ausbildung von Bündnissen zwischen beiden Akteuren, die sich in der Vergangenheit gelegentlich gegen mindermächtige Adlige gerichtet hatten, etwa bei der Eroberung von Burg Hohenzollern 1423. Hans von Rechbergs latente Spannungen mit Württemberg kamen schließlich 1464 in seiner letzten Fehde zum Ausbruch, in der er während der Belagerung seiner Burg Hohenschramberg durch Graf Eberhard im Bart ums Leben kam.[39]

Ulrich von Rechberg hatte eine solche Strategie der Selbstbehauptung dagegen nicht nötig, weil er offenbar schon bald nach Antritt seines väterlichen Erbes und damit Übernahme der Rolle eines Herrschaftsträgers um 1437 fest am württembergischen Hof verankert war und sich anschließend über Jahrzehnte eine sichere Position als württembergischer Rat und Diener sowie zeitweise als Hofmeister erhalten konnte. Sein Auftreten als Städtefeind im Kontext der Schlacht bei Waldstetten scheint eher ein Einzelfall gewesen zu sein, der vor allem aus seinem Dienstverhältnis zu Württemberg herrührte und für sein Verhalten gegenüber den Städten vorher und später keine erkennbare Bedeutung hatte.[40]

Schluss

Die städtefeindlichen Ressentiments, die in Hans von Rechbergs Selbstdarstellung zum Ausdruck kommen, mag er persönlich geteilt haben. Sie dürften jedoch für ihn nicht handlungsleitend, sondern eher ein Mittel gewesen sein: einerseits, um im Kontext eines laufenden Konflikts Legitimationsdefizite auszugleichen, die sich aus seiner Interpretation des Fehderechts ergaben; andererseits, um durch den Bezug auf historische Kollektiverfahrungen des südwestdeutschen Adels Unterstützer zu gewinnen und deren Zusammenhalt zu konsolidieren; und schließlich, um Konflikte zwischen Österreich und der Eidgenossenschaft sowie Württemberg und dem schwäbischen Städtebund zum eigenen strategischen Vorteil zu schüren beziehungsweise durch gezielte Polarisierung entlang von Standesgrenzen die Möglichkeit von Bündnissen zwischen Fürsten und Nichtadligen abzuwehren, die sich zu seinem Nachteil ausgewirkt hätten. Hans von Rechberg und seinen Verbündeten gelang es, unter dem übergreifenden Zusammenhang einer drohenden Vertreibung des Adels durch »Bauern«, ein Vereinigungsmotiv für sämtliche Adligen zu schaffen, die sich als Opfer einer solchen Vertreibung fühlten. Dieses Motiv war anschlussfähig für die rechtlichen Anliegen der adeligen Parteien aus zahlreichen lokalen Einzelkonflikten und ermöglichte so deren überregionale Verknüpfung zu multipolaren

39 Zur teils mit reichsstädtischer Unterstützung umgesetzten gewaltsamen Expansion Württembergs auf Kosten der Grafen von Zollern, der Herren von Geroldseck und der Herren von Falkenstein im 15. Jahrhundert ebenda, S. 279–306; zur Relevanz von Einflussmöglichkeiten am württembergischen Hof für die Selbsterhaltung als Herrschaftsträger ebenda, S. 306–318 und S. 377–388; zur Klingenberger Fehde S. 389–396.

40 Ebenda, S. 83 und S. 92.

Auseinandersetzungen von großer Reichweite. Dass Hans von Rechberg sich über gewaltbeschränkende Normen des Landfriedensrechts hinwegsetzte, dürfte ihm ermöglicht haben, Unterstützer an sich zu binden, die in erster Linie an den Gewinnen aus Raub und Erpressung interessiert waren. Die Fähigkeit zur kurzfristigen Mobilisierung einer großen Zahl von Helfern im Kontext städtefeindlicher Fehden sowie die Verfestigung von Bündniskontakten aus einer solchen überregionalen Großfehde durch wiederholte Reaktivierung verschaffte Hans von Rechberg daher soziales Kapital, das ihn zumindest zeitweise als Kooperationspartner für Württemberg und Österreich interessant machte und ihm dadurch die Möglichkeit verschaffte, durch Einflussnahme auf die »Außenpolitik« dieser Akteure den Erhalt des eigenen Status als Herrschaftsträger abzusichern.

Adlige Diener der Reichsstadt Nürnberg

Eine Stadt und ihre Beziehungen zum Umland

Ben Pope

Für die adligen Diener der Reichsstadt Nürnberg im 15. Jahrhundert ging es buchstäblich um Leben und Tod – und ebenso viel um Ehre und Treue. Adlige Diener kämpften für die Stadt, und zwar nicht nur als vorübergehend eingesetzte Söldner. Werner von Parsberg, Spross einer bedeutenden oberpfälzischen Dynastie, stand 25 Jahre im Dienst der Stadt und war am 11. März 1450 Nürnbergs Bannerträger bei der Schlacht am Pillenreuther Weiher während des sogenannten zweiten süddeutschen Städtekrieges.[1] Sein Vorgänger, Wigeleis von Wolfstein, amtierte mindestens 23 Jahre als Reichsschultheiß von Nürnberg und starb 1442 in der oberen Stube im Rathaus der Stadt. Nachdem er in Ohnmacht gefallen war, blieben zwei Ratsmänner, der Stadtarzt und einige ehrbare Frauen bis mittags bei ihm. Die Stadt rechnete für ihre Speisen ab sowie für die der vier Diener, die seine Leiche bis zum Familiengrab im Kloster Seligenporten begleiteten.[2]

Solche engen und dauerhaften Beziehungen könnte man durchaus zu Recht als Beweis gegen das althergebrachte Bild von »Stadt« und »Adel« als ewige und un-

1 Karl von Hegel u. a. (Hrsg.): Die Chroniken der deutschen Städte vom 14. bis ins 16. Jahrhundert. In 37 Bänden, hrsg. von der Historischen Kommission bei der Bayerischen Akademie der Wissenschaften, Leipzig/Stuttgart 1862–1968, Bd. 2, S. 484: *auch ward berüft der edel und vest ritter herr Wernher von Parßberg in daz dritt glit an die spitzen, und im ward bevolhen daz panier der edelen stat Nurmberg.* Der »Städtekrieg« war ein Zusammenlaufen mehrerer Kriege bzw. Fehden zwischen Fürsten und Städten in Schwaben und Franken, dessen fränkischer Teilkonflikt auch als erster Markgrafenkrieg bekannt ist. Zum Verlauf und Definition: Gabriel Zeilinger: Süddeutscher Städtekrieg, 1449/50. In: Historisches Lexikon Bayerns (2015), http://www.historisches-lexikon-bayerns.de/artikel/artikel_45590 (18.8.2022); Hendrik Baumbach: Der Erste Markgrafenkrieg (1449/50) als regionale Krise der höchsten Gerichtsbarkeit im spätmittelalterlichen Reich. Die Entwicklung der Landfriedenswahrung und Fehdebeilegung in der Landschaft Franken. In: Mitteilungen des Vereins für Geschichte der Stadt Nürnberg 99 (2012), S. 17–80 sowie Gabriel Zeilinger: Lebensformen im Krieg. Eine Alltags- und Erfahrungsgeschichte des süddeutschen Städtekriegs 1449/50 (Vierteljahrschrift für Sozial- und Wirtschaftsgeschichte, Beihefte 196), Stuttgart 2007, S. 25–36.

2 Staatsarchiv Nürnberg (StAN) Rep. 54 Reichsstadt Nürnberg, Stadtrechnungen, Bd. 12, f. 82v.

versöhnliche Gegenspieler anführen.[3] In diesem Beitrag möchte ich dennoch nicht nur die Nähe und Dauer der Beziehungen betonen, sondern auch eine gewisse Distanz zwischen der Stadt und ihren Dienern, die letztendlich das Fundament dieser Nähe und Dauer bildete. Diese komplexen, teilweise paradoxen Beziehungen sind deshalb für das Verständnis des allgemeinen Beziehungsfelds »Stadt und Adel« sehr bedeutend. Möglichkeiten und Grenzen der Annäherung städtischer und ländlicher Eliten sind hier zu beobachten, wodurch man auch den Rahmenbedingungen für Kooperation und Konflikt im breitesten Sinne begegnet.

Die 1440er Jahre stellen hierfür ein vielversprechendes Fallbeispiel dar. Es handelt sich um eine Zeit hoch entwickelter Beziehungen zwischen Nürnberg und einigen adligen Dienern sowie zugleich zunehmender diskursiver Spannung zwischen »städtischen« und »adligen« Identitäten. Niklas Konzen hat jüngst die »städtefeindlichen« Haltungen in einigen schwäbischen Adelskreisen geschildert.[4] In Franken wusste es der hohenzollerische Markgraf Albrecht »Achilles« von Brandenburg-Ansbach, solche Diskurse gezielt anzuwenden, um sich selbst als Verteidiger des Adels gegen die hochmütigen »Bauern« hinter den Stadtmauern darzubieten.[5]

3 Diese Vorstellung wird seit mindestens den 1990er Jahren stark abgelehnt. Siehe vor allem: Ursula Peters: Literatur in der Stadt. Studien zu den sozialen Voraussetzungen und kulturellen Organisationsformen städtischer Literatur im 13. und 14. Jahrhundert (Studien und Texte zur Sozialgeschichte der Literatur 7), Tübingen 1983; Thomas Zotz: Adel, Bürgertum und Turnier in deutschen Städten vom 13. bis 15. Jahrhundert. In: Josef Fleckenstein (Hrsg.): Das ritterliche Turnier im Mittelalter. Beiträge zu einer vergleichenden Formen- und Verhaltensgeschichte des Rittertums (Veröffentlichungen des Max-Planck-Instituts für Geschichte 80), Göttingen 1985, S. 450–499; Thomas Zotz: Adel in der Stadt des deutschen Spätmittelalters. Erscheinungsformen und Verhaltensweisen. In: Zeitschrift für die Geschichte des Oberrheins 141 (1993), S. 22–50; Andreas Ranft: Adel und Stadt im späten Mittelalter. Ihr Verhältnis am Beispiel der Adelsgesellschaften. In: Stefan Rhein (Hrsg.): Die Kraichgauer Ritterschaft in der frühen Neuzeit (Melanchthon-Schriften der Stadt Bretten 3), Sigmaringen 1993, S. 47–64; Rainer Demski: Adel und Lübeck. Studien zum Verhältnis zwischen adliger und bürgerlicher Kultur im 13. und 14. Jahrhundert (Kieler Werkstücke D 6), Frankfurt am Main 1996 sowie Peter Johanek: Adel und Stadt im Mittelalter. In: Gunnar Teske (Hrsg.): Adel und Stadt (Veröffentlichung Vereinigte Westfälische Adelsarchive 10), Münster 1998, S. 9–35.

4 Niklas Konzen: Aller Welt Feind. Fehdenetzwerke um Hans von Rechberg († 1464) im Kontext der südwestdeutschen Territorienbildung (Veröffentlichungen der Kommission für Geschichtliche Landeskunde in Baden-Württemberg B 194), Stuttgart 2014.

5 Mit Beispielen und weiterführender Literatur: Ben Pope: Identity, Discourse and Political Strategy. Margrave Albrecht Achilles (1414–86) and the Rhetoric of Antagonism between Town and Nobility in Upper Germany. In: Linda Clark (Hrsg.): Writing, Records and Rhetoric (The Fifteenth Century 15), Woodbridge 2017, S. 73–92. Seitdem erschienen: Beatrice von Lüpke: Resilience as a Perspective on Medieval Literature: Political Songs and the First Margrave War (1449/50). In: Martin Endreß/Lukas Clemens/Benjamin Rampp (Hrsg.): Strategies, Dispositions and Resources of Social Resilience. A Dialogue between Medieval Studies and Sociology, Wiesbaden 2020, S. 95–120. Grundlegend: Karina

Diese Feindbilder sind wichtige Bestandteile »eines spätmittelalterlichen ständischen Differenzierungsprozesses«, wie schon Peter Johanek konstatiert hat.[6] Spätestens seit dem Ende des zweiten Weltkriegs und den Arbeiten Otto Brunners haben viele Historikerinnen und Historiker die moderne Vorstellung von »Stadt« und »Adel« als Gegensatzpaar auf eine »Tendenz zu einem Sichabschließen des Adels« um 1500 zurückgeführt.[7] Es besteht kein Zweifel, dass um 1500 eine ausgeprägtere Gegenüberstellung von städtischen und ländlichen Eliten als im 13. Jahrhundert zu bemerken ist. Über die genaue Chronologie oder die wichtigsten Ursachen dieser Veränderung gibt es aber keine Einigkeit. Thomas Zotz betont den »Rückzug von adlig-ritterlichen Familien aus der Stadt« seit dem frühen 14. Jahrhundert sowie nicht näher erläuterte ökonomische Hintergründe.[8] Heinz Lieberich betrachtete die Spaltung »nach 1500« zwischen »Ritterstand« und »Bürgertum« als Nachwirkung des Aufgebens der »Trennung zwischen einschildigem und höherem Ritterstand zugunsten eines einheitlichen, nun nicht mehr von der Lehnspyramide her bestimmten Adelsbegriffes«.[9] Klaus Graf sieht eine primär diskursive Gegenüberstellung von »gegenseitigen Stereotypen, Vorurteile[n] und Ressentiments«, die zu »gesellschaftlich dysfunktionalen Kommunikationsstörungen« und daraus resultierend zur Bildung von feindlichen Lagern führten.[10] Joseph Morsel verbindet sozialstrukturelle und diskursive Ansätze mit seiner These von einer neuen, durch die Verteilung von fürstlich verliehenen Herrschaftsmitteln sich bildenden Gruppierung innerhalb des Niederadels, die durch eine Gegenüberstellung von *adel* und den Städten eine Identität für sich selbst »erfand«.[11]

Vor allem hat Morsel darauf hingewiesen, dass das Wort *adel* sowohl eng mit einem Gegensatz zur »Stadt« verbunden war, als auch eine neue Bedeutung in der ersten Hälfte des 15. Jahrhunderts als Substantiv, die Gesamtheit der »adligen«

Kellermann: Abschied vom ›historischen Volkslied‹. Studien zu Funktion, Ästhetik und Publizität der Gattung historisch-politische Ereignisdichtung (Hermaea N. F. 90), Tübingen 2000, S. 105–216.

6 Johanek (wie Anm. 3), S. 25.

7 Otto Brunner: Bürgertum und Adel in Nieder- und Oberösterreich. In: Anzeiger der österreichischen Akademie der Wissenschaften. Philosophisch-historische Klasse 86 (1949), S. 495–517, hier S. 507.

8 Zotz, Adel in der Stadt (wie Anm. 3), S. 25 und S. 42.

9 Heinz Lieberich: Rittermässigkeit und bürgerliche Gleichheit. Anmerkungen zur gesellschaftlichen Stellung des Bürgers im Mittelalter. In: Sten Gagnér/Hans Schlosser/Wolfgang Wiegand (Hrsg.): Festschrift für Hermann Krause, Köln u.a. 1975, S. 66–93, hier S. 68–70.

10 Klaus Graf: Feindbild und Vorbild. Bemerkungen zur städtischen Wahrnehmung des Adels. In: Zeitschrift für die Geschichte des Oberrheins 141 (1993), S. 121–154, hier S. 132.

11 Joseph Morsel: Die Erfindung des Adels. Zur Soziogenese des Adels am Ende des Mittelalters – das Beispiel Frankens. In: Otto Gerhard Oexle/Werner Paravicini (Hrsg.): Nobilitas. Funktion und Repräsentation des Adels in Alteuropa (Veröffentlichungen des Max-Planck-Instituts für Geschichte 133), Göttingen 1997, S. 312–375.

Leute bezeichnend, bekam.[12] Das genaue Bedeutungsfeld des Worts in diesem Zeitraum bedarf weiterer Erforschung über die fränkischen und bayerischen Untersuchungsgebiete von Morsel und Lieberich hinaus, denn wichtige Belege stammen aus dem Südwesten zu Beginn des 15. Jahrhunderts. 1408 verkündete das Bündnis zwischen Herzog Friedrich IV. von Österreich und der ritterlichen Gesellschaft mit St. Georgenschild gegen die »Appenzeller« (d. h. den Bund ob dem See, ein Bündnis ländlicher Kommunen und kleinerer Städte im Alpenrheintal), dass die Appenzeller sich unterstanden hätten, *den adel ze vertreyben*.[13] Zunächst fand diese Bezeichnung für die Gesamtheit der Fürsten, Herren, Grafen, Freien, Ritter und Knechte (dem Wortlaut der vorgenannten Urkunde nach) oft in Zusammenhang mit einer Betonung des notwendigen Zusammenhalts der »Adligen« gegenüber äußeren Gefahren Verwendung. König Sigismund stellte zum Beispiel die Hussiten als eine solche Gefahr dar, aufgrund ihrer *vertilgung geistlichs stattes des ganczen adels und vil frömer kristen*.[14] In dieser frühen Phase der Ausbildung einer besonderen »adligen« Identität mit Hilfe eines umfassenden Verständnisses von *adel* als einer sozialen Gruppe erscheint *der adel* vor allem in Verbindung mit einem gemeinsamen Gegner. Im Laufe der Zeit übernahmen die Städte zunehmend diese Rolle.

Noch im späteren 14. Jahrhundert sprach man oft von Rittern, Knechten und Edelleuten, die in Städten wohnten oder die sogar zu Städten wie Basel »gehörten«.[15] Auch die Befürworter der *adel*-Identität pflegten zunächst gute Beziehungen mit benachbarten Städten. 1407 verbündete sich die Gesellschaft mit St. Georgenschild mit der Stadt Konstanz gegen die Appenzeller.[16] Bei der Verlängerung des Bündnisses im Jahre 1409 musste die Stadt dennoch versprechen, der Gesellschaft gegen die Reichsstädte Hilfe zu leisten für den Fall, dass diese Städte die *Ritterschafft [...] tringen oder treiben wolten von ihren freyheiten rechten oder gueten gewohnheiten*.[17] Diese Klausel wurde nie angewendet und 1422 erhielt die Gesellschaft mit St. Georgenschild von König Sigismund die ausdrückliche Genehmigung, sich mit den Reichsstädten zu

12 Ebenda, S. 323–327.

13 Otto Paul Clavadetscher/Stefan Sonderegger (Hrsg.): Chartularium Sangallense. In 13 Bänden, Sigmaringen 1983–2013, Bd. 13, S. 303 (Nr. 7777).

14 Deutsche Reichstagsakten. Ältere Reihe. In 22 Bänden, hrsg. von der Historischen Kommission bei der Bayerischen Akademie der Wissenschaften, Göttingen 1867–2013, Bd. 9, S. 290.

15 Richard Thommen u. a. (Hrsg.): Urkundenbuch der Stadt Basel. In 11 Bänden, Basel 1890–1910, Bd. 4, S. 412–418 (Nr. 428): Richtung zwischen dem Basler Stadtrat und *den egenanten edeln luten, die zů der stat von Basel gehörent, als ouch si und wir iewelten zů einander gehört haben* (16. Nov. 1377). Zur Sozialstruktur von der Basler Elite siehe Knut Schulz: Stadtadel und Bürgertum vornehmlich in oberdeutschen Städten im 15. Jahrhundert. In: Reinhard Elze/Gina Fasoli (Hrsg.): Stadtadel und Bürgertum in den italienischen und deutschen Städten des Spätmittelalters (Schriften des Italienisch-Deutschen Historischen Instituts in Trient 2), Berlin 1991, S. 161–181, hier S. 163–170.

16 Clavadetscher/Sonderegger (wie Anm. 13), Bd. 13, S. 271–275 (Nr. 7754).

17 Ebenda, Bd. 13, S. 429 (Nr. 7862).

verbinden, gerade um einer möglichen »Zerstörung« der Ritterschaft entgegenzuwirken.[18] Aber die vielen mächtigen, selbstständigen Städte Oberdeutschlands, mit ihren verwickelten und manchmal konfliktbeladenen Beziehungen zu den Fürsten und ländlichen Eliten ihrer Umgebung, stellten für verschiedene politische Akteure mögliche »Unterdrücker des Adels« dar. In den 1420er Jahren machte Markgraf Bernhard von Baden in seinem Konflikt mit der Stadt Straßburg von solchen Anschuldigungen Gebrauch.[19] Wenig später entwickelten die schwäbischen »Städtefeinde« und Markgraf Albrecht Achilles diesen Diskurs weiter.[20]

Obwohl viele städtische Eliten nach wie vor auf ihre Vornehmheit und oft auch auf ihre Rittermäßigkeit bestanden, räumten sie zumindest in der ersten Hälfte des 15. Jahrhunderts selbst ein, dass sie nicht zum *adel* gehörten. 1432 schrieb Ulm an Nördlingen, dass die Geistlichkeit und die »Ehrbarkeit« der Städte zumeist unter den Hussiten und allen Unruhen der Zeit zu leiden hätten, während der *adel* und die Bauern *in dem bas ußkommen sind*.[21] Zur selben Zeit erwogen die Städte die Vorschläge des St. Georgenschildes, solche Gefahren zusammen zu bekämpfen: *[D]enne wenne der adel und die stette in dem ains weren, so mochte sölicher unrate in unsern gegenden und landen nicht uferstan*.[22] Diese Pläne konnten nicht verwirklicht werden. Stattdessen verfestigten sich Bündnisse, die dafür sorgten, dass Spannungen zwischen bestimmten Fürsten und Städten 1449/50 im sogenannten »Städtekrieg« mündeten. Für den Nürnberger Ratsherren Erhard Schürstab ging es in diesem Krieg um *die herrn und aller adel [...] wider all reichstet,* wobei er den *adel* als Fürsten, Herren, Ritterschaft und Edelleute verstand.[23]

Ob Freunde oder Feinde – »Stadt« und »Adel« stellten in der Mitte des 15. Jahrhunderts grundsätzlich unterschiedliche Identitäten dar (neben zweifelsfrei vorhanden Überschneidungen und Berührungspunkten). Mitglied des *adels* zu sein bedeutete zu dieser Zeit nicht unbedingt, dass man in der sozialen Rangordnung höher als die städtische Elite stand, denn der *adel* als Identität wurde als Zusammenschluss eines sehr breiten Spektrums mächtigerer und mindermächtiger »Adliger« –

18 Historische Kommission (wie Anm. 14), Bd. 8, S. 219 f. (13. Sept. 1422). Zum Hintergrund dieses Privilegs: Hermann Mau: Die Rittergesellschaften mit St. Jörgenschild in Schwaben, Stuttgart 1941, S. 48–59.

19 Barbara Hammes: Ritterlicher Fürst und Ritterschaft. Konkurrierende Vergegenwärtigung ritterlich-höfischer Tradition im Umkreis südwestdeutscher Fürstenhöfe 1350–1450 (Veröffentlichungen der Kommission für Geschichtliche Landeskunde in Baden-Württemberg B 185), Stuttgart 2011, S. 294–298.

20 Siehe oben, S. 296. Städtische Akteure versuchten auch, »ein Wir-Gefühl« durch eine Gegenüberstellung von der Stadt und ihren adligen Kontrahenten zu stiften. Siehe Carla Meyer: Die Stadt als Thema. Nürnbergs Entdeckung in Texten um 1500 (Mittelalter-Forschungen 26), Ostfildern 2009, S. 190–201 und S. 349–368.

21 Historische Kommission (wie Anm. 14), Bd. 10, S. 247–249 (1. Feb. 1432).

22 Ebenda, Bd. 10, S. 964 f. (26. März 1432). Hintergrund: Mau (wie Anm. 18), S. 139–150.

23 Hegel (wie Anm. 1), Bd. 2, S. 137.

einschließlich der Fürsten sowie ihrer Diener aus der Ritterschaft – konzipiert und wertgeschätzt.[24] Dieser erstrebte Zusammenhalt gegen äußere Gefahren richtete sich zunehmend gegen die Städte. Deswegen verfügte man im Franken der 1440er Jahre über kräftige sprachliche und ideologische Mittel, um sich als Mitglied der ländlichen Elite von der städtischen Elite abzusetzen. Diese Haltung wurde von mächtigen Fürsten wie Albrecht Achilles befördert und barg in sich die Verheißung eines kraftvollen Zusammenhalts der »Adligen«. Trotzdem wählten eine Anzahl von Adligen eine enge Beziehung mit Nürnberg, der weitaus größten fränkischen Stadt. Wer waren diese Adligen? Was war ihr konkretes Verhältnis zu Nürnberg und was hat sie motiviert, diese Beziehungen einzugehen?

Neuzeitliche Vorstellungen von einer »Kluft« zwischen Adel und Bürgertum als »historische Grundkategorien« (so Johanek) hat lange dazu geführt, dass positive Beweggründe auf adliger Seite, einer Stadt zu dienen, fast undenkbar waren.[25] Sogar die adligen Hauptleute der Städte waren für Historiker der Kaiserzeit als »Glieder des sinkenden Rittertums« einzustufen.[26] Thesen einer spätmittelalterlichen »Krise des Adels« ernährten sich nach dem zweiten Weltkrieg weiterhin von der neuen Sozial- und Wirtschaftsgeschichte, weshalb die »Strukturkrise« des Niederadels noch 1982 ohne Weiteres als Motivation für Frankfurts adlige Diener angeführt werden konnte.[27] Erwartungen über die Stabilität und Dauer der daraus resultierenden Beziehungen waren entsprechend gering. In seinen populären *Bilder aus der deutschen Vergangenheit* zweifelte Gustav Freytag, ob solche Beziehungen den regelmäßigen Fehden zwischen einer Stadt und auswärtigen Adligen standhalten konnten: Die Edlen, »welche der Stadt geschworen hatten«, seien »mit ihren Herzen zuweilen auf Seite ihrer Vettern draußen« gewesen.[28]

24 Siehe auch Joseph Morsel: Adel in Armut – Armut im Adel? Beobachtungen zur Situation des Adels im Spätmittelalter. In: Otto Gerhard Oexle (Hrsg.): Armut im Mittelalter (Vorträge und Forschungen Konstanzer Arbeitskreis für Mittelalterliche Geschichte 58), Ostfildern 2004, S. 127–164.

25 Johanek (wie Anm. 3), S. 9.

26 Max Mendheim: Das reichsstädtische, besonders Nürnberger, Söldnerwesen im 14. und 15. Jahrhundert, Leipzig 1889, S. 4 sowie Karl Saur: Die Wehrverfassung in schwäbischen Städten des Mittelalters. Straßburg, Basel, Augsburg, Ulm, Rottweil, Überlingen, Villingen, Diss. PhD, Albert-Ludwigs-Universität Freiburg 1911, S. 66.

27 Bernd Schneidmüller: Städtische Territorialpolitik und spätmittelalterliche Feudalgesellschaft am Beispiel von Frankfurt am Main. In: Blätter für deutsche Landesgeschichte 118 (1982), S. 115–136, hier S. 126. Siehe auch unten, S. 312.

28 Gustav Freytag: Bilder aus der deutschen Vergangenheit. Vom Mittelalter zur Neuzeit, Leipzig 1871, S. 293. Noch 1991: »Zu eng war die gefühlsmäßige Bindung zu den Standesgenossen; unauflöslich gestaltete sich der Interessenkonflikt zwischen Adeliger und bürgerlicher Welt« (Ulrich Andermann: Ritterliche Gewalt und bürgerliche Selbstbehauptung. Untersuchungen zur Kriminalisierung und Bekämpfung des spätmittelalterlichen Raubrittertums am Beispiel norddeutscher Hansestädte [Rechtshistorische Reihe 91], Frankfurt am Main 1991, S. 191).

Den adligen Dienern einer Stadt oder mehrerer Städte ist nie eine eigene Untersuchung gewidmet worden, geschweige denn eine, die auf den aktuellen Stand der Forschung über die allgemeine Lage des spätmittelalterlichen Niederadels und seiner Beziehungen zu den Städten reagieren konnte. Trotzdem kommen adlige Diener immer wieder in Studien des Militär- oder Wehrwesens von Städten, über städtische Finanzen und Haushalte und über die Beziehungen zwischen und die gegenseitige Durchdringung von Stadt und Land vor.[29] Dazu gibt es Untersuchungen von (adligen) »Ausbürgern«, deren Beziehungen zu ihren Städten nicht selten manchen Dienstbeziehungen ähnlich waren. Diese Literatur und die fließenden Übergänge zwischen Dienst, Bündnis und Bürgerschaft werden am Ende dieses Beitrags besprochen. Doch zuvor ist es erforderlich, die adligen Diener Nürnbergs kennenzulernen und danach die Beschaffenheit ihrer Beziehungen zu der Stadt zu umreißen und nach der Motivation der Stadt, diese Diener zu besolden, zu fragen. Im nächsten Schritt wird nach den Beweggründen der Diener gefragt und diese Ergebnisse abschließend im Kontext anderer Städte verortet.

1. Die Diener und ihre Aufgaben

Die Reihen der adligen Diener in den 1440er Jahren setzen mit den beiden Reichsschultheißen Wigeleis von Wolfstein und seinem Nachfolger Werner von Parsberg ein.[30] Beide stammten aus angesehenen Familien der südwestlichen Oberpfalz und waren miteinander verschwägert: Werners Schwester Margarete war Wigeleis' erste Frau.[31] Wigeleis' Bruder Wilhelm war Diener mehrerer Fürsten und Bürgermeister

29 Hervorzuheben sind: Niels Petersen: Die Stadt vor den Toren. Lüneburg und sein Umland im Spätmittelalter (Veröffentlichungen der Historischen Kommission für Niedersachsen und Bremen 280), Göttingen 2015; Brigitte Maria Wübbeke: Das Militärwesen der Stadt Köln im 15. Jahrhundert (Vierteljahrschrift für Sozial- und Wirtschaftsgeschichte, Beihefte 91), Stuttgart 1991 sowie Gerhard Fouquet: Die Finanzierung von Krieg und Verteidigung in oberdeutschen Städten des späten Mittelalters. In: Bernhard Kirchgässner/Günter Scholz (Hrsg.): Stadt und Krieg (Stadt in der Geschichte 15), Sigmaringen 1989, S. 41–82.

30 Vgl. eine Darstellung der reitenden Söldner in den 1430er Jahren in Paul Sander: Die Reichsstädtische Haushaltung Nürnbergs. Dargestellt auf Grund ihres Zustandes von 1431 bis 1440, Leipzig 1902, S. 151–159.

31 Die Heirat fand vor April 1416 statt: Carl Heinrich von Lang u. a. (Hrsg.): Regesta sive rerum boicarum autographa. In 13 Bänden, München 1822–1854, Bd. 12, S. 225. Über die Parsberger im Allgemeinen: Manfred Jehle: Parsberg, Herrschaft. In: Historisches Lexikon Bayerns (2013), https://www.historisches-lexikon-bayerns.de/Lexikon/Parsberg,_Herrschaft (18.8.2022); Karl Menner: Die Parsberger zu Lupburg. In: Burgblick (Alt-Lupburg) 2 (2003), S. 21–68 sowie Xaver Luderböck/Karl Menner: Die Parsberger zu Lupburg. Linie Christoph (1). In: Burgblick (Alt-Lupburg) 2 (2003), S. 69–129. Über die

von Regensburg.[32] Werners Bruder Hans war in den 1440er Jahren Statthalter in der Oberpfalz für den Wittelsbacher König Christoph von Dänemark und ein weiterer Bruder, Friedrich, war zwischen 1437 und 1449 Bischof von Regensburg.[33]

Die Aufgaben dieser hochrangigen Diener waren militärischer und diplomatischer Natur. Wolfstein und Parsberg fungierten als Hauptleute für Nürnberg gegen die Hussiten in den 1420er und früheren 1430er Jahren, und Parsberg hatte allein oder zusammen mit anderen Dienern oder Ratsherren das Kommando auf mehreren Kriegszügen und bei Belagerungen verschiedener Burgen.[34] Sie sind auch unter den städtischen Gesandten bei Treffen mit Fürsten zu finden und gelegentlich vertraten sie die Stadt in Verhandlungen mit ihren adligen Nachbarn in der Oberpfalz.[35]

Das Reichsschultheißenamt hatte in sich selbst keine nennenswerte Funktion. Die Stadt hatte das Amt und dessen Gefälle schrittweise im Laufe des 14. Jahrhunderts und endgültig 1427 vom Kaiser beziehungsweise den hohenzollerischen Burggrafen erworben und besetzte es ab 1390 zunächst mit einer Reihe fränkischer Adliger. Größere Stabilität erfuhr das Amt zwischen 1418 und 1479 mit den aufeinander folgenden und miteinander verschwägerten Reichsschultheißen Wigeleis von Wolfstein, Werner von Parsberg und Sigmund von Egloffstein. Es handelte sich

Herrschaft Parsberg: Manfred Jehle: Parsberg. Pflegämter Hemau, Laaber, Beratzhausen (Ehrenfels), Lupburg, Velburg, Mannritterlehengut Lutzmannstein, Ämter Hohenfels, Helfenberg, Reichsherrschaften Breitenegg, Parsberg, Amt Hohenburg (Historischer Atlas von Bayern: Teil Altbayern 51), München 1981, S. 362–382. Über die Wolfsteiner: Robert Giersch: Wolfstein, Adelsfamilie. In: Historisches Lexikon Bayerns (2013), http://www.historisches-lexikon-bayerns.de/Lexikon/Wolfstein,_Adelsfamilie (18.8.2022); Simon Federhofer: Herrschaftsbildung im Raum Neumarkt vom 12. bis 17. Jahrhundert (Neumarkter historische Beiträge 2), Neumarkt in der Oberpfalz 1999, S. 152–167.

32 Detlev Schwennicke: Europäische Stammtafeln. Neue Folge: Stammtafeln zur Geschichte der europäischen Staaten, Bd. 16, Marburg 1995, Tafel 91. 1423/24 und 1425/26 als Bürgermeister von Regensburg aufgenommen: Lang u.a. (wie Anm. 31), Bd. 13, S. 18 und S. 63.

33 Zu Hans siehe Menner (wie Anm. 31), S. 43–46. Als Statthalter in der Oberpfalz siehe z.B. StAN Rep. 61a Reichsstadt Nürnberg, Briefbücher des inneren Rats, Bd. 16, f. 110r. Zu Friedrich siehe Karl Hausberger: Parsberg, Friedrich von (um 1385–1449). 1437–1449 Bischof von Regensberg. In: Erwin Gatz/Clemens Brodkorb (Hrsg.): Die Bischöfe des Heiligen Römischen Reiches, 1448 bis 1648. Ein biographisches Lexikon, Berlin 1996, S. 517 f.

34 Die Brüder Wigeleis und Wilhelm von Wolfstein als Nürnbergs Hauptleute gegen die Hussiten 1421: Hegel (wie Anm. 1), Bd. 1, S. 370 f. Für die Karriere Werner von Parsbergs im Dienst von Nürnberg siehe Ben Pope: Nuremberg's Noble Servant: Werner von Parsberg (d. 1455) between Town and Nobility in Late Medieval Germany. In: German History 36 (2018), S. 159–180, hier S. 171 f.

35 Für Beispiele siehe Ben Pope: Relations between Townspeople and Rural Nobles in Late Medieval Germany. A Study of Nuremberg in the 1440s, Diss. PhD, Universität Durham 2016, S. 265, http://etheses.dur.ac.uk/11492/.

aber um einen Ehrentitel: Die eigentliche Rechtsprechung behielt der Rat fest in seinen Händen und – wie Wigeleis von Wolfstein es 1440 selbst ausdrückte – man benannte lediglich nach *recht und herkomen* des Reichsgerichts den amtierenden Reichsschultheißen am Anfang aller Gerichtsbriefe.[36]

Die Reichsschultheißen waren dennoch nicht die einzigen Adligen von Bedeutung im städtischen Sold. Herr Konrad von Heideck trat im Februar 1445 in den Nürnberger Dienst ein.[37] Dieses Verhältnis war (oder wurde) eine Art Schutzbündnis gegen Albrecht Achilles, der wenig später seine Ansprüche auf die Herrschaft Heideck zu verwirklichen versuchte.[38] Die Verquickung von »Dienst« und »Bündnis« und die fließenden Übergänge zwischen diesen Beziehungsarten sind immer wieder zu beobachten. Heideck brachte neun *redliche diener* mit ihm in den Dienst der Stadt und verpflichtete sich, die zehn Jahre seiner Dienstzeit in Nürnberg wohnhaft zu sein. Im Gegenzug bekam er 400 Gulden pro Jahr und hatte bei gleichem Jahressold anscheinend weniger Aufgaben zu erledigen als der damalige Reichsschultheiß, Werner von Parsberg.[39] Die Beziehung zwischen Heideck und Nürnberg war 1449 eine der Hauptklagen von Albrecht Achilles gegen die Stadt: Inwiefern diese politischen Folgen Heidecks Indienstnahme 1445 voraussehbar waren, ist unbekannt, doch die Beziehung mit Heideck hat zumindest den Anschein einer bewussten Behaup-

36 StAN Rep. 61a, Bd. 14, ff. 233v–234r. Vgl. Sander (wie Anm. 30), S. 154–155. Über das Amt im Allgemeinen: Reinhard Seyboth: Reichsschultheiß. In: Michael Diefenbacher/Rudolf Endres (Hrsg.): Stadtlexikon Nürnberg, Nürnberg 2000, S. 876f.; Christoph Wilhelm Friedrich Stromer von Reichenbach: Geschichte und Gerechtsame des Reichsschultheißenamtes zu Nürnberg, aus Urkunden erläutert, Nürnberg 1788. Siehe auch Pope (wie Anm. 35), S. 266; Hegel (wie Anm. 1), Bd. 1, S. XXIX.

37 StAN Rep. 52b Reichsstadt Nürnberg, Amts- und Standbücher, Bd. 269, f. 84r.

38 Über die Herrschaft Heideck im Allgemeinen: Dietrich Deeg: Die Herrschaft der Herren von Heideck. Eine Studie zu hochadeliger Familien- und Besitzgeschichte, Neustadt an der Aisch 1968. Konrads Großvater Friedrich wurde 1386 Bürger von Nürnberg mit Dienstverpflichtung: Konrad Ruser/Rainer C. Schwinges (Hrsg.): Die Urkunden und Akten der oberdeutschen Städtebünde. In 3 Bänden, Bd. 3: Oberdeutsche und schweizerische Städte- und Landfriedensbündnisse von 1381 bis 1389, Göttingen 2005, S. 1911–1913 (Nr. 1928) (siehe auch unten, S. 320); sein Vater Johann stand 1423 bis 1425 in Nürnberger Dienst: Deeg (wie Anm. 38), S. 38, Anm. 83.

39 Vor dem Städtekrieg ist Heideck 1447 als Hauptmann eines Aufgebots zur Unterstützung des Bischofs von Würzburg erwähnt: StAN Rep. 61a, Bd. 18, f. 301r–v. 1449 war er in den Kampfhandlungen gegen Albrecht Achilles als Hauptmann in Weißenburg tätig: Hegel (wie Anm. 1), Bd. 2, S. 187. Heidecks spätere diplomatische Tätigkeit erfolgte wahrscheinlich teils im Auftrag der Stadt, teils in eigener Sache: StAN Rep. 61a, Bd. 20, f. 392r; Bd. 23, ff. 195r, 200v–201v; StAN Rep. 15 Reichsstadt Nürnberg, Ratskanzlei, A-Laden, Urkunden, Nr. 22; Johannes Müllner: Die Annalen der Reichsstadt Nürnberg von 1623, hrsg. von Gerhard Hirschmann. In 3 Bänden, Nürnberg 1972–2003, Bd. 2, S. 499; Hegel (wie Anm. 1), Bd. 2, S. 399f., S. 411 und S. 413.

tung reichsstädtischer Handlungsfreiheit dem Markgrafen gegenüber.[40] Nürnberg versuchte auch, auswärtige Ämter für Heideck zu gewinnen, indem die Stadt ihn als Amtmann von der Reichsstadt Weißenburg, als Hauptmann des Schwäbischen Städtebundes und den pfälzischen Vitztum von Amberg vorschlug.[41] Der genaue Zweck des Dienstverhältnisses mit dem Landgrafen Johann von Leuchtenberg zwischen 1439 und 1444 ist aus Nürnbergs Sichtweise noch schwieriger zu bestimmen. Er erhielt 400 Gulden pro Jahr, angeblich ohne jegliche Aufgaben übernehmen zu müssen.[42] Doch mit einem Landgrafen im Dienst konnte sich die Stadt ihrer wirtschaftlichen und politischen Stärke rühmen.

Weitere Adlige mit besonders nützlichen Beziehungen und Finanzmitteln fanden in verschiedenen Dienstverhältnissen Einsatz. 1442 half Nürnberg Georg von Wildenstein, die verpfändete bayerische Burg Hohenstein mit 800 Gulden auszulösen. Im Gegenzug trat Wildenstein für vier Jahre in Nürnbergs Dienste ein.[43] Die Stadt erhielt damit Kontrolle über eine wichtige Festung im Umland und in der Nähe der Handelsstraße Richtung Böhmen. Schon zuvor (zwischen 1430 und 1432) hatte Nürnberg dem Adligen Mathes von Mangersreuth 50 Gulden pro Jahr für die Öffnung von Hohenstein bezahlt und Mangersreuth stand auch vor- wie nachher im Nürnberger Dienst.[44] Inzwischen war Werner von Parsberg der Pfandinhaber von Hohenstein.[45] Ein weiterer wertvoller Diener war Hans von Seckendorff-Nold, dessen Familienmitglieder ansonsten Anhänger und Vertrauensmänner der hohen-

40 Nürnberg erwiderte dem Markgrafen mit Bezug auf die vorangehenden Dienstverhältnisse von Konrads Vater und Großvater: Hegel (wie Anm. 1), Bd. 2, S. 139. Siehe auch ebenda, Bd. 2, S. 124: *daz doch nit newe herkam, sunder alweg und ie gewesen ist, daz sie [die Städte] der vom adel zu dienern bei in gehabt haben; und were sach, daz er [Achilles] den herrn von Heideck also mit gewalt von in drungen het, so wer nicht minner gewest, er het die andern des adels, die bei in waren, auch von in dringen wöllen* (aus der Vorrede zum Kriegsbericht Erhard Schürstabs).

41 Weißenburg: StAN Rep. 61a, Bd. 21, ff. 5r–v; Bd. 23, f. 87r. Hauptmannschaft des Schwäbischen Städtebundes: StAN Rep. 61a, Bd. 20, ff. 338r, 379r (siehe auch Hegel [wie Anm. 1], Bd. 2, S. 196, 399). Vitztum von Amberg: StAN Rep. 61a, Bd. 23, f. 44v.

42 StAN Rep. 52b, Bd. 269, f. 128r. Der Landgraf war schon 1421 für *etliche jar* in den Nürnberger Dienst eingetreten: StAN Rep. 54, Bd. 6, f. 87r.

43 StAN Rep. 52b, Bd. 269, f. 132v. Für weitere Quellen siehe Pope (wie Anm. 35), S. 177. Siehe auch Robert Giersch: Burg Hohenstein im Nürnberger Land (Mitteilungen der Altnürnberger Landschaft Sonderheft 53), Neuhaus a. d. Pegnitz 2015, S. 47.

44 StAN Rep. 54, Bd. 9, f. 62r; Sander (wie Anm. 30), S. 452. Überlieferte Dienstbeziehungen 1416 (Lang u. a. [wie Anm. 31], Bd. 12, S. 232), 1430 (StAN Rep. 54, Bd. 9, f. 51), 1444–1449 (StAN Rep. 52b, Bd. 269, f. 130v). Siehe Richard Lenker: Die Herren von Mangersreuth im Frankenwald. In: Geschichte am Obermain 8 (1973/74), S. 67–100, hier S. 87 f.

45 StAN Rep. 61a, Bd. 12, f. 153v; Bd. 13, ff. 114v–115r, 206v.

zollerischen Markgrafen waren.[46] Im Oktober 1447 erkundigte sich Nürnberg bei ihm nach den gegenwärtigen Aktivitäten von Albrecht Achilles.[47]

Kern der städtischen Dienstmannschaft war eine Reihe mindermächtiger Adliger, die mit zwei bis vier Pferden der Stadt dienten. Zwischen ihnen und den Dienern mit nur einem Pferd (den Einrössern) unterschied man nicht streng und es gab auch Diener wohl nichtadliger Herkunft mit mehreren Pferden.[48] Viele Mitglieder dieser Gruppe sind natürlich nicht eindeutig zum »Adel« oder »Nicht-Adel« zuzuordnen.[49] Andere, wie Michael von Ehenheim, stammten aus bekannten Adelsfamilien. Jedes Jahr kurz nach Martini (11. November) quittierten diese Söldner der Stadt ihren erhaltenen Sold und traten in der Regel für ein weiteres Jahr in den Dienst.[50] Die Anzahl der in diesen Urkunden genannten Diener schwankte zwischen 37 (1441) und 82 (1444, in diesem Jahr wohl durch den Einsatz gegen den Armagnakeneinfall im Elsass bedingt).[51] Die mehr oder minder »ständige« Dienerschaft fungierte hauptsächlich als Gesandte und als Reiter beim sogenannten »Halten und Streifen«, der Bewachung der Straßen und des ländlichen Umlands. Die Streifen versuchten, Kaufleute zu schützen und gelegentlich »schädliche Leute« auf Basis entsprechender kaiserlicher Privilegien zu verhaften. Diese für die Stadt sehr wichtige und entsprechend sorgfältig ausgeübte Tätigkeit sorgte auch für wiederkehrende Spannungen zwischen der Stadt und vielen ländlichen Adligen.[52]

Natürlich gab es auch Zeitpunkte von größerer Gefahr und erhöhtem Konfliktpotential. In diesen Momenten hatte die Stadt es nötig, Söldner kurzfristig einzustellen. Nürnberg schloss auch besondere Bündnisse mit Adligen, die zum Beispiel in

46 StAN Rep. 61a, Bd. 17, ff. 47v, 94v–95r, 220r; Bd. 18, f. 68r. Zur Familie im Allgemeinen: Gerhard Rechter: Die Seckendorff. Quellen und Studien zur Genealogie und Besitzgeschichte, Bd. 2: Die Linien Nold, Egersdorf, Hoheneck und Pfaff, Neustadt an der Aisch 1990.

47 StAN Rep. 61a, Bd. 18, f. 357r.

48 Siehe Sander (wie Anm. 30), S. 153, S. 157 f. und S. 319 f.

49 Zur Thematik: Karl-Heinz Spieß: Aufstieg in den Adel und Kriterien der Adelszugehörigkeit im Spätmittelalter. In: Kurt Andermann/Peter Johanek (Hrsg.): Zwischen Nicht-Adel und Adel (Vorträge und Forschungen Konstanzer Arbeitskreis für Mittelalterliche Geschichte 53), Stuttgart 2001, S. 1–26.

50 Aus den 1440er Jahren: StAN Rep. 2a Reichsstadt Nürnberg, Losungamt, 35 neue Laden, Urkunden, Nr. 1179–1186, 1206.

51 Über diesen Einfall siehe Duncan Hardy: The 1444–5 Expedition of the Dauphin Louis to the Upper Rhine in Geopolitical Perspective. In: Journal of Medieval History 38 (2012), S. 358–387. Vgl. Sander (wie Anm. 30), S. 151, wonach die Gesamtstärke der reitenden Söldner nach Pferden gerechnet bewegte sich in den 1430er Jahren zwischen 63 und 108 Pferden (letztere Anzahl wurde 1431 während des Hussitenkrieges erreicht, vgl. ebenda, S. 154).

52 Siehe Ben Pope: Finding Safety in Feuding. Nobles' Responses to Nuremberg's Rural Security Policy in the Mid-Fifteenth Century. In: Virtus. Journal of Nobility Studies 23 (2016), S. 11–31.

der Nähe eines Kriegsschauplatzes über strategische Burgen verfügten.[53] Für andere Kriegszüge und für den »täglichen Krieg« waren Böhmen und der bayerische Wald bevorzugte Anwerbungsgebiete. Dort gab es eine Anhäufung militärischer Unternehmungsfähigkeit infolge der hussitischen Kriege. Der Rat lehnte viele Dienstangebote aus diesen Gegenden ab.[54] In den Jahren 1449 und 1450 brauchte die Reichsstadt aber außerordentlich viele Söldner. Die städtischen Kriegsordnungen berichten von 500 Pferden im Sold.[55] Bereits im Januar 1449 nahm Nürnberg 30 weitere Pferde in Dienst mitsamt ihren adligen Anführern Oswald Ottlinger (15 Pferde), Heinrich Zenger zu Regenstauf (zehn Pferde) und Georg Lichtenecker (fünf Pferde).[56] Im März 1450 verabredete der Ratsherr Paul Haller einen Dienstvertrag für insgesamt 250 Pferde mit den böhmischen Herren Hynek Krušina von Schwanberg und Racek von Janovice auf Riesenberg. Schwanberg war ein ehemaliger Fehdegegner der Stadt Nürnberg und Werner von Parsbergs, aber auch von den hohenzollerischen Markgrafen. Schwanberg und Janovice sollten jetzt die Markgrafen Johann und Albrecht sowie den Pfalzgrafen Otto mit *prannt und nam* im Auftrag der Stadt angreifen.[57]

Verbündete und politische Konstellationen konnten auch weitere Verbündete mit sich bringen: Nürnbergs Feldhauptmann im zweiten Städtekrieg gegen Albrecht Achilles war Heinrich Reuß von Plauen, ein Anhänger von Herzog Friedrich von Sachsen, dessen Bruder und Gegner im »Sächsischen Brüderkrieg« Wilhelm mit Albrecht Achilles verbündet war.[58] Wie Enno Bünz schon vermutet hat, wurde die Indienstnahme eines weiteren sächsischen Adligen, Kunz von Kaufungen, mög-

53 Z. B. 1444 zur Unterstützung des »Zugs nach Lichtenberg« gegen Gebrüder Hans und Fritz von Waldenfels: Hegel (wie Anm. 1), Bd. 2, S. 65, 85; StAN Rep. 52b, Bd. 269, f. 108v.

54 Übersicht: Pope (wie Anm. 35), S. 274–278. Eine frühere »Bewerberliste« von Dienstangeboten aus den Jahren 1400 bis 1418 ist in StAN Rep. 61a, Bd. 2, ff. 124v–125r erhalten.

55 Hegel (wie Anm. 1), Bd. 2, S. 248. Eine andere Fassung spricht von 200 gereisigen Pferden: ebenda, Bd. 2, S. 348.

56 StAN Rep. 52b, Bd. 269, ff. 165v, 166v, 167r.

57 StAN Rep. 2a, Nr. 1189. Die Quittungen Schwanbergs und Riesenbergs für ihr erhaltenes Dienstgeld: ebenda, Nr. 1190–1198. Siehe StAN Rep. 61a, Bd. 20, ff. 103r–v, 367r, 395v–397r, 415v, 418r, 419v–420r, 467r; Bd. 21, ff. 3r–4r, 22v–23r, 89v–90r, 118r–119r, 153r–v, 158v–159r; Zeilinger, Lebensformen (wie Anm. 1), S. 64 f.; Uwe Tresp: Söldner aus Böhmen im Dienst deutscher Fürsten. Kriegsgeschäft und Heeresorganisation im 15. Jahrhundert (Krieg in der Geschichte 19), Paderborn 2004, S. 220 f.; Mendheim (wie Anm. 26), S. 45 f.; Hegel (wie Anm. 1), Bd. 2, S. 339. Eine Übersicht von Schwanbergs Fehde mit Nürnberg 1441 bis 1449 bietet Pope (wie Anm. 35), S. 292–294.

58 Walther Böhme: Heinrich Reuss von Plauen als Nürnberger Feldhauptmann im Kampfe mit Markgraf Achilles von Brandenburg. In: Festschrift zur Feier des fünfundzwanzigjährigen Regierungsjubiläums sr. hochfürstlichen Durchlaucht des regierenden Fürsten Reuss j. L. Herrn Heinrich XIV. am 11. Juli 1892, hrsg. vom Vogtländischen Altertumsforschenden Verein zu Hohenleuben, Hohenleuben 1892, S. 40–78, hier S. 50 f.

licherweise durch Reuß von Plauen vermittelt.[59] Weitere Verbindungen zwischen den Söldnern außerhalb des städtischen Diensts sind zu finden, zum Beispiel die Lichtenecker als Lehns- und Amtleute der Landgrafen von Leuchtenberg.[60]

Diese Arten von Solddienstbeziehungen machten nahezu alle vertraglich geregelten Bündnisse der Stadt Nürnberg mit einzelnen Adligen aus. Im 15. Jahrhundert gibt es vereinzelte Hinweise auf Dienstverhältnisse als Teil einer Aussöhnung zwischen der Stadt und einem oder mehreren Adligen, aber Nürnberg hatte anscheinend nicht im selben Umfang wie Frankfurt am Main von dieser Vertragsform Gebrauch gemacht.[61] Obwohl andere Städte ausgedehnte Netzwerke von Ausbürgern pflegten, hatte Nürnberg im 15. Jahrhundert keine derartigen Bündnisse.[62] Alle Dienstverträge wurden für eine bestimmte Zeit und gegen Vergütung abgeschlossen. Mit regelmäßigen Erneuerungen konnten sich solche Beziehungen dennoch als dauerhaft und stabil erweisen. Einige Diener waren vertraglich verpflichtet, sich innerhalb der Nürnberger Stadtmauer ihren Wohnsitz zu nehmen.[63] Es stellt sich aber die Frage, wie oft und wie streng diese Bestimmungen durchgesetzt wurden.[64] Der Diener blieb auf jeden Fall außerhalb der Bürgerschaft und immer auf einer gewissen Distanz zur städtischen Gesellschaft.

59 Enno Bünz: Kunz von Kaufungen im Markgräflerkrieg (1449/50). In: Joachim Emig (Hrsg.): Der Altenburger Prinzenraub von 1455. Strukturen und Mentalitäten eines spätmittelalterlichen Konflikts, Beucha 2007, S. 161–194, hier S. 169.

60 Illuminatus Wagner: Geschichte der Landgrafen von Leuchtenberg. In 6 Bänden, Bd. 3: Die Zeit der großen Verkäufe 1407–1487, Kallmünz 1951, S. 18, S. 66, S. 105, S. 121 und S. 124. Siehe auch Pope (wie Anm. 35), S. 278.

61 Über Frankfurt: Jochen Zorn: Bündnisverträge der Stadt Frankfurt am Main mit der Adel der Umgebung im 14. und 15. Jahrhundert, Diss. Dr. iur., Johann Wolfgang Goethe-Universität Frankfurt am Main 1966, S. 147–169 (siehe auch unten, S. 322). Für einige überlieferte Fälle aus Nürnberg: Pope (wie Anm. 35), S. 260.

62 Siehe auch unten, S. 317–321.

63 Z. B. Konrad von Heideck (siehe oben S. 303) und Hans von Rechenberg 1445: StAN Rep. 52b, Bd. 269, f. 90r. Siehe auch die »Söldnerordnung« von 1354 (Hegel [wie Anm. 1], Bd. 1, S. 170–172); ein gleichartiger Text trug den Titel *Daz ist der aid der Soldner die in der Stat sein* (Johann Christian Siebenkees [Hrsg.]: Materialien zur Nürnbergischen Geschichte. In 4 Bänden, Nürnberg 1792–1795, Bd. 1, S. 88–92); vgl. eine Rothenburger Söldnerordnung der 1380er Jahre: Ludwig Schnurrer: Vom Reichsstädtischen Söldnerwesen im späten Mittelalter. In: Die Linde 86 (2004), S. 82–88, hier S. 83 f.

64 Werner von Parsberg war wahrscheinlich in Nürnberg wohnhaft, obwohl häufig abwesend: Pope (wie Anm. 34), S. 173. Für den sogenannten Reichsschultheißenhof als seinen städtischen Wohnsitz gibt es keine eindeutigen Beweise: Pope (wie Anm. 35), S. 56.

2. Die Beziehungen aus Sicht der Stadt

Was hatte die Stadt dazu bewogen, diese Beziehungen einzugehen? Adlige Diener waren teuer: Ein Reichsschultheiß erhielt 400 Gulden pro Jahr. In den 1430er Jahren machten Diener ungefähr neun Prozent des gesamten städtischen Haushalts aus.[65] Die Stadt lief außerdem Gefahr, in die Fehden ihrer Diener verstrickt zu werden.[66] Welchen Wert hatten die Diener, dass diese Ausgaben und Risiken gerechtfertigt waren?

Einer älteren Ansicht nach waren die Stadtbewohner zu friedliebend, zu sehr mit Handel und Gewinn beschäftigt, einfach zu »bürgerlich« im Sinne des 19. Jahrhunderts, um sich wirksamer militärischer Tätigkeit zu widmen. Viele neuere Darstellungen gehen von derselben Vermutung der grundsätzlichen Andersartigkeit von »Stadt« und »Adel« aus: Der militärische Adel ergänzte die handeltreibende Stadt.[67] Es mag durchaus eine gewisse Spezialisierung bestanden haben, aber solche dichotome Erklärungen greifen viel zu kurz.[68] Der Großteil der städtischen Streit-

65 Fouquet (wie Anm. 29), S. 55 und S. 62; Figuren auf Basis von Sander (wie Anm. 30).

66 Beispiele: Pope (wie Anm. 35), S. 269.

67 Eberhard Isenmann: Die deutsche Stadt im Mittelalter 1150–1550. Stadtgestalt, Recht, Verfassung, Stadtregiment, Kirche, Gesellschaft, Wirtschaft, Wien/Köln/Weimar 2012, S. 453 spricht von »der Mentalität der durchschnittlichen Städter, die im Vergleich zum Adel wenig kriegerisch war«. Johanek (wie Anm. 3), S. 30: »Am unkompliziertesten waren die Beziehungen dort, wo die Stadt die ureigensten Eigenschaften des Adels nutzte, seine militärischen Fähigkeiten.« Volker Schmidtchen: Das Wehr- und Wachtwesen niedersächsischer Städte im Spätmittelalter und früher Neuzeit am Beispiel von Osnabrück und Lüneburg. In: Cord Meckseper (Hrsg.): Stadt im Wandel. Kunst und Kultur des Bürgertums in Norddeutschland 1150–1650. Landesausstellung Niedersachsen 1985, Bd. 4: Aufsätze, Stuttgart-Bad Cannstatt 1985, S. 287–300, hier S. 292: »Einerseits vermochte sich aufgrund mangelnder militärischer Übung ein reines Bürgeraufgebot im Felde kaum gegen militärische Professionals wie feindliche Ritterheere oder Landesherrliche Soldtruppen zu behaupten. Auf der anderen Seite störte eine längere Abwesenheit der aufgebotenen Handwerker und Kaufleute nachhaltig das Wirtschaftsleben der Stadt.«

68 Regula Schmid hat jüngst die »Nähe von Heer und städtischer Gesellschaft« betont (Regula Schmid: Bezahlte Bürger – Gratissöldner. Die Zusammensetzung städtischer Heere im Spätmittelalter. In: Philippe Rogger/Regula Schmid [Hrsg.]: Miliz oder Söldner? Wehrpflicht und Solddienst in Stadt, Republik und Fürstenstaat 13.–18. Jahrhundert [Krieg in der Geschichte 111], Paderborn 2019, S. 91–114, hier S. 113). Siehe auch Stefanie Rüther: Ratsherren auf Kriegszug? Die Stellung der Hauptleute des Schwäbischen Städtebundes (1376–1390) zwischen Kompetenz und Kontrolle. In: Regula Schmid/Klara Hübner/Heinrich Speich (Hrsg.): Bündnisdynamik. Träger, Ziele und Mittel politischer Bünde im Mittelalter (Geschichte: Forschung und Wissenschaft 64), Wien 2020, S. 19–34, hier S. 21–26; Zeilinger, Lebensformen (wie Anm. 1), S. 47–63 und S. 176. Vgl. Demski (wie Anm. 3), S. 76 und S. 154.

macht war immer bürgerlich, auch in Führungspositionen.[69] Für die städtische Elite mit ihrem ausgedehnten Grundbesitz war es eine Selbstverständlichkeit, sich um Militär- und Regierungsaufgaben zu kümmern. Sie hatte die strategische Führung immer fest im Griff, sei es gemeinschaftlich (als Stadträte) oder persönlich als oberste Hauptleute auf Feldzügen. Es gibt auch aus Nürnberg und anderen Städten Beispiele von Bürgern aus gehobenen sozialen Schichten, die ihrer eigenen Stadt als Söldner dienten.[70] Doch bestimmte Feldhauptmänner, Bannerträger usw. unter dieser Elite zu ernennen, war nicht immer wünschenswert. Solche Auszeichnungen hätten der Einheit dieser Elite und dadurch ihrer Abgeschlossenheit der restlichen städtischen Bevölkerung gegenüber schädlich sein können.

Auch einfache Bürger mit niedrigen Führungsämtern oder ständigen militärischen oder diplomatischen Aufgaben zu beauftragen, hätte eine gefährliche Verwässerung des Machtmonopols der städtischen Oligarchie bedeutet. Bürger der Stadt waren an sich für solche Aufgaben oft untauglich, es mussten Auswärtige dafür in den Dienst genommen werden. Die Stadt Speyer hat diese Notwendigkeit 1376 durch ein Verbot der Einstellung von Bürgern der Stadt wegen des großen *ungemach schade und unnutz*, das daraus entstanden sei, ausdrücklich anerkannt.[71] Nicht alle Städte hielten an diesem Prinzip fest: Die ständigen Rittmeister der Stadt Köln wurden sowohl aus bürgerlichen als auch aus landadligen Familien rekrutiert und Söldner der Stadt wurden sogar eingebürgert.[72] Köln bevorzugte aber wie Nürnberg ein »geteiltes Kommando« für Unternehmungen außerhalb der Stadt, »so daß ein adliger und ein städtischer Hauptmann gemeinsam den Befehl über die Truppe hatten. Der aus Köln stammende Hauptmann war dann derjenige, der die Stadt repräsentierte, während der zweite Hauptmann für die militärischen Belange zuständig war.«[73] Dieser adlige Hauptmann mag zwar ein angesehener Krieger und erfahrener Heerführer

69 Z. B. die Aufstellung der Nürnberger Streitkräfte für die Schlacht am Pillenreuter Weiher (11. März 1450: Hegel [wie Anm. 1], Bd. 2, S. 484); und während des ersten süddeutschen Städtekriegs im Jahre 1388: ebenda, Bd. 1, S. 180. Siehe auch Rüther (wie Anm. 68), S. 26–31; Zeilinger, Lebensformen (wie Anm. 1), S. 169.

70 Ebenda, S. 63 (1448); Schnurrer (wie Anm. 63), S. 83 (1374); Alexander Schubert: Der Stadt Nutz oder Notdurft? Die Reichsstadt Nürnberg und der Städtekrieg von 1388/89 (Historische Studien 476), Husum 2003, S. 119 (1387–1389); Heinrich Wilhelm Bensen: Der Markgräfliche Krieg, ein Bruchstück aus der Rotenburger Chronik des Bonifacius Wernitzer. In: Jahresbericht des Historischen Vereins für Mittelfranken 24 (1855), S. 58–71, hier S. 62 (1449); Siebenkees (wie Anm. 63), Bd. 1, S. 24 f. (1350). Im späteren 14. Jahrhundert mussten Nürnberger Ratsherren, *die gelt genümen haben uf spiez*, sich von den Beratungen über mögliche Kriegszüge zurückziehen: Hegel (wie Anm. 1), Bd. 1, S. 173.

71 Mendheim (wie Anm. 26), S. 23 f. 1488 fasste die Stadt Braunschweig einen ähnlichen Entschluss: Andermann (wie Anm. 28), S. 191.

72 Wübbeke (wie Anm. 29), S. 138 f. und S. 295.

73 Ebenda, S. 295. Ähnlich das gemeinsame Kommando von den Dienern Werner von Parsberg, Nickel Grieß und Mathes von Mangersreuth und dem Ratsherren Erhard Schürstab auf den Nürnberger Zug gegen die Burg Lichtenberg, 1444: Hegel (wie Anm. 1), Bd. 2, S. 65.

gewesen sein, aber seine ausdrücklich militärische Führungsrolle sorgte auch dafür, dass kein Stadtbürger sich allen militärischen Ruhm anmaßen konnte (und ebenso dass kein Ratsherr der alleinigen Schuld für mögliche Rückschläge ausgesetzt war).[74]

Die innerstädtische Macht in Nürnberg war auf einen besonders engen und im Vergleich zu anderen Städten ungewöhnlich stabilen Kreis von Familien konzentriert, der diese Macht entsprechend sorgsam hütete.[75] Diese Oligarchie verfügte auch über ausgesprochen gute auswärtige Beziehungen auf den höchsten Ebenen im Reich, einschließlich vieler adliger Freunde und Partner der Stadt. In den 1440er Jahren waren diese Partner hauptsächlich Adlige aus dem Vertrauenskreis des verstorbenen Kaiser Sigismunds, mit denen Nürnberg während der Hussitenkriege mehrmals zusammengearbeitet hatte.[76] Deshalb hatte die Stadt adlige Diener als Diplomaten nicht unbedingt nötig. Die Diener boten lediglich zusätzlichen Zugang zu wichtigen Netzwerken an Fürstenhöfen und vor allem unter dem ländlichen Niederadel. Die Aufgaben der Diener waren zum Teil auf diese Netzwerke ausgerichtet: Michael von Ehenheim wurde beispielsweise als Verbindungsglied zwischen Nürnberg und den kleinen Städten Heidingsfeld und Mainbernheim (die Sigismund 1431 an Nürnberg verpfändet hatte) in seiner unterfränkischer Heimatregion eingesetzt.[77]

Doch Nürnberg war entweder nicht allzu sehr darum bemüht, adlige Diener aus verschiedenen Teilen des Umlands einzustellen oder konnte es aufgrund dauerhafter Spannungen mit bestimmten Fürsten nicht. Denn die wichtigsten Anwerbungsgebiete der Stadt waren die Oberpfalz und Niederbayern, wo die politischen Verhältnisse am günstigsten waren, während Nürnberg über weitaus weniger Diener aus den hohenzollerischen Gebieten im Westen verfügte, wo die Stadt sie vielleicht am meisten nötig hatte.[78] Ein völlig ausgebautes Netz von adligen Dienern im städtischen Hinterland wurde auf jeden Fall nicht verwirklicht. Der Rat benötigte den-

74 Ohne die Möglichkeit auszuschließen, dass militärisches Vermögen für die Einstellung eines landadligen Hauptmanns ausschlaggebend sein konnte. Im Fall des sehr erfahrenen Söldners Grafen Heinrich von Montfort-Tettnang als Obersten Hauptmanns des Schwäbischen Bundes im Jahre 1388 lässt Stefanie Rüther die Frage offen: »Ob hierin ein Hinweis darauf zu sehen ist, dass dem Adel letztlich doch die höhere militärische Kompetenz zugestanden wurde, oder man mit seiner Wahl jemanden außerhalb der städtischen Beziehungen und Konkurrenzen stehenden an die Spitze der gemeinschaftlichen Unternehmungen stellen wollte, muss offenbleiben« (Stefanie Rüther: Der Bündnisfall. Ordnung und Organisation der Kriegführung des schwäbischen Städtebunds [1376–1390]. In: Roland Deigendesch/Christian Jörg [Hrsg.]: Städtebünde und städtische Außenpolitik. Träger, Instrumentarien und Konflikte während des hohen und späten Mittelalters [Stadt in der Geschichte 44], Ostfildern 2019, S. 213–232, hier S. 223).

75 Zu der Entwicklung der Nürnberger Führungsschicht: Peter Fleischmann: Rat und Patriziat in Nürnberg. Die Herrschaft der Ratsgeschlechter vom 13. bis zum 18. Jahrhundert, In 3 Bänden (Nürnberger Forschungen 31), Neustadt an der Aisch 2008.

76 Pope (wie Anm. 35), S. 223 und S. 233 f.

77 Ebenda, S. 275.

78 Karte: ebenda.

noch eine Anzahl adliger Diplomaten als Vertreter für Gesandtschaften, die keine Ratsbotschaft wert waren. Unter solchen Umständen hatten adlige Diener gewisse Vorteile gegenüber den städtischen Verwaltungsbediensteten. Als 1434 der Schreiber Hans Dumm Bericht über Verhandlungen mit dem bayerischen Adligen Georg von Fraunberg um die Freilassung eines Nürnbergers erstattete, deutete er an, warum er auf diese Gesandtschaft von dem adligen Diener Rudolf von Eben begleitet wurde. Fraunberg wollte nämlich mit dem »Hofmensch« Rudolf unter vier Augen reden, weil Rudolf »der Hofleute Gewohnheit« verstehe. Dass Hans Dumm von einem Gespräch unter »Hofleuten« ausgeschlossen wurde, bedeutet aber nicht zwingend, dass seine Herren vom Rat mit Adligen wie Fraunberg nicht auf Augenhöhe hätten sprechen können.[79]

Im Fall Landgrafs Johann von Leuchtenberg wurde schon bemerkt, dass adlige Diener die Ehre und das Ansehen der Stadt fördern konnten. Diese Funktion bildete den zweiten Aspekt ihrer diplomatischen Tätigkeit. Während des Nürnberger Reichstags 1444 wurde angeordnet, dass eine Anzahl »ehrbarer Diener« jeden Tag am Rathaus anwesend sein sollte, um Wein für die dort versammelten Fürsten zu tragen.[80] Mit adligen Dienern als Bedienungspersonal war die Macht und Finanzkraft der Stadt bestens repräsentiert. Aus Sicht der Stadt beruhte diese Inszenierung auf der Tatsache, dass diese Diener nicht nur »Adlige«, sondern auch, dass sie *auswärtige* Adlige waren. Die städtische Elite betrachtete sich als diesen Adligen zumindest ebenbürtig und die Ehre, die sie der Stadt brachten, ging aus ihrem sozialen Rang sowie ihrer Unabhängigkeit von Nürnberg hervor, die die Stadt durch Geld und politische Anziehungskraft zu einem Abhängigkeitsverhältnis umwandeln konnte.[81]

Ob in militärischer, diplomatischer oder repräsentativer Hinsicht beruhte der Wert und Nutzen der Diener für die Stadt auf ihrer Distanz zur Stadt außerhalb der Dienstbeziehung. Nur weil sie außerhalb der Stadtgemeinde standen, konnte der Rat ihnen bestimmte Aufgaben übertragen, ohne seine innerstädtische Macht zu gefährden; nur als Auswärtige boten sie Zugänge zu Netzwerken an, die die Beziehungen des Rats ergänzten; nur als Auswärtige trugen sie durch ihre Beziehung zur Stadt zu deren Ehre bei. Weil Diener für militärische, diplomatische oder repräsentative Auf-

79 StAN Rep. 2c Reichsstadt Nürnberg, Losungamt, 7-farbiges Alphabet, Akten, Nr. 22: *hanns habts nicht in übel, ich musse mit Rudolffen von Eben in sunderheit reden. Und iah zu im Rudolff du bist ein altes hofmensch, du waist der hofflewt gewonheit wol, gee her laß mich mit dir reden, Also redet er ein gute weil mit im.* Zum Zusammenhang dieser Episode: Pope (wie Anm. 35), S. 191 f.

80 Hegel (wie Anm. 1), Bd. 3, S. 387: *Auch wart ein ordnung gemacht unter den erbergen soldnern und dienern, daz ir alle tag ein antzall auf dem rathauß waren, und so fursten und ander hern hinausen komen, daz sie hulfen den wein tragen.*

81 Der Nürnberger Ratsherr Berthold Volckamer drückte 1450 während Verhandlungen mit Albrecht Achilles das soziale Selbstbewußtsein der Nürnberg Elite aus: *[S]eine Eltern und er seien durch Gottes Gnade von solchem Herkommen und in solchem Wesen, daß er nicht zu wünschen habe, es möchten der Meiste und der Mindeste gleich sein, woraus ihm mehr Verlust als Gewinn erwachsen würde* (ebenda, Bd. 2, S. 390).

gaben an sich nicht unbedingt nötig waren, brauchte die Stadt längerfristig nur eine begrenzte Anzahl solcher Diener. Deshalb waren die Interessen der Stadt in dieser Hinsicht den allgemeinen Beziehungen zwischen städtischen und ländlichen Eliten nur begrenzt förderlich. Fürsten stellten immer die weitaus wichtigsten »Arbeitgeber« des Niederadels dar. Einige Adlige konnten dennoch die Bedürfnisse der Stadt nutzen, um ihre Interessen voranzubringen. Wie sieht die Wechselbeziehung zwischen den Motiven der adligen Diener und dem weiteren Beziehungsfeld »Stadt und Adel« aus?

3. Motive der adligen Diener

Die Beweggründe der adligen Diener wurden lange Zeit vollständig negativ interpretiert. Um die angebliche Herabwürdigung eines Abhängigkeitsverhältnisses zu einer Stadt auf sich zu nehmen, müsse man entweder dringend schutz- oder geldbedürftig gewesen sein. Das war die natürliche Folge der These einer allgemeinen Adelskrise, die mittlerweile stark in Frage gestellt worden ist.[82] Zumindest unter den adligen Dienern Nürnbergs gibt es wenige Krisenerscheinungen. Konrad von Heideck ist die deutliche Ausnahme: Seine kleine Herrschaft südlich von Nürnberg war ständig von fürstlichen Nachbarn bedroht, insbesondere in den 1440er Jahren von Ansbach aus durch den Markgrafen Albrecht Achilles. Wie oben dargestellt, kämpften er und Nürnberg 1449/50 zusammen gegen Achilles und weitere Fürsten im zweiten süddeutschen Städtekrieg. Nach dem Krieg gelang es aber Achilles' fürstlichem Konkurrenten Herzog Ludwig von Bayern-Landshut, die Herrschaft Heideck zu übernehmen.[83] Landgraf Johann von Leuchtenbergs Werdegang war ebenfalls von wiederholten Gebietsverlusten geprägt und so beklagte er einmal den drohenden Verlust einer einträglichen, mineralreichen Herrschaft wegen mangelnder Zahlungsfähigkeit.[84] Für ihn war Nürnbergs Geld wahrscheinlich unabdingbar.

Andere Diener zählten jedoch zu den Gewinnern im tückischen Kräftespiel unter Fürsten, Städten und Niederadel. Werner von Parsberg ist hierfür ein Musterbeispiel.[85] Mit einem pfälzischen Statthalter und einem Bischof von Regensburg unter seinen Brüdern konnte er sich seiner Familie als eine der vornehmsten in der Oberpfalz rühmen. Er war selbst im Fürstendienst erfolgreich: 1420 amtierte er als Hauptmann zu Freystadt für Ludwig VII. von Bayern-Ingolstadt, 1422 als Hauptmann

82 Z. B. (und mit weiterführender Literatur): Arie van Steensel: Beyond the Crisis of the Nobility. Recent Historiography on the Nobility in the Medieval Low Countries II. In: History Compass 12 (2014), S. 273–286; Morsel (wie Anm. 24); Hillay Zmora: Princely State-Making and the »Crisis of the Aristocracy« in Late Medieval Germany. In: Past & Present 153 (1996), S. 37–63.

83 Deeg (wie Anm. 38), S. 120–123.

84 Schloß Grafenwöhr: Wagner (wie Anm. 60), S. 51 f.

85 Zum folgenden siehe auch Pope (wie Anm. 34).

der Stadt Ingolstadt selbst.[86] Inzwischen musste Nürnberg es leugnen, dass die Parsberger Bürger der Stadt waren: Diese Phase Werners Beziehung zu Nürnberg ist schwer zu entwirren.[87] Erst 1430 erscheint er mit Sicherheit im Dienst Nürnbergs, auf einem Zug gegen die Hussiten.[88] Später fand sich Parsberg aus nicht geklärten Gründen im Konflikt mit Ludwig von Bayern-Ingolstadt und einigen von dessen niederadligen Gefolgsleuten.[89] Ob dieser Konflikt Ursache oder Folge seines Übertritts in den Nürnberger Dienst war, ist nicht festzustellen. Auf jeden Fall stellt sich die Frage, warum er auf die Seite einer Stadt wechselte und nicht zu einem anderen Fürsten, mit dem seine Familie hervorragende Beziehungen unterhielt.

Konnte Nürnberg Adlige durch besonders großzügige Bedingungen anlocken? In der Tat war der städtische Dienst in fast allen Merkmalen dem fürstlichen Dienst ähnlich. Das Gehalt von 400 Gulden pro Jahr für den Reichsschultheiß entsprach genau dem zu erwartenden Gehalt für den Hofmeister eines fränkischen Fürsten.[90] Der von der Stadt gebotene Schutz war Teil einer wechselseitigen Beziehung, die nicht nur »Hilfe und Rat« von Seiten des Dieners verlangte, sondern auch einige erhebliche Einschränkungen der Handlungsfreiheit des Dieners einbezog.[91] Die Stadt verweigerte manchmal die Genehmigung, anderen Herren gleichzeitig zu dienen.[92] Der Reichsschultheiß durfte auf jeden Fall keinen anderen Dienstherren haben und durfte nicht unerlaubt über drei Meilen von Nürnberg wegreiten oder außerhalb Nürnbergs übernachten.[93] In Landgerichtsverfahren über Schulden mussten die Diener *nach der burger rat* handeln. Sie konnten entlassen werden, falls sie sich in eine Fehde zu Ungunsten Nürnbergs verwickelten.[94]

Adlige mit guten Beziehungen zur städtischen Elite konnten sich auf eine günstige Behandlung durch den Rat verlassen, was auch die Stabilität dieser Dienstbeziehungen förderte. Dem Sinn dieser Beziehungen entsprechend mussten die Diener jedoch immer Auswärtige in der Stadt bleiben und mussten sich regelmäßig vor dem Rat wegen verschiedener Anklagen anderer Auswärtige verantworten.[95] Die militärische und diplomatische Hilfe der Stadt konnte durchaus wirkmächtig sein, hatte aber seine Grenzen: Militärisch war Nürnberg eine starke aber geographisch

86 StAN Rep. 61a, Bd. 5, ff. 97v, 215r, 216v.
87 StAN Rep. 61a, Bd. 5, f. 114v.
88 StAN Rep. 54, Bd. 9, f. 65r; StAN Rep. 61a, Bd. 9, f. 59v.
89 Pope (wie Anm. 34), S. 173.
90 Z. B. das jährliche Gehalt des Hofmeisters des Bischofs von Würzburg um 1500: Hillay Zmora: State and Nobility in Early Modern Germany. The Knightly Feud in Franconia, 1440–1567 (Cambridge Studies in Early Modern History), Cambridge 1997, S. 39. Weitere Einzelheiten über die Bezahlung der Nürnberger Söldner in Sander (wie Anm. 30), S. 153.
91 Übersicht: Pope (wie Anm. 35), S. 267 f.
92 Im Fall Landgrafs Johann von Leuchtenberg: StAN Rep. 61a, Bd. 14, f. 290r–v. Siehe auch Müllner (wie Anm. 39), Bd. 2, S. 341.
93 Stromer von Reichenbach (wie Anm. 36), S. 46 f. und S. 110.
94 Hegel (wie Anm. 1), Bd. 1, S. 170–172.
95 Für Beispiele mit Beteiligung Werner von Parsbergs: Pope (wie Anm. 34), S. 174.

konzentrierte Macht und ihr diplomatisches Netz im eigenen Umland war durch tiefgreifende Konflikte mit bestimmten Fürsten teilweise ausgehöhlt.

In einer Hinsicht hob sich Nürnberg deutlich von der fürstlichen Konkurrenz ab. Die Stadt konnte in der Regel Gehaltszahlungen als Darlehen vorausbezahlen, im krassen Gegensatz zu den riesigen Dienstgeldschulden vieler Fürsten.[96] Diese fürstlichen Schulden waren für Adlige mit erheblichem Risiko verbunden, wurden aber oft in Verpfändungen von wichtigen Herrschaftsrechten oder sogar ganzen Herrschaften umgewandelt.[97] Es kam deshalb darauf an, was man erreichen wollte: Der Dienst für die Stadt konnte die Liquidität fördern, der Fürstendienst konnte den Ausbau des eigenen Herrschaftskomplexes unmittelbar unterstützen.

Für eine exklusive Gruppe von Adligen bot die Stadt aber weitere Vorteile an. Die Entscheidung, einer Stadt anstatt einem Fürsten zu dienen, konnte unter Umständen der Unabhängigkeit von fürstlichen Herrschaften Vorschub leisten.

Hierfür stellen die Familie und Herrschaft Parsberg noch einmal ein musterhaftes Beispiel dar. Die Herrschaft Parsberg war ein kleines Stück Land – zusammengesetzt aus Burg und Marktort Parsberg und einigen Dörfern – südöstlich von Nürnberg, auf etwa halbem Wege zwischen Neumarkt in der Oberpfalz und Regensburg.[98] Diese Lage war politisch günstig gelegen, inmitten der Fragmente des kleinen Fürstentums Pfalz-Neumarkt und von anderen, weitgehend autonomen Adelsherrschaften sowie Außenposten des Hochstifts Regensburg und des Herzogtums Bayern-Ingolstadt (1448 zwischen Bayern-München und Bayern-Landshut aufgeteilt) umgeben. Die Herren von Parsberg standen traditionsgemäß im Schutz der bayerischen Herzöge, wagten aber um die Mitte des 15. Jahrhunderts einen erfolgreichen Griff nach der Reichsunmittelbarkeit.[99]

Werners Bruder Hans von Parsberg erhielt 1459 das erstrebte Privileg von Kaiser Friedrich III., der damals besonders darauf bedacht war, den Wittelsbachern zu schaden.[100] Dieses Resultat einer günstigen Gelegenheit beruhte jedoch auf einer langen Vorbereitung, die Spuren in Form von gefälschten Urkunden hinterlassen hat. In einer Urkunde aus dem Jahre 1390 bestätigten die Herzöge und Brüder Stephan III., Friedrich und Johann II. von Bayern den Parsbergern Halsgericht, Geleit, Wildbann und Bergregal in der Herrschaft Parsberg.[101] Die Nachfahren dieser drei Herzöge in den Teilherzogtümern Bayern-Ingolstadt, Bayern-Landshut und Bayern-München hätten deshalb einen Anspruch auf die Herrschaft Parsberg durchsetzen können. Um

96 Viele Beispiele findet man im sogenannten *Liber cum Januis*: StAN Rep. 52b, Bd. 269.

97 Markus Bittmann: Kreditwirtschaft und Finanzierungsmethoden. Studien zu den wirtschaftlichen Verhältnissen des Adels im westlichen Bodenseeraum 1300–1500 (Vierteljahrschrift für Sozial- und Wirtschaftsgeschichte, Beihefte 99), Stuttgart 1991, S. 72 und S. 75 f.

98 Über die Herrschaft Parsberg und ihre Umgebung: Jehle, Pflegeämter (wie Anm. 31).

99 Zum folgenden siehe auch Pope (wie Anm. 34), S. 174–178.

100 Staatsarchiv Amberg (StAAm) Herrschaft Parsberg Urkunden 18.

101 StAAm Herrschaft Parsberg Urkunden 16.

dem vorzubeugen, wurden »Priviligien« des wittelsbachischen Kaisers Ludwig IV. und seines Bruders Rudolf aus den Jahren 1318, 1326 und 1334 gefälscht.[102] Unter anderem behauptete die auf 1318 datierte Urkunde, dass die Parsberger ihre Rechte zu Parsberg schon seit genau 385 Jahren besessen hätten, also seit dem Jahre 933. Die auf 1334 datierte Urkunde erwähnt die Vogtei der Pfarrkirche zu See, in der Nähe von Parsberg, die Hans von Parsberg erst 1422 gekauft hatte. Die Fälschungen wurden deshalb wahrscheinlich zu Werners Lebzeiten angefertigt.

Werners Dienstbeziehung zu Nürnberg hätte die erstrebte Reichsunmittelbarkeit seiner Familie in mehrfacher Weise fördern können. In erster Linie bot die Stadt eine Einkommensquelle und eine Schutzmacht, ohne dass man in ein Abhängigkeitsverhältnis zu einem (weiteren) Fürsten geraten musste. Das Geschlecht Parsberg hatte ansonsten nur Beziehungen mit den verschiedenen Zweigen der pfälzischen und bayerischen Wittelsbacher, die ihre Selbständigkeit möglicherweise hätten gefährden können. Als Reichsschultheiß der Reichsstadt gewann Werner vielleicht auch eine gewisse »Reichsnähe« hinzu, wenngleich auch durch den Rat der Stadt vermittelt. Dieser Rat sorgte zum Beispiel bisweilen dafür, dass die königliche Gerichtsbarkeit und lehnsherrschaftliche Funktionen an den Nürnberger Reichsschultheiß delegiert wurden.[103] Der Dienst für die Stadt Nürnberg war auf jeden Fall eine positive strategische Entscheidung von Seiten Werners und der Familie Parsberg und kein Beweis der Verlegenheit oder irgendeiner Schwäche.

Es gab aber nur wenige Adlige, die in der Lage waren, einen solchen Versuch zu unternehmen. Die Wolfsteiner bildeten eine der wenigen Familien, die ihre Verwandten, die Parsberger, in dieser Hinsicht übertreffen konnten: Die Reichsunmittelbarkeit ihrer Herrschaft Sulzbürg war schon 1353 bestätigt worden.[104] Der Verlust der Herrschaft Wolfstein in den 1460er Jahren zeigt hingegen die Gefahren der Anlehnung an entfernte Fürsten (in diesem Fall an den böhmischen König Georg von Podiebrad) statt benachbarter Städte.[105] Gleichzeitig, aufgrund ihrer besonderen Bedürfnisse, konnte Nürnberg als »Arbeitgeber« von Adligen zahlenmäßig sogar mit kleineren Fürsten nicht konkurrieren. Deshalb waren Beziehungen zwischen der Stadt und den Adligen des Umlands immer für Versuche anfällig, »Stadt« gegen »Adel« zu positionieren, sei es im Interesse bestimmter Fürsten oder bestimmter Gruppen innerhalb des sonstigen Adels.

102 StAAm Herrschaft Parsberg Urkunden 1; Stadtarchiv Amberg Urkunden 2049, 2050. Als Fälschungen erkannt von: Helmut Bansa: Studien zur Kanzlei Kaiser Ludwigs des Bayern vom Tag der Wahl bis zur Rückkehr aus Italien (1314–1329) (Münchener historische Studien 5), Kallmünz 1968, S. 338 f.

103 Z.B. Regesta Imperii, Bd. 13/14, Nr. 330, 331, 338, 374, 378, 379, 427, 439, 440 (http://www.regesta-imperii.de/regesten/13-14-0-friedrich-iii.html).

104 Margarete Kühn (Hrsg.): Dokumente zur Geschichte des Deutschen Reiches und seiner Verfassung 1350–1353 (Monumenta Germaniae Historica, Constitutiones 10), Weimar 1991, S. 407 (Nr. 549).

105 Federhofer (wie Anm. 31), S. 161–163.

Um 1500 erreichten die Spannungen zwischen »städtischen« und »adligen« Identitäten in Franken eine geradezu hysterische Steigerung. Adlige verschrien die städtischen Diener als *Bluthunde* und stellten sich selbst als *arme, verjagte Edelmänner* dar.[106] Das dafür verantwortliche Zusammenspiel von fürstlicher Politik und adligem Solidaritätsdenken kann hier nicht weiter untersucht werden.[107] Nur eine konkrete Auswirkung möchte ich hervorheben: 1499 wurde Wolf von Parsberg, Werners Großneffe, durch Nürnberg von dem Reichsschultheißenamt beurlaubt, weil er *nicht wider den Markgrafen und Adel dienen* wolle.[108]

Fortan musste die Stadt sich ihre Reichsschultheißen hauptsächlich außerhalb Frankens verschaffen, bis die Gewohnheit der auswärtigen, adligen Reichsschultheißen 1571 eingestellt wurde.[109] Eine Ausnahme bildete Haug von Parsberg, der 1547/48 in Nürnberger Dienst trat und 1554 im Krieg gegen Markgrafen Albrecht »Alkibiades« starb.[110] In der Zwischenzeit musste Nürnberg um 1512 den mindermächtigen Adligen Lorenz von Leuzenbrunn als Spion unter dem Niederadel einsetzen. Er meldete sich bei der Stadt zurück durch geheime, mit Milch geschriebene Briefe.[111] Nürnbergs feingegliederte, aber kleine adlige Klientel konnte diese Zuspitzung der Spannungen zwischen ländlichen und städtischen Eliten – zwischen »adligen« und »bürgerlichen« Identitäten – nicht standhalten.

4. Dienst, Bündnis und Burgrecht: Nürnberg und ihre Diener im Kontext

Es stellt sich nun die Frage, ob andere Städte vergleichbare Dienerschaften oder Netzwerke von Verbündeten unterhielten und ob sie auch unter einer Verschlechterung der Beziehungen zwischen Stadt und ländlichem Adel litten. Viele Städte hatten sicherlich bedeutende adlige Verbündete, einschließlich und über die in Krisenzeiten

106 Johann Joachim Müller: Des Heiligen Römischen Reichs Teutscher Nation Reichs Tags Theatrum, wie selbiges unter Keyser Maximilians I. allerhöchsten Regierung gestanden, Jena 1718–1719, Bd. 2, S. 702–704.

107 Siehe Reinhard Seyboth: »Raubritter« und Landesherrn. Zur Problematik territorialer Friedenswahrung im späten Mittelalter am Beispiel der Markgrafen von Ansbach-Kulmbach. In: Kurt Andermann (Hrsg.): »Raubritter« oder »rechtschaffene vom Adel«? Aspekte von Politik, Friede und Recht im späten Mittelalter (Oberrheinische Studien 14), Sigmaringen 1997, S. 115–131, hier S. 120–126.

108 Müllner (wie Anm. 39), Bd. 3, S. 189. Mit der archivalischen Überlieferung dieses Falls (hauptsächlich StAN Rep. 15a Reichsstadt Nürnberg, Ratskanzlei, A-Laden, Akten 143/8) möchte ich mich in zukünftigen Veröffentlichungen beschäftigen.

109 Stromer von Reichenbach (wie Anm. 36), S. 93–98.

110 Ebenda, S. 95 f.; Jehle, Herrschaft (wie Anm. 31) sowie Menner (wie Anm. 31), S. 51 f.

111 Joseph Morsel: La noblesse contre la ville? Comment faire l'histoire des rapports entre nobles et citadins (en Franconie vers 1500)?, Diss. Habilitation, Université Panthéon-Sorbonne (Paris 1), 2009 sowie Joseph Morsel (Hrsg.): Lettres de Monsieur L. (1514–1516), Paris 2020.

allgegenwärtigen adligen Söldner hinaus. Viele Städte kannten auch Möglichkeiten und Praktiken, um Adlige an sich zu binden, die von Nürnberg nicht eingesetzt wurden. Städte mit größeren ländlichen Herrschaftsgebieten (im 15. Jahrhundert hatte die Reichsstadt Nürnberg nur das unmittelbare städtische Umland und Burg und Markt Lichtenau unter ihrer unmittelbaren Kontrolle) stellten Adlige als Amtleute und Pfleger ein. Eines der bedeutendsten unter diesen Ämtern war die Vogtei der Herrschaft Hohenberg unter der Pfandherrschaft einer Vereinigung schwäbischer Städte zwischen 1410 und 1454, die mit lokalen Adligen besetzt wurde.[112] Weit ausgespannte Netze von längerfristigen Bündnissen sind ebenfalls häufig anzutreffen, oft in Form der zumindest teilweisen Einbeziehung des Verbündeten in die Bürgerschaft durch sogenannte Ausbürgerverträge, Paktbürgerschaften oder Burgrechte.

Wie oben bemerkt kann eine strikte Trennung zwischen diesen Beziehungsarten und Dienstbeziehungen irreführend sein.[113] Um die Dienstbeziehungen Nürnbergs im Kontext zu betrachten, müssen auch die verschiedenen Formen von »Ausbürgern« berücksichtigt werden.[114] Dienst-, Bürger- und Mannschaftsbeziehungen als Sühneverträge sind auch nicht immer oder eindeutig von längerfristigen und strukturierten Netzwerken wie der Nürnberger Klientel zu unterscheiden. Alle Beziehungsarten konnten Dienstverpflichtungen enthalten und wiederum keine Beziehungsart (selbst die Dienstverträge) bedeutete immer ein tatsächliches Dienstverhältnis.

Das Verbündetennetz der Stadt Köln gilt als das am besten untersuchte einer einzelnen Stadt und bestand sowohl aus adligen Ausbürgern als auch Solddienern.[115] Kölner »Außenbürger« waren im frühen 14. Jahrhundert überall im Rheinland zwischen Mosel und Maas zu finden. Die Beziehungen waren in der Regel lebenslänglich und oft vererbbar. Ähnlich Dienern erhielten die Außenbürger dennoch regelmäßige Geldleistungen von der Stadt. Ab den 1360er Jahren galten die Verträge normalerweise auf Lebenszeit und wurden mit höheren »Bürgerrenten« ausgestattet.[116] Die

112 Übersicht: Harro Blezinger: Der schwäbische Städtebund in den Jahren 1438–1445. Mit einem Überblick über seine Entwicklung seit 1389 (Darstellungen aus der württembergischen Geschichte 39), Stuttgart 1954, S. 7 f. Zu den Hauptleuten gehörte Georg von Neuneck: Konzen (wie Anm. 4), S. 481 f.

113 Über die bündnispolitische Kultur (»associative political culture«) Oberdeutschlands im Allgemeinen, siehe Duncan Hardy: Associative Political Culture in the Holy Roman Empire. Upper Germany, 1346–1521, Oxford 2018.

114 Die Forschung unterscheidet in der Regel zwischen stadtsässigen »Bürgern«, landadligen »Ausbürgern« und bäuerlichen »Pfahlbürgern«, obwohl diese terminologische Ordentlichkeit dem mittelalterlichen Sprachgebrauch natürlich nicht entspricht: Zotz, Adel in der Stadt (wie Anm. 3), S. 31 f.

115 Hans J. Domsta: Die Kölner Außenbürger. Untersuchungen zur Politik und Verfassung der Stadt Köln von der Mitte des 13. bis zur Mitte des 16. Jahrhunderts (Rheinisches Archiv 84), Bonn 1973 sowie Wübbeke (wie Anm. 29).

116 Domsta (wie Anm. 115), S. 52 und S. 72–74.

Außenbürger waren verpflichtet, der Stadt in Notzeiten Waffenhilfe zu leisten, aber für die Zeit dieses Diensts wurden sie tageweise in verschiedenen Höhen besoldet.[117] Im 15. Jahrhundert entfielen in der Regel bestimmte militärische Pflichten zugunsten der Verpflichtung, Köln diplomatisch auf Tagen zu vertreten (auf Kosten der Stadt).[118] Die Verträge konnten anderenteils Elemente von Bündnissen zwischen gleichberechtigten Partnern enthalten, wie gegenseitige militärische Hilfe oder (in Verträgen des 13. Jahrhunderts) besondere Schiedsgerichte für die Schlichtung von auftretenden Konflikten.[119] Die Außenbürger unterlagen zumindest weder der bürgerlichen Steuerpflicht noch unterstanden sie dem Stadtgericht.[120] Dennoch (oder gerade deswegen) wurden diese Beziehungen auch nach Auseinandersetzungen eingesetzt, um den wiederhergestellten Frieden zu bewahren.[121]

Im späteren 14. und im 15. Jahrhundert befanden sich unter den Außenbürgern einflussreiche fürstliche Räte.[122] Früher, in der zweiten Hälfte des 13. Jahrhunderts, versuchte Köln durch ihre Außenbürger unter anderem ein Gegengewicht zu den Erzbischöfen von Köln zu bilden und Gerechtigkeit für die eigenen Bürger in fremden Gerichtsbezirken zu garantieren.[123] Die mächtigsten weltlichen Fürsten am Niederrhein, wie die Grafen und späteren Herzöge von Jülich und Berg, blieben teilweise bis ins 16. Jahrhundert Außenbürger der Stadt und durch ihre Räte sowie andere Niederadlige sicherte sich Köln im 15. Jahrhundert Einfluss auf diese Fürsten sowie weitere Verbündete in Zeiten erhöhter Spannungen mit den Erzbischöfen.[124] Sogar die niederadligen Außenbürger wurden deshalb fast immer nach ihrer politischen oder strategischen Bedeutung ausgesucht und bezahlt. Von verarmten oder besonders schwachen Adligen kann hier keine Rede sein und die Beziehungen waren auf Dauerhaftigkeit ausgerichtet.[125] Auf den Höhepunkten des Außenbürgerwesens bildeten sie ein dichtes Netzwerk von Verbündeten im weiteren Hinterland von Köln. Dennoch waren ihre Verbindungen zu Köln immer lockerer als diejenigen von Dienern mit ständigen oder regelmäßigen Aufgaben und Kölns eigentliche adlige Dienerschaft (die sich teilweise mit den Außenbürgern überlagerte) hatte anscheinend nicht die Stabilität oder Bedeutung ihres Nürnbergischen Gegenstücks.[126] Die Solddiener waren kurzfristig angestellte Hauptleute für bestimmte Kriegszüge oder niedere

117 Ebenda, S. 40 f.

118 Ebenda, S. 71 f. und S. 101 f.

119 Ebenda, S. 38 f., S. 42 f. und S. 138. Siehe auch Wübbeke (wie Anm. 29), S. 42 f.

120 Domsta (wie Anm. 115), S. 57.

121 Ebenda, S. 69 f.

122 Ebenda, S. 70 f. und S. 89–92.

123 Ebenda, S. 31–37 und S. 44–46.

124 Ebenda, S. 85–97.

125 Im 15. Jahrhundert wurden Kündigungen in den Verträgen vorgesehen und geregelt, kamen aber selten vor: ebenda, S. 107 f.

126 Zur Überlagerung von Solddienern und Außenbürgern siehe z. B. ebenda, S. 49.

Adlige, die das Amt des Hauptmanns oder Rittmeisters bekleideten (das auch durch Mitglieder führender städtischer Geschlechter besetzt wurde).[127]

Die Überschneidung von Bürgerschaft und Bündnis erfolgte in Oberdeutschland in Gestalt des Burgrechts. Diese Vertragsform war im Schweizer Mittelland am frühesten und am weitesten entwickelt, fand aber auch innerhalb eines viel größeren Raums in unterschiedlichem Maß Verwendung.[128] Solche oder ähnliche Ausbürgerbeziehungen sind unter anderem in Schaffhausen, Straßburg, Freiburg im Breisgau, Rottweil, Nördlingen, Augsburg, Rothenburg und Nürnberg zu beobachten.[129] Anders als in Köln unterlagen die meisten dieser Ausbürger einer Steuerpflicht, wenngleich es in der Regel um einen besonders ausgehandelten Beitrag statt des normalen Steuersatzes ging.[130] Diese »Einbürgerung mit Bedingungen« wurde dennoch »bewusst und sehr flexibel als politische Bündnisform eingesetzt«.[131] Ausbürger konnten von der städtischen Gerichtsbarkeit als ausschließlicher Instanz befreit werden und zur Bewältigung von Konflikten zwischen den Partnern waren Schiedsgerichtsklauseln üblich.[132] Bedingungen über gegenseitige (militärische) Hilfe wurden entweder »ausdrücklich und ausführlich beschrieben oder implizit formuliert«.[133] Der eigentliche Unterschied zwischen Burgrechten und anderen Bündnissen war die Dauerhaftigkeit der Burgrechte, die grundsätzlich lebenslänglich und vererbbar waren. Eine bestimmte Laufzeit konnte ausgehandelt werden, aber auch eine Mindestlaufzeit (in der Regel zwischen fünf und zwanzig Jahren).[134] Die Steuerverpflichtung

127 Wübbeke (wie Anm. 29), S. 93–121 und S. 295 sowie Heidrun Ochs: Ritteradel und Städte. Bemerkungen zu ihrem Verhältnis am Beispiel der Kämmerer von Worms und der Vögte von Hunolstein. In: Joachim Schneider/Sabine Reichert (Hrsg.): Kommunikationsnetze des Ritteradels im Reich um 1500 (Geschichtliche Landeskunde 69), Stuttgart 2012, S. 91–109, hier S. 106–109.

128 Übersicht: Heinrich Speich: Burgrecht. Von der Einbürgerung zum politischen Bündnis im Spätmittelalter (Vorträge und Forschungen Sonderband 59), Ostfildern 2019.

129 Schaffhausen: ebenda, S. 169. Straßburg: Charles Wittmer: Das Straßburger Bürgerrecht. Vom Ursprung bis zum Jahre 1530. In: Alemannisches Jahrbuch (1961), S. 235–249, hier S. 243. Freiburg im Breisgau: Tom Scott: Freiburg and the Breisgau. Town-Country Relations in the Age of Reformation and Peasants' War, Oxford 1986, S. 31–33. Rottweil: Speich (wie Anm. 128), S. 66 und S. 344–347; Winfried Hecht: Adel und Stadt am oberen Neckar. Der Fall Rottweil (Kleine Schriften des Stadtarchivs Rottweil 19), Rottweil 2012, S. 17 und S. 21. Nördlingen: Rolf Kießling: Die Stadt und ihr Land. Umlandpolitik, Bürgerbesitz und Wirtschaftsgefüge in Ostschwaben vom 14. bis 16. Jahrhundert (Städteforschung A 29), Köln u. a. 1989, S. 75–83. Augsburg: Claudia Kalesse: Bürger in Augsburg. Studien über Bürgerrecht, Neubürger und Bürgen anhand des Augsburger Bürgerbuchs I (1288–1497) (Abhandlungen zur Geschichte der Stadt Augsburg 37), Augsburg 2001, S. 142–148. Rothenburg: Schnurrer (wie Anm. 63), S. 82 f. Nürnberg: siehe unten, S. 320.

130 Im Fall Nördlingen: Kießling (wie Anm. 129), S. 75.

131 Speich (wie Anm. 128), S. 145.

132 Ebenda, S. 143, S. 154 f. und S. 159 f.

133 Ebenda, S. 145.

134 Ebenda, S. 162 f.

konnte auch gegen eine Dienstverpflichtung ausgetauscht und Aus- oder Paktbürgerschaft und Solddienst konnten miteinander kombiniert werden.[135]

Indem ein Burgrecht zwischen einer Stadt und einem Adligen ein zumindest nominelles Abhängigkeitsverhältnis des Adligen der Stadt gegenüber schuf, gab es eine innewohnende Möglichkeit der städtischen »Territorialisierung« des Adligen und seiner Herrschaft beziehungsweise Hintersassen. Das Instrument des Burgrechts war tatsächlich im Schweizer Mittelland so stark ausgeprägt, weil die dortigen Städte (besonders Bern) diese Region zunehmend dominierten. Neuere Untersuchungen betonen aber die konstruktiven Aspekte dieser Beziehungen aus Sicht der Adligen. Sie gewannen eine mächtige Bündnispartnerin und Zugang zum städtischen Markt und Kredit unter vorteilhaften Bedingungen. Insgesamt konnte das Verhältnis zu einer wichtigen Nachbarin unter Bewahrung der besonderen Interessen beider Vertragsparteien geregelt werden (zum Beispiel garantierte Bern 1378, dass die Stadt keine Eigenleute des Wolfhards IV. von Brandis als Pfahlbürger aufnehmen werde).[136] Wie Dorothea Christ es ausdrückt, »als Dokumente einer einseitigen territorialen Expansion lassen sich diese Verträge nicht lesen«.[137] Deswegen hatten mächtigere und erfolgreiche Adlige Interesse an diesen Beziehungen und Städte suchten entsprechend solche Adlige als Bündnispartner aus.

Trotz dieser gegenseitigen Vorteile machten einige oberdeutsche Städte von Burgrechten als Instrument der Bündnispolitik wenig Gebrauch. Nürnberg hatte nur für einige Jahre am Ende des 14. Jahrhunderts eine sehr beschränkte Anzahl von Ausbürgern. 1386 schwur Herr Friedrich von Heideck das *purkrecht* der Stadt, das er gegen genau bestimmte Dienstverpflichtungen statt Steuerleistungen erhielt.[138] Nürnberg benutzte diesen Vertragstyp in wenigen Fällen im Vorfeld des ersten süd-

135 Z. B. Schlettstadt in einer Handfeste von 1347, gegen Ende des 15. Jahrhunderts übersetzt: *Welliche edellut werdent burger in unser statt, su sitzen in der statt oder daruß, die sollent uns und der vorgenanten statt thun ritterliche oder reißberliche dienst, und sol dhein stur oder bete von in gefordert werden als von den burgern* (Zotz, Adel in der Stadt [wie Anm. 3], S. 33). Gleichzeitige Bürgerschaft und Solddienst zu Nördlingen: Kießling (wie Anm. 129), S. 78 und S. 82.

136 Speich (wie Anm. 128), S. 90 und S. 92 (Brandis), S. 97 und S. 277. Siehe auch Peter Niederhäuser: Zwischen Konkurrenz, Partnerschaft und Unterordnung. Das Verhältnis von Grafen und Herren zu Städten im späten Mittelalter. In: Kurt Andermann/Clemens Joos (Hrsg.): Grafen und Herren in Südwestdeutschland vom 12. bis ins 17. Jahrhundert (Kraichtaler Kolloquien 5), Epfendorf 2006, S. 71–95, hier S. 89–94 sowie Zotz, Adel in der Stadt (wie Anm. 3), S. 32.

137 Dorothea Andrina Christ: Hochadelige Eidgenossen: Grafen und Herren im Burgrecht eidgenössischer Orte. In: Rainer Christoph Schwinges/Roland Gerber/Barbara Studer (Hrsg.): Neubürger im späten Mittelalter. Migration und Austausch in der Städtelandschaft des Alten Reiches (1250–1550) (Zeitschrift für historische Forschung Beiheft 30), Berlin 2002, S. 99–123, hier S. 123.

138 Ruser/Schwinges (wie Anm. 38), S. 1911–1913 (Nr. 1928).

deutschen Städtekrieges, aber nicht darüber hinaus.[139] Frankfurt am Main hatte auch sehr wenige adlige Ausbürger und keine nach dem 14. Jahrhundert.[140] Rolf Kießling betrachtet diese Gemeinsamkeit als Ausdruck der »starken Bindung an das Reich« beider Städte in Anbetracht des kaiserlichen Pfahlbürgerverbots.[141] Es war wahrscheinlich zumindest ebenso eine Folge der wirtschaftlichen und politischen Entwicklung dieser Städte in Bezug auf ihre Beziehungen mit ihrem Umland.[142] Der vielleicht entscheidende Moment für Frankfurt war eine Vereinbarung im Jahre 1346 mit den mächtigsten adligen Nachbarn, die Herren von Falkenstein, Hanau und Eppstein, dass die Stadt künftig keine Pfahlbürger aus den Herrschaften dieser Herren annehmen werde.[143] Bisher hatte die Stadt adlige Ausbürger aus Familien gehabt, deren Mitglieder oft Gefolgsleute dieser Herren waren.[144] Frankfurt verließ sich aber weiterhin auf adlige Diener als Schultheißen, Hauptleute und Amtleute in der städtischen Burg Bonames und anderswo.[145]

139 Die Nürnberger Bürgerbücher, Bd. 1: Die pergamentenen Neubürgerlisten 1302–1448 (Quellen zur Geschichte und Kultur der Stadt Nürnberg 9), hrsg. vom Stadtarchiv Nürnberg, Nürnberg 1974, S. 73*–76* und S. 95 f.

140 Regina Schäfer: Machtgleichgewicht und Freundschaft. Das Verhältnis zwischen der Reichsstadt Frankfurt und den Herren von Eppstein im 15. Jahrhundert. In: Archiv für Frankfurts Geschichte und Kunst 66 (2000), S. 200–227, hier S. 209 sowie Zorn (wie Anm. 61), S. 40 und S. 74–76.

141 Rolf Kießling: Umlandpolitik im Spiegel städtischer Einbürgerungen während des späten Mittelalters. In: Schwinges/Gerber/Studer (wie Anm. 137), S. 289–315, hier S. 307 f. Solche Verbote kommen seit 1231 mehrmalig vor: Kalesse (wie Anm. 129), S. 134. Im 14. Jahrhundert verbot Kaiser Ludwig IV. 1341 alle Pfahlbürger (Michael Menzel [Hrsg.]: Dokumente zur Geschichte des Deutschen Reiches und seiner Verfassung. 1336–1344 [1347] [Monumenta Germaniae Historica, Constitutiones 7], Bd. 2: 1340–1343, Wiesbaden 2019, S. 154 f., Nr. 908) und die Prohibition wurde 1356 in der Goldenen Bulle wiederholt (Wolfgang Fritz [Hrsg.]: Die Goldene Bulle Kaiser Karls IV. vom Jahre 1356 [Monumenta Germaniae Historica, Leges 8], Bd. 11, Weimar 1972, S. 71–73).

142 Die Frankfurter Elite pflegte eine ausgeprägte und beabsichtigte »Adelsferne« in seiner Heiratspolitik um sich keinen »stadtfremde[n] Konflikte[n]« auszusetzen: Felicitas Schmieder: Einigkeit und Adelsferne. Überlegungen zu Entstehung und Abgrenzung der Frankfurter städtischen Oberschicht (im Vergleich mit rheinischen Bischofsstädten). In: Heribert Müller (Hrsg.): »...Ihrer Bürger Freiheit«. Frankfurt am Main im Mittelalter. Beiträge zur Erinnerung an die Frankfurter Mediaevistin Elsbet Orth, Frankfurt am Main 2004, S. 75–88, hier S. 84. Die Nürnberger Oligarchie weist auch eine starke Endogamie aus.

143 Johann Friedrich Boehmer (Hrsg.): Codex Diplomaticus Moenofrancofurtanus. Urkundenbuch der Reichsstadt Frankfurt, Frankfurt am Main 1836, S. 607–609.

144 Schäfer (wie Anm. 140), S. 209.

145 Elsbet Orth: Die Fehden der Reichsstadt Frankfurt am Main im Spätmittelalter. Fehderecht und Fehdepraxis im 14. und 15. Jahrhundert (Frankfurter historische Abhandlungen 6), Wiesbaden 1973, S. 107–111; Martin Romeiss: Die Wehrverfassung der Reichsstadt Frankfurt am Main im Mittelalter. In: Archiv für Frankfurts Geschichte und Kunst

Gleichzeitig unterschied sich Frankfurt von Nürnberg durch die Bildung eines größeren Kreises von Verbündeten, die der Stadt auf verschiedene Weise Hilfe leisteten ohne Bürgerpflichten oder ständige Dienstaufgaben auf sich zu nehmen. Diese Verträge wurden oft als Abschluss eines Prozesses der Konfliktbewältigung geschlossen.[146] Den Kölner Außenbürgerverträgen ähnlich, beinhalteten diese Abmachungen oft eine regelmäßige Geldzahlung durch die Stadt und bestimmte Pflichten des Adligen, die durch die Stadt zu besonderen Anlässen aktiviert werden konnten, zum Beispiel das Recht der Stadt, die Burg oder Burgen des Adligen für ihre eigene Zwecken zu nutzen (das »Öffnen«) oder die Pflicht des Adligen, der Stadt in Verhandlungen beizustehen (»Tage leisten«).[147] Obwohl (oder gerade weil) diese Verträge oft als Lösung einer bestimmten Auseinandersetzung entstanden, wurden sie zumeist von Anfang an als längerfristige Bündnisse angelegt. Beispielsweise enthielten sie Bestimmungen für die Zahlung einer »ewigen Gülte« oder die Erwartung, dass auch die Erben des Adligen die Vereinbarung aufrechterhalten würden.[148] Einige Bündnisse erwiesen sich tatsächlich als sehr dauerhaft. Nachdem Frankfurt im Jahre 1368 Eberhard I. von Eppstein gefangen genommen hatte, siegelte dieser regional mächtige Herr einen Vertrag, in dem er seine Burgen der Stadt öffnete und Hilfe gegen unrechtmäßige Übergriffe und bei Verhandlungen versprach, gegen eine »ewige Gülte« von jährlich 100 Gulden.[149] Trotz wiederholter Spannungen blieb dieser Vertrag bis in das späte 15. Jahrhundert in Kraft.[150]

Durch diese Übersicht der unterschiedlichen bündnispolitischen Praktiken verschiedener Städte werden auch zeitliche Unterschiede bemerkbar: das Aufgeben von Ausbürgern in Nürnberg und Frankfurt und die Veränderung der Kölner Außenbürgerverträge in Richtung höherer Renten und eingeschränkter Hilfsverpflichtungen (das heißt in Richtung eines Dienstverhältnisses statt der bisherigen bündnisartigen Verträge). Göttingen hörte in den 1360er Jahren auf, Landadlige einzubürgern und wechselte zu Dienstverträgen über.[151] Straßburg schränkte die Aufnahme von Ausbürgern ab 1433 »beträchtlich« ein, setzte aber die Einstellung von adligen Dienern

41 (1953), S. 5–63. Siehe auch Zorn (wie Anm. 61), S. 65–72; Ludwig Heinrich Euler: Verzeichniss der Frankfurter Hauptleute, Stadt-Advocaten und Oberstrichter bis zum Jahr 1500. In: Archiv für Frankfurts Geschichte und Kunst NF 4 (1869), S. 218–236, hier S. 220–227 sowie Achilles August von Lersner/Gebhard Florian (Hrsg.): Der weitberühmten Freyen Reichs-Wahl- und Handels-Stadt Franckfurt am Mayn Chronica. In 2 Bänden, Frankfurt am Main 1706–1734, Band 1, S. 470 f.

146 Siehe Orth (wie Anm. 145), S. 97–101.

147 Zorn (wie Anm. 61), S. 113–146. Siehe auch Orth (wie Anm. 145), S. 16 und S. 111–113.

148 Zorn (wie Anm. 61), S. 131 f.

149 Siehe ebenda, S. 117–142.

150 Schäfer (wie Anm. 140), S. 206; siehe auch Orth (wie Anm. 145), S. 112, Anm. 66.

151 Arend Mindermann: Adel in der Stadt des Spätmittelalters. Göttingen und Stade 1300 bis 1600 (Veröffentlichungen des Instituts für Historische Landesforschung der Universität Göttingen 35), Bielefeld 1996, S. 340–342 und S. 346.

als Amtleute fort.[152] 1451 beschloss Augsburg ausdrücklich, keine neuen Bürger mit *gedingen* (Sonderbedingungen) aufzunehmen.[153] Schaffhausen hatte schon 1378 einen ähnlichen Entschluss gefasst und scheint bis 1462 entsprechend gehandelt zu haben.[154] Solche Entscheidungen stellen vielleicht weitere Hinweise dafür dar, dass der Nutzen dieser Beziehungen nicht einseitig auf dem städtischen Konto zu verbuchen war. Die genauen Beweggründe auf städtischer Seite sind jedoch nicht zu erraten, ohne eine bessere Kenntnis der Motivationen der adligen Partner. Die bisherigen Studien konzentrieren sich auf die formalen Aspekte der Beziehungen und (seltener) auf ausgewählte landadlige Akteure als Fallbeispiele. Es fehlt uns noch eine eingehende Prosopographie der adligen Diener, Ausbürger und sonstiger Verbündeter einer Stadt oder mehrerer Städte.

Man stellt dennoch eine Tendenz fest, zunehmend flexiblere und offenere Beziehungs- und Bündnisarten zu bevorzugen. Es gibt weder Hinweise, dass diese Entwicklung auf irgendeine Weise der Stabilität der Beziehungen oder ihrem Wert für den Adligen schadete, noch eine unmittelbare Verbindung zwischen dieser Tendenz und einer sich verschärfenden Dichotomie von »Stadt« und »Adel«. Das Beispiel von Nürnberg zeigt eindeutig, dass eine Stadt fast ausschließlich ohne Ausbürger und bilaterale Bündnisse mit Adligen dennoch dauerhafte und gegenseitig vorteilhafte Beziehungen mit Adligen ihrer weiteren Umgebung durch Dienstverhältnisse aufrechterhalten konnte. Die besondere politische Situation jeder Stadt spielte bei jeder einzigartigen Ausprägung der Entwicklung dieser Beziehungen eine wichtige Rolle, zusammen mit dem grundsätzlichen Bedürfnis aller Städte nach verlässlichen aber auswärtigen Partnern für bestimmte Aufgaben. Dieses Bedürfnis war selbst eine Folge des Erfordernisses, die bestehenden innerstädtischen Machtverhältnisse zu erhalten. Diese Verbindung zwischen der »Externalität« der adligen Diener und der Einheit und kollektiven Macht der städtischen Elite spiegelt sich vielleicht in einer einzigartigen spätmittelalterlichen Besprechung der Beziehungen zwischen einer Stadt und ihren adligen Diener wider.

Der Dominikaner Felix Fabri erwähnt in seinem wahrscheinlich 1488 und 1489 geschriebenen Traktat über die Stadt Ulm mit Stolz

> *bedeutende und ehrwürdige, durch ihre Abstammung berühmte, im Gebrauch der Waffen geübte und durch ihre Tapferkeit bekannte Männer [...], die das Gemeinwesen mit ihren Waffen und in Kriegen beschützten und nicht nur durch Mut und Verstand, sondern mehr noch durch den Klang ihres Namens und die Rechtschaffenheit ihrer Sitten den Feinden Furcht einjagten.*

152 Wittmer (wie Anm. 129), S. 243 sowie Michael Bühler: Zwischen Baden und Pfalz. Die Bedeutung Straßburgs für den Ortenauer Niederadel im späten Mittelalter. In: Revue d'Alsace 140 (2014), S. 41–58, hier S. 49 f.

153 Kalesse (wie Anm. 129), S. 148 und S. 152 f.: Der unmittelbare Zusammenhang bestand nicht im Verhältnis zu den Ausbürgern, sondern im Fall des eingeborenen Bürgers Peter Egen bzw. von Argon.

154 Speich (wie Anm. 128), S. 169.

Diese Männer waren *vornehme Grafen, tapfere Ritter, mutige und erfahrene Adlige, die Nachfahren alter Krieger, die dem Kaiser, Königen und Fürsten bekannt sind und deren Namen auch im Volk Furcht erregen*, und die der Stadt gegen *reichen Sold* als Hauptleute ihrer Heere und Pfleger ihrer Besitzungen dienten. Fabri führt die gegenwärtigen städtischen Diener auf, darunter die Grafen Philipp von Kirchberg und Ludwig von Helfenstein und weitere acht namentlich genannte Adlige, die er individuell als tüchtig, erfahren und aus berühmten Familien abstammend lobt.[155]

Fabri betont die militärischen Fähigkeiten dieser Diener und ihre Rolle als Verteidiger der Stadt sowie ihre Bedeutung in den höchsten politischen und gesellschaftlichen Kreisen. Anderswo aber unterstreicht er die »Adligkeit« der vornehmsten Ulmer Bürger und sogar die Kriegserfahrenheit einiger hochrangiger Bürger wie Leonhard Vetter.[156] Auf die Frage, warum Ulm trotzdem auswärtige Adlige und ihre hohen Soldkosten benötigt, geht er nicht ausdrücklich ein. Doch neben der Ehre, die sie der Stadt bescherten, erwähnt er nebenbei, dass sie keine Ratsmitglieder seien und sich *auf Befehl des Rats in Bewegung* setzten (*ad iussum consulum moventur*).[157] Er spielt zugleich die Kämpfe herunter, in denen Leonhard Vetter seine *Ritterschaft erwarb*, und legt auf Vetters Pilgerfahrt zum Fegefeuer des heiligen Patrick großen Wert. Die Stabilität der Befehlsgewalt des Rats über die adligen Diener verlangt die klare Unterscheidung zwischen den »Kriegern« und dem städtischen »Adel«. Sogar die zwei städtischen Hauptmänner aus früheren Generationen der Familie Besserer finden nur durch ihren *ruhmreichen Tod in der Schlacht* Erwähnung. Die Eigenschaften dieses Geschlechts seien *Treue, Rechtschaffenheit und Beständigkeit [...] Stärke und Kühnheit*: Tugenden, die sie nicht notwendigerweise von anderen Familien der städtischen Elite abgrenzten.[158]

Herausragenden kriegerischen Ruhm misst Fabri nur den Zeitgenossen zu, die keine unmittelbare Teilhabe an der Macht innerhalb der Stadt hatten. Dass Ulm solche kriegstüchtigen Männer angeblich durch ihre Finanzkraft allein an sich binden konnte, steigerte das Ansehen der Stadt noch weiter, sagt aber wenig über die eigentlichen Beweggründe dieser Adligen, der Stadt zu dienen. Ihre Darstellung als »militärische Fachleute« diente jedoch der Einheit der städtischen Führungsgruppen, die die besondere Rolle solcher »Fachleute« innerhalb ihrer eigenen Reihen nicht unbedingt betonen wollten.

155 Übersetzung von Folker Reichert: Felix Fabri: Traktat über die Stadt Ulm, hrsg. von Folker Reichert, Norderstedt 2014, S. 58 f.

156 Ebenda, S. 59.

157 Ebenda, S. 58. Felix Fabri: Fratris Felicis Fabri Tractatus de civitate Ulmensi de ejus origine, ordine, regimine, de civibus ejus et statu, hrsg. von Gustav Veesenmeyer, Tübingen 1889, S. 57.

158 Fabri (wie Anm. 155), S. 86. Siehe auch Rüther (wie Anm. 68), S. 29–31. Die Hauptmänner waren Heinrich (†1372 Altheim) und Konrad (†1388 Döffingen). Mitglieder der Familie Krafft wurden für ihre logistische Leistungen auf Feldzüge während der hussitischen Kriege gelobt (Fabri [wie Anm. 155], S. 81 f.).

5. Fazit

Die Bilanz dieser Untersuchung muss die wechselseitige Beziehung von Nähe und Distanz in dem Verhältnis zwischen Nürnberg (sowie anderen Städten) und ihren adligen Dienern hervorheben. Ländliche Adlige und städtische Eliten schlossen sich regelmäßig durch starke, dauerhafte Bündnisse aller Art (einschließlich Dienstbeziehungen) zusammen, um ihre jeweils eigenen Interessen zu verfolgen. Die Ergebnisse aus Nürnberg deuten im Besonderen an, dass die städtischen Machthaber adlige Diener nutzten, um ihr kollektives Machtmonopol innerhalb der Stadt aufrechtzuerhalten, und dass Adlige den städtischen Dienst nutzten, um ihre Selbstständigkeit den Fürsten gegenüber zu verteidigen und bei günstigen politischen Umständen auch auszubauen. Diese Interessen hatten politische Gemeinsamkeiten, konnten aber nie wirklich verschmelzen. Diese Tatsache war auch dem Zweck der Beziehungen innewohnend: Um ihre eigene Herrschaften wirksam auszubauen und zugleich die bestehenden innerstädtischen Machtverhältnisse zu stützen, mussten die adligen Diener außerhalb der städtischen Gesellschaft bleiben.

Überall ist die hohe soziale Stellung und politische Bedeutung vieler städtischer Diener zu sehen, auch im Norden des Reiches im Fall von Lüneburg.[159] Zumindest in der ersten Hälfte des 15. Jahrhunderts gibt es guten Grund anzunehmen, dass Adlige in der Regel durch eine positive Entscheidung in den städtischen Dienst eintraten und ohne die Beziehungen zu ihren adligen Verwandten und Nachbarn zu gefährden. Gleichzeitig ist die Ausbildung von sich gegenseitig ausschließenden und zunehmend antagonistischen »städtischen« und »adligen« Identitäten in Zusammenhang mit der sich wandelnden Bedeutung des Worts *adel* zu beobachten. Diese Identitätsbildung führte nicht notwendigerweise zum Abbruch der bisherigen Strukturen der Kooperation, wie es sich im Fall Nürnbergs um 1500 herausstellte: In Frankfurt blieben dieselben adligen Familien über 1500 hinaus im Dienst der Stadt.[160] Diese gegenseitig vorteilhaften Beziehungen waren jedoch von ihrer Struktur her nicht ausreichend zahlreich oder verbindend um eine allgemein antagonistische Identitätsbildung eindämmen zu können. Das zeigt die Debatte in den 1480er Jahren über den Ausschluss von Adligen mit engeren Verbindungen zu Städten von den sogenannten Vier-Lande-Turnieren, deren Veranstalter letztendlich nur die Teilnahme von Adli-

159 Petersen (wie Anm. 29), S. 75–78 und S. 380 f.; Florian Dirks: Ausreiten, schützen, verhandeln. Aspekte und Akteure städtischer Sicherheit im Spätmittelalter am Beispiel Bremens, Braunschweigs und Lüneburgs. In: Rudolf Holbach/David Weiss/Matthias Büttner (Hrsg.): Vorderfflik twistringhe unde twydracht. Städtische Konflikte im späten Mittelalter (Oldenburger Schriften zur Geschichtswissenschaft 18), Oldenburg 2017, S. 85–96, hier S. 92. Über Lübeck siehe auch Demski (wie Anm. 3), S. 75 f.

160 Romeiss (wie Anm. 145), S. 41 sowie Lersner/Florian (wie Anm. 145), S. 470 f.

gen gestatteten, die notgedrungen den Schutz einer Stadt gesucht hatten.[161] Dieser Ausgang eines langen Prozesses der Gruppenbildung sollte jedoch die Stärke und Bedeutung der konstruktiven Beziehungen zwischen Städten und Adligen während des 15. Jahrhunderts – zur selben Zeit der Entstehung von »Stadt« und »Adel« als Gegensatz – nicht überschatten oder verschleiern.

161 Ludwig Albert von Gumppenberg: Die Gumppenberger auf Turnieren, Würzburg 1862, S. 75. Siehe Cord Ulrichs: Vom Lehnhof zur Reichsritterschaft. Strukturen des fränkischen Niederadels am Übergang vom späten Mittelalter zur frühen Neuzeit (Vierteljahrschrift für Sozial- und Wirtschaftsgeschichte, Beiheft 134), Stuttgart 1997, S. 142 f.

Wenn Bürger sich Burgen borgen

Die schwäbischen Reichsstädte und Burgenöffnungen vom 14. bis zum beginnenden 16. Jahrhundert

Tjark Wegner

Am 15. Juli 1385 stellten die Brüder Werner und Heinrich von Neuhausen an die Stadt Esslingen eine Urkunde aus, in der festgehalten beziehungsweise festgelegt wurde, dass Bürgermeister und Rat der Reichsstadt

> *uns mit ir hilff bigestendig gewesen sind daz Nunihusen diu vestin burg und dorff und lut und gut mit aller zůgehörde gentzlich zu unsern handen komen und bracht sind. Item ouch si uns daz selb gelt uffbrächt und uns entlehnet hant [...] und verhaissen und versprechen mit disem brief daz in und iren nachkomen diuselb vestin nu furbaz mer ewiclich ir offen hus zu allen iren nötten und sachen [...].*[1]

Doch wie kam es dazu, dass Bürgermeister und Rat der Stadt Esslingen den beiden adeligen Brüdern mittels eines Kredits halfen, ihre Burg und das dazugehörige Dorf mitsamt allen Rechten gänzlich zu erwerben? Ein möglicher Grund für das Entgegenkommen des Rats mag unter anderem in der Zusage liegen, dass den Reichsstädtern fortan das Öffnungsrecht der Burg eingeräumt wurde, dessen einzige Ausnahme ein potentieller Konflikt der Esslinger mit den Neuhausener Lehnsherren, den Grafen von Hohenberg, darstellte. Zweifelsfrei handelt es sich bei dieser Öffnung für die Reichsstadt um kein einmaliges Phänomen, doch finden sich für Städte deutlich seltener entsprechende Urkunden als für die bedeutenden Adelsgeschlechter der Region, etwa die Grafen von Württemberg.[2] Daher stellt sich die

1 StAL B 169 U 595. Die Urkunde ist online frei einsehbar: http://www.landesarchiv-bw.de/plink/?f=2-3027785 (01.07.2021). Zur Burg selbst ist recht wenig bekannt, siehe – mit Fokus auf die Baustruktur: Michael Weihs: Das Untere Schloss in Neuhausen auf den Fildern, Kreis Esslingen – ursprünglich eine Burg. In: Archäologische Ausgrabungen in Baden-Württemberg, Bd. 2002 (2003), S. 234–236.

2 Zu den Öffnungsrechten der Grafen von Württemberg siehe nach wie vor vor allem Friedrich Hillebrand: Das Öffnungsrecht bei Burgen, seine Anfänge und seine Entwicklung in den Territorien des 13.–16. Jahrhunderts unter besonderer Berücksichtigung Württembergs, Tübingen 1967.

Frage, wie die Reichsstädter adäquat zum Öffnungsrecht der Lehnsherren ihre im Spätmittelalter im Aufbau befindlichen Territorien militärisch-strategisch absichern konnten. Der vorliegende Beitrag, der sich einem vermeintlich »klassischen« landesgeschichtlichen Thema widmet, kann und will dabei nicht mehr sein als ein Anstoß, sich weitergehend mit dem Themenfeld Stadt und feste Orte als einem Aspekt der Stadt-Umland-Forschung zu beschäftigen. Dabei sollen trotz des starken Fokus auf militärische Aspekte keineswegs die weiteren Funktionen von Burgen, etwa als (wenngleich im Spätmittelalter zumeist vergleichsweise bescheidene) Verwaltungs-, Wirtschafts- und Repräsentationszentren, negiert werden. Den Ausgangspunkt für den vorliegenden Beitrag bildete die Beobachtung, dass die Beziehungen der Reichsstädte zu den ihnen umgebenden Burgen insgesamt wenig beleuchtet zu sein scheinen, insbesondere aber der südwestdeutsche Raum zwischen den beiden bereits untersuchten Städten Frankfurt am Main und Nürnberg[3] und dem Bodensee beziehungsweise Rhein, der eine große Zahl an Reichsstädten aufweist, bisher kaum eine diesbezügliche Beachtung fand. Kürzlich – zwischen dem diesem Beitrag zugrundeliegenden Vortrag und der vorliegenden Publikation, hat jedoch Jens Friedhoff erfreulicherweise einen weiterführenden Beitrag zum Thema *Burg und Herrschaft im Kontext der Territorial- und Landgebietspolitik fränkischer und schwäbischer Reichsstädte* mit Fokus auf Nördlingen und Rothenburg ob der Tauber publiziert, dessen Ergebnisse insbesondere in den Anmerkungen ergänzt werden konnten.[4] In einem ersten Schritt wird im Folgenden ein knapper historiographischer Blick auf die noch immer kaum erforschten Burgenöffnungen in Süddeutschland geworfen, bevor anschließend unterschiedliche Aspekte des städtischen Zugriffs auf feste Orte in ihrem jeweiligen Umland betrachtet werden. Schließlich werden in einem Fazit weitergehende Forschungsfragen formuliert und auf Desiderate hingewiesen.

1. Burgenöffnungen in historiographischer Perspektive – zwischen Rechts- und Landesgeschichte

Ein Blick auf die Erforschung der Burgenöffnungen – insbesondere mit Fokus auf den deutschen Südwesten – mag zuerst einmal enttäuschen. Nach wie vor darf die Arbeit von Friedrich Hillebrand von 1967 als maßgeblich für Süddeutschland und hier insbesondere für Württemberg gelten. Während die Burgenforschung in den

3 Siehe dazu die Literaturangaben im folgenden Abschnitt zum Forschungsstand.

4 Vgl. Jens Friedhoff: Burg und Herrschaft im Kontext der Territorial- und Landgebietspolitik fränkischer und schwäbischer Reichsstädte. In: Joachim Zeune (Hrsg.): Burg und Expansion (Veröffentlichungen der Deutschen Burgenvereinigung e. V., Reihe B: Schriften 18), Braubach 2021, S. 68–84.

letzten Jahren im universitären Bereich[5] wie darüber hinaus[6] eine neue Konjunktur

5 Hans-Martin Maurer legte mit seinen Forschungen zur landesherrlichen Burg in Württemberg die Grundlagen, die die universitäre Burgenforschung Südwestdeutschlands salonfähig machte, siehe Hans-Martin Maurer: Die landesherrliche Burg in Wirtemberg im 15. und 16. Jahrhundert. Studien zu den landesherrlich-eigenen Burgen, Schlössern und Festungen (Veröffentlichungen der Kommission für Geschichtliche Landeskunde in Baden-Württemberg, Reihe B Forschungen 1), Stuttgart 1958; als Impuls für die universitäre Forschung bereits genannt in der noch unveröffentlichten Dissertationsschrift von Christian Kübler: Die Entstehung der adeligen Höhenburg im Hochmittelalter an Beispielen der Schwäbischen Alb. In jüngerer Zeit sind als Standorte für die universitäre südwestdeutsche Burgenforschung insbesondere die Universitäten Freiburg und Tübingen zu nennen. Zum größeren Teil befinden sich die Tübinger Arbeiten noch im Publikationsprozess; es handelt sich um die Ergebnisse des bereits abgeschlossenen Promotionsverbundes »Burg und Adel«, aber insbesondere um zwei Teilprojekte im SFB 1070 RessourcenKulturen in der zweiten und dritten Förderphase, die in einer interdisziplinären Kooperation zwischen dem Institut für Geschichtliche Landeskunde und Historische Hilfswissenschaften sowie der Abteilung Mittelalterarchäologie durchgeführt wurden/werden, vgl. dazu künftig die Monografien sowie diverse bereits publizierte Aufsätze von Christian Kübler, Jonas Froehlich, Michael Kienzle und Michael Weidenbacher (alle Tübingen). Das maßgebliche Freiburger Projekt stellt wohl das mehrbändige Werk Alfons Zettler/Thomas Zotz (Hrsg.): Die Burgen im mittelalterlichen Breisgau, 3 Bde. (Archäologie und Geschichte. Freiburger Forschungen zum ersten Jahrtausend in Südwestdeutschland), Ostfildern 2013, dar. Siehe außerdem den Sammelband Erik Beck u. a. (Hrsg.): Burgen im Breisgau. Aspekte von Burg und Herrschaft im überregionalen Vergleich, Ostfildern 2012.

6 Jenseits des universitären Bereichs gibt es ein breites Spektrum an Forschungen und Darstellungen zu Burgen, sowohl im deutschen Südwesten als auch darüber hinaus. Dabei handelt es sich noch viel mehr als im universitären Bereich um Einzeldarstellungen zu Burgen, die leider nicht immer zu neuen Erkenntnissen führen. In letzter Zeit entstanden jedoch auch einige professionelle, oft auf Vergleich angelehnte summarische Darstellungen, die über konkrete Einzelfallbeispiele hinausgehen und bisweilen einen wirtschaftlich-touristischen Hintergrund haben, dabei jedoch zum Teil nichtsdestotrotz den aktuellen Forschungsstand zu den einzelnen festen Orten widergeben. Siehe etwa die Kooperation zwischen den Landkreisen Esslingen und Reutlingen: https://www.unsere-burgen.de/willkommen (03.11.2022). Häufig finden sich solche nach modernen administrativen Grenzen eingeteilte Darstellungen, die erst durch das Erscheinen zahlreicher, jeweils voneinander unabhängiger Publikationen zusammen als Überblickswerke für historische Regionen dienen können. Nach Landkreisen sortiert sind etwa auch die stärker populär-touristisch geprägten, jüngeren Darstellungen zu den Landkreisen Calw und Ravensburg: Hans Ulrich Rudolf (Hrsg.): Stätten der Herrschaft und Macht. Burgen und Schlösser im Landkreis Ravensburg (Oberschwaben. Ansichten und Aussichten 9), Ostfildern 2013; Martin Frieß (Hrsg.): Steinhaus, Rittergut und Adelssitz. Burgen und Schlösser im Landkreis Calw (Schriften zur Geschichte des Landkreises Calw 1), Ostfildern 2020.

Künftig ist noch der sich zurzeit in Arbeit befindliche Band zum Ostalbkreis hinzuzuziehen. Eine gute Übersicht über den Landkreis Schwäbisch Hall, der im vorliegenden Beitrag eine Rolle spielen wird, bietet Alois Schneider: Die Burgen im Kreis Schwäbisch Hall. Eine Bestandsaufnahme (Forschungen und Berichte der Archäologie des Mittelalters in Baden-Württemberg 18), Stuttgart 1995.

zu erleben scheint[7], gilt dies leider nicht für eine systematisch-vergleichende Untersuchung der Burgenöffnungen, deren Ergebnisse neue Erkenntnisse zur politisch-strategischen Verflechtung der Reichsstädte mit ihrem Umland einerseits, andererseits aber auch auf personeller Ebene mit den Adeligen der jeweiligen Region und mit teils darüber hinaus reichenden Bündnissen / Institutionen versprechen würden. In der älteren, vor allem rechtsgeschichtlich dominierten Forschung wurde zumeist der mögliche Ursprung des Öffnungsrechts im ligischen Lehnswesen diskutiert.[8] Hierbei handelt es sich aufgrund der Mehrfachvasallität um eine Art exklusive Verbindung zwischen einem Lehnsmann und einem Lehnsherren, dem vor allen anderen Lehnsherren des Vasallen eine bevorzugte Solidarität beziehungsweise Hörigkeit geschworen werden musste, falls es zu einem Konflikt zwischen mehreren Lehnsherren ein und desselben Lehnsnehmers kam. Im Rahmen der ligischen Lehnsverschreibung wurde bisweilen dementsprechend dezidiert die bevorzugte Öffnung der Burgen garantiert. Dieses in der Forschung bisher primär berücksichtigte ligische Lehnsrecht spielt jedoch für die folgenden Ausführungen faktisch keine Rolle, da es, aus Frankreich kommend, erstens kaum östlich des Rheins auftritt, zweitens hierfür die Städte als Lehnsherren auftreten müssten, was im Falle von Burgen selten vorkommt[9], und drittens es sich für den hier vor allem betrachteten Untersuchungszeitraum des 14. bis beginnenden 16. Jahrhunderts ohnehin kaum noch nachweisen lässt.[10] Die einzelnen Aspekte jedoch, die bei dieser knappen Übersicht angedeutet wurden, sind auch für die vorliegenden ersten Überlegungen zu den Öffnungen von Bedeutung, etwa für potentielle Einschränkungen beim Öffnungsrecht, wie sie beispielsweise in der einführenden Urkunde zu finden sind und wie sie bereits in den beiden bisher maßgeblichen Beiträgen zum Themenfeld Stadt und Burgenöffnung angesprochen wurden. Hierbei handelt es sich um die beiden älteren Beiträge von Gerhard Pfeiffer zu Nürnberg und Martin Romeiss zur Wehrverfassung Frankfurts, die in den 1950er Jahren entstanden sind.[11] Hinzu kommen verschiedene Ausprä-

7 Die Landesbibliographie Baden-Württemberg zählt für die letzten Jahre jeweils dutzende Treffer (populär-) wissenschaftlicher Literatur.

8 Siehe dazu etwa die Übersicht bei Hillebrand (wie Anm. 2), S. 1–10 mit einer einordnenden und abwägenden Übersicht zur älteren rechtsgeschichtlichen Literatur.

9 Im Rahmen dieses Beitrags konnten, bei einer allerdings zweifelsfrei nicht allzu weit gefassten Quellenrecherche, lediglich ein – sehr spätes – entsprechendes Beispiel gefunden werden: Regest zu StAL B 207 U 990, datiert auf den 15. Oktober 1559. Weitere Recherchen könnten durchaus Beispiele des 14. und 15. Jahrhunderts zutage fördern, doch ist definitiv weniger häufig mit entsprechenden Fällen zu rechnen. Weitere Beispiele nennt jedoch Friedhoff (wie Anm. 4).

10 Siehe dazu überblicksweise Christoph Bachmann: Art. Das Öffnungsrecht. In: Burgen in Mitteleuropa. Ein Handbuch, Bd. 2: Geschichte und Burgenlandschaften, hrsg. von der deutschen Burgenvereinigung e. V., Stuttgart 1999, S. 33–38, hier S. 33 sowie Hillebrand (wie Anm. 2), S. 11–45.

11 Gerhard Pfeiffer: Die Offenhäuser der Reichsstadt Nürnberg. In: Jahrbuch für fränkische Landesforschung 14 (1954), S. 153–179 sowie Martin Romeiss: Die Wehrverfassung der

gungen des Öffnungsrechts, die teilweise als Fortführung des ligischen Lehnsrechts unter geänderten Vorzeichen gesehen wurden, teils jedoch in der bisherigen Literatur unter dem Stichwort Öffnungsrecht kaum oder keine Rolle spielen. Diese verschiedenen Formen der Öffnung respektive möglichen Wege für Städte, um an Burgenöffnungen zu gelangen, sollen im Folgenden vorgestellt werden.

2. *»geschlossene Burgen«*

Bevor ein Blick auf tatsächliche Burgenöffnungen geworfen wird, soll zuerst einmal die »Vorstufe« dazu betrachtet werden – der vielfach erhaltene Schwur, gerade niederadeliger Akteure, keinen Schaden aus der eigenen Burg (gleich ob als Allod oder als Lehen) heraus einer bestimmten Stadt zuzufügen. Vorausgegangen waren solchen Verschreibungen zumeist Fehden oder anderweitige, häufig gewaltsame Konflikte zwischen einer Stadt oder mehreren Städten einerseits und Adeligen andererseits. Anlehnend an Pfeiffer, der derartige Verträge als negatives Recht bezeichnet[12], werden im Folgenden solche Vorgänge als »negative Burgenöffnungen« beziehungsweise die Anlagen selbst als »geschlossene Burgen« tituliert, da sie zwar keinerlei Öffnungsrechte beinhalteten, aber trotzdem den potentiellen Schaden, der von diesen befestigten Orten aus seitens Dritter hätte entstehen können, verhindern sollten.[13] Somit sind solche »negativen Burgenöffnungen« als eine Art Vorstufe zum eigentlichen Öffnungsrecht zu sehen, ohne einen Schritt einer teleologischen Entwicklung hin zu einer tatsächlichen Öffnung oder Inbesitznahme darzustellen. Derartige Verschreibungen finden sich für die schwäbischen Reichsstädte häufiger, beispielsweise als im Dezember 1424 die Ritter Wolf vom Stain von Klingenstein und Konrad sowie Dieter vom Stain der Stadt Ulm versicherten, der Stadt niemals aus der Burg Klingenstein heraus Schaden zuzufügen.[14] Von größerer Bedeutung dürfte aber eine Urkunde für die Reichsstadt gewesen sein, die Graf Johann von Helfenstein zusammen mit seinen Söhnen Ulrich und Konrad 18 Jahre später ausgestellt hat. Im Gegenzug dafür, dass die Reichsstädter ihnen 24.000 rheinische Gulden gegen jährliche Verzinsung geliehen haben, sichern die Grafen vertraglich zu, bis zur vollständigen Rückzahlung des Kredits nicht nur Stadt, Burg und Kloster Blaubeuren, sondern auch die in deren unmittelbarer Nähe gelegenen Burgen Hohengerhausen und Ruck für keine Feinde Ulms zu öffnen.[15] Vergleichbare und ähn-

Reichsstadt Frankfurt am Main im Mittelalter. In: Archiv für Frankfurts Geschichte und Kunst 41 (1953), S. 5–63.

12 Vgl. Pfeiffer (wie Anm. 11), S. 159.

13 Siehe dazu auch Friedhoff (wie Anm. 4), S. 77: »vermeintliche Gegner neutralisieren«.

14 Regest zu StAL B 207 U 309.

15 Vgl. Regest zu StadtAU A Urk. 1442 September 24. Ähnlich schon deutlich früher, etwa 1382 bei der Verpfändung durch die Grafen Konrad und Friedrich von Helfenstein, vgl. Karlfriedrich Gruber: Geschichte der Hiltenburg. Von den Anfängen bis 1514. In: Hohenstaufen. Helfenstein. Historisches Jahrbuch für den Kreis Göppingen 16 (2006), S. 26.

liche Fälle, auch für Städte anstelle von Burgen[16], ließen sich sowohl für schwäbische Städte[17] als auch beispielsweise für Nürnberg[18] hinzufügen. Als ein besonderer Fall sei noch der gemeinsame Burgbesitz der Städte (Schwäbisch) Hall, Rothenburg ob der Tauber und Dinkelsbühl erwähnt, die sich – gleichsam einer Ganerbengemeinschaft – 1399 zusicherten, keine Gegner der anderen Städte in die jeweils anteilhaft besessenen Burgen Kirchberg, Honhardt und Ilshofen einzulassen.[19]

Eine davon abweichende, beziehungsweise im Sinne dieses Beitrags eher aufweichende Art der Verschreibung stellt der generelle Schwur dar, gegen einzelne Städte aber auch gegen den Schwäbischen Städtebund und all dessen Mitgliedern keinerlei Schaden anzurichten. Beispielhaft kann dies für die Zeit unmittelbar vor dem Aufflammen des Ersten Städtekrieges und der damit einhergehenden Belagerungen sowie gewaltsamen Auseinandersetzungen nachvollzogen werden: Nach der Gründung des Städtebunds am 4. Juli 1476[20] erklärten etwa am 26. Oktober Burkhard der Weichsler im Tal und am 10. November Konrad vom Stein zu Ellerbach gegenüber den im Bund vereinigten schwäbischen Städten, dass sie diese bis zum 23. April 1381 keinesfalls schädigen werden.[21] Auf die Bedeutung von Bünden und

16 So etwa eine Urkunde von Gebhard und Albrecht von Rechberg zu Hohenrechberg, Brüder, und der Stadt Weißenhorn, die gemeinsam zusichern, von Weißenhorn aus, das den Rechbergern von den bayrischen Herzögen verpfändet wurde, der Stadt Ulm in der drohenden militärischen Auseinandersetzung nicht zu schädigen; zu diesem sehr spezifischen Vorgang vgl. StAL B 207 U 370.

17 Vgl. etwa Regest zu StAL B 207 U 172: Ritter Heinrich von Ellerbach verspricht 1408 der Stadt Ulm für den Fall, dass diese ihm bei der Wiederbeschaffung der Burg Burgau helfe, von diesem festen Ort aus *den fursten herren und stetten der vereinung* keinen Schaden zuzufügen. Ein weiteres Beispiel stellt der Fall Daniel Nothafts dar, der einen Teil der Ganerbengemeinschaft von Stadt und Burg Maienfels bildete und der Stadt Hall, wie die anderen Ganerben – Lutz Schott, Eitel von Sickingen (beide Ritter), Diether von Weiler und Dieter von Urbach – schwur, dass er der Stadt Hall und ihren Bürgern selbst keinen Schaden zufüge, es aber zudem auch verhindern werde, dass dies andere tun oder dass irgendjemand, der offen den Hallern feindlich sei, *in Schloss unnd Statt Mayenfells gehawset, gehofet, geeffet, getrennckt noch hingeschob(e)n werdenn, In d(e)hain weyse,* vgl. StAL B 186 U 1889.

18 Vgl. Pfeiffer (wie Anm. 11), S. 159.

19 Vgl. Regest zu StAL B 186 U 547, detailreicher und mit ausführlicheren Literaturangaben weiter unten im Abschnitt 5: Kaufen – Belehnen – Pfänden.

20 RUB Nr. 615, S. 378 f., hier regestenartig wiedergegeben. Zur Gründung des Schwäbischen Städtebundes siehe etwa Christian Jörg: Karl. IV, die Goldene Bulle und die Städtebünde in Schwaben zur Mitte des 14. Jahrhunderts. In: Erwin Frauenknecht/Peter Rückert (Hrsg.): Kaiser Karl IV. (1316–1378) und die Goldene Bulle. Begleitbuch und Katalog zur Ausstellung des Landesarchivs Baden-Württemberg, Stuttgart 2016, S. 44–54, hier 53 f. – auf diesen Beitrag verweist bereits der Eintrag im RUB.

21 Vgl. RUB Nr. 620, S. 382, sowie Nr. 622, S. 383; für 1378 ist eine vergleichbare Urkunde von Helwig von Baustetten erhalten, die für die Dauer des Bundes gelten soll, vgl. ebenda Nr. 663, S. 404; weitere Hinweise ließen sich beispielsweise in den württembergischen

Bündnissen für Burgenöffnungen wird jedoch noch später einzugehen sein. Eine ähnlich offene Interpretation wie bei diesen Nichtschädigungsurkunden ist teilweise bei den Bürgerverträgen adeliger Ausbürger vonnöten, wenn diese Urkunden deren Burgen nicht dezidiert nennen.

3. Burgen als Bürger

Wenngleich man meinen könnte, dass Burgen als Entitäten keineswegs über das Bürgerrecht einer Stadt verfügen konnten, so hat der Titel dieses Abschnitts dennoch seine Berechtigung. Denn häufig traten Adelige als Ausbürger mitsamt ihren Gütern in das städtische Bürgerrecht ein und nicht selten werden dabei die berücksichtigten Güter, Dörfer aber auch Burgen dezidiert genannt. Da, wie bereits eingangs erwähnt, das Burgenöffnungsrecht seitens der Städte seltener als bei den Landesherren über Lehnsverträge geregelt werden konnte, waren die Reichsstädte, wollten sie denn Zugriffsmöglichkeiten auf die Burgen im Umland erlangen, auf Alternativen angewiesen. Als eine solche kann das Ausbürgerrecht gerade des regionalen Adels gesehen werden, wie bereits Rolf Kießling in seiner wegweisenden Habilitationsschrift zum Themenkomplex Stadt und Land anhand der Reichsstädte Nördlingen und Memmingen herausarbeiten konnte.[22] Zwar wurde das Ausbürgerrecht als eine entsprechende Alternative bereits in den kürzeren Studien von Pfeiffer und Romeiss in den 1950er Jahren angesprochen, jedoch nicht weiter ausgearbeitet.[23]

Dabei lässt sich, um vor allem Kießling zu folgen, eine Binnendifferenzierung des adeligen Bürgerrechts, ebenfalls in Hinblick auf die Erschließung des städtischen

Regesten, vor allem aber in der folgenden umfangreichen Edition finden: Konrad Ruser: Die Urkunden und Akten der oberdeutschen Städtebünde vom 13. Jahrhundert bis 1549, Bde. 1; 2,1; 2,2; 3,1; 3,2; 3,3, Göttingen 1979–2005.

22 Vgl. Rolf Kießling: Die Stadt und ihr Land. Umlandpolitik, Bürgerbesitz und Wirtschaftsgefüge in Ostschwaben vom 14. bis ins 16. Jahrhundert, Köln/Wien/Böhlau 1989, S. 75–84 zu Nördlingen und S. 305–313 zu Memmingen. Ebenda, S. 60 merkt bereits Kießling an: »Daß diese Ausbürger auch für die Stadt als politisches Instrument von Bedeutung waren, ist verschiedentlich angesprochen, selten aber genauer analysiert worden.« So ist es auch kaum verwunderlich, dass Kießling als Augsburg-Experte später eine Dissertation zum Augsburger Bürgerrecht als Zweitbetreuer begleitet hat, in deren Rahmen dem Phänomen der adeligen Ausbürger immerhin ein eigener Abschnitt gewidmet wurde, vgl. Claudia Kalesse: Bürger in Augsburg. Studien über Bürgerrecht, Neubürger und Bürgen anhand des Augsburger Bürgerbuchs I (1288–1497) (Abhandlungen zur Geschichte der Stadt Augsburg 37), Augsburg 2001, S. 142–148.

23 Vgl. Pfeiffer (wie Anm. 11), S. 159 f., hier jedoch ohne den Begriff »Ausbürger« selbst zu verwenden; seine Ausführungen beziehen sich auf sprachlicher Ebene auf den Erwerb des Bürgerrechts und der Dienstverpflichtungen, die die Adeligen teils mit Nürnberg eingegangen sind und in deren Rahmen diese zudem der Stadt auch ihre Burgen öffneten. Zu Frankfurt vgl. Romeiss (wie Anm. 11), S. 7 f.

Umfeldes, vornehmen.[24] So finden sich, auch abhängig von der jeweiligen Stadt, unterschiedliche Rahmenbedingungen, unter denen Adelige das Bürgerrecht erwerben konnten, wobei diese Bedingungen selbst regionalen, aber vor allem reichspolitischen Konjunkturen unterworfen waren, wie später noch kurz anzusprechen sein wird.[25] Jedoch konnten auch die genauen Aufnahmebedingungen ins Bürgerrecht zur selben Zeit in einer Stadt variieren, wie Claudia Kalesse am Beispiel Augsburgs zeigen konnte. Dabei, so Kalesse, hingen die genauen Aufnahmekonditionen von der Bedeutung des oder der Aufzunehmenden ab.[26] Hierbei zeigt sich bereits, dass die Aufnahme Adeliger ins Bürgerrecht von den Städten nicht notwendigerweise als Gewinn gesehen wurde. Denn dadurch bestand durchaus die realistische Gefahr, durch die Schutzverpflichtung in Konflikte, gerade in Form von Fehden, mit Dritten hineingezogen zu werden, was kostspielige Folgen haben konnte.[27]

Diese divergierenden Aufnahmebedingungen zeigen sich, wenn die etwas besonderen Fälle mit durchschnittlichen Bürgerrechtsaufnahmen verglichen werden. Während in der Regel ein festgelegter Steuerbetrag zu entrichten war, häufig in Kombination mit militärischen Dienstleistungen, enthält der Ausbürgervertrag von Ulm mit Ulrich Vogt von Matsch, Graf zu Kirchberg, und seiner Ehefrau Agnes Gräfin von Kirchberg eine eher außergewöhnliche Regelung: So wurde der Zeitraum des Bürgerrechts nicht auf eine exakt im Voraus bestimmbare Laufzeit – wie im Ulmer Fall zumeist zehn Jahre[28] – festgelegt, sondern als Zeitspanne die Lebenszeit der Gräfin plus fünf weitere Jahre festgeschrieben. Zudem sollten zu Lebzeiten der Gräfin keine Steuern vom gräflichen Paar erhoben werden; für die fünf Jahre im Anschluss an das Verscheiden der Gräfin sollte seitens Ulrichs die Steuer mit der vergleichsweise geringen Summe von 20 ungarischen oder böhmischen Gulden beglichen werden, jedoch sollte auch seitens der Grafen im Bedarfsfall ein gerüsteter Wagen gestellt werden.[29] Erstaunlich ist beim ansonsten gewöhnlicheren Vertrag des Grafen Johann

24 Vgl. Kießling (wie Anm. 22), S. 75–84 und S. 300, bereits angedeutet bei Pfeiffer (wie Anm. 11), S. 159 f., wenn er das Bürgerrecht in Beziehung zu Söldnerverträgen setzt. Differenziert auch die Betrachtungen von Kalesse (wie Anm. 22), S. 142–148, die, wie Pfeiffer, sich jedoch stark auf das eigene Fallbeispiel konzentriert.

25 Vgl. unten den Abschnitt »Konjunkturen und Krisen – ein vorübergehendes Fazit«.

26 Vgl. Kalesse (wie Anm. 22), S. 143.

27 Vgl. Kalesse (wie Anm. 22), S. 142; mit der Aufnahme der Adeligen ins Bürgerrecht in Verbindung mit den Dienstverträgen als städtische Söldner wollte man nun genau das Gegenteil, die Befriedung des Umlandes, erreichen. Friedhoff sieht in der Öffnung der niederadeligen Burgen eine Möglichkeit der Magistrate zur »Disziplinierung des fehdelustigen Adels und dessen Rekrutierung für eigene kriegerische Unternehmungen und zum Schutz des städtischen Territoriums«, vgl. Friedhoff (wie Anm. 4), S. 80.

28 Zehn Jahre: Regesten zu: StAL B 207 U 359, U 363, U 364, U 367, U 369, U 376, U 388, U 394, U 395; hingegen sechs Jahre etwa in B 207 U 392. In Nördlingen hingegen beispielsweise zumeist fünf Jahre, vgl. Kießling (wie Anm. 22), S. 75.

29 Regest zu StAL B 207 U 354.

von Wertheim 1387 der vergleichsweise niedrige Betrag von fünf Gulden[30], während Graf Ulrich von Helfenstein wesentlich später, nämlich 1445, den ebenfalls geringen Betrag von zehn Gulden zu bezahlen hatte.[31] Ein weiterer besonderer Ausbürgervertrag wurde zwischen Graf Johann von Helfenstein und den Ulmern geschlossen: Johann war, im Gegensatz zu den vorherigen Beispielen, ein Geistlicher, der mitsamt zahlreicher Güter in das Ulmer Bürgerrecht eintrat. Seinem Stand entsprechend konnte er als päpstlicher Protonotar und Dekan des Straßburger Domstifts eine bedeutende geistliche Karriere aufweisen.[32] Aus dem komplexen Rechtsgefüge ergeben sich zahlreiche Rechtsakte und Teilansprüche, die hier nicht ausführlich dargestellt werden können.[33] Nachdem sich schon zuvor ein wechselseitiges, vor allem von Finanzfragen geprägtes Verhältnis zwischen den Reichsstädtern und den Helfensteiner Grafen abzeichnete[34], trat Johann am 24. Oktober 1441 mitsamt der – allerdings sehr kleinen – Stadt Wiesensteig, der Burg Reußenstein, deren Pertinenzien sowie weiteren Gütern, kurzum: mit dem Erbe von seinem Vater Friedrich, das er seinen – finanziell offensichtlich klammen – Brüdern abgekauft hatte, für zehn Jahre in das Ulmer Bürgerrecht ein. Hiervon ausgenommen waren lediglich die Hiltenburg, zwei Dörfer und andere Rechte und Güter, die seine Mutter Agnes wegen ihrer Witwenschaft beanspruchen konnte.[35] Zuvor, 1439, hatten er und ein weiterer Bruder, ebenfalls ein Geistlicher, einen Erbverzicht gegen das Öffnungsrecht für die Stadt Wiesensteig und ein Fünftel der Hiltenburg sowie Ansprüche ans mütterliche Erbe ausgestellt.[36] Mit der Aufteilung der Hiltenburg auf die fünf Brüder lässt sich auch leicht die im Detail komplexe Konstruktion und die Ausklammerung der Hiltenburg aus dem Bürgerrecht erklären.

30 Regest zu StAL B 207 U 369.

31 Regest zu StAL B 207 U 394.

32 Regest zu StAL B 207 U 388.

33 Siehe dazu zum Teil die im Folgenden angeführten Urkunden beziehungsweise Regesten, zudem aber insbesondere den Bestand B 95 im Staatsarchiv Ludwigsburg und den Beitrag Gruber (wie Anm. 15), S. 26 f. und S. 54–82 (zum 15. Jahrhundert). Vgl. zudem Heinrich Friedrich Kerler: Geschichte der Grafen von Helfenstein nach den Quellen dargestellt, Ulm 1840, insb. S. 106–129.

34 Siehe dazu insbesondere die in der vorherigen Anmerkung genannte Literatur sowie den Archivalienbestand in Ludwigsburg, dessen digitales Findbuch unter »9. Beziehungen zur Reichsstadt Ulm« 140 Treffer aufweist, darunter einige Akten, auch schon aus dem 14. Jahrhundert.

35 Vgl. Regest zu StAL B 207 U 388. Kurze Zeit später erfolgt in einer weiteren Urkunde die Ergänzung, dass er in Anspruch genommene Ratsbotschaften selbst zu zahlen habe, vgl. Regest zu StAL B 207 U 389. Wegen der komplexen Rechtsverhältnisse mussten überdies die beiden Brüder Friedrich und Ludwig dem Eintritt ins Bürgerrecht samt Gütern und Rechten zustimmen, vgl. Regest zu StAL B 207 U 390, am 9. November 1441.

36 Vgl. Gruber (wie Anm. 15), S. 26 f., S. 66 f. und Regest zu StAL B 95 U 56. Zudem hat auch ihre Schwester Anna, damals Stiftsdame in Buchau, Verzicht geleistet.

Im Gegensatz zu den vorhergenannten Grafen hatte er die vergleichsweise stattliche Summe von 50 Rheinischen Goldgulden als Steuern zu zahlen, was sich gegebenenfalls mit ausbleibender militärischer Unterstützung des auswärtig weilenden Johanns erklären ließe. Deutlich vor Ablauf der Zehnjahresfrist werden 1445/46 jedoch neue Urkunden ausgestellt: Fast auf den Tag genau vier Jahre nach dem ersten Eintritt ins Ulmer Bürgerrecht wiederholt sich der Vorgang in ähnlicher Weise, jedoch mit einer Laufzeit von sechs Jahren bei einer jährlichen Steuerleistung von 17,5 Rheinischen Goldgulden.[37] Warum das Ausbürgerrecht Johanns nun attraktiver für die Ulmer war, beziehungsweise warum er nun einen niedrigeren Steuerbetrag zahlen musste, wäre an anderer Stelle zu klären; eventuell gibt es einen Zusammenhang mit der Tatsache, dass fortan mehr Güter mit ins Bürgerrecht aufgenommen wurden[38], die zum signifikanten Teil einen Puffer Richtung Württemberg bieten konnten.[39]

Die für die drei erstgenannten Grafen und später auch für Johann von Helfenstein im Vergleich zu den von Ulm aufgenommenen nichtgräflichen Adeligen günstigen Konditionen lassen auf ein besonderes Interesse der Reichsstädter schließen, diese als potentielle Verbündete und nicht als Gegner in militärischen Auseinandersetzungen zu wissen. Wie genau die Kosten-Nutzen-Rechnung der Ulmer bei den Überlegungen zur Aufnahme Adeliger ins Bürgerrecht aussah, ist im Einzelfall – soweit quellenbedingt machbar – noch zu überprüfen. Dabei wäre in einem weiterführenden Schritt zu fragen, ob sich jenseits der potentiellen militärischen Potenz Faktoren destillieren ließen, die zu günstigen Aufnahmebedingungen führen konnten, also ob hierbei etwa auch das Sozialprestige des Adelstitels eine Rolle spielen konnte oder auch wirtschaftliche Faktoren – genauer wären gegebenenfalls weitergehende Zoll- und Besteuerungsangaben in den einzelnen und in weiteren, in zeitlicher Nähe ausgestellten Urkunden zu vergleichen.

Im Fall von Ulrich Vogt von Matsch, Graf zu Kirchberg, mag dies daran gelegen haben, dass die Grafschaft Kirchberg, wie das unter deren Vogtei stehende Kloster Wiblingen[40], unmittelbar südwestlich an Ulm anschloss. Somit konnte eine Herrschaft, deren Landesherr seinen Herrschafts- und Handlungsschwerpunkt unter anderem im Dienst der Österreicher in Tirol hatte und der somit kaum als gefährlicher Konkurrent vor Ort aufgetreten ist, als Verbündeter gewonnen und die Südwestflanke der Reichsstadt gesichert werden.

37 Vgl. StAL B 207 U 392, im Regest sind 16,5 Gulden angegeben.

38 Vgl. zu den Details die beiden angegebenen Urkunden, unter anderem stand fortan nicht mehr nur ein Drittel Wiesensteigs im Ulmer Bürgerrecht, sondern die gesamte Stadt, hinzu traten unter anderem noch Gruibingen, Gosbach, Zehntrechte in Hausen an der Fils und andernorts.

39 Hierbei handelt es sich lediglich um eine Vorüberlegung, die weiterer Prüfung oder auch gegebenenfalls wahrscheinlicherer Alternativen bedarf.

40 Hans Eugen Specker: Benediktinerabtei St. Martin Wiblingen. Geschichte, https://www.kloester-bw.de/klostertexte.php (02.07.2021).

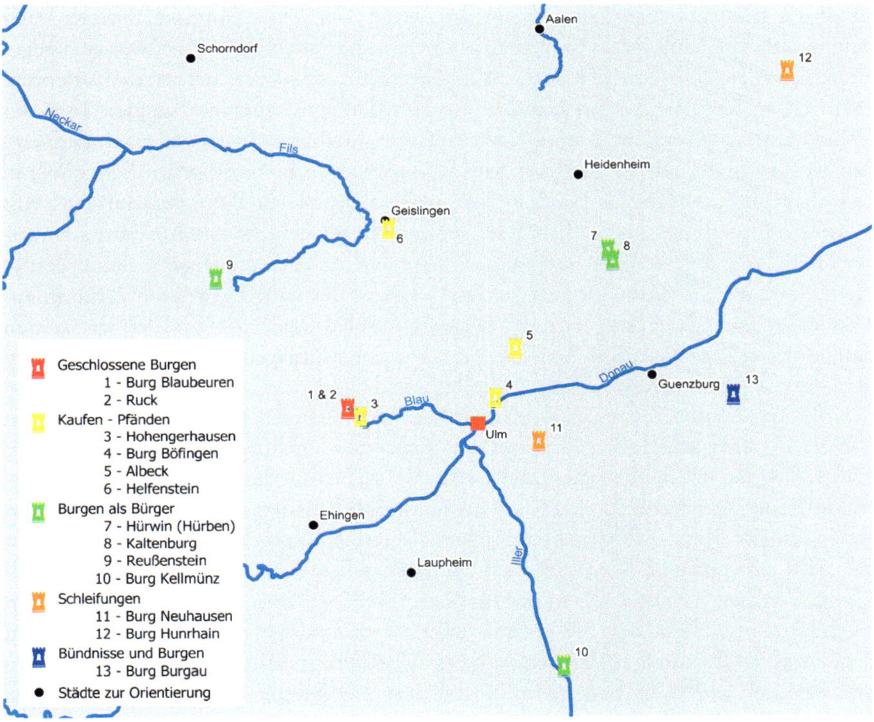

Abb. 1: Eine Übersicht der im Beitrag erwähnten Burgen, auf die die Stadt Ulm Zugriffsmöglichkeiten hatte (ohne Anspruch auf Vollständigkeit)
© Karte erstellt von JM Meyer; Kartengrundlage (CC BY-SA 2.0): Open Street Maps

Neben Ausbürgerverträgen, die dezidiert militärische Dienstleistungen enthalten und die an dieser Stelle nicht weiter begutachtet werden können[41], jedoch noch einmal den militärischen Charakter des Ausbürgerrechts verdeutlichen, soll abschlie-

41 Ausbürger mit dezidierter militärischer Leistung, etwa Konrad von Wittingen im Juni 1485, der nach der Verpfändung seiner Leute und Güter an Ulm für zehn Jahre ins Bürgerrecht eintrat gegen die Stellung zweier »Spießer« und der Zahlung von 30 Gulden (bzw. 50 Gulden ohne Spießer) (StAL B 207 U 363), bisweilen findet sich die dezidierte Kombination aus Ausbürgerrecht und Söldnervertrag oder vergleichbarer Regelungen des Waffendienstes, bei denen unter Umständen auch explizit die Öffnung der Burgen vorgesehen werden konnte, wie es beispielsweise Pfeiffer für Nürnberg (vgl. Pfeiffer (wie Anm. 11), S. 159 f.) und Kießling für Nördlingen sowie Memmingen (vgl. Kießling (wie Anm. 22), S. 83 zu Nördlingen und S. 307 zu Memmingen) beobachten konnten.

Auch bei den Landesherren findet sich häufig eine Kombination von Dienstverhältnis mindermächtiger Adeliger und der Öffnung von deren Burgen, siehe dazu Hillebrand (wie Anm. 2), S. 77.

ßend mit Blick auf diese Form des städtischen Erwerbs von Burgenöffnungen ganz knapp auf das Phänomen eingegangen werden, dass auch Witwen, sonstige adelige Frauen und Kinder in das städtische Bürgerrecht aufgenommen werden konnten. Als Beispiel sei erneut Ulm gewählt: Im Februar 1386 übergab beispielsweise der Ritter Albrecht von Rechberg zu Hohenrechberg seinen Sohn Veit mitsamt der Burg Kellmünz (an der Iller) und der erst im Vorjahr von ihm erworbenen Burg Hürwin (wohl Hürben, Landkreis Heidenheim) sowie dem Markt Babenhausen der Stadt Ulm. Im Gegenzug musste für die Dauer des Bürgerrechts von zehn Jahren ein bewaffneter Reiter gestellt sowie 20 Gulden Steuer entrichtet werden.[42] Über 50 Jahre später findet sich für die Donaustadt ein weiteres Beispiel, als im März 1439 Klaus von Villenbach als Hauptmann der Rittergesellschaft St. Georgenschild zusammen mit Jörg von Riedheim von Remdhart die Pflegschaft über die Söhne von Hans von Riedheim, Ulrich und Hans, niedergelegt und die beiden in »Schirm und Bürgschaft« der Stadt Ulm überlassen hat und zwar mitsamt der Kaltenburg sowie den Dörfern Bafingen, Röthenbach und den Zehnten zu Öllingen.[43] Weitere Beispiele ließen sich für Ulm, aber auch andere Städte[44] über die Bürgerbücher beziehungsweise Neubürgerverzeichnisse finden, wenngleich bei diesen die Informationslage, gerade in Hinblick auf Burgenöffnungen, als gering einzuschätzen ist.[45] Kongruent zu den Überlegungen Kießlings zu Memmingen und Nördlingen ist davon auszugehen, dass die Attraktivität in der Aufnahme solcher unmündiger Adeliger – aber auch beispielsweise adeliger Witwen – in den damit einhergehenden Öffnungsrechten, zum Teil aber auch in den vertraglich zugesicherten militärischen Dienstleistungen zu sehen ist.[46] Ulm konnte im Beispiel der Riedheimer zudem Steuern erheben

42 Regest zu StAL B 207 U 367, datiert auf 24. Februar 1386, zu Hürben passt der 1385 erfolgte Erwerb durch Albrecht von Rechberg ein Jahr vor der hier betrachteten Urkunde, vgl. dazu Günter Schmitt: Burgenführer Schwäbische Alb, Bd. 6: Ostalb: Wandern und entdecken zwischen Ulm, Aalen und Donauwörth, Biberach 1995, S. 334; 1442 wurde die Burg demnach an die Stadt Ulm verpfändet. Ein ähnlicher Eintrag, jedoch ohne weitergehende Zugriffsrechte, sondern mit Fokus auf ein Pfand in Form von Häusern und einer jährlichen Zahlung, findet sich für 1421, als die beiden Brüder Heinrich und Eitel von Westernach anstelle ihrer beiden verstorbenen Brüder Konrad und Ulrich deren Kinder jeweils für eine jährliche Steuer von zehn Gulden ins Ulmer Bürgerrecht übergeben.

43 Regest zu StAL B 207 U 387, datiert auf den 24. März 1439; Öllingen wird ebenda Eylingen genannt, die beiden Dorfnamen ließen sich im Rahmen dieses Beitrags keinem konkreten heutigen Ortsnamen zuordnen.

44 Zu Nördlingen vgl. beispielsweise Kießling (wie Anm. 22), S. 83.

45 Zu Ulm siehe StadtAU A Neubürgerverzeichnis, beispielsweise Hans Truchsess von Waldburg und seine Frau Katharina, Gräfin zu Zell, als Neubürger 1387 (1387, 1, 1) oder Hans, Heinrich und Anna, die Kinder von Graf Heinrich von Werdenberg (1398, 10, 74).

46 Vgl. Kießling (wie Anm. 22), S. 78 f. Bei Kalesse (wie Anm. 22), S. 145 f. wird hingegen die Schutzbedürftigkeit der Witwen ohne oder mit minderjährigen Kindern als Beweggrund – allerdings nur aus Sicht der Frauen und nicht der Stadt – angeführt. Ein weiteres Beispiel für eine adelige Witwe, die mit ihren Kindern das Ulmer Bürgerrecht annimmt, stellt

und sicherlich auch für die Zeit der Unmündigkeit der beiden Adelssöhne zumindest zum Teil die Gerichtsbarkeit in den Pertinenzien der Burg und in den Dörfern beziehungsweise im ersteren Fall im Markt Babenhausen ausüben, deren wenngleich auch nur vorübergehende Aneignung als Teil des städtischen Territorialisierungsprozesses gesehen werden muss. Die Bedeutung der Burgen zeigt sich jedoch unabhängig von diesen weiteren Faktoren in deren dezidierter Nennung.

Bisweilen werden in den Urkunden der aufgenommenen Ausbürger deren feste Wohnsitze nicht weiter genannt. Kießling vermutet anhand seiner reichsstädtischen Fallbeispiele, dass trotz dieser vermeintlichen Fehlstelle in den Urkunden aufgrund der Rahmenbedingungen davon ausgegangen werden kann, dass in Zeiten militärischer Konflikte nichtsdestotrotz die Burg den jeweiligen Städten als potentieller militärischer Stützpunkt hätte dienen können.[47] Dem ist sich angesichts dieser ersten Übersicht zu Ulm sowie allgemeiner Überlegungen zum Ausbürgertum anzuschließen.[48] Für weitere Beobachtungen und Überlegungen zur Bedeutung der Ausbürger für die Umlandsicherung, den Erhalt des Landfriedens, aber auch für die Kooperation zwischen Adel und Stadt, wie sie beispielsweise Ben Pope in diesem Band weiter verfolgt[49], wären, wie erwähnt, falls vorhanden[50], Bürgerbücher beziehungsweise Neubürgerverzeichnisse genauer zu untersuchen.

4. Bünde, Bündnisse und Burgenöffnungen

Zwar dürfen, wie Kalesse attestiert, Ausbürgerverträge durchaus als eine spezifische Form von Bündnisverträgen verstanden werden[51], doch soll nichtsdestotrotz ein gesonderter Blick auf anderweitige Bündnisse und deren Bedeutung für Burgenöff-

Agnes Herter dar, Witwe des Berthold vom Stain zu Klingenstein, die mit ihrem Erbteil Klingensteins unweit Ulms am Rand des Blautals – und ihren Kindern – für zehn Jahre gegen 15 Gulden Abgabe das Bürgerrecht erwirbt, vgl. Regest zu StAL B 207 U 359, siehe zur Klingenstein auch Günter Schmitt: Burgenführer Schwäbische Alb, Bd. 2: Alb Mitte-Süd: Wandern und entdecken zwischen Ulm und Sigmaringen, Biberach 1989, S. 14–20.

47 Vgl. Kießling (wie Anm. 22), S. 79.

48 Siehe dazu die dezidierte Nennung von Städten und Burgen in Ausbürgerverträgen weiter oben in diesem Abschnitt; nichtsdestotrotz sind auch für das Ulmer Fallbeispiel weitere Quellenrecherchen, etwa im Stadtarchiv Ulm, unabdingbar.

49 Benjamin Pope: Adlige Diener der Reichsstadt Nürnberg. Eine Stadt und ihre Beziehungen zum Umland.

50 Für Ulm beispielsweise StadtAU Rep. 6, A 3731 (dort ab fol. 143v: Burger: It(em) Pfalu(nd) Pact-Burg-Brieff, kopiale Überlieferung – ausschnittsweise – der entsprechenden Urkunden, beginnend mit Einträgen von 1333, 1340 und 1378. In den 1370er und 1380er Jahren ist eine gewisse Häufung zu erkennen), A 3732, A 3733, A 3734.

51 Diese Formulierung in ähnlicher Form bei Claudia Kalesse, im Kontext jedoch im Vergleich beziehungsweise vielmehr im Gegensatz zu den Augsburger Pfahlbürgern, vgl. Kalesse (wie Anm. 22), S. 142.

nungen gerichtet werden. Dabei ist unter anderem der schwäbische Städtebund zu beachten, während dessen Existenz nicht nur die Aufnahme Adeliger ins Ausbürgerrecht erhöht wurde.[52] Auch außerhalb dieser Konjunktur wurden im Rahmen solcher Bündnisse zwischen mehreren Städten und Adeligen Öffnungen befestigter Einrichtungen vereinbart, so etwa zwischen den schwäbischen Reichsstädten sowie Graf Eberhard II. von Württemberg[53] oder 1384 auch zwischen Regensburg, Augsburg, Ulm, Konstanz, Esslingen, Reutlingen und weiteren Reichsstädten einerseits sowie Ulrich von Hohenlohe anderseits.[54] Doch auch jenseits der großen Bünde entstanden, beispielsweise am Ende des 15. Jahrhunderts, noch einzelne Bündnisse wie zwischen Erzherzog Ferdinand von Österreich und der Reichsstadt Ulm vom 14. Februar 1485. Dabei schworen beide Seiten gegenseitig nicht nur Frieden, sondern auch sich gegenseitig zur Hilfe zu kommen und die Städte sowie die befestigten Orte zu öffnen. Ausgenommen wurden von dieser Regelung jedoch andere Verbündete, unter anderem die beiden Grafen von Württemberg, Erzherzog Maximilian, die Vereinigung vom St. Georgenschild sowie die Eidgenossen und einige Städte wie unter anderem Straßburg, Basel, Memmingen und Ravensburg.[55] Mit der dezidierten Herausnahme einzelner Entitäten aus solchen Bündnissen finden wir eine Gemeinsamkeit mit Burgenöffnungsverträgen, bei denen in der Regel der Lehnsherr explizit als potentiell von der Burg aus zu bekämpfender Feind ausgenommen wurde.[56] Einen Sonderfall stellt in gewisser Hinsicht eine Urkunde Heinrichs von Ellerbach dar, der 1408 versprach, dass er, wenn die Stadt Ulm ihm dabei helfe, seine Burg Burgau wiederzuerlangen, er von dieser aus weder der Stadt Ulm noch den nicht weiter definierten »Vereinigten«, also wohl den Mitgliedern der 1405 wiederaufgelegten Einigung einiger schwäbischer Reichsstädte,[57] schaden werde.[58] Diese Nichtschädigungs-

52 Vgl. Kalesse (wie Anm. 22), S. 143 f.

53 Vgl. Hillebrand (wie Anm. 2), S. 70 f.

54 Regest zu StAL B 186 U 366, recht wortnah wiedergegeben: Die freie Stadt Regensburg und die Reichsstädte Augsburg, Ulm, Konstanz, Esslingen, Reutlingen, Rottweil, Weil der Stadt, Überlingen, Memmingen, Biberach, Ravensburg, Lindau, Sankt Gallen, Kempten, Kaufbeuren, Leutkirch, Isny, Pfullendorf, Wangen im Allgäu, Buchhorn, Nördlingen, Dinkelsbühl, Rothenburg ob der Tauber, Schwäbisch Gmünd, Schwäbisch Hall, Heilbronn, Wimpfen, Weinsberg, Bopfingen, Aalen, Giengen, Wil/Weil im Thurgau, das Land Appenzell, Windsheim und Weißenburg schließen mit Ulrich von Hohenlohe für den Zeitraum von zehn Jahren einen Vertrag und geloben in diesem, Ulrich bei Angriffen sowohl auf seine Freiheiten als auch seine Güter zu unterstützen. Hierbei öffnen sie *alle unser veste Schlozze und Stet.* Fraglich ist, ob die Öffnungen mit der Aufnahme in den Bund gegenseitig wirkten, es ist jedoch zu vermuten.

55 Regest zu StAL B 207 U 311.

56 Vgl. etwa Pfeiffer (wie Anm. 11), S. 160 f.; zur frühen Zeit, unter starkem Einfluss des ligischen Lehnsrechts siehe Hillebrand (wie Anm. 2), S. 18 ff., 96–104.

57 Vgl. Harro Blezinger: Der schwäbische Städtebund in den Jahren 1438–1445 (Darstellungen aus der württembergischen Geschichte 39), Stuttgart 1954, hier S. 135.

58 Vgl. Regest zu StAL B 207 U 172.

urkunde erinnert nicht nur an die bereits vorgestellten »geschlossenen Burgen«, sondern zugleich an Maßnahmen der Stadt Nürnberg, von ihren Bürgern gekaufte oder mit Hilfe der Stadt erworbene feste Orte als Offenhäuser zu betrachten.[59]

5. *Kaufen – Belehnen – Pfänden*

Wieder nur knapp ist auf einen weiteren Punkt einzugehen, der je nach Stadt von unterschiedlicher Bedeutung sein konnte, aber keineswegs unerwähnt bleiben sollte, wenngleich es sich hierbei nicht um dezidierte Burgenöffnungen handelt: Auch der Kauf von Burgen sorgte für ein Umgreifen der Stadt auf die nähere Region und somit für eine Sicherung des Umlandes. Während für Nürnberg sogar nachgewiesen ist, dass der Kauf von Burgen durch Bürger vom Rat aktiv unterstützt wurde, zweifellos mit der Auflage, den erworbenen festen Sitz als Offenhaus zu behandeln und gegebenenfalls dem Rat beziehungsweise den anderen Bürgern ein Vorkaufsrecht einzuräumen[60], finden wir die Magistrate auch selbst als Käufer, etwa als der Ulmer Rat in den 1380er Jahren Burg und Stadt Albeck von Graf Konrad von Werdenberg abkaufte[61] oder als 1446 ein Streit zwischen Konrad von Bebenburg und Hall dahingehend geschlichtet wurde, dass die Reichsstädter das sogenannte Schloss Honhardt für 8.500 Gulden inklusive Hausrat und Eigenleuten aufkauften.[62] Auch die kleinere Reichsstadt Bopfingen ließ sich bereits 1352 sowohl eine Art Bündnis für eine unmittelbar am Stadtgraben gelegene Burg und eine benachbarte Hofreite, aber auch – unter gewissen Umständen – ein Vorkaufsrecht für diese *veste* von Rudolf von Bopfingen einräumen.[63] Fünf Jahre später kaufte die Stadt ein unmittelbar an die Burg und den Stadtgraben stoßendes Haus mit Hofreite[64] und 21 Jahre später – 1378 – verkaufte schließlich eine Gruppe, zumindest teilweise Adeliger, der Stadt schließlich den *Burgstal, daz Gemürd und Stein Graben Bomgarten Hof und Hof-*

59 Siehe dazu den folgenden Abschnitt.

60 Vgl. Pfeiffer (wie Anm. 11), S. 156.

61 Vgl. Regest zu StadtAU A Urk. 1385 Februar 6 sowie die Regesten zu StAL B 207 U 22, U 23, U 24, U 25, U 26 (zumeist Vidimationen zu diesem Rechtsgeschäft) und Hans Eugen Specker: Ulm. Stadtgeschichte. In: Der Stadtkreis Ulm. Amtliche Kreisbeschreibung, Ulm 1977, S. 63.

62 Vgl. Regest zu StAL B 186 U 1077, U 1078, U 1079, U 1094, U 1107, U 1118. Zu Honhardt siehe auch die weiter unten in diesem Abschnitt angegebene Literatur.

63 StAL B 165 U 55: *dez uber ain chomen bin daz ich mich v(er)bunden han zů den ersam Raten zů der Stat ze bopphingen und allen oren nauchkome(n) mit min veste die gelegen ist aller nechst an der stet Graben ze bopphing(en) mit der hofrait die dar zů gehȯrt.*

64 Vgl. Regest zu StAL B 165 U 57. Siehe auch die Anmerkungen im archäologischen Stadtkataster: Marianne Dumitrache/Simon M. Haag: Bopfingen (Archäologischer Stadtkataster Baden-Württemberg 31), Stuttgart 2006, hier S. 36 zum südwestlich der ummauerten Stadt gelegenen Burgstall; zur dazugehörigen Hofstelle S. 36 und S. 81 f.

rait [...] Rudolfs für die geringe Summe von 300 Gulden.[65] Der Betrag, für den die befestigte (?) Anlage[66] verkauft wurde, lässt vermuten, dass diese weder besonders bedeutend war noch der Zustand als sehr gut beschrieben werden konnte; der Blick auf die semantische Ebene (*Burgstal*) unterstützt – zumindest tendenziell – den Eindruck, dass es sich um eine Art Kleinburg, eventuell aber auch »lediglich« um einen Bauplatz mit Befestigungsrecht oder die Reste einer Anlage gehandelt haben könnte.[67] Insgesamt, so scheint es, versuchte die Stadt, die unmittelbar vor den eigenen Befestigungsanlagen stehenden Gebäude, wahrscheinlich vor allem massive Steinbauten, aufzukaufen, um, nach dem Bündnis mit Rudolf, diese für den Verteidigungsfall kontrollieren zu können oder eventuell präventiv abreißen zu lassen, um keine Schutzmöglichkeiten für potentielle Angreifer zu bieten. Die Motivation für den Kauf 1378 könnte in der zuvor erfolgten Auseinandersetzung zwischen Karl IV. und den schwäbischen Reichsstädten gelegen haben, die in der Belagerung Ulms 1376 mündete und dort – wie prinzipiell auch andernorts – den Abriss fester Gebäude vor den Stadtmauern nach sich zog.[68] Ohne hier auf die Details eingehen zu können, lassen sich etwa auch die Städte Dinkelsbühl[69], Hall (u.a. eines Burgstalls)[70] oder Ulm[71] als Käufer von festen Orten greifen. Eine besondere Form des Burgerwerbs haben die Städte Hall, Rothenburg ob der Tauber und Dinkelsbühl betrieben, die nach einer längeren Verpfändung schließlich 1398 einen Komplex an

65 Vgl. StAL B 165 U 59.

66 Oder handelt es sich angesichts der wirklich geringen Summe lediglich um einen potentiellen Bauplatz ohne wirkliche Pertinenzien, für den ein Befestigungsrecht vorliegt?

67 Vgl. dazu Maurer (wie Anm. 5), S. 9–13, ebenda bereits die Feststellung, dass die ursprüngliche Verwendung des Terminus damals noch umstritten war; auch heute ist keine klare Systematisierung, die über Maurers Beobachtungen hinausgeht und nicht mit Tendenzen arbeiten muss, möglich.

68 Ein durchaus übliches Vorgehen, das auch geistliche Einrichtungen, die vor der Stadt lagen, treffen konnte. Zur Belagerung Ulms vgl. Specker (wie Anm. 61), hier S. 42–49. Zum Abriss des Wengenstifts und der ehemaligen Ulmer Pfarrkirche vgl. Tjark Wegner: Das Kirchenregiment der Stadt Ulm bis zur Mitte des 15. Jahrhunderts. In: ZWLG 81 (2022), S. 35–65, hier S. 40 f.; ausführlicher in: Ders.: Handlungswissen, Netzwerke und Kommunikation. Der Ulmer Rat im Konflikt mit geistlichen Einrichtungen (1376–1531) (Schriften zur Südwestdeutschen Landeskunde 84), Ostfildern 2023 sowie Ders.: Konkurrenz, Konflikte und Kooperation. Städtische Herrschaft und stiftisches Leben in der Stadt des 14. Jahrhunderts. In: Oliver Auge/Sigrid Hirbodian/Frederieke Schnack (Hrsg.): Frauenstifte – Männerstifte. Handlungsspielräume und Lebensweisen im deutschen Südwesten (Schriften zur südwestdeutschen Landeskunde 85), Ostfildern 2024, S. 71–104, hier S. 79 f.

69 Vgl. das Regest zu StAL B 186 U 906 – Burg Wilburgstetten, zuvor im Besitz Dinkelsbühler Bürger.

70 Vgl. das Regest zu StAL B 186 U 347. Zum Erwerb der Burgstelle Klingenfels siehe unten im Abschnitt 6. Keine Burg – keine Gefahr?

71 Etwa der Erwerb der Burg Helfenstein und der Stadt Geislingen (an der Steige) im Kontext der Pfandgeschäfte mit den Grafen von Helfenstein, siehe unten im Abschnitt 6. Keine Burg – keine Gefahr?

Besitzungen und Rechten inklusive Burgen und dem Amt Kirchberg an der Jagst gemeinsam erworben haben.[72] Gerade für Hall und Rothenburg war dieser Kauf wegen der »verkehrsgeographischen Position zwischen den Landgebieten« von hoher Attraktivität in einer Zeit, in der die städtischen Territorien ausgebaut und zum Teil befestigt wurden.[73]

Bisweilen verkauften die Städte zuvor erworbene Burgen auch wieder an einzelne Bürger, die somit ebenfalls weitergehend zu berücksichtigen sind bei der Frage der Zugriffsmöglichkeiten der Stadtgemeinde auf feste Orte im Umland. Als eines von zahlreichen Beispielen, die hier nicht summarisch wiedergegeben werden sollen, kann der Verkauf von Burg und Amt Honhardt (heute Teilort von Frankenhardt) durch den Haller Rat an die Mitbürger Hans Sletz und Heinrich Kek gelten.[74] Ulrich von Hohenlohe musste 1398 Honhardt – ebenso wie das eben angeführte Kirchberg – wegen seiner Schuldenlast verkaufen, doch gingen Burg und Amt im komplexen Verpfändungsprozess ausschließlich an die Stadt Hall, die beides bereits im Folgejahr veräußerte.[75] Nachdem die beiden Haller Bürger wiederum Honhardt 1413 an Rudolf von Bebenburg verkauften, wurde die Burg im Kontext der sogenannten Bebenburger Fehde von Hall besetzt. Daraufhin erwirkte die Adelsfamilie über das Reichskammergericht die Rückgabe der Anlage, veräußerte diese aber zwei Jahre später schon wieder an die Stadt.[76] Um solche Wendungen zu vermeiden, wurden bisweilen seitens der Städte Burgen von den eigenen (Aus-)Bürgern aufgekauft, teils mithilfe zuvor durchgesetzter Vorverkaufsrechte. Nachdem beispielsweise Kraft und Ulrich von Hohenlohe in Folge einer Verpfändung 1381[77] die Burg Bielriet an Eberhard Philipp, Bürger von Hall, verkauft hatten, veräußerten dessen Erben jene 1390 an die Stadt, die die Burg schleifen ließ.[78] Ein weiterer, in den Details durchaus

72 Vgl. Regest zu StAL B 186 U 547, U 553 sowie Schneider (wie Anm. 6), S. 124 f.

73 Vgl. Schneider (wie Anm. 6), S. 125, ebenda auch das Zitat; zu Haller Landheg vgl. Hans Mattern/Reinhard Wolf: Die Haller Landheg. Ihr Verlauf und ihre Reste (Forschungen aus Württembergisch Franken 35), Sigmaringen 1990. Diese Besonderheit wird ebenfalls aufgegriffen bei Friedhoff (wie Anm. 4), S. 74 f.

74 Friedrich Pietsch: Die Urkunden des Archivs der Reichsstadt Schwäbisch Hall, Band 1 (1156–1399) (Veröffentlichungen der Staatlichen Archivverwaltung Baden-Württemberg 21), Stuttgart 1967, hier S. 303 f. sowie U 1082 = StAL B 186 U 553 (hier nur die Regesten verwendet).

75 Vgl. Schneider (wie Anm. 6), S. 94.

76 Hier nur stark verkürzt wiedergegeben, vgl. ebenda, S. 94 und dessen ausführliche Belege.

77 Bei Schneider (wie Anm. 6), S. 122 ist angegeben, dass die Burg Klingenfels eventuell zeitgleich mit Bielriet im selben Jahre – 1381 – durch die Haller im Kontext des Städtekrieges zerstört wurde. Für diesen Beitrag konnte jedoch nur die hier angeführte Verpfändung in diesem Jahr nachgewiesen werden.

78 Vgl. ebenda, S. 234; Andrea Amisch/Daniel Stihler: Schwäbisch Hall. Geschichte einer Stadt, Künzelsau 2006, S. 84 f.; Gerhard Lubich: Geschichte der Stadt Schwäbisch Hall. Von den Anfängen bis zum Ausgang des Mittelalters (Darstellungen aus der fränkischen Geschichte, Reihe IX 52), Würzburg 2006, hier S. 156 f. sowie vgl. auch Pietsch (wie Anm. 74), S. 266 (U 914), S. 267 (U 915) u. a.

komplexer Vorgang sind die Streitigkeiten zwischen Heinrich Kaib, ehemals Ulmer Bürger, und der Stadt Ulm. Im Zentrum der Auseinandersetzungen steht unter anderem die Burg Hohengerhausen oberhalb des Blautals, wenige Kilometer westlich von Ulm. Heinrich Kaib erwarb die Pfandschaft über das österreichische Lehen wohl bereits 1387.[79] Die genauen Rechtsverhältnisse um die Burg können an dieser Stelle nicht rekonstruiert werden, doch ist für die vorliegende Fragestellung von Bedeutung, dass die Ulmer als Ergebnis eines Rechtsstreites Hohengerhausen mit ihrem dann ehemaligen Mitbürger (wohl als Ausbürger) teilen mussten, bis sie 1397 unter Zustimmung des Lehnsherrn von diesem sowie Konrad von Stadion die zweite Hälfte erhielten.[80] Allerdings konnten ebenso »lediglich« Öffnungsrechte gekauft werden, wie es etwa für Nürnberg oder auch Nördlingen nachweisbar ist[81], oder auch gezielte Enthalte, die die Öffnung für einen konkreten Einzelfall umfasste.[82]

Neben solchen (Ver-)Käufen von Burgen oder – auf den ersten Blick allerdings deutlich seltener – Öffnungsrechten durch Bürger finden sich auch Belehnungen einzelner Reichsstädter mit festen Orten, etwa als Jakob Wespach 1384 mit Böfingen, inklusive Burg und Burgstall, belehnt wurde.[83] Hierbei handelte es sich um eines jener Lehen, die die Benediktinerabtei Reichenau im Ulmer Umland innehatten und die Teil des großen Kompromisses zwischen Kloster und Stadt im Jahr 1446 waren, in dem es insbesondere um das Patronatsrecht der Ulmer Pfarrei mit weiteren dazugehörigen Rechten ging.[84] In jenem Kontext erwarb die Stadt schließlich zahlreiche Lehen in der Region und konnte sich somit nicht nur in Fortsetzung

79 Vgl. Schmitt (wie Anm. 46), S. 52.

80 Vgl. StadtAU A Urk. 1391 Juni 14 (=HStAS A 602 U 7080=RUB 1 Nr. 893, freundlicher Hinweis von Roland Deigendesch, Reutlingen), A Urk. 1392 Mai 13, Urk. 1397 Juli 3; in der Urkunde vom 13. Mai 1392 geht es zudem noch um die Burg Ruck, die Stadt Blaubeuren und weitere Rechte. Als Ergebnis des Streits, in dem unter anderem die Nichtherausgabe von Urkunden seitens der Ulmer eine Rolle spielte, sollten die Urkunden, die die Rechte an Hohengerhausen tangieren, in Reutlingen gelagert werden, siehe dazu den Beitrag von Roland Deigendesch in diesem Band.

81 Zu Nürnberg vgl. Pfeiffer (wie Anm. 11), S. 160–162; zu Nördlingen – hier aber in Kombination mit einem Dienstantritt Georgs vom Stein – Schmitt (wie Anm. 42), S. 213.

82 Vgl. Hillebrand (wie Anm. 2), S. 65 f.

83 StadtAU A Urk. 1357 Juni 10 und Urk. 1358 Okt. 11. In der Urkunde von 1358 verkauft Johann Fainegg von Böfingen die Burg mit Hofreite und weiteren Gütern, ausgenommen aufgezählter Güter, die er schon zuvor an andere Ulmer Bürger verkauft hatte. Wahrscheinlich investierten wohlhabende Reichsstädter aus eigenem Antrieb; hier den gezielten Erwerb Reichenauer Lehen zu sehen, bevor die Streitigkeiten um die Patronatsrechte mit der Benediktinerabtei eskalierten, wäre gewagt, wenngleich nicht vollkommen abwegig, wenn die Emanzipationsbestrebungen der Ulmer Elite von Reichsoberhaupt und Benediktinerabtei insgesamt betrachtet werden.

84 Zum Kompromiss von 1446, der die langwierigen Streitigkeiten zwischen der Benediktinerabtei und der Reichsstadt beendete, siehe Wegner: Kirchenregiment (wie Anm. 68), S. 44–48, ebenda mit Rekurs auf die ältere, teils weiterführende Literatur.

eines längeren Emanzipationsprozesses von der Benediktinerabtei weiter unabhängiger machen, sondern auch das reichsstädtische Territorium weiter arrondieren.[85]

Zusammenfassend ist somit festzuhalten, dass über diverse Formen des Kaufs aber auch über die nur kurz angerissenen Belehnungen durch die Städte selbst oder durch reichsstädtische Bürger Burgen beziehungsweise feste Orte für die Reichsstädter als Ausgangspunkte von Expeditionen oder als strategische Punkte im Verteidigungsfall mittels der im Spätmittelalter wachsenden finanziellen Potenz der Städte erworben werden konnten. Hierbei erscheint es so, als würden die Städte und ihre Bürger mit ihrer gewachsenen Finanzkraft von einem finanziell in die Bredouille gekommenen Adel der jeweiligen näheren Region profitieren.[86] Von größter Bedeutung für den Übergang von Burgen von adeliger in städtische Hand sind Pfandgeschäfte. Durch teils rasche Besitzwechsel aber auch immer wieder deutlich komplexere Besitzansprüche als es diese oberflächliche Umschau zeigen konnte, ist die Motivation, eine Burg zu erwerben, nicht immer deutlich. Seitens der städtischen Politik scheint es tatsächlich häufig um militärische Sicherung des Umlandes, etwa zum Schutz des Handels im Sinne des Landfriedens oder auch präventiv für kriegerische Auseinandersetzungen, gegangen zu sein. Gerade beim Kauf durch einzelne Bürger waren die festen Orte und die mit ihnen einhergehenden Pertinenzien jedoch scheinbar vor allem Teile von Finanzgeschäften, wobei der Besitz oder die Belehnung mit einer Burg durchaus auch als Teil des öfters zu beobachtenden Phänomens einer »imitatio nobilitatis« seitens der städtischen Führungsschichten gesehen werden kann.[87]

6. Keine Burg – keine Gefahr?

Wenn bisweilen die Städte einen bereits erworbenen festen Ort nach wenigen Monaten oder Jahren verkauften oder Pfandschaften ohne weitere Bemühungen zurückgaben, wie etwa die Ulmer die Burg Hohengerhausen[88], so erscheint es zweifelhaft, dass hinter den entsprechenden Vorgängen militärische Überlegungen eine Rolle spielten. Dasselbe gilt für den Fall, wenn Bürgermeister und Rat nicht dagegen ein-

85 Direkt zu Beginn seines Beitrags betont Friedhoff (wie Anm. 4), dass sich die Stadt vom Reichsoberhaupt emanzipieren musste, um auf der Grundlage der (relativen) Eigenständigkeit eine entsprechende Politik das Umland betreffend überhaupt erst durchführen zu können. Dieser conditio sine qua non ist selbstverständlich zuzustimmen; da dies als Grundvoraussetzung zu sehen ist, wurde dies im vorliegenden Beitrag nicht genuin dargelegt.

86 Vergleichbar bereits bei Friedhoff (wie Anm. 4), S. 70, der den Höhepunkt der städtischen Erwerbspolitik zurecht im 14. bis 16. Jahrhundert sieht.

87 Ähnlich bereits bei Friedhoff (wie Anm. 4), S. 72 f., der den Patrizier Heinrich Toppler und sein »Topplerschlösschen« als Beispiel für den »Ausdruck seines Repräsentationsverhaltens sowie seines Wunsches nach Rezeption adeliger Lebensführung« anführt.

88 Siehe oben: Hohengerhausen war ab 1397 komplett im Ulmer Besitz, 1413 befindet sich die Anlage aber wieder im Besitz der Helfensteiner, vgl. Schmitt (wie Anm. 46), S. 52.

schritten, dass Bürger ihre Burgen an Auswärtige verkauften.[89] In zahlreichen anderen Fällen jedoch zielte der Erwerb von Burgen oder zumindest die Sicherung des Öffnungsrechtes auf eine Umlandsicherung beziehungsweise den Schutz des Territoriums sowie der Handelswege. Dies lässt sich in einigen Fällen als wahrscheinlich ansehen, in denen feste Orte sehr zeitnah nach ihrem Erwerb seitens der Städte in ihrer Funktion übernommen wurden. Ein eindrückliches Beispiel hierfür stellt der bereits erwähnte Erwerb der Burg Bielriet im Jahr 1390 durch die Haller dar.[90] 1382 verkaufte zudem Ulrich von Brauneck den Burgstall Klingenfels an dieselbe Stadt, nachdem die Anlage bereits im Vorjahr zerstört worden war.[91] Dieser Kauf könnte seitens der Stadt ebenfalls für den Wunsch sprechen, keine anderweitigen fortifikatorischen Anlagen unmittelbar vor der eigenen Verteidigungsanlage zu haben. In eine ähnliche Richtung, aber unter deutlich anderen Vorzeichen, scheint der erlaubte Teilabriss der Reichsburg in der Stadt Rothenburg zu zielen.[92]

Der militärische Moment zeigt sich jedoch auch dann besonders deutlich, wenn Anlagen, gerade im Kontext von Fehden, geschliffen wurden. Dies geschah häufig nicht nach einem unmittelbaren Erwerb, sondern in den militärischen Auseinandersetzungen selbst beziehungsweise im Kontext von Strafmaßnahmen. Hiervon zeugt nicht nur das Vorgehen des Schwäbischen Bundes im Kontext der Absberger Fehde, bei der zwar nicht allein die Städte, sondern alle drei Stände des Bundes den Ton angaben, aber zugleich, auch weil Nürnberg großen Schaden erlitten hatte, zahlreiche Burgen durch die Bundestruppen belagert und zerstört wurden.[93] Umgekehrt konnte es jedoch einer Reichsstadt wiederfahren, dass sie zu schwören hatte, geschliffene beziehungsweise zu schleifende Burgen nicht wieder zu errichten, wobei – wie bei den Adeligen – der mit der Feste einhergehende Besitz nicht angetastet wurde.[94] Oft war eine Zerstörung jedoch gar nicht nötig, so mussten nach einer Auseinandersetzung mit Ulmer Bürgern Konrad von Hürnheim, Wilhelm von Rechberg zu Hohenrechberg und Gebhard von Rechberg die *vestyn hunrhain die man nempt daz niderhuse*

89 Vgl. etwa Regest zu StAL B 186 U 941: Hier war der Fall allerdings deswegen wenig spektakulär, weil Katharina Vetter, wahrscheinlich dem einflussreichen Ulmer Patriziergeschlecht entstammend, die Burg Sanzenbach an Kraft von Rinderbach, Bürger zu Hall verkaufte. Da die Burg in der Umgebung Halls lag und somit keine direkte militärische Bedrohung des Ulmer Territoriums darstellte und auch nur bedingt Ulmer Handelswegen schädigen konnte, war die Veräußerung an einen Haller Bürger sehr legitim und diente – wenn überhaupt – sicherlich eher der Umlandsicherung des nur acht Kilometer entfernten Halls.

90 Vgl. u.a. Schneider (wie Anm. 6), S. 234, aber auch die weitere Literatur im Abschnitt 5. Kaufen – Belehnen – Pfänden.

91 Vgl. Regest zu StAL B 186 U 347 sowie Lubich (wie Anm. 78), hier S. 156. Auch erwähnt bei Schneider (wie Anm. 6), S. 122.

92 Vgl. Friedhoff (wie Anm. 4), S. 73.

93 Vgl. u.a. Horst Carl: Der Schwäbische Bund 1488–1534 (Schriften zur südwestdeutschen Landeskunde 24), Leinfelden-Echterdingen 2000, hier S. 474–482.

94 Vgl. Friedhoff (wie Anm. 4), S. 75.

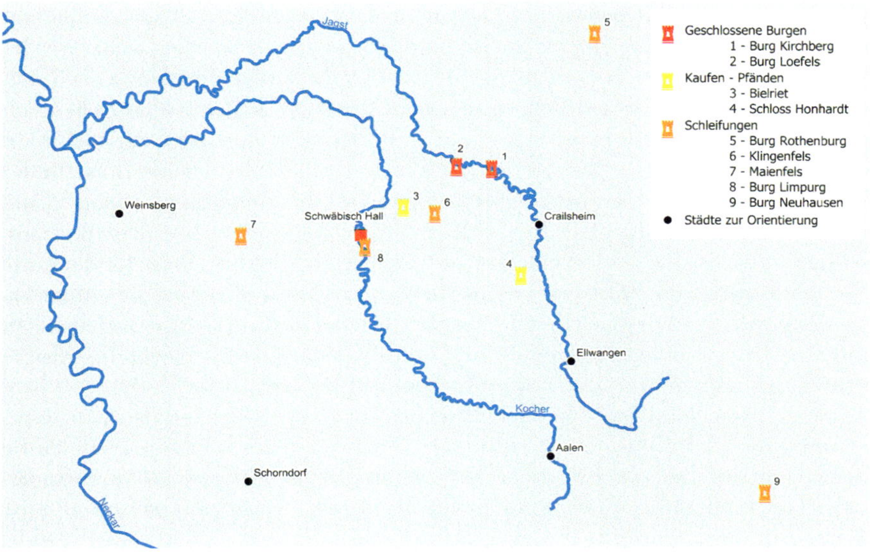

Abb. 2: Eine Übersicht der im Beitrag erwähnten Burgen, auf die die Stadt (Schwäbisch) Hall Zugriffsmöglichkeiten hatte (ohne Anspruch auf Vollständigkeit)
© Karte erstellt von JM Mayer; Kartengrundlage (CC BY-SA 2.0): Open Street Maps

den Egen(annten) Steten in dem Bund zu Swaben in ir gewalt und zü iren Handn und in der wise daz si der gwaltig sein übergeben.[95]

Zudem finden sich bisweilen auch Bestimmungen, dass nach Ende einer Fehde Adelige ihre zuvor zerstörten Burgen zwar wiedererrichten können, dafür jedoch den zuvor geschädigten Städten Nichtschädigungsurkunden und somit das oben angesprochene negative Öffnungsrecht zusprechen mussten, wie sich etwa am Beispiel (Schwäbisch) Halls zeigt: Nachdem Lutz Schott, Eitel von Sickingen, Dieter von Weiler und Dieter von Urbach, Ganerben von Burg und Stadt Maienfels, sich nach deren vorheriger Zerstörung Anfang der 1440er Jahre durch die Städte unter Führung der Haller[96] 1462 an den Wiederaufbau dieser beiden festen Orte mach-

95 StAL B 207 U 148.

96 Vgl. Reinhold Bührlen: Geschichte der Familie von Gemmingen und ihrer Besitzungen, o. O. 1977, hier S. 170 sowie bei Sönke Lorenz: Von der Vorgeschichte bis ins Mittelalter. In: Sönke Lorenz/Andreas Schmauder (Hrsg.): Wüstenrot. Geschichte einer Gemeinde im Schwäbisch-Fränkischen Wald (Gemeinde im Wandel 8), Wüstenrot 1999, S. 9–32, hier S. 28–30, 1441 als Jahr der Zerstörung, im Regest zu StAL B 207 U 310 ist 1442 angegeben. Im Regest wird vom Streit berichtet, der dadurch entstand, dass die Maienfels eine Ganerbenburg war und der zum Zeitpunkt des Schlossbruchs erst sechsjährige Dieter schließlich 1472 von der Stadt Ulm eine Entschädigung von 3.000 Gulden forderte.

ten, mussten sie den Reichsstädtern schwören, dass sie aus diesen heraus Hall nicht schädigen werden.[97] An anderen Stellen wird zwar deutlich, dass die Städte enormes Interesse am Kauf von (teils ehemaligen) festen Orten hatten, diese dann allerdings nicht unbedingt gezielt schliffen, so aber doch darauf zu achten schienen, dass von diesen aus keine Gefahr mehr ausgeht. Als ein Beispiel kann erneut die Stadt Hall angeführt werden, deren Rat, am Ende des hier verfolgten Beobachtungszeitraums und während der konfessionellen Spannungen, 1541 die Limpurg, gelegen zwischen der Stadt selbst und dem Kloster Großcomburg, erwarb. Diese war scheinbar baufällig; dass die Stadt trotzdem eine verhältnismäßig große Summe für diese bereit war zu zahlen und auch scheinbar keine Anstrengungen vornahm, die Feste auszubauen, sondern im Gegenteil drei Jahrzehnte später abreißen ließ, spricht dafür, dass hier militärische Erwägungen zumindest eine Teilrolle gespielt haben mögen.[98] Noch eindrücklicher zeigt sich die militärische Komponente bei dem Abriss der Burg Neuhausen (Landkreis Neu-Ulm). Nachdem Peter Strölin diese Anlage 1344 gekauft hatte, zerstörte die Stadt jene noch im selben Jahr, wie Felix Fabri berichtet.[99] Offensichtlich scheint der Kauf durch eine städtische Familie in diesem Kontext keineswegs als sichernde Maßnahme, sondern gegenteilig als Gefahr identifiziert worden zu sein. Kurze Zeit später wurde die Anlage durch die ebenfalls ulmisch-patrizische Familie Ehinger gekauft und wiedererrichtet.[100]

7. Konjunkturen und Krisen – ein vorübergehendes Fazit

Bereits die knappen Anmerkungen zur Historiographie des Phänomens Burgenöffnungen haben gezeigt, dass das Themenfeld Stadt und Burgenöffnungen mit Fokus auf den süddeutschen Raum bisher wenig Beachtung gefunden hat, wenngleich der Beitrag von Friedhoff in jüngerer Vergangenheit einen neuen Impuls setzen konnte. Ziel dieses Beitrags ist es insbesondere, auf dieses Forschungsdesiderat hinzuweisen und dabei zugleich verschiedene Formen des Zugriffs von Städten – selbst feste Orte – auf »feste Orte« vorläufig ein wenig zu systematisieren sowie den Blickwinkel um weniger rechtshistorische Aspekte einer tatsächlichen Öffnung zu erweitern. Der Fokus liegt hierbei selbstverständlich auf Städten mit einem verhältnismäßig hohen Grad an Selbstorganisation und Autonomie[101], also insbesondere auf Freien

97 Vgl. Regest zu StAL B 186 U 1490.
98 Schneider (wie Anm. 6), S. 210 f.
99 Felix Fabri: Tractatus de civitate Ulmensi (Bibliotheca Suevica 35), hrsg. von Folker Reichert, Konstanz 2012, S. 165 und ebenda S. 390, Anm. 243 des Herausgebers und Übersetzers.
100 Vgl. ebenda. Ein vergleichbares Beispiel bietet die Körschburg bei Deizisau, die 1287 durch die Esslinger abgerissen wurde, freundlicher Hinweis von Manfred Waßner (Esslingen).
101 Diese Formulierung ist an das Kriterienbündel von Max Weber für die mittelalterliche Stadt, das unter anderem Autonomie und Autokephalie beinhaltet, angelehnt.

Städten und Reichsstädten, da andernfalls das Öffnungsrecht nicht der Stadt *eo ipso*, sondern dem adeligen Herrscher übertragen wurde. Zu fragen wäre an dieser Stelle selbstverständlich, welche Motivationen auf Seiten der Adeligen, die ihre Burgen öffnen, aber auch auf Seiten der Städte für solche Öffnungen bestanden. Strebten die Städte insbesondere nach einer Sicherung des Landfriedens, um den für sie so zentralen Handel zu schützen, wollten sie ihr Umland allmählich weiter herrschaftlich durchdringen, gab es eine militärisch-defensive Grundhaltung, die den Schutz in kriegerischen Zeiten zum Ziel hatte oder gab es gar ein offensives Bestreben, um beispielsweise gezielte Expeditionen gegen konkurrierende Herrschaften durchzuführen? Diese Fragen können auf Grundlage des derzeitigen Forschungsstands nicht zufriedenstellend beantwortet werden, doch sollten sie offener – wie es jüngst Friedhoff andeutet[102] – als noch in der Forschung der 1950er Jahre angegangen werden, als den Fürsten bei Burgenöffnungen offensive Territorial- und den Städten zugleich vor allem defensive Verteidigungsbestrebungen attestiert wurden.[103] Ob diese manifestierte Sichtweise bei genauerer Betrachtung der Entwicklungen reichsstädtischer Territorien und expansiver Territorialisierungsbestrebungen der größeren Freien Städte und Reichsstädte Bestand haben wird, muss sich erst zeigen, sollte allerdings angezweifelt werden. Dabei sollte aber auf jeden Fall das Streben der Städte nach Burgenöffnungen sowie nach Burgenbesitz und weiteren Zugriffsmöglichkeiten auf feste Orte stärker als ein Teil eines von Städten aktiv angestrebten herrschaftlichen Territorialisierungsprozesses gesehen werden.

Doch zuerst einmal zu den eindeutigeren Entwicklungen: Zumeist lassen sich die frühesten Burgenöffnungen für Städte erstmals im Laufe des 14. Jahrhunderts greifen, mit einem klaren Schwerpunkt auf den 1370er und 1380er Jahren.[104] Nach dem Städtekrieg und dem Landfrieden von Eger 1389 jedoch findet sich, gerade über den Weg der Ausbürger, ein klarer Rückgang, der erst wieder in den 1430er und vor allem 1440er Jahren am Vorabend des zweiten Städtekriegs einen größeren Gegentrend erfuhr.[105] In der Folge bleiben Burgenöffnungen bis in die erste Hälfte des 16. Jahr-

102 Einen ersten Schritt in diese »offensive« Interpretation der städtischen Arrondierung, auch und gerade in Hinblick auf den Erwerb von Burgen inklusive der dazugehörigen Pertinenzien bei Friedhoff (wie Anm. 4), S. 69 f., S. 73 f. und S. 80.

103 In diese Interpretationsrichtung gehen die Überlegungen bei Hillebrand (wie Anm. 2) und Pfeiffer (wie Anm. 11).

104 Bei Kießling (wie Anm. 22), S. 58 f. mit Blick auf Nördlingen ein attestierter Schwerpunkt des Güter- und Landkaufs im Umland in der 2. Hälfte des 14. Jahrhunderts und S. 75 zur Massierung der Paktbürger Nördlingens ab den 1380er und in den 1430er und 1440er Jahren; Pfeiffer (wie Anm. 11), S. 159: Intensivierungen des Nürnberger Rats um Öffnungen bei Bürgern und Adeligen vor dem Hintergrund des Städtekriegs; Kalesse (wie Anm. 22), S. 144. Die Massierungen in den 1370er, aber vor allem 1380er und später den 1440er Jahren decken sich großteils mit den ersten Beobachtungen anhand der für diesen Beitrag durchsuchten Regesten.

105 Etwa erwähnt bei Kalesse (wie Anm. 22), S. 146–148 mit Bezug auf Augsburg sowie Kießling (wie Anm. 22), u. a. S. 75, S. 82 zu Nördlingen und S. 313 zu Memmingen.

hunderts bestehen, zum Teil auch weit darüber hinaus, doch scheint mit dem faktischen Niedergang der militärischen Bedeutung der meisten Burgen eine rückläufige Tendenz der Öffnungen aus nachvollziehbaren Gründen unmittelbar verbunden zu sein. Bisher wurde Nürnberg als außergewöhnliches Beispiel für Burgenöffnungen angesehen, was einerseits, etwa durch die Politik des Rats den eigenen Bürgern gegenüber, die verpflichtet wurden, feste Häuser im Umland zu öffnen, berechtigt ist, andererseits sind jedoch valide Vergleiche aufgrund mangelnder Erforschung bisher schlichtweg kaum möglich. Allerdings konnte bereits Kießling in seiner Studie zu Stadt und Land – teils indirekte – intensive Bemühungen vor allem Nördlingens aber auch Memmingens zur Erlangung von Öffnungsrechten herausarbeiten[106], ohne dass es sich bei diesen beiden Beispielen um besonders herausragende Städte handelt. Neben dem Weg der Nichtschädigung, also den negativen Burgenöffnungen, den Öffnungen der Ausbürger oder auch im Rahmen von Bünden sowie Bündnissen oder dem Kauf von Burgen durch Rat oder Bürger sollten noch weitere Möglichkeiten der Städte, in militärischer Hinsicht auf ihr Umland auszugreifen, bei weiteren Studien zu diesem Themenfeld berücksichtigt werden, etwa, ob es den Städten möglich war über Bande zu spielen, indem sie über die Vogteien geistlicher Einrichtungen[107] Zugriff auf Burgen in deren Besitz erlangen konnten. So oder so griffen die Magistrate ja ohnehin beispielsweise über die städtischen Pfleger auf die Besitzungen der Spitäler zu, die wiederum nicht nur Grundbesitz, sondern sicherlich bisweilen auch dazugehörige Burgen oder andere feste Orte besaßen.[108] Spitäler waren nicht erst in der Reformationszeit Orte, mittels derer Besitzungen außerhalb der Stadtmauern indirekt kontrolliert werden konnten, sondern auch Institutionen, die dem Rat indirekten Zugriff in die geistliche Sphäre erlaubten, wie es sich beispielsweise anhand Ulms nachweisen lässt.[109]

Kurzum zeigt sich: Weitere Fallbeispiele sollten angeschaut, die hier vorgestellten in größeren Arbeiten vertieft und dabei die bisherigen, vor allem rechtsgeschichtlichen Pfade, die ein wenig in den 1950er Jahren erweitert wurden, noch weiter verlassen werden, etwa, indem auch die Praxis hinter den Verträgen verschiedenster Couleur betrachtet wird. Zudem scheint die vorliegende Thematik besonders geeignet, das Narrativ des niederadeligen Niedergangs im ausgehenden Mittelalter anhand der (teils zwangsweisen) Öffnungen, Verpfändungen und Verkäufe der Bur-

106 Siehe dazu vor allem seine Ausführungen zu Ausbürgern und zu Söldnerverträgen, Kießling (wie Anm. 22), u. a. S. 79–81, S. 305.

107 Hierfür ließen sich zahlreiche Beispiele aufbringen, zu Nördlingen etwa ebenda, S. 60–68, nicht nur zu den Vogteien, sondern auch zum Eintritt der geistlichen Einrichtungen ins Bürgerrecht.

108 Dazu bereits Überlegungen bei Friedhoff (wie Anm. 4), S. 70 und S. 80 mit Verweis auf das in Oberschwaben sehr bekannte Beispiel des Biberacher Spitals.

109 Mit Blick auf die Integration des Spitals in das vorreformatorische Kirchenregiment Ulms siehe, mit Bezug auf zahlreiche ältere Literatur, Wegner: Kirchenregiment (wie Anm. 68), hier S. 57–63.

gen an Städte zu überprüfen und die wahrlich nicht immer einseitige Entwicklung zugunsten der Städte stärker und unabhängig von bisherigen Forschungsprämissen zu konturieren. Zu fragen wäre weiterhin nach dem jeweiligen Verhältnis von Ausbürgertum, Söldnerverträgen[110] und Burgenöffnungen und inwieweit eine monetäre Abhängigkeit der Adeligen von Städten verschiedene Handlungsoptionen, etwa auch die Fehde als potentielle Einkommensquelle, determinierte. Wie konnte sich der in die Abhängigkeit einer Stadt gelangte Adelige behaupten? Wie genau entwickelten sich die Dienstverträge und welche situationsspezifischen Kontexte führten zu positiven wie negativen Auswirkungen für Adelige wie für die Städte? In eine ganz andere Richtung zielt die ebenfalls bei einer solchen Untersuchung zu stellende Frage, welche weiteren Motive und Beweggründe auf Seiten der Stadt – auf individueller wie institutioneller Ebene – neben den genannten militärischen Gründen von Bedeutung waren. Waren es vor allem wirtschaftliche Motive, die aus den Pfandgeschäften heraus resultierten und die letztendlich zum Burgenbesitz von (nichtadeligen) Stadtbürgern führten? Und sind die Beispiele der Bürgeraufnahme von adeligen Witwen und Kindern inklusive derer Burgen auf vergleichbare Motive seitens der Räte zurückzuführen? Oder spielte auf individueller Ebene letztendlich doch die Adaption adeliger Lebensweise als eine Möglichkeit, den eventuell erhofften sozialen Aufstieg zu flankieren, eine bedeutendere Rolle? Es bleiben viele Fragen offen und somit noch viel zu tun, um das Verständnis von Stadt und Adel sowie dahinter stehende Entwicklungen sowie wirtschaftliche und soziale Phänomene besser zu verstehen.

110 Ein stärkerer Fokus auf Söldnerverträge und deren Zusammenhang mit den Burgenöffnungen findet sich sehr berechtigterweise bei Friedhoff (wie Anm. 4), S. 78, vor allem mit dem eindrücklichen Beispiel Nördlingen. Friedhoffs Beobachtungen stellen somit auch an dieser Stelle eine gute Ergänzung zum vorliegenden Beitrag dar – wie auch hoffentlich umgekehrt. Den Abschluss eines »Dienstvertrags«, der explizit die Burg des Niederadeligen beinhaltete, findet sich beispielsweise für Ulm: 1483 trat Johann von Rechberg zu Ravenstein mitsamt der Burg Ravenstein und deren Zugehörungen in den Dienst der Stadt, vgl. Regest zu StadtAU A Urk. 1483 Juni 30.

Autorinnen und Autoren

Joachim Brüser, Prof. Dr., Historiker, Referent im Protokoll der Landesregierung im Staatsministerium Baden-Württemberg, Privatdozent an der Universität Tübingen, zuvor Kulturamtsleiter und Leiter des Stadtarchivs Kirchheim unter Teck; Forschungsschwerpunkte: Frühneuzeitliche Kultur- und Verfassungsgeschichte; Publikationen: Herzog Karl Alexander von Württemberg und die Landschaft (1733 bis 1737) – Katholische Konfession, Kaisertreue und Absolutismus (2010); Heinrich August Krippendorf, Anekdoten vom württembergischen Hof – Memoiren des Privatsekretärs der herzoglichen Mätresse Christina Wilhelmina von Grävenitz (2015); Reichsständische Libertät zwischen kaiserlichem Machtstreben und französischer Hegemonie – Der Rheinbund von 1658 (2020).
Kontakt: joachim.brueser@uni-tuebingen.de

Gabriele Clemens, Prof. Dr., hat Geschichte, Kunstgeschichte und Germanistik in Trier studiert. Sie war wissenschaftliche Mitarbeiterin am Deutschen Historischen Institut in Rom (1994–1997). Sie ist Professorin für Neuere Geschichte und Landesgeschichte an der Universität des Saarlandes (2007) und Vorsitzende der Historischen Kommission für saarländische Landesgeschichte, des Südwestdeutschen Arbeitskreises für Stadtgeschichte und der Arbeitsgemeinschaft für die Neueste Geschichte Italiens. Ihre Forschungsinteressen liegen auf der europäischen Geschichte des langen 19. Jahrhunderts mit einem Fokus auf der Stadt-, Gesellschafts- und Kulturgeschichte.

Roland Deigendesch, Dr., Stadtarchivdirektor. Studium der Mittelalterlichen Geschichte, Historischen Hilfswissenschaften und Älteren deutschen Sprache und Literatur in Tübingen, Wien und Marburg. 2000 Promotion zur Kartause Güterstein bei Urach. 1987–1990 Ausbildung zum Archivar beim Land Baden-Württemberg. 1990–2012 Stadtarchivar in Münsingen und Kirchheim unter Teck, seit 2012 Leiter des Stadtarchivs Reutlingen. Interessenschwerpunkte: Stadt-, Regional- und Landesgeschichte.
Kontakt: Roland.Deigendesch@reutlingen.de

Moritz Foth, M. A., Archäologie des Mittelalters und der Neuzeit, Wissenschaftlicher Mitarbeiter an der Universität Tübingen, Studium der Archäologie des Mittelalters an der Universität Tübingen; wichtige Forschungsschwerpunkte sind unter anderem Burg und Herrschaft im Mittelalter, Siedlungs- und Landschaftsarchäologie sowie historische Kulturlandschaften.
Kontakt: balthasar-moritz.foth@uni-tuebingen.de

Ines Heisig, Dr., ist Kulturwissenschaftlerin und Historikerin. Sie ist wissenschaftliche Mitarbeiterin im Studiengang Historisch orientierte Kulturwissenschaften an der Universität des Saarlandes und Referentin im Dokumentationszentrum der Arbeitskammer des Saarlandes. 2021 wurde sie mit einer Arbeit zur Kulturförderung der Unternehmerfamilie Heyl im Deutschen Kaiserreich promoviert (Kulturförderung als Prestigepolitik. Der Aufstieg der Unternehmerfamilie Heyl im Deutschen Kaiserreich, Berlin/Boston 2023). Ihre Forschungsinteressen liegen in der Kultur-, Sozial- und Landesgeschichte im 19. und 20. Jahrhundert. Derzeit arbeitet sie an einer Studie zum Strukturwandel an der Saar mit einem Fokus auf die Entwicklung der Ford-Werke Saarlouis.
Kontakt: ines.heisig@uni-saarland.de

Michael Kienzle, Dr., Archäologie des Mittelalters und der Neuzeit, Wissenschaftlicher Mitarbeiter an der Universität Tübingen, Studium der Archäologie des Mittelalters und der mittelalterlichen Geschichte an der Universität Tübingen, Promotion an der Universität Tübingen; wichtige Forschungsschwerpunkte sind Burgen und mittelalterlicher Adel, Verkehrswegeforschung, Landschaftsarchäologie und Kulturlandschaftsforschung, Realienkunde und Alltagskultur des Hochmittelalters, Südwestdeutsche Landeskunde.
Kontakt: michael.kienzle@uni-tuebingen.de

Niklas Konzen, Dr., ist als Historiker und Archivar Leiter des Stadtarchivs Schwäbisch Gmünd. Studium der Mittelalterlichen Geschichte, Anglistik und Politikwissenschaft an der Universität Tübingen, Referendariat für den höheren Archivdienst beim Landesarchiv Baden-Württemberg, berufliche Stationen beim Landesmuseum Württemberg, Landesarchiv Baden-Württemberg und Wirtschaftsarchiv Baden-Württemberg, zuletzt Dozent an der Archivschule Marburg; Forschungsschwerpunkte: Südwestdeutsche Regionalgeschichte, Adels- und Stadtgeschichte des Mittelalters.
Kontakt: niklas.konzen@schwaebisch-gmuend.de

Marcus Meer, Dr., ist seit 2020 wissenschaftlicher Mitarbeiter am Deutschen Historischen Institut London. Im gleichen Jahr promovierte er an der Universität Durham als Stipendiat des Leverhulme Trust in einer Cotutelle-Vereinbarung mit der Universität Münster. Zuvor studierte er in Oxford und Bielefeld. 2022 wurde er zum Fellow der Royal Historical Society gewählt. Sein besonderes Forschungsinteresse gilt den Wechselwirkungen textueller, visueller und materieller Medien bei der Schaffung von Identitäten, Institutionen und Räumen im nordwesteuropäischen Vergleich.
Kontakt: m.meer@ghil.ac.uk

Daniel Menning, PD Dr., ist Akademischer Oberrat am Seminar für Neuere Geschichte der Universität Tübingen. In seinen Forschungen beschäftigt er sich mit der Geschichte des Adels in Mitteleuropa vom 18. bis ins 20. Jahrhundert, mit der Börsengeschichte und insbesondere Spekulationsblasen in der Neuzeit sowie mit der

Konsumgeschichte der Sattelzeit. Derzeit arbeitet er an einer Wirtschaftsgeschichte des Ritterguts Jebenhausen in der zweiten Hälfte des 18. Jahrhunderts. Wichtige Veröffentlichungen sind *Politik, Ökonomie, Aktienspekulation. ›South Sea Bubble und Co.‹ 1720* (München 2020) sowie *Standesgemäße Ordnung in der Moderne. Adlige Familienstrategien und Gesellschaftsentwürfe 1840–1945* (München 2014).
Kontakt: daniel.menning@uni-tuebingen.de

Ludwig Ohngemach, Dr., hat Geschichte, Kunstgeschichte und katholische Theologie in Tübingen studiert. 1995 wurde er mit einer Arbeit zur Geschichte des Rottweiler Hl.-Geist-Spitals promoviert. Seit 1989 ist er Stadtarchivar und Leiter des städtischen Museums in Ehingen (Donau). Veröffentlichungen zur Geschichte des Spitalwesens in Südwestdeutschland und zur Stadtgeschichte von Ehingen.
Kontakt: l.ohngemach@ehingen.de

Ben Pope, PhD, Historiker, hat Geschichte und Germanistik in Oxford, Bonn und London studiert. Er wurde 2016 in Durham mit einer Arbeit zu den Beziehungen zwischen ländlichen und städtischen Eliten im Fall von Nürnberg promoviert. Er war zwischen 2017 und 2019 Gastwissenschaftler am Institut für Geschichtliche Landeskunde und Historische Hilfswissenschaften in Tübingen, 2019 als Humboldt-Stipendiat. 2019 wurde er Leverhulme Early Career Fellow an der Universität Manchester, Großbritannien, und seit 2024 ist er als Lecturer in Medieval European History an derselben Universität tätig. Seine Forschungsinteressen liegen auf Oberdeutschland im späten Mittelalter mit einem Fokus auf der Stadt-, Adels- und Identitätsgeschichte.
Kontakt: benjamin.pope@manchester.ac.uk

Manfred Waßner, Historiker und Archivar, hat Geschichte, Chemie und Germanistik in Tübingen studiert. Er hat die Ausbildung zum höheren Archivdienst des Landes Baden-Württemberg in Stuttgart und Marburg absolviert und leitet seit 2003 das Kreisarchiv Esslingen. Seit 2014 ist er Mitglied des Beirats des Südwestdeutschen Arbeitskreises für Stadtgeschichtsforschung. Seine Forschungsinteressen liegen auf der allgemeinen südwestdeutschen Landes- und Ortsgeschichte mit Schwerpunkt in Mittelalter und Früher Neuzeit, der Adelsgeschichte und der Burgenforschung.
Kontakt: wassner.manfred@lra-es.de

Tjark Wegner, Dr., Historiker, hat Geschichte und Latein in Trier und Tübingen studiert. Er ist seit 2014 wissenschaftlicher Mitarbeiter am Institut für Geschichtliche Landeskunde und Historische Hilfswissenschaften in Tübingen, wo er 2018 mit einer Arbeit zu den Auseinandersetzungen zwischen dem Ulmer Rat und geistlichen Einrichtungen im Spätmittelalter promoviert wurde. Seit 2023 ist er wissenschaftlicher Leiter des Tübinger Universitätsjubiläums 2027. Seine Forschungsinteressen liegen auf dem deutschen Südwesten in Mittelalter und Früher Neuzeit mit einem Fokus auf der Stadt-, Ordens- und Universitätsgeschichte.
Kontakt: tjark.wegner@uni-tuebingen.de

Lukas Werther, PD Dr., Archäologie des Mittelalters und der Neuzeit, Stellvertretender Direktor der Römisch-Germanischen Kommission des Deutschen Archäologischen Instituts und Lehrender an der Universität Tübingen. Studium der Archäologie des Mittelalters und der Neuzeit an der Universität Bamberg, Promotion und Habilitation an der Universität Jena; wichtige Forschungsschwerpunkte sind Mensch-Umwelt-Beziehungen, Wasser in der Kultur des Mittelalters und der Neuzeit, mittelalterliche Burgen und Klöster, Siedlungs- und Landschaftsarchäologie, Produktion, Distribution und Konsum in Mittelalter und Neuzeit, Archäologie von Gewalt und Konflikten sowie vergleichende diachrone Untersuchungen gesellschaftlicher Wandlungsprozesse.
Kontakt: lukas.werther@dainst.de

Register

Personen und Familien

Orte